朱熹语音及语音思想研究
——以叶音为核心

刘晓南 著

上海古籍出版社

  1.3 从通名到专名 ………………………………… 37
二、叶韵起始于谁 …………………………………………… 37
  2.1 叶韵的两个特点 ……………………………… 37
  2.2 清儒的二说 …………………………………… 38
三、关于"古人韵缓,不烦改字" …………………………… 42
  3.1 陆氏的矛盾 …………………………………… 42
  3.2 何为"改字" …………………………………… 43
  3.3 "字"有"韵"义 ………………………………… 43
  3.4 何为"韵缓" …………………………………… 45
  3.5 陆氏的言行并不矛盾 ………………………… 45
  3.6 "韵缓""改字"之的解 ………………………… 48

第二章 唐宋叶音之异同 ……………………………… 49
一、唐代叶音及其研究 ……………………………………… 49
  1.1 唐叶概况 ……………………………………… 49
  1.2 研究始末 ……………………………………… 50
  1.3 研究特点 ……………………………………… 51
二、宋叶对唐叶之拓展 ……………………………………… 54
  2.1 基本判断 ……………………………………… 54
  2.2 三大拓展 ……………………………………… 55
三、唐宋叶音差异的意义 …………………………………… 60

第三章 宋诗叶音考略 ………………………………… 63
一、韵例及特点 ……………………………………………… 64
  1.1 韵例 …………………………………………… 64
  1.2 形式 …………………………………………… 68
  1.3 内涵 …………………………………………… 69
二、"合规"与否的考察 ……………………………………… 70
  2.1 概况 …………………………………………… 70
  2.2 两个特殊现象 ………………………………… 72

三、"不必叶而叶"探因 ·· 73
3.1 非常用音注叶 ·· 74
3.2 音义错位注叶 ·· 76

四、"乱改"与否的考察 ·· 79
4.1 有韵书字书根据者 ·· 80
4.2 有实际语音根据者 ·· 81

五、"叶音有据"的意义 ·· 88
5.1 诗律破旧 ·· 88
5.2 韵系更新 ·· 91

第四章 宋代叶音的法理依据 ·· 93

一、法古叶韵的尴尬 ·· 93
1.1 法古即自然 ·· 93
1.2 法古说之不足 ·· 94

二、元祐新制始末 ·· 95
2.1 景德条制与元丰法 ·· 95
2.2 元祐新制之兴废 ·· 96

三、元祐新制新在何处 ·· 97
3.1 贡举条制概况 ·· 97
3.2 诗赋条制的修订源流 ·· 98
3.3 元祐新制新在确立诗赋用韵新规 ··································· 100

四、元祐新制的主要内容与精神实质 ·· 100
4.1 关于52个汉字的音义问题 ··· 101
4.2 特殊句末声韵现象 ··· 103

五、元祐新制的影响 ··· 104
5.1 韵书编纂：增修礼韵，蔚成风气 ··································· 104
5.2 诗歌创作：拓展押韵范围，确定谐叶条例 ··························· 106

第五章 宋人叶音本意考 ··· 112

一、现有定义及其矛盾 ··· 112

1.1　定义之要点 ………………………………………… 112
　　1.2　事实之矛盾 ………………………………………… 113
二、历史源流 …………………………………………………… 114
　　2.1　同源共性 …………………………………………… 115
　　2.2　兴废异流 …………………………………………… 115
三、宋人叶音之本意 …………………………………………… 119
　　3.1　两种解读 …………………………………………… 119
　　3.2　宋人笔下的"叶"字 ………………………………… 120
　　3.3　"叶"字的广狭二用 ………………………………… 121
　　3.4　狭义用法的形成 …………………………………… 123
　　3.5　叶音之本意 ………………………………………… 130
四、沧浪诗体之"协韵"试解 ………………………………… 131
　　4.1　"诗体"篇的"协韵" ………………………………… 131
　　4.2　文论家之释 ………………………………………… 132
　　4.3　文本解读 …………………………………………… 133
　　4.4　"协韵""古韵"之异同 ……………………………… 137

第六章　试说朱熹叶音的语音依据 …………………………… 138
一、"乱改字音说"回顾 ………………………………………… 138
　　1.1　立说：提出及传播 ………………………………… 138
　　1.2　论据：典型字例 …………………………………… 140
二、"乱改字音说"献疑 ………………………………………… 141
　　2.1　"叶音一定"之疑 …………………………………… 142
　　2.2　"程式反证"之疑 …………………………………… 144
　　2.3　叶"今音"之疑 ……………………………………… 145
　　2.4　"改多就少"之疑 …………………………………… 147
　　2.5　"叶、注同切"之疑 ………………………………… 148
　　2.6　"失母"之疑 ………………………………………… 148
三、叶音根据试说 ……………………………………………… 150
　　3.1　根据宋代通语叶音 ………………………………… 151

3.2　根据方音叶音 ·· 152
　　3.3　根据音理叶音 ·· 155
　　3.4　根据谐声偏旁类推叶音 ···································· 159
　　3.5　根据文献旧音叶音 ··· 161
　　3.6　据古韵例类推叶音 ··· 164
四、典型字例试释 ·· 166
　　4.1　"家"字的多叶 ·· 166
　　4.2　"虞"字的多叶 ·· 167
　　4.3　"仇"字的多叶 ·· 168

第七章　朱熹叶音对吴棫补音的改订 ····························· 171
一、关于吴朱叶音的传承 ·· 171
　　1.1　宋人的评说 ·· 171
　　1.2　明人的误读 ·· 172
　　1.3　后人的辨误及不足 ··· 173
二、《毛诗补音》的辑佚 ·· 175
　　2.1　辑佚之依据 ·· 175
　　2.2　诸家辑佚之异同 ·· 176
　　2.3　求同存异的思路 ·· 177
　　2.4　操作程序 ··· 178
三、异同:表现与内涵 ·· 182
　　3.1　基础材料比较 ··· 182
　　3.2　疑似材料比较 ··· 194
　　3.3　内涵:三个层面 ··· 195
四、主见:原则与动机 ·· 196
　　4.1　古音考订尤重证据 ··· 196
　　4.2　叶音重诵读和谐 ·· 202
　　4.3　和谐不忘诗韵规则 ··· 204
　　4.4　目的:补音与叶音之异 ···································· 210
五、朱吴差异概观 ·· 211

第八章　朱熹语音核心语料概观 ……… 213
一、叶音的结构形式 ……… 214
　　1.1　术语及基本构造 ……… 214
　　1.2　与注音相同的叶音形式 ……… 214
　　1.3　与注音不同的结构形式 ……… 215
二、叶音的来源 ……… 218
　　2.1　来自吴棫《毛诗补音》 ……… 219
　　2.2　来自洪兴祖《楚辞补注》 ……… 220
　　2.3　来自陆德明《毛诗音义》 ……… 224
　　2.4　来自韵书 ……… 227
　　2.5　自制叶音 ……… 235
三、注音语料 ……… 238
　　3.1　关于"相关性" ……… 239
　　3.2　基本数据 ……… 243
　　3.3　来源核查 ……… 243
　　3.4　语音价值 ……… 244
四、韵段语料 ……… 246
　　4.1　韵段:两种类型 ……… 246
　　4.2　关于"衍生性" ……… 247
　　4.3　基本数据 ……… 249
　　4.4　价值:历史语音的二重性 ……… 252
五、辅助语料简说 ……… 253
　　5.1　定义 ……… 253
　　5.2　数量 ……… 254
　　5.3　作用 ……… 255

第九章　朱熹叶音条例(上)——例推古音 ……… 257
一、"例"与"例推" ……… 257
　　1.1　断案标准:"例"与古韵例 ……… 257
　　1.2　拓展规则:"例推" ……… 260

  1.3 例推程序 ········· 264
  1.4 例推举例:"遽"叶音"乔" ········· 266
 二、从不叶到必叶 ········· 269
  2.1 确认必叶字的困难 ········· 269
  2.2 中间状态诸表现 ········· 270
 三、从必叶到定叶 ········· 274
  3.1 定叶之要点 ········· 274
  3.2 定叶之方式 ········· 275

第十章 朱熹叶音条例(下)——今音叶音 ········· 280
 一、"另类"的今音叶音 ········· 280
  1.1 另类叶音举例 ········· 280
  1.2 另类之要义:今音叶音 ········· 281
  1.3 今音的意涵 ········· 281
  1.4 今音叶音的表现 ········· 282
  1.5 今音叶音的条例 ········· 282
 二、变调叶音 ········· 284
  2.1 复杂性:两种变调叶音 ········· 284
  2.2 必要性及语音根据 ········· 285
  2.3 纯声调叶音 ········· 287
  2.4 音转叶音 ········· 290
 三、洪细叶音 ········· 295
  3.1 性质及分布 ········· 295
  3.2 两种表现 ········· 296
  3.3 音理试析 ········· 298
 四、音义错位叶音 ········· 299
  4.1 何为音义错位叶音 ········· 299
  4.2 合理性与普遍性 ········· 301
  4.3 音义错位叶音的概况 ········· 302
  4.4 音义错位三种类型 ········· 310

五、语用错位叶音 ………………………………………… 312
　　　　5.1　何为语用错位叶音 ……………………………… 312
　　　　5.2　必要性与互补性 ………………………………… 313
　　　　5.3　语用错位的注或叶 ……………………………… 314
　　　　5.4　语用错位叶音概貌 ……………………………… 315
　　　　5.5　韵书叶音之例与非例 …………………………… 321

下卷　历史语音

第一章　基本思路与方法 ………………………………… 325
　　一、基本思路：层位区隔 ………………………………… 325
　　　　1.1　何为层位区隔 …………………………………… 326
　　　　1.2　如何区隔、过滤 ………………………………… 327
　　　　1.3　区隔的步骤 ……………………………………… 328
　　　　1.4　区隔研究的意义 ………………………………… 330
　　二、叶音的语音信息获取 ………………………………… 331
　　　　2.1　承前、自制 ……………………………………… 331
　　　　2.2　改音的有意、无意 ……………………………… 333
　　　　2.3　改音的直改、借改 ……………………………… 333
　　　　2.4　改音的内蕴、外显 ……………………………… 334
　　　　2.5　本音、常用音 …………………………………… 336
　　　　2.6　初混、假混、音混 ……………………………… 337
　　　　2.7　特殊音混现象 …………………………………… 338
　　三、韵段的语音信息获取 ………………………………… 340
　　　　3.1　叶前、作叶、叶后 ……………………………… 340
　　　　3.2　朱熹韵段的五种变体 …………………………… 342
　　　　3.3　组合关系与聚合关系 …………………………… 343
　　四、统计的辅助作用 ……………………………………… 344

第二章　从音叶看南宋通语的声母系统(上) ……………… 345
一、分歧、原因及对策 ……………………………… 345
  1.1　诸家分歧 ……………………………………… 345
  1.2　分歧原因试析 ………………………………… 347
  1.3　新的研究思路 ………………………………… 348
  1.4　操作程式 ……………………………………… 350
二、初混与音混 ……………………………………… 350
  2.1　初混数据的获取 ……………………………… 350
  2.2　初混概况 ……………………………………… 351
  2.3　从初混到音混 ………………………………… 351
三、全浊清化 ………………………………………… 354
  3.1　材料与操作方法 ……………………………… 355
  3.2　分组讨论 ……………………………………… 356
  3.3　量化比较 ……………………………………… 368
  3.4　综合分析及结论 ……………………………… 372

第三章　从音叶看南宋通语的声母系统(下) ……………… 374
一、非敷合流 ………………………………………… 374
二、泥娘合流 ………………………………………… 378
三、知照合流 ………………………………………… 379
  3.1　庄章相混 ……………………………………… 380
  3.2　知照相混 ……………………………………… 381
  3.3　船禅相混、从邪相混 ………………………… 384
四、影喻合流 ………………………………………… 386
  4.1　云以相混 ……………………………………… 386
  4.2　影喻相混 ……………………………………… 388
五、诸家异同与量化比较 …………………………… 388
  5.1　诸家异同 ……………………………………… 388
  5.2　量化比较 ……………………………………… 390

六、结论:9 项音变和 21 声纽 ………………………………… 394
　　6.1　声母 9 项音变 ……………………………………… 394
　　6.2　通语声母系统:5 音 21 纽 ………………………… 395

第四章　从音叶看南宋通语的韵部系统 …………………… 397
一、分歧、原因及对策 ………………………………………… 397
　　1.1　诸家的研究 ………………………………………… 397
　　1.2　三家韵系异同 ……………………………………… 398
　　1.3　分歧原因 …………………………………………… 401
　　1.4　解决方略 …………………………………………… 402
二、止蟹摄诸部 ………………………………………………… 404
　　2.1　"资思部"能否成立 ………………………………… 404
　　2.2　灰韵系的归属 ……………………………………… 407
三、臻梗曾摄诸部 ……………………………………………… 412
　　3.1　臻梗曾三摄的分合 ………………………………… 412
　　3.2　梗摄洪、细音的分合 ……………………………… 415
　　3.3　臻摄的洪、细是否当分 …………………………… 419
四、山效摄诸部 ………………………………………………… 421
　　4.1　山、效摄的二等是否应当独立 …………………… 422
　　4.2　山、效摄的洪细是否当分 ………………………… 423
五、南宋通语韵部系统 ………………………………………… 428
　　5.1　韵部系统:24 部 …………………………………… 428
　　5.2　韵系特征 …………………………………………… 429

第五章　从音叶看南宋通语的声调系统 …………………… 431
一、平分阴阳的取音倾向 ……………………………………… 431
　　1.1　已有的研究 ………………………………………… 431
　　1.2　新的思路:两步统计 ……………………………… 432
　　1.3　统计数据 …………………………………………… 432
　　1.4　数据标杆及其解读 ………………………………… 435

1.5　隐性的取音倾向：平分阴阳 …………………………… 436
二、浊上归去的表现及其进程 ……………………………………… 436
　　2.1　诸家异同 ……………………………………………… 436
　　2.2　研究的对象范围 ……………………………………… 437
　　2.3　已读去声，未见又读上声者 ………………………… 438
　　2.4　已读去声，上声旧读仍存者 ………………………… 444
　　2.5　读上读去全貌 ………………………………………… 451
　　2.6　浊上归去演变进程试说 ……………………………… 452
三、入派三声的前奏：韵尾弱化 …………………………………… 460
　　3.1　已有的观察及矛盾 …………………………………… 460
　　3.2　差异原因试说 ………………………………………… 461
　　3.3　入声韵尾混用概貌 …………………………………… 462
　　3.4　解读：入尾弱化已经出现 …………………………… 463
　　3.5　阴入混押的处置 ……………………………………… 464
四、关于朱熹语音声调的总体看法 ………………………………… 465

第六章　朱熹的方言观与方音记述 ……………………………… 466
一、里籍、阅历与方言视野 ………………………………………… 466
二、言文相关的方言观 ……………………………………………… 468
　　2.1　方言暗合论 …………………………………………… 468
　　2.2　方言形于文献 ………………………………………… 470
　　2.3　方言造成文献难解 …………………………………… 472
三、五方之音及其区域 ……………………………………………… 473
　　3.1　洛中正音 ……………………………………………… 474
　　3.2　北人语音 ……………………………………………… 475
　　3.3　粤广音 ………………………………………………… 476
　　3.4　湘楚音 ………………………………………………… 477
　　3.5　浙音 …………………………………………………… 477
　　3.6　秦、蜀音 ……………………………………………… 478
　　3.7　闽音 …………………………………………………… 479

四、方音与传道 ··· 485

第七章　朱熹音叶中的闽音韵母特征 ······························· 487
一、基本思路及其操作 ·· 487
　　1.1　方言证古与特殊叶音 ·· 487
　　1.2　特殊押韵与特殊叶音的同质性 ································· 488
　　1.3　考察的设计与说明 ··· 488
二、阳声韵 ··· 489
　　2.1　先主叶真 ··· 489
　　2.2　东互叶阳 ··· 495
　　2.3　东通叶庚 ··· 499
　　2.4　庚通叶阳 ··· 500
　　2.5　山、咸、臻摄通叶宕摄 ··· 503
　　2.6　梗曾与臻、深摄之间互叶 ··· 506
三、阴声韵 ··· 512
　　3.1　侯主叶模 ··· 512
　　3.2　尤互叶萧 ··· 514
　　3.3　豪通叶模 ··· 517
　　3.4　支通叶鱼、止开三精庄组字通叶齐微 ······················ 519
　　3.5　麻、支、歌互叶 ··· 522
　　3.6　皆通叶支 ··· 528
四、叶音中的闽音韵母概观 ·· 533

第八章　朱熹音叶中的闽音声母 ·· 535
一、基本思路 ··· 535
　　1.1　条例的设立 ··· 535
　　1.2　方法：古今比证 ··· 536
　　1.3　操作程序 ··· 537
二、混注诸条例及其考证 ·· 537
　　2.1　全浊清化之"戛透"归并模式 ··································· 537

2.2　舌头与舌上、正齿互注：古无舌上音 ……………… 543
　　2.3　轻重唇混注、唇喉互叶：古无轻唇音 ……………… 549
　　2.4　以並母叶明母 …………………………………………… 557
　　2.5　全清与次清混注 ………………………………………… 559
　　2.6　以云母改叶晓匣 ………………………………………… 562
　　2.7　见溪与匣晓混注 ………………………………………… 564
　　2.8　精组与庄组混注：照二归精 …………………………… 566
　　2.9　齿音之擦音与塞擦音混叶 ……………………………… 571
　　2.10　以泥母混叶日母 ……………………………………… 573
　　2.11　以母与舌头音互叶 …………………………………… 573
　　2.12　以禅母改叶以母 ……………………………………… 575
　三、早期闽语的清鼻边音声母 ………………………………… 576
　　3.1　明母与晓匣互叶 ………………………………………… 577
　　3.2　来母彻母互叶 …………………………………………… 578
　四、宋代闽音声母的音变概况及声母系统 …………………… 583
　　4.1　音变概况 ………………………………………………… 583
　　4.2　音叶所反映之闽音声母系统 …………………………… 592

第九章　朱熹的古音学（上）——古音思想 ……………… 593
　一、学术渊源：借鉴、交流与探索 …………………………… 594
　　1.1　借鉴吴棫 ………………………………………………… 594
　　1.2　熔铸程迥 ………………………………………………… 596
　　1.3　评点方崧卿 ……………………………………………… 598
　　1.4　广取众说 ………………………………………………… 599
　　1.5　广采博收，形散神聚 …………………………………… 601
　二、理论基础：术语与内涵 …………………………………… 602
　　2.1　术语的确立 ……………………………………………… 602
　　2.2　内涵的明晰 ……………………………………………… 603
　三、时间元素：古音今音之异同 ……………………………… 608
　　3.1　反对滥用古音 …………………………………………… 608

3.2　抑制尽从今音 …………………………………………… 609
　　3.3　正反处置中的时代因素 ………………………………… 610
四、空间元素:方音存古证古 ……………………………………… 612
　　4.1　客观基础:学术阅历与言文观 ………………………… 613
　　4.2　基本认识:方音存古 …………………………………… 614
　　4.3　基本方法:古今言文互证 ……………………………… 614
五、方法体系:基础与规则 ………………………………………… 616
　　5.1　方音证古之法 …………………………………………… 617
　　5.2　古音通转之法 …………………………………………… 617
　　5.3　声符相推之法 …………………………………………… 619
　　5.4　古音注相推之法 ………………………………………… 619
　　5.5　古诗用韵例推之法 ……………………………………… 620
六、学术价值与历史地位 …………………………………………… 621

第十章　朱熹的古音学(下)——古韵部雏型 …………………… 622
一、从古韵归类到古韵部雏型 …………………………………… 622
　　1.1　什么是古韵归类 ………………………………………… 622
　　1.2　合理性与可行性 ………………………………………… 623
　　1.3　基本操作:两大步骤 …………………………………… 624
　　1.4　考察的对象范围 ………………………………………… 627
　　1.5　从字组、字群到古韵部雏型 …………………………… 628
二、阴声韵 …………………………………………………………… 630
　　2.1　歌字群:部分支、麻韵系字叶入歌戈 ………………… 630
　　2.2　鱼字群:部分麻、侯尤、豪、之韵系字叶鱼 ………… 631
　　2.3　幽字群:部分效摄、遇摄、止摄字叶入流摄 ………… 633
　　2.4　脂字群:流摄、蟹摄及止摄部分齿音字的叶入止摄 … 635
　　2.5　附:效摄自押及少量流摄、遇摄字叶入效摄 ………… 637
三、阳声韵 …………………………………………………………… 638
　　3.1　东字群:江摄及少数宕、深摄字叶入通摄 …………… 638
　　3.2　唐字群:梗摄、通摄、咸摄、臻摄、山摄等叶入宕摄 ……… 639

3.3　蒸字群：少数通摄、深摄字叶入曾(梗)摄 …………… 641
　　3.4　真字群：山摄、梗摄字叶入臻摄 …………………… 642
　　3.5　侵字群：咸摄、通摄、曾摄叶入深摄 ………………… 643
　　3.6　附：梗摄、山摄、咸摄自押及叶音 …………………… 645
四、入声韵 ……………………………………………………… 646
　　4.1　屋字群：觉、锡、曷叶入屋沃烛 …………………… 646
　　4.2　铎字群：陌麦昔锡、德、屋、质、业叶入药铎 ……… 647
　　4.3　职字群：屋、麦陌、缉叶入职德 …………………… 648
　　4.4　质字群：屑薛、陌麦、职叶入质 …………………… 649
　　4.5　附：山入、深入、咸入的自押与叶音 ………………… 650
五、古韵雏型13部体系 ………………………………………… 650

参考文献 ………………………………………………………… 653

辩证法闪光的体大思精之著
——序刘晓南教授《朱熹语音及语音思想研究》

鲁国尧

一、汉语音韵学史上辩证法的闪光

研究黑格尔哲学的专家朱亮教授在33年前出版过一本专著《辩证法的闪光与闪光的辩证法》，我非常赞赏他的这一书名，如今我袭用他的书名安插在拙文的第一小节内。

众所周知，唯物辩证法有三大规律，其一为"否定之否定规律"，亦称"肯定否定规律"。何谓"否定之否定规律"？它是自然界、人类社会、思维发展的普遍规律，该规律揭示事物发展的曲折性与前进性，即螺旋式上升而逐渐趋近完善的过程。

不揣谫陋，现以人类思维的成果之一，学术，试作较具体的阐释。在学术史上，大致有这样的较普遍的现象，即人类的某个（或多于一个）个体对自然或社会的某现象，经长期认识、研究，悟出一个规律性的命题，而为学界认可、称颂，该命题遂矗立于学术史，这是第一阶段。然而经过若干时间，有后来者出，提出新的观点否定之，这是第二阶段。历史有趣而且无情，再经历若干时间，有更后的后来者起，提出不同的新见，否定第二阶段的"高见"，此第三阶段谓之"否定之否定"。简言之，三个阶段为：肯定——否定（对前面的肯定的"否定"）——否定（对紧前面否定的"否定"）。就后二者而言，谓之"否定之否定规律"，这是通名；若统察第一阶段的"肯定"与后面的两个"否定"而言，则谓之"肯定否定规律"，这是别名。

特别要提出的是，后两阶段的"否定"同名而异实。第二个"否定"不是第一个"否定"的加强版，而是"敌对性"的"颠覆"。

这一规律，总体来说，用"螺旋性上升"这五字来描述，既形象又恰当。我的亲身体验：在南京中山陵和明孝陵风景区有座寺庙，叫灵谷寺，寺内的地标性建筑是灵谷塔，我1954年暑假第一次见到塔中的螺旋式的楼梯，很惊讶，被震慑，于是兴来，沿着这螺旋梯，旋了好多次，不断上升，终于抵达顶层。非常振奋，俯瞰下界，果然是"一览众山小"。如今写这篇序时，不由地回忆起这了不起的螺旋梯。

现在要说到本文正题《诗经》的叶音，自南朝沈重、唐代颜师古、李善提出"叶音"这一术语，表示变更某字的音以求和谐，至宋代吴棫（1100—1154），大倡其说。其后朱熹（1130—1200）在其《诗集传》《楚辞集注》等著作中，使用"叶音"，成规模，成系统，影响深远。可是，至明末，焦竑（1540—1620）出，否定叶音说："古韵久不传，学者于《毛诗》、《离骚》皆以今韵读之，其有不合，则强为之音，曰此叶也。予意不然。如《驺虞》，一虞也，既音牙而叶葭与豝，又音五红反而叶蓬与豵。'好仇'，一仇也，既音求而叶鸠与洲，又音渠之反而叶逑。如此则东亦可音西，南亦可音北，上亦可音下，前亦可音后，凡字皆无正呼，凡诗皆无正字矣，岂理也哉！"（《焦氏笔乘》卷三"古诗无叶音"，李剑雄点校，上海古籍出版社1986年，83页），陈第（1541—1617）更是竭力抨击叶音说，并写了两本书：《毛诗古音考》《屈宋古音义》。到了二十世纪，王力先生（1900—1986）的著作《汉语音韵学》（1935年）云："南北朝以后，研究《诗经》的人有'叶韵'的说法。因为当时的人读起《诗经》来，觉得许多地方的韵不谐和，于是他们以为某字该改为某音，以主谐和，这就是所谓'叶韵'。"又在《汉语音韵》（1962年）中说："他们不懂得语言是发展的，缺乏历史观点，以为古音和今音是一致的，不过在做诗时为了押韵的需要，临时改读某些字音罢了。宋人把这种虚构的情况叫做'叶音'。""叶音"说遭到彻底的否定，而被音韵学史所摒弃。可是，天旋地转，在二十世纪末开始，出现了异样的声音，陈鸿儒、刘晓南几乎同时发表论文，评论朱熹的"叶音说"，跨世纪又有汪业全出，他们三位都是"南人"，都很杰出。其中研究最全面最深入当数刘晓南教授，历时20余年发表文章20余篇，今总其成，勒成专著《朱熹语音及语音思想研究》，分上下卷，计20章，洋洋50余万言，直可谓"洋洋大观"。

我们可以说,经过刘、陈、汪等学者的奋争,近 400 年来雄踞音韵学史的否定叶音说的学说被彻底否定,朱熹的叶音学说的意蕴得到全面且正确的阐释,而重新屹立于学界,这就是"否定之否定"!螺旋式的上升,这一比喻绝非虚妄不实,从十二世纪的吴棫直到 2023 年即当今的刘晓南教授的这本体大思精的专著,每四百年一变,凡两折三阶段。这"叶音说"八百多年的学术史,它就是我 70 年前登的螺旋梯!

我于耄耋之年,能见到唯物辩证法的"否定之否定律"在我所从事的专业汉语音韵学史上闪闪发光。为此,我能不感到十分欣慰?

二、刘书堪称体大思精之著

回到刘书,我许之以"体大思精"。何谓"体大思精"?请看《现代汉语词典》(第 7 版):"规模宏大,思虑精密(多形容大部头著作)。"具体到刘晓南教授这本 50 多万字的大部头著作,体大者,书中所论,名为一人之语音,实为一个时代之音,既关涉纵向之古今音,亦联系横向之各地方音,建构堪称宏大,此可谓"体大";思精者,论述问题逐层深入,穷究始终,极尽事理,此可谓"思精"。现细述于下。

多年来历史音韵的研究似乎有一种模式,要么从某种专书入手,如《诗经》《切韵》《一切经音义》之类,要么取某一类型材料,如隋唐音释、宋诗用韵之类。刘书将论题锁定南宋大儒朱熹的语音和语音思想,既非专书,亦非某一类型语料,而是从一著名历史人物入手展开研究。先贤孟子有言:"颂其诗,读其书,不知其人可乎?"可见上古学术界早有知人论世之说。如今刘书告诉人们,这个研究原则同样适用于汉语语音史。

为何讨论历史语音也需要知人论世?答曰:历史语音在古人的社会交流中产生,记述历史语音的文献也由历史上活生生的人写成,任何一部有影响的语音学著作决不只是一个孤零零的存在,都跟人的社会活动、思想交流息息相关。由此看来,发掘历史语音,我们既需要具体韵书、音释之类的研究,更应该尝试去发掘历史上有影响的音韵学家或学者的全部文献,探索并了解他们时代的学术氛围,追寻作者的思想脉络,考求内蕴其中的历史语音,来解读时代的语音现象。然而,凭一人之一生读懂一个时代之音,需要研读的文献堪称海量。仅朱熹一人,传世文献即罕与伦比。以今所见,新编《朱子全书》(2003年)27巨册,洋洋1400万余言,散布于其中的各种注音反切、直音,又有诗词歌赋等有韵之文数不胜数。刘晓南教授通览《朱子全书》,从中撷取叶音及相关注音6000余条,诗骚韵段2000余个,作为朱熹语音研究的核心语料。又搜检出朱熹所述有关宋代通语、方言语音的零散言论,以及时而迸发出思想火花的有宋一代的古音和音韵学说的记述及评论达100余条。后者被统称为"语音散论"。再加上朱熹一生为人治学的特殊经历与交往,考其语音,不可避免地涉及更多相关的文献,除朱熹经常提及的字书、韵书、韵图、音释等常用典籍之外,还有如他曾经称引、置评的其他宋人的《诗经》《楚辞》等经籍注疏,其所交往文人的相关著述,有关笔记小说、诗话词话、史籍、类书等等,涉及历史、文学史、学术史、科举史、社会文化史、音韵与方言史等等,其研读面岂不宏哉!其语料岂不富哉!

语言是思想的载体,思想是语言的灵魂。为了探索朱熹语音思想的脉络,刘书索隐钩沉,发掘诸多"语音散论",从这些描述当时实际语音、转述并评论时贤有关时音或古音学说的言论中探求朱熹自己的语音思想,首次考明朱熹的方言观、古音观。所论朱熹语音思想,最为可贵的就是"方言暗合说"。此说包含两层内容:一为方言与方言、方言与通语之间可以"暗合",二为方音与古音可以"暗合"。用今天的话来说,两个暗合分别对应共时、历时两个层面。把握"两大暗合"这个纲,就把握住了其思想主脉,无论语料多么淆乱、表现多么复杂,都能条分缕析,纲举目张。

从共时层面来看,方言之间暗合就是说方言的"不通"是表象,"暗合"是内在之机理。这种方言认知实源自朱熹的"理一分殊"哲学思维。也就是说,共同语之根(理一),派生出诸方言之变异(分殊)。方言之间无论多么千差万别,也都只是同一语言派生出来的变异体,同源异流,同质异相,故此可以"暗合"。可见,方言"暗合论",应当解读为方言同源论、方言同根论。

从这一认识出发,我们可以理解,熟悉南宋时代通语与方言的朱熹,为什么运用方言或其他理据制作叶音,得到的结果却都是通语的正音,形成了数量丰富的符合通语语音的韵段,表现了宋代通语的实际音韵特征,成为研究南宋通语的极佳资源。现代学者发现并研究这批原料始于上世纪七十年代,许世瑛、王力先生、黎新第、陈鸿儒等先后都有著述。然诸家取用语料多寡不同,论题宽窄不一,故结论互有同异、分歧甚至争议。刘书踵前修之步武,把握思想脉络,扩大范围,穷尽材料,全面出击,所得自然较诸家进了一层。首先,以全面而充足的材料确证了王力先生所论南宋通语21声母的存在。在韵与调方面则既有更新,又有补缺。更新者,系联叶音之后生成的韵段中的全体韵脚,辅之以朱子自作诗文韵段,旁证宋代诗文用韵的材料,将南宋通语的韵部更新为24部。补缺者,针对诸家几乎没有讨论的声调系统,采用考证与统计相结合的方法,除全面展示浊上变去、入声韵尾已然弱化等现象外,同时对平分阴阳也有所揭示,初次全面揭示了南宋通语的声调变化。至此,南宋通语声、韵、调系统得到全面描述与归纳,终于作成了南宋时代通语音系迄今最全面、准确描述。

刘书进一步指出,朱熹援引自己熟悉的方音——闽音——制作叶音以解释诗骚古韵,故叶音中有方音存焉。因此,通过古今比较,稽考叶音中的闽语语音,考得宋代闽音声母18纽。这个系统跟邵荣芬从吴棫叶音中考得的闽北音声母系统相当接近,堪称近代闽语声母15音的又一来源。关于韵母部分,由于叶音材料稍欠周全,无法做成韵母系统,但可归纳出"真-先通叶""东-阳通叶"等13种通叶条例,宋代福建诗人用韵可用作旁证,现代闽音亦可对应,足以确认为约千年前的闽音韵母特征,对于汉语语音史以及方音史的价值亦不可小觑。

在历时研究层面,宋代是古音研究的始发期和古音理论的萌生期。长期以来,学界囿于"乱改字音"的传统看法,对朱熹以叶音为主要形式的古音研究取负面评价,甚至有人否认朱熹对古音有研究。近时陈鸿儒、汪业全不约而同地大力论证叶音中包含古音,肯定朱熹的古音研究。刘书更是设立三个专章(上卷第九章、下卷第九章、第十章)讨论朱熹的古音成就,且不局限于叶音,而是从古音思想的高度,指出朱熹是宋代古音学的一个重要建构者和实践者。从诸专章提供的资料和分析中,我们可以看到朱熹充分借鉴、扬弃宋代其他学者的古音学说,包括吴棫的《毛诗补音》的古音学说、程迥以音理推求古音的"四声互用"理论、方崧卿有关韩愈仿古用韵的评说等等。我们还可以看到,朱熹高度关注当时的古音研究。他在学术交流或师友论难之时,通过广泛地借鉴当时古音研究的诸多学说,在古音叶音的实践中逐渐形成自己的古音理论、术语体系及研究方法，取得了他那个时代古音研究的巅峰成就。观察朱熹的古音叶音，大多数有明确的取音指向，如"行"字作叶27次，全"叶户郎反"，这无疑是指向古韵阳部；"服"字作叶27次，全"叶蒲北反"，指向了古韵职部；"下"字作叶17次，全"叶后五反"，指向了古韵鱼部等等，从中隐然可见某些上古韵部的归属及其框架。全面归纳叶音的取音倾向，推测朱熹古韵部的雏型，得13部。13个古韵部雏型的分野居然与顾炎武、江永大致相同，堪称"导夫先路"者矣。

从思想入手，全面考察朱熹的传世文献，把握时代脉搏，将表面上一团混沌的叶韵及相关资料，做出宋代通语音、闽音以及古音三个层面的历史语音，南宋时代的一座历史语音的大厦终于巍峨矗立。这不是体大，什么才是？

我嘉许大型著述的建构要"体大"，然亦深知"体大"则易生"泛""空"之弊，故必须有"思精"以匡扶之、以成就之。在大的构思下，必须要有精致的具体问题考察，准确的语音信息把握，层层深入，究极事理，才可成就宏大而丰满的建构。从刘书中我们可以看到，对朱熹语音的跨越通语、方音与古音三大体系的宏大建构，基本上都是以对每一条叶音内含的不同层面的复杂语音信息的精准把握为基础的，前提就是对叶音材料的重新认识，这个异乎寻常的思路与方法创新，是上卷《叶音通论》要完成的主要任务。

关键的论述见于上卷第六章。该章的工作是一破一立。破，即破除叶音"乱改字音说"的旧观点；立，即树立叶音有其语音根据的新看法。"破"的方面，通过细致观察叶音的各种表现，提出一系列质疑，比如"'程式反证'之疑"指出，既然可以乱改字音，为何《诗集传》中又注了多达17条"叶韵未详"；又比如"叶今音之疑"，既然是改今音以谐韵，为何所叶之音竟有出于韵书甚至时音者，叶出来的音反而是应当被改掉的音，直接矛盾，此类多达200多字；更有甚者，整个韵段之韵脚完全符合礼韵，以今音读之甚为谐协，本不当叶，却全部改叶，等等。不得不说，这些质疑凸显"乱改字音说"与事实严重不符，确认了有重新审视叶音语料的必要。至于"立"的方面，发掘大量的事证，证明叶音确有语音根据，可归纳为六条：一为据宋代通语音作叶；二为据方音作叶；三为据文献所记之音作叶；四为据谐声偏旁推得之音作叶；五为据古韵例推之音作叶；六为据"四声互用"推得之音作叶。即就焦竑所举之典型例子来看，如：虞之既叶音牙，又叶五红反，考其叶音的语音根据有两个：文献所记之音与四声互用之音。虽然这些叶音颇难理解，但都有据可查，文多不录，读者可自读之。如此种种，实可见朱熹叶音中其实并不存在"上亦可音下，前亦可音后"之类问题，"叶音乱改字音"之说可以休矣！还有一个重要的支持，就是宋人写诗押韵也运用叶音，足见叶音并非只是用来改读古诗韵脚的，实在是一个有其历史渊源的社会文化现象，有着自己的发展进程。这样看来，研究叶音语料，要害不在于叶音是否乱改读音，而在于所叶之音从何而来，取何理据？六大语音根据足以显示叶音的来源庞杂混沌，是一种高度杂糅的异质语料。

如何才能精准地从异质杂糅的材料中获取高纯度的语音信息？刘书的对策为"层位区隔"，即检验并确认叶音的语音根据，分离异质语料（具详下卷第一章）。其中的关键就是全面获取叶音及相关语料的语音信息。具体操作，简言之，就是分"内蕴"与"外显"两个阶段考察。"内蕴"指叶音的语音根据，即精准辨析每一条叶音的语音根据。确认了语音根据，实际上就获取了叶音蕴含的宋代实际语音、方音或古音等等信息。然后进入"外显"考察阶段，观察叶音之后产生的结果。这些观察都必须结合叶音所在韵段，从"叶前、作叶、叶后"三个角度进行。"叶前"的韵段是诗骚中的古音韵段，"作叶"就是根据某种理据改变韵脚字的韵属，"叶后"整个韵段就质变为宋代通语韵段。可见，不同的观察角度，得到的语音信息不同。这就是叶音可以分离出通语音、闽音和古音三重语音材料的原因。

"层位区隔"能够解决叶音语料信息庞杂的问题，具备了对材料全面驾驭和精准解读的可能。但落实到一个个具体问题上，还需要秉持精益求精的精神，一丝不苟，层层深入，穷根究源，才可以做到全面地揭示语言材料内含信息而无余蕴，不留遗憾。这可以举对宋代闽音"口读为苦、走读为祖"的考述为例。朱熹"语音散论"中多次提及闽人"口读为苦""走读为祖"，是一条难得的古方言材料。但刘书并没有满足发现了朱熹有此说，反而提出三个问题：这条古闽音，可不可以证实其存在？朱熹反复申说又是为了什么？为什么只列举"口""走"两字为例？第一个问题之解，见下卷第六章，通过现代闽北方言中残存的个别流摄侯韵一等字读为"u"韵母，而且还有个别地区"走"读 tsu 音的白读，古今对应，确证其存在。第二个问题之解散见多个章节。首见上卷第六章，从《诗集传》中发现了若干侯韵一等字叶入遇摄模韵的叶音,又于下卷第七章、第十章穷尽归纳了叶音中流摄叶入遇摄的条目,都说明了朱熹之所以重视这个闽北的特殊读音,是为了作为语音根据用于古韵叶音。第三个问题很有趣,因为诗骚叶音中虽有很多侯韵一等字叶模韵,但却从未见"口""走"两字连在一起或在同一韵段出现,甚至诗骚中还不见"走"字的叶音条目,"散论"举的字例跟叶音实际并不吻合,这是为什么?是什么机缘将这两个字凑在一起?作者因久思无解,"心有不慊,犹耿耿于怀"。数年之后,读朱熹主编的《仪礼经传通释》,看到卷十一《曲礼》"正考父鼎铭"的韵段叶音,方豁然开朗:

正考父鼎铭:偻伛俯走走音祖侮口口叶音苦

不妨看看作者自述:"这里正是'走叶音祖''口叶音苦'赫然并见,多年之疑云旋即一扫而空。找到了,找到了,这里才是真正的'口读为苦,走读为祖'啊!""他一定是在读到《正考父鼎铭》中流摄厚韵的'口、走'两字共押遇摄麌韵的古韵时,发现恰与自己的母语方音如合符契,故而才将两字连在一块称说。"此例生动地诠释了在具体问题的探索中是如何从流溯源,穷究始终的。

综上所述,我想说:本书是第一部以一个历史上著名学者的传世文献为研究对象,考其历史语音和语音思想的著作。历史上像朱熹一样著作丰富的学者还有很多,都可以甚至是有必要作全面系统的研究,以丰富我们的语言学理论与事实。本书是第一部在研究历史语音的同时,研究语音思想的著作,对于历来重语言事实,轻语言思想的研究传统是一次有益的改进。可以期待,在长期坚持考察历史语音之时,探讨中国语言学思想及其变化,必将有益于构建中国特色的语言学理论。本书也是第一部综合通语音、方音和古音的全方位、立体式的历史语音研究成果,对于如何整理和研究异质混杂的语言材料是一次有益的尝试。

三、赠　言

为刘晓南教授贺,在望七之年,完成了这样一本洋洋 50 余万言的专著,体大思精,辩证法闪光,我羡慕,我敬佩。

晓南教授在30多年的学术征程中，身处双一流名校讲席，培养中外硕士博士近60名，著书多种：《宋代闽音考》《宋代四川语音研究》《汉语历史方言研究》《语音史考论》，发表专题论文近百篇，功莫大焉。

如今我在序末赠言："欲穷千里目，更上一层楼。"祝未来的40年，晓南教授以体更大、思更精的名山之著献给学界，为中华民族伟大复兴做出更大的贡献。

2023年8月

绪　　论

一、解　　题

1.1　何为"朱熹语音及语音思想"

朱熹(1130—1200),字元晦,南宋大儒,理学大师,于中国以及世界尤其是东亚地区影响巨大的学者、思想家、教育家。朱熹祖籍婺源,生于尤溪,长于崇安,十九岁中进士,初任泉州同安主簿,后知南康军、漳州、潭州等军州。于绍熙五年(1194)六十五岁时任焕章阁待制兼侍讲,为宋宁宗讲《大学》,立朝40余日旋罢,之后辞职归家。从此退出政坛,卜居建阳治学授徒,直至去世。朱子一生勤读力学,学富五车,于哲学、历史、文学、语言学等无一不通。好学精思,著述等身。据后人考证,他有各类著述130余种,其中名著《诗集传》《楚辞集注》《四书章句集注》以及其他理学著作、文集、语录等历来屡有刊刻重印。新世纪之初,国家资助编纂《朱子全书》,收集朱子著作成27册,洋洋1400万余字。如此皇皇巨著既是其一生心血,也是南宋一代学术的缩影。涉及政治、军事、经济、文化、教育、学术、社会、历史和语言等方方面面。由于朱子整理经典文献,往往需要说明古音义,对当时语音及文献中的古音多所留意,游弋于两宋形成的古音学氛围之中,凭借闽赣湘浙的仕宦游历,广泛考查当时语音现状与语音学说,综汇之,核验之,纠正之,补苴之,推陈出新,以讲说并梳理古文献中的语音问题,留下了一大批珍贵的历史语音文献,这是我们研究历史语音以及语音思想的宝贵资料。

"朱熹语音及语音思想研究"是以朱熹著作中的语音资料为研究对象,全方位地研究其中蕴含的历史语音信息,以提供汉语语音史南宋时段的通语、方言语音以及两宋音韵学和语音学说的新知识、新资料的系列研究。要言之,"朱熹语音"并非朱熹个人的语音,实乃"朱熹时代的语音",属于汉语语音史的研究范畴。"朱熹语音思想"亦非朱熹个人的想法,而是通过朱熹的记述、转录、综合、创新的有宋一代音韵学的理论与方法体系。

以一人之语音文献考一时代之音,这种研究在音韵学史上似属罕见,但我们认为就本议题而言,有其必要性与可行性。

首先,此与公元十二到十三世纪的汉语语音发展状况密切相关。纵观语音发展史,从记录于公元六、七世纪之交的中古音系——切韵音系,发展到十四世纪的以《中原音韵》为代表的近代音系,有七八百年的历史演变历程,无论从发展时程的衔接还是从音系演变的连贯来看,其间必有若干中间环节,如唐代(若参照文学史的划分,可细分为初唐、盛唐、中唐、晚唐)、宋代(北宋辽夏、南宋金夏)。南宋恰处于由切韵音系渐演变为中原音韵音系的若干个可能环节的最后一环,处在时代的转折点上,其历史地位本已相当特殊,何况其时中国南北分立,南北汉语相对独立发展,各自语音有无歧异,必得经过具体研究之后方可定谳。无论如何,对这一时段南边的南宋语音与对北边的金夏语音的研究都不可或缺。

其次,与南宋时代语音文献的特殊状况密切相关。宋金南北分裂之际,作为系统记录语音的重要文献——韵书的编纂亦南北失衡。北边的金代有民间编纂的《五音集韵》,可以提供当时北方地区语音系统的研究资料,可南边的宋,除《礼韵》的修订之外,无论官民都无新韵书面世,缺乏有效的系统语音文献可资利用,出现了一档空白。虽然南宋文人学者在文献整理中留下了可观的音释资料,文学创作也有大量的诗歌用韵等,但这些资料大多形式与内容比较单一,比如说,有的只有注音如严粲《诗缉》,有的只有叶音如吴棫《毛诗补音》,有的只有诗歌用韵,等等,且数量多少不等,质量参差不齐,相较之下,唯有朱熹的音韵资料优势显著。朱熹的著作中包含了大量的叶音、注音与诗词用韵以及其他反映历史语音的文献资料,称得上数量多、品种全、涵盖面广,能全方位地展现南宋的通语语音系统以及其他层面的语音状况或细节,虽然不是韵书,但若综合利用则完全可以有效地释放出韵书的功能,足以填补韵书缺失的空白。

其三,朱熹著作中的语音文献不但数量丰富、品种齐全,而且质量很高,此尤为重要。纵观朱熹一生,读书治学一直是其生命之主旋律。与封建时代读书人常把读书当作入仕的敲门砖不同，朱熹少年时虽学习时文举业，但一旦中举，取得安定的生活之后，即将生活重心置于求学明理之上，入仕反而是其读书为学的敲门砖。近五十年的仕宦生活，他真正任官履职时间很短，《宋史·朱熹传》所云："熹登第五十年，仕于外者仅九考，立朝才四十日。"①确为其一生仕履的简明概括。他一生大部分时间都在研究理学，整理、注释古文献，办书院教书育人。他是一个真正的学者和学术大师。在整理古典文献或阐述理学思想时，遇到了大量的文献语言问题，为了解决这些问题，他广泛参考前贤时彦的各种语言学理论与成果，利用了包括当时方言在内的一切语言材料，对各种文献语言问题作了在当时历史条件下能够做到的由古及今的全方位研究。特别是在音韵学领域，为了解决古文献中的音读问题，他在古音学、今音学、切韵学及方音学等方面全线出击，针对具体问题，往往参考前人成说，检验考证，融汇百家，自成一体，推出自己的解决方案。其成就无论是数量还是质量都达到了当时学术之巅，留给了后人丰富的语音文献，不但包含大量古音史料和宋代语音史料，而且还包含对音韵学理的论述，极富理论意义，是我们今天研究南宋语音与音韵学的宝贵资料。

1.2 为何要以叶音为核心

朱熹的语音文献，从结构形式与内容来看，大致可归为四类：

1. 叶音材料。指古诗文用韵中为了诵读和谐而作出特殊处理的韵脚字音读，凡此等音释，朱子均用了特殊的术语"叶……反"或"叶……音"，故统称为叶音。

2. 注音材料。有人又将这个部分称为"非叶音语料"，指为了解决文献中疑难字的读音问题所作的注音，包含反切、直音、标调及描写譬况等。

3. 诗词文用韵材料。包含朱子自己所写诗词文的押韵以及《诗经》《楚辞》等古代文献中通过叶音等特殊处理之后所形成的用韵语料。

4. 语音散论。指散见于语录、文集及其他论著中的有关讨论语音问题的零篇断简、片言只语。

---

① 《宋史》卷四二九，中华书局 1977 年，12767 页。

四类语料中,"叶音"数量既多,内容和结构也最为复杂,制作上较少承用前人音切,以自制音切为主,所含信息量大,能够多层面、多角度地反映历史语音。它们无疑是朱熹语音文献的核心,有很高的研究价值,应当用为研究中的核心语料。而单纯的"注音"与"诗词文用韵"则不然,虽然数量也多,但注音常取前人旧切,用韵主要是礼韵体系,其中反映南宋口语实际读音的成分相对较少,新意不多,其语音价值相对较低,不堪用作主体研究,可作辅助或补充材料,不列入研究对象的核心部分。不过,有一部分用韵及注音语料因为与叶音关系紧密,可视为与叶音相关的语料而用之。至于他的"语音散论"同样很有学术价值,有的甚至是"警策之语",有画龙点睛之效,尤其是其中针对某些语音问题的说明、分析以及处理意见,都体现了作者的语音思想,反映了一个时代的学术造诣,是不可多得的研究南宋时代语音思想的原始资料。但终究数量太少而不成规模,零散不成系统,无法直接从中统计、归纳历史语音而归入辅助语料。

因此,本研究的对象其实分为两个部分,一是核心语料,包含叶音及叶音相关语料,一是辅助语料,包含语音散论、单纯注音及与叶音无关的用韵材料。我们将穷尽朱熹语音文献中全部叶音及叶音相关语料,配合其他注音与用韵语料,结合其"语音散论"来全方位地考察蕴含于其中的历史语音及体现于其中的语音思想。

二、研究材料与研究动态

2.1 材料概说

了解朱熹著作的语音文献可从两个方面入手,一是数量,二是性质与表现。

要知道朱熹著作中语音文献有多少,首先要了解朱熹的著作有多少。据束景南(2001)研究,朱子一生的著述见于载籍可考者,约有130多部,然大多亡佚。其存世的著作,虽历代都有刊刻,但单刊、合刊情况各异,而古今各色丛书收录数目也很不相同。2002年,上海古籍出版社、安徽教育出版社合作出版朱杰人、严佐之、刘永翔主编的《朱子全书》,作为教育部、全国高校古委会重点规划项目,秉持"本次编修将收书范围严格地画定为朱子自己的著作(包括朱子与他人合作的著作,如《近思录》)"①的宗旨,依托国家赞助之力,广收善本,精校细点,综汇编排,共收录朱子著作 27 种,编为 25 巨册②,都 1400 余万字。这应当是迄今收录最全备的朱子存世著作汇编。浏览 27 种著述,可知其中含语音文献的有 7 种③,分布于 18 册当中。下面是 7 种著作在各册的分布及其语音文献的概况。

第 1 册:《诗集传》20 卷:叶音、注音、用韵

第 2 至 5 册:《仪礼经传通解》66 卷:注音、少数叶音、注音

第 6 册:《四书章句集注》28 卷:注音、少数叶音、注音

第 14 至 18 册:《朱子语类》140 卷:散论

第 19 册:《楚辞集注》16 卷:叶音、注音、用韵

《昌黎先生集考异》10 卷:散论

第 20 至 25 册:《晦庵先生朱文公文集》121 卷:少数叶音、注音,用韵、散论

上述所谓"少数叶音、注音",有两种情况:

一是本身注音、叶音资料很少,如《晦庵先生朱文公文集》(第 20—25 册)仅卷六十六"杂著"中《读管子弟子职》一文有 30 多条叶音以及相关联注音。

二是叶音少,注音多,但我们的研究取其叶音,注音则取其与叶音同处一韵段之中者,即相关连者,这种情况有两种文献。一是《四书章句集注》,仅 2 例叶音以及相关联的注音;二是《仪礼经传通解》一书,有 40 多条叶音以及相关注音。为何不取其全部注音?因为该两书注音虽然很多,但各有其不适合作核心语料的地方。前者的音注情况下文再谈,这里只说说《仪礼经传通解》的注音情况。该书虽然注音材料很多④,但大部分不出自朱子之手,少部分可能出自朱子之手终难以落实。为什么会这样?还得从《仪礼经传

---

① 《朱子全书》第 1 册,上海古籍出版社、安徽教育出版社 2002 年,11 页。

② 《朱子全书》共 27 册,但第 26 册为"辑佚",27 册为"附录",故不计。

③ 此外,《家礼》(第 7 册)一书偶有几个注音,笔者目前仅发现 4 条难识字注音,数量太少,且语音价值不大,故不计入。

④ 据李红《朱熹〈仪礼经传通解〉语音研究》(厦门大学出版社,2011 年)提供的数字,该书音注有 7000 多个。见该书第 10 页。

通解》的成书过程说起。

《仪礼经传通解》一书,据朱熹的儿子朱在记述,是其先君的"绝笔之书"①,也是未完之作。该书卷帙浩繁,篇幅宏大,共计66卷,包含"通解"37卷、"续通解"29卷两大部分。

该书编写的准确时间已难确考,据现有资料推测,大约在绍熙五年(1194)11月朱熹免去焕章阁侍讲之职、由临安返乡之后开始着手组织编写,是年朱子六十有五。朱在的"记"云:"顾念先君蚤岁即尝有志于是书(南按,指《仪礼经传通解》),昨在经筵尝具奏,欲请于朝,乞招致生徒置局编次,而不果上,然其著述之旨意具存此篇。"②所谓"此篇"即朱熹的奏折《乞修三礼劄子》,"不果上"是因为还没有上奏就被免职了。《劄子》中原设定的规划(即"著述之旨意")是这样的:

> 欲望圣明,特诏有司,许臣就秘书省阙借礼乐诸书,自行招致学徒十余人,踏逐空闲官屋数间,与之居处,令其编类。虽有官人,亦不系衔请俸,但乞逐月量支钱米以给饮食、纸札、油烛之费。其抄写人,即乞下临安府差拨贴书二十余名,候结局日量支犒赏。③

由于被免职,寻求官方资助的路断了,但朱熹编书的意念却更强烈,没有官方的资助他也要实现其意图。从奏札可以推测其书实际的编纂程序:朱熹制订总体规划,组织他的学生十余人构成一个写作班子,集体编写初稿。初稿成后,自己再加以审定。3年后(庆元三年,1197)标名为《仪礼集传集注》的前37卷初编成稿,含"家礼、乡礼、学礼、邦国礼、王朝礼"五种礼文,这年朱子六十有八。初编成稿后,朱熹以68岁高龄亲自审定,到庆元六年(1200)朱熹逝世时,仅审完23卷。由于庆元党禁的原因,当时没有刊刻。37卷本的初刻已是嘉定十年丁丑(1217,朱在的"记"写于此年八月甲子)的事了。初刻时朱子已审定的部分定名为《仪礼经传通解》,剩下的14卷仍以"仪礼集传集注"之名汇入卷帙之中,全书通名为"仪礼经传通解"。

续编29卷为"丧礼、祭礼"部分。朱子生前委任其学生兼女婿黄榦主持

---

① 语出《仪礼经传通解》卷首朱在所作"记",见《朱子全书》第2册,26页。
② 《朱子全书》第2册,26页。
③ 《朱子全书》第2册,25—26页。

编纂并审定。续编的初稿同样是集体编纂,黄榦负责审定。但黄氏审定完15卷后亦下世,剩下的14卷再由黄榦的学生杨复审定,直到宋理宗绍定四年辛卯(1231)审定完毕,以"仪礼经传续通解"之名汇入《通解》刊出,至此66卷方才完编。全书实际包含"朱子审定稿或通解23卷""朱子未审定稿或集传集注14卷""续编29卷"三大部分,通名为《仪礼经传通解》。可见该书是历时三十余年完成的,各部分制作的时间与编者都不相同。朱熹除总体规划外(类似今天的策划与主编),所做的实际编辑工作只有前23卷的终审定稿。

纵观全书,针对疑难字的注音并非只限于前23卷,而是贯通全书各卷,显然,全编"注音"的原作应当是初稿编者,惜名氏均已无考。原音注均非朱熹所为。或者更为准确地说,"集传集注"14卷、"续编"29卷共43卷的注音绝非朱熹所为,勉强可能算朱熹所作的仅为前23卷"通解"中之注音。不过,我们一定要明白朱熹只是审定原编,所谓主编终审。审定中肯定会对注音有所更改,但哪些出自朱子之手今已无法确考;以常理推之,更改的数目应当不会太多。所以,《仪礼经传通解》一书的注音语料虽然数量巨大,但整体上还是应看作初编者与审定者的集体创作,可以说是朱熹学派的成果,肯定深受朱熹学术思想的影响,但难说是朱熹一人所为。

真正能确认出于朱熹之手的是前23卷中的几处叶音及相关注音:

卷一《冠礼》的三处"加冠辞"(第2册58—59页)5条叶音、3条注音

卷一《冠礼》的"字冠者辞"(第2册61页)4条叶音

卷一《冠礼》的三处"醮辞"(第2册67页)2条叶音、4条注音

卷十《弟子职》的九首韵文(第2册407—411页)18条叶音、33条注音

卷十一《曲礼》的杂记辞(第2册454页)1条叶音

卷十一《曲礼》的"正考父鼎铭"(第2册455页)2条叶音、6条注音

卷十六《大学》引《卫风·淇奥》(第2册548页)1条叶音、3条注音

上述均有叶音,又羼杂了一些注音。通观全书格局,完全可以确认这33条叶音一定出于朱子之手。理由如下:

其一,卷十之《弟子职》的叶音、注音与《晦庵先生朱文公文集》卷六十六的《读管子弟子职》完全相同,应当是朱子音注之移录。

其二,卷十六引《卫风·淇奥》第一章,共有音4条,其中叶音1条,注音

3条。这条叶音与《诗集传》中同诗所叶之音用字有异、音类全同。另"澳、僩、喧"3字的3个注音的切语上下字与《诗集传》相比,仅"僩"音切语的切上字一处不同,其他全同。亦可看作朱子将自己的音叶转写于此。

其三,卷十一"正考父鼎铭"中"走叶音祖、口叶音苦"的两条叶音的语音根据是朱熹一再指出的闽北建州语音"走音祖、口音苦",笔者所见宋代文献中除朱熹外,没见有其他人提过这两个字的闽音与古音相合(参刘晓南2001)①。可以断定,用这两个字的方音来叶古音,出于朱子之手。

其四,《仪礼经传通解》的66卷庞大篇幅中,仅朱熹审定的前23卷出现了叶音,23卷之外的其他部分凡引述《诗经》等古韵文处,均无叶音。如卷二十七《乐记》篇的魏文侯与子夏一段对话中引述《大雅·皇矣》第四章②,该章在《诗集传》作了2条叶音,在这里没有。未经审定者无叶音,由此可以断定,编辑班子原编辑体例是书中所有的古诗文韵脚一律不注叶音,朱子审阅时补其叶音,所以叶音只见于朱子审定的前23卷中。

在卷一首次出现叶音的"加冠辞"下有一条按语:"按,诸辞皆当以古音读之,其韵乃叶。"③我们推测这条按语也是朱熹补上的。理由有二:

其一,加注"按"语,在《通解》洋洋66卷的大编中,笔者仅见此一处,全书并无第二处。很象是原编本无此例,后来加入的,这个加入者只能是"终审主编"朱熹。

其二,按语中"诸辞"的"辞"是指"加冠辞"这样的古韵文。看字面意思,大意是《仪礼》经传中出现的古韵文,要用古音诵读,其韵方能谐协,办法是使用"叶音"。细品"当……其韵乃叶"这样的措辞,隐含有"原本没有注古音,其韵不叶"的意思,其实是针对如何解决原编中没有措意的古韵文韵读问题提出的一个应对之策。试想一下,如果原编中已经做了叶音,就算已注明了所谓"古音",有了应对之策,按语似不必如此说,看《诗集传》就没有此种按语。

因此,我们判断一定是朱子审稿时看到初稿中的古韵文诵读不谐,认为

---

① 附于句末的括号内有姓名及年代,其作用为提供本句观点或材料来源的参考文献,跟书尾附录之参考文献完全对应,欲知详细信息可检附录了解。
② 《朱子全书》第3册,995页。
③ 《朱子全书》第2册,58页。

需要补入叶音来谐韵,所以加入一条按语,说明其体例与理由。若此推测不错,则更可以见得书中叶音均为朱子亲手补入,应当纳入朱熹语音文献之中。连带而及,这几处叶音所在的韵文中的注音无论是否出于朱子之手,因其与叶音错杂出现,关系密切,亦当看作朱熹的语音文献,因其数量很少,所以标为少数注音。

7种著作篇幅宏大,都是朱熹的重要论著,其中所含的语音资料,是我们研究朱熹语音及其语音思想的主要对象。

2.2 材料的差异性

7种著作的文体不同,其语音材料形式也有叶音、注音、韵段、散论等不同,这意味着朱子语音文献从外部的文本形式到内在表音方式与手法等都有所不同。受其影响,各自所表现的历史语音也不尽相同,在研究中应当区别对待。

2.2.1 外部形式的影响。文本或文体因素会影响语音的表现,如《晦庵先生朱文公文集》《朱子语类》二书因为不涉及经籍注疏的内容,所以大都没有注音、叶音那样的直接表现语音的语料。其语音材料主要有两类:一是收于文集中的诗文用韵,二是散布于两书中的语音散论。

从音系研究的角度看,朱子文集中的用韵语料,若用于归纳韵部系统,则存在两大缺陷。一是数量有限,缺乏统计学意义。查文集中收录朱子诗词韵文共计1200多篇,韵段仅有1305个,这个数目对归纳韵部系统而言尚且不够,况且其中韵类的分布也不全,比如"废、盐、严"等几个韵就没有出现过,所以仅凭这一批用韵材料还不足以归纳出一个实际语音的韵部系统。二是前文已经指出,用韵语料大多循礼韵之成规,尤其是公私应酬之作,总是要尽量避免"落韵",结果是诗文用韵反映实际语音的变化相对较少。

"散论"语料反映实际语音情况要好一些,但由于都是针对文献中具体语音问题的说解或师友论难时的相关言论,并非专题讨论语音的论著。随机而论,内容庞杂,形式上都是零章断简,散见于不同卷帙,需要钩稽、考证与整理,方可用诸音韵研究,较之用韵语料,更加缺乏系统性,同样不便直接用于音系的研究。

《诗集传》大不相同的是，16 段竟没有一段取用"二音叶例格式"注其音叶，全都用假设语气，如：

离骚15：索，所格反；一叶苏故反。妠，若索音素，即妠如字；若索从所格读，则妠叶音跲。

此外，两书还有一些其他的不同，比方说同一字在同样押韵环境下，各自所注叶音却有不同。如"备"字，《诗》中入韵 2 次，均叶入声（另一次见《小雅·楚茨》）：

大雅旱麓四：载叶节力反备（叶蒲北反）祀叶逸织反福叶笔力反

《骚》中入韵 1 次，叶去声：

招魂138：怪备（叶步介反）代

又如"爱"字，两书叶音竟然声母不同：

小雅隰桑四：爱（叶许既反）谓

九章怀沙91：爱（叶於既反）类

这些差异从大的方面来说与音释体例有关，小的方面说则属于具体字音的处理方式有异。小的不同，可能会有偶然因素，但涉及体例则绝非偶然。我们认为这可能与二书的成书过程不同以及由此而引发作者对被注字音读思考的成熟程度不同有关。

关于二书的成书过程。根据束景南（2001）的研究，朱熹《诗集传》大概是在 49 岁时开始编写，57 岁（1186）时写成。表面上看，写作仅费时 8 年，但实际上应当是长期思考、反复斟酌，穷毕生精力编就的。他说：

> 某自二十岁时读《诗》，便觉小序无意义。及去了小序，只玩味诗词，却又觉得道理贯彻。当初亦尝质问诸乡先生，皆云，序不可废，而某之疑终不能释。后到三十岁，断然知小序之出于汉儒所作，其为缪戾，有不可胜言。①

实际情况是 30 岁这一年他才开始着手《诗经》的整理注释，写作《诗集解》，虽然仍遵照汉儒旧说解诗，但心中对小序却是疑惑重重。"疑序"其实就是《诗集传》酝酿的开始。遵从旧说的《诗集解》写成后不断修改，总不惬意，直到 48 岁第三次修改后，终于下决心另起炉灶，抛弃小序，也舍弃了依从

---

① 《朱子语类》卷八十，王星贤点校本，中华书局 1986 年，第 6 册，2078 页。

小序的《诗集解》①，改作《诗集传》。他说：

> 某向作《诗解》，文字初用小序，至解不行处，亦曲为之说。后来觉得不安，第二次解者，虽存小序，间为辩破，然终是不见诗人本意。后来方知，只尽去小序，便自可通。于是尽涤荡旧说，诗意方活。②

从49岁动手编写，大概经过8年，于淳熙十三年（1186）写成《诗集传》，同年初刻于建安，后再修订，3年后即孝宗淳熙十六年，由吴必大刻于豫章，此外又有蔡元定建安本或后山本等刊刻。

与《诗集传》长期思考，反复修订，生前多次刊刻不同，包含《楚辞集注》8卷、《楚辞辩证》上下、《楚辞后语》6卷三个部分的《楚辞集注》，却是作者晚年写作且生前未定稿、未刊印之书。虽然朱熹很早就熟读屈骚，但很长时间里都未曾想要写一本研究著作。《楚辞集注》始作于何时今已难确考，一般认定当在绍熙五年（1194）知潭州、任侍讲之后，时六十五岁。这一年朱熹由潭州任上征召入朝，任焕章阁待制兼侍讲，给皇帝讲解经书，可谓进入了仕途之巅，由于他的抗金主张不被皇帝待见，仅四十余日就被免职。他忧愤之下辞朝返乡，实际上彻底告别了官场，后来又遭逢伪学、党禁之祸。官场的浑浊、理想的覆灭对他的打击，使他对屈原的遭逢感同身受，心灵的共鸣是促使他进一步研究屈原、写《楚辞集注》的重要原因，当然也有纠王逸、洪兴祖之讹误的意思。如果《楚辞集注》开始于辞朝返乡之后的第一年，则当庆元元年（1195）他66岁。《楚辞集注》大概与《楚辞辩证》相先后，《楚辞辩证》朱子有序作于庆元五年己未（1199）三月，时朱子70岁，《楚辞集注》成编应当在此之前，则其至迟当在庆元四年冬编成，时69岁。《辩证》完稿之后再接着编录《楚辞后语》，然而直至去世都未编完。三种《楚辞》的著作均未见其在世时有刊刻的记载，他去世后方有刻本，今所见三书最早的合编本乃朱熹的裔孙朱鉴刊于宋理宗端平二年乙未（1235）的本子。

据此，可知《诗集传》与《楚辞集注》各自的编纂历程有很大的不同。这个不同导致两书的注音、叶音出现了一个倾向性差异。

---

① 《诗集解》今已失传，仅于吕祖谦《吕氏家塾读诗记》的引用可见其端倪。朱熹《吕氏家塾读诗记后序》云："此书所谓朱氏者，实熹少时浅陋之说，而伯恭父误有取焉。"

② 《朱子语类》卷八十，第6册，2085页。

《诗集传》是朱熹穷毕生精力打造的学术精品,反复修订,生前手自刊定,初刻之后犹尚修订不辍。朱鉴对此有深切的回忆:

> 初脱稿时,音训间有未备。刻版已竟,不容增益。欲著补脱,终弗克就。未免仍用旧版,葺为全书,补缀趱那,久将漫漶。竭来富川,郡事余暇,辄取家本亲加是正,刻置学宫,以传永久。抑鉴昔在侍旁,每见学者相与讲论是书,凡一字之疑一义之隐,反复问答切磋研究,必令心意通解而后已。①

这段回忆非常宝贵,它告诉我们,朱子对初刻本的"音训间有未定"作过诸多"补缀",又经常与学者反复问答切磋,求其通解,这些"研究"的成果当时都记于"家本",时间一久,文字恐将"漫漶",所以朱鉴履职富川时,要新刻一本置于学宫(按,此即所谓富川本,又称江西本),用这些修订内容对旧本"亲加是正",补足为善本。朱鉴此序作于理宗端平二年乙未(1235),其刊刻时间或在此时。总之,现在我们看宋本《诗集传》,其音释一字一音,利落决断,无疑是经过反复检验,思考成熟的作品,显示出来这是作者的正式意见。

而《楚辞集注》乃"晚岁草定"(朱在《跋》中语),全书既未编完,已成稿者亦来不及反复核查与修订,所以"二音叶"韵段全都用假设语气述之,表现出尚未考虑成熟的态势。其他音注的行文此类亦多,如:

大招152:暴,疑亦有皮音也。

"疑"有什么音,其语气是揣测式的。

成相216:衷对,当作对衷,乃与韵叶。

"当作……,乃……",也有推测之意。

离骚8:替,替与艰叶,未详,或云:艰,居垠反。替,它因反。

一是"未详",一是"或云"。语气都是不肯定的。

我们推测,为什么要做那么多的一字注2音、3音甚至5音? 可能是当时朱子所见诸本骚经注疏音读多歧,他为了有效地是正音读而广收异音以便比对鉴别,类似长编的做法,如:

离骚18:吾又恶其佻(吐雕反,又吐了反,又音眺)巧。

---

① 语见《诗传遗说序》,影印文渊阁四库全书第75册,500页。

"佻"字洪兴祖注"吐彫切,又土了切"①,读平上二音,朱子增加"又音眺"去声一读,该音见于《集韵》,但朱子亦有可能是从他所见的另一注本补入的。平上去3音并列,何者当读为正,是3音均通,还是先姑收其异读,朱子未明说,究竟该如何,今已不得而知。

又如"蠵"字也收了3音,该例音注稍有不同,朱子明确了何为正读,再附入异读:

招魂140:露鸡臛蠵(蠵音携,又以规、煎圭二反),厉而不爽些。

"蠵"字下3个音,前2个来自洪兴祖补注"蠵,音携,又以规切"②。看来,朱熹同意洪兴祖的意见,将匣母的"音携"定为正读,此即《广韵》齐韵户圭切"蠵,大龟"。另2个异读,以母"以规反",即《广韵》支韵悦吹切"蠵,觜蠵,大龟"。上两音来于洪兴祖,亦合于韵书。第三音"煎圭反",音属支韵精母合口三等,不见于洪氏《补注》,韵书亦查无踪迹,该音来源不明,待考。但《集韵》支韵精母合口三等有2个小韵③,都收了与"蠵"有关的"蟕"字,一为津垂切"蟕,蟕蠵,龟属",一为遵为切"蟕,蟕蠵,龟属",都不见收"蠵"字。《集韵》此两音都与朱子所注"蠵"的"煎圭反"同音类,而切语用字不同,可以断定朱子此音绝非取自《集韵》。推想该切也可能出于当时某种《楚辞》注本,误将"蟕蠵"的"蟕"字当作了"蠵"字重文,因而给"蠵"注入了一个精母的读音。朱子作集注时应当是先确认匣母一读为正,再收集异音以传闻见,记录之初尚还来不及对异音进行辨证,故两存之。

上两例说明朱子的确是给难识字广泛收集各种音注,有点类似陆德明的"传闻见""博异闻"。仓促收录,以至于在多音之注中有的不明确该读何音,音训之中出现了一些未定现象。我们推测他本意很可能是广集诸家音注,以备今后修订时斟酌取舍,确认其正读、异读或误读等等。惜天不假年,复核修订来不及做了。因此,留给我们的《楚辞》音释与《诗集传》相较就显得略为庞杂,稍欠严谨,不那么正式。不过,这种非正式的音注风格或可带来一个意想不到的好处,即音释的信息覆盖面广,尤其是朱熹自己制作的反

---

① 《楚辞补注》,白化文等点校本,中华书局1983年,33页。
② 《楚辞补注》,208页。
③ 这是很罕见的齿头音的重出小韵,《广韵》中亦有此两纽,但切语开合不同。

切,可能因其舍弃韵书,曲从口语,而更为接近实际语音。

了解两书音释的成型过程,并非以此判定优劣,施以褒贬,而是要明确两书之音释差异:一倾向于正式,一倾向于随意,虽有不同,但也存在极佳的互补性。明确《诗集传》与《楚辞集注》叶音注音的差异,更有利于我们从不同的角度探求南宋语音。

2.3 研究对象及版本

2.3.1 研究对象:核心语料与辅助语料。我们根据其内部差异和表音特点,从历史语料的音系研究角度,将 7 种语料区分为核心研究对象与辅助研究对象两类。

核心研究对象即所有的叶音及与叶音相关的语料,是探寻南宋语音的主体。何为"叶音相关语料"?包含两个部分:一是与叶音同处一个韵段或同一篇中的注音语料,二是经过叶音等处理之后的韵段。这是因为韵段中的叶音与注音是交织一起的,有的叶音甚至是先注一个音再叶一个音,所谓"先注后叶,注叶同条"。韵段中的注音往往与叶音相关,取其叶音当然不可以割去相关的注音。又,通过叶音产生的韵脚字的组合字段(简称为韵段)毫无疑问也是与叶音密切相关的语料,都能很好地反映宋代实际韵部系统,也应当作为核心语料。

核心语料具体有下面 4 组:

1.《诗集传》中的叶音及相关注音和韵段。

2.《楚辞集注》中的叶音及相关注音和韵段。

3.《仪礼经传通解》中的叶音及相关注音语料和韵段。

4.《四书集注》中的叶音及相关注音语料和韵段。

4 组语料中,《诗集传》与《楚辞集注》的叶音注音之交织状态是全书通贯的,所以两书的所有叶音、注音及韵段无疑都是核心语料,同为研究对象中的主力。

辅助研究的语料,凡除叶音及其相关语料之外的均归于辅助语料,它们是:

1.《四书集注》中的除叶音及相关注音之外的注音语料。

2.《昌黎先生集考异》中的语音散论。

3.《晦庵先生朱文公文集》中的韵段、语音散论。

4.《朱子语类》中的语音散论。

《晦庵先生朱文公文集》卷六十六的《读弟子职》篇的叶、注音与《仪礼经传通解》卷十中"弟子职"完全相同,为避重复,不再归入核心语料,同时在补充材料中亦将其剔除。

2.3.2 研究中使用的版本。我们的研究自1996年开始,历时久远,时《朱子全书》尚未成编面世,无缘使用其点校诸本,我们随所需要采用了坊间常见但又比较好的版本,在后来的研究中才逐渐采用了一些《朱子全书》本。具体情况如下:

1.《诗集传》 上海古籍出版社1980年标点本。

2.《楚辞集注》 李庆甲点校本,上海古籍出版社1979年。

3.《四书章句集注》 新编诸子集成本,中华书局1983年。

4.《朱子语类》 黎靖德编、王星贤点校本,中华书局1986年。

5.《仪礼经传通解》《昌黎先生集考异》《晦庵先生朱文公文集》 3书取《朱子全书》本。

本书引述上述7种文献,如无特别说明,均为上述版本。虽然前四种文献未取《朱子全书》诸本,但《全书》本无疑是我们校正、复核材料的重要参考。

2.4 研究动态

音韵学者对朱熹语音文献展开研究最早的是古音学,渐次增加今音学、历史方音学和宋元切韵学的研究内容。四者之中,古音学的研究历时久长,今音学次之,方音学与切韵学是近些年才开展起来的。前人的研究取得了辉煌的成就,但仍有不小的分歧,存在进一步拓展的空间。这里只是简略说明各项研究的进展及主要分歧与差异,提出本书进一步研究的方向,详细的介绍与讨论见各卷的相关章节。

2.4.1 古音学研究。对朱熹语音文献作古音学的研究最早可以上朔至明代的陈第、焦竑等人,其主旋律是批判"叶音"的"乱改字音",提倡古音本读,这在当时是具有革命性的划时代进步意义的。可以说正是对"叶音"的批判才催生了清代以来科学的古音学,引领了有清一代学术风骚。从陈第到顾炎武、江永、戴震、段玉裁、王念孙、孔广森、江有诰以及民国诸贤,古音学在批判"叶音"的基础上蓬勃发展,著述如林,流风余韵以及于今。但其附带而来的负作用也是显而易见的,明儒焦竑、陈第等批评"叶音",也许是矫枉需要过正的缘故,"叶音"的负面影响被不适当地夸大了,几乎成了朱熹古音学"很烂"的标签,在摒弃所谓"乱改字音"的同时,没有经过严肃的研究、鉴别,以弄清朱熹的学术体系中有没有古音学,如果有古音学又是什么样的古音学等等问题,过早地摒弃或否定了朱熹的古音学。就像倾倒小孩洗浴的污水却连小孩一起倒掉了一样,这样做不但对朱熹不公平,而且也造成了古音学和古音学史的不小损失。

近些年来,当学者们立足于科学史观,逐渐转向冷静客观地探讨与评述古音学的发展历程之时,对草创之初的朱熹古音学有了新的认识,陆续有新的论著面世。诸多成果观点新颖,讨论的问题具体而客观,不断刷新学术史的认知,因而本书将在已有研究成果的基础上,穷尽朱熹语音文献中的古音学语料,试图作一全面的考察与评述。

2.4.2 宋音研究。对朱熹语音文献中的宋代实际语音的研究,出现于上世纪后期,时代较古音学要晚二百余年,但一出现便引起学术界的很大兴趣,不久就出现了研究的高潮。

1970 年,台湾学者许世瑛在其《朱熹口中已有舌尖前高元音说》一文中说:"朱子诗集传里有很多'叶韵',……用叶韵的方法去读诗经固然是一件很可笑的事,但是我们也可以从这些叶韵中,推测出朱子口中的实际语音现象。"(许世瑛1974,287 页)这是目前所见最早提出从朱熹语音文献出发研究宋代实际语音的言论。从此之后,朱熹语音文献中的实际语音主要围绕南宋时代通语的语音系统进行,迄今已在声母、韵母和声调系统三个方面出现了一系列的成果,主要论著有许世瑛的系列论文[①]、王力先生《朱熹反切考》(1982)以及赖江基(1986)、陈鸿儒(1992)、黎新第(1999、2001)等。

综合来看,诸家研究虽然已经有了很大成就,但各自所考得的音系差异巨大,有的观点甚至对立,没有哪两家是相同的或互补的。这实际反映了对南宋通语音系并未形成共识,此其一。其二,具体问题上也有相当大的差

[①] 见《许世瑛先生论文集》,台北弘道文化事业有限公司,1974 年。

异,如全浊清化问题,诸家观点各不相同。尤其是声调问题,仅浊上归去问题有比较深入的讨论,南宋通语的声调研究尚存诸多空白。因此,本书将设专题讨论南宋通语音系。

2.4.3 方音研究。最早提出朱熹叶音中可能存在方音的是许世瑛,他在《诗集传叶韵之声母有与广韵相异者考》(许世瑛 1974,213—221 页)一文中提出 14 个字的叶音可能是宋代方音不同造成的。但他的研究倾向于追溯那些可能是朱子口中方音的叶音的历史来源,假说的成分居多。其后,黄景湖(1981)指出朱子"信叶师人反"以生母叶心母等现象,属于闽北音。潘渭水(1997)《闽北方言对朱熹叶音反切的影响》一文对朱熹反切作了仔细分析查核,指出"其中不少反切与中原音韵不合,却明显地表现出闽北方言对他的影响"。上述诸家都是举例式的,尤其是尚未使用朱熹自己讨论方音的"语音散论"资料,虽提出了问题,指出了新的研究方向,但尚存诸多问题有待探讨。在这个基础上,我们穷尽朱熹语音文献中的方音语料,从声母、韵母等不同方面作系列的研究,归纳南宋闽音的声母系统,揭示其韵母及声调的语音特征。

2.4.4 切韵学及叶音考论。笔者认为对朱熹语音文献的研究还应当有两个方面,一是叶音考论、一是切韵学研究。

关于叶音考论,有两项任务:

一是叶音探源。笔者认为朱熹所作叶音表面上看,一字本读之外又可读另一音来谐韵,有点像焦竑所说"借叶一字而尽该千百字之变",甚至"上"可以读"下"、"左"可以读"右"等。这个批评就是所谓"乱改字音"的理论依据。但一代大儒治学严谨,如此毫无根据地乱改字音岂是为学之道?何况他还多次指出吴棫"叶音皆有据",难道自己作叶就不要根据地乱改字音?笔者心存疑惑,故下决心核查叶音的来源,经过考查,笔者初步认定朱子叶音是有根据的(详刘晓南 2003),绝非乱改字音。随着考核的拓展与深入,笔者"叶音有据"的认识愈益清晰,并进一步认识到,查明叶音的来源及其根据,其实对宋代实际语音及宋代的语音学都有特别的价值,因而本书将辟专题考论叶音之来源。

叶音考论的第二个任务就是探明朱子叶音的体例及各种表音方式与手法。

关于朱熹语音文献中所含宋元切韵学的内容,以往无人论及。笔者在探求叶音来源的时候发现,有一些叶音是根据四声转读的原理作成的,类似于清儒提出的"阴阳对转""双声旁转"的理论;再进一步追查,通过朱子与宋代古音学家程迥的学术交往,得知朱子这些叶音的直接来源是程氏的"四声互用、切响通用"理论,程氏的理论又源于宋代切韵学的基本原理。因此,朱熹的叶音中包含有宋元切韵学的理论。(详刘晓南 2016)

三、基本思路与方法

3.1 基本思路

穷尽朱熹传世文献中的语音文献,钩稽并归纳所有的"叶音、注音、用韵与语音散论"语料,根据其中蕴含的语音信息异同,区分为核心语料(叶音及相关语料)、辅助语料(文集中的用韵、无关叶音的注音、语音散论),以核心语料为主要研究对象,以辅助语料为辅助或补充研究对象,综合利用,运用文献考证法和历史比较法的新二重证据法进行研究。本书的思路可以概括为如下 3 点:

(1) 研究目的:全方位揭示南宋通语音系以及语料中蕴含的当时方音、其他历史语音或语音表现,同时考求宋代音韵学及古音学的学说。

(2) 研究对象:核心资料为叶音及相关语料,辅助资料为无关叶音的注音、用韵、语音散论。核心语料是研究语音系统及特征的主体,必须穷尽研究,详考其信息,统计其数据,进行全面的研究。辅助语料主要用作旁证,仅使用其本身的信息,根据需要略作考证与爬疏,一般情况下也不作穷尽的统计。

(3) 指导方法:文献考证与历史比较的新二重证据法。

3.2 基本方法

指导本书研究的方法论是新二重证据法,在研究中通贯全书的基本研究方法具体有三个:文献考证法、历史比较法、统计法。

3.2.1 文献考证法:即从语音文献中考求历史语音和语音学说。包含如下 4 个内容：

一是文献诠解，即从文献的文本入手，诠释其中包含的语音信息。具体操作中，因叶音反切、注音反切、韵段的韵脚字组合、语音散论等表音方式不同，所含语音信息不同，所以对其语音信息诠解的方式就有不同，详见各具体章节。

二是语例探源，即必要时对所有叶音注音的反切或直音探寻其来源，以查明其语音传承，帮助判断其所含历史语音信息的学术价值与语音价值。

三是文献旁证，查证包含历史典籍以及后人所作的音韵学研究论著在内的各种文献，以帮助判断朱熹语音文献中的历史语音。

四是内部比对，核心语料内部有许多差异，小到一条音切，大到一组甚至一类音切都是如此，其中蕴含了不同的语音内容，可以通过内部的比对揭示其语音信息的细节。

这里所述的文献考证法的其实也只是一些操作原则，在实际的运用中，研究对象千差万别，常常需要在具体的操作中对方法作调整或补充，因此，在各章节的具体讨论中，常会根据不同语料再对具体使用方法作出说明，详各章节。

3.2.2　历史比较法：即通过同一区域的不同时代或同一时代的不同区域语言现象的异同比较，判定语料所反映的语音现象、性质与归属。包含如下几个内容：

古-古比较：即指同一历史时代不同区域之间语言现象或数据的异同比较，也可以说是历史上的共时层面的异同比较。

古-今比较：即同一区域古代与现代的语言表现或数据的异同比较。

先-后比较：即指同一区域的不同历史时代之间的语言现象或数据的异同比较，比较双方的时代一者稍前一者稍后，故为"先-后"的比较。

3.2.3　统计法：即通过语料中某种特殊现象出现的数量、所占比例来推测其语音变化可能的进展程度，以揭示历史音变的进程。主要使用"算术统计法"。但判断某一音变的历史进程，首要的还是进行综合性的全面考察，在此基础上辅以统计的方法，提供数据作为参考。

同样，以上比较与统计诸法是基本的指导方法或方法论。具体研究中，不同的材料通常都会有不同具体处理方法，将在各章节中具体说明。

四、本书构想

　　本书是对朱熹语音文献的一次全面研究，涉及方面多，问题复杂，很难面面俱到，因此确立以叶音及其相关语料为核心，辅以其他资料，研究蕴含于其中的历史语音。"叶音"既然是核心研究对象，就有必要首先辩明叶音的语音价值及其表音特色。因而本书的第一个任务是讨论叶音的产生或来源、发展、特征及其体例等，明确其历史语音的表达方式，以便考察其中蕴含的历史语音。第二个任务就是以叶音及其相关语料为核心，考察宋代的语音以及叶音语料所能表现的其他层面的语音，包含南宋的方音。

　　根据任务设定，我们将本书分为两个部分，每个部分立为一卷，共两卷：

　　上卷：叶音通论。讨论叶音的发生、发展、特征、体例、表音方式等问题。

　　下卷：历史语音。讨论朱熹语音文献中蕴含的南宋通语及方音等各种历史语音及其语音思想。

　　立卷是为了系统地发掘语音文献和讨论历史语音，至于语音思想则根据实际表现及需要在各章节之间穿插叙述与论述。

　　卷之下根据内容需要再分立章、节。

上 卷

叶音通论

在汉语语音学史上，科学的上古音研究是伴随着对宋儒叶音的批判而展开的。批判叶音虽然有效地催生了明清以来的古音研究，为汉语语音史和学术史作出了巨大贡献。但是，时过境迁，立足于今天，我们回首往事，客观地检视，就会发现这个批判似乎急于以个别特例作全盘的否定，总让人感到有那么一丝准备不足，显得仓促。下面这段出自批判始发者焦竑的话颇有代表性：

  古韵久不传，学者于毛诗、离骚皆以今韵读之，其有不合则强为之音，曰此叶也，予意不然。如"驺虞"，一"虞"也，既音牙而叶葭与豝，又音五红反而叶蓬与豵。"好仇"，一"仇"也，既音求而叶鸠与洲，又音渠之反而叶逑。如此则东亦可音西，南亦可音北，上亦可音下，前亦可音后，凡字皆无正呼，凡诗皆无正字矣，岂理也哉！①

虽然没有点名，从所举实例来看，批评的对象就是朱熹的叶音。

令人惊讶的是，这种以少数否定多数、以部分否定全局的观点与思路，自发起之日起，就一路绿灯，畅通无阻，竞相转述，采信为确论。当然，无可否认，所举的"虞""仇"两字叶音，看起来的确有点像漫无准则地完全由韵段来定其读音，显示出某种程度的随意性。但是，就这几条例证能代表全体叶音吗？况且这几个典型例子的叶音也未必就毫无理据可言（详刘晓南2003），只是因为其理据难于理解而被人们忽略了而已。通常说"说有易，说无难"，仅取几个典型例子，就要否定两千余条叶音的合理性，是不是有那么一点"攻其一点，不及其余"之嫌，这样做是否符合事实？是我们应当认真思

---

① 《焦氏笔乘》卷三，上海古籍出版社1986年，83页。

考与检验的。

其次，叶音作为一种历史上的音释行为，它是怎么出现的，又有怎么样的表现？清儒曾博考文献，探赜索隐，发掘宋代以前的叶音或类似叶音的语例，指明叶音至迟产生于六朝时代，又有"协韵""合韵""取韵"等称谓。但细察所举例子，与宋人的叶音相比较，二者之间内涵或表现似乎有所不同。六朝以至隋唐间的"协韵"是否与宋人的叶音完全相同，仍有探讨的必要。

至于叶音在宋代的表现如何？清儒出于古音学史的需要，仅关注到吴棫与朱熹等人的《诗经》《楚辞》叶音，此外是否还有其他表现，并未措意。我们以为，宋人的叶音行为，并非局限于读古诗，其实还涉及读、写当时的诗歌，甚至与科举考试都有关联，实际上它是属于一种社会文化现象。既然是社会文化现象，当然就得立足于社会文化角度进行考察，以期全面把握叶音行为，作出准确的评价。

总之，由于陈第、焦竑等人的极富批判精神的观点影响太大，清儒以及后来诸多学者都无条件地接受了他们的观点，作为评价并否定朱熹叶音的基本依据，基本上停止了针对叶音这种社会文化行为的探讨和研究，其结果就是在摒弃叶音的负面影响的同时，也不可避免地失去了对叶音现象作客观公正评价的可能，这其实是不利于语音史与音韵学史的。

因此，在明儒否定了"叶音"约五百余年之后的今天，当我们重新审视朱熹叶音这批语音文献并利用它来研究南宋语音的时候，我们有必要全面、客观、公正地考察叶音行为的来龙去脉以及叶音现象在宋代的表现，对它有一个客观而准确的了解。这是本卷"叶音通论"设立的主旨。本卷所立各章从"线、面、点"分层展开：

一是"线"，即探讨叶音现象的历史，有关它的萌生、形成与发展及宋叶与前代叶音的异同等问题；

二是"面"，即叶音在两宋文化生活中的表现；

三是"点"，即朱熹本人叶音的概况及其特点。

三者之中，第一条是历时的研究，二、三两条是共时层面的研究。透过纵向的历时研究、横向的共时文化层面的全面探讨，全方位地获取叶音现象的各种历史文化信息，以期科学、客观地多角度解构叶音的历史来源与语音价值，达到比较科学客观地认识朱熹叶音的目的。

第一章 从押韵到叶韵

一、均、韵、协韵、押韵、叶韵

"叶音"一语,完整地说,应当具有动、静两重涵义。"动"的涵义是指调整诗歌韵脚的读音使之诵读和谐的一种操作方式或方法,又可称之为叶音行为;"静"的涵义是指经过调整音读后押韵和谐的韵段和韵脚字及其所注之音切,可统称为叶音结果。叶音行为产生叶音音切及韵段,动静之间互为因果。无论是叶音行为还是叶音结果,本质上都属于押韵的范畴,只是叶音这种押韵比较特殊,它实际上是在普通押韵基础之上作出的一个拓展。

古代的诗人或学者们为什么要作出这样一种拓展、并将它从普通押韵中分离出来称为协音(叶音),再逐渐发展成为宋代的叶音的呢?这恐怕还得从押韵说起。

1.1 均与韵

诗歌是中国文学史上出现最早,历史最为悠久的文学样式,凡诗歌即有押韵。既然押韵和诗歌与生俱来,毫无疑问,诗歌的历史有多久,押韵的历史就有多久。然在上古时代,作为一种自然而然的艺术行为,押韵这个非常独特的语音艺术表现形式长期以来并未引起学者与作者们的关注。与上古之书《尚书》中就有"诗言志"之类有关诗歌的内容、特征等论述不同的是,诗歌形式上的重要特征"韵"或"押韵"的认识与表述远远滞后。诗歌创作中长期有押韵之实、无押韵之名,甚至使得整个先秦时代文献中都看不到一个"韵"字。上古文字学的集大成之作《说文解字》的正文中没有"韵"字,在土部收有"均"字:"均,平徧也。从土从匀,匀亦声。"①段玉裁解释说"平者,语平舒也。引申为凡平舒之称。徧者,匝也。平徧者,平而匝也,言无所不平也。"②大概"均"的本义是"均平圆调",语音的均平圆调也可叫做"均",故段氏认定"均"即"韵"字之初文。其实这也不是段氏的创见,早有宋代郑樵就说过:"名之曰韵者,盖取均声也。"③要特别指明的一点就是,即算"均"就是韵的初文,其本义也不是"押韵"。

有了"韵"的概念才可能产生"押韵"的术语。汉代以前无韵字,似乎也反映了汉人对"押韵"现象缺乏清晰之认识,汉代文献更是少见有正面的记载。《汉书·东方朔传》记载了东方朔与郭舍人在汉武帝前斗隐语(即谜语)的一段佚事,从中可以窥见当时人们是如何称呼韵语的。郭舍人斗输,罚受榜,要挨打板子。他不服,想扳回颓势,因奏请武帝:"'臣愿复问朔隐语,不知,亦当榜。'即妄为谐语曰:'令壶齟,老柏途,伊优亚,狋吽牙。何谓也?'"④郭舍人随口说了4句所谓"谐语"。何谓"谐语",师古释曰:"谐者,和韵之言也。"可见,汉代有称韵语为"谐语"者,未见称为韵语。

博览群书的顾炎武曰:"考自汉魏以上之书并无言韵者,知此字必起于晋宋以下也。"⑤顾氏引述西晋陆机(261—303)《文赋》中的句子"收百世之阙文,采千载之遗韵",断曰"文人言韵始见于此"。今查陆机《文赋》共出现了两个"韵"字,除顾氏所引外,还有"或托言于短韵,对穷迹而孤兴"。李善注曰:"短韵,小文也。"⑥顾氏所引的"遗韵"句,李善未作注。查它在句中与"阙文"互文,当亦指前人之文,或为有韵之文吧,这当然不是音韵或押韵的韵。而《文赋》中涉及音韵或押韵的句子:"其会意也尚巧,其遣言也贵妍,暨音声之迭代,若五色之相宣。"里面却没有用"韵"字。

大概魏晋时有了"韵"字之后,关于诗歌的押韵才有了自己的名称。从现有文献看,陆机的弟弟陆云可能最早使用"韵"字作为押韵的术语。《陆云

---

① 《说文解字》中华书局1983年缩印大徐本,286页。
② 段玉裁《说文解字注》上海古籍出版社1981年缩印本,683页。
③ 《七音略·序》,万有文库本《通志略》第5册72页。
④ 《汉书》卷六五,中华书局点校本1962年版,第9册2844页。
⑤ 《音学五书·音论》上,中华书局1982年缩印音韵学丛书本,14页。
⑥ 《文选》中华书局1977年缩印本,242页。

集》卷八《与兄平原书》屡屡提及"某与某韵",如"'彻'与'察'皆不与'日'韵",又如"李氏云'雪'与'列'韵"①等等,这也说明,最早出现的与音韵相关的"韵"字是动词,"某与某韵"其语义就是"某字与某字押韵"。后来齐梁间刘勰《文心雕龙·声律》篇"异声相从谓之和,同声相应谓之韵"②的"韵",也是"押韵"的意思。《说文》音部后的"新附"之中收入"韵,和也。从音,员声。裴光远云:古与均同,未知其审"③,应该是两晋之后的事了。

1.2　押韵诸名

"韵"字产生之后,从六朝到唐代,虽明确了押韵的概念,也有了表"押韵"义的专字,但"押韵"这个动宾式专用术语长期以来并未成形。学者谈到押韵,除了如陆云那样单用一个"韵"字或"与……韵"字样外,还有诸多其他的用语,如"赋韵""取韵""协韵""为韵""用韵""合韵"等等,"押韵"仅是这个语词家族中的普通一员而已,姑略作展示如下。

1.2.1　"赋韵"。颜之推《颜氏家训·名实》:"竟日欢谐,辞人满席,属音赋韵,命笔为诗。"④"赋韵"既有赋诗之意,又有押韵之意。

1.2.2　"取韵"。陆法言《切韵序》:"江东取韵,与河北复殊。"⑤"取韵"就是押韵,该句意为江东人做诗押韵与河北人不同。

1.2.3　"协韵""叶韵"。"协韵""叶韵"两词同义,但使用中多用"协韵",用"叶韵"稍少,相互错杂用之。张文轩(1987)曾统计颜师古《汉书注》有协韵七十一例,其术语则除"一例作'协韵',一例作'叶韵'"之外,其余均注为"合韵"。颜注术语使用"协(叶)韵"太少,"不合正例",张文轩怀疑是"传抄错讹"。但其中的"协""叶"同义混用却是无疑的,其他书中如《文选》五臣注中亦有杂用,不过"协"多"叶"少而已,故二者不必分论。

"协韵"又作"协句",赵宋以前使用较多的人是陆德明。据张文轩(1983A)的研究,陆德明《毛诗音义》中除引述了晋宋以来注家的协韵外,还

---

① 《陆云集》黄葵点校本,中华书局1988年,141、145页。
② 王利器《文心雕龙校证》,上海古籍出版社1980年,212页。
③ 《说文解字》,缩印大徐本,58页。
④ 王利器《颜氏家训集解》,285页。
⑤ 《宋本广韵》,北京市中国书店1982年,3页。

自注了 25 例协韵。张文轩发现这些叶韵的音都有来源,"没有一个主观臆造出来的",由此得出一个重要观点:"他注'叶韵'二字的目的主要还在于给当时读书人指出该字本该是押韵的。"就是说,陆德明制作协韵音切,其实也就是对一些有必要特别说明的押韵作出说明而已。笔者甚为认同此说,特补充几个《毛诗音义》之外的例证:

(1)《尔雅音义·释虫》:蝗,华孟反。下同。《字林》音皇。《说文》荣庚反。范宣《礼记音》音横,《声类》《韵集》并以蝗协庚韵。①

查《广韵》"蝗"有胡光、户盲、户孟三音,完全对应于《释文》三音。三音之义均属"虫名",是典型的一字同义多音。陆氏以去声一读为首音,另两音则出具来源,看作异读。有意思的是"《声类》《韵集》并以蝗协庚韵"这一句,本来是印证"蝗音横"的异读的,却用了一个"协"字,显然,"协"只可能是说明"蝗"字收在庚韵,可与庚韵字押韵的意思。

(2)《礼记释文·缁衣》:且清,旧才性反。一云诗协韵宜如字,上"先正"当音征。②

被注字"且清"原为《缁衣》篇引述的一首古诗中语,该诗共八句:"昔吾有先正,其言明且清,国家以宁,都邑以成,庶民以生。谁能秉国成,不自为正,卒劳百姓。"前五句不见于《诗经》,后三句见于《小雅·节南山》第六章,但文字略有不同。所以,陆德明以为该诗当分两段,前五句为一段,是为逸诗,后三句一段。但他又说也可以认为八句均属逸诗。其第二句"其言明且清"的"清"陆氏曰旧音"才性反",旧音其实是将"清"字破读为"净"字,《广韵》"净"疾政切"无垢也",读去声。诗中"清"字为韵脚字,若读去声则与诗中平声"正(音征)宁成"等字押韵声调不谐,所以,陆氏追加一句说明"一云诗协韵宜如字",意思就是如果要押韵的话,"清"在这里还是应当读其本音,即"如字","七情切"的音。这里的"协韵"也是押韵之义。

(3)《春秋左氏释文之二》:来,力知反,又如字以协上韵。③

---

① 《经典释文》,中华书局影印通志堂本 1983 年,430 页下右栏。
② 《经典释文》,212 页上左栏。
③ 《经典释文》,244 页上左栏。

该条所注的"来"字出于宋国筑城人歌:"于思于思,弃甲复来。"《释文》给本读咍韵的"来"注支韵的"力知反"音,就是为了能与"思"押韵,如果要说变其音以"叶韵"的话,此即一例。可陆氏并没有说"来,协韵力知反",反而说"又如字以协上韵"。所谓"上韵"还是"思"字,为什么"来"再与"思"协韵就得"如字"(即读"洛哀切")呢?原来,"思"字下陆氏《释文》是这样说的:"于思,如字,又西才反。多须貌,贾逵云白头貌。""思"的"西才反"又音见《集韵》,正字作"毸",或体为"愢",字义为"多须貌"。所谓"如字协上韵"指的是"思"字如果读作"毸"音的话,"来"字就要读咍韵"落哀切"(即如字)才可与之押韵。黄焯《经典释文汇校》引吴氏说曰:"案,思读如字,则来音力知反,思音西才反,则来读如字,以是相韵。德明之意如此。"①"协上韵"毫无疑问说的是押"思"字的异读"西才反"之韵的意思,且"来"字的这个"协韵"并未改其音读,而是"如字"。

陆氏上述3例,在字面上都是注"协韵",但从其上下文看,所说的"协韵"本意都只能解释为"押韵"。不过,这里所说的押韵略与通常理解的押韵有所不同,具有如下几个特点:

其一,被注字都是有两个或两个以上读音,其音义关系比较复杂;

其二,被注字的押韵比较特别,需要特别对它作出说明;

其三,被注字押韵的"特别"表现为韵脚字的本读与同韵段其他字声调或韵属不同,所以都需要调整其音读以便与其他韵脚字谐韵。

笔者以为,正因为音义关系复杂,不容易一目了然地看出其押韵关系,所以才有必要特别作出说明,指明该字跟什么字押韵,需要读成哪一个音等等。由于多了一层特别说明的用意,"协韵"虽然在这里说的是押韵,但语意中实已隐含了"特殊用韵"的意思。反过来说,如果它是一个普通的押韵,一目可以了然,又何必多此一举地解释它要与何字"协韵"或读哪个音来押韵呢?下面这个例子更为清晰:《全唐文》卷三百一十收孙逖《改尚书洪范无颇字为陂字敕》,这篇代拟的皇帝敕文,要求改动《尚书》中一个韵脚字,文曰:

> 每读《尚书·洪范》,至"无偏无颇,遵王之义",三复兹句,常有所

---

① 《经典释文汇校》,中华书局1980年,162页。

疑。据其下文,并皆协韵,唯"颇"一字,实则不伦。……其《尚书·洪范》"无偏无颇",字宜改为陂。①

据《新唐书·艺文志》"尚书"类的《今文尚书十三卷》下记:"开元十四年,玄宗以《洪范》'无偏无颇'声不协,诏改为'无偏无陂'。"此即孙氏代拟的由来。敕文中所提及的《尚书·洪范》篇中的韵句,有两段:

无偏无陂,遵王之义。无有作好,遵王之道。无有作恶,遵王之路。无偏无党,王道荡荡。无党无偏,王道平平。无反无侧,王道正直。②

首句"陂"下陆德明《释文》曰"旧本作颇,音普多反"③,依旧本所示,上述首韵段的第一韵句原作"无偏无颇,遵王之义",本押上古的歌部,但唐时"颇"与"义"已经不谐韵了。敕文说《洪范》中这两段韵文"并皆协韵"(即全都是押韵),维有首两句"颇"与"义"不协韵,此即"不伦",才觉得要将"颇"字换成"陂"字来押韵。这段话中,不改字谐韵的地方说它们"并皆协韵",而实际要改字谐韵的地方又说它不"协韵",无论从哪个角度看,敕文中"协韵"都只可能是押韵之意。

1.2.4 "为韵"。"为韵"常取"以(与)……为韵"的方式,孔颖达《毛诗正义》多见,略举几例。

《王风·采葛》"小序"下正义曰:"三章如此次者,既以葛、萧、艾为喻,因以月、秋、岁为韵。积日成月,积月成时,积时成岁。欲先少而后多,故以以月、秋、岁为次也。"④"以月、秋、岁为韵"即用"月""秋""岁"作韵字来押韵。

《卫风·考槃》第三章"硕人之轴"传:"轴,进也。"笺云:"轴,病也。"释文:"轴,毛音迪,郑直六反。"正义曰:"传轴为迪。《释诂》云:迪,进也。笺以与陆为韵,宜读为逐。《释诂》云:逐,病。逐与轴盖古今字异。"⑤"笺以与陆

---

① 《全唐文》,中华书局1983年影印本,第4册3152页。
② 《十三经注疏》,中华书局1980年缩印本,190页。
③ 《经典释文》,46页。关于"旧本",黄焯校云:"阮云,旧本谓释文旧本,此李昉陈鄂等语也。陆氏原书但大书颇字,注云普多反。"(《经典释文汇校》,中华书局1983年,39页。)
④ 清阮元校刻本《十三经注疏》,中华书局1980年缩印本,333页上栏。
⑤ 《十三经注疏》,321下栏—322上栏。

为韵"是说郑玄认为"轴"是与"陆"字押韵的,所以要读为直六反。

《周南·麟之趾》"小序"下正义曰:"三章皆以麟为喻,先言麟之趾,次定,次角者,麟是走兽,以足而至,故先言趾,因从下而上,次见其额,次见其角也。同姓疏于同祖,而先言姓者,取其与定为韵,故先言之。"①"姓者,取其与定为韵",是说"姓"字放在"麟之定"这一章完全是要与"定"字押韵的原故。

诗人也常将"为韵"用于诗赋标题之下,以表明取用何韵?该种用法与"用韵"同义,详下。

1.2.5 "用韵"。"用韵"与"为韵"同义,常出现于诗赋韵文的标题或副标题中,说明押韵。下面分别从韵文、诗歌中略举几例。韵文例:

《全唐文》卷三百六十一有李蒙《南有嘉鱼赋以乐得贤者次用韵》,此即按"乐得贤者"的顺序押四个韵。作者另有一文,题为《上林白鹿赋以君德至天珍物充囿为韵》②这里的"为韵"与上文"用韵"相同。

诗歌例,举《全唐诗》中的例子。

《全唐诗》卷九十九,卢僎《送苏八给事出牧徐州用芳韵》③,"用芳韵"就是押"芳"字韵,即阳唐同用。

《全唐诗》卷三百二十四,权德舆《送李处士归弋阳山居限姓名中用韵》④,"限姓名中用韵"就是取李处士姓名中的字押韵。该诗 5 个韵脚"如居间疏舆",当有一字是李处士的名。

《全唐诗》卷三百七十吕温《白云起封中诗题中用韵。六十字成》⑤"题中用韵"就是限用标题中的字押韵,查该诗实押的是"中"字韵,即东独用。

从上述唐代诗文中的实际使用可见,所谓"用……韵""以……用韵"都是"用……押韵"的意思。

1.2.6 "合韵"。合韵一语多见于颜师古《汉书注》,张文轩(1987)认为合韵就是协韵之意,因为"协"字犯了师古家讳(按,师古的曾祖父名颜协),

---

① 《十三经注疏》,283 页中栏。
② 《全唐文》3664 页、3665 页。
③ 《全唐诗》清彭定求等编,中华书局 1960 年,1071 页。
④ 《全唐诗》,3643 页。
⑤ 《全唐诗》,4157 页。

这是为了避讳而做出的调整。

1.2.7 押韵。在有关诗歌用韵的诸名词中,绵延至今犹在使用的正式术语"押韵",却是出现得最晚的。张文轩(1983A)曾经说过:"诗歌押韵的语言事实遍见于上古,可是'押韵'这个词却是宋代才出现的。"在魏晋以至唐代文献中,的确少见"押韵"一语。据我们所见,"押韵"一语又写作"压韵",在唐代文献中已经出现。初唐姚思廉(557—637)所著《梁书》中有"压韵"一语,其卷三十三《王筠传》有云:"筠为文能压强韵,每公宴并作,辞必妍美。"①这是笔者所见"压韵"一语最早的出处。检核《全唐诗》仅见到皮日休诗中用过"压韵"一语,又有韩偓一首名为《倒押前韵》的诗,这似乎是"押韵"一语的最早实用之例。在唐人笔下,"押韵"与"压韵"可以同义换用,并无定形,似未成为一个专用术语。或许正因为如此,在唐人诗歌中涉及押韵之时几乎不见有人用之,笔者迄今所见亦此二例而已。唐人所编辞书韵书亦不见收录。可见这个后起的术语在唐人笔下并不常用,虽然其语义跟"为韵""用韵""协韵"等等相同,但其出现之晚,使用之少,不过是"用韵"诸语词大家庭中之后来者,一个偶一用之的同义语而已。

这种情况在宋代彻底改观。查宋代文献,"押韵"一语已经为字书韵书所收录,见诸毛氏父子《增修互注礼部韵略》(简称《增韵》)。《增韵》入声三十三狎韵收"押"字:

　　押,乙甲切。签书文字也。欧阳修曰俗以草书名为押字。又管押,
　　押,拘率也。又用韵曰押韵。说者曰:押者,压也。②

在"押"字的诸释义中,毛晃一句"用韵曰押韵",实际上就是确认了"押韵"作为一个正式名词术语的存在。毛晃生当北宋南宋之交,但我们绝不能就说"押韵"的术语就成形于这个时代,因为韵书字书增收新词通常都是大大滞后于实际的。下面苏颂的诗可以告诉我们,至迟在北宋初年,"押韵"一

---

① 《梁书》,中华书局标点本,第2册485页。
② 《增修互注礼部韵略》,影印文渊阁四库全书本,第237分册,585页。据宁忌浮《古今韵会举要及相关韵书》(258页),毛晃大约生于北宋徽宗宣和五年(1123),其《增韵》始作于宋高宗绍兴二十一年(1151)成书于绍兴三十二年(1162),成于南宋之初,但可以目为南北宋之交的作品。

语就已在文人口中被纯熟地使用了。

年代早于毛晃130多年的北宋名相魏国公苏颂(1020—1101)晚年回乡休闲之时,写了一首自传式五言古诗《累年告老,恩旨未俞,诏领祠宫,遂还乡闲,燕闲无事,追省平生,因成感事述怀五言一百韵示儿孙辈,使知遭遇终始之意,以代家训,故言多不文》①,诗中回忆自己入学、读书、赴考、入仕等整个人生历程,许多诗句之下夹有自注说明。我们据《全宋诗》选取他有关学诗律、应科考的几句,原诗中的"自注"照录,从中可见"押韵"作为一个诗歌术语的流行:

  我昔就学初,龆童齿未龀。
  严亲念痴狂,小艺诱愚钝。
  始时授章句,次弟教篇韵。(自注:我生五岁,先公口授《孝经》、古今诗赋,皆成诵。又令从诸父教学,不数年而诵五经,习《尔雅》,知声律。)
  ……
  十八随乡书,三冬阅文阵。
  同时韦带伦,共试棘闱溷。
  少年事矜豪,属辞少绳准。
  程文竟乖疏,贡籍果遗摈。(自注:予十八预府荐,时主司吴正肃公颇以博学识题见奖,便许以远到,自此士大夫稍稍称道。明年春,省试以犯声病格不收。时主文盛文肃公谓先公曰,试文当在高等,以点检官指摘诗中押"声闻"字退落,诚可惜也。)
  内负未蹉跎,不能忘起偾。(自注:既知以声病黜落,遂刻意音训之学。自尔颇知字书。)

诗中回忆18岁乡试之后,得主考官高评"许以远到",可能是说他前程远大吧。可是第二年参加春试(即礼部试)却因"程文竟乖疏"而落榜。该句自注说:当时"主文"的盛文肃公(即盛度,字公量,968—1041)告知苏颂的父亲集贤殿修撰苏绅其落榜的原因:"试文当在高等,以点检官指摘诗中押'声

---

① 傅璇琮等主编《全宋诗》,北京大学出版社1992年,第10册6341—6345页。

闻'字退落,诚可惜也。"这首落榜的诗是什么样子,现在恐已无法知道了,但盛文肃公说的"诗中押声闻字","押"字无疑是说"押韵",很可能是应考诗文中将"声"与"闻"押韵而押错了韵。苏颂春试的这一年19岁,时当宋仁宗宝元元年(1038),离宋朝立国仅78年。"押韵"的"押",由这位年长于苏颂53岁的盛文肃公面对苏绅寻常道出,可见"押韵"这个术语至少在北宋之初就已成为专用术语,而其广为流行或许时代更早。

试再以文艺理论家严羽的材料证之,《沧浪诗话·诗体》讲诗歌的诸种用韵云:

> 有分韵,有用韵,有和韵,有借韵,如押七之韵,可借八微或十二齐韵是也。有协韵,《楚辞》及《选》诗,多用协韵。有今韵,有古韵。如退之《此日足可惜》诗,用古韵也,盖《选》诗多如此。①

这段专论押韵的话,列举了7种有特殊含义的押韵,而"押韵"一语不在其中,它只出现于小字夹注的说明之中,用来解说诸特殊用韵,可知"押韵"一语涵盖诸种特殊用韵,是上位称谓,即所谓"公名",7种韵都属于各种有特殊含意的押韵的专名。

"协韵"即特殊押韵中一种,严氏以《楚辞》与《选》诗(《文选》诗)为例说之,又立一个"古韵",以韩愈的诗与《选》诗作为代表。一个《选》诗既可是"协韵"又可是"古韵",可知宋人认为"协韵""古韵"两种用韵有其相通之处。两处都不举《诗经》为例,又可见他们对协韵与古韵的认识还是比较宽泛的,"古韵"之"古"也没有严格的时间限定。

宋人"协韵(叶韵)"的范围宽泛,还可以从以下周必大的话中看出。
周必大《二老堂诗话》云:

> 四方声音不同,形于诗歌往往多碍,其来久矣。如北方以行为形,故《列子》直以太行山为太形。又如居、姬、与、以、高、俄等音,古今文士皆作协韵。②

最末一句说"古今文士"都作"协韵(叶韵)",点明了一个重要现象,即协

---

① 《沧浪诗话校释》,郭绍虞校释,人民文学出版社1983年,74页。
② 《二老堂诗话》,影印文渊阁四库全书本,1480分册715页。

韵不分古今,凡诗人都可以使用,并不认为纯属于古韵范畴。

1.3 从通名到专名

至此,我们可以理出一个简单的头绪。协韵(叶韵)一语六朝初出时,其基本语义只是押韵,用于指明诗歌之用韵或韵脚。然而普通押韵一目了然,无需指明,只有较为特殊的韵脚因其难以看出押韵,才需要作出"协韵"(即押韵)说明,这就使得多数说明押韵的"协韵"一语附着上了"特殊用韵"的临时性的语境义。有时为了说明该字是押韵的,还要注出其押韵时该读何音。于是就出现了"协韵某某反"的表述。

到唐代,由于韵书的成熟,押韵的技术愈来愈精,难度愈来愈大,也愈来愈专业,初期仍沿用"取韵、用韵、协韵"等等旧称指称之。但官韵既行,标准渐见严格,唐朝以前一般视为押韵中之特殊者,至此即视为不符规则,致使沿用旧称"协韵"以标记这种越规押韵的做法逐渐得以确定,正如钱大昕所谓:"陆元朗之时已有韵书,故于今韵不收者,谓之协韵。"①久之,大约至唐末五代间,随着泛指诗歌用韵的新术语"押韵"的逐渐确定,原旧称"协韵"所临时附着的语境义"特殊用韵"遂转移为本义或固化为专属义,与表泛指义的"押韵"形成广、狭二义的术语名词,新术语"押韵"(偶或写作"压韵")用于广义,即普通用韵;旧称"协韵"就主要用于狭义,即特殊用韵,指不同于诗韵的非正常用韵。

二、叶韵起始于谁

2.1 叶韵的两个特点

上文已辩明宋代"叶韵"之名源自前代"协韵",是由"协韵"一语的临时语境义逐渐固化而形成的,起初"协韵"与"叶韵"混用,北宋以后逐渐固定为"叶韵"或"叶音"。

宋代叶音的代表人物是吴棫、朱熹两位。从对《诗经》作叶音的角度来

---

① 《潜研堂文集》卷十五,四部丛刊本,3页。

看,吴棫《毛诗补音》倡之于前,朱熹《诗集传》响应于后,叶音之学蔚为大观。故后人有"叶韵兴于宋吴棫,朱子用以释《诗》"①之说。所谓"兴于吴棫"云云,在指明朱吴之间传承关系的同时,也把"叶音"的起始归于吴棫了。堪称中国传统语言学第一部学术史的《小学考》,则更进一步说:"《书》疑古文,自才老始;《诗》考古音,亦自才老始。"②但叶音是不是始于吴棫呢?

上文我们已经辨明,"叶韵(协韵)"一语最初与押韵同义,往往用于说明一些比较特殊的押韵,在官韵的规则出现之后,才将其"特殊用韵"的临时义固化用于指不符官韵的用韵现象,这才衍生出来宋代的叶音。宋代的叶音必须具备两大特点:一是专用于指称不符合通用押韵规范的特殊用韵;二是指为了达到用韵的规范与诵读的和谐而对韵脚字作出特殊的音读调整。

判断宋代之前的"协(叶)韵"大概也可以拿这两条作为基本标准,若与两条吻合,即可断其为与宋代叶音同质,否则,就不必认为同于宋代的叶音。判断、确定了先宋诸家"协韵"与宋代叶音的性质异同,其实也就回答了"叶音"的起始问题。

2.2 清儒的二说

以目前所见,清代学者考查叶韵之起始时代与人物,有两种不同意见,一认为起于南朝梁陈间沈重,一认为起于晋人。

2.2.1 始于沈重说。莫友芝《韵学源流》说:"自沈重《毛诗音义》始为叶韵之说(见《经典释文》引)。后颜师古注《汉书》、李善注《文选》,并袭用之。"③认为叶音之说始自南朝沈重。

今所见沈重所作协音,共有两处,均出于陆氏《毛诗音义》之《邶风·燕燕》篇释文:

> 于野,如字,协韵羊汝反。沈云协句宜音时预反。
>
> 于南,如字。沈云协句宜乃林反。④

---

① 安吉《韵微·自序》,续修四库第 245 册,5 页上栏。
② 谢启昆《小学考》,汉语大词典出版社 1997 年缩印光绪戊子浙江书局刊本,419 页。
③ 莫友芝《韵学源流》,中华书局 1962 年标点本,7 页。
④ 《经典释文》,57 页下左栏。

我们有必要指出,沈重注为协韵的两条字音,陆德明正音都注"如字",表明陆氏并不接受沈氏协韵之说。我们只看沈重之说,就可以看到其所协之音都是要将韵脚字调换一个音读,以便谐韵。"协句宜……反"的框架,无论怎样看都是"如果要谐韵的话,应当读……音"的意思,也就是说"协句(即协韵)"一词,在句中的本义仍是"押韵"的意思,只是所押的韵有两个特别之处:

其一是"野、南"二字在韵段中的押韵不符合通用的押韵规范;

其二是如果要和谐地押韵就得对它们作出韵读的调整,如覃韵的"南"字改读为侵韵的"乃林反"。

两条特征基本符合宋代叶音的特点。这样看来,将沈氏此两条归入宋代叶音一类,似无龃龉。这也是清儒都普遍认可沈氏始作叶音的原因所在。孔广森甚至把发展过程讲得更为清晰:"自沈氏释《诗》,颜氏注《汉书》,多有合韵音某。至吴才老大畅叶音之说,而作《韵补》。"①按这种见解,叶音当从南朝的沈重开始,中经唐代颜师古等人,再到宋代吴棫,经历"始""多""大畅"三个阶段然后臻于成熟。在这个传承源流图里,叶音的起源被定格于梁陈之间。

2.2.2　始于晋人说。此论来自清康乾时代的学者陈启源、李元等人。陈启源在他的著作《毛诗稽古编》(皇清经解本)、李元在他的著作《音切谱》(续修四库第 246 册)中分别列举了晋人孙毓、徐邈、晋灼三人的"协声""取韵"实例。陈、李二氏都将这三位晋人的"协声、取韵"与沈重、师古、吴棫等人的协韵相提并论,暗示晋与唐宋所言之"协(叶)"性质相同。此后,常熟庞大堃②在他的《古音辑略》卷一"协韵说"中认定:"协韵之说,见于《毛诗释文》者,有晋孙毓、徐邈、梁沈重诸家。"该句下小字夹注云:"孙毓谓之协声,徐邈谓之取韵,沈重谓之协句,或言协韵、依韵、叶韵。"③将这些术语完全理解为同实异名,也就是确认晋人所作的"协声、取韵"等同于沈重的"协句"。如此说来,叶韵的起始将上推至晋。

---

① 《诗声类》卷一,中华书局影印音韵学丛书本 1983 年,2 页。
② 庞大堃,常熟人,生卒不详,嘉庆二十四年举人,故当为清代后期人。
③ 《续修四库》第 249 册,263 页。

孙毓等人的"协声""取韵"果然与沈重所说一样吗？可以略作核查。

陈启源举出的孙毓例见于《诗经·王风·扬之水》"不流束蒲"句"蒲"字下《释文》："孙毓云，蒲草之声不与戍许相协。"①引文中虽然出现了协韵的"协"字，不过上下文告诉我们，孙氏讲的恰恰是"不与某协"，完全不是为了韵谐而改音注叶。

李元《音切谱》卷二十"通协"条补充晋人晋灼《汉书音义》协韵一例②，该例取自颜师古《汉书注》，乃《汉书·司马相如传》中《子虚赋》"罢池陂陁，下属江河"句"河"字下师古引述的文颖、晋灼注释，其中出现了一个"协"字。文颖曰："南方无河也。冀州凡水大小皆谓之河，诗赋通方言耳。"晋灼曰："文章假借协陁之韵也。"③

"江、河"在上古是长江、黄河专名，这是古汉语的常识。中国这两大水系，长江在南，黄河在北，这是地理常识。《子虚赋》以南方楚国使者的口气对齐王夸赞九百里云梦之广饶，既然是说云梦泽，则该句语义应当是"下属江"，不当有"河"字，因为"南方无河（黄河）"，云梦更不"属河（连接黄河）"。文颖"诗赋通方言"的解释，有点像现代人所说的将专名用作通名。晋灼则从另一角度解释，说作者在"江"后缀"河"字是借用"河"字来与上句"陁"字协韵。为什么可以借用"河"字协韵？晋灼未说。我们可以略作补说，从修辞上来看，古人俪词足句的时候，常可连类而及。就像《孟子·滕文公上》铺陈大禹治水，上句"疏九河，瀹济漯而注诸海"，下句俪偶云"决汝汉，排淮泗而注之江"。这里的"江"也是长江，实际的地理是除汉水外，汝与淮泗都不入江。看清儒焦循《孟子正义》就可以知道古来学者们对孟子这段论辩中的地理错位作了很多考证，想要论证汝淮泗曾经"注"过长江，以证明孟子没有说错地理。但现代学者杨伯峻则以为"孟子不过申述禹治水之功，未必字字实在，所以不必拘泥"。④其原因恐怕还是战国雄辩家为加强语势，排比文字对偶成句的连类而及。清人俞樾《古书疑义举例》特设立"连类而及例"，即指此类现象。总之，说借用"河"字与"陁"协韵，同样也毫无因特殊押韵而调

---

① 《经典释文》，63页上右栏。
② 《音切谱》，续修四库第246册，389页。
③ 《汉书》，中华书局1962年点校本，2536页注四。
④ 《孟子译注》，杨伯峻译注，中华书局1960年，132页。

整音读协韵的意思。

比较难以判断的是徐邈叶韵例。陈启源提出了4个例子,均出于《毛诗音义》,我们直接引用《释文》原文来作分析:

1.《商颂·长发》释文:"厖,徐云郑音武讲反,是叶拱及宠韵也。"
2.《邶风·日月》释文:"我顾,如字,徐音古,此亦协韵也。"
3.《小雅·巧言》释文:"曰父母且,徐七余反。协句应尔。"
4.《召南·行露》释文:"我讼,如字。徐取韵音才容反。"①

第1例,祝敏彻、张文轩(1982)认为这是徐邈引述托名郑玄的叶音。今按,依颜之推"郑玄以前,全不解反语"②的话来看,托名说当可成立。看其行文,这条反语仅注音,本身并无叶音之说,其"是叶……"的行文显然是陆德明的说明语。第2、第3两例的所谓"协韵",从上下文也都可以断定实际上都是陆德明对所引徐邈音切作的说明(参祝敏彻、张文轩1982)。唯独第4例有点像徐氏自定之语,但也有不同意见。黄焯《经典释文汇校》第五,引卢文弨云:"陆氏以徐为取韵,其实古人无平仄之分,虽才用反亦未尝不与韵协也。"③细味卢氏此话,就不以为"取韵"是徐邈的原文,仍认作陆氏的转述或解说。照卢文弨的理解,是陆氏认为徐邈"取韵",徐本人所注未必是"取韵"。蒋希文《徐邈音切研究》亦据江有诰《唐韵四声正》断定:"讼古惟有平声一读。徐音存古,非关取韵。"④近时汪业全(2006)又从注释体例方面提出"徐取韵……"应当是陆德明转述语,并非徐氏原文。总之,徐邈是否作过叶音,可疑之处甚多。

关于徐音是否可理解为"叶音",笔者补充一条《毛诗音义》之外的例子,《春秋左氏释文之四》"襄公三十年":"殖之,时力反。徐音时吏反,此协下韵。"⑤该条出于春秋时郑国的民谣:"我有子弟,子产诲之;我有田畴,子产殖之。子产而死,谁其嗣之?"诗中"殖"字,《广韵》仅常职切一音,义为"多也,生也",陆音"时力反"是也。陆氏又引述徐邈"时吏反"的异读,解释说:徐氏

---

① 上4例分别见《经典释文》107页、57页、82页、56页。
② 语见《颜氏家训·书证》,王利器校证本,436页。
③ 《经典释文汇校》,中华书局1980年,48页。
④ 《徐邈音切研究》,贵州教育出版社1999年,205页。
⑤ 《经典释文》,270页上左栏。

这个音是特地要与下面的"嗣"押韵而作的,很明显"此协下韵"是陆氏的说明语。蒋希文(1999)也认为这是徐邈去入混切,"与协韵无关"①。看来晋人始作叶音之说目前尚难确立。

2.2.3 叶韵最早始于沈重。从现有资料来看,采用调整字音的方式,使不符普通用韵规范的诗歌韵段变得和谐的协韵(叶音),应始见于梁陈间的沈重。

三、关于"古人韵缓,不烦改字"

3.1 陆氏的矛盾

陆德明在《毛诗音义》中针对沈重"协韵"发表过一个颇有争议的意见,原文见于《邶风·燕燕》"于南"条释文:

> 于南,如字。沈云,协句宜乃林反。今谓古人韵缓,不烦改字。②

表面上看,陆氏意见似只是针对沈重"南"字协读"乃林反"而发。但如果只看字面义,将"古人韵缓,不烦改字"理解为"古人做诗用韵宽泛,不必改变字音来协韵",那么陆氏反对的恐怕并不是沈重一条协韵而已,而是反对整个针对古诗中今音不谐的韵脚作出调整韵读的做法,简言之就是反对协韵。上文已经指出,陆氏对沈重"于野"条中"野"字的协韵也不接受,所取的态度与这里是吻合的。然而,陆德明却在《释文》中自己制作了约30来条的"协韵某某反"的条目,既然反对却又自行之,这就给人言行不一,自相矛盾的感觉。比如陈启源就说:"陆德明谓古人韵缓,不烦改字,洵笃论也。但《释文》协句,仍不能自守其说。"③现代学者对这个问题也有讨论,如祝敏彻、张文轩(1982)、汪业全(2008)等等,观点互有异同,尚未形成共识。陆氏在协韵问题上这个"言"与"行"之间不能统一的矛盾,不但关系到如何评估陆氏释文的价值,还与评价唐代协韵的价值有关,有必要厘清。今参考各说,

---

① 《徐邈音切研究》,49页脚注3。
② 《经典释文》,57页下左栏。
③ 《毛诗稽古编》,皇清经解本,33页。

略作考述。

3.2 何为"改字"

我们认为要完整把握陆氏的意思,有三个要点,一是"韵缓"的"缓"是何义?二是"改字"之"字"是何义?三是陆氏自制的协韵条目是不是他所说的"改字"?其中关键是"改字"的"字"当作何解。

关于"改字"。祝敏彻、张文轩(1982)说:"陆德明这里所说的'改字'不是唐明皇式的改字。"所谓唐明皇式的改字是指唐玄宗将《尚书》"无偏无颇,遵王之义"的"颇"字换作"陂"字,以达到与"义"字谐韵的目的(详上文所引孙遬代拟的敕文)。唐明皇的确是将原韵脚字换了一个别的字,可沈重只是改"南"字之音,并没有换成别的字。为了辩明这里"改音"与"改字"的关系,祝张二位进一步说:"陆德明认为如果改读这个音不是这个字所具有的,就是因音而改了字。""因音改字"的要点在于给韵脚字"虚拟"了一个本不存在的字音而导致字变,本意并非改字。汪业全(2008)则认为"改字"是实改,即改用一个能谐韵的字,但韵书没有"乃林反"小韵,更没有读这个音的字,汪文推测大约是将"南"字改为音近的"任"或"林"字等等。

我们认为,用"虚拟字音"来解释"改字"很有道理,或者应当更明确一点:这个虚拟的音其实就是与原韵脚不同韵、却能适合本韵段的押韵的本无之音,使原韵脚字以另一韵属的身份参与谐韵,要之,"改字"并非泛泛的改其音,而是"改韵属"或"改韵"。为什么陆氏不直说"改韵",而要拐着弯说"改字"?我们猜测很可能是因为本句前面"韵缓"中已有"韵"字,为避重而换为"改字"。也就是说"改字"的"字"其实与"韵缓"的"韵"之间有互文同义的关系。"字"在这里就是指"韵","改字"就是"改韵"。

3.3 "字"有"韵"义

"字"能当"韵"讲吗?据我们的观察,在唐代的诗歌创作中表示押韵的语境下,"字"或"某字"经常表示具体押韵的"某韵"的含义,尤其是在标题中指示用韵时更其如此,唐人诗文中颇为常见。仅以《全唐诗》中的标题为例,如:卷三百二十四,权德舆《送崔端公赴度支江陵院三韵照字》,诗题中小字旁注"照字"显然就是"照字韵"的意思,查该诗韵脚为"棹调照","照"在其中。

权德舆诗中这种用法随处可见,如《全唐诗》卷三百二十三的第 2 页中共录 6 首权氏之诗,就有 4 首诗题下注"某字",如《送袁中丞持节册南诏五韵净字》该诗韵脚"聘盛净命圣",《送二十叔赴余杭尉琴字》该诗韵脚"阴、任、琴、深、心"等等。我们注意到,这并不是权德舆一个人的特殊表现,其他诗人笔下亦多见,不胜枚举。

"某字"稍作变动,又可写作"用某字""赋某字""得某字""探得某字""赋得某字"等等术语,可用大号字并写,也可小号字附见,如:《全唐诗》卷四,德宗皇帝《重阳日赐宴曲江亭赋六韵诗用清字》,"用清字"即"用清字韵"。

至于"赋、得、探"等,大概是酬唱之时,分韵赋诗时所用之语,如:卷四二卢照邻《绵州官池赠别同赋湾字》的"赋湾字",卷五五王勃《上巳浮江宴韵得沚字》诗中的"得沚字",卷一百七徐坚《奉和圣制送张说赴集贤院学士赐宴赋得虚字》的"得虚字",卷一百六十孟浩然《奉先张明府休沐还乡海亭宴集探得阶字》的"探得阶字",卷二百七十一窦牟《陪韩院长韦河南同寻刘师不遇以同寻师三字分韵,牟得同字》"得同字"等等,都是"限押某字韵"的意思。

上列各种"某字"的写法,都有相对应的"某字韵"写法,为省篇幅略举 2 例:卷二百三十三,杜甫《同豆卢峰知字韵——本作"同卢豆峰贻主客李员外子棐知字韵"》,卷二百八十三,李益《春日晋祠同声会集得疏字韵》。显然,"知字韵"也就是"知字","得疏字韵"也就是"得疏字",其"某字韵"与"某字"是同义语。这些用法充分说明,在作诗赋韵的语境下,"字"有"韵"的临时义。尤其是与"韵"字相对为文时,这个意思更加明显。

在唐人散文中特定语境下,"某字"亦可表示具体"某韵"的意思。如《唐文拾遗》卷十九李华《蒙求序》云:

> 安平李翰著《蒙求》一篇,列古人言行美恶,参之声律,以授幼童,随而释之。……所资广博,从《切韵》东字起,每韵四字,凡五百九十六句云尔。①

"东字"即东韵。宋人亦沿用此种用法,沈括《梦溪笔谈》卷之十五《艺文》二"切韵之学"条云:

---

① 《全唐文 附唐文拾遗 唐文续拾 读全唐文札记》,上海古籍出版社 1999 年,《附唐文拾遗》90 页。

四声则有无声,亦有无字者。如萧字肴字,全韵皆无入声。①

"萧字肴字"即萧韵、肴韵。项安世《项氏家说》卷四"诗音类例"云:

诗韵皆用古音,不可胜举。今择众音之聚者,举之以为例。采苓采苓,首阳之巅,人之为言,苟亦无信。此青字、先字、真字三韵之聚为一者也。②

"青字、先字、真字"即青韵、先韵、真韵。所以,陆德明的"不烦改字"在这个特定语境中完全应当理解为"不烦改韵"。

3.4 何为"韵缓"

从"改韵"角度来理解陆氏"不烦改字"这句话,就可得知其"古人韵缓"的"缓"是"宽、泛"义,"韵缓"一语的语义就是"押韵宽泛",是指音读相近或同类型韵的相邻韵部之间,古人可以通用,如"庚、阳唐""脂、微、皆""支、佳"等韵通用都属于正常的"韵缓"范围。既然古人用韵比时人要宽缓,邻近韵部之间跨部通押当属正常,所以就没必要改变其韵属(即"不烦改字")以协之了。

3.5 陆氏的言行并不矛盾

立足于此,再来看《毛诗音义》中陆氏自制的 25 例"协韵",可作如下解释。

3.5.1 陆氏叶音以改声调为主。根据上文的诠解,我们必须要辩明,陆氏所协之字音是不是"改其韵属"？张文轩早已就此做过全面考察,结果是陆氏(甚至包含其他唐人)所作协韵,多改声调少变其韵,下表的数据隐括于张文轩 1983 年的两篇论文(1983A、1983B),表中"某-某",表示在某种声调或韵部之间变协,韵字后的数字表示同一种协韵的次数,不标数字的为一次,如"平-去"栏的"议"字,即在平声与去声之间协韵,本读去声改叶平声一次,等等。

---

① 《梦溪笔谈校证》,胡道静校证,上海出版公司,1956 年,505 页。
② 《项氏家说》,丛书集成初编本,中华书局 1985 年,50 页。

陆德明《毛诗音义》25 例协韵类型表

类型	具体表现			合计
协调	平-去:议为贻誉叹翰号著居难听望2	上-去:远怒2	去-入:说莫乐2	20
协韵	之-咍:来	虞-尤:驱	麻-鱼:车野下	5

上表显示,陆氏的 25 例协韵大多数是协其声调;协其韵的 5 次,仅占总数的 20%,处于绝对少数。改字之声调以协韵,此大大超越邻韵之范围,在陆氏来看当然不属于"韵缓"之列。那么,5 例改变韵属的协韵例又该如何看呢？

3.5.2 改韵者为本有之异读。陆氏表中"协韵"的 5 例,在"虞"与"尤","咍"与"之","麻"与"鱼"诸韵之间变协,诸韵之音远隔,全都不属于邻韵范围,当然不应该援引"韵缓"原则来解释。陆氏自己已作协韵,也说明不看作"韵缓"。现在要辩明的是,这 5 例非"韵缓"的改叶,是否通过改其韵属而给韵脚字"虚拟"了一个其本身并无之音读？如果他一边说"不烦改字",一边又在"改字"协韵,那就一定是自相矛盾了。

今按,5 例虽改其韵属,但全无一例是"虚拟"之音,即所改协之韵读均为原字本有之异读。张文轩(1983A)曾考陆氏 5 条协韵的来源:"下叶音户"乃据楚方音,"车叶尺奢反"是隋唐本音,"野叶羊汝反"取于刘昌宗,"来叶音梨"取自经籍旧音,"驱(即驱)叶音丘"取自江淮方音,均有其据。且所协之音都见于《广韵》《集韵》,确属一字异读。就是说,5 个字的改叶韵读都是实有其音的,既为实有,即非虚拟,既非虚拟之音,当然无改字之嫌,绝不同于"南叶乃林反"之类虚拟之音。显然,这 5 例协韵虽然已"改韵",却决非虚拟字音的"改字"。由此可知,陆氏反对换一个本无之音的"改字",自己也决无所谓"改字"之举,自己所作之协韵诸例,都不属于"改字"范围。陆氏的言与行之间并无矛盾。

3.5.3 改调者可虚拟。那么,20 例改调的协韵,难道就个个都是本有之异读吗？恐怕并非如此,其中可能就有一些字的变调协韵并非其本有之异读,属于"虚拟"者,如"贻""居"本读平声改读去声,"议"本读去声改读平声,其本读都见于《广韵》,而其变调协韵之音《广韵》都不收,唐代以上的语音资料亦不能证明其实际存在;仅见收于《集韵》,特像是宋人根据"务从该广"的原则,据《释文》以增补的异读。这么说来,变动声调来协韵是可以"虚拟"的。

3.5.4 变调协律的传统。既然不能改变韵属来"虚拟"字音,为何又可以改变声调来"虚拟"字音呢?"变调"谐韵的虚拟字音有根据吗?回答是肯定的。我们认为,变调协韵与诗歌格律及用韵的传统有关,其理论基础是四声转读,其语言基础是异读变调(详刘晓南 2016B)。

南齐永明年间,沈约等人提倡诗歌格律之时,对汉语声调的语音表现已经有了非常深入的研究。他们发现了四声之间的配合关系,并且根据四声相承的原则,利用声调在音节之上流动不居的特性,实现了一个字音在四声之间的转读,即所谓四声转读。四声转读带来了字音的高低疾徐变化,极有利于在不改变音节音素的前提下,构建语句的抑扬顿挫的旋律,提供了字音在诗赋中随需要而变调诵读的根据。

沈约等人在提倡声律之初,就将"改调"协律当作一个声律技巧而加以应用。典型的例子就是沈约与王筠之间的"雌霓"之读:

《梁书·王筠传》云:

> 约制《郊居赋》,构思积时,犹未都毕,乃要筠示其草,筠读至"雌霓五激反连蜷",约抚掌欣忭曰:"仆尝恐人呼为霓五鸡反。"次至"坠石磓星",及"冰悬陷而带坻",筠均击节称赞。约曰"知音者希,真赏殆绝,所以相要,在此数句耳。"①

"雌霓连蜷"一句四字全属平声,不符合"前有浮声,后须切响"的参差律,必须要有一个字读仄声。沈约之所以写下这样的字句,就是认定平声"霓"按照四声转读可以读为入声"五激反"之音。为了检验这样创作是否能被认可,他特邀青年才俊王筠朗读该文。王筠果然不负厚望,直接将该字转读入声,致使这位前辈击节称赞,以"知音"嘉许之。

这则佚闻告诉我们,在诗歌格律的格局中,字音的声调可以根据需要在四声之间流转,因为音节在四声之间转读,改变了音节的高低疾徐,能造成

---

① 《梁书》,中华书局 1973 年标点本,485 页。

诗句的旋律美感。关键在于，改调乃基于在格律的范围内作四声转读，强调的是声调的语势及节律，在这里，声调的辨义作用被弱化。亦即曰，变调协律只是在同一音素序列框架内，在诗歌格律的规范下，造成某种特殊旋律的语音效果而已，并不给人语义变动的印象。而变动音节的韵属就没有这种功效，除非韵脚字本有两音，否则跨韵变读完全改变了字音的四声相承的格局，变成了另一个四声相承，无疑就变动了字音的基础，结果就一定是不合规则地虚拟出一个它本身没有的读音，当然就变成了另一字的读音，有没有写成另一个字并不重要，重要的是实际上给韵脚字改了一个字。

3.6 "韵缓""改字"之的解

综上所述，"古人韵缓，不烦改字"的三个要点，"韵缓"是押韵时取韵比较宽泛，可以邻近韵部之间通用的意思；"改字"就是因为改变韵脚字的韵属，以虚拟一音的方式，达到因音改字的意思；至于陆德明自己所作诸条协韵，以声调改协为主，变韵改协仅5次，且变韵诸条均为本有之异读，实非"虚拟读音"，当然与其所反对的协韵"改字"不是一回事。这样看来，陆氏协音重在变调，少有的几条变韵都属本有的异读，都没有"改字"。《诗经》中其他在唐代官韵属于"异韵"的混押，陆氏都将它们处理为"韵缓"，这大概就是陆氏协韵中为什么那么多的变调，很少变韵的原因。

以今所见，陆德明"古人韵缓，不烦改字"的准确、完整含义，应当是：古人用韵时邻近之韵可以通用，不必改换韵属另拟字音来押韵。陆氏的意见，影响了唐代的注释家，使得唐代的协韵（叶音）大多都重声调的变协，跨韵的协韵相对较少。形成了唐叶的一大特色。

第二章 唐宋叶音之异同

一、唐代叶音及其研究

1.1 唐叶概况

叶音虽然首见于梁陈间的沈重,但沈重留传下来的叶音却很少,以今所见,仅有陆德明《经典释文》引述的两条而已。由于沈重《毛诗音》等文献的佚失,我们现在已经不能确知唐代以前注释家叶音的概貌。照常理可以推想,其初起之时,有似江河之源,滥觞而已,沈重时代的叶音数量应当不会很多。

到唐代,注家作叶才象孔广森所说的那样"多"了起来,尤以颜师古《汉书注》突出,以至于四库馆臣评述师古的注疏音释时,对他有"惟拘于习俗,不能知音有古今,其注《汉书》,动以合声为言,遂与沈重之音《毛诗》同开后来叶音之说"①的批评。

四库馆臣把师古与沈重并提,当作"开后来叶音之说"的代表人物之一。其实唐代注释家有很多人都作过叶音,如陆德明、李善、公孙罗、李贤、何超等。四库提要把颜氏列为叶音的创始人之一,除《汉书注》中注了较多"合韵",使叶音初具规模之外,还有一个因素是他所处年代较早。为什么不提更早一点的陆德明?可能有两个原因,一是今所见《经典释文》中陆氏自作叶音数量相对较少,规模不大。二是陆氏一方面主张"古人韵缓,不烦改字",一方面又自作叶音,或许给人言行不一的感觉,观感不佳使然。

---

① 《四库全书总目》之《〈匡谬正俗〉提要》,中华书局1965年,上册,341页中栏。

1.2 研究始末

正因为处于初创时期,虽然唐代叶音产生的时代早于宋代,但学术界对它的研究却大大晚于宋叶。当明清古音学家大举批评并扬弃宋人叶音学说,进而催生古音学革命的时候,唐代叶音语料鲜有问津。看清代学者"《诗》考古音,亦自才老始"①之类的说法,就可以明白,清代学者并没有把唐叶看作古音研究的开始;又从"自沈氏释《诗》,颜氏注《汉书》,多有合韵音某,至吴才老大畅叶音之说"②之类的表述中可以看出,清代古音学家是把唐、宋叶音当作前后传承的一回事,在强调宋叶对唐叶的继承、拓展、趋于成熟的同时,也就给唐叶作出了初萌、不成熟、没有研究价值的历史定位。这个状况直到上世纪后期才有改变。

进入二十世纪以后,以《中原音韵》为核心的近代语音史研究迅速崛起,随着研究的深入,宋代叶音语料的近代音价值得到全新的开发与利用。在宋代叶音内部蕴含的宋代实际语音现象大白于天下的同时③,被明清古音学家忽略了的唐代叶音语料终于受到了前所未有的关注。既然宋叶可以反映宋代语音,人们自然会联想到时代更早的唐代叶音。

1983年,张文轩发表《试析陆德明的"叶韵"》一文,在这篇早期研究唐代叶音的论文中,张氏提出从唐人协韵考唐代实际语音的问题。他说:"'协韵'是为诵读古代韵文服务的。……本来按时音读之不谐的古代韵文按所注协韵诵读,就可以押韵了。由此我们可作这样一种设想:如果把陆德明(550—630)、颜师古(581—645)、李善(630—689)以及李贤(651—684)四位初唐注音家给古代韵文的韵脚注的协韵与没有注叶韵的其他韵脚字递系串联,将会归纳出初唐实际语音的韵部来。应当说,这样归纳出来的实际韵部比从初唐诗文韵脚中归纳出来的将更接近于语音实际。"反映了当汉语语音史的研究不断深入,不断开发新材料的研究状况。学者们重新评估了唐代协韵这一批宝贵语料的语音价值,对它们的研究也就从这个时候逐步展开。

---

① 《小学考》,419页。
② 孔广森《诗声类》,2页。
③ 运用宋代叶音语料研究宋代实际语音的论著,有王力(1982)、许世瑛(1974)、赖江基(1986)、黎新第(1999)、刘晓南(2001、2002A)等论文。详见参考文献。

第一篇讨论早期叶音的专题论文,祝敏彻、张文轩《论初期"叶韵"》发表于 1982 年,该文对《释文》所引的郑玄、徐邈、沈重三人的所谓协韵语例作了整理与考源。此后的十余年时间里,早期叶音的研究步入黄金期,一共有祝敏彻、张文轩(祝张 1982、张 1983A、1983B、1984、1987)、马重奇(1989)、李无未(1993)等学者共计 7 篇唐代叶音专题论文面世,唐叶研究顿时达到了高潮。进入二十一世纪之后的 10 余年间,出现了由专人专书的专题研究向综合研究转移的势头。2009 年,汪业全出版新著《叶音研究》,意在对叶音现象作史的综合考察与梳理,同时他对唐人叶音的研究也有《初唐—盛唐今音韵部考》(2009B)等论文,其主旨都是在前人研究的基础上作综合的宏观考察。

总体上看,与上世纪末的研究不同,本世纪以来的近一二十年中,有关唐人叶音的专人专题论著似乎未见出现。究其原因,大概是本来不太丰富的研究资源已经开发枯竭了吧。已有的研究成果显示,唐代重要的注家陆德明、颜师古、李贤、李善、公孙罗、何超乃至于张守节、司马贞、《文选》五臣注等的叶音语料都有了系统的研究。传世文献所可见到的唐代文人雅士所作叶音之主体大概都已"入吾彀中"了。

1.3 研究特点

诸成果向我们展示了汉语语音史和语音学史有关唐代语音的一个独特的研究领域,综而言之,有如下 4 条特点。

1.3.1 开发整理语料。诸家论著穷尽地钩稽唐代诸注家各自所注叶音,作全面的收集整理和准确的计量。根据诸家提供的资料,我们知道唐代叶音资料的基本数据:陆德明 25 条,颜师古 71 条,李善 32 条,李贤 40 条(以上见张文轩 1983A),何超 9 条(见李无未 1993),司马贞 6 条,张守节 3 条,五臣注 32 条,公孙罗 75 条(以上见汪业全 2009A 及 2009B①)。

从已收集的语料看,唐代叶音最大的特点就是所叶之音,多见叶其声调,少见叶其韵属。诸家抓住这个特点归纳语料,分门别类地整理,加以考察,如将颜师古《汉书注》中所有"合韵"分别区分为"改声调以求和谐""改韵

---

① 汪业全书中也有陆德明等人叶音的统计,但数字与前人不同,此取始发者提供的数据。

部以求协韵"两大类型,再分为 11 个小类型作全面的描述(见马重奇 1989)等等。

1.3.2 考证叶音来源。研究者广泛搜索文献,查考唐人叶音的来源。如张文轩《颜师古的"合韵"和他的古音学》(1987)一文,针对颜师古《汉书》注 71 例"合韵"的 58 个字音,考其来源与根据,认为"师古的'合韵'音是主要考虑到三个条件而拟出来的":

(1) 排比古代韵文的押韵情况以注叶音;
(2) 以古读、又音、如字破读等既有读音注叶;
(3) 以谐声推定叶音等。

其中第 2 条例证很多,如:"废音发","顾音古","狩音守","正音征","创音初良反","司音先寺反","举音居御反"等等均是据古读;"望音亡","豻音五安反","翰音韩"等是据又音;"喜音许吏反","来音郎代反","居音基庶反","闻音问","学音下教反","易音以赤反"等是为破读。此均确凿有据,于载籍之中历历可考见者。又,第(1)、第(3)两个条件所作叶音亦非率意为之。这些都显示了唐代叶音合理的一面。

1.3.3 分析语音性质。分析语音性质,不外乎判断叶音表现了古音还是表现时音或纸上人为的安排,诸论文基本上都否定了"人为"改叶,认定唐人叶音既反映时音,也有古音的探求。

所谓时音是指唐代口语的实际语音。根据对叶音的一般理解,只有在后人以时音诵读古代诗歌韵脚不谐时,方注叶音以谐韵。如此,则凡注叶韵的地方一定与当时实际语音有关,比如说,大多数叶音是改动声调,研究者由此推断初唐时期四声的调值差别非常大;又有在同一韵段中一些字注叶音改动所属韵部,一些字不注叶音,考虑到所注或不注都是为了使之诵读和谐,则可推测注叶的字之间韵的音值差别较大,如"脂-咍、鱼-麻、虞-尤相叶"等等,而不注叶的字之间也有今音诗韵归属不同者,如"支-齐、鱼-虞、肴-豪、庚-青"等等,则可推测实际语音与功令规定有异,这些都显示了实际语音的特征。又有进一步设想,通过考察唐代叶音语料,"归纳出初唐实际语音的韵部"(张文轩 1983B,199 页),希望能够借此推进实际韵部系统的研究。但设想虽然很好,实际情况却不能尽如人意,由于初期的叶音语料零散而不整齐,要从中归纳唐人用韵的实际韵系其实难度是很大的,"文献不足故也"。

另一方面,诸篇论文还确认这批早期注叶语料包含了古音探求的成分。张文轩(1987)特别指出,颜师古使用排比古代韵文韵脚的方法来探求古诗韵脚字的古音,他取师古《匡谬正俗》"葬字臧音"条为例:

《酷吏传·长安中歌》云:"安所求子死,桓东少年场。生时谅不谨,枯骨复何葬。"荀卿《礼赋》云:"非丝非帛,让理成章。非为日月,为天下明。生者以寿,死者以葬。城国已固,三军已强。"《说苑》云:"吾尝见稠林之无木,平原之上谷,君子无侍仆。江河干为阬,正东采榆桑,仲复雨雪霜。千乘之君,万乘之王,死而不葬。"据韵而言,则葬字有臧音矣。

上面的引文显示,本当读去声的"葬"字,在古诗中屡与平声相押,所以颜师古"据韵而言",断其有平声一读。张文轩由此推论师古的考古音基本思路是"如果某字经常和另一些字押韵,他便认为当时该字和这些字同韵或同调"(张文轩1987,109页),断定师古实际就是据古诗的用韵常例作古音研究,其做法实与明清考韵文之古音如出一辙。如果这个推论不错,毫无疑问,这将是学术史上最早的古音研究。

1.3.4 评价历史意义。综合诸家论著,可以看出对唐代叶音的评价是比较高的,表现在三个方面。

其一,从叶音的来源推断唐人以注叶的方式开始了学术史上最早的古音学研究。他们认为:"从沈重开始,叶音不光选择带有古音色彩的又音充当,也开始根据上古韵文押韵系统自拟读音。他们加注叶音的字,按中古音,不能与相邻的韵脚字押韵,按上古韵却是押韵的。这说明,这些音学大师们对于上古韵是有一定认识的。……对后世人自觉地研究上古音也是有启发作用的。"(祝敏彻、张文轩1982,104页)尽管由于历史的局限,这些最早的古音研究"都是建立在多数不变少数变的基础上的,都是针对一些孤立的字音而言的,与我们今天所说的'古音'很不一样"(张文轩1987,111页),但开创之功不可没。从方法上看,颜氏首创了"排比韵脚以考古音"的研究方法,张文轩名之曰"以韵求音"法,这种排比古韵文求古音的研究方法对后代的影响很大。此外,张文轩还指出,颜师古"还注意到了谐声偏旁和古音的关系"(张文轩1987,109页),这对于古音研究也是很有意义的。

其二,叶音语料提供了宝贵的中古语音史料。诸论著认为由于叶音多有根据,其中保留了"上古向中古过渡的初期"的语料,"它的基础是师传的读书音"(祝敏彻、张文轩1982,104页),"就六朝乃至隋唐的'协韵'实际来看,有两种'协韵'需要划分清:一是为'古经',即对以《诗经》为代表的儒家经典著作注音而用的'协韵';二是为汉魏六朝至隋唐的诗文注音而用的'协韵"。后者"为今人研究上古到中古语音演变提供了客观依据"。(李无未1993)

其三,"叶必有据"的严谨态度和实证方法。这批唐代叶音研究专论,给人一个很突出的印象:唐人注叶是"谨慎"(张文轩1983B,191页)而且"具有读音根据"(张文轩1983A,127页)的。这个观点,以张文轩的表述最为明晰。张文轩全面考证了陆德明、颜师古所注叶音的来源,揭示了唐叶的语音根据,从叶音实例中归纳唐人作叶求音的方法,提出"以韵求音"等叶音法。从方法论上将唐代的叶音与"乱改字音"相区隔。他由此推论唐人注叶与宋人的叶音不大相同。实际上已经涉及了唐宋叶音的异同比较的问题。

诸论著以严谨的态度、科学的方法,展示唐代叶音所表达的特殊语音现象,提醒学者们注意:当我们关注并批评宋代叶音、利用宋代叶音作语音史的研究时,不要忘记了它的学术渊源,不要忽略了其间的学术传承。

二、宋叶对唐叶之拓展

2.1 基本判断

从上文分析可知,唐代叶音研究系列论文传递出一个突出的信息:唐叶是有根据的。相较之下,宋代叶音则早已被明清古音学家批评为"随意转读""乱改字音",实际上给出了"宋叶无据"的定性。一为注叶有据,一为随意乱改,两相比较,毫无疑问是唐叶优于宋叶。若果真如此,则宋叶不但抛弃了唐叶的优良传统,而且在错误的道上滑得更远。

不过,我们认为在作这个判断之前,是不是应该先略作检讨:在我们对唐代叶音有了比较全面了解的时候,是否也对宋叶同样作过认真而全面的考察?事实上,在明清古音学家的著作中我们没有看到对宋代叶音有过类似于现代学者对唐代叶音那样的专题研究。明清古音学家的论著中并没有出现有关宋代叶音的全面考察、整理以及推因考源的工作。从方法论看，明清古音学家批评宋人叶音为"乱改字音"时，是举例式的，攻其一点，不及其余，存在着不穷尽材料、不探明源委而作简单否定的缺失。

近些年来，笔者为了研究宋代通语语音与方音，穷尽地考察了宋代叶音代表人物吴棫、朱熹两人的叶音语料。为了更透彻地了解宋叶的实质，除《韵补》《诗集传》《楚辞集注》外，我们还广泛检阅《晦庵先生朱文公文集》《原本韩集考异》《朱子语类》，旁及《慈湖诗传》《诗总闻》《诗童子问》等相关文献，尽可能全面地把握朱熹等人的语音史观和他们的叶音行为。我们在穷尽考察朱熹、吴棫的叶音理论、求叶的方法和材料之后，对于宋叶是否有语音根据，得到了与传统观点不同的判断。

我们认为，全面客观的看，为了求出与古诗韵脚谐协的合适字音，宋人同样重视寻找语音根据，在叶音是否有根据这一点上，宋叶与唐叶其实并没有什么本质的不同（详刘晓南2003）。宋人叶音的意图也不是随意改字音以谐韵，而是调整韵脚字的读音，从一字多音（见于记载的、现存的或可能存的多个音读）中确定一音以协古韵，简言之，这种叶音可名之曰"多音定叶"（详刘晓南2004A、2006）。

在方法论上，宋人不但全盘继承唐叶取音的语音根据，而且有"据方音"和"据切韵学理"的两大拓展（详下文）。两大新语音根据的加入，扩大了宋人叶韵取音的选择，其带来的负面影响是给后人增加了判断叶音是否有语音根据的难度，使许多叶音的来源更加隐晦，更不容易看清，使得本来就棘手的问题更加复杂。正因不易看清难以把握，才需要后人详细探求。可惜的是，明清古音学家忽视了这一点，因而对宋人叶音的认识出现了偏差。显然，立足于偏差的观点，难以达到公正客观，这也是我们为什么要重新评判唐、宋叶音异同的主要原因所在。

2.2 三大拓展

由于我们对宋代叶音已经有了一个比较全面的了解，已给客观地比较唐宋叶音打下了良好的基础，完全可以有效地进行唐、宋叶音的比较。利用上述唐叶研究的系列论文和我们对宋叶的了解来比对唐、宋叶音，我们同样也认为宋叶与唐叶有很大的不同与拓展。可从注叶形式与内容,注叶所取语音根据,叶韵的使用范围等3个方面来谈。

2.2.1 形式与内容的拓展。从形式到内容,唐宋叶音至少有4点不同或开拓。

2.2.1.1 术语的规范使用。唐叶几乎不用"叶某音""叶某某反"之类带"叶"字的专用注音术语,而是杂用"协韵、合韵、取韵"等说法,术语不能统一。宋人则将它们统称为"叶(协)韵",主要使用"叶某某反(或叶某音)"格式注叶,在形式上将术语加以规范化,无疑是一种进步。

2.2.1.2 注叶对象相对集中。唐人注叶大约随所见而注之,五经三传之外,《文选》以及《史记》《汉书》《后汉书》《晋书》等文史典籍中的韵文均予作叶。不论对象时代先后,无论诗辞歌赋,只要自己所注古籍中有不合功令之韵文,都在作叶的范围之内。宋人则集中于《诗经》《楚辞》这样的先秦经典韵文探求特异用韵现象,少论《史》《汉》以下。两相比较,唐、宋两代注叶对象似有"纯"与"杂"的差异,"纯"则纯取经典,"杂"则经史子集杂陈;"纯"则为纯诗歌,时代亦纯先秦,"杂"则诗赋歌谣,无论秦汉魏晋。唐宋注叶对象的差异,表现出唐人注叶不过只是关注前人韵语谐否而已,而宋人注叶则比较重视先秦经典诗歌所反映的"古音"(参刘晓南2006)。

2.2.1.3 态度的严谨。唐人注叶并不是所有当协之字全注叶,有许多看来应当注叶的字他们并不注叶,好像随文而注,宋人则将所有不合诗韵的韵脚几乎全都注上叶音,以求韵脚全面和谐。因此同一古文献,唐宋注叶的数量相差悬殊,唐人所注叶音数量远远少于宋人所注。比如《诗经》,陆德明仅二三十条叶韵,而朱熹则多达一千余条。唐宋注叶的这种差异,表面上是数量多少的不同,实则反映了注叶态度的不同:唐人注叶相对随意,缺乏严格的操作规则,而宋叶则比较规范,反映了宋人的研究态度和操作标准均较为严谨。

2.2.1.4 韵调的全面作叶。从唐宋诗歌韵系"官韵"的角度看,唐代音注家注叶约略集中于不同声调间的改叶,而对属于同声调跨韵通押的特殊韵段则少作叶音处理。也就是说,唐人作叶音时,其实是把跨韵部的用韵与跨声调的用韵分别对待的,前者大多不予叶音,后者方目为"叶音"而作注。这可以从唐注家所作叶音实例中叶声调与叶韵各自所占的比率看出,陆德明即是典型,前文已论。又如颜师古、李贤两家给《汉书》与《后汉书》注叶,据张文轩(1983B)提供的资料,颜李二人共作叶音111例,改动声调以叶韵多达97例,只14例是改动韵部作叶,仅占其叶音总数10%强,且它们都集中在一些特殊韵字,与一般叶韵有别。即算注叶音特少的何超《晋书音义》,他的全部9例叶音中,也有8例是改动声调(详李无未1993)。由此可见,唐人叶音主要协其声调,而不是叶其韵。宋人则大不相同,宋人作叶无论韵、调,尤以跨韵部之叶音为著,大异于唐人旧例。这种叶音体例,当非前承唐人,而是出于宋人自创。

2.2.2 语音根据的拓展。根据上述诸篇唐叶论文的观点,唐代叶音有其语音根据,主要表现有三:一据又音异读、破读等叶韵,二排比古诗文用韵推古音以叶韵,三据谐声偏旁推古音以叶韵。宋代叶音对这几个方面的叶音依据,全部予以继承,此外,又有两个方面的重大拓展。一是由于认识到方音存古,有意识的运用当时方音口语来叶韵;二是立足于宋元切韵学的原理,据四声互用、切响通用的音理以叶韵。

2.2.2.1 关于运用方音叶韵。唐人叶韵有没有运用当时方音,或者是无意地透露其方音?张文轩(1983B)对此曾作过细致的研究。他将唐代四大注家按里贯分组列表对比其异同。一组为江南人陆德明、李善的54例叶韵,一组为长安人颜师古、李贤的111例叶韵。设想通过对比南北两组所作叶音差异,以探寻其间有无方音的影响。比较的结果,江南组与长安组协韵情况"大多数相一致",看不出南、北方音的差别。各表的一些通押现象,如之尤、之侯、真文、魂先相协之类,都"显示了较早期的特征",但"可惜材料太少,南北方音的差别大概没有充分反映出来"(张文轩1983B,215页)。张文轩的结论非常谨慎,但确凿无疑的是,从这一百多例叶韵中看不出南北方音差别。即算其中或有某些依据当时口语作出的叶音,可能会包含或多或少的方音成分,这些无意间偶然出现的条目,恐怕也无法显示出来注叶者已经对方音的价值有了充分而理性的认识。

宋叶则大不一样。现在已经从吴棫、朱熹的叶音中看到了大量的方音。更为可贵的是,宋人注叶中的方音,并非无意中受方音影响的误注,实在是有意而为之的。如吴棫《韵补》中确定"子""资"等字可协鱼模,就明确地宣示是据"今俗音"作出的判断。朱熹不但有意地运用方音叶古音,甚至提出

"方音存古"的思想以支持方音证古的作法(详刘晓南 2001、2002A 等文)，这是迄今为止我们从唐人叶音中尚未看到的景象。当然，唐人也在注释中偶然利用方音来解释一些特殊语音现象，如"泜"字的师古音注①，但他并没有利用这个材料解说古音，更没有涉及方音能否保存古音的问题。相较之下，宋人对他们的方言口语有更深的认识，"方音(或俗音)存古"的学说，其实是从吴棫到朱熹、项安世等人一再表述过的共识。宋人在"方音存古"理论的支持下展开有意识的方音考古，这一点与唐代叶音是有本质差别的。

2.2.2.2 关于据切韵学原理叶韵。宋元切韵学大概萌发于中晚唐，大行于宋元。由于时代的错位，唐人尤其是初唐的学者来不及见到或熟悉新兴的切韵学，还来不及运用它的原理来作叶音，这是历史的局限，宋人则没有这个历史局限。随着切韵学在宋代的成熟，四声相承、开合四等、清浊轻重、五音七音、双声叠韵、旁纽转纽等学说的发展与推广，宋代的学者受到启发，看到了古诗叶韵中蕴含的切韵学理。其代表人物就是古音学家程迥，他依据切韵学理提出了"四声互用""切响通用"两个考求古诗歌叶韵的理论，撰作《古韵通式》(已佚)，这可能是语音学史上最早的古音专著(参刘晓南 2016B)。程氏的两个理论，一说韵的互用，一说声的通用，分别从声、韵的角度提供音变发生的内在语音原理，解说古诗用韵的音理变化，其说实开清儒音转理论之先河。

朱熹与程迥曾就其学说有过多方讨论，并借鉴吸收，大规模地运用于他的叶音之中(详刘晓南 2003、2016B)，形成不同声调之间以及阴声韵、阳声韵之间的一系列以音理支撑的独特叶音语例，以此大别于唐叶。

2.2.3 叶音使用范围的拓展。比对唐宋叶音实际用例，我们发现它们使用的范围有很大的不同。叶音，通常都认为是专用来说明古诗特殊用韵

---

① 《汉书》卷三十二《张耳陈馀传》："汉遣耳与韩信击破赵井陉，斩馀泜水上。"颜师古注："苏林曰：'泜音祇也。'晋灼曰：'问其方人音祇。'师古曰：苏、晋二说皆是也。苏音祇敬之祇，音执夷反，古音如是。晋音根柢之柢，音丁计反，今其土俗呼水则然。"(中华书局标点本，第七册，1839 页)南按：师古此以方音解说异读，但他好像说反了，音祇当为文读，后起之音，音柢当为口语或方言音，存古读，舌上音保留舌头音为古读。颜注的解说可能误认了古音。

的,从理论上说,它应当只用于古诗的韵读解释,与当时诗人创作诗歌的押韵没有关系。

考察实际用例,唐人注叶基本符合上述范围,据现代学者已有的唐诗用韵研究成果①,可以看到唐人作诗大多符合官韵,少有跨韵通押,偶有脱韵,亦不言叶。虽然他们早就运用"协韵"来解说古代诗文的特殊用韵,但却几乎不见他们有在自己的诗歌创作中运用"协韵"的方式突破官韵的框架来押韵的。为了获得准确数据,笔者检索了当今若干家《全唐诗》数据库,查找里面有没有诗人自注"叶(协)音"现象。检索的结果,偌大一部《全唐诗》,洋洋近五万首作品,仅找到中唐诗人韦应物两首诗的两个韵脚字下注有叶音,其中一个还有疑问。

一是位于《全唐诗》第 187 卷的五言古诗《寄庐庚》第三韵句"乱发思一枥,垢衣思一浣"的"浣"字下注"协韵"(1905 页)。该诗押平声寒桓韵,全诗的韵脚为"难安浣叹寒盘欢","浣"本读上声,与其他韵脚声调不协,所以要在字下注"协韵",表示读为平声押韵。这符合唐叶主要是改动声调以协韵的精神。

二是收于第 194 卷韦氏的杂言古诗《宝观主白鹈鸰歌》第 2 韵段"之来"(2003 页)相押,在"来"字下注"叶音黎"。该诗用"来"字押之韵,故于其下注叶音,来协韵"音黎"早见于陆德明,符合据异读作叶。然该例有异文,核查影印文渊阁四库本《韦苏州集》"来"字下只注"音梨"(1072 分册,154 页)二字,不言叶。若不计这一例,则整个《全唐诗》的近五万首诗歌,由诗人自注的"协音"仅一例。唐人作诗不取叶韵,基本可以成立。

与唐人不一样的是,宋人延续了早期叶音的用于说明特殊押韵的传统,将叶音直接运用到了他们的诗歌创作中以说明突破礼韵体系的押韵,突破了唐人使用叶音的传统范围,也打破了学术界长期以来对于叶音使用范围的固有认识。我们曾收集到 7 位著名宋代诗人笔下 10 首"作诗叶音"作品,涉及 12 个韵脚字的叶音(见刘晓南 2012B),以后又陆续有新的发现与补充,

---

① 如鲍明炜《唐代诗文韵部研究》(江苏古籍出版社 1990 年),荀春荣《韩愈的诗歌用韵》(《语言学论丛》第 9 辑,商务印书馆 1982 年)、《韩愈的韵文用韵》(《语言学论丛》第 15 辑,商务印书馆 1988 年)李维一等《初唐四杰诗韵》(《语言学论丛》第 9 辑,商务印书馆 1982 年)等。

迄今已累积有 16 首诗 20 个韵脚字例。虽然宋诗中的叶音是否已经穷尽尚无把握,但仅凭这个不完全的考察,也足以显示宋诗与唐诗在叶音使用范围方面的差别:唐诗仅一人一例,偶然一见,宋诗已达 16 首诗 20 字例之数,就不能说是偶然了。

唐宋叶音之间这个差异可简述为:唐人叶音仅注古诗,宋人叶音既注古诗,又写新诗。我们将宋代的两种叶音,前者名之曰"注古诗的古音叶音",后者曰"写新诗的作诗叶音"。我们曾对这宋代诗歌创作中注叶字的语音根据作了详细的考察(详刘晓南 2012B),结果是,与宋人的"古音叶音"一样,作诗所叶之音都是有其语音根据的,在叶音是否有根据这一方面,宋人在不同范围使用的两种叶音的精神完全相通。

三、唐宋叶音差异的意义

从现有的资料来看,唐代注家仅在各自注释或集解《十三经》《汉书》《文选》《后汉书》《晋书》等前代典籍时,顺便对里面韵文的部分特殊韵脚字注叶,并非为全面说明诗文古韵而注叶,他们对先秦经典的诗歌韵语并不特别关注,对《诗经》韵脚注叶相当疏略,《楚辞》甚至都未涉及,颇有"掎摭星宿遗羲娥"的遗憾,这也可能是明清学者不大关注唐叶的主要原因之一。

宋人注叶则就先秦经典韵语全面展开,以吴棫、朱熹为代表,《诗经》《楚辞》中凡与官韵不协者均注叶音以求韵谐,消除了唐人叶音的对象混杂,零散而随意的弊端。从零散混杂到专一于经典韵语,从疏略随意到趋于穷尽无遗,诸多方面都显示出宋优于唐。

宋人继承了唐人叶音重语音根据的传统,而在形式、内容以至于语音根据上都有发展和新的开拓。尤其是语音根据的开拓,将方音与切韵学原理引入叶音,大大丰富了叶音的内容,客观上也为后人留下了一大批宋代方音资料,这是一批宝贵的语言资源,值得展开更为深入的研究。

还要引起我们关注的是,宋人延续古叶韵传统,扩大叶音的使用范围。在诗歌创作中引入叶音,这使宋代叶音与唐代叶音几乎有着本质的差异,可惜长期以来没有引起语音史与诗律史研究者的注意。

创作新诗的拓展看似不起眼，实际上牵扯出来一系列新的问题。比如说：唐宋诗歌押韵的正途是官韵（又称诗韵，宋人特设礼部韵），延续数百年，为什么宋人要别出心裁，正常押韵之外又增加"叶韵"一途？作诗叶韵与诗韵（礼部韵）是什么关系，与宋代实际语音或者当时人们的口语方音是否有关？为什么唐人作诗几乎不使用叶音，而宋人却可以使用它，宋人这样做有诗歌格律方面的依据吗？作诗叶韵与科举考试是否有关？等等。

许多问题，都需要作出探讨，给出令人信服的回答。很明显，这一系列问题的破解，不但对于语音学史、近代语音史有重大意义，而且对文学史、诗律史、文化教育史甚至科举史都有意义。

以诗歌格律为例，宋代文艺学家严羽在《沧浪诗话·诗体》篇中提出诗歌的用韵体式时是这样说的，"有协韵，有今韵，有古韵"①。将协韵（叶韵）与古韵、今韵并列。照一般的看法，这三种用韵方式使用的时代与对象都不相同，其实不应排在一列，将它们相提并论，叫人不好理解。现在我们看到了宋人作诗叶韵实例之后，就可以明白严羽将它们并列，实际上就是指明诗歌创作不但要运用"今韵"（即礼韵），也可以运用"古韵"（即所谓仿古韵）和"协韵"。三种用韵都是宋人实用的方式。其中"协韵"的真正含义，应当就是诗人依据宋代实际语音有限地突破礼部韵规范的押韵，就像格律谨严的近体诗采用所谓"进退格""辘轳格"等变通方式来突破礼韵叶韵（参刘晓南 1999，49 页）一样。

我们还可以看到，颁布于北宋哲宗元祐五年（1090）的《元祐新制》明确规定"准贡举条赋初入韵许用邻韵引，而有声相近而非邻韵者"②。规定科举考试律赋中可以在韵段首句引韵时运用"声相近"的字，而不必考虑是不是符合同用的规定，这就是一种"协韵"。其实宋科考的省题诗也可以据所谓"葫芦格""辘轳格"等方式实现突破礼韵的押韵，即叶韵，可见有限突破礼韵押韵，在科举考试中也是允许的，条件是押韵的字"声相近"，也就是说，实际语音能谐。今人考宋诗用韵中不合礼韵现象太多，绝大多数流行诗坛无碍，并不以落韵目之，可知作诗用"叶"实为当时文坛与学界默认的规则，自有成

---

① 《沧浪诗话校释》，74 页。
② 《附释文附注礼部韵略》，古逸丛书缩印上海涵芬楼影印宋绍定本，439 页。

文或不成文之例普遍存在。

由此我们想起清儒毛先舒有一段关于叶韵的对话：

> 客问予曰："子尝谓叶非古法，是已。而文多称引叶韵，何耶？"予曰："叶之为言，谐也，和也。初非可废者也。然有法叶，有臆叶。法叶者，有本而合古者也；臆叶者，无本而随声者也。所恶特臆叶耳。若法叶，则政当资是以考古文，讵可废耶？"①

毛氏把古往今来的叶韵分为"法叶"与"臆叶"两类，甚有见地。顾名思义，法叶乃有根据的、符合规则的叶韵，所谓"有本而合古者"也。明人潘恩《诗韵辑略序》云："江左崇尚风骚，沈休文分部，四声聿严，音律之谐，由是迄今，凡为近体诗者，必宗焉，莫之易也。宋吴才老谓其未备，又作《韵补》，尽叶音声之变，由是迄今，凡为古体诗者，必宗焉，亦莫之易也。"②此话说的大概属于"有本合古"之法叶吧。

臆叶，毛氏说"无本而随声"。"无本"是没有根据，"随声"一语则稍为复杂，其中"随"有"跟随""随意"两义，可作两种解读。如果取第一义，"随声"则是跟随实际语音之声而协韵，为"声相近"而叶，是符合宋代叶韵原则的。此为有本，当然可以是法叶。如果是指"随意"变更字音以协声，则变乱规则，率意而为，当黜之。如 1926 年世界书局出版的诗法读物《诗学进阶》云："叶者，音韵俱非，而切响通之，如一东所叶，心字乃思容切，音松也。叶音有绝不相类者，如一东所叶应字音雍，国字音公。如用一东韵作古诗，俱可同用。"(138 页)"应"字可叶读"雍"，"心"字可叶读"松"，"绝不相类"也可同用。用明儒焦竑所说的"凡字皆无正呼"③衡之，实乃密合无间。正如清儒李因笃云："窃怪今人赋诗，高自矜诩。独于用韵，则是茫无考稽，固陋自安，妄自转叶，虽当代通儒不免焉。"④"妄自转叶"则不免"臆叶"之讥。要之，诗歌韵语，愈古愈真，愈近愈滥，盖法叶、臆叶之殊矣。

---

① 《声韵丛说》，中华书局据学海类编本排印本，1991 年，5 页。
② 《四库未收书辑刊》，壹辑、拾册，3 页上。
③ 《焦氏笔乘》，83 页。
④ 《古今韵考》卷一，615 页，《丛书集成新编》第 40 册，台湾新文丰出版公司，1984 年。

第三章　宋诗叶音考略

在唐宋叶音异同比较中,我们指出宋代叶音对唐代叶音的一大拓展就是将叶音的使用范围由古诗注释拓展至诗歌创作。宋代文人在写作诗歌时也使用叶音的现象,以往研究者都没有提及,笔者是在考察宋代诗文用韵时看到这一现象的。

笔者自上世纪末开始研习宋代语音史,做诗歌用韵的研究。在大量查阅宋代诗文作品时偶然看到一些作品的韵脚字下有作者自注"叶韵"或"叶某音"字样。初时仅一二例,后来陆续增加到十余例,因而意识到这恐怕不是一个偶然现象,不应当忽视。经过初步研究,笔者在 2012 年发表《试论宋代诗人诗歌创作叶音及其语音根据》(《语文研究》2012 年 4 期)一文。文中特别指明,之所以要对诗歌创作中的叶音进行探讨,是因为长期以来,叶音给人的固有印象就是注释古诗,而宋诗叶音的发现则揭示了叶音的别样面貌,透露出不同于固有印象的信息。这足以引发对传统认知的质疑,推动学术研究向纵深发展。

限于条件,笔者还来不及对洋洋七十二大册《全宋诗》中的作者自注叶音作全面细致的考察与检索。宋诗中作者自注叶音的数量究竟有多少,迄今还拿不出准确的数字。我们仅仅在广泛而频繁地利用《全宋诗》时,陆续收集叶韵资料,目前已积累了 16 首诗作、19 个韵段的 20 次叶音[1],涉及 11 位诗人,虽不一定全面,但已经初具规模,足够确认宋人在诗歌创作中引入了"叶音"。全面地说,宋人对"叶音"的使用,其实是既注古诗,又写新诗,应当分别名之曰"注古诗的古音叶音"(可简称为"古诗叶音")、"写新诗的作诗

---

[1] 笔者曾于 2014 年指导研究生黄杨子作宋代诗人自注音切的研究,该项研究补充了 8 例自注叶音。

叶音"(简称"新诗叶音")。两种叶音既同见于宋代,都被实际应用,又有着相同或类似的术语与结构格式,只是使用的对象或领域不同而已,自然会给人以"性质相同、用途不同"的印象。究竟是不是这样?恐怕还得有所考察方可定谳。况且,辩明新诗叶音有何特点,它与古诗叶音之间究竟是什么关系等等问题,不但对了解宋代叶音的性质非常重要,而且对于判断叶音材料的历史语音价值也是必不可少的。

一、韵例及特点

我们先罗列所收集到的全部韵例,再考察其所具有的特点。

1.1 韵例

我们按时代先后分条录出 16 首诗的 19 个韵段中 20 次叶音的韵脚及其音注文字。字例条目大致包括如下内容。

一是按时代前后排序,列出叶音条目的字头与音注,原文作"叶(协)韵"或"叶(协)某某反(音)"各自的写法及字体之大小,一依其旧,《全宋诗》编者增加的"自注"二字亦照录。

二是该条叶音所在诗的相关信息,包含作者、体裁、标题(若题目过长则节取前面若干字)、全诗所有韵脚字及其下之作者自作音注,如果诗中有换韵,则不同的韵段之间以"/"号隔开,最后以括号列出本诗在《全宋诗》中的位置,括号中"S"代表《全宋诗》,后接两个数字,前者为《全宋诗》的册数,后者为页码。

三是以按语形式,综合韵段的押韵表现,说明所注之叶(协)所叶为何音?如果韵脚字叶音或注音有疑问,则略作考校或说明。

1. 娑 自注:叶韵,苏可反

王禹偁五古《七夕》叶"坐璅过朵我卧么惰和破播课堕果夥娑 自注:叶韵,苏可反祸饿跛胜挫轲左拖磨火娜瘅奈货呵 自注:呼可反颗犨颇妥佐簸贺可"(S2-657)。

按,"娑"字韵书有歌韵系平、上两读,本次注叶是改平声以叶上声韵。

又,"呵"字下自注"呼可反",查《广韵》《集韵》"呵"都只有平、去两读,无上声读,礼韵甚至只有平声一读。作者本诗押上声韵,给它加注一个上声的读音,这个做法其实与叶音相当,但作者没注上"叶"字,或许作者认为该字当有此一读,抑或漏注"叶"字。要之,因其缺乏标志,我们暂且不论。

2. 禁 自注:叶韵

王禹偁五古《唱山歌》叶"音吟林淫禁 自注:叶韵 愔深心"(S2-680)。

按,"禁"字有侵韵平、去两读,本次叶音是改去声叶平声。

3. 噫 自注:叶韵

王禹偁七古《酬安秘丞歌诗集》叶"星灵名/洞众/谪客/甫宇睹/人纷云/书余蜍/首斗/虹空/鼋卓/吉乞窟/类辈迈怪噫 自注:叶韵 骇背"(S2-784)。

按,噫,有平声之韵与去声怪韵两读,叶音改平声叶去声。

4. 差(瑳) 自注:一云力何反,取以叶韵

王禹偁五古《次韵和仲咸对雪散吟三十韵》:叶"茶哗加花斜些芽霞赊车家夸嘉华巴蛇差 自注:一云力何反,取以叶韵 奢嗟涯畲佳瓜牙窊邪砂麻鸦呀"(S2-795)。

按,"差"下注叶音的两句话颇有可疑之处。第一句的"力何反"一音,其音韵地位属来母歌韵开口一等,如果是注"差"字之音,则声韵相差太远,以四部丛刊本《小畜外集》核之,所注亦同,似非传抄之误。今考"差"在《广韵》有佳韵楚佳切,皆韵楚皆切,卦韵楚懈切,麻韵初牙切,支韵楚宜切共5音,并无读歌韵者,但《集韵》"差"有"苍何切"一音,义为"渐也",该音当取自《经典释文》之《礼记音义》"差,七何反,渐也"①,渊源有自,读歌韵无可疑者,然其声母读来母则无论如何都没有根据,"力何反"应当作"苍何反"或"七何反",不知诗中之自注何以致误。

第二句"取以叶韵"也不好理解。本诗押麻韵,"差"字本有麻韵"初牙切"的音,可以谐韵,为何要另取叶韵,叶的又是哪个音呢?查"差"字原句为"无才敌景差"。"景差"之名见于《史记·屈原贾生列传》,司马贞索隐曰:"按,《杨子法言》及《汉书·古今人表》皆作'景瑳',今作'差'是字省耳。又

---

① 《经典释文》,201页下栏。

按:徐、裴、邹三家皆无音,是读如字也。"①依小司马之说,"差"字本当为"瑳",但可"读如字"。这里说的"如字"应当是"差"的常用音"楚佳切"或"初牙切"。依小司马之意,景差之差即算作"瑳",也要读"差"的音。可宋人另有一说,毛晃《增韵》上平声七歌仓何切小韵收入"差"字云:"差,景差,人名,亦作瑳。"②看来毛氏并不认为"景差之差"当读如字,而要读作"瑳"的"仓何切"音,或"七何切"。看来宋人有认"七何切"为景差的"差"的本读的。本诗押麻韵平声,如果"差(瑳)"得读七何切,则歌、麻相押不合礼韵规范,就有叶音的需要。推想"一云力何反,取以叶韵"的意思:有人说"差"字要读"力(七)何反"音,那就应当取用叶韵。这样看来,叶韵是针对"力(七)何反"而发的,所以我们在字头"差"下加括号"(瑳)"表示。

5. 价自注:协韵

6. 振自注:协韵

释智圆五古《赠诗僧保暹师》:叶"川先/雅夏者下价自注:协韵泻蟲自注:音野写/伦淳振自注:协韵"(S3-1505)。

按,本诗"价"、"振"两个注叶韵脚字分别在不同的韵段,所以有2个注叶韵段。"价"本为祃韵去声字,本次叶音改读上声马韵;"振"字真韵平、去两读,本次叶音改去声叶平声。又,"蟲"字下自注"音野"。今按,"蟲"无"野"音,考其原句"立言忌妖蟲","妖蟲"连词,可知"蟲"字当为"蠱",《集韵》马韵"蠱"有"以者切"一音,是也。"妖蟲"当作"妖蠱",亦即"妖冶"。

7. 愀自注:叶韵

梅尧臣五古《希深惠书言与师鲁永叔子聪几道游嵩因诵而韵之》叶"岫就秀漏茂門绣后陋骤縠漱构透狃蹈蹂谬镂诟宙兽旧究咒狖膝愀自注:叶韵昼豆瘦绶督胠逅衮溜觏籀授遘扣复糅厚右酎疚"(S5-2727)。

按,愀,韵书有上声小韵和上声有韵两读,此叶改小韵一读为有韵一读。

8. 添(楠)自注:协韵

文彦博五律《问石楠》:叶"楠添自注:协韵檐严"(S6-3523)。

按,"添"注"协韵"可疑。本诗四个韵脚分属覃添盐严四韵,礼韵覃谈同

---

① 《史记》,中华书点校本,2491页。
② 《增修互注礼部韵略》,影印文渊阁四库全书,第237分册,399页。

用,盐添严同用,覃不与盐添严同用,要叶韵的应当是覃韵的"楠"字,给本可谐韵的"添"字注"协韵"实为错置其位。查四库本《潞公文集》亦注于"添"下,看来此误由来已久。这么说来,本诗是将覃韵洪音"楠"字改叶盐添韵细音。今将应当注叶韵的"楠"字以括号注于"添"字之旁。

9. 浓 自注:协韵

文彦博七律《送圆明大师归吴兴》:叶"风浓 自注:协韵 桐中"(S6-3530)。

按,钟韵"浓"字改叶东韵。

10. 应 自注:协韵

元绛五言长律《因览状元节推和诗再和一首》:叶"兴朋登腾澄朥绳冰层凝蝇鹰能膺蒸应 自注:协韵 胜陵乘称肱矜仍棱"(S7-4377)。

按,"应"字礼韵收蒸韵系平、去两读,本次叶音改去声叶平声。

11. 坤 自注:协韵

黄庶五律《酒》叶"新坤 自注:协韵 人均"(S8-5480)。

按,坤,改魂韵叶真谆韵。

12. 取 自注:协韵

郭祥正五古《送李嘉甫朝散还台》叶"五语宇抚土府腑古取 自注:协韵 虎雨组与处"(S13-8882)。

按,取,礼韵有上声麌韵、厚韵两读,本次叶音改厚韵叶麌韵。

13. 南 自注:协韵

郭祥正五古《送倪敦复朝奉还台》叶"任音临金襟南 自注:协韵 今沈侵寻心霖"(S13-8886)。

按,南,改覃韵叶侵韵。

14. 功 自注:叶
15. 亩 自注:叶
16. 稷 自注:叶

李新四古《祭先农》叶"功 自注:叶 春/亩 自注:叶 种动/泽德/稷 自注:叶 礼/游休羞求"(S21-14147)。

按,本诗3个注叶字分别在不同的韵段,所以本诗注叶有3个韵段。"功"本东韵字,改叶谆韵。"亩"本厚韵字,改叶董肿韵。"稷"本入声职韵字,改叶上声荠韵。

17. 守自注:守部协音

18. 部自注:守部协音

周必大五古《十月十七日大椿堂小集胡从周季怀以予目疾皆许送白酒弥句不至戏成长韵》叶"酒厚纠後缶叟受酉蔌有走友斗牖负守否咎醲部自注:守部协音"(S43-26704)。

按,该诗两个叶音的韵脚字前后相隔,作者统一在后一韵脚字"部"下注叶。"守"字改去声宥韵叶上声有韵;"部"本姥韵字,本次叶音改叶上声有厚韵。

19. 桴自注:叶韵

李洪五言长律《送莫子齐知温州十韵》叶"优洲侯桴自注:叶韵浮湫求留游筹"(S43-27152)。

按,桴本虞韵字,本次叶音改叶尤韵。

20. 播自注:播协毕后反

谢翱杂古《象之奔》叶"蹶溃/浮狖陬/播瞽走昧後奏自注:播协毕后反,走音奏"(S70-44285)。

按,播,本过韵字,本次叶音改叶流摄候韵。

如前所说,上述用例还没有穷尽《全宋诗》,还算不上全面,但根据"例不十,法不立"的原则,无论是诗的数目还是韵段与注叶字的数目都已大大超过立例原则,足以立其条例。

1.2 形式

一滴水可以反映太阳的光辉,作为一个特殊的用韵现象,观察这批叶音条目的外部信息,可以窥见它们的一些形式上的特点。

其一,从作者方面看,11位作者中仅有一位僧人,其余均为文人,且其中不乏大诗人,如王禹偁、梅尧臣等,完全可以肯定这是一种文人行为。在文人雅士看来,写作新诗时如此押韵是有点特别,故特地标出叶韵,虽非正例然亦不为"落韵",可将其目为诗歌用韵的变例。如果仅看作者,与注古诗的叶音相较,新诗叶音的一个显著特点就是在使用人数上占优势。当然,在唐宋时代,诗人较之注释家本来就要多得多,人数占优不足为奇。我们应当关注的是,两种叶音制作者的文人身份。宋代的文人,无论是写诗还是读诗,都不约而同地采用叶音的手段来解决特殊用韵的问题,这是其共同之处。

其二,注叶的方式比较简单。20个被注叶字中仅2个字例是采用"叶某某反"方式注叶,其他全都只注"叶"或"叶韵"以作标识,不注出叶音的反切,也就是说,不具体标明所叶的音类。这一点与宋人古诗叶音的必注"叶某某反"或"叶某音"在表现形式上不很相同。这个不同在某种程度上反映了新诗叶音比较简单,涉及的语音相对简明,只要看到一个"协"字即可明了其所叶为何音,而不需要特别详细的注明。

其三,注叶的诗歌体裁偏重古体。自注叶音16诗的体裁:杂言古体1首,四言古体1首,五言古体8首,七言古体1首,五律2首,五排2首,七律1首。概言之,古体诗11首,又以五言古体为多,占了总数的一半,近体诗仅5首。说新诗叶音主要用于古体诗,当无大碍。叶音在古体诗中的分量远大于近体,似乎凸显了宋代诗人古体诗与近体诗用韵取向的某种差异。联系古音学家吴棫在《韵补》中称韩愈、柳宗元、欧阳修、苏轼等人"用古韵""多用古韵"①而其所举证多为古体诗来看,宋人古体诗的取韵之有别于近体,恐怕主要就在于它不必局限于礼部韵的规范,而拥有较为广阔的挥洒空间,既可使用仿古的"古韵",也可通过注上"叶韵",变通韵脚,达到超越礼韵以顺口悦耳的效果。如此说来,宋人的新诗叶音,在某种程度上成为了突破礼韵规范以谐韵的一条有效途径。这也是新诗叶音与古诗叶音的共同之处。

1.3 内涵

上述比较还只涉及新诗叶音的外部信息,尚未接触到其内在的性质特征。要深入了解新诗叶音的本质以及它与注古诗的古音叶音的性质异同,还有必要从内涵方面进行比较。

关于"古诗叶音"的内涵,根据明儒陈第的经典描述:"以今之音读古之作,不免乖剌而不合,于是悉委之叶。"②学术界一般理解为:叶音就是在用"今音"读古诗的时候,如果韵脚不谐的话,就人为地给韵脚字改注一个读

---

① 见吴棫《韵补》卷首《韵补书目》诸人名下小字夹注,吴氏所引唐宋古体诗文散见书中所补各字之下。

② 陈第《毛诗古音考》,中华书局2008年,10页。

音,以达到谐韵的效果。所谓"今音",应当包含"今韵"即礼韵系统和"时音"即当时的实际语音两层意思,两者既相对独立又互相兼容。简而言之,传统理解的叶音,有两大要点:一是韵段中诸韵脚字今音诵之不谐,主要表现为不合礼部韵的押韵规则;二是为了达到诵读和谐,根据韵段谐韵的需要,给韵脚字改注一个读音。

两大要点,一是说"不合规",即韵段的押韵不符合今音规范,此为叶音之因;二是说"改音",即针对不合规的韵脚改变音读以谐韵,此为叶音之果。由"违规"而"改音",前因后果,两者结合起来构成一条完整的叶音。因此,我们可以从两大要点切入,考察并分析宋人新诗叶音具有什么样的内涵,进而比较它与古诗叶音的性质是否相同。

二、"合规"与否的考察

我们先检验新诗叶音的韵例是否"合规",即是否符合所谓"今音"的用韵规范。具体作法就是,据礼韵系统来检验新诗叶音所在韵段的"合规"状况,以确认其作为新诗叶音内涵的第一要点是否成立。

由于宋代礼部所颁《礼部韵略》之原帙海内孤本仅存,无缘得见,我们以《附释文互注礼部韵略》(续古逸丛书本)为准,来检验20个注叶字在各自韵段中的押韵情况,以判断它们是不是因为"不合规"才被注叶音。

2.1 概况

下面列表展示"合规"与否的情况。表列四栏。

第一栏"被叶字",按出现先后顺序排列20个被叶字。

第二栏"礼韵归韵与音切"列出每个字在《礼部韵》中所收的音切,若有两读亦全部录入,且附注各异读之语义,以便观察其音义关系。

第三栏"押韵组合",又分"叶前""叶后"两栏。"叶前"指在不注叶情况下,韵段中韵脚字所属韵部的押韵组合,为便于观察被叶字的谐韵情况,特将被叶字所属韵名与本韵段其他韵脚所属韵名以"/"隔开。"叶后"是指经过叶音之后,整个韵段的韵部组合。叶前、叶后的押韵组合不同,可以观察韵段在叶音作用下发生的变化。

第四栏,"叶后是否符合礼韵",用以检查叶音之后的押韵效果。

新诗叶音的注叶字是否符合礼韵表

被叶字		礼韵归韵与音切（两读者附列其义训）	押韵组合		叶后合礼韵否
	字头		叶前	叶后	
1	娑	平声歌韵桑何切:婆娑。	哿箇/歌		
		上声哿韵素可切:汉有駊娑殿。		哿箇	不合
2	禁	平声侵韵居吟切:胜也。		侵	合
		去声沁韵居荫切:制也,天子所居曰禁。	侵/沁		
3	噫	平声之韵於其切:恨声。	至队夬骇怪/之		
		去声怪韵乙界切:饮食息。		至队夬骇怪	不合
4	差（瑳）	瑳（差）,平声歌韵七何切:玉色鲜白也。	麻/歌		
		差,平声麻韵初牙切:择也。		麻	合
5	价	去声祃韵居讶切。	马/祃	马	合
6	振	平声真韵之人切:振振,信厚。		真谆	合
		去声震韵之刃切:振古如兹,举救。	谆/震		
7	愀	上声小韵七小切。	厚候宥/小	厚候宥	不合
8	添（楠）	添,平声添韵他廉切:益也。	盐添严/覃		
		楠,平声覃韵那含切:叶似桑,子似杏而酸。		盐添严	合
9	浓	平声钟韵尼容切。	东/钟	东	合
10	应	平声蒸韵於陵切:当也。		蒸登	合
		去声证韵於证切:和也。	蒸登/证		
11	坤	平声魂韵枯昆切。	真谆/魂	真谆	合
12	取	上声麌韵此主切:获也。		姥语麌	不合
		上声厚韵此苟切:获也。	姥语麌/厚		
13	南	平声覃韵那含切。	侵/覃	侵	合

续　表

注叶字		礼韵归韵与音切 （两读者附列其义训）	押韵组合		叶后合礼 韵否
	字头		叶前	叶后	
14	功	平声东韵古红切。	谆/东	真谆	合
15	亩	上声厚韵莫後切。	董肿/厚	董肿	不合
16	稷	入声职韵节力切。	荠/职	荠	合
17	守	上声有韵始久切:按说文守官也。		有厚黝	合
		去声宥韵舒救切:诸侯为天子守土曰守。	有厚黝/宥		
18	部	上声姥韵裴古切:分也。	有厚黝/姥		
		上声厚韵薄口切:部曲。		有厚黝	合
19	桴	平声虞韵芳无切:屋檼。	尤侯/虞		合
		平声尤韵房尤切:栋也。		尤侯	
20	播	去声过韵补过切。	厚候宥/过	厚候宥	不合

2.2　两个特殊现象

观察上表,可以确认新诗叶音字在"叶前"均不合礼韵的用韵规范,作为叶音第一要点是成立的。然而还不仅止于此,表中还显示出两个颇为特殊的现象,一是见于第二栏的"一字两音",二是见于第四栏的叶后"不合"。

关于"一字两音"。以礼韵核之,第二栏 20 个字中有 10 个字有两读。有异读并不奇特,奇特的是凡两读字中必有一读与韵段的用韵相谐,也就是说符合礼韵规范。如"振"字,礼韵收平、去两读,其所在诗押平声"真谆同用","振"字用平声真韵"之人切"一读即可直接谐韵,其实不用标注"叶"字。10 个字都是如此,只要用其异读都可直接谐韵,本来不必作叶。这个特殊表现可名之为"不必叶而叶"。

关于叶后"不合"。第四栏检验被叶音字叶前、叶后是否合规。叶前全体不合礼韵用韵规范,这是正常的。叶后照理应当符合规范了,但情况并非如此,叶后仍有 6 段不合礼韵,即"取、亩、娑、噫、愀、播"6 字所在韵段。为何虽注叶仍"不合"？是因为韵段中在注叶字之外还存在其他出韵，就算是给被注字注上叶音，也不能使韵段达到全部符合礼韵的规范。如"噫"所在韵段有"类至辈队迈夬怪怪骇骇背队"等韵脚字，分属"至""队""骇""怪夬"4 组韵，4 组韵之间礼韵都不同用，即算"噫"叶读"乙界切"也只与"迈怪"两字相押符合礼韵体系，其他字都不合，无论如何都是出韵的，所以记作"不合"。此 6 段注叶后要么是上去通押（"娑、愀、播"3 段），要么就是在注叶字之外还有其他的出韵问题（"噫、亩、取"3 段），仍然不合礼韵规范。

"不必叶而叶"和"不合"两种特殊表现告诉我们，"新诗叶音"并不简单。从注叶字的角度看，"不合"是因为韵段中另有韵脚出韵，与被注字是否作叶没有直接关系，似可不论。但"不必叶而叶"就大有讲究了。从礼韵的角度来看，被叶字的两个读音都符合礼韵，这意味着它们虽然注叶却并未超出礼韵的范围。因为叶与不叶都符合礼韵，似乎并无"乖刺而不合"的问题，似不必注叶。这些本可以不叶的地方，作者注上"叶韵"字样，而且所叶之音均见诸礼韵，又跟传统理解的"人为改音"大相径庭，的确令人惊讶。

三、"不必叶而叶"探因

为什么作者要给不必注叶的字注叶呢？

从词汇学的角度仔细观察，比对每个字两读间的音与义，可以看出由于两读之间各自的义训有同有不同，使得其所记词语出现了一词多音或异词异音的不同。简言之，"禁、差（瑳）、部"3 个字的两音之义训相同或相近，可目为一词多音。当然，其中"部、差"两字，礼部韵的训义有所不同，但只要我们扩大范围，核查宋代其他韵书字书，综汇考之，就可以看出两音之间其实是同义的，可确认它们是同一个词有多个读音。此外"娑、振、应、守、噫、取、桴"7 个字两读的义训不同，可看作两个不同的词，则是异词异读。其中"取"字也有点特别，礼韵两读的义训相同，核查其他韵书字书，两读之间语义并非全同，实际存在差异，可归于异词异读（均详下文本字讨论）。我们认为，一词异读与异词异读的不同使用是造成叶音的原因。

3.1 非常用音注叶

同词异读之叶音，乃非常用音注叶，有"部、禁、差"3字。

一个字记录一个词，一词一音是其常态，一词多音非其常态。这种同一个词有几个读音的现象大概由历史积淀而成。上述3字的同义异读，并非仅见于《礼部韵略》，其前后相关韵书诸如《广韵》《集韵》《五音集韵》《增韵》《韵会》等都有著录。数百年来文献之间的陈陈相因，由传承而累积的痕迹历历可寻，不一定是同一时代之时音实录，不一定反映当时口语中同时使用了两个读音。况且在言语交际中，一词多音往往是徒增负担的语音羡余成分，为消弭羡余，语用中经常会进行自发的调整而赋予异读又音以不同的功能。常见的功能差异有两种：一是从音义的历史传承来看，有本字本用之音与非本用音之异，二是从共时使用层面来看，有常用之音与非常用音之别。由历史传承而来的"本用"之音往往与其本字本义配合使用，渊源有自，乃古雅之读，具有文化传统赋予的正音权威。"常用"之音则活跃于芸芸众生之口，数多量大，具有强大的世俗力量支撑。相形之下，非本用之音缺乏历史传承的基础，非常用之音则缺乏语言社会的支持，如果要启用它们来押韵，就会带上某种不合常规的特性，有了特别说明的需要，这大概就是诗人要给它们注叶音的原因。这种现象可概述为"非常用音注叶"。下面分别讨论"部、禁、差"3字。

3.1.1 部。"部"的礼韵两读，姥韵一读义为"分也"，厚韵一读义为"部曲也"，看起来音义有别，但通观宋代字书韵书，情况并非如此。《广韵》姥韵裴古切"部，部武，又部曲"，说明礼部韵厚韵义的"部曲"在《广韵》却同读入姥韵，两义实同一音。《类篇》卷六下"部，伴姥切，分也，总也。又薄口切，说文天水狄部，一曰统也，界也"（226页），似乎两音的分别又在于"分也""统也"之别，但《宋本玉篇》邑部第二十"部，傍口切，分判也"（44页），却又将韵书与《类篇》都读作姥韵的"分"义读入了厚韵。总之，"部"的音义配合，宋代字书韵书已经淆乱互通，看不出确切的分别，那就应当看做同词异读。

我们判断，"部"的两读中，"伴姥切"一读为常用，这可以从唐宋诗人用韵来核验。根据鲍明炜的研究，"部"字在初盛唐诗人中有2次押姥韵[①]，没

---

① 两次用韵分别见鲍明炜《唐代诗文韵部研究》，江苏古籍出版社1990年，107、170页。

有1次押厚韵。同样,刘晓南等主编《宋辽金用韵研究》(2002)中的相关宋代诗词韵谱中也只见有"部"押姥韵的用法,未见押厚韵的。可知在唐宋时代"部"的常用音是姥韵裴古切,厚韵薄厚切一读是为羡余。"部"在现代汉语只有 bù 一读,则其"薄厚切"的羡余之音在后代已被淘汰。

周必大诗中"部"字押上声有厚黝韵,弃其常用音,而用其非常用音入韵,是以注叶。

3.1.2 禁。"禁"字礼韵收于侵韵平、去两读,平声义为"胜也",去声义为"制也",语义相近。《集韵》平声侵韵居吟切"禁,胜也,制也",其去声沁韵居荫切"禁,说文曰吉凶之忌也,一曰制也",其两音之义相通更加清晰,是为同词异读。

但"禁"字不大常见于诗歌用韵,不便通过诗歌用韵的数量来检验,我们求助于唐宋音义。如果在大型音义书中,两音中一个音用得很多,另一音少用或不用,那么两者之中的常用与非常用不也是可以判定的吗? 今核《经典释文》,"禁"字共注音11次,为行文简洁,我们仅列出各音在《经典释文》的出处页码,"上、下"指该页之上下栏。

"禁"字单注平声1次见 p24 上,注平声又读去声3次见 p32 上、p321 上、p375 上。

"禁"单注去声2次见 p84 下、p342 上,注去声又音平声5次见 p38 下、p56 下、p195 下、p222 下、p245 下。

"禁"字的11次注音中,共计注平声9次,注去声10次,去声数略高,但对比不悬殊。换一个角度,先看单注一音者,单注平声仅1次,单注去声2次,去声仍有优势;再观察其同注两音字条下何为"首音",因为首音往往被认定为"会理合时"的音,可以看出其轻重。"禁"字平去二音同注共有8次,其中以平声为首音的3次,以去声为首音5次,在这里更显出去声优势来。陆氏释文的注音,无论从哪个角度来看,去声一读都明显多于平声一读,大致陆德明以去声为主要的读音是可以确定的。由此可以断定,"禁"去声一读是常读之音。

诗人王禹偁将常读去声的"禁"字以平声入韵,显然是采取了语词异读中的"非常用音"来押韵,突破了该字用韵的常规惯例,所以特地注为"叶韵"。

3.1.3 差

差，《增修互注礼部韵略》收于歌、麻二韵，歌韵仓何切"差"是人名，麻韵初加切"差，舛也，择也，又景差"。毛氏的音注取用《集韵》之音，又沿用小司马所注的如字音，所以两读在这里变成了义同。"差"作为人名时两读义同，这个同词异读其实与训诂的古旧承传密切相关。综合司马贞、毛晃的意见，景差之"差"的本字为"瑳"，"瑳"本音为"七何反"，那么，"差"作为人名的同词异读，其本字之音"七何反"理当成为其本音。本音是正统的古雅之音。王禹偁既然将"仓何切"一读纳入注中，表明他也认同其本音之说。既然该字的本音为歌韵七何反，但若依其歌韵一读，则与诗中所押麻韵不谐，就有必要改叶其韵了。

3.2 音义错位注叶

异读异词之叶音，乃"音义错位"之叶，"桴、振、应、守、噫、娑、取"7字即是。

所谓音义错位，是指一字两音之间，各音的语义不同，从词汇的角度来看，两音实属于不同的词，其正常使用是甲音配甲义，乙音配乙义，以此押韵也是符合规范的；但是，如果诗文中实用之义为甲义，押韵却要使用乙音，这就出现了音与义的错位，不符合语词使用的规范，就有叶音的需要。且看下面具体字例。

3.2.1 桴

"桴"字在礼韵虞韵芳无切是"屋栿"义，尤韵房尤切是"栋"义。诗人李洪用"桴"字押尤侯韵，则取其房尤切音，查原诗："玉堂曾祖草，沧海岂乘桴。"对照上下文，诗中"桴"字肯定不能用礼韵所记"屋栿"或"栋"来解释。考"乘桴"一语，出于《论语·公冶长》"道不行，乘桴浮于海"。朱熹《论语章句集注》"桴音孚"，注其义为"筏也"①。该义《说文》写作"泭"："编木以渡也。从水，付声。"大徐本音"芳无切"(233页)，这是朱熹注"音孚"所本，《广韵》作防无切，与大徐注有清浊之别。但可以肯定，无论声母清浊如何，作"筏"义的"桴"均当读入遇摄虞韵。李洪诗用读遇摄义的"桴"押流摄韵，音与义之间错位，故注叶音。

3.2.2 振

"振"，礼韵收于真韵系平、去两声，平声义为"振振，信厚"；

---

① 《四书章句集注》，新编诸子集成本，中华书局1983年，77页。

去声义为"振古如兹,举救",《集韵》又有"一曰奋也"之义,平去两读分作两义。释智圆诗中"振"作平声入韵时注叶。查"振"所在句"清风千古振",这是"奋也"的"振"而非"信厚"之义,本当读去声,但释智圆诗中却与平声"真""谆"相押,得用平声,所以用平声的音押去声的义,音义错位,得注叶。

3.2.3 应。"应",礼韵收于蒸韵系平、去两读,平声义为"当也";去声义为"和也",礼韵两音释义太简,不易分别,看《广韵》去声"应"下注"物相应也"就比较明晰。"应"的平去之别,平声一读对应今天"应该"之义,去声一读就是我们今天常用的"相应、应对"之义。查"应"所在句为"尺瑞岁将应",这正是"物相应"之义,当读去声,但作者用于平声押韵,同样是音义错位,故注叶。

3.2.4 守。"守",礼韵收于流摄,上去两读,上声有韵义为"按《说文》守官也",宥韵义为"诸侯为天子守土曰守",礼韵的释义引述《说文》尚不太明晰,看看《广韵》就清楚了。《广韵》上声书九切"守,主守",去声舒救切"太守",则上声为动词义,去声为名词"太守",即礼韵所说的"诸侯为天子守土"的人,该音后来被淘汰,现代汉语只读上声。查原诗句"君兮优阮籍,仆也减兖守","守"正是太守之义,本读去声,而该诗全押上声,所以是用去声的义押上声的音,是为错位,得注叶。

3.2.5 噫。礼韵收于平声之韵与去声怪韵两读,平声一读义为"恨声",类似今天所说的感叹之声,去声义"饮食息",则是类似今人说的"打嗝"之意。查原诗"有时醉起一长噫,八极风清鬼神骇","长噫"当然是长啸,只有长啸才能"鬼神骇",所以诗中所用的"恨声"义,本当读平声,作者用于去声怪韵押韵,即已构成了音义错位,所以注叶。

3.2.6 娑。"娑"字我们已知在礼韵中有两读两义,表示"舞姿婆娑"义的读平声,上声一读为双音词"馺娑"的读音。王禹偁诗中"娑"字所在诗句"家人乐熙熙,儿戏舞娑娑"。依照礼部韵,"娑"字当读平声方合诗意,但作者押的是上声。也就是说作者用上声的音押平声的义,音义错位,故特注叶音。

3.2.7 取。"取"字稍嫌麻烦,该字礼韵两读均训"获也",看起来是同词异读,而且据语感也可以确定其常用音是麌韵此主切。但是,郭祥正的诗中是用"取"字押姥语麌韵时注叶,以本音押本韵却注叶音,这大令人不解。要么"叶"不当注,要么郭氏对"取"之音义有不同的理解,我们倾向第二种说法,试证之于下。

核查切韵系列韵书，"取"之两音出现似有先后。据《唐五代韵书集存》（中华书局1983年）的资料，《切韵》系列韵书中最早收录"取"字的本子为笺注本（斯2071），该本中"取"字只见收于上声麌韵，而不见收于厚韵。"取"字收入厚韵又读七垢反最早见于王仁昫《刊谬补缺切韵》，裴务齐正字本与之同，但切语作"仓后反"。至此"取"字才在韵书中有了两音。全面核查从笺注本《切韵》到《五音集韵》（宁忌浮《校订五音集韵》，中华书局1992年）诸韵书，可以看见诸书所记两音的训义方式大有不同，大致可分三组，一是两音中仅其中一音有义训，可称为"偏训"；二是两音均有义训但义异，可称为"异训"；三是两读都有义训且两义相同，是为"同训"。兹表之如下：

第一组，偏训：或麌韵注"收、受"，厚韵不注；或厚韵注"获"，麌韵不注。

其一：裴本《切韵》麌韵七庾反不注义。厚韵仓后反注：获。

其二：《广韵》麌韵七庾切注：收也，受也。厚韵仓苟切不注义。

第二组，异训：麌韵一读注"得、受"，厚韵一读注"获"。

其一：王韵（宋跋本与敦煌本）麌韵七庾反注：得。厚韵仓垢反注：获。

其二：《五音集韵》麌韵七庾切注：受也。厚韵仓苟切注：获也。

第三组，同训：两读均注"获"。

《集韵》与《礼部韵略》两读均训为"获"。

应当说，在唐宋诸韵书中"取"的两音义同者只见于《集韵》一系（礼韵为《集韵》的简编），颇为晚出。之前诸书的训释一致地显示："取"字凡读厚韵则义训为"获"，读麌韵则别义为"得、收、受"等义。"获"的义训一直伴随着厚韵仓后反的音读而出现，或者说，诸韵书中但凡两训义异者都无一例外地将"获"义给予了厚韵仓苟切一读。这或许给我们提供了一条重要线索，即"取"字两音之语义原本是有分别的，"获"义的音读是厚韵仓苟切，而麌韵七庾切是"得、收、受"等义。宋代字书《类篇》的"又部"收录"取"字，注曰："取，此主切，说文捕取也。……又此苟切，获也。"①亦与此相应，说明"取"的两读在中古阶段曾经长期训义不同，应当归入异词异音的范围，其语义逐渐同化成同词异读恐怕是两宋三百年间发生的事。

郭祥正原诗为"明公志方壮，富贵行可取"，"取"字在诗中解作"收、受"

---

① 《宋本类篇》，99页。

义均不妥,当用"获"义,若要遵循传统,以音别义,则当读厚韵仓苟切。因此我们推测,很有可能作者以为使用厚韵仓苟切的词义却押了麌韵七庾切的音,故注"协韵"来弥平其差异。如此看来,"取"字在此条"协韵"中应当归入音义错位一类。现代汉语"取"仅有 qǔ 一读,已淘汰了厚韵一读。

据上文分析,礼韵有异读的 10 字之所以不必叶而注叶,只是因为它们以异读入韵时,其音义关系有所变化,或者是该字的常用音与非常用音之间发生参差,或者是音与义发生了龃龉,而使该字的用韵与礼韵所确认的使用规则发生了不同程度的冲突,这才有了注叶的需要。虽然所叶之音均出于礼韵,但其作叶的起因仍是有所"违规",符合叶音成立的第一个要点。由此可知,在突破今韵常规这一点上,诗歌创作中的新诗叶音与古诗叶音的精神是相通的。

四、"乱改"与否的考察

"叶音"第二大要点是:根据韵段所需,给韵脚字改注字音以谐韵。照此理解,只要韵段有需要,只要能达到谐韵的效果,就可以给韵脚字改注一个音,而不必考虑它本身是否实有此读。这就是通常所批评的"乱改字音"。"乱改字音"几乎是自焦竑、陈第以来,学术界对叶音的共识,同时也成为指责以至否定叶音的坚强理由。

"乱改字音"包含两重含义,一是"改",二是"乱"。前者着重在是否有所改音读,后者则关注所作的改变是否有根据,"乱"即指其改音无据。二者之中,"乱"重于"改"。笔者以为,新诗叶音都对韵脚字实施了"改音"操作,"改音"是毫无疑问的。但所改之音是不是有根据?或曰是不是乱改?似可考究。

只看上文"一字两音"的分析,就可知道"新诗叶音"与传统理解的"乱改字音"并不全部吻合。已发现的 20 个新诗叶音字中,已经确认 10 个字的所叶之音都见诸礼韵,说明它们是有语音根据的,并非乱改字音。那么,另外 10 个字"价、愀、楠、浓、坤、南、功、亩、稷、播"的叶音不见于礼韵,是不是就没有语音根据乱改字音呢?似亦不然,只要扩大核查范围就可以发现,10 字之中"价、愀、南"3 字的叶音在宋代韵书字书是有记录的,真正不见于韵书字书的是"稷、坤、功、楠、浓、亩、播"7 字,不过,它们的语音根据仍然可考。分别论之于后。

4.1 有韵书字书根据者

韵书字书有据者,"价、愀、南"3字。

4.1.1 价,本读去声祃韵,诗中叶上声马韵。查"价"字在《集韵》中又读马韵上声:"价,口下切,儢价,大貌。"且该音又见于《类篇》,完全可以肯定该字在宋代还有上声一读,虽其声母略异,义训与去声全然不同,但声调为上声,可以押上声。此合于以异词异读入韵,音义错位,是得注叶。

4.1.2 愀,在《广韵》记有两读,一读上声小韵亲小切"容色变也",一读上声有韵在九切,"变色也",《集韵》亦同。两读语义相同,是为同词异读。作为《集韵》的简编本,《礼部韵略》排除了上声有韵"在九切"一读,只在上声三十小"七小切"收之,实际上确认该音为常用音,也确定"愀"字只押七小切。与之相应,现代汉语"愀"只读qiǎo。诗人将"愀"押有韵,取《广韵》异读入韵,不用礼部韵确立的音,虽有根据但不符合礼韵的规定,与采用"非常读音"押韵同类,故注叶音。

4.1.3 南,《增修互注礼部韵略》二十二侵:"南,乃林切。"另外还见于吴棫《韵补》十七真"南,尼心切"。但无论《增韵》,还是《韵补》,所记都不是口语实际读音。覃韵的"南"字在唐宋文人诗文用韵中叶侵韵,是对《诗经》押韵的模仿。《诗经》中"南"字多押侵韵,从官韵的角度看,这算覃韵字押侵韵,属于出韵。《经典释文》引述六朝沈重"南字协韵宜乃林反"来解释,给"南"字确定了一个能够谐侵韵的读音,也成为了后人仿作的根据。唐人是如此,如《休斋诗话》云:"柳子厚……《平淮诗》……卒章'震是朔南,以告德音,归休牛马,丰稔于野'皆叶以古音。"①宋人亦如此,他们普遍认为"'音'与'南'皆以为协声"②,以至此种押韵用于古体诗和古赋等文体之中颇为常见,注叶亦可,不注叶亦可。如苏轼五古《迁居之夕闻邻舍儿诵书欣然而作》叶"禽音衿吟南今参深斟琴"(14-9556),诗中"南"下作者并无叶音之注,而郭祥正的诗中同一种用韵则注上了叶音,即其例也。

---

① 见郭绍虞《宋诗话辑逸》卷下,486页引。
② 见郭绍虞《宋诗话辑逸》卷下,1页引。

4.2 有实际语音根据者

韵书字书无据者,"浓、坤、楠、稷、功、亩、播"7字。它们的叶音在韵书中找不到根据,却能在宋代实际语音中得到支持。所谓宋代实际语音,主要是指近代语音史研究中通过语音文献考定的宋代汉语语音,包含通语音与方音两大部分。通语部分以18部韵系为标志,方音部分则包含全体宋代语音资料分区域研究所总结出来的各大方言的语音特征①。

我们认为,宋代实际语音可以给上面7个缺乏文献记录的叶音提供鲜活的证据。具体说,7字应当分两组:"浓、坤、楠、稷"为一组,该组的叶音与宋代通语18部用韵相符;"功、亩、播"为一组,该组叶音虽不合通语韵系,但可以通过历史语音文献考证其方音属性。两组叶音一叶通语,一叶方音,都符合宋代实际语音。

4.2.1 合于通语韵系的叶音。"坤、浓、楠、稷"4字。

4.2.1.1 坤。魂韵"坤"字叶真谆韵。在礼部韵系统中,"坤"字所属的魂韵只与元痕同用,不可押真谆欣文诸韵。但随着唐宋通语语音的演变,尤其在宋代通语实际音系中,元韵改归山摄,形成寒先部;魂痕两韵与真谆臻文欣合并组成真文部。正因为如此,吴棫《韵补》十七真收入"坤"注为"区伦切",其后元代的《中原音韵》直接将"坤"字归入真文韵。

从宋代通语的角度看,以"坤"字押真谆韵,是真文部内部的自押,完全符合当时通语的实际语音,已成用韵的惯例,当时诗人除谨守规范者避免此种押韵外,若依口语用此种韵则几乎都不注叶音。黄庭坚的父亲黄庶在近体五律中套用此例,本属口耳和谐,但由于有违礼韵规范,注上叶韵,恐怕也只是作出一个"此依实际语音"的表态而已。

4.2.1.2 浓。钟韵"浓"押东韵,形成东钟混押,这是宋代诗人押韵的常见情况,其例俯拾即是,完全是通摄重韵合并之后实际语音使然,但由于不符合礼韵东独用、冬钟同用的规范,文彦博在其七律诗中自注"协韵"二字,以明其特殊用韵。其实绝大多数诗人东与冬钟混押是不注叶音的。稍后《蒙古字韵》《中原音韵》均冬钟与东并为一部,通押无碍。

---

① 见《宋辽金用韵研究》及《宋代闽音考》等有关论著,详参考文献。

4.2.1.3　柟。覃韵通押盐添严也是宋人音近通押的惯例。在宋代诗人用韵十八部中,咸摄八韵系合并为监廉部,虽然其中洪音覃谈咸衔凡、细音盐添严有分组的倾向,若严格区分亦可分为不同的韵部。但无论是分韵还是洪细分组,它们之间实际上仍有不少通押,以宋代福建、四川诗人①用韵为例,咸摄舒声韵入韵及洪细混押的情况如下:

咸摄舒声韵入韵及洪细混押

	总数	洪音自押	细音自押	洪细混押	洪细混押占比
福建	213	129	56	28	13.1%
四川	293	—	—	37	12.6%

监廉部的洪音覃谈衔咸凡与细音盐添严之间通押占比都在百分之十二以上,足够目为宋代诗人押韵的常例了。以覃韵"柟"字押盐添严诸部符合常例,但因不合礼韵规范,文彦博在洪音"柟"字下注"协韵"字样以标明。

4.2.1.4　稷。"稷"本为入声职韵字,诗人将其押阴声韵齐韵上声时注叶。入声字与阴声韵字混押,在宋人用韵中也是比较常见的,如,宋词用韵中有 69 例(鲁国尧 1986B),福建诗文中 22 例(刘晓南 1998),四川诗人 56 例(刘晓南 2011),江浙诗人用韵 52 例(钱毅 2008)等等。数量均已不菲,确非偶然现象。宋代诗文用韵的阴入通押反映了近代语音史中入声韵尾弱化,合并为喉塞音及其进一步舒声化的演变轨迹,实际上传递了近代入声韵调消变的信息。

具体到"稷"字,它与"职德昔锡质迄缉"诸韵的"忆踢识翼日席石尺息寂夕极益色……"等字,在宋代诗人的诗词用韵中均可押阴声支微部,不押或罕见通押其他阴声韵部。相应地,在稍后的《蒙古字韵》②中将它们收入"四支"韵下的入声之中。在《中原音韵》,它们则被派入相当于宋代通语支微部的齐微部的"入声作×声"之下。这是"稷"实际语音可以押齐韵的根据。

诗人李新用"稷"字押阴声齐韵上声,其注叶只是表明与礼韵不同,但实际语音相谐,与其后《蒙古字韵》《中原音韵》的归韵相同。

---

①　数据取自笔者《宋代闽音考》(岳麓书社 1999 年)、《宋代四川语音研究》(北京大学出版社 2012 年)两书,四川诗人监廉部洪、细自押的数据当时没有记载,故缺录。

②　照那斯图、杨耐思编著《蒙古字韵校本》,民族出版社 1987 年。

4.2.2　合于方音的叶音,"功、亩、播"3 字。

3 个叶音的两位作者,一是四川人李新,一是福建人谢翱,分别属于宋代闽、蜀方言区,其叶音与各自所属方音有关。

先看四川人李新的两条叶音:功、亩,它们出自四言诗《祭先农》,诗曰:

帝先农功叶,曰惟孟春。载耒与耜,昕及南亩叶。種稑薿薿,以布以种。帝躬三推,土膏雷动。百工比栉,其耕泽泽。岁约有年,裕帝之德。我艺我黍,我敛他稷叶。为醴为酪,斟酌吉礼。吉礼既至,神祇来游。燕及祖考,万邦作休。降福孔怀,馺芬其羞。于以正辞,亦又何求。

该诗模仿《诗经》四字句格式,两句一韵,偶句必韵。全诗共有 5 个韵段,3 条叶音:"功"字在第一韵段协真韵,"亩"在第二韵段叶董韵,"稷"字叶韵的讨论见上节。

4.2.2.1　功。平声东韵"功"字与谆韵的"春"字押韵,作者于"功"下注叶,意思是东韵的"功"读入真谆韵与"春"字押韵。

东韵"功"字押真谆韵,吴棫的《韵补》有记录。《韵补》平声十七真收"功"字,音为"居银切",这是"功"叶真谆韵见于宋元语音文献的唯一记载。吴氏提供的证据为司马相如《子虚赋》的"功轮"押韵,核《子虚赋》"功"韵段原文:

王车驾千乘,选徒万骑,畋于海滨。列卒满泽,罘网弥山。掩兔辚鹿,射麋脚麟。鹜于盐浦,割鲜染轮。射中获多,矜而自功。①

该韵段"功"字句后接无韵散句,故韵段当自"滨"字句开始,"功"字句结束,共 5 个韵句。吴棫只取后 2 个韵句,有割裂原文之嫌,且仅此一例,证据也嫌单薄。大概由于这些原因,吴氏的意见,罗常培、周祖谟两位先生在研究汉魏六朝诗文用韵时没有采信。罗周二位先生认为本段韵脚为"滨山麟轮"4 字,断为真元合韵。至于"功"字之韵否,未予置论。(罗常培、周祖谟 1958,203 页)

然而玩味原文,无论其语意、文气、格局,"功"字句都应当上属,作本韵段的结句,吴棫的处理似不无道理。至于"孤证"的困难,由于宋代证据的出

---

① 引文见《文选》,中华书局 1977 年缩小影印胡克家本,119 页。

现,可望得到破解。

我们知道司马相如(约前179—前118)是西汉时的蜀人,他用东韵"功"字押真谆韵是不是其方音呢？核查汉唐文献,类似的押韵没找到第二例①,的确缺乏旁证。但似乎也有原因可寻,汉代邈远,文献传世稀少;唐代因为官韵颇为符合当时通语实际②,诗人自能谨守规范,罕用方音入韵,汉唐仅存一例孤证,似不足为奇。但司马相如之后千有余年,另一个蜀人李新(1062—?),用"功"字押真谆韵,与司马相如貌合神不离,何其相似乃尔！且宋代存世文献相对丰富,我们穷尽核查四川诗文,发现"功春"类通押,在宋代四川诗人笔下共计22例之多,包括诗13例,文9例(详刘晓南2012A)。其中与司马相如"轮功"通押最为接近者,除李新"功春"一段之外至少还可列出3例：

(1) 释清远5古《吴公明求赞》叶"人春真通"(S22-14704)。

(2) 释慧性杂古《偈颂》之86叶"空信争"(S53-32911)。

(3) 李流谦《朝奉大夫知嘉州孙公墓志铭》叶"形名民人崇"(W221-281)③。

4个韵段共有"功通空崇"4个通摄舒声字押入真文部。证据确凿而且绝非孤证,可以排除偶然性与不确定性。4例的作者,两位文人两位僧人。僧人在赞、偈中用此种韵毫无顾忌,文人李流谦在墓志铭中用之,都是应用型文体,既非典雅,韵亦从俗,显示出用口语通谐的特性。文人李新在比较庄重的宗庙祭歌中采用这种俗韵时,特地给"功"字注上"叶"字,标明此非正常押韵。这种突破礼韵规范的非正常押韵在同一地区诗人笔下反复出现,没有实际语音的支持是不可思议的。只有在口语方音中读来可以谐协,顺口利耳,才有可能大家都不顾"落韵"之嫌,不约而同地采用。况且22例全都出于古体诗或颂、赞、铭等应用型韵文的之中,竟无一例出于近体诗与律赋,

---

① 仅三国时益州犍为郡武阳人杨戏有一例真冬通押,《季汉辅臣诸葛丞相赞》叶"滨真文风身"(参周祖谟《魏晋南北朝韵部之演变》,台湾东大图书公司1996年,422页)。但三国时东与冬尚有分别,这一位三国时的蜀人通押与司马相如有所不同,但应当非常接近。

② 参鲍明炜《元白诗韵研究》(载南京大学中文系编《语文集刊》第一辑,1982年)及他的有关唐诗用韵的研究论著。

③ 括号中S表示《全宋诗》,W表示《全宋文》,两个数字,前者为分册,后者为页码。

体裁与使用范围的特殊性也使得诗人不必计较礼部韵的规定,而采用实际语音来自由叶韵。笔者认为,这种通押应当反映了宋代四川方言中东钟韵中有些字音的后鼻尾向前鼻尾靠拢的音变。这个方音甚至汉代就已萌生,下达于宋,绵延千年,不绝如缕。

然而两宋之后此音在川中渐臻式微,明代的张位在《问奇集》(明陈继儒《宝颜堂秘笈》本)中记述各地乡音,将与"功春"通押同类的"红为魂,东为敦,中为肫"确认为"秦晋"乡音(26页),他也列出6条"西蜀"乡音,但汉宋相传的"功春"同韵则悄无踪影。核以现代四川、西北方音,与张位所记仍然大体相符,可见,四川地区宋代的这个方音后代已经失传了。

4.2.2.2 亩。李新用"亩"字押"动"字,自注"叶",表明上声厚韵"亩"字谐东钟韵。

与"功"字方音在后代已经消失不同,"亩"字押东钟韵的现象,现代四川方音犹存。"亩"字《广韵》收入厚韵,宋代通语属尤侯部,李新用它与东钟部字相协,一个阴声韵一个阳声韵,实在相差太远,不合音理,通语音无法解释。但方言却可印证。"亩"字是流摄明母字,现今四川方言乃至西南官话中,都有流摄部分字读为鼻韵尾的现象,分布区域甚广,尤以唇音突出,如:"某茂浮"在成都、荣县、五通桥等地,韵母都为"oŋ"(李国正1984)。峨嵋音系中,在切韵音系分属东韵系与尤侯韵系的字,如:"蒙"与"谋"、"猛"与"某亩"、"梦"与"茂贸"等分别读音相同,其声、韵均为 muoŋ(陈绍龄、郝锡炯1959,32页)。如果按照现代川西地区眉山、雅安、汉源、成都、峨嵋等地方音,则阴声韵"亩"字的韵母为-oŋ 或-uoŋ,正可协东钟。李新属成都府路人,其用韵恰与现代成都及其周边地区方言语音相一致,这应当不是一种巧合。由今以推古,李新以"亩"字与"动"字押韵的根据,应当就是其方音,在诗中注"叶"是要指明这个押韵与礼韵的规范不同。

4.2.2.3 播。闽人谢翱诗中将"播"字"协毕后反"。

谢翱(1249—1295)的生平里贯,核查相关文献,大概可以知道他是宋末元初时福建浦城人。他在诗中将"播"字"协毕后反",可以在宋代闽方音中找到根据。先看原诗:

> 皇风播,平觳觫。星辰起,皆北走。唐季以来,逆雏来咮,岭海肃清,无留後。于汴献囚,凯歌奏。

"播"字叶"毕后反"之音,从反切来看是果摄歌韵去声"播"字改读流摄候韵。我们认为这是宋代闽音的特殊音读,与宋代闽音的"歌-鱼通押""鱼-尤通押"两条方音特征有关。据宋代闽音,该叶音可作如下解释:被注字果摄"播"字,根据"歌-鱼通押"的方音当读同模韵去声的音,其叶音的切下字流摄候韵的"后"字则根据"鱼-尤通押"的方音特征也读为模韵去声,"播叶毕后反"其实等同于"播叶毕护反",读为"布"音。试证之如下。

宋代福建文人用韵中有"歌-鱼通押"与"鱼-尤通押"①的方音条例,如:

歌-鱼通押例:石赓七古《岳阳楼观洞庭》第 4 韵段叶"部去过"(S9-6252)。

鱼-尤通押例:陈淳七古《贺傅寺丞喜雨二十韵》叶"雨苦吐釜土所膂举顾有俎缕鼓御午故哺母睹阜许数古邬汝"(S52-32344)。

福建诗人歌-鱼通押共有 10 例,其语音根据比较复杂,但石赓诗中"过"字通押"部去",完全可以认作"过"在方音中读作"古"或"顾"音。据袁文《甕牖闲评》所记,"过"的这个方音异读在四川也有,而宋代闽、蜀方音相近(参刘晓南 2008),正可互为旁证。《甕牖闲评》卷四云:"苏东坡《参寥子真赞》云:'惟参寥子,身贫而道富;辩于文而讷以口,外尪羸而中健武;与人无竞,而好讥刺朋友之过;枯形灰心,而喜为感时玩物不能忘情之语。此余所谓参寥子有不可晓者五也。'其间口字合音孔五切,见《诗补音》,过字合音古字,见《唐韵》。庶几与赞中武字、五字叶也。此知前辈作文不妄下语,皆有所本矣。"②袁氏特别说明这个"过"字要读作"古"字,且其音见于《唐韵》,可惜今所见《唐韵》残缺,无从核查。但可以肯定袁氏所记的四川语音,与闽人石赓诗中的"过"押鱼模上去声互相呼应,共同反映了闽蜀音中部分歌韵字读同鱼模的方音,由此可以推知闽人谢翱诗中同属歌韵的"播"也有读为"布"之类的方音。

闽人鱼-尤通押有 12 例,其中至少有 5 例可认为是部分尤侯部字读同鱼模,上引陈淳诗可为代表。陈淳诗中"有母阜"三个本属通语尤侯部的字杂押鱼模部。特别是"有"字,闽南语读为"u",至今犹然。同时代人朱熹在他

---

① 关于闽音歌-鱼通押、鱼-尤通押具体情况,请参阅《宋代闽音考》下编第一章。
② 《甕牖闲评》,宋元笔记丛书本,上海古籍出版社 1985 年,39 页。

的著作中也有两处讲到当时闽语中流摄厚韵的"口、走"与遇摄姥韵的"苦、祖"同音①，查现代闽北方言，该类语音犹有遗存。以谢翱家乡浦城闽语为例，在浦城南部石陂方音中，流摄一等字："母 mu^{21}、脰 du^{45}、狗 fiu^{21}、垢 gu^{21}、喉 fiu^{42}、後 xu^{53}"都有同于鱼模部的"u"韵母的俗读或白读音（秋谷裕幸 2008，86 页），此当为宋代方音遗迹。按照闽音这个特征作的"毕后反"是完全可以切出"布"音来的。

然而还有两个问题。

一是全诗韵脚流摄字占绝对多数，与"播"叶读鱼模韵不配，该怎么解释？且看韵段：

"播瞀走咮後奏自注：播协毕后反，走音奏"

的确全韵段 6 个韵脚字，除"播"之外的 5 个字都是流摄字，如果"播"字叶鱼模部，这 5 个流摄字都要读鱼模韵吗？是的，我们认为它们的方音都应当读入遇摄。"瞀"字《集韵》有莫候、亡遇两切，"咮"字《广韵》有章俱、张救两切，该两字在《广韵》《集韵》中都有遇、流去声两读，其义相近，是为同词异读。在本诗中两字似可认为据闽音读遇摄鱼模韵之音。而"走後奏"3 字，都与上文所述朱熹"走读为祖，口读为苦"之闽音相符（按，"奏"与"走"声纽韵母全同，仅声调异，亦可仿其例而"奏读为做"），且其中"後"字现代浦城石陂话读 xu^{53}，至今犹协鱼模。可以这样看，这 5 个韵脚字虽在韵书都入尤侯部，但在闽方音中都读入鱼模，其韵母当为[u]或[iu]，此即闽音鱼-尤通押所示。这样的话，"播叶毕后反"切出来的"布"音与全诗韵脚实不冲突。

二是既然"播"叶读"布"音，为何谢氏注"叶毕后反"而不直接注"叶博故反"？窃以为这亦是诗人苦心所在，看整个韵段所协"瞀走咮後奏"都属于礼部韵的尤、侯系，且洪音居多，所注叶音取侯韵系洪音字作切下字，则与礼部韵达到协调。这样一来，方音读来协音，礼部韵系看来同韵，皆大欢喜，岂不快哉！

综上所述，宋人新诗叶音在"改音"的"改"与"乱"两个方面与古诗叶音比较，其"改"无疑同于古诗叶音，"乱"则不然。

---

① 分别见《晦庵先生朱文公文集》卷 71《杂著·偶读漫记》（《朱子全书》第 24 册，3420 页）和《昌黎先生集考异》（《朱子全书》第 19 册，401 页）。

全盘考察20个新诗叶音,其所叶之音都是有根据的。多数见于韵书,是以文献记载的异读叶韵,颇为中规中矩。那些不见于韵书的叶音,则有实际语音的根据,或符合通语韵系,或符合方音,都属于口语俗读之列。它们不见于韵书,恐怕都只是因其不够典雅,不被讲究历史传承的韵书重视而不予记录而已。要之,它们都是实际中存在,却在韵书中失载之音。看那几个符合通语音变的字音都在稍后的《中原音韵》等反映通语实际的韵书中被记录下来,也足以说明它们在典雅的韵书不载只是失载,而不是当时不存在。

20个叶音字都有与礼韵所记之常用音不同的语音根据,决不是为了押韵去临时改读一个本身没有的音,它的一反常态,与通常理解的叶音"乱改字音"大异其趣。我们认为,这种迥异于传统理解的独特表现,绝不可等闲视之,其中必有深意。

五、"叶音有据"的意义

通过两大要点的比较,我们对新诗叶音的性质实际上有了三点认识:

一是新诗叶音起因于韵段中对礼韵之规则有所违逆。

二是凭借改动字音以谐韵。

三是虽改音而不"乱",改之有据。

三条与传统理解的古诗叶音有同有异,同者是一、二两条,异者为第三条。同者自同,不必深究,异者则给人以新的启示,体现在诗律学与音韵学两个方面。

5.1 诗律破旧

诗律学方面,新诗叶音突破韵书藩篱,取用不见经传的当代口语俗音入韵,反映了宋代诗人在"今音"语境下,努力突破礼韵体系日渐僵化的人为制约,革新旧有诗律,向鲜活的实际语音靠拢的有益尝试。

我们知道,语音是不断变化的,来自隋唐官韵的礼韵系统,经过几百年的发展,到了宋代,与实际语音已渐行渐远。宋初孙光宪就有批评曰:"广明以前,《切韵》多用吴音,而清青之字不必分用。"①到南宋,批评更加尖锐,各种说法,不一而足。有说"礼部韵略非理,礼部韵略所分字,有绝不近人情者"②,有指责其颠倒错乱者:"旧韵所收有一韵之字而分入数韵不相通用者,有数韵之字而混为一韵不相谐协者。"③等等。

因此,诗人面对越来越不合理的押韵规范,希望能够找到一种不悖于理的纠偏法子,于是传统的"协韵"就有了机会向诗歌创作领域渗透与扩展,并逐渐得到认可。比较正式的说法见于宋末元初黄公绍、熊忠《古今韵会举要》:"若贡举文字,事干条例,须俟声明。至于泛作诗文,无妨通押以取谐叶之便。"④这是公然主张以口语诵读"谐叶"为目的的通押。虽然"通押"仍被限定在贡举之外的泛作诗文中使用,但足以打开一扇口耳谐叶的方便之门。

我们必须指出,虽然在韵书中作出正式申明已到了宋末,但这扇门的开启必大大早于黄、熊二人的时代。因为在两宋诗人的长期实践中,这个"协韵"一直以来就在与所谓"古韵"相互配合之下被加以实施。

诗论家严羽《沧浪诗话·诗体》篇,将"协韵"与"古韵"相提并论:"有借韵,如押七之韵,可借八微或十二齐韵是也。有协韵,《楚辞》及《选》诗多用协韵。有今韵,有古韵。如退之《此日足可惜》诗,用古韵也,盖《选》诗多如此。"⑤其中"协韵""古韵"下面小字夹注列举的实例都有"《选》诗","《选》诗"一身而二任,可见所谓"协韵"与"古韵"在实用中是有其相通之处的。

又有文献学家陈振孙云:"韵书肇于陆法言,于是有音同韵异,若东冬钟、鱼虞模、庚耕、清青、登蒸之类,断断乎不可以相杂。若此者岂惟古书未之有,汉魏以前亦未有也。"⑥陈氏为什么要特别提示:今韵确定的这些用韵规则古诗中没有,就是想说明古诗用韵不受类似礼韵规则的限定,具有自由

---

① 《北梦琐言》卷九,唐宋史料笔记丛刊本,贾二强点校,中华书局 2002 年,198 页。
② 《容斋随笔·五笔》,上海古籍出版社 1978 年,900 页。
③ 黄公绍辑,熊忠举要《古今韵会举要》,宁忌浮整理本,中华书局 2000 年,30 页下栏。
④ 《古今韵会举要》卷一,平声上东韵笼小韵末尾按语。宁忌浮整理本,中华书局 2000 年,30 页下栏。
⑤ 郭绍虞《沧浪诗话校释》,74 页。
⑥ 见《直斋书录解题》(徐小蛮、顾美华点校本)卷三小学类"韵补五卷"条,上海古籍出版社 1987 年,92 页。

的押韵空间。宋人甚至确认吴棫《韵补》所收录的韵例都是"自《诗》《书》至唐宋人文章凡协声押古韵者"①,实则认定"协声"与"古韵"有共生关系。由此可见,无论《诗》《书》还是唐宋诗文,凡"协声"者可认定为押古韵。著名诗人杨万里更有高论曰:"今之礼部韵,乃是限制士子程文,不许出韵,因难以见其工耳。至于吟咏情性,当以《国风》《离骚》为法,又奚礼部韵之拘哉!"②真可谓一语破的,为什么可以不用拘于礼部韵,原来是"以《国风》《离骚》为法"。

然而,他们到底从《国风》《楚辞》取法了什么呢?朱熹说得好:"《诗》之音韵,是自然如此,这个与天通。"③项安世说:"夫字之本声,不出于方俗之言,则出于制字之说,舍是二者,无所得声矣。今参之二者,以读圣经,无不合矣。而世之儒生,独以今《礼部韵略》不许通用,而遂以为诗人用韵,皆泛滥无准,而不信其为自然之本声也,不亦陋乎!"④无论是"与天通"还是"本声",其要点都在于出乎"自然",可见,所谓"以《国风》《离骚》为法",并非全都是亦步亦趋地死硬模仿其韵脚,更重要的是取其精神。什么精神?崇尚"自然之音响节族"⑤是也。即:押韵全凭天籁,不以韵书为限,就是以实际语音押韵。

可见,宋人以为采用叶音的方式突破礼韵规范,实施自然口语的谐韵,是承传自《诗经》以来的古韵文传统,此乃诗律革新之要义所在。不过,现今已发现的新诗叶音字例只有 20 个,无乃太少乎!如果一种革新只是在成千上万的用例中拥有几十例,其比例之微,也可以忽略不计了。但我们要看到,这种破旧革新其实是在"以《国风》《离骚》为法"幌子下进行的,绝不可拘泥于有没有注"叶"字的形式而忽略了其精神实质。叶音的精神实质就是在礼韵规则与实际语音不相吻合或发生冲突时,突破礼韵规范,转而根据实际语音谐韵。在这个意义上讲,叶音对礼韵僵化规则突破的要点,不是看它有

---

① 见王应麟《玉海》卷四十五"吴棫《韵补》"条,广陵书社 2003 年影印清光绪 9 年浙江书局本,848 页下栏。
② 见宋罗大经《鹤林玉露》,王瑞来点校本,中华书局 1983 年,339 页。
③ 宋黎靖德编《朱子语类》卷八十,王星贤点校本,中华书局 1986 年,第 6 册,2079 页。
④ 见《项氏家说》,丛书集成初编本,中华书局 1985 年,48—49 页。
⑤ 朱熹《诗集传序》中语,"节族"即"节奏",见《诗集传》,上海古籍出版社 1980 年,1 页。

没有注上"叶"字,而是要检核在宋人诗歌创作时有没有实现较为广泛的以实际语音为归依的跨韵通押。可以说凡是依据实际口语突破了诗韵规范的用韵,原则上都应算作叶音,它们都是未注叶之叶,或可称之为"准叶音"。

依这个观点来观察宋人诗歌用韵,无论古体近体,歌行谣谚,还是赋颂赞铭等有韵之文,都存在大量的跨韵通押,其中不排除有疏于检韵而受口语影响的误押,也一定有大量的是特意突破礼韵规则而通押者,比如这些注上叶音的例子即是。这反映一个倾向,即诗人们虽然大量使用叶音,却很少人愿意注上一个"叶"字,甚至同一人的笔下使用同一字叶同样的音也是有注有不注,如王禹偁诗中用平声"噫"字叶上去声出现两次,在上文引述例子中注叶,而在另一首诗中却不注叶,请看王禹偁五古《寄献鄜州行军司马宋侍郎》叶"代界海彩盖改买珮鲙债宰载黛待解彩摆骇对会拜岱大外息爱邻辈迈颣碍宋话箫霸需罪狈塞介澥噫蚕在"(S2-655),该诗押佳皆灰咍等上去声,共有44个韵脚字,第42字即"噫"字,原句"樽前一长噫",这个"噫"字入韵音义与前诗相同,本当读平声,押上去声韵时并不注叶。我们难道可以说,只有那个注了"叶"字的才算叶音,而这个未注叶字的就不是叶音了吗?类似黄庶那样用魂韵"坤"字通押真谆韵的现象,在实际用韵中也是非常之多的,几乎都不标注"叶"字,也未见人指责其出韵。其实这反映了有限突破旧有诗律以口语谐韵,已近乎宋代诗人之共识了。

5.2 韵系更新

在汉语语音史上,由中古切韵音系发展到近代中原音韵音系,音系的变化之大,仅看一组对比数据就可明白:切韵音系(取李荣说)36声母,中原音韵音系(取杨耐思说)只有21声母;切韵音系61韵部,150多个韵母,中原音韵只有19韵部,46个韵母。数字增减变化巨大,用"天翻地覆"来形容都不为过。

两个音系中间的时间跨度长达700余年,而在这700多年的时间里,汉语语音系统是怎么样从中古一步步发展到近代的,由于唐宋间所编的韵书大多承袭《切韵》的系统,极力维持旧有格局,使得具体时代的变化隐而不显。直到元代反映实际语音的韵书《中原音韵》横空出世,才立即给人以断崖式改变的感觉。显然,不是700年来语音不变,而是韵书的守旧传统,掩盖了其间语音演变的进程。唯有唐宋诗人用韵,尤其是宋代诗人的诗词文用韵中的叶音或准叶音押韵,时常透露出实际语音中的发展变化,才使得沟通切韵与中原音韵两个音系之间的发展链条成为可能。这是近年来许多学者根据诗文用韵以考察唐宋两代实际语音所证实了的基本事实。

  毫无疑问,宋代诗坛在礼韵规范普遍推行的前提下,一方面求雅,大力反对"落韵""重韵"等现象,强调遵守礼韵的严格规则,尤以场屋应制为最;另一方面又有意无意地运用"叶音"这种用韵变例,巧妙地避开礼韵规范的束缚,取实际语音入韵以求诵读谐叶之便。正是"叶音"这种有文化传统支撑的通押变例,赋予了诗律以按实际语音押韵的回旋空间,有限地解除了诗韵的人为束缚。除非有严守韵律的需要或必要,在许多泛作诗文的场合,诗人的确常常"无妨通押以取谐叶之便"。其结果就是,诗歌用韵中越来越多的依时音押韵的出韵通押,无意间成了窥视宋代实际语音的一扇窗户,让我们看到了在礼韵不断僵化的韵系之外,存在一套当时汉语通语的韵部系统。

  由此可见,宋人的新诗叶音不仅仅承用旧有叶韵传统而引入了一种新的押韵方法,更是实施了对诗歌用韵的"韵系"的更新。正是强调以口耳谐叶为目标,使新诗叶音具有了与古诗叶音的传统理解完全不同的意义的同时,也使诗文押韵具有了新的历史语音价值,保留了实际语音的展示,可以推动对实际韵部的新的了解,具有宝贵的历史语音价值。

第四章　宋代叶音的法理依据

一、法古叶韵的尴尬

1.1　法古即自然

随着对宋代"叶韵"现象考察的深入，我们发现宋人在诗歌创作中也运用叶韵，由此我们对宋代叶韵有了新的认识。全面地看，宋人叶韵实际有两个用途，一是读古诗，二是作新诗。

确认"新诗叶韵"相当重要，因为它可以补正我们有关宋代"叶韵"仅用于说古音的传统观点。我们需要进一步指出的是，虽然用于创作新诗，叶韵的运用仍与所谓"古韵"密切相关，但这个"古韵"并非是真正的先秦两汉之古韵，大多数是指韵书产生之前的顺乎天籁的自由押韵。因为宋代诗人们常常从先秦两汉诗文的鲜活用韵里感悟到"诗之音韵，是自然如此"，同时，也越来越清晰地看到时行诗韵及其规则有悖于口语，不太自然，产生"古人音韵宽，后人分得密后隔开了"[1]的感觉。在他们一再质疑礼部韵之不近人情之时，愈益感到有必要"以《国风》《离骚》为法，又奚礼部韵之拘哉"[2]。于是，透过古人作品中的用韵，他们发掘出来一种不拘泥韵书的所谓"古韵"，与以礼部韵为代表的"今韵"对立。这就是严羽《仓浪诗话》中并提"古韵""今韵"的由来。严氏在所谓"古韵"之下用小字双行夹注云："如退之《此日足可惜》用古韵也，盖《选》诗多如此。"[3]韩愈的诗当然不是上古之诗，其用韵

---

[1] 此两句引文为朱熹语，见黎靖德编《朱子语类》卷八十，王星贤点校本，中华书局1986年，第6册，2079页。
[2] 见宋罗大经《鹤林玉露》，王瑞来点校本，中华书局1983年，339页。
[3] 郭绍虞《沧浪诗话校注》，74页。

之所谓"古韵"自非先秦两汉之古韵。与之相类,我们已经指出,宋代诗人诗歌创作的叶音都是见诸文献的异读与异于礼韵的实际读音,包括通语与方音,也不是真正的"古韵"而是时音。

可见,所谓"以《国风》《离骚》为法",并非亦步亦趋地取其韵脚的仿古,而是取其精神。什么精神?崇尚"自然之音响节族"①是也。朱熹说得好:"诗之音韵,是自然如此,这个与天通。"②另一位宋代学者项安世则把《诗经》用韵称为"自然之本声"③。所谓"诗莫盛于周,三百篇中,随口取讴咏,原无韵书,间杂方音,不暇持择。然而天籁所发,无心自合,若有一定之程度焉"④。即:押韵全凭天籁,不以韵书为限。要言之,就是以实际语音押韵。宋人将那些与所谓"今韵"不相适应的生动活泼的自然之音纳入"古韵"的范畴,来作为诗歌创作的用韵选项,从而巧妙地沟通了古诗之"古韵"与时人所作之古体诗用韵的联系。宋人这样认识古韵是否合适姑且不论,但毕竟为诗歌写作突破礼韵的僵化框架觅得了"取法古人"的根据,给古体诗的自由用韵提供了支持。

1.2 法古说之不足

然"法古叶韵"之说仍有未尽之处,仍不能赋予所有宋诗叶韵以合理的解释。因为宋人之于所谓"古韵",习惯用于古体,正如明人潘恩所云:"江左崇尚风骚,沈休文分部,四声聿严,音律之谐,由是迄今,凡为近体诗者,必宗焉,莫之易也。宋吴才老谓其未备,又作《韵补》,尽叶音声之变,由是迄今,凡为古体诗者,必宗焉,亦莫之易也。"⑤从我们对宋代新诗叶音的考察中可以看到,宋人诗歌突破礼韵框架,以自然之音入韵的作品虽然主要是古体诗,但也还是有不少近体诗的。更有意思的是,在宋代大部分诗人突破诗韵通押的近体诗中,诗人并不一一注明"叶韵"。这些本来需要谨守格律却实

---

① 朱熹《诗集传序》中语,"节族"即"节奏"。见《诗集传》上海古籍出版社,1980年新1版,1页。
② 宋黎靖德编《朱子语类》卷八十,王星贤点校本,中华书局1986年,第6册,2079页。
③ 《项氏家说》,丛书集成初编本,中华书局1985年,48页。
④ 语见李元《音切谱》卷二十"通协",续修四库全书本,第246册,388页。
⑤ 《诗韵辑略》,四库未收书辑刊本,壹辑10册,3页上。

际上违规押韵的诗歌,很少被人指责为"落韵"。从前文所提黄庶五律诗中注"协韵"的例子来看,也不宜都看成作者受口语干扰无意中错押韵部,因为既注"协韵"就表作者明知其不合礼韵规范而为之。

显而易见,是"叶(协)韵"让这些诗合格。"叶(协)韵"同样也是近体诗突破礼韵体系的依据。然而,近体诗之所以称为近体或今体,显著的特点就是要用"今韵(即礼韵)"不能用"古韵",诗人虽然特地注上"协韵"表明其合格,可"今体"就是今体,不可能像古体那样取韵,这个"协韵"自然不同于前文所说的"法古协韵"。那么,我们就要问:这个直接挑战权威的近体"协(叶)韵"新规,仅仅只是出于民间对用自然口语押韵的默认吗?是谁赋予了这个来自民间的新规以合理性,而使之逐渐获得某种合法地位?在宋代诗歌创作突破礼韵规范的"化学裂变"中,除了"取法古韵"的民间运作之外,还有没有别的力量,在起催化的作用?

我们认为,确实存在这么一种力量,它赋予诗人有条件地突破礼韵的权威规范,给包括近体诗在内的诗歌创作押韵以相对的自由。它就是跟礼部韵具有同等权威(甚至权威更大)的贡举条例:元祐新制。

二、元祐新制始末

元祐新制是北宋哲宗元祐年间(1086—1093)制定并颁布的国家贡举条式的一组补充条例。所谓"贡举条式",是由礼部依旨或请旨颁布的有关科举考试的国家法规条文,它确立科举的制度、原则、方式方法与实施细则,是有效组织科举考试的必要保证。

2.1 景德条制与元丰法

宋朝开国之初,科考制度沿袭前朝[①],到宋真宗景德年间(1004—1007)创立"景德考试新格",宋朝有了自己的科考制度,称为"景德条制"。草创之

[①] 王应麟《玉海》卷一百十六选举三云:"礼部试进士,旧用唐制。"《宋史·选举志一》云宋初"约周显德之制定诸州《贡举条法》及殿罚之式",实为杂取前朝。

初,多有未备,在后来应用实践中,陆续增加配套条文,渐趋繁富。仁宗嘉祐三年(1058)十二月诏称:"约贡举之数,以精其选,著为定法。"①此即把景德条制及其补编汇编定制。又过了 8 年,英宗治平三年(1066),确定每三年一开科场,自此,封建科举的"三年大比"制度得以确立。

一年后,公元 1067 年,锐意改革的宋神宗即位,启用王安石实施变法。变法在文化教育方面的重头戏就是"罢诗赋,重策论"的科考改革。因而"颁贡举新制",确认"进士罢诗赋、贴经、墨义,令各占治《诗》《书》《易》《周礼》《礼记》一经,兼《论语》《孟子》之学,试以大义"。②全部削去景德条制之诗赋、贴经诸法,换上经义、论策之考试法。至此,仁宗时"著为定法"且实行了半个多世纪的"景德条制"事实上被搁置了。不考诗赋,《礼部韵略》在贡举中的重要作用亦被终止。专考经义论策的新制定制于宋神宗元丰(1078—1085)间,名之曰"元丰法"。

2.2　元祐新制之兴废

元丰八年(1085)神宗崩,哲宗立,翌年改元元祐。元祐年间(1086—1093)太皇太后高氏垂帘,司马光主政,废止王安石新法,在科考方面则是恢复被元丰法停置的诗赋考试。然此时诗赋停考已达 18 年之久,天下举子与学校久不传习,"加以经传音释与礼部韵间有不同,及自来传袭又多讹谬"③,更增加运用韵书押韵的难度。为了达到天下举子熟习,需要有一个过渡时期。故此诗赋考试的完全恢复是在元祐六年科。

针对押韵规范和礼韵收字的音义疑缺等问题,太学博士孙谔在深入研究的基础上,于元祐五年七月八日(即元祐六年科前夕),上书建议就《礼部韵》及相关条例作出修改、补充和解释。他引经据典,论证了 52 个音义复杂的汉字④需要在礼韵中作补充与修订,同时援引前朝先例,提议将三种比较特殊的句末声韵现象确定为符合规范。孙谔的意见,理由充分,得到礼部的

---

① 《宋会要辑稿》选举三,中华书局 1957 年,4279 页。
② 《宋会要辑稿》选举三,4283 页下栏。
③ 两句引文均为孙谔元祐上书之语,见《附释文互注礼部韵略》附《贡举条制》。
④ 孙谔讨论的 52 字之中,据李子君(2009)的研究实际补入 17 字,其余字可能仅在音义方面作相应修订。

重视与肯定,报请皇帝批准后,孙氏的意见被补入贡举条制。当时孙氏的奏章和礼部的相关文件,统编为《元祐庚午礼部续降韵略条制》,附入《礼部韵略》颁布施行,后人称之为"元祐新制"。自此之后,宋代科举形成两套规则,一为考经义为主的元丰法,一为考诗赋为主的元祐法。元祐八年,太皇太后驾崩,哲宗亲政,改元绍圣,再次废诗赋,专考经义策论而作"绍圣法"。徽、钦二帝不变,延续近40年。

到南宋,高宗绍兴初再议恢复诗赋,终于确定以元祐法为科考基干,新旧兼科,既考经义、论策,又考诗赋,即经义用元丰法,诗赋用元祐法,论策用"绍圣法"①。这个新定条制,王应麟称之为"绍兴贡举法"②又称为"绍兴新制",沿用直至宋亡。此后南宋诸朝虽有条文上的增补,都是小修小补,偶尔也称某某新制,其实都是绍兴新制的翻版,而其中诗赋考试的主体内容仍是元祐新制。

三、元祐新制新在何处

无论景德条制还是元祐新制,原本都只是指导科考实施的法规条文,随时修订,并无定本。甫成时,为适应举子参考,官方即选录其中有关考生须知的内容,以《贡举条式》为名附著于科考的工具书《礼部韵略》之后,作为类似于今天"考试章程"或"考生须知"等文件汇编在社会上流通。今本《附释文互注礼部韵略》所附"贡举条式"即包含元祐新制诸条文,我们可以从中窥其梗概。

3.1 贡举条制概况

《附释文互注礼部韵略》今天常见的有两个本子,一是影印文渊阁四库本(简称库本),一是续古逸丛书影印宋理宗绍定庚寅(1230)本(按,此即四

---

① 绍兴十三年(1143)二月二十三日,国子司业高阅建言考试定为三场,用三法试三科,从之。详参《宋会要辑稿》选举四,4304页。

② 《玉海》卷一百十六,2156页下栏。

部丛刊本,简称绍定本),两本都附《贡举条式》。库本称宋宁宗赵扩为"今上",当刻于宁宗朝,较绍定本早出。比较两本篇目,绍定本多出库本三个文件。其中一件出于宁宗嘉定十三年(1220),一出于嘉定十六年(1223)。如果库本底本缺收这两个文件,是因为库本底本初刻时此件尚未颁发,则库本底本当刻于嘉定十三年以前,至少早于绍定本11年。两本《贡举条制》都以绍兴四年皇帝敕为首文,收录建炎、绍兴等不同时代文件14组。这就是包含了"元祐新制"在内的"绍兴新制"及南宋诸帝的增补公文中有关考生须知部分的选编。有关考试条规可概括为四个方面:

一是科目设置、命题方式以及试题、试卷书写格式。

二是判卷基本标准,含"不考"21条、"抹"20条、"点"6条。

三是避讳规定。

四是押韵规定。

这些内容哪些是元祐新制补入的?换句话说,较之景祐以来的"旧制",元祐新制"新"在何处?今传两本礼韵所附之"贡举条式"都看不到标明"景德"或"元丰"时代的"旧制"条文,亦即曰元祐之前条制诸如景德条制或元丰法等原始条文今本礼韵均无收录。不见"旧制"条文,无从新旧比较,给我们今天了解"元祐新制"之"新"带来了困难。当然,元祐新制不必与废除"诗赋"考试的"元丰法"来比较,二者话题不同,没有可比性;要了解元祐新制新在哪里?只有将元祐新制与之前的同样考诗赋的景德条制及其早期补编条文相比较才有可能。然而,我们到哪里去寻找景德条制与其早期补编条文?

3.2 诗赋条制的修订源流

近年来发现的日本真福寺藏本《礼部韵略》是北宋刊本。据李子君(2009)的考察,该本刊于哲宗元祐五年之后、八年之前,即公元1090—1093年之间,是迄今可见存世礼韵系列中最早的藏本①。为行文简洁,下文取李说,简称日本真福寺藏本《礼部韵略》为"元祐本"。

元祐本卷末附有一篇"中书门下牒"文,不见于今传两本《附释文互注礼

---

① 据传近时又有北宋《礼部韵略》于江西面世,然难见真容。要了解其内容姑俟将来。

部韵略》。牒文署时为"景祐四年六月　日",日本学者水谷诚(2000,6页)考证牒文当出于仁宗景祐四年(1037)六月二十六日,在景德之后约30年。这是目前能见到附载于礼部韵的最早的述及编修《礼部韵略》和"贡举条制"的官方文件。牒文转述丁度修订礼部韵所上奏札,有一句对我们很重要的话:"上件《礼部韵略》,并删定附韵条制"。从中可知在景德之后30年,丁度等人新编《礼部韵略》时所附列的"贡举条制"是"删定",而非新创。表明本次修订的贡举诸条例前有所承。这个被删定的"附韵条制"的蓝本,应当就是之前屡被增补的"景德条制",舍此别无他途。由此可以推知,《景德条制》的条例在元祐之前《礼部韵略》的历次修订刊印中并未废弃,而是通过修订删定继续附于《礼部韵略》之后。

丁度奏札接下来就说:"臣等今详定附韵条制"计8条,又有"程试格式"即判卷标准共计38条,包含"不考"14条(含2条用韵规则:"诗赋落韵""重复用韵"),"抹"20条,"点"4条。这个删定本可以仿照贯例简称为"景祐删定"条制,它前承景德条制而来。

7年后,仁宗庆历四年(1044)三月,宋祁等九位大臣又专就范仲淹主导的庆历新政的科举改革事联名上奏,提出增设"策问",精简"诗赋"的新主张。宋祁等人的奏章中也详列了科考程试格式,包括出题与答题要求以及15条"不考式",12条"抹",4条"点",共28条判卷标准[①]。尽管庆历精简本条制随着庆历新政失败而废止,但仍给我们提供了有益的资讯。将庆历精简本的28条与元祐本所载景祐删定的38条相较,大同小异。最重要的"不考"条目,丁度删定的14条比宋祁罗列的15条仅少"策一道内少五字"一条(因为景祐条制不考策问,故少此一条),此外两本的"不考"诸条全部相同。"抹""点"诸条亦相差无几。可见庆历新政的诗赋考试精简方案也只是对景祐删定本的再次增删,其主要条文仍与景德—景祐条制一致。将元祐本附列的"景祐删定条制"与宋祁的"庆历条制"以及今本《附释文互注礼部韵略》后所附之《绍兴重修通用贡举式》诸条作一对比,诸本条制之递相传承,增删修订痕迹非常清晰。其源流可简示于下:

---

① 《宋会要辑稿》选举三,4273页上。

景德条制──景祐删定──元祐"元祐新制"──绍兴"绍兴新制"
　　　　　　　　　　庆历新政"精简本"

完全可以肯定,"景德条制"有关诗赋考试的条文并没有在历次修订中消失,其主体虽被不断修订但仍保留在后来条制之中而一直附载于《礼部韵略》。

3.3 元祐新制新在确立诗赋用韵新规

因此,可以将绍兴新制所附载之元祐新制诸条文对比景祐删定本与庆历精简本等条文,来判断元祐新制的新在何处。将景祐删定、庆历精简的条例与包含元祐新制在内的绍兴条例相对照,就可以发现无论是景祐删定还是庆历精简本,其内容都只对应于前文所列"绍兴新制"考试条规四个内容的第一、第二两个部分的内容,没有涉及绍兴新制的第三、第四等两项内容,非常明显,后两项内容首见于元祐诸文件。也就是说,元祐之前的条制,都只含考场规则、命题方式、试卷答卷格式、判卷标准等等内容,并未涉及有关文字使用的音义规范问题以及用字避讳、押韵规则等问题,更没有讨论《礼部韵略》的缺失与修订。根据现有文献判断,绍兴新制的第三、四项内容是元祐新制首次提出的。由此可推断,元祐新制的创新,并不是推翻旧制、重起炉灶,于是在充分保留历代沿用的景德条制及其增补的有效条例的基础之上,对礼部韵的收字及音义训释、避讳和押韵要求以及某些押韵的特例作出新的规定,修补了礼部韵的缺失。元祐新制的"新"就在这里。

四、元祐新制的主要内容与精神实质

根据今本《附释文互注礼部韵略》所附列的《贡举条式》,仅就元祐新制创新部分而言,共有两篇公文,七条拟议。

两篇公文是有关国子博士孙谔奏议、礼部批复、皇帝诏敕等文件。

七项拟议即孙谔奏议中提出的建议。七条拟议可分为两大部分。前六条关于52个汉字的音义关系及正确使用的讨论,为一部分;第七条为第二部分:准入三种句末特殊声韵现象。孙氏几乎每条都附有解释文字,并举例说明。下面根据其说明文字略加剖析。

4.1 关于 52 个汉字的音义问题

这 52 个字的讨论实际提出了三个问题:1.多音多义字如何在押韵中使用方为正确？2.礼部韵收字偏少,举子押韵不够用,是否当补？3.临文避讳如何把握？除去避讳部分,其实就一个核心,即如何便于举子准确押韵以及考官正确判卷,避免误判"落韵""重押"等"不考"。前文已说过,"落韵""重押"等不考的条规,至少在仁宗景祐四年以前就已确立,它们应当是从"景德条制"一路传承下来的条文,是宋代科举中长期实施的诗赋考试规则。

"落韵"又叫"失韵、脱韵、出韵",就是通常说的错押诗韵。"重押"又叫"重叠用韵",指在一首诗或赋的一个韵段中同一个字连续押两次或两次以上。犯此规则即判"不考",一票否定。但在实际使用中,如何据韵书确定落韵等问题却常常使人难以把握,甚至给考官判卷带来麻烦①。可见注释不周,收字欠完,实为礼韵大病。

孙谔提出的 52 字,都有这种难以把握的问题。孙谔在细致地研究了每个字的音义关系后,根据各自不同的表现,提出相应的建议方案,散见于各字各例的分析说明文字之中。孙氏的意见可以概括为两条②:一为"通押",一为"分押"。

通押又叫通使、兼押等,即一字多音可以多押。以"假"字为例,礼韵中收录两音两义,一为上声马韵举下切,"大也,亦曰非真";一为去声祃韵居讶切,"休假也,又以物贷人也"。两音义异,原不可混用,但是孙氏指出《左传》中"以物假人"的"假"又有上声的音读,如"璧假许田"的"假"《释文》音"古雅切"。由此可知"假"的"假借"义,礼韵上声缺收,当补,并且应当"并许于上声、去声通押"。也就是说,"假"的"假借"义尽管在礼部中只收于去声祃韵,但由于它实际上有上声一读,也可以在上声马韵中通用,不属于落韵。

分押是为解决重押而设立的。重押,又叫连押,即同一个字在一个韵段

---

① 岳珂《桯史》卷十记载庚子年一场科考,即出现试题限韵出字与礼部不符,引发乱子。参阅《桯史》吴企明点校本,中华书局 1997 年,119 页。

② 本章所引孙谔语,均见于《附释文互注礼部韵略》附录《贡举条式》孙谔的上书之中,恕不一一注明。

中连续押韵两次以上。但如何确定"同字",却颇费周章。孙氏的意见可以概括为：判断是否同字,关键在于字音与义,字形仅为参考。一形多音同义,是一字(按,此"字"实为"词",下同),如上述"假"的上去二读即是；异形同音同义者,也得算作同字。如："说"字本意是"言说",音输热切,但经典多通"悦"字,而礼部韵十七薛欲雪切小韵下不收"说"字。孙谔因而提议"今乞收'说'字附入薛字韵①,不许连押"。所谓"不许连押",就是说如果一首诗中已经押"悦"字,就不能再押通假作悦的"说"字,押了就犯同字重押病。可见音义相同时,即算字形不同也算同字,不能同押于一诗,否则犯"重押"。但如果是词义不同呢,即算字的形音都同,也不得认作"同字",也可以同押于一篇作品之中,这就是孙氏所谓之"分押"。

分押(又称双押、连押、别押、更押)。孙谔举了很多例,如："厘、俫、朴、说、厉"等。今以"厉"字为例。礼韵去声十三祭韵力制切小韵收"厉,严也""砺,礣也""励,勉也"三个同音字,孙谔指出"三字音同义异,并合分押",就是指三个字各以不同的词义分别押同一个音,不为"重押"。但是有一些特殊情况不在此例,"如《荀子》云：钝金必待砻厉然后利。梅福云：厉世摩钝。即厉与砺同义,不得双押。"就是说古文中"砻厉"或"厉世"的"厉"都是"磨砺"的意思,实为"砺"字之通假。如果同一首诗或赋中,已经押了"礣也"的"砺",就不能押"砻厉"的"厉",尽管一作"砺"形,一作"厉"形,但义、音均同,则为同字,同时出押就犯重了,故"不得双押"。但反过来说,如果已经押了"严也"的"厉",再押"砻厉"之"厉",尽管字形相同也没问题,因为它们形音同而义异,是"分押",不为犯重。别押、双押、连押、更押,都是同一个意思。在这里,字义是关键,同音字不论形体是否相同,只要字义相同,即为同字,字义不同,即算字形与字音相同,也不为同字。

从这些实例看,所谓"通押"是针对"落韵"而言的,指一字多音同义者,可以允许在多音范围内押用,即有几个韵的读音就可以分别押几个韵不为落韵；所谓"分押"是针对"重押"而言的,指如果意义不同,就算是同一个字形也不算同字,可以同时出押于一首诗或一个赋段中,不为重押。通押的关键在于多音、义同、韵异,分押的关键在于义异、音同。换言之,一字一义多

---

① 今《附释文互注礼部韵略》已补"说"字入欲雪切小韵,加围,且标明"新制许附入"。

音而押多个韵,不为落韵,是为通押;一形异义而叠押于一诗赋之中,不为重韵,是为分押。在这里,词义是关键,千万不可以把二音二义误会为二音一义去通押,如果出现一形两音两义使用差误者,则作一抹处理。

4.2 特殊句末声韵现象

孙谔拟议的第二大内容,援引先朝成例,将不符合或比较难以判断是否符合礼韵规定的三种句末声韵现象断为合格。其中两种属于押韵,一种辨明句末字的平仄。下面我们仅分析有关押韵的两条。

其一云:"诗以题中平声字为韵,题中有两字同韵而并押者。"这比较简单,如省试诗以"仲秋献良裘"为题,题目中"秋""裘"同属广韵下平声十八尤,但不为重文,在诗中可以同时入韵,如"策礼分常职,天时及仲秋。猎将行大狝,服预献良裘",是为合格。

其二云:"准贡举条赋初入韵许用邻韵引,而有声相近而非邻韵者。"这条相对复杂,包含两层意思。一是"用邻韵",就是说一个韵段的第一句(首句)如果要入韵的话,可以扩大通押范围,用邻韵入韵,其内容相当于近体诗"首句借用邻韵"的借韵。二是"声相近而非邻韵者",即首句引韵可以采用实际语音中"声相近"而不必是邻韵的字来入韵。关于"声相近",孙谔特地举了两个前朝科考合格的实例。且看第二例,郑獬《严父莫大于配天赋》第八韵段首联:"故王者藩饰圭币以罄乎外,躬耨粢盛以尽乎内。"该例韵脚字"外"、"内"分别收于礼韵去声十四泰与去声十八队,本非邻韵,但由于"声相近",故于首句引韵可以认作合格。严羽《沧浪诗话》中说的借韵"如押七之韵,可借八微或十二齐韵是也",其中有邻韵如七之、八微,也有非邻韵,如十二齐,都可以借韵。更为彻底的是魏庆之在转述严氏这句话时作出改变:"如押七之韵,可借八微或十二齐,一韵也。"①将"是也"变作"一韵也",本非一韵的韵,魏氏认作"一韵",合理的解释只能是他们实际读音中韵读相同,在宋代通语韵系中,"支脂之微齐"均通用无碍,实际已经合并为一部。孙谔提出这种引韵,无异于是说:首句入韵可以根据实际语音是否相谐来押韵。这一规定相当重要,尽管只限于首句,也给诗人突破礼韵纸上规定的束缚,

---

① 《诗人玉屑》,上海古籍出版社 1987 年,30 页。

获取到一定的自由发挥空间。

综而言之,孙谔七条拟议实际上是宣示:现行之礼部韵及押韵规则不同程度脱离实际,不够完善,需要补苴。做法是,实际语音中已经同韵而礼韵仍然分立的,应当给予适当的认可;经典中存在的一字多音或多义多音,要根据其音义关系来确定"通押"或"分押",不要简单地人为区隔;如果经籍中某常用字或其音不见于礼部韵,则可断为礼韵失收,应当补足。这一切都强烈地体现了一种实事求是的精神。按这种精神,礼韵就应该准确反映文献音义兼及实际语音。文献音义尤为重要,文献音义是源头,是规范,礼韵应接受这个规范而不应该反过来规范文献音义。可见,元祐新制的意义不仅仅在于确定3种句末字声韵情况为合格和给礼部韵调整或增补了52个韵字音义而已,而在于它实际上提出了一个新的原则:即注重音义关系,根据实际情况,修订礼部韵及押韵规则而使之完善。

五、元祐新制的影响

元祐新制产生于元祐五年(1090),处于整个两宋(960—1279)三百余年的前期,对宋代中后期的文化教育产生了积极影响。它不仅仅比较科学地规范了科考诗赋的押韵,而且它的求实精神得到推广,给宋代中后期的韵书编纂和诗歌创作以积极的影响。

5.1 韵书编纂:增修礼韵,蔚成风气

《四库全书总目》云:"宋《礼部韵略》,自景祐中丁度修定颁行,与九经同列学官,莫敢出入。"[①]"莫敢出入"当然包含不可议其是非、不可更改条文等内容。

打破樊篱的就是元祐新制。元祐新制所提52字音义均补入礼韵,首开增补修改《礼部韵略》之先河。此例一开,元祐之后,对《礼部韵略》的增修络

---

① 见《四库全书总目》卷四二《九经补韵》提要,362页上栏,中华书局1965年初版,1995年第6次印刷。

绎不绝。王应麟《玉海》卷四十五"景祐集韵"条下云："(《礼部韵略》)元祐五年博士孙谔陈请添收。绍兴十一年进士黄启宗随韵补辑，尚多阙遗。三十二年毛晃上《增修互注韵略》。张贵谟上《声韵补遗》。"同卷"景德新定韵略"条下记述"绍兴十四年十二月己丑，知荣州杨朴上《礼部韵括遗》"①《四库全书总目》卷四二《附释文互注礼部韵略提要》则谓："绍兴中朝散大夫黄积厚、福州进士黄启宗，淳熙中吴县主簿张贵谟，嘉定中嘉定府教授吴桂，皆屡请增收。"②除了补字，也有增补注释的，如上平五支"岐"字下原仅注"山名"。后增加"一曰旁出道"五字，就是宋孝宗乾道八年(1172)八月八日，礼部看详之后请旨补入的③。

官方虽然将孙谔的增补修订内容全数载入《礼部韵略》，却对于此后文人雅士不断提议的增补，总是仔细看详、反复斟酌，予以极严格的审定。如绍兴十三年二月左朝散大夫黄积厚上书请求增补礼韵缺收字，计185个。礼部仔细研究之后，认为"缘礼部韵专谓约束举人程文，只得押韵内字，庶几便于考校，故名《礼部韵略》。若广引训释及添入不紧要字，即与《广韵》无异"④。因此，仅同意增补"烃""螳"二字，其他183字概不补入。所以，元祐五年之后，直至南宋亡，180余年间，尽管增修《礼部韵略》的提议很多，但官方同意补入者有限。今所见诸本《附释文附注礼部韵略》将元祐之后增补的内容，均附载各韵之末，注明"新制添入"字样，与原有韵字相区隔。以绍定本为例，各韵末所附"新制添入"字总共245个，应当说补入的字并不算多。

可是，由元祐新制带起的民间增补修订《礼部韵略》风潮却久盛不衰。近二百年间，民间学者引经据典纷纷增修监本旧韵，各式各样有名无名的增修本，如《押韵释疑》《续降》《补遗》《括遗》等等，五花八门层出不穷。宋代两部著名的私家修订的韵书：南宋初衢州免解进士毛晃及其儿子毛居正合著之《增修互注礼部韵略》和宋末元初黄公绍、熊忠《古今韵会举要》，都打着增

---

① 两引文分别见《玉海》848页上栏、850页上栏。

② 《四库全书总目》，360页下栏。"吴桂"当为吴杜，见宋绍定本《附释文互注礼部韵略》卷首附《贡举条式》之嘉定十六年十一月二十六尚书省札子，续古逸丛书本，466页下栏。

③ 绍定本《附释文互注礼部韵略》附《贡举条式》乾道八年八日敕文，续古逸丛书本，461页下栏。

④ 绍定本《附释文互注礼部韵略》附《贡举条式》绍兴十三年二月十二日敕文，续古逸丛书本，458页下栏—459上栏。

补礼韵的旗号进行编纂。《古今韵会举要》最为后出,志存高远,欲汇诸家修订增补以集其大成,自报集录《礼韵续降》《礼韵补遗》凡224字,"毛氏韵增""平水韵增"凡2142字,自己从经史子选中补入676字,共补入3000多字。增补分量多达原本三分之一强,且探讨源尾,辩正音义,加以内部确立"字母韵"系统,实际已经超越了"韵略"系列,卓然而成一系新的韵书。

与之相类,又有吴棫《韵补》与杨伯嵒《九经补韵》之类收集文献"古音"或"旧音"补礼韵缺遗的专书。吴棫自称其书是从五十种古今文献中,考"其用韵,已见《集韵》诸韵书者,皆不载;虽见韵书而训义不同,或诸书当作此读,而注释未收者载之"①。所补对象为"《集韵》诸韵书",虽未标礼韵之名,但"诸韵书"次于《集韵》之后,当包含礼韵。杨伯嵒所编《九经补韵》介于字书、韵书之间,补礼韵之遗的目的更为明确,其卷首序谓:"《礼部韵》一书,政为声律举子设,绍兴间三山黄进士尝补选进上,乃亦缺略弗备。近嘉禾吴教授杜复申明,仅增三字。仆之惑滋甚。……乃即经释搜罗,粹为一编,非敢上于官,以求增补,亦非敢淑诸人,以侈闻见。姑藏家塾,以击蒙昧。"②

5.2 诗歌创作:拓展押韵范围,确定谐叶条例

当时学者与诗人们遵行元祐新制的精神,拓展押韵规范,可以从两个方面来谈。

5.2.1 在元祐新制的基础之上,继续扩大通押、分押的范围。元祐新制无论补字还是补音,目的都是为了方便举子正确押韵。但礼韵收录的多音字绝不仅此52字,上文已经指出,元祐新制论述52字的增补修订,无形中也确立了增订礼韵的原则,这给后人进一步寻求在52字范围以外确定某字可通押或分押某韵提供了理论根据。

必须指出,官方不但增补《礼部韵略》谨慎严格,而且对新旧条例的实际使用更是拘泥而刻板。今所见《贡举条制》的两个本子中,共有的建炎、绍兴、淳熙、乾道、嘉泰、嘉定间官方文件,凡议及考生答卷中涉及的具体押韵

---

① 《宋本韵补》之卷首《韵补书目》末尾识语,中华书局1987年影印辽宁省图书馆藏宋本,3页。

② 《九经补韵》,丛书集成初编本,第40册,26页。

与庙讳问题,无不谨守元祐新制已有条文。如宋宁宗嘉泰四年成都府路类省试第九名张简的卷子,以"源委"的"委"押上声"以"字韵。在复核时,礼部认为"元祐中太学博士孙谔申明"去声"源委"之"委"与上声的"委曲"的"委"义不同,不能通押,于是严厉申说,今后再有"源委"押上声则为"失韵"①。语气强硬,强调了通押与否只能依礼韵现有明文,即:我说了可通的就通,没说过的即算能通也不可通,没得商量,官韵的权威就是通过这种刻板的方式被小心翼翼地保护着。

民间学者的理解更为灵活,也颇为理性。他们把"通押"不只是看作某些字的个案处理,而是作为一种通则运用。他们知道,礼部韵所收一字异读、异读同训和同音异训的都非常多,按照音义规则,其间可通押或分押的远不止52个字。既然元祐新制确定52字中有的可以通押,有的可以分押,当然就应当将凡符合该特征的其他字也要定为"通押"或"分押"。民间修订的韵书,就通押、分押条例有诸多讨论。其最著者乃毛氏父子的《增修互注礼部韵略》。毛氏考察礼部韵韵字的通押与否,往往秉持元祐精神作出通用条例的论述。他说:"凡字同义同而有两音新制许通用者,不问经史有音无音,皆可通押。其有一类而新制偶未经收载者,亦合准此用之。"②所谓"一类"就是说同类,指出同类现象"新制"偶然未收者"亦合准此用之",即凡音义可通的无论元祐新制中是否已经确认,都应当定为通押。这与官方的刻板形成了鲜明的对比。

根据这个原则,毛氏父子确定了较多的通押、分押现象,范围大大超出孙谔所定。对于元祐新制中没有论及的通押与分押字例,毛氏的举正更多。下略举两例,如:

上平声三钟,许容切小韵,"匈……又匈匈,讙议之声,《荀子》'君子不为小人之匈匈而易其行',《汉书》无音,《荀子》有平去两音,宜于从通用"。

下平声三萧,丁聊切小韵,"凋:凋瘁。通作彫,《记》示民不凋。又半伤也,亦作雕,《晋书》彫弊之迹。凡雕琱鯛彫敦及彫凋义同者,不可重押。如

---

① 绍定本《贡举条式》乾道八年八月八日敕后附,嘉泰四年八月十日尚书省札子,续古逸丛书本,462—463页。
② 《增修互注礼韵韵略》二冬"攻"字下毛晃按语,《景印文渊阁四库全书》第237册,341页上栏。

用雕鸮与琱鋼彫,用琢琱、鋼琢与后彫,用彫琢、雕墙与凋残、凋弊,皆可分押"。

毛氏所述,往往被后人遵为条例。如熊忠《古今韵会举要》在去声四寘时利切小韵"视"字下的注文"上去二音通押"之后加案语:"近岁毛氏于《增韵》内陈乞凡字同义同者,不问有无音二音三或至数音,并令通用。今韵例已见前注。……学者可以无惑。"支持毛氏根据元祐新制精神作出的通押通例的调整。《古今韵会举要》书中援引毛氏例确定通押者随处可见。熊忠不但吸收毛氏之例,进而又补毛氏未尽。如在平声庚韵"令、离贞切"小韵"伶"字下加案语谓:"礼韵于清韵收令字,于青韵收伶字,音同韵异。此旧韵之失。《续降》于青韵添入令字,《毛韵》于清韵添入伶字而不著通押之义,犹为未当,今并于此谦注,而与青韵通押,庶免后人字同义异之惑。"[①]"清、青"二韵,礼韵分别不能合用,被宋人讥为"绝不近人情"[②]。毛氏《增韵》在十四清"重增""伶",十五青"增入""令",实际上已经使它们可以通押,但没有注明"许于某韵通押"字样,被熊忠批评。在熊忠看来,应驱除旧韵"音同韵异"之弊,凡实际语音已经同音或同韵(即同属一个"字母韵")的字都应当通押。

5.2.2 引入"协韵",沟通古今。孙谔上书中"邻韵引"用韵条例的确立,引入一个重要的用韵规则,即首句入韵的引韵可以突破礼韵的规则,采用邻韵或声相近的字来押韵。这条新规则仅凭声相近(即实际语音相近)确定通押,突破了礼韵规定的同用、独用范围,扩展了押韵空间。实际上已经符合宋人从古诗中得出的所谓"古韵"的自然语音法则,与"协(叶)韵"的精神相通。所以,官方文件将这一条干脆直呼为"协韵",以与正常的偶句位的押韵相区别。礼韵附录《贡举条式》之《绍兴重修通用贡举式》所列"试卷犯不考"21条、"抹"20条及其说明文字中,提到"邻韵引"及"协韵"共有四处:

(1) 赋协韵、正韵重叠。(此为"不考"第12条,不见于景祐删定条式)

(2) 诗赋不对。赋初用韵及用邻韵引而不对者非,诗破题及诗赋末两句亦不须对。("抹"第7条,即景祐条式"抹"第9条)

[①] 两段引文,分别见《古今韵会举要》,宁忌浮整理本,中华书局2000年,306、173页。

[②] 洪迈《容斋随笔·五笔》卷八云:"礼部韵略所分字,有绝不近人情者,如东之与冬,清之与青至于隔韵不通用。而为四声切韵之学者必强为之说,然终为非是。"

(3) 赋第一句末与第二句末用平声不协韵（"抹"第12条，景祐条式第14条）

(4) 赋初入韵用隔句对，第二句无韵。用长句引而协韵者非。（"抹"第14条，景祐条式第16条）

四条显示，元祐之前条式在最重要的"不考"条例中不提"协韵"，而在元祐之后的条制则明显地在"不考"中增列了相关"协韵"的内容。绍兴条式第十二条"不考"将"协韵"与"正韵"相提并论，参证其他三条条文，凡"协韵"均指赋第一句初入韵引韵，可知此"协韵"就是指赋首句入韵用邻韵或声相近的字押韵而言的。显然，这是可以突破礼韵的地方，故名之为"协韵"，不能突破的地方就名之曰"正韵"。这条"不考"意思是说，即使是处于"协韵"（即首句引韵）位置的韵脚字也不能同一字重复出押，否则犯重。确认不合礼韵规定而声相近的"协韵"与偶句韵脚（所谓"正韵"）有同等地位，这是元祐之后新增的规则。

宋人诗论喜说"诗体"正、变[①]，在《贡举条制》中区别正韵、协韵，明确仅以实际语音相谐的首句入韵是与正韵相对的协韵，无异于将律赋（应当还包含应制诗）的押韵由遵行礼韵规范的正例之外，也扩展出来一个变体。如前所论，这个变体原创于民间精英。《贡举条制》吸收其相关内容可上溯至景祐删定条制，很可能在景德及其补编中微存其意，直到元祐新制之后才得到确认。故而官方文件正式定其名为"协韵"。"协韵"的确认，有保留地吸收了民间学士文人所创的崇尚自然的"古"法则。尽管只是有保留地吸收，但在贡举程文中允许实施所谓古韵的自然法则，无论如何是具有积极意义的。至少可以确定如下两点：

第一，它吸收了解说古诗的"古韵"法则，同时，反过来又给"古韵"提供了新的理论依据：通押。学者与诗人们据此将今韵一字多音可以通押的原则推广到古韵。如南宋的学者项安世就说："又有一字而两呼者，古人本皆兼用之，后世小学，字既皆定为一声，则古之声韵，遂失其传。"[②]这不啻是古

[①] "诗体"如《沧浪诗话·诗体》篇即是；"正变"，如胡仔《苕溪渔隐丛话》前集卷七"律诗之作，用字平仄，世固有定体，众共守之。然不若时用变体，如兵之出奇，变化无穷"云云。

[②] 《项氏家说》卷四，丛书集成初编本，48页。

韵"通押"的宣言书。项氏凭什么说古人一字两呼也可兼用？当然是由今以推古。既然现代诗人一字两音者可以通押，为什么古人就不可以这样做？于是有人在实践中采用"通押"的学说解说古韵。如毛氏《增韵》平声三钟祥容切小韵"讼"字下，毛晃按语曰："讼字从言从公，盖会意也。且诸公字声则本是平声，是以《诗》协从字韵。《易》独音去声，未为允当，合依《诗》音于二韵通用。"就是说"讼"字通常作去声用，如《周易·讼卦》"讼"释文音"才用反"即是；此音发展到宋代成为常用音。而《诗经》《行露》一诗中"讼"协平声"墉从"字，所以，毛晃认为古代"讼"字当有平、去二音，古人两音通用。朱熹《诗集传·行露》中"讼"字下正是注"叶祥容反"，叶平声一读。实际上"祥容反"这个音《广韵》《集韵》都收录了，照道理是合于今音的，不须注叶，朱熹仍注叶平声，只是表示他认为"讼"字采用了古代通用二音中的非常用音入韵罢了(参刘晓南 2012B)。

第二，它给诗文创作调整用韵规范使之更加符合语音和谐的要求提供了法理支持。元祐新制确定了据韵书异读押韵的合法性，明确了多音兼押的原则，又进一步有保留地将多音的范围扩大到实际语音，承认按实际语音"声相近"押韵的变例地位，不同程度地消除了礼部韵因"同音异韵"缺收而不可通用的不良影响。科考规程的权威性，以及它的示范作用，都会给社会相应的文化活动带来影响，此后的学者之所以能够大胆宣称："若贡举文字，事干条例，须俟声明。至于泛作诗文，无妨通押以取谐叶之便。"①我们以为是与此条例有密切关系的。场屋之中，礼韵尚且已规定可以在有限范围内声相近而谐叶，泛作诗文为什么不能援引其例，取通押之便，达到诵读"谐叶"的目的？笔者认为熊忠所说"谐叶"跟上所述条制的"协韵"属于同一个意思，只是比条制"协韵"的范围要大得多罢了。可以说，元祐新制的"声相近"通协的原则，对于宋代诗人突破礼韵框框，以实际语音入韵提供了有力的支持。

透过追根寻源，我们可以看到，宋代叶(协)韵作为一种用韵的变例，最初用于古体诗的创作，它源自不受"官韵"影响的古诗用韵模式。宋代学者文士一方面把前人诗歌用韵不合礼韵规范的用韵称为"叶(协)韵"，从而归

---

① 《古今韵会举要》卷一，平声上东韵笼小韵末尾按语。

纳出"古韵"的用韵法则；另一方面又从古韵中引出以"自然"之音叶韵的新模式，与据礼韵押韵相区别，形成了宋代诗人叶韵的传统基础，而来自元祐新制的一字多音通押、声相近通用等官方确认的用韵新规，无疑给这个源自传统的叶韵提供了有力的法理基础。

第五章 宋人叶音本意考

经过历史源流、文化传承、实际表现、社会法理基础等多视角多层面的考察,随着新的历史事实不断地发掘出来,我们逐渐看到了我们熟悉的叶音理论其实与历史事实之间的吻合度并不那么高,显示出有某种盲点或误区存在的可能。因此,需要以实事求是的精神与态度,尽可能客观地还原宋人叶音的历史面貌,考明其真实意图,以便准确地把握宋代叶音行为的本质特征,正确地评价其历史地位与学术价值。

一、现有定义及其矛盾

我们先简单地了解一下,今天学术界是怎么界定宋人的叶音行为的。

1.1 定义之要点

从学术史来看,给宋代叶音现象定性是比较晚起的事。宋人虽然早就运用叶韵(协韵)之法读古诗、写新诗,但何为叶韵,宋儒自己并无定义。以目前所见资料,最早论及叶韵内涵的大概是晚明时期。明末秣陵焦弱侯、三山陈季立以"不明古韵、乱改字音以谐韵"之论倡之于前,清儒诸家呼应于后,浸淫以下,以至于今。

正如前文指出的,现代学者虽凡提及叶音必加以批判,然对于叶音之认识仍不离焦、陈之樊篱。远的姑且不论,仅改革开放以来几十年中的两次重要定义就是如此。

出版于1992年的《中国大百科全书·语言文字卷》给叶音所下的定义:"叶音,也称叶韵、叶句。'叶'也作'协'。南北朝以后的人读周秦两汉韵文感到不押韵,就临时改变其中一个或几个押韵字的读音,使韵脚和谐。这是由于不懂古今语音之不同所致。"①这代表了改革开放之初的观点。

约二十年后的 2011 年,作为国家社会科学基金重点项目的成果,由全国科学技术名词审定委员会公布的以规范学术名词为目的的《语言学名词》出版。这样一本反映了当前学术界对语言学诸多基础名词术语最新共识的大著,对于叶音所作的解释是:"叶音 adaptation 又称'取韵''叶句''叶韵'。'叶'也写作'协'。临时改变某字的读音使韵脚和谐。这是后人以时音诵读先秦韵文感觉某字不押韵时而采取的做法。"②

两个定义大同小异,归纳起来有如下三个要点:

第一,以后代之音诵读先秦两汉之韵文而不明其为古音,此为叶音之起因;

第二,凡有不谐韵者则临时改其音,此为叶音之实施;

第三,改音以达韵谐,此为叶音之目的与结果。

三要点从引起叶音的原因出发,到发生叶音动作,最后形成叶音的结果,全程因果关联清晰,逻辑严密。然所说内容与明儒旧说相较,并无本质差异。

1.2 事实之矛盾

叶音定义虽然逻辑严密,但并不能消弭它与历史事实之间的冲突。根据前文揭示的历史事实,现有定义无论是在叶音的起因还是其实施过程、目的等各个方面都有龃龉不协之处。

比如说,强调所谓"今音诵读不谐"为叶音的起因,其实不能涵盖全部叶音现象,《诗集传》中有些所谓"今音诵之已谐、不必叶而叶"韵段的存在(详刘晓南 2020),暗示叶音的起因可能比现有定义要复杂得多。至于断定叶音者"不明古韵"当然不错,但也有欠周全,因为它无法解释那些创作新诗的叶音。写新诗并不需要"明古韵",即算是仿古之作,所押之韵也不是真正的上古之韵。相对写新诗而言,叶音之"不明古韵"其实是一句没有着落、无法落

---

① 《中国大百科全书·语言文字卷》,中国大百科全书出版社 1998 年,425 页。
② 《语言学名词》,商务印书馆 2011 年,153 页。

实的话。

又比如说,定性为"临时改音"之后,因为强调其临时性与随意性,其中必定蕴含了"乱改字音"的意思。叶音之不合理,也正是因其乱改字音。可实际情况是,宋代的两种叶音之中,不但写作新诗的叶音都有语音根据,而且朱熹所作的诗骚叶音同样也可以找到语音根据(详刘晓南 2003),使人颇感"不要根据乱改字音"之说有无的放矢之嫌。尤其是还有一些今音诵之不谐韵,需要临时改音的韵段,朱熹却特地注明"叶韵不详",并不去随意地改音令谐,这种审慎的表现完全不符合叶音理论的期待,足以令"临时改音论"颇难自圆其说。为什么在别的地方可以临时改音,在这些地方又要存疑待问了呢?看起来叶音之改音也并非如想象中的那样"率性而为"啊。

又比如说,改音的目的是使不谐韵变得谐韵,可是,给本来就已谐韵之韵段作叶音又是为了什么呢?

无论如何,上述定义的三个要点都有疑问,给人以意有未安之感。笔者以为,造成这个问题的重要原因,就是上述论断是在缺失或忽略了宋代叶音的一个重要组成部分——诗歌创作叶音的情况下,仅仅从古诗叶音的某些极端表现中提取的,极有以偏概全之嫌。全面地看,完整的宋代叶音应当包含"新诗叶音"与"古诗叶音"两个部分,虽然两者的服务对象或使用领域有所不同,但它们同气连枝,精神相通,都利用当时的语音或语音知识为诗文的创作与传播服务,为宋代社会文化的繁荣作出了独特的贡献。要全面地了解、准确地评价叶音现象,就必须两者兼顾,互为补充,不可偏废。

有鉴于此,为了消除疑惑,以达到全面而准确地了解宋代叶音的性质和目的,我们需要在全面把握历史事实的基础之上,探求两种叶音的历史渊源,辨明其共性与差异,再逐步深入剖析宋代叶音的真正意涵。

二、历 史 源 流

前文的考述告诉我们,与所有的历史事件一样,"叶音"也不是一个孤立的事件,从共时层面来看,它与当时许多社会文化现象息息相关,从历时角度来看,它有其发生、发展和消亡的历史过程。溯其源,无论是古诗叶音还是新诗叶音,都是在韵书出现之后,随着诗歌押韵逐步向规范化与精致化的推进过程中催生的一种旨在说明或实施某种特殊用韵的方式。初起于南朝,酝酿于隋唐,兴盛于两宋,余波延伸至明清。

2.1 同源共性

叶音初起时,主要用于解说早期诗歌中异于诗韵的押韵现象,罕见诗人在写诗时使用。这是因为韵书发生之初,比较合于当时通语,言文契合度较高,故当诗人创作新诗之时,韵取天籁,本无须多加解说,反而是前人诗歌中有那么一些与诗韵或时音不合者需要有所说明与疏通,这自然形成隋唐时代的叶韵"诗人押韵罕用、注家音释颇存"的不平衡状况。到了宋代,一是口语与诗韵渐行渐远,二是诗律日益趋于致密。随着礼韵的语音越来越脱离口语,而押韵的规则又愈益严格复杂,时移事异,原本在诗歌创作中罕用的"叶韵",作为谋求诵读和谐以调和言文矛盾的一种特殊手段就被提上了实用的日程。当此之时,无论读诗、写诗,但凡有突破礼韵以寻求谐协之处,即可以用叶韵之方式加以疏通。随着这样的疏通日益频繁与专业,叶韵才会逐渐与普通押韵分离开来,独立成为一种有异于诗韵体系的或突破诗韵普通规则的特殊押韵规则,其实际的使用也遍布于诗文创作与释读的各个层面,这与唐以及唐以前主要用于解说前人诗歌的特殊用韵是很不相同的。

因为有共同的来源和近似的功用,所以在宋代,注解古诗文的注释家与创作诗歌的文学家都会利用叶音,在各自的领域发挥作用,叶音之事可谓盛极一时。

2.2 兴废异流

宋代是两种叶音的兴盛期,宋代之后,两种叶音分道扬镳,其兴废盛衰也各不相同。

2.2.1 诗歌创作用韵中的叶音。宋代这种叶音以礼部韵为参照,诗歌创作中用了不合礼韵的押韵而又能和谐诵读者即为叶音。我们已经从宋诗之中发现了 20 字例,诗人明确地在这种突破礼韵规则的韵脚下面注上"协(叶)"的字样,以明示它们虽不合礼韵但合乎诵读,是可以叶也。20 例只是表面现象,冰山之一角,实际上宋诗中突破礼韵规则不注"叶"字的作品是很多的,都堂而皇之地留在各自的集子里,并无人指责其"落韵",其所依靠的就是那条心照不宣的不成文规则:叶韵。

据笔者观察,宋代诗歌创作中的叶韵其实相当谨慎,大多数根据口语包括通语语音和方音的实际语音叶韵,以确保诵读谐叶,还有少数仿古用韵,亦必言之有故,除了个别可能比较粗疏的音近合韵之外,都以诵读谐协或言之有故为依归,讲求有语音的根据。凭借其数百年来的历史积淀,又有宋代科考中官方的元祐新制所定规则的加持,诗歌创作的叶音在宋代取得了有限的合理合法地位,遂逐渐成为补充礼韵规则之不足的辅助规则。不但宋人写诗时不予排斥,而且有一些著名的叶音字例也被收入礼部韵的各种公、私修订本之中。尤以毛晃、毛居正《增修互注礼部韵略》,黄公绍、熊忠《古今韵会举要》两部韵书为突出。我们从这些韵书中可以看到很多有关叶音的记载,有明字音之叶读者,有明叶音之规则者,有论叶音之方式方法者等等,不一而足。无非都是采用一种特殊的方式,来突破礼韵越来越僵化的人为设定的规则,给引入鲜活的实际语音打开一扇方便之门。

宋以后,随着旧有的叶音字例逐渐固化甚至僵化,叶音逐渐偏离了旨在求取诵读谐叶的"初心"。我们可以从明代两种影响很大的字书《字汇》《正字通》中看到,里面收录的叶音既多又杂,五花八门。比如,排在《字汇》之首的最为简单的"一"字,居然收录有"叶伊真切音因""叶弦鸡切音兮""叶於利切音意"三个叶音,已经令人有目不暇接之感。继续发展下去,至其末流则步入歧途,真可谓无音不可叶。如 1926 年世界书局出版的诗法读物《诗学进阶》云:"叶者,音韵俱非,而切响通之,如一东所叶,心字乃思容切,音松也。叶音有绝不相类者,如一东所叶应字音雍,国字音公。如用一东韵作古诗,俱可同用。"(138 页)"应"字可叶读"雍","国"字可叶读"公","绝不相类"也可同用。用明代焦竑"凡字皆无正呼"①的话来衡量,也就若合符节了。

2.2.2　古诗注释的叶音。可以说,宋人注古诗所用叶音并不比诗文创作用叶更为放得开。

宋代叶音第一人当推吴棫(1100—1154),但吴棫甚至都不以自己所考的古音为叶音。吴棫的著作有《韵补》和《毛诗补音》。《韵补》一书除个别说

---

① 《焦氏笔乘》卷三"古诗无叶音"。

押韵的地方偶用"叶"字外,全书不见一个"叶某某反"的术语。他的《毛诗补音》已佚,《四库》不录,但可以从杨简《慈湖诗传》,王质《诗总闻》两书的征引窥其概貌。不过,杨王两人的引述方式很不相同,王质《诗总闻》的引述统归其"闻音"之中,边引边议,不作出处标注,往往难以分辨是不是吴氏原文,杨简则是直引《补音》原文。在杨简《慈湖诗传》中,凡属难字注音的地方用"某音某某反"的术语,而引用吴氏《毛诗补音》条目则一概写为"某某切",且多标明《补音》字样,如:

《邶风·击鼓》忡,敕中反。《补音》敕众切。
《卫风·淇奥》猗,於宜反。《补音》乌何切。

上引例中每字两个反切,其注音术语都是前用"反",后用"切",用"切"者标明出于《韵补》,显然,从杨简引述中可知吴棫叶音取"某某切"的方式。稽考杨、王两家所引吴棫《毛诗补音》,可辑得吴氏补音或疑似吴氏补音的切语千余条,从头到尾,不见一个用了象朱熹《诗集传》"叶某某反"的"叶"字术语,其补音全用"某某切"方式表出。

吴棫在《韵补》卷首之《韵补书目》下写有这样一句话"诸书当作此读而注释未收者载之"(3页)。这句话其实是说明"韵补"是如何来补韵书之音的。所谓"诸书"指《韵补书目》所列举的《尚书》《毛诗》以下五十种典籍。所谓"当作此读"是指典籍中的用韵显示出来的一个不同于韵书的读音。全句是说要将50种典籍中显示出来某字"当作此读"的读音收入于《韵补》之中。大概吴棫认为,古诗文中那些不合礼韵规则的用韵,虽异于韵书,但其韵谐协,表明其中有一个不同于韵书的读音存在,可看作是韵书失收之音,吴氏称之为"古韵"之音。他要做的就是将这个失收的音考出来补上。他的《毛诗补音》《韵补》等著作,书名都用了一个"补"字,意图就在于"补"出失收之音,以说明它们在古诗文中其韵本谐。因为本意不是改读字音,只是补字音,故直书反切而已,不著"叶"字。正如清儒钱大昕所述:"朱文公《诗集传》间取才老之《补音》而加以叶字,才老书初不云叶也。"①

宋代注家中真正把"叶音"当作一个严格的学术术语使用的,从目前所

---

① 《潜研堂文集》卷二十七《跋吴棫韵补》

见材料来看,仅朱熹一人。以《诗经》的注释为例,文渊阁四库全书经部诗经类下收录宋人有关《诗经》的著作18种。除经筵讲义语录问答外,注释《诗经》者有欧阳修、苏辙、李樗、黄櫄、范处义、朱熹、吕祖谦、戴溪、王质、杨简、严粲、段昌武等12家。从音训方面看,诸家的注解中难字释音常见,可是大多不论其韵。12家中讲用韵的仅3家:朱熹《诗集传》、王质《诗总闻》、杨简《慈湖诗传》,而三家论韵,用"叶"字作术语者仅朱子一家而已。

朱熹在《诗集传》《楚辞集注》中严格区分"某某反"与"叶某某反"两个术语,前者是难字注音,后者主要用于诗骚中疏通韵脚的"叶韵"。凡有调整音读以谐韵之处,朱注其音必用"叶"字领起,以区别于一般的音释。朱熹说他自己的"叶韵多用吴才老本,或自以意补入"①。称吴氏所作为叶韵,这是他以为吴才老的补音在考明韵脚字谐韵之音以疏通古韵方面,与自己的叶音性质相通,故有此说。

此外,宋代的注释家在注疏经籍时,若遇到有诗文之韵脚不合于礼韵的情况,也偶以叶韵为说,但非其常态。如四库集部旧题童宗说、潘纬等人编注的《柳河东集注》卷二《梦归赋》"谓九夷之可居"句,所在韵段的韵脚"瘠固路居野步去慕誉顾悟愬",除"居"外全为上去声,童宗说在"居"下注:"协韵去声。"②卷四十《祭万年裴令文》"无顾仇怨"句,"怨"所在韵段韵脚字为"言怨源骞魂",除"怨"外全为平声,所以潘纬就在"怨"下注:"叶韵音冤。"③注叶平声。又如方崧卿对《韩愈文集》的校注,祝充、文谠、魏仲举等对韩文的注释等都曾注出其中的字音变读叶韵,这其实也是接续南朝以来以叶韵疏通古诗文特殊用韵传统的一种作为。

尽管如此,古诗叶音的后续发展,并未像诗歌创作的叶音那样被沿用、被推衍,甚而至而变本加厉地得到扩张。相反,从十二世纪的朱熹,到十六世纪的焦竑、陈第,短短四百余年就遭到了强烈的质疑。在程朱理学统治学术的时代,朱熹编注的《四书五经》是国家经典,焦、陈的批评可谓石破天惊。语言中字音本来就是一定的,做诗就要押韵,这些都是浅显的道理。只要明

---

① 《朱子语类》,中华书局1986年,第6册,2079页。
② 《柳河东集注》,《景印文渊阁四库全书》第1076册,490页。
③ 《柳河东集注》,《景印文渊阁四库全书》第1076册,803页。

白了古今音变之理,《诗经》的押韵不合于后代语音就豁然贯通,真可谓焦、陈之论发而"叶音"之说息了。以"叶音"论古韵多有不足,自应扬弃,遗憾是焦、陈并没有深究叶音的语音根据与学术原理,从而以常理简单否定了它。以后的发展,套用一句古话"自兹厥后,批评锋出",随着清代古音学的崛起,矫枉不无过正的是,宋人整个叶音行为以及叶音语料都一股脑地遭到了否定,以叶音为标榜的包含初期古音研究在内的宋代语音与语音学的研究就这样被简单地扫入了历史的垃圾堆。

三、宋人叶音之本意

对宋代两种叶音精神相通的确认,意味着明末以来古音学家给朱熹叶音所作的界定实际上不足以概括朱熹注叶的全部语言事实,更遑论整个宋代的叶音行为及其里面隐藏着的语音与语音学的诸种表现。问题可能出在太过专注于叶韵的不合古音,把叶音视为一种古音行为,却误会了朱熹及其他宋人所说的"叶"字的本真含义。将这个本来表示特殊押韵义的"叶"字直接理解成了"不明古音而改字音押韵"。如何拨乱反正?恐怕需要摒除先入之见,回到客观历史事实,爬罗剔抉,层层逼进,以逐步地接近或还原历史的真实。

3.1 两种解读

客观地说,明清诸儒对朱熹叶音的批评也并非铁板一块,细究之可大致区分为两种意见。

一种是直指叶音为乱改字音,对它全盘否定,这一派以焦竑、陈第等为代表,激烈反对叶音,全盘否定之。

另一种意见则比较温和,认为叶音虽有许多错误但还是有可取之处。如顾炎武说"间有一二与正音不合者……虽谓之叶亦可"[①]。江永说得更加冷静客观,他说:"唐人叶韵之叶字,亦本无病。病在不言叶音是本音,使后

---

① 《音学五书·音论》卷中。

人疑诗中又自有叶音耳。叶韵,六朝人谓之协句。颜师古注《汉书》谓之合韵,叶即协也、合也,犹俗语言押韵,故叶字本无病。"①江永意见应当引起我们的重视,在这段话里他提出了一个重要的论点"叶字本无病",即叶音的叶不能简单地理解为"改音",而是应当理解为"押韵"。江氏是对的,"叶"字是"协"的或体,本来就没有"改"义。《说文》"协,众之同和也。从劦从十。叶,或从口。"《广韵·怗韵》:"协,和也,合也。"用它来说韵,当取"和谐"义。可惜江永这个正确的意见长期以来被人们忽略了。

3.2 宋人笔下的"叶"字

宋人笔下历来讲押韵的"叶"字大致都是江永所说的这个意思。下面略举几例。

王质《诗总闻》在卷十四《小雅·甫田》"倬彼甫田,岁取十千"句下说:"甫田言十千,亦犹颂之万亿及秭,举成数,且叶句所在。"②这里所说的"叶句"是指"千"与"田"押韵,完全是正常的押韵,无所改其音。王质这段话其实是孔颖达《毛诗正义·甫田》首章下正义的撮述,孔氏原话:"言岁取十千,亦犹颂云万亿及秭,举大数且以协句,言所在有大田皆有十千之收,推而广之,以见天下皆丰。"③可见,王质是将孔氏的"协句"转写作了"叶句",所说之意就是谐韵。

赵与旹《宾退录》卷一《射字法》:"俗间有击鼓射字之技,莫知所始。盖全用切韵之法,该以两诗,诗皆七言。……此字母也。……此叶韵也。"④这里"叶韵"就是说韵相同,可谐,绝无改音之义。

赵彦卫《云麓漫钞》:"古人文字但取其声音之协,初无切韵之说。"⑤声音之协就是说声和韵的和谐。

陈郁《藏一话腴》:"上大人,丘乙己,化三千,七十士,尔小生,八九子,佳作仁,可知礼。……其字从省者,欲易于书写,其语言叶韵者,欲顺口好读。

---

① 《古韵标准·例言》。
② 《诗总闻》,丛书集成初编本,229页。
③ 《毛诗正义》,十三经注疏缩印本,473页下栏。
④ 《宾退录》,丛书集成初编本,7页。
⑤ 《云麓漫钞》卷十四,付根清点校本,中华书局1996年,248页。

'己士子礼'四字是音韵相叶也。"①这是说小学课本要用简单的文句并用韵语,叶韵即押韵。

严粲著《诗缉》,四库提要云:"是书以吕祖谦《读诗记》为主,而杂采诸说以明之……至于音训疑似,名物异同,考证尤为精核,非空谈解经者可比也。"该书是不讲改读叶音的。但在卷六《考槃》第三章"告"字下注"协韵音谷",而朱熹"告"字下仅音"姑沃反"而不注叶字。卷七《君子阳阳》第二章"君子陶陶"下注:"今如字协韵也。旧音遥。"②而朱熹在陶字下甚至连音都没注。这些"协韵"也只能理解为音韵和谐。

陈骙《文则》有云:"诗人之用助辞,辞必多用韵。……又《礼记》非诗人之文,助辞之上亦有韵协。如曰:礼行于郊而百神受职焉,礼行于社而百货可极焉,礼行于祖庙而考慈服焉,礼行于五祀而正法则焉。此则用焉辞,而职极服则为协。"③这是说散文中也有押韵的文字。

综合来看,当讲到用韵的问题时,宋人"叶"字用法都差不多,意思都是说的"押韵"或"韵谐",重在和谐而不在改音。判断谁跟谁押韵要用"叶"字,说明诸韵字怎么样才可和谐也用"叶"字,如果韵段中音读起来本是和谐的可以说它叶韵,如果这个音不和谐应当怎样读才和谐也叫叶。

3.3 "叶"字的广狭二用

宋人用"叶"字作音释术语,都是在"押韵"的语义基础上使用的,只不过在具体使用上,出现了广、狭两义。广义即"和谐、谐韵"之义,通指诗文押韵的韵调和谐,这是叶字的普通词义。狭义即指给诗歌中特殊韵脚作谐韵的调整,这一点在朱熹叶音中尤为突出。

大体上,朱熹在诗骚的注释中,使用"叶"字以狭义为主,但我们需要特别指明的是,广义的用法也不少见,即算在《诗集传》中也是如此。我们对《诗集传》中所有的"叶"字用法作了统计。朱子给《诗经》韵脚作注用"叶"字共 1560 余次,其中至少有 23 首诗中 31 次"叶"字不能用"改音谐韵"来解释。

---

① 《藏一话腴》,《说郛》卷六十,911 页。
② 两处引文分别见《诗缉》(北京图书馆古籍珍本丛刊,书目文献出版社 1988 年)86 页、101 页。
③ 《文则》,《景印文渊阁四库全书》第 1480 册,698 页。

罗列于下（为求醒目，只列出注有"叶"字的韵脚）：

1.《周南·兔罝》一章：罝子斜反，又子余反，与夫叶。
2.《召南·野有死麕》一章：麕俱伦反，与春叶。
3.《召南·何彼秾矣》一章：秾如容反，与邕叶。
4.《邶风·终风》二章：来叶如字，又陵之反。
5.《邶风·泉水》三章：卫此字本与迈害叶，今读误。
6.《邶风·二子乘舟》二章：逝此字本与害叶，今读误。
7.《王风·采葛》三章：岁本与艾叶。
8.《小雅·皇皇者华》一章：华芳无反，与夫叶。又三章：谋犹諏也，变文以协韵耳。
9.《小雅·鱼丽》一章：罶音柳，与酒叶。
10.《小雅·车攻》五章：佽音次，与柴叶。调读如同，与同叶。
11.《小雅·庭燎》二章：艾音乂，叶如字。晣之世反，与艾叶。
12.《大雅·卷阿》一章：阿与歌叶。歌与阿叶。
13.《小雅·何草不黄》四章：狐与车叶。
14.《大雅·生民》八章：歆下与今叶。今上与歆叶。
15.《大雅·抑》六章：逝叶音折，与舌叶。九章：行与言叶。
16.《大雅·桑柔》一章：柔与刘、忧叶，篇内多效此。
17.《大雅·韩奕》一章：道下与考叶。考上与道叶。
18.《周颂·清庙》：庙《周颂》多不叶韵，未详其说。
19.《周颂·有瞽》：成以上叶瞽字。举以上叶庭字。
20.《周颂·邕》：邕与公叶，篇内同。
21.《周颂·载芟》：士与以叶。
22.《周颂·丝衣》：此诗或纮、俅、牛、鼒、柔、休并叶基韵，或基、鼒并叶纮韵。
23.《商颂·殷武》：监下与滥叶。

30多个"叶"主要都是说明诗中哪个字与哪个字押韵，各例之间又有细微差别，如：《桑柔》第一章的"柔"字下注"与刘、忧叶，篇内多仿此"，仅表明"柔"字与本章的"刘、忧"等字押韵。又如《周颂·丝衣》尾注："此诗或纮、俅、牛、鼒、柔、休并叶基韵，或基、鼒并叶纮韵"，"叶"字是笼统地说哪些字与哪些字押韵。还有的是先注一个读音，再在后面说这个字与哪个字"叶"的，如《周南·兔罝》的"罝,子斜反,又子余反,与夫叶"。《召南·野有死麇》的"麇,俱伦反,与春叶"等等,辨明本章哪个字与哪个字押韵而已。这些"叶"虽注于韵脚,绝没有改变韵字读音。

又有所谓"叶如字",更为典型,如《邶风·终风》二章:"来,叶如字,又陵之反。""来"既然是"叶如字",就是按它本身常用的音押韵,不改变读音,如果"叶"字是改变被注字的读音的意思,岂不矛盾?毫无疑问,叶字在这里只是指押韵而言。按,"叶如字"共计 5 例,上表只列出一例。

上述所有的"叶"字用法虽略有不同,但有一点是相同的,即它们都只说押韵不说"改音"。除非视而不见,否则是没有办法不承认这些"叶"字也是朱熹叶音的一个组成部分的。这些"叶"全都是用于谐韵的指示,里面没有一点"漫从改读"(戴震《声类考》语)的意思。它们不改读,只确定用什么音押韵以及谁跟谁押韵。

3.4 狭义用法的形成

"叶"字的普通语义如上所述,这既是朱熹及宋人广义的用法,也是其狭义用法的语义基础与来源。前文已经指明,狭义用法可看作是"叶"字在特殊语境下说明或疏通谐韵时所产生的临时义,经过反复使用之后逐渐固化、凝结为一个固有格式之后所形成的新义。"叶"字是在普通义的特殊使用中,在语义与语用的双重作用下演变成为专用术语的。现在,我们再以朱熹叶音为例略作说明。

3.4.1 多音定一之叶

朱熹叶音的"特殊使用"体现在哪里?根据其"和谐、谐韵"的语义,细细品味《诗集传》《楚辞集注》注释中作为术语出现的"叶……反"或"叶……音"的框架,可以感到每个注叶的条目其实是隐隐约约地内嵌在一个辨明用韵的语境之中的,可以简述为"若押韵则当读……"或"押韵的话应该读……"的意思。与宋人写诗的叶音一样,这里"叶"字使用的特殊性就在于,它表明"当韵脚字不谐时,给其读音作出某种调整以谐韵"的意思。那么,人们肯定会问,调整为一个可以谐韵的音,这还不是"改音"吗?我们认为这可以叫"定音"而不是"改音"。

什么是定音,"定"是确定的意思,一字多音确定或选定其中一读以协韵就叫定音。什么叫改音，"改"是改变的意思，字音之外，改从另读以协韵。一个为本有其音而定音，一个为本无其读而乱改，两者是有本质区别的。

关于定音的作法，上引述的叶字不改音23首诗例中已现端倪。如：

《召南·野有死麕》一章：麕俱伦反，与春叶春

麕，《集韵》谆韵俱伦切、文韵拘云切两切，义同。由于在韵段中要与谆韵"春"字押韵，朱子即选定其谆韵的"俱伦切"一音，并注明该音与下面的"春"字叶韵。不选用文韵的拘云切，就是它在韵段中不与文韵的字押韵的缘故。当然，这个例子中，"叶"字的语境临时义还相当微弱与隐晦，除了说明押韵外，看不出来有调整异读以谐韵的意思。下面的"讼"字就看得比较清楚：

《召南·行露》三章：墉讼叶祥容反讼从

《行露》三章的几个韵脚字"墉讼从"字都是通摄舒声字，但"讼"的声调有异读。"讼"字《广韵》钟韵"祥容切"、用韵"似用切"，平去二读。宋代通用去声一读，平声一读基本退出日常使用范围，发展到现代汉语中平声一读已被淘汰。所以，当时"讼"字应当读去声。而《行露》韵段中从声律上看，"讼"字当取平声一读入韵方可和谐，故朱子在"讼"之二读之中选定其不通用的平声一读入韵而加注一个"叶"字以明其韵读的特殊性。"叶祥容反"就是将本读去声的"讼"字据其异读，调整为平声以便押韵。这个用"叶"字领起的切语，字面意思可表述为"押韵要用祥容反的音"或"如果讼字要谐韵的话得用其祥容反之音"。这样做，凸显出在一字多个读音中选定一个合于本诗韵律的字音入韵的意思。

3.4.2 本音与叶音

上述字例中用于叶韵之音，都是韵书上记载了的音。我们不禁要问：韵书的一个重要功能就是"广文路"，本为押韵而设，韵书本有之音为什么不可以直接用之于谐韵，而要拐一个弯，调整它作为"叶音"才能谐韵呢？仔细分析实例就会发现，韵脚字采用一个什么音押韵有时候并不简单，涉及音义关系等各种情况的协调或变更。就"讼"字而言，它用作叶韵的音虽然载于韵书，但在具体的上下文中它并非该字的"本音"。

何为"本音"？字面意思是说一个字本来当读的音，必然是一个跟其所在语境的语义、语用密切相关的音。严格地说，"本音"是特指一个字（词）在

具体的言语交际中，为了正确传情达意所必需的读音。同样，在注音释义的诠释性话语环境中，一个字的"本音"最为基础的内涵必定是指在一定的上下文中与其语义或语用相吻合的音。之所以要特别关注字音与其语义语用是否吻合的问题，这是因为汉语中有大量的多音字（词），其音义关系复杂，有的多音多义、有的多音一义，有的多音之中部分音同义、部分音异义，不一而足，使得字典中静态的单字音呈现出纷繁复杂的多样性或某种不确定性；只有在文章或对话等具体的言语作品中，通过上下文限定才可以消除其不确定性，确定其当读之音。

可见，同为韵书所记的"今音"，无论有多少个，在文句中的"本音"却只有一个，相对本音而言，其他的异读都是"讹读"。"讼"字宋代口语中通常只有去声一读，平声不常用，读平声则不合常情，不符语用，而可视为"讹读"。又如"邑"字，韵书记有两个音义：

广韵缉开三於汲切，邑，县邑。周礼曰四井为邑。（按，集韵乙及切）

集韵合开一遏合切，唈邑，呜唈，短气，或省。

"邑"字两读，字形相同，词义完全不同，严格地说是不同的字（词）。"邑"在《诗经》中仅《小戎》一次入韵，朱熹注有叶音：

《秦风·小戎》二章：合軜邑叶乌合反（温其在邑，集传："邑，西鄙之邑也。"）

在诗句中"邑"为"县邑"之义，当读《广韵》缉韵三等於及切，就是说"於及切"是诗句中"邑"字的本音，是唯一正确的音，若以"乌合反"读之必为讹读。但"邑"所与押韵的其他韵脚"合、軜"，都属于合韵一等洪音，若得韵谐，"邑"当以合韵之音入韵。朱子"叶乌合反"，实即取《集韵》"遏合反"以"呜唈"义之"邑"的音入韵。从章句上看，此音不合语义，是为讹读，但从押韵上看，此音为谐韵。本音不能谐韵，却合其语义，叶音不合语义，却可以谐韵，所以为了谐韵就得用此"讹读"。为了表明此非本读，只是为了谐韵作出的音读调整，故采用"叶"字领起，注为"叶乌合反"，表达了"如果邑字要押韵的话当读它的乌合反音"的意思。由此可见，叶音实际上就是本音不能或不便谐韵的时候，通过调整韵脚字的读音，从其各种异读中确定一个合适的音来谐韵。

不要以为调整异读谐韵是古诗叶音的专利，其实这种叶音在宋人诗歌创作中早就存在。如前文提及的北宋初年王禹偁(954—1001)的五言古诗《七夕》在第 17 韵句韵脚"娑"下自注"叶韵苏可反"即是。作者将读平声的"娑"调整为上声的音押韵,故特注"叶……"字样说明。宋诗中此种用法的诗作有多少,目前尚无法准确统计,但仅凭经验亦可推定不在少数,宋人诗歌中有大量符合通语或方音的出韵就是明证。用韵颇为挑剔的宋人几乎对此不加责难,实际上表明了宋人对这种押韵方式的认可。笔者推想,宋人心目中大概已经将它看作用韵的一种变例,态度才会如此宽容吧。

3.4.3 多音之来源

从《诗集传》简明的注释之中,我们可以清晰地看到,朱熹是严格区分诗句中字的本音与叶音的。其做法:大凡给韵脚字作注,首明本音,再考究入韵是否和谐,若本音已谐,除少数特殊情况外均以本音谐之不再作叶,本音不谐则另据他音作叶谐之。然所谐"他音"从何而来?看他的叶音切语多有同于韵书者,如上面的"讼""邑"等字,应当是抄自韵书的,可知朱子作叶取音不避韵书,甚至有可能以韵书为其首选,只有韵书找不到合适的叶音再转而他求。

那么,《诗集传》《楚辞集注》叶音中那些韵书没有记载的音都是怎么得来,它们是不是乱改字音呢?我们认为,这同样跟写新诗叶音中也有一些不见于韵书的音入韵的途径是相似的。我们在前文已经考明,在新诗叶音中凡不见于韵书的叶音,都是据宋代通语或方音等实际语音作出的,如四川人李新以"宙"字叶东钟,福建人谢翱以"播"字叶厚韵等,这都可通过语音史的研究考明。同样,诗骚中不见于韵书的叶音,大都是可以通过各种途径考证,确认它们都是虽不见于韵书但曾经存在或可以存在的音,与吴棫所补之音性质相同,可目为是韵书失载的音,或径称之为古音。在这个问题上,朱熹的态度同于吴棫。

朱子确信古音是解决古诗用韵的好法子之一,他在《原本韩集考异》里说:"古音之说甚善。吴才老《补音》《补韵》二书其说甚详。"①为什么?"盖古人作诗皆押韵,与今人歌曲一般。今人信口读之,全失古人咏歌之意。"那么要象今人歌曲一般地读出古诗之韵律,就要考证古音,考证古音要有证据。

---

① 见朱熹《原本韩集考异》卷十四。

他评说吴棫的补音"皆有据。泉州有其书,每一字多者引十余证,少者亦两三证"。①因此他不但批判地吸收吴棫的研究成果与方法,还广泛借鉴当时学者如古音学家程迥等人的学术思想与方法,采集各种证据,推导诗骚韵脚字的古音来作叶音。遗憾的是他只管叶音的效果,《诗集传》《楚辞集注》里记下了每一字的叶音,却看不到他推考叶音的过程,后人无法直接读到他的叶音的根据,因而知其然而不知其所以然。在不明其所以然情况下,当读者面对这些有点奇怪的叶音时,难免心生疑惑:它们是不是凭空想出的呢?这恐怕也是造成"乱改字音"印象的源头之一。好在他在师友讲学中曾提到过几个字例的考释,被记录下来,使今人大致能窥得一二。其中颇为著名的例子就是"严"的叶音。

关于"严"字,朱熹曾确认有一个读如"昂"的古音,在《诗集传》和《楚辞集注》中用于叶宕摄。朱子曾给他的学生讲过其推导过程,不妨节引原文:

> "下民有严",协"不敢怠遑"。才老欲音"严"为"庄",云避汉讳,却无道理。某后来读《楚辞·天问》见一"严"字乃押从"庄"字,乃知是叶韵,"严"读作"昂"也。《天问》,才老岂不读?往往无甚意义,只恁打过去也。……因言:"《商颂》'天命降监,下民有严;不僭不滥,不敢怠遑'。吴氏云'严'字恐是'庄'字,汉人避讳,改作'严'字。某后来因读《楚辞·天问》,见'严'字都押如'刚'字、'方'字去。又此间乡音严作户刚反,乃知'严'字自与'皇'字叶。"②

大意是说,《诗经·商颂》中"下民有严"的"严"字与"不敢怠遑"的"遑"字押韵,吴棫猜想"严"的原文可能是"庄"字,是东汉人避汉明帝刘庄讳改为"严"字。朱子批评吴氏"无道理"。他分析吴氏为什么不直说"严"可以叶"遑",就是没有注意到《楚辞·天问》篇中也有同样的押韵。朱子提出"古韵例"与"方音"两个证据,论证"严"字古可以读作"昂"。所谓"古韵例"是指同一古音押韵现象在不同地方反复出现而形成相对稳定的押韵方式。"严"押宕摄不但出现在《诗经》,也出现于《楚辞》,诗骚同见,绝非偶然,故而有此一

---

① 前两段引文分别见《朱子语类》第 6 册,2080、2081 页。
② 《朱子语类》卷八十,第 6 册,2080 页。

例。所谓"方言",即"此间乡音严作户刚反"的实际语音。凭此两种证据,他确定诗经中"严"与"遑"押韵是古音叶韵。也就是说,"严"除了《广韵》严韵语枚切的本读之外,还有读作"昂"的古读,该古读不见于韵书,但残存于他所熟知的"此间乡音"中,是为"古之遗声"。《诗经》《楚辞》中就是用这个古读来叶音押韵的。

这样看来,朱熹叶音的基础是一字多音,而一字多音实有两个来源,一是韵书及其他语音文献所记之异读,一是语音文献虽未载,但可以根据其他材料,采用不同方法考证之音,其中很多属于所谓古音。

3.4.4　一字多叶之规则

从一字多个读音中调整一个合适的音来叶韵,理论上说,各个异读都有可能入选,这就必然会导致一字多叶,而且一个字叶多个音也的确是朱熹叶音中的实际情况。一个字一会这样叶,一儿那样叶是不是有点太泛、过滥?这样做有根据吗?我们认为这种基于"多音选一"的一字多叶与宋人新诗叶音一样,都是符合宋代诗歌用韵规则的。这个规则就是宋人写诗时普遍实行的"一字多音通押"条例。

我们在前文已经指出宋人诗律中,有"一字多音通押之例",而这个押韵条例实来自礼部韵。比如"谳"字,《韵会》收三读:铣韵语蹇切,霰韵疑战切,又收于薛韵鱼列切,在上声铣韵和去声霰韵的"谳"字后均注曰"旧韵许三韵通押"。所谓"旧韵"即指礼部韵,即礼部韵的规则允许一字有三音则可以三押。今查《附释文互注礼部韵略》上声二十八狝韵语蹇切小韵:"谳,议罪也。又鱼战、鱼列二切,见线、薛二韵。新制许与线字、薛字通押。"证明"谳"字的多押,礼韵确有其事。请注意"新制许与线字、薛字通押",这句话非常重要,明确声明"许三韵通押"的法理来源是"新制"。"新制"毫无疑问是指元祐新制。核查礼韵所附《元祐新制》诸文件中孙谔奏章,其中列出"一字同义而有两音者"的29字之中"谳"字赫然在列。孙谔的提议得到礼部及皇帝的批准①。所以,它们的"通押"是合乎当时的国家律例的。

所谓一字多音"随本韵通押",其实就是一字若有多个不同韵的读音即可以在多个韵中押用。可见,一个字有两音、三音,无论几个音在押韵的时

---

① 见《附释文互注礼部韵略》卷首贡举条式,续古逸丛书本,436—437页。

候其入韵的机会是平等的,每音都可以押用,有几个韵的音就可以押几个音的韵,这是根据国家科考条制元祐新制的精神确定的规则,具有法理的基础。

一字多音可以通押,若要讲具体押哪个韵,必得根据韵脚所在的上下文来确定,这正是一种对韵脚字多音选一以谐韵的"定音",在宋人的诗歌中常常可以见到。如"车"字《广韵》收有鱼、麻二韵两读,宋诗中就可以分别在鱼、麻两韵中押用。具体押鱼还是押麻,则看其押韵环境而定。如下面两首律诗的韵脚都有"车"字,其中一个押麻,一个押鱼:

押麻韵:李弥逊五律《硕人赵氏挽诗》:家华花车(SK1130-781)①

押鱼韵:陈植七律《罾浦坊》:初书于鱼车(S15-10224)

显然,"车"在押麻韵的韵段里读麻韵的音,押鱼韵的韵段里读鱼韵音。"车"字的鱼、麻两韵通押,完全符合元祐新制的精神。

当然,元祐新制的一字多音通押还有一个"音义协同"的附加条件,即通押的多音需要同义。上引诗中"车"之两读当然是同义的。但韵书所载的"车"是否完全同义,那可未必。《广韵》鱼韵九鱼切小韵"车,车辂",麻韵尺遮切小韵"车,古史考黄帝作车……",细究之两音之间似有细微差别。但实用之中,这种细微之处往往可以忽略。尤其是一字多音以"叶韵"的方式运行时,由叶韵而注入的"特殊押韵"之意,几乎就将原初的"音义协同"限制条件毫不费力地突破了。前所引王禹偁诗中的平声"娑"字叶上声,平、上两音并不同义,但在叶韵的情况下可以通押,就是明证。

朱熹的"多音定一"叶韵即同此理。在朱熹看来,古诗中音义协同的"通押"算是一种正常的合规押韵。如"行"的户郎反,当它在诗句中是"行列"义时,用它押韵就是正常的,不必注"叶"字;只有当它不是"行列"等义,不当读户郎反而必需户郎反谐韵时,它才被注上"叶"。叶韵既然表明是一种特殊的通押,它的不合常规之处也就体现在音义之间不必协调等方面了。因此,能否叶韵,关键在于韵脚是否具有可谐韵之音。"严"字如果自身有一个古音"昂",在古诗中自然可与"遑"字通押。推而广之,如果"家"字本有"音孤"

---

① 括号中"SK"表示《景印文渊阁四库全书》,后接两个数字,前者为分册数,后者为页码。下同。

"古空反""音谷"三个古音,当然可以三个韵通押等等。这大概就是朱熹叶音中一字多叶的原因。

使用"叶"字在一字多音中定读一音以谐韵,还可以洪兴祖《楚辞补注》为例。在《楚辞补注》的《离骚》补注中"叶"字出现5次,罗列于下:

重之以修能。补注:(能)此读若耐,叶韵。
申申其詈予。补注:予音与,叶韵。
倚阊阖而望予。补注:予音与,叶韵。
尔何怀乎故宇。校,宇一作宅。补注:若作宅,则与下韵叶。
蜷局顾而不行。补注:行,胡郎切,叶韵。

5次使用,涉及3个韵字"能、予、行"。首先我们要明确,洪氏并没有用"叶"字作专用术语,因为该注叶而不言叶之处甚多。如"率云霓而来御",补注,"御,读若迓"。此与"能读若耐"性质同,不注"叶韵"。又"诏西皇使涉予",补注:"予,我也,上声。"此与前引"予音与,叶韵"之性质相同,亦不注"叶韵"。洪氏"叶韵"二字只是当作补充说明偶一使用。区区5次出现,丝毫没有改字音以谐韵的意思,都是实打实的调整音切以叶韵。查韵书就能看到"能"本奴登切又读若耐,"予"本平声又音上声,"行"常读胡庚切又音胡郎切,都是见诸韵书之音。洪氏注其"叶"是说,在本文中,该字在他的多个音读之中读此音方可叶韵,并非改读其音。此与朱熹的用法同意。

我们已经证明朱熹叶音中那些不见于韵书的音是有根据的,就是指他能通过各种途径考证获得,虽然绝大多数字的古音考证过程他没有写下来,只留下结论,但我们通过全面核查他的理论与方法,可以大致还原他的考证过程,查明他的语音根据。从今天的观点看,他考证的结果也有很多不合古音,甚至叶音还改变了声母,造成所谓"失母",这完全是因为他对每个古音的考定是求其确当之音,而不只是敷衍押韵而已,故而声韵调均在考证之列。这就是他叶音中的调整字音常常是要考求一个确有的或可以有的完整的音,并非只是技术性地改改韵类而已,必须是一个声韵调完整的音,这才是造成所谓"失母"的原因。

3.5 叶音之本意

综合上面考论,我们可以确认"叶"字作为专用术语只在特殊押韵的语境下使用。正是在这些比较特别的语用环境下,综合运用宋代的语音知识或理论以及押韵规则来疏通诗歌中较为特殊的押韵问题,才催生了"叶"字的狭义用法,形成一个专用术语。该术语之所以有其存在的价值,乃在于它可以补苴礼韵既无法说明古韵又相对脱离时音口语之罅漏。

结合"新诗叶音"与"古诗叶音"的共同特点,我们可以将宋人叶音定性为:一种突破礼韵系统普通规则的起补充作用的特殊押韵规则与方式。其具体内涵是,在诗文用韵尤其是古诗文用韵中,在韵脚字本音不能或不便于谐韵的情况下,根据一字多音通押的规则,调整韵脚字的读音,从字音的多个异读中取用适于谐韵的音读来达到韵读和谐的目的。这就是所谓"多音定一"的叶韵规则。作为叶音备选者的多个异读既可以是见诸韵书、字书记载的音,又可以是韵书失收或溢出韵书之外的古音或时音。后者可以通过文献考证或其他方法获得。

所以,叶音本身只是一种有别于礼韵普通规则的特殊押韵行为,是礼韵规则的一种补充规则。叶音本身并不是所谓古音研究。只有在叶音的运作中,尤其是古诗叶音的运作中大量地接触到了古音,才与古音有关。虽然叶音中包含了早期古音学的研究内容,但究其实,叶音并非古音,将叶音与古音研究混同为一是不合适的。

四、沧浪诗体之"协韵"试解

全面考察宋代叶音,疏理其源流,还原其社会文化的生动活泼一面之后,其显示出来的丰富性,复杂性,无一不告诉我们,再也不必甚至是不应当局限于古韵通不通的狭隘范围来观察或评判宋人的叶音了。从作诗、读诗、解诗、说诗的角度来看,作为一种特殊的押韵规则,叶韵在宋代几乎是与礼韵的普通规则并行的、堪称具有重要影响的补充押韵方式。笔者以为,这个意思,南宋诗论家严羽已经有过表述,可惜他语焉不详,迄今并未引起充分的注意。

4.1 "诗体"篇的"协韵"

我们先看严羽是怎么说"协韵"的。严羽在其《诗体》篇中述及 7 种特殊

押韵,仅后四种与"协韵"相关,它们是:

> 有借韵,如押七之韵,可借八微或十二齐韵是也。有协韵,《楚辞》及《选》诗,多用协韵。有今韵。有古韵,如退之《此日足可惜》诗,用古韵也,盖《选》诗多如此。①

4个韵式,"协韵"排在第二,前有"借韵",后有"今韵",寥寥数语,文字简单,因其过于简单,使其所指难明。这几个韵式都是什么样的内涵?他们之间是什么关系?尤其是严氏所说的"协韵"是什么意思?与我们所看到的宋人叶音是一回事吗?

我们先看看文艺学的解释,再作分析。

4.2 文论家之释

《沧浪诗话》作为一本古典诗论的名著,文艺学界非常重视,对其文艺思想的研究很早就开始了,而对于文本的注释却出现得很晚,大概民国时期才有胡才甫的《沧浪诗话笺注》(上海:中华书局1937年)面世,此后又有郭绍虞、张健、陈超敏②等人作过校笺或注评。诸家都从文艺学之视角给其作注,其中郭绍虞校释流传甚广,影响很大,我们下面的讨论就以郭氏校释为代表。

郭绍虞解释"协韵"云:

> 案协韵之说,沈括《梦溪笔谈》已言之。《笔谈》卷十四谓:"观古人谐声有不解者,如玖字、有字多与李字协用,庆字、正字多与章字、平字协用。"稍后吴棫作《毛诗补音》,又作《韵补》,就二百六部注古通某,古转声通某,古通某或转入某,朱熹传《诗》用之,以叶三百篇之韵。盖由时人不知古音,故创为协韵之说。《楚辞》及《选》诗犹合古音,故沧浪谓多用协韵。③

这段话有两层意思,一是说明协韵的原因,因为不明古音;二是概述协

---

① 郭绍虞《沧浪诗话校释》,74页。这段话前文有过两次引述,但未诠解"协韵"之意,不妨再引一次。
② 郭绍虞《沧浪诗话校释》,人民文学出版社1961年;张健《沧浪诗话校笺》,上海古籍出版社2012年;陈超敏《沧浪诗话评注》,北京联合出版公司2015年。
③ 郭绍虞《沧浪诗话校释》,95页,尾注81。

韵的内容,即疏通古诗中不合诗韵的现象,包含单字之协与通转之协两个内容。其他各家所释与之大同小异。从这个注释看,文艺家几乎完全吸收了古音学家的传统解说,仍是从不明古音的角度来看待协韵。照此理解,协韵属于古音学的范畴,与时音用韵并无关联。

然而,严羽创作《沧浪诗话》的主旨恐怕不是为了讨论古诗,虽然所论"诗体"往往从源溯流、涵盖古今演变,但都落脚于今时今世,以指导时下诗歌运动的意图非常明显,为什么在论列用韵体式时却要列出一个与时下用韵无关的属于古韵范畴的"协韵"呢?既然"协韵"已经属于古韵,后面再列一个"古韵"又是为何?如此种种,看来这个来自古音学的"协韵"释义疑点甚多。

4.3 文本解读

既然古音学的解读疑惑重重,何不直击原书文本?"沧浪四韵"的原文表达虽然简略,但其行文亦颇有味,除列出四式名称之外,还有两个鲜明之点:一是排序,二是小字夹注。我们的探讨可以由此两点切入。

4.3.1 排序。考究"借、协、今、古"的排列,并非杂乱无章,而是有讲究的,即"借韵、协韵"为一组,"今韵、古韵"为一组,两两相配,每组内部都是互补关系。

先看"今、古"相配的这组。"今韵"在 4 韵式中最无异义,即指当时通行的礼韵系统,这是宋人作诗押韵的基本依据。与"今韵"相对的"古韵",字面义是指时代早于今韵的用韵系统,然今韵有其韵书,今韵系统是清晰可把握的,古韵的韵书却谁也没有见过。何为古韵并无一定之规,但这并不妨碍宋人写古诗。因为古诗要用古韵来写,反过来,古诗之韵就被视为古韵了。所谓古诗,相对于近体而言即所谓古体,其实包含两大块,一是唐律之前的诗,魏晋以上,此乃真正的古诗;二是唐宋诗人的仿古之作,号称古风实则假古董而已。古诗之韵既非今韵,故写作古体诗,亦无须遵守礼韵,无论是模仿古诗的韵脚押韵,还是突破礼韵体系以口音押韵,都可以归于古韵的范围。要之,今韵是礼韵系统,有其严格的体系,古韵却是一种不合于礼韵的习惯体系,或套用古诗,或采用口语,无论怎样做,其最显著的特征就是不同于礼韵。"今、古"相配的一组,主要讲的是根据什么韵系押韵,是押韵的内容问题。

再看"借、协"组。按照王力《汉语诗律学》的解释,借韵就是近体首句入韵时借用邻韵。可知借韵有两个要点,一是借韵的位置:首句。二是借韵的内容:借用邻韵即旁韵或声近之韵①。所以,借韵是一种有限地突破礼韵规则的押韵,其精神与我们讨论的"叶韵"或"协韵"是相通的,其不同就在于押韵的位置不同。弄清楚了这一点,我们就可以明白严氏何以要将它与"协韵"连排在一起了。协韵与借韵两者,押韵的内容相同,押韵的位置不同。两种韵式都可以突破礼韵规则,实现在礼韵中不能同用的旁韵及声相近的韵之间的通押,但借韵仅限于首句位置出现,协韵则出现于除首句之外的其他韵句。如果是近体诗,完全可以说同样都是突破礼韵,借韵限于首句位置,协韵限于偶句位置。

4.3.2 小字夹注。"沧浪四韵"中仅"今韵"未作夹注,去除未作夹注的"今韵",将3个附有夹注的韵式按原序分行排列于下:

借韵:如押七之韵,可借八微或十二齐韵是也。

协韵:《楚辞》《选》诗,多用协韵。

古韵:《此日足可惜》《选》诗,用古韵也。

看小字夹注,从方式与内容两方面来看,明显地可以看出"借韵"的夹注与"协韵"很不相配。简言之:"借韵"之下的夹注是显示其押韵的内容,实为举例说明什么样的韵可以借韵,如果一首诗是押七之的话,首句借用八微这样的旁韵可以,借用十二齐也可以,十二齐不是七之的旁韵,但是声相近。总之,借韵之下的夹注是说明借韵的内容。而"协韵"的夹注却毫不理会其内容,却是注上两个"协韵"的"文本",反而与后面的"古韵"之夹注变得相类了。因此,在排序上与"借韵"相配的"协韵",其小字夹注却与"古韵"相配。

更为奇特的是,所谓"古韵"之下注出的实例却没有真正的上古之作。所注的两个实例,从时代来看,唐人韩愈的诗绝非上古之诗自不必论,即所谓《选》诗,昭明太子所选除部分楚辞汉赋之外,主要都是魏晋六朝之作,它

---

① 关于借韵及其两个要点,分别见《王力文集》第十四卷,山东教育出版社1988年,63页和84页。王力先生乃根据钱大昕立说。钱氏只论及唐宋诗中首句借韵的现象,并未论及术语。今按,宋诗"借韵"术语是否如钱大昕所说,仍有考校之必要,容俟他日。

们的时代无疑属于中古范围。"古韵"所列诸例都是一些这样不那么古,甚至不古的诗篇,此可一言以蔽之曰:"古韵"不古。而本来应当突出时人创作的所谓"协韵",所注之实例反而大多是真正的古韵文《楚辞》汉赋等等,故此亦可名之曰:非古而古。"古韵"不古,非古而古,严氏为何要如此别扭?此中恐怕另有意图,试析之如下。

所谓古韵不古,一定是严氏并不认为他所说"古韵"是真正的上古之韵,那是什么?他夹注的两个"文本",均在吴棫《韵补书目》五十书名中出现,且看吴氏的排序与说明(下引文前面的序数即该文本在韵补书目中的排序):

  第39:文选:梁昭明太子所集,赋、诗、乐府、歌、颂、赞、七、箴、铭、诔文、连珠皆韵。

  第44:韩愈:唐人,有文集四十卷。唐之字学,愈为独冠。当不在汉扬雄之下。《元和圣德诗》止用一韵,《此日足可惜》诗亦止用一韵,拟《史记·龟策传》而作。能读《龟策传》则能读此诗。能读此诗,则能读张籍祭愈诗。

吴氏特地指明这些书中都是用韵的。《文选》与韩诗是用韵的,这还用说吗?所以吴氏并不是只说这些诗文是用韵的,其实他这是用了互文手法,与其下文的"古韵"互见,他要说的真正的意思就是这些诗文是用所谓"古韵"的。从第39号《文选》顺势往下看,一直到第50号的11种文献的吴氏介绍中,可以看到,他谈的"韵",一会说"韵",一会说"古韵",而且说得更多的是"古韵"。下面列举第39号《文选》之后所列举的诸种典籍名,并截取吴氏的简介中说"韵"与"字学"的相关内容,请看:

  第40:类文,(无说)

  第41:江淹,用古韵

  第42:玉台新詠,多古韵

  第43:艺文类聚,(无说)

  第44:韩愈,字学独冠,用韵

  第45:柳宗元,用韵甚古者

  第46:白居易,字学可次韩愈

  第47:文粹,间有古韵

第48:欧阳参政,多用古韵

第49:苏内翰,用古韵可次欧阳参政

第50:苏黄门,字学不在兄内翰之下

上面引文均仅截取所谓"用韵""字学"两部分,其他略去。第39号《文选》"皆韵",紧接着41号江淹就说"用古韵"。难道《文选》的诗文就只是一般的有韵,而江淹的诗文就是用"古韵"？其实江淹本身就是《文选》中的一员。《文选》卷十六有江文通《恨赋》一首、《别赋》一首,卷二十二有江文通《从建平王登庐山香炉峰》一首,卷二十七有江文通《望京山》一首,第三十一卷有江文通《杂体诗》三十首。共有2赋32诗,虽占今所传《江文通集》四卷(四库本)中的篇幅不算多,但亦可见其精神。同一江文通之诗赋,在《选》中称为"韵",在单人文集下称为"古韵",可见吴氏所说的"韵"与"古韵"是为互文,是同义词。其所说之"字学"内涵当为所谓谐声之学,即韵学。吴氏所述之韩柳欧苏"用古韵""用韵甚古者"无一不指向今人用古韵,可知所谓"古韵"并非仅止于先秦上古的真古人之韵,实亦包含后人根据古韵之精神而作之古韵。此亦即严羽古韵之义也。从严氏指导时人作诗的角度来看,所谓"古韵"更应当指后人创作古体诗的用韵。此即所谓"古韵非古"的原因。

所谓"非古而古"。严羽将名头上没有涉及"古"字的"协韵",注上真正的古诗文用例,一定是认为"协韵"之协,不但今人作诗如此,古人作诗亦然。故所举例子首列《楚辞》,次列《文选》。为何举《楚辞》,无妨再参考一下吴棫卷首《韵补书目》:

第13:楚辞,自楚屈原骚经至后汉王逸《九思》,无不韵者。后世拟作或不用韵,失之。

看吴氏所说,其字里行间有两个意思,一是《楚辞》从屈骚至王逸,都是有韵之文。二是后世有人拟作楚辞时不用韵是错误的。造成这个错误的原因是什么,吴氏没说,但其字里行间所含的意思是清楚的。大概吴氏是要说,因楚骚之韵多不合于礼韵,竟有人误会为不押韵。吴氏此说正可以作严羽在协韵之下首列楚辞的注脚。严氏列《楚辞》于"协韵"之下,一是说明,《楚辞》以礼韵诵之无论其怎么不谐但均有韵,二是说明《楚辞》之韵非同一般,凡与礼韵不协者,均属"协韵"之范围。可见"协韵"实指不同于礼韵规则之用韵而言。

明白了古韵与协韵之间的关系，再来看严氏为什么将《文选》，这么一个所收作品既有上古又有中古的选本，要并注于"协韵""古韵"之下，其原因就是要突出地显示《选》诗的用韵是贯通两种韵式的。其所暗示的意思必定是："协韵"取古韵之无韵书羁绊一任口语自由谐韵之精神，而"古韵"则取协韵之寻求诵读和谐以畅其天籁之效果，《选》诗则兼而有之。更可见协韵与古韵名实虽异，精神相通，互有交集，相辅相成。

总而言之，严氏夹注之举例，除了《选》诗贯通协韵、古韵外，"协韵"又举《楚辞》为例，更像是古韵，"古韵"又举韩诗为例，更像是协韵。正像宋人"协韵"的确切含义一定不是纯粹之古韵一样，宋代诗人心目中的"古韵"也绝不是纯粹的时间意义上的古韵，而是与今韵不同的另一种押韵方式，包含两个内容，一是仿古之韵，一是不合礼韵的口诵谐协的用韵。而后者正就是所谓协韵的内容。此为古韵与协韵之相通之处。

准确地说，协韵与古韵是交叉关系。两者既可用于古诗疏解，也可同用于新诗创作之中。可图示于下：

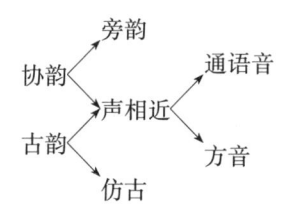

```
协韵 ─┐ ┌─ 旁韵
      ├→ 声相近 ─┬─ 通语音
古韵 ─┘          └─ 方音
      └─ 仿古
```

4.4 "协韵""古韵"之异同

跳出古音学的范围，从宋代诗文读写的大环境论之，根据沧浪之行文与注释，透过文本窥其内含，可以得知沧浪所述之"协韵"，其精神实质就是宋代诗坛颇为流行的叶韵。

从一以口语实际语音入韵，寻求诵读谐协效果的角度来看，它与古韵相通，但它与古韵又有两点不同。一是宋人古韵的内容较协韵要宽，除有据口音押韵一条以外，又有仿古韵一条，即摹仿某首上古之诗的用韵，甚至可以步古诗之原韵，而协韵一般不具备这一条。二是古韵只用于古体，而协韵则古、近体都可用之。

第六章　试说朱熹叶音的语音依据

我们已经论证了宋人诗歌写作中的叶音有语音根据,并非乱改字音。但宋代除写新诗叶音之外,还有读古诗的叶音,而且通常认为后者的乱改字音更为严重,遗憾的是,这个流行几百年的结论,我们至今却并没有看到可以称得上全面而严谨的论证,我们无法得知前人在作出"乱改字音"的论断时,有没有对全体或大多数叶音条目进行过细致的梳理与考察。为了消除论据的模糊性,本着求真求实的精神,我们还是有必要对宋人古诗叶音的语音根据进行一次比较全面的考察,以确认其是否存在乱改字音的问题。

宋代古诗叶音的代表人物是朱熹,我们就以朱熹叶音为对象来考察宋人古诗叶音的语音根据问题。

一、"乱改字音说"回顾

在考察之前,我们先简略地回顾一下传统"叶音乱改字音"说的产生过程及其影响,以便我们的讨论能在一个比较确定的基础之上进行。

1.1　立说:提出及传播

所谓"乱改字音说",是从明清学者对宋人古诗叶音的批判中归纳出来的。

明代末年,焦竑(1540—1620)、陈第(1541—1617)首倡其说。焦竑《焦氏笔乘》卷三《古诗无叶音》云:

> 古韵久不传,学者于《毛诗》《离骚》皆以今音读之,其有不合,则强为之音,曰此叶也。……如此则东亦可音西,南亦可音北,上亦可音下,

前亦可音后,凡字皆无正呼,凡诗皆无正字矣,岂理也哉!①

陈第在不同的地方,多次批评叶音。在《毛诗古音考·序》中说:

> 以今之音读古之作,不免乖剌而不合,于是悉委之叶。

在《屈宋古音义·跋》中说:

> 夫古声今声必有异也……自唐以来,皆以今声读古之辞赋,一有不谐,则一曰叶;百有不谐,则百曰叶。借叶一字而尽该千百字之变,岂不至易而至简,然而古音亡矣。

在《读诗拙言》中说:

> 且叶或一二用、三四用多矣,五六用至多矣。蔓衍数十更无一不叶,又胡为者也?②

这些批评可櫽括为两条:一是"一有不谐"便"悉委之叶",误认了古诗韵读不谐之因;二是"强为之音""一字而尽该千百字之变",则主观臆改字音,造成荒唐之果。两条合起来就是:错误地判断古诗用韵,随心所欲地改动字音,致使字无定音,韵无统纪。

焦、陈之说影响深远,后之学人大凡批评叶音都从此二条引申、发挥。如清代古音学之父顾炎武云:"三代六经之音……多后人所不能通,以其不能通而辄以今世之音改之,于是乎有改经之病。"又曰:"嗟乎!学者读圣人之经与古今之作,而不能通其音,不知今人之音不同乎古也,而改古人之文以就之,可不谓之太惑乎!"③顾氏认定叶音的"改经之病"到了"太惑"的程度,在他看来已病得不轻。另一位大师戴震则说:"唐陆德明《毛诗音义》虽引徐邈、沈重诸人谓合韵、取韵、协句,大致就诗求音,与后人漫从改读名之为协者迥殊。"④,毫无疑问,文中所指"漫从改读"的"后人"就是宋人。

现代学者从语音史的角度来评述,所作批评也大同小异。王力先生说:

---

① 《焦氏笔乘》,李剑雄点校本,上海古籍出版社1986年,83页。
② 上引陈第三段分别见《毛诗古音考》,康瑞琮点校本,中华书局2008年,10、253、146页。
③ 两段引文分别见《音学五书》中华书局1982年缩印本,5、8页。
④ 《声韵考》卷三,四川人民出版社1957年影印渭南严氏刊本第34册,3页。

《诗经》三百篇是研究古韵的最好的根据,可惜前人并不是从一开始就正确地利用了《诗经》来研究古韵的。原因是他们并不懂得语言是发展的,缺乏历史观点,以为古音和今音是一致的,不过在做诗时为了押韵的需要,临时改读某些字音罢了。宋人把这种虚构的情况叫做"叶音"。朱熹在他所著的《诗集传》中大量地应用了叶音。①

许世瑛这样说:

> 朱子诗集传里有很多"叶韵",这叶韵的意义是朱子用自己口音去读诗经里的韵脚字,发现有很多韵脚字是不能押韵的;于是照自己口音中可以押韵的音读去读它们,这就叫做叶韵。②

在现代学者看来,叶音的作者缺乏语音史知识,一味地按照自己口音中谐韵的需要去临时改读韵脚字的读音,当然是不要语音根据地乱改一通,毫无客观性可言。

1.2 论据:典型字例

假如要问,那些被乱改的字音有多少,占多大比例?是不是全体叶音都如此乱改?泛览诸家著述,我们却只看到少数几条叶音条目,作为乱改字音的例证被提了出来。

焦竑说:

> 如"驺虞",一"虞"也,既音牙而叶葭与豝,又音五红反而叶蓬与豵。"好仇"一"仇"也,既音求而叶鸠与洲,又音渠之反而叶逵。③

焦氏举出了两个反面例证,指责它们一会这样叶,一会那样叶,随意改叶,字无定音。与之呼应,陈第则正面提出"马必读姥""福必读偪""母必读米"等字例,说明古诗之中一字实为一音,以此来否定宋人的一字多叶。由于陈第实地考证了《诗经》中400多个韵脚的古读,足以确立其"古音有定"的观点,也完全确认了一字多叶在方法论上的错误。随之而来的就是,全面引

---

① 《汉语音韵》,《王力文集》第五卷,山东教育出版社 1986 年,134 页。
② 《朱熹口中已有舌尖前高元音说》,《许世瑛先生论文集》,287 页。
③ 《焦氏笔乘》卷三,83 页。

爆对宋人叶音行为的质疑：既然整个方法都错了，"覆巢之下，焉有完卵"，这些用错误方法作成的材料还有正确性可言吗？还有必要去细细地追查每个字例的语音根据吗？这应当就是后人全盘接受焦、陈之说而确信"叶音无据"的原因吧。

自然而然，在这个前提下，清儒的研究重心转向古音研究，几乎无人再去普查细究叶音之语音是否有据。若要检讨叶音之讹误，大致也不出焦、陈的思路。如，钱大昕说：

> "驺虞"之"虞"，朱于第一章叶音牙，第二章叶五红反。"谁谓女无家"，朱于前章叶音谷，后章叶各空反。①

在焦氏的"虞"之上又提出一个"家"字。客观地说，若论随意改叶的程度，"家"字更典型，用它批判更为有力。比如王力先生说：

> 同是一个"家"字，他在《豳风·鸱鸮》、《小雅·常棣》、《我行其野》、《雨无正》、《大雅·绵》都注云叶古胡反（《小雅·采薇》注云叶古乎反），在《召南·行露》注云叶音谷，又云叶各空反，只有《周南·桃夭》、《桧风·隰有长楚》两个地方未注叶音，大约就是照宋代的读音。这样临时改读是没有理论根据的，特别是叶音谷，叶音各空反，更是荒唐。②

类似的例子还可以举出一些，大致都不出随意多叶的范围。

我们知道，仅举证几条例证，"攻其一点，不及其余"，可能会有以部分否定全体之嫌，而上引诸论也的确有"立此为证，以例其他"的意味，可见，对宋人叶音乱改字音的判断是建立在抽样举例的基础之上的。我们不禁要问，几条例证就可以否定几千条语料吗？

二、"乱改字音说"献疑

上引诸论提出的字例的确非常典型，看起来都是全凭韵段所需而改音，

---

① 陈文和主编《钱大昕全集》，江苏古籍出版社1997年，第9册，451页。
② 《汉语音韵》，《王力文集》第五卷，135页。

需要改一个什么音就改成什么音,确有主观臆改之嫌。如果全部叶音真的都是这样一任臆定,则何尝又不如焦竑所指责的"上"可以改读为"下","前"可以改读为"后","岂理也哉",其无理而荒唐可想而知! 然而,一代理学大师注释经传、疏通古诗用韵难道真的如此无理吗?

朱熹是理学家不是心学家,他并不赞同抛开经典"观我心"式地格物致知通性理,也绝不会允许这种类似于"六经注我"的研究方式出现在他的著作之中。说不要任何根据乱改字音,对一位讲究通过"道问学"来"通性理"的学者合适吗?正如陈鸿儒所说:"一代名儒,乱呼字音,岂非儿戏不啻?每每读到此类批评朱熹的论述,心里总是迷惑不解。"(陈鸿儒 2001,20 页)从《朱子语类》中可以看到,当他的学生问"吴氏叶韵何据"时,他非常肯定的说:"他皆有据。泉州有其书,每一字多者引十余证,少者亦存两三证。他说元初更多,后删去,姑存此耳。然犹有未尽。"正因为有据而又犹有未尽,他才"叶韵多用吴才老本,或自以意补入"。① 难道他自己就不要根据乱改一通?通观《诗集传》中的叶音,我们强烈感到有很多现象是"乱改"说不好解释的,特献疑于后。

2.1 "叶音一定"之疑

明清诸家之所以仅凭举例就可以否定宋儒之叶音,主要就在于其"一字多叶"的作法不客观,欠科学。应当说,从方法论入手,这个批评的确击中了要害。如果真是随其所需、所欲而注叶,不用说其是否符合古音,就连一般的言语交际的常态都不符合。谁能想象在实际的语言交流中,一个字会变着法子读出三四个毫不相关的音来呢?

然而,我们看到的仍只是举证若干字例而已,我们想了解的是,朱熹的叶音是不是全部或至少是大部分都一字多叶呢?或者说,叶音是不是全都由臆改而制成的呢?据我们的观察,《诗》《骚》叶音之中虽然有一字多叶,但绝非清一色的一字多叶,恰恰相反,还存在一字无论作叶多少次,永远都只注同一个叶音的"一字一叶"现象,略举几例于下:

"邦"字作叶 10 次,全叶卜工反(按,其中有 1 次叶"卜攻反",2 次叶"卜

---

① 两段引文分别见《朱子语类》卷八十,第六册,2080、2079 页。

功反",跟叶"卜工反"音同)。

"京"字作叶 11 次,全叶居良反。

"野"字作叶 13 次,全叶上与反。

"马"字作叶 15 次,全叶满补反。

"明"字作叶 15 次,全叶谟郎反。

"服"字作叶 16 字,全叶蒲北反。

"下"字作叶 17 次,全叶后五反。

"国"字作叶 19 次,全叶于逼反(其中有 7 次叶"越逼反",与"于逼反"同)。

"行"字作叶 27 次,全叶户郎反。

……

这样的例字很多,名单可以拉得很长。以《诗集传》为例,我们粗略统计的数据是,全书注了叶音的字共有 698 个,称得上一字叶多音的只有 67 个,一字通叶一音者则多达 631 字,数量悬殊非常之大。当然其中还有 422 个字是只作过一次叶音,无法确认是不是一音通叶。即算去除这个部分,能确认一音通叶的也有 209 字之多,其数量大大超过一字多叶,竟是一字多叶的三倍还多。它们中叶音最少者 2 次,如"享"字 2 次"叶虚良反",多者如"行"字 27 字"叶户郎反",全都只叶同一个音,完全不是一会这样叶,一会那样叶。可见,在朱子叶音之中,一字多叶绝对不占主流,反而是"一叶一用"或"一叶通用"的现象是其主流。仅据一些典型的一字多叶字例就确定其乱改字音的性质,可能真的有以偏概全的问题。

不仅如此,朱子叶音中的一音通叶还大多与后人所述之古音相似。比方说,陈第立论时提出的 3 个典型的正面字例"马必读姥""福必读偪""母必读米",在《诗集传》叶音中同样存在。查诗经中叶音,"马"叶满补反 15 次而无他叶,这不就是"马必读姥"吗?"福"叶笔力反 16 次而无他叶,这不就是"福必读偪"吗?"母"字情况稍微复杂一点,共叶音 14 次,分别叶满彼反 10 次,满洧反 2 次,满委反 1 次,满补反 1 次,除 1 次"叶满补反"押姥韵外①,其

---

① 该叶见于《邶风·螮蝀》二章"雨母",陈第仍归入"母读米"类,但"雨"读何则没有说。现代古音学通常定其为鱼-之合韵。朱熹叶"满补反"是据通语音,该音最早见于唐代的麻杲《切韵》,详周祖谟《唐五代韵书集存》下册 982 页(中华书局 1983 年)。

余13次的3个叶音全叶止摄三等细音,其差别仅在切下字有开、合之不同且以开口为主,联系到中古近代唇音字没有开、合对立的音系特征来看,3个反切的切下字开口、合口不同对音节的影响其实不大,大致上仍是符合"母必读米"的。如果朱熹叶音是随意乱改字音,怎么可能所叶之音如此之整齐划一?

顺便提一下,"一音通叶"早在吴棫那里,就已经被赋予了足够的关注,徐蒇《韵补序》中列举"服"字在诗中叶16次全叶蒲北切,"友"字叶11次全叶羽轨切等等即是。徐蒇的数据应当来自吴棫《毛诗补音》,因为类似的说法,在《补音》佚文中至今仍可看到,比如杨简在《邶风·击鼓》篇"我独南行"句"行"字下,引述吴棫补音曰:"古行止之'行'皆户郎切。《诗》二十有五,无叶何庚切者。"①这条《毛诗补音》硕果仅存的佚文,指出"行"字在《诗经》中有25次叶户郎反。不过,朱熹"行叶户郎反"达到27次,比吴棫提出的数字还多2次。可知一音通叶的作法,实乃从吴到朱一以贯之,其数量之多,所占份额之大,无论如何都不像是随心所欲的乱叶。

2.2 "程式反证"之疑

根据"以今之声读古之作"的论述,可以推知叶音的起因于用宋代语音读古诗不能谐韵,但诗骚中并非所有的韵段今音读来都不谐韵,恰恰相反,有很多韵段用今音读起来是押韵的。如果确如传统理解那样,叶音就应当只是针对那些读来不押韵的韵脚字而作,因此我们可以推得朱熹应当有如下两条操作程式:

(1) 口音读来不叶——改音——韵叶
(2) 口音读来谐叶——不改——韵叶

第一条面向所有的今音读着不谐的韵段而言,第二条对所有今音读来谐叶的韵段,两条合起来才是诗骚韵段的全貌,而且应当是穷尽而没有例外的。但是,只要稍微考察一下《诗集传》《楚辞集注》叶音就会发现两条程式都遇到了强有力的反证。

第一反证:口音读来不谐叶的韵段朱子并不改之令叶,却注上"无韵未

---

① 语见《慈湖诗传》,四明丛书本,7页。

详"或"叶韵未详"。陈鸿儒云"《陈风·东门之枌》第二章'穀旦于差,南方之原',原字之下朱注云:'无韵未详。'如果叶音是一种随意的临时改读。那么为何不把原字临时改读、强为一个读音与差字相叶而云'无韵未详'呢?"(陈鸿儒2001,20—21页)陈氏举出《诗集传》中"叶韵未详""无韵未详""用韵未详"等的例子计有17条,由此证明朱子并非乱改读音。我们从中就可以得出前述第一条操作程式实际上是不周全的。亦即曰朱子读来口音不协并不一定不问清红皂白地改读令叶,他只是针对他能说明的字作出叶音,而不能说明的就注其"未详"。

第二反证,用当时口音读来和谐的韵段,本来不当改叶,可朱子又给它改读。笔者曾提出如下例证:

鄘风相鼠一:皮叶蒲何反仪叶牛何反仪为叶吾禾反

笔者以为:"《相鼠》段本身已经是很和谐的五支,如果仅出于韵脚和谐的考虑,改叶就可谓是画蛇添足了。"同类的例子不止一两例,陈鸿儒(2001)的文章也曾举出多例。这样看来第二条程式是否能够成立也得打上问号了。

这样一批该注叶音的不注,不必注叶音的反而要注的韵例,当然也不像只是针对口音读来不谐而随意改叶的应有恣态。

2.3 叶"今音"之疑

既然叶音起因于"今音"不谐韵,要改动今音来谐韵,那么所作出的叶音就应当不同于"今音"。所谓"今音",其字面含义是今时口语之音,但对于古诗的韵脚来说,"今音"更倾向于是"今韵"即礼部韵。这些通过改动"今音"得来的叶音,必定异于所谓"今音",异于当时口语之音,更多的应是异于礼韵之音。但是,通观朱熹所作的叶音,无论今音是指礼韵之音,还是当时口语之音,都有与之相吻合者。换句话说,朱熹所作的叶音,其中既有来自韵书者,又有来自当时民间俗读者,它们不但没有做到有异于今音,甚至本身竟然就是"今音"。

2.3.1 叶音来自韵书者,如:

曹风蜉蝣一:羽楚叶创举反处

"楚"字所叶之切语"创举反",既见于《广韵》又见于《附释文互注礼部韵略》，两部韵书的上声八语都记录有"楚，创举切"的音。朱子这条叶音的反切与之全同，可以肯定是取自《广韵》或《礼部韵》的。这一条标准的"今音"反切，用于叶音时并无任何改动，更看不到其中有什么"乱改"的迹象。其实，这条显而易见的"今音"叶音，很早就有人注意到了。乾嘉学者周春在他的著作《十三经音略》卷四中曾确认该条叶音是其"本音"①。照周春的说法，所叶之音是其"本音"，那就意味着没有改变其读音。笔者要说的是，以韵书之音作叶音在《诗集传》中数目甚多，绝非仅此一例，粗略统计约有 200 余字之众，约占《诗集传》中的叶音切语的三分之一。叶音取自韵书如此之多，怎么看都不像是乱改字音。

2.3.2　叶音来自当时口语俗读者，如：
豳风七月五：股羽野叶上与反宇户後五反下叶后五反鼠户子叶兹五反处

"子叶兹五反"的叶音，表示止摄开口三等齿头音精母字"子"与遇摄一等韵相通，这种读音在经典韵书中找不到，却在吴棫《韵补》中有记录，请看：

　　上声四纸：子，奖礼切。古子有二读，与纸叶者，声近济水之济。与语叶者，如今读。

　　上声八语：子，子而、奖礼切。经传又有一音，如今世俗所读，而与语韵相叶。②

吴氏不止一次指出，止摄三等开口"子"字在当时有一种可以"与语叶"的"世俗读"或"俗读"，虽然他没有给出切语，但所描写之音读完全对应于朱子所叶的遇摄一等"兹五反"之音，两者当属同音。既然称之为"俗读"，无疑属于当时的口语方音。我们从宋代诗人用韵中可以看到大量的"支-鱼通押"现象，它们大都出现在南方吴越、闽、赣、蜀等地，可以旁证这个叶音取自南方方音。这种实际存在于方言中的字音，当然属于"今音"。

2.3.3　还有一种号称"叶如字"的叶音，如下面韵段中"疑"字的叶音：
大雅桑柔三 1：资疑鱼乞反，叶如字维阶叶居奚反

"如字"是古音注之中常见的注音方式，相当于注常用音。"疑"在韵书中音"语其反"，此即其如字音。由于在《桑柔》诗中作"定也"讲，朱子特地说

---

① 见《十三经音略》，丛书集成初编本，中华书局，179 页。
② 两条引文分别见《宋本韵补》56、61 页。

明该字"读如《仪礼》'疑立'之'疑'"①,要破读为入声"鱼乞反"②,但作为韵脚字它入韵需要押平声,所以注其"叶如字",即叶其"语其切"之音。"疑"所叶读的"语其切",也是它的今音。顺带说一下,《诗集传》中"叶如字"绝非仅此1例,而是共有5例。以"如字"之音作叶音,当然是属于今音。

以上各条叶音的所注之音要么出自韵书,要么符合口语方音,都是被注字的今音。这些取之于今音的叶音,与"今音读来不谐,改之令谐"之说直接矛盾。

2.4 "改多就少"之疑

按照传统的说法,既然叶音仅仅是为了谐韵而改动字音,目的是将同处一个韵段中互不相谐的韵脚改之使谐,那么,只要能谐韵,怎么方便就怎么改,恐怕不好说只能改哪个字而不能改哪个字的吧。如果当不谐的双方有的字多,有的字少,比较合理的做法就是看哪一方的字少,容易改一点,就改哪个字。"改少就多",乃人之常情。比如说,一个韵段有5、6个韵脚,其中属于今音甲韵部的有3、4个字,属于今音乙韵部的只有1、2个字,需要改其中一个韵部的字与另一个韵部的音达到和谐,在随便改谁都行的前提下,谁会愿意大动干戈改3、4个字音来就迁就1、2个字呢?在这种情况下,"改少就多"应当是一条原则。但朱熹叶音的实际情况并非如此,常常出现"改多就少"的现象。略举2例于下:

邶风击鼓三:处马叶满补反下叶后五反

小雅鹿鸣一:鸣叶音芒苹叶音旁笙叶师庄反簧音黄将行叶户郎反

《击鼓》三章3个韵脚,2个属于今音马韵,1个属于语韵,朱熹改马韵的2个字读入姥韵与语韵1个字谐韵。《鹿鸣》一章更加典型,该韵段有6个韵脚,分属今音庚韵、阳唐韵两个韵部,且庚韵多至4字,阳唐韵少至2字,可朱子并不"改少就多",而是毫不犹豫地改多个庚韵字去叶读少数的阳唐韵字。放着简便的方式不用,一定要改多数字迎合少数字,当我们也像孟子那样发出"何许子之不惮烦"的感叹时,有没有想过,这种改读方式或许有其内在的

---

① 《诗集传》,208页。
② 该音见于陆德明《经典释文》之《仪礼音义》。

一定之规呢？

2.5 "叶、注同切"之疑

朱熹的诗骚注疏中不但有叶音，还有更多的注音。从训诂解经的角度看，"叶音"用于梳通韵脚，既然是对今音的改定，就必定不会叶其今音；"注音"则是帮助读者释读难字，所注必定是今音，注与叶的目的完全不同，就像两条道上跑的车，无法合到一起来的。如果一个被注字既有注音又有叶音，那么所注、所叶的音一定各行其道，互不相同。但我们从诗骚中却看到有许多的被注字，在不同地方分别给它作注音或叶音时，却用了同一个反切。亦即曰，用一个音切给同一个字作注时，既有用作注音，又有用作叶音者，如：

敦字"丁故反"，在《大雅·云汉》二章为注音，在《周颂·振鹭》为叶音；

行字"户郎反"，在《郑风·大叔于田》等8处为注音，在《周南·卷耳》一章等27处为叶音。

他字"汤何反"，在《小雅·小旻》六章等3处为注音，在《小雅·頍弁》一章为叶音。

告字"姑沃反"，在《鄘风·干旄》三章等2处是注音，在《大雅·既醉》三章是叶音。

私字"息夷反"，在《卫风·硕人》一章是注音，在《小雅·楚茨》五章等2处是叶音。

令字"力呈反"，在《秦风·车邻》一章是注音，在《齐风·东方未明》二章是叶音。

这种"叶、注同切"现象也是颇令人产生疑问的。既然叶音、注音的音切相同，那么，所叶之音定然与注音有相通之处。这种现象为数不少，不能说是偶然失误，其中必有原因。

2.6 "失母"之疑

叶音就是叶韵，是将不谐韵的韵脚字调整其韵读，使其谐韵。其所调整之音读必聚焦于字音的韵类之上，与其声纽毫无关系。叶韵绝无改纽的任务，不必要也不应当在改其韵读之时改其声类。若有变动，也应当是无意之失，其数必定不多。可朱熹叶音的实际情况却是，改韵之余常见变其纽者，且为数不少。笔者在研究叶音中的闽音时,曾经作过一个不太精确的统计,从中古音的角度考察,去除那些叶声调等无法观察声母的字例,《诗集传》的一千多条反切或直音的叶音中,在改动韵脚字的韵属同时,有 414 条也变动了其所属声类(参刘晓南 2002A)。如非母的"福"叶帮母的"笔力反",定母的"图"叶端母"丁五反"等等。有一些字条的声纽变动之大,竟至五音夺伦,面目全非了,如端母的"疧"叶群母乔移反,见母的"羹"叶来母"卢当反",明母的"麦"叶见母"讫力反"等等。

这个问题并不难发现,早在宋代,就有杨简、王质以及朱熹的学生陈埴等人提出了叶音"失母"的质疑。

我们且看陈埴是怎么说的。他的一条著名批评就是针对《鄘风·桑中》篇的"麦叶讫力反"而发的,陈埴说:

> 麦多与德北国字同韵,若从本音叶读,当作麦北反,或莫力反。今作讫力反,乃是殛字。切响不同,失其母矣。不知吴氏如何用音。①

这段话被朱子另一位学生辅广记入其所编《诗童子问》。明母"麦"字由麦韵改叶职韵,其切下字用职韵的"力"可以理解,但其所注叶音反切上字却用了见母"讫"字,切出的音为"殛",唇音变为牙音,陈埴不能理解,质疑"失其母"。陈埴将矛头指向吴棫,责之云"不知吴氏如何用音",是因为朱熹该条叶音实乃取自吴棫,今天在《韵补》的入声质韵仍可见到"麦"字被注为"讫力切"。

陈埴大概是有一说一,并无不敬老师的意思。辅广在《协韵考异》中记述陈埴对于音叶的批评共计 68 条,既批吴又批朱。其中批评叶音失母的有下列 7 条,特引述于下,为免繁累,所引诸条批评,在叶音切语之后均为辅广书原文,省去引号。所引诸条全出自影印文渊阁四库第 74 分册 418—419 页:

> 《小戎》驱,叶居惧反,又居录反,陈云,二居字皆当作丘。按前后例,并用祛字叶,若用居字,切响不同声,失其母矣。
>
> 《巷伯》昊,叶许候反,陈云,许当作胡。

---

① 语见辅广《协韵考异》,《景印文渊阁四库全书》第 74 册,418 页。

《角弓》远,叶於圆切,於当作于。

《公刘》刀,叶徒招反,陈云当作丁招。

《抑》报,叶蒲救反,吴音敷救反。陈云,报与赴同,蒲字非是。

《瞻卬》收,叶殖酉、殖由二反,陈云殖字误,当作试。

《商颂·长发》动,叶德总反,陈云,当作徒总。

陈垍还有一条批评"害,叶许曷反",说"害,入声,叶许曷反,当为胡渴",不过"害"字在《诗集传》中叶音共 4 次,并未看见有"叶许曷反"的反切,该音当非朱熹所为,或许出于吴氏《补音》吧?

叶韵改其韵而已,为何要变叶其声纽?变得如此之多,而且有的还变得如此厉害,跟原字本归之母简直判为二途,这也是叫人费解的。

上述 6 疑均相当令人费解。尤其是"一音通叶""叶今音""该叶不叶、不该叶却叶"几条,事证确凿,且数量巨大,涉及面广,深刻揭示了传统叶音说的内部矛盾,构成了对"乱改字音说"的有力质疑。

三、叶音根据试说

究其始,笔者对"叶音无据"心生疑惑起于上世纪末。当时笔者研习宋代福建诗人用韵,为了全面了解宋代文士及其著述,泛览宋人文集。读朱子文集时,偶尔发现作为经学家、理学家的朱熹,居然在著作中多次论及当时方音及其与古音的关系,一再表达方音之中存留古音的观点。由此联想到他给《诗经》、《楚辞》所作的那一大堆叶音,都与古音有关,会不会其中包含方音的信息呢?因而仔细核查其语音来源,扩大阅读面,系统浏览朱子的其他传世著述,如《原本韩集考异》《四书章句集注》《朱子语类》以及朱熹策划并部分审核的《仪礼经传通解》等,同时泛览宋代其他相关文献,如吴棫《韵补》、王质《诗总闻》,杨简《慈湖诗传》,王观国《学林》,袁文《瓮牖闲评》,项安世《项氏家说》、黄公绍、熊忠《古今韵会举要》等等数十种,搜寻朱子叶音中之方音语料。随着资料的增加,朱熹的叶音中含有当时方音(主要是闽音)的情况逐渐清晰。笔者因而结合语音史与现代方言,综合考证叶音中的方音,撰写宋代闽音的系列论文(刘晓南 2001、2002A)。在论证并归纳宋代闽音的声母、韵类特征的同时，也证实了朱熹叶音的一个重要的语音根据：宋代实际语音中的方音。初步确立了朱熹叶音不但有语音根据，而且其来源还相当复杂的看法。

之后，笔者联系中古、近代语音史的研究成果，观察叶音的历史语音来源；将全体叶音条目逐一与韵书音义书进行比对，核查其传承关系；运用宋代切韵学的原理，破解叶音中的音理基础。孜孜矻矻，反复研摩，逐一比对，有闻必录，随着材料日渐丰富，渐渐"拨开云雾见青天"，朱熹叶音的不同层面的语音根据如水落石出，渐见清晰明朗。笔者认为，从所掌握的材料来看，朱熹评说吴棫叶音"他皆有据"的话同样适用于他自己，而且较之吴棫更为丰富，涉及面更广。试归纳为 6 个条目，述之于后。

3.1 根据宋代通语叶音

王力先生说："叶音说是错误的，陈第已经批判了它。但是朱熹所用的反切反映了南宋时代的语音系统，是我们研究语音史的重要资料。他的反切并没有依照《切韵》《唐韵》或《广韵》；正是由于这个缘故，朱熹反切才真正准确地反映了当时的语音。"[①]所谓"反映了当时语音"主要指宋代通语语音。笔者认为朱熹根据通语语音制作叶音可以从两个方面来说，一是所叶之音即为通语之音，一是叶音之后的结果为通语之音。

3.1.1 所叶之音即通语之音。如蟹摄一等合口洪音字改叶止摄三等细音。

周南汝坟一：枚叶莫悲反饥

豳风东山一：归悲衣枚叶谟悲反

本属蟹摄灰韵合口一等洪音的"枚"字，在诗经韵段中 2 次与止摄开口三等细音同处一个韵段中，朱熹全部改叶"莫悲反"，改属止摄脂韵三等的韵类。只要对中近古语音史稍有了解，就知道这条叶音的语音根据就是：宋代通语中蟹摄合口一等字向止摄三等靠拢，并逐渐与之合流的实际语音。这个音变在唐代萌发，晚唐五代渐多，宋诗词用韵中屡见不鲜，愈益频繁，南宋已近尾声。在朱熹制作这组叶音之后不久，元代的《中原音韵》里这组字就

---

① 《朱熹反切考》载《龙虫并雕斋文集》第三册，中华书局 1982 年，257 页。

全面转入齐微韵中,如"枚"字已被收于齐微韵的平声阳下"梅"空中,至此音变结束,蟹摄合口一等已并入止摄。朱熹这组叶音提供了音变结束前夜的实际语料。

3.1.2 所叶之音的结果为通语。如:

郑风大叔于田一:组舞薮_{素口反叶素苦反}举虎所狃_{女九反叶女古反}女

小雅小弁二:道_{叶徒苟反}草叶_{此苟反}捣_{丁老反叶丁口反}老_{叶鲁口反}首

上引两个韵段,一个把流摄厚有韵字改叶遇摄姥韵,一个把效摄皓韵字改叶流摄厚韵,并非是这些字在通语中实有此读①,韵书韵图以及成千累万首宋诗词用韵的主流表现都不能提供证明。这些叶音改读之反映通语语音就在于,按照改的音去读的话,整个韵段的押韵是符合通语语音的。站在今韵的立场,《大叔于田》一章原为"有厚-麌"混押,通语不谐,将"薮、狃"改读语韵后全章韵谐,《小弁》二章亦"有-皓"混押不谐,将皓韵的"道草捣老"改读厚韵,成为有厚通用则谐。两段都是改叶之后,由不谐变谐,说明宋代通语中上声"麌"韵内部自谐,上声"有厚"韵亦然,而两组韵之间互不相谐。此种叶音所反映的宋代通语并非是叶音本身,而是叶音的输出结果。这个输出结果始终如一、贯通全书,这也就是为什么根据叶音的结果可以归纳宋代通语的韵部系统的原因所在。

3.2 根据方音叶音

如前所说,笔者关注到叶音中的方音起于上世纪末,有一次在浏览《晦庵先生朱文公文集》时看到了下面这段文字:

"打"字今浙西呼如谪耿切之声,亦有用去声处。大抵方言多有自来,亦有暗合古语者。如浙人谓"不"为"弗",又或转而为"否";_{呼若甫云。}闽人有谓"口"为"苦","走"为"祖"者,皆合古韵。此类尚多,不能尽举也。②

当时《朱子全书》尚未面世,笔者所读乃同治十二年六安涂氏求我斋刻

---

① 但不排除有方音如此读,如厚韵的"薮"读为姥韵的"素苦反"符合闽北建州语音,详下"根据方音"条。

② 《晦庵先生朱文公文集》卷七十一,《朱子全书》第24册,3420页。

本。该条学术札记被编入文集卷七十一,列于"偶读漫记"题下第 22 条。大意说浙人、闽人的方音,又论及"方言……有暗合古语者"。突然看到这段话,虽短短几句,却大出意外,犹如石破天惊,瞬间打破了长期以来先入为主的理学家古板印象,给我以震撼。寥寥数语之中,突现了朱熹不但博览群书,而且关注实学,注意实际语言的研究,对当时方音非常了解,已具有现实方音与古音之间存在传承关系的新思维。所说"闽人有谓'口'为'苦','走'为'祖'者,皆合古韵",尤其引起我的注意,不由得想起,这是兴之所至偶然一提呢,还是另有深意?如果偶然一提,为何又要言之凿凿与古韵关联?笔者预感其中或许潜藏了素来未被关注的语音信息,萦绕于心,不能释怀。不久,再读他的《昌黎先生集考异》,在卷二又见到了类似的内容:

> 今按:"荼"与"茶"今人语不相近,而方(按,"方"指方崧卿)云相近者,莆田语音然也。虽出俚俗,亦由音本相近,故与古暗合耳。今建人谓"口"为苦,"走"为祖,亦此类,方言多如此云。①

笔者初见这段文字的本子是影印文渊阁四库全书本,书名为《原本韩集考异》,与《朱子全书》中的书名略有不同。这段话有三个要点,一是莆田语音,二是方音与古音暗合,三是建州语音。第三点"'口'为'苦','走'为'祖'"的内容同于前引文集,但文集中所说的"闽人",这里变为"建人",这个异文告诉我们,彼之闽人实指建人,即闽北建州人(今闽北建瓯)。闽北是朱熹的老家,他长期生活的地方,即其母语所在。说自己长期生活的地方有个什么样的语音,这当然是极可信的。

综合两条语料,我们知道了宋代闽北建州有那么一条比较特殊的方音。但朱熹为什么要一而再地将"口"与"走"两个字连在一起说呢?并且必与古韵扯上关系,它们果真与古韵有关吗?笔者首先想到的是《诗集传》。核查《诗集传》中的叶音,果然看到了"口读为苦""走读为祖"的身影,请看下面 5 个韵段的叶音:

小雅正月二:瘉後叶下五反口叶孔五反下同口愈侮

小雅巧言五:树叶上主反数口叶孔五反厚叶胡五反

---

① 《朱子全书》第 19 册,401 页。

大雅绵九 2：附叶上声後胡豆反叶下五反奏与走通叶宗五反侮

小雅宾之初筵二 1：鼓奏叶宗五反祖

周颂有瞽 1：瞽虡羽鼓圉奏叶音祖举

上引诸韵段中，共有"後口厚奏"4 个厚候韵字被改叶麌韵，其中"口"叶孔五反三次（按，其中有一次因其前字注为"下同"省去切语），"奏"叶宗五反（或叶音祖）三次。请注意《大雅·緜》第九章的"奏"后朱注"奏与走通"，则"奏叶宗五反"等同于"走叶宗五反"。显而易见，"口"可以"叶孔五反"，"奏（走）"可以"叶宗五反"，其语音根据就是他一再提到的闽北建州"'口'读为'苦'、'走'读为'祖'"的方音。

虽然如此，仍依希感到一丝隔膜，所作"口叶孔五反"的音虽与"口读为苦"密合无间，可"奏叶宗五反"毕竟不与"走读为祖"丝丝相扣；且"口、奏（走）"两字分列于各诗，并无直接关联，为什么要从"後、厚、口、奏、走"等多个选择之中，弃相连一起之"後、口"或"口、厚"等不说，反而绕了一个圈子将分隔绝远的"口、奏（走）"两字凑合拢来反复强调？是什么机缘将这两个字凑在一起？这些疑惑，上述诸例无法提供令人信服之解答。解既难允，心有不惬，犹耿耿于怀。直到后来读《仪礼经传通释》，看到了下面的韵段，方豁然开朗：

《仪礼经传通解》卷十一《曲礼》"正考父鼎铭"：偻俱俯走走叶音祖侮口口叶音苦①

一看到这里"走叶音祖""口叶音苦"赫然并见，多年之疑云旋即一扫而空。找到了，找到了，这里才是真正的"口读为苦，走读为祖"啊！关键语料一找到，就可以解释朱熹为什么要一再将"口、走"两字连说。他一定是在读到《正考父鼎铭》中流摄厚韵的"口、走"两字共押遇摄麌韵的古韵时，发现恰与自己的母语方音如合符契，故而才将两字连在一块称说。他不但用此方音直解"鼎铭"之古韵，而且推而广之至诗骚叶音。除上引的"後、厚、口、走、奏"等外，我们还看到下列叶音，都是将厚韵字改叶麌韵②：

苟叶果五反 2 次，数叶素苦反，斗叶肿庚反各 1 次。

---

① 见《朱子全书》第 2 册，424 页。

② 按，实际上侯韵系上古不归鱼部，朱子方音反映的当是中古音遗迹。

有了朱熹的自述，我们完全可以相信这些叶音与"口、走"等字一样，都与宋代闽北建州语音有关。这也足以说明，运用当时方音来叶读古韵，是他叶音的一条重要的语音根据。

3.3 根据音理叶音

叶音根据音理，是指运用宋代古音学的韵纽通转学说于叶音。

运用韵纽通转之学于古韵研究，不是朱熹的创造，而是取自宋代一位音韵学家程迥。程迥（？—1189）字可久，著《古韵通式》，已佚。其纽韵通转之说即发自该书，包含四声互用、切响通用两大理论。朱熹曾给程迥去信有云："示及《古韵通式》，简约通贯，警发为多。"①可知程迥书成之后，曾给朱熹看过。朱熹在这封信里还说："四声互用，无可疑者。但'切响'二字，不审义例如何？幸望详赐指谕。"从这话可知，对程氏的两点理论，朱氏一表赞成，一表怀疑，点明了他对程氏二说的基本态度。下面分别论之。

3.3.1 据"四声互用"理论叶音。先简说"四声互用"之意，再举例说四声互用之叶音。

3.3.1.1 "四声互用"是什么意思呢？看一个实例就清楚了。

朱熹在同信中有一句"麒之为极，十之为谌，似亦是四声例也"的话，是说"麒"与"极"，"十"与"谌"都属于"四声例"，即四声互用的例子。看这2组例字，分别含一舒声字、一入声字。既然号称"四声例"，那么我们就查一查宋代韵图《切韵指掌图》或《四声等子》中两组字的四声相配关系。

先看"十、谌"两字的四声相配。

《切韵指掌图》第六图侵韵禅母下：谌甚甚十

《四声等子》与之全同。

核查结果，"十、谌"的确是一组四声相承的配合，可初步推知所谓"四声例"的"四声"是指同图同纽之下四声相承的配合。

再看"麒"和"极"，两字都是群纽，宋代韵图是否也将他们四声相配？《切韵指掌图》《四声等子》中入声"极"均属蒸韵系的入声职韵，故其舒声只配阳声韵，如《切韵指掌图》：第十六图群母："擎—㯋—竞—极"，而不见有配

---

① 《晦庵先生朱文公文集·别集》卷三《程沙随可久》，《朱子全书》第25册，4874页。

阴声韵。再看阴声韵字"麒","麒"字在图中没有出现,出现的是其同音字"其"或"奇",两图所配之四声分别为:

《切韵指掌图》:其技忌赾。

《四声等子》:奇技骑剧

《指掌图》"麒"所配的入声为欣韵系迄韵的"赾",《等子》则配庚韵系陌韵的"剧","极"字没有出现。这恐怕是因为韵图每音只出一个字,其众多的同音字无法显示的编排格式造成的。上述相关诸字在稍后的《蒙古字韵·四支》"羁"字母韵群纽有如下四声相配:

平-麒其奇、上-技、去-忌骑、入-极剧

可见,将同音字列入之后,就可以看到以"麒"与"极"的四声相配。蒙韵中"剧极"的同音字还有"及笈姞佶赽"等辑迄诸韵字,说明切韵系统的职德韵与陌昔麦质迄栉辑等韵已经合并,"赾"字很可能因其不常用而不被蒙韵收入。这样看来,《切韵指掌图》的"其技忌赾"其实等于《四声等子》的"奇技骑剧",也等于《蒙古字韵》的"其技忌极",都是四声相承的配合。

综合"麒、极""十、谌"的配合,可以看出其所含内容类似清儒戴震的以入声为枢纽的四声相配。戴氏从方音之变异谈音转云:

> 凡五方之音不同,古犹今也。故有"合韵"必转其读,彼此不同乃为"合韵"。如《载驰》之"济""闷",《抑》之"疾""戾",此不必改读而自谐者也。"闷"属六至,"济"属十二霁,在去声本一类,即读入声,如五质之"怭",脂、旨、至、质,真、轸、震、质,相配共入,亦无不谐。①

所述的"共入"即指阴声脂韵系与阳声真韵系同配一个入声"质"韵,可表之如下:

阴——入——阳

脂-旨-至-质-震-轸-真

此即阴、阳声韵同承入声,通过入声而通转之途径。戴氏是说方言之间的音变有此通转之音理存焉。至于音理的具体内容,张世禄如此解说:

> 盖入声者,介于阴阳之间;因其音本出于阳声,当收鼻音,惟至为短

---

① 戴震《声类表》卷首《答段若膺论韵》,音韵学丛书本。

促不能收鼻,只收暴发音;则又类似阴声者矣。故入声得兼承阴阳,与之通转;而阴阳二声,亦以入声为之介,得相对转。①

宋人还未见有阴声韵、入声韵、阳声韵的名词,但其"四声互用"之说已具有阴入阳声相配的内容。仿照"共入"的配合关系,综合上述两条朱熹的实例可得出下列四声相配图

　　阴声―――入声―――阳声
　　麒―技―忌―极―竞―兢―擎
　　　　十―甚―甚―谌

"四声互用"就是说这种四声相配韵系之间各纽转读之音可以互相通用,这种通用在实际语言生活中是有表现的。陆游《老学庵笔记》卷五有云:

　　故都里巷间,人言利之小者,曰"八文十二"。谓"十"为"谌",盖语急,故以平声呼之。白傅诗云:"绿浪东西南北路,红栏三百九十桥。"宋文安公《宫词》曰:"三十六所春宫馆,二月香风送管弦。"晁之道诗亦云:"烦君一日殷勤意,示我十年感遇诗。"则诗家亦以"十"为"谌"矣。②

说入声"十"字,在故都里巷间人们口中因"语急"而读为平声"谌"音。既然是里巷人之口中之音,应该就是个实际语音。"十"字转读作"谌"声,这是入声转读阳声,"麒""极"之间则是"麒"可转读作"极"音,此为阴声转读入声。平可转入,入亦可转平,这种转读是双向的。

3.3.1.2 据四声互用叶音。所谓据四声互用叶音就是根据韵脚字的四声相承关系叶音,具体有3个内容:一是平上去通用,二是舒入通用,三是阴阳通用。

所谓"平上去通用"是指同一组四声相承音节中之平上去声音节之间可以通用,如前文引《大雅·绵》第九章朱注"奏与走通,叶宗五反","奏"通"走"之音,就是四声相配的音之间去声转读上声。"奏与走通"清人史荣《风雅遗音》曾非议之,纪昀加按语驳曰:"古人用韵,横有五音之分,而纵无四声之别,平上去皆得相通。颜师古注《汉书》谓之'合韵',陆德明《经典释文》谓

---

① 张世禄《广韵研究》第三章,120页。
② 《老学庵笔记》,唐宋史料笔记丛刊,中华书局1979年,63页。

之'协韵',惟以相近取声。'奏'古音'走',盖即此例。"①纪氏仅以"音近取声"辩之,其实里面还有四声互用的音理支撑。

"舒入通用"是指四声相承音节之间"舒-入"相配的音可以通用。舒入相配包含两个部分,一为阳-入相配,如"谌-甚-甚-十",此为切韵以来传统四声相承之配合;二为阴-入相配,如"麒-技-忌-极",此为宋元新增之四声相配。朱熹叶音中阳声韵字叶入声属前者,阴声韵字叶入声,属后者。下面各举一例。

王风中谷有蓷二:修叶先竹反啸叶息六反啸淑

郑风女曰鸡鸣三1:来叶六直反赠叶音则

第一例为阴声韵尤韵"修"字叶入声屋韵先竹反"肃"音,符合《四声等子》②流摄图心母下的"修潃秀肃"相配,为平声字叶读入声音。第二例为阳声韵蒸韵"赠"字叶入声职韵"则"音(按,其中"来叶六直反"也是舒入通用),其舒声字叶入声,符合切韵音系蒸韵系的"蒸拯证职"四声相配。

"阴阳通用"是指同一个"阴-入-阳"相配体系之间的阴声、阳声音节间可以互用。如"功叶音古":

鲁颂閟宫二2:武绪野叶上与反女音汝旅功叶居古父扶雨反子叶子古反鲁宇辅扶雨反

上引韵段中阳声韵通摄东韵一等的"功"字"叶居古"(按,此处当夺一"反"字,或"居"字为"音"之讹),其所叶之音当为"古",属阴声韵遇摄姥韵一等。"功"字的叶音分别涉及通、遇两摄一等见纽,查《切韵指掌图》:

通摄一等见纽:公○贡縠

遇摄一等见纽:孤古故縠

"功"与"公"同音,转入声为"縠",入声"縠"转阴声为遇摄模韵"姑、古、故","公"转"縠","縠"转"古",阳声韵"功"与阴声韵"古"字之音阴阳互配,可以通用,朱熹"功叶居古"即据此。

3.3.2 据切响通用叶音。"切响"指什么？唐宋以来切韵之学有"上字为

---

① 史荣著、纪昀审定:《审定风雅遗音》卷上,丛书集成初编本,50页。
② 《切韵指掌图》中流摄所配入声为德质迄栉,原因不详,这里姑且仅取《四声等子》为参照。

切,下字为韵"之说,"切响"当指声母。据此,"切响通用"即指声母相同的字音可以通用。说凡有双声关系的字音都可以互通,似乎范围过宽,从前文引述朱熹致程沙随的信看,他对此是存有疑虑的。所以在叶音中少见运用,《诗》《骚》叶音中"切响通用"的材料很少,但也不是毫无蛛丝马迹的。看下面"戎"的叶音:

小雅常棣四:务戎叶而主反

大雅常武一 1:士叶音所祖父戎叶音汝

《小雅·常棣》第四章吴棫原注"务"叶音"蒙",朱熹不同意,他说:"吴氏复疑'务'当作'蒙',以叶'戎'字,某却疑古人训'戎'为'汝'。"他有两条理由来改"戎"之音叶读"汝"音,一是"'汝''戎'二字,古人通用,是协音'汝'也"①。二是"字之反切,其字母同者,便可互用。如'戎''汝'是也"②。前者说古人"汝""戎"二字通用,如《大雅》之《民劳》"戎虽小子"、《崧高》"戎有良翰"、《烝民》"缵戎祖考"、《韩奕》"缵戎祖考"、《江汉》"肇敏戎公"等句下,郑笺均"'戎'犹'女'也"③。"缵戎祖考"句的郑笺,李善《文选注》卷二十四《答贾谧》下引作"戎,汝也"④,可见"戎""汝"二字古训相通,这是语言事实。后者说切响可以通用,这是音理的根据。查"戎""汝"二字,《广韵》"如融切""人渚切",《集韵》"而融切""忍与切",都是日母,声母相同,符合"字母同者便可互用"的音理,再加上"古今通用"的事实支持,所以朱子改"戎"音"汝"叶韵。要特别指明的是,朱熹确定这条叶音并不是只有"切响通用"一条根据,还有"古训通用"的根据,反映了他对"切响通用"的谨慎态度。

运用四声互用和切响通用之原理于叶音是一回事,其是否符合古音是另一回事,在做叶音时利用这个学说作为一个音理上的根据来给《诗经》注叶,仍然反映了朱熹重视证据的严谨态度。

3.4 根据谐声偏旁类推叶音

宋代文字学发达。宋人知道形声字在形成过程中,声符有非常重要的

---

① 上两段引文见《朱子语类》卷八十,第 6 册,2080 页。
② 《朱子语类》卷一百四十,第 8 册,3336 页。
③ 5 条诗经文及其郑注分别见《十三经注疏》缩印本 548 页中栏、567 页下栏、568 页下栏、570 页下栏、574 页上栏。
④ 《文选》,中华书局 1977 年缩印胡克家本,346 页。

作用,并用来解释文字的衍生。如魏了翁曾与人讨论"墅"字的产生经过,云"因是魏晋以来,有此'墅'字,此元是今人所书'野'字。盖诗中'野'字皆合韵二麌,汉有韵之文至然。魏晋间方有'序'音,'野'下又添一'土'字。"①他认为"墅"字本为"野"字,是"野"字先有"序"音,后增土造"墅"字,所说的正是文字学上声符加形傍的衍生途径。照鹤山先生看来,"野"字与"墅"字同声符,"墅"出于"野","野"亦音"序",故自《诗经》以来古诗文中"野"可韵麌。这无疑是说同声符的字古音相通。

吴棫在《补音》和《补韵》中大量地运用了声符来类推古音。徐蒇《韵补序》中有所记述:

> 殊不知音韵之正,本诸字之谐声,有不可易者。如"霾"为亡皆切,而当为陵之切者,由其以"貍"得声;"浼"为每罪切,而当为美辨切者,由其以"免"得声;"有"为云九切,而"贿"、"痏"、"洧"、"鲔"皆以"有"得声,则当为羽轨切矣;"皮"为蒲糜切,而"波"、"坡"、"颇"皆以"皮"得声,则当为蒲禾切矣。②

这也是"古书虽不尽见,今可以例推也"之一例。

朱子对于谐声偏旁之学很熟悉,并把它们和叶音结合起来。下面一段话是他在讲叶韵时说的:

> 因说叶韵,先生曰:此谓有文有字。文是形,字是声。文如从"水"、从"金"、从"木"、从"日"、从"月"之类;字是"皮"、"可"、"工"、"奚"之类。故郑渔仲云:"文,眼学也;字,耳学也。"盖以形、声别也。③

讲叶韵时大讲文字的形与声,其意当然乃在于声符可以帮助叶音。朱熹下面一条叶韵,就是利用声符推得:

> 邶风二子乘舟二:逝此字本与害叶,今读误。害

在"逝"字下朱子仅注其"此字本与'害'相叶",但没注具体的切音,也没其他的说明。那么这样叶韵该读哪个音,为什么要读这个音,都不明白。好

---

① 《重校鹤山先生大全文集》卷三十五《答李遂宁》,四部丛刊初编本。
② 《宋本韵补》,中华书局1987年,1页。
③ 《朱子语类》卷一百四十,第8册,3335页。

在《朱子语类》卷一百四十记了朱子一段话,恰是对这个叶音的说明,语云:"'逝'字从'折',故可与'害'字叶韵。"①原来朱子认为"逝"字从声符可推出读"折"的音,而可以与"害"字叶韵。但"折"是入声韵,"害"是去声韵,怎么可以同谐?原来朱子认为"害"字古音读入声,音与"曷"同,在《蓼莪》第五章和《四月》第三章中与"发"叶,《生民》第二章中与"达"叶,《荡》第八章中与"揭""拨"叶。在这些诗中,朱子都注"'害'叶音'曷'",故"害"古读入声与"折"可叶。

朱熹与吴棫一样,根据偏旁推古音,在给《诗经》注叶时经常用到,如"福""蔔""富"叶笔力反读作"逼"音,这是因为它们与"逼"声符相同,故据声符类推可以读同"逼"。他还直接吸收吴氏的声符叶音字条,"'迈'叶音'厉'"即是。杨简《慈湖诗传》在《唐风·蟋蟀》下引吴棫:"迈,力制切。按:原本三字脱。《说文》以趸得声,许慎读趸如厉。"②今按,杨氏这段引文有误,"趸"当作"蛋",《韵补·去声五寘》"迈"字下作"以蛋得声"。查大徐本《说文》无趸字,《说文·虫部》蛋字下云:"从虫,万声,读若赖。"这就是吴棫"迈叶音厉"的根据,朱子承之。

3.5 根据文献旧音叶音

文献旧音是一个比较笼统的提法,大凡一切存留古音古读的文献都囊括其中,范围很广。朱熹叶音取于文献记载的语音资料,根据各自性质,大致可分为韵书字书、经传注疏、其他文献等三类。

3.5.1 据韵书叶音

宋代常用韵书《广韵》《集韵》和《礼部韵略》,这些韵书都是朱熹叶音的根据,下面各举一例,其中"长"的叶音取自《广韵》,"否"取自《集韵》,"髦"则取自《礼部韵略》。

小雅巧言三 1:盟叶谟郎反长丁丈反叶直良反

小雅宾之初筵五 1:否叶补美反史耻叟叶养里反

小雅角弓八:浮流髦叶莫侯反忧

---

① 《朱子语类》卷一百四十,3336 页。
② 《慈湖诗传》卷八,四明丛书本,1 页。

长，在《巧言》"乱是用长"句为"增长"之义，朱注其本音"丁丈反"，读上声，而在韵段中要与平声"盟"字押韵，所以朱子选《广韵》的平声"直良切"作叶音，该音《集韵》《礼部韵略》均作仲良切。

否，在《诗集传》4 次"叶补美反"，该叶音取于《集韵》旨韵："否，补美切，恶也。"《广韵》旨韵的"否"仅有"符鄙切"一音，此非朱子所叶之音。

髳，韵书有"豪""侯"两读，诗中该字出于《小雅·角弓》第八章"如蛮如髳"句，朱子虽未注其本音，但以侯韵"莫侯反"的音为叶音，则一定读其本音为豪韵的"毛"音，此音取自《释文》"旧音毛"①，即"莫袍切"。朱注其叶音"叶莫侯反"，该音来自《礼部韵略》，查《附释文互注礼部韵略》侯："髳，莫侯切。夷髳，诗如蛮如髳。"《广韵》侯韵不收"髳"字，《集韵》侯韵有"髳"字，音迷浮切，不作莫侯切。

又如备受争议的"麦叶讫力反"，朱取诸吴，吴实取自《集韵》。查《集韵》入声职韵讫力切小韵下"麦，来牟也"。陈埴大概不知道这是宋代韵书中收录的一个异读，吴、朱是取其本身存在的异读叶音，故有"失母"之质疑。

3.5.2 据经传注疏叶音。经传注疏如毛、郑之于《诗》《礼》，陆德明《经典释文》之音释，《楚辞》之洪兴祖补注等等，诸前人注疏中许多音注材料，都是朱熹叶音的根据。有的叶音取于谁，朱熹作了说明，如"索叶苏故反""改叶音己"两条：

楚辞离骚 7：索所格反，一叶苏故反妡若索音素，即妡如字。若索从所格反，则妡叶音䟆。

楚辞九章怀沙 88：替鄙改叶音己

《离骚》"索"韵段是二音叶的韵段，入声字"索"可以叶读去声"苏故反"，朱子在《楚辞辩证·上》说明曰："'索'与'妡'叶，则'索'音'素'。洪氏曰：《书》序'八索'，徐氏有'素'音。"告诉读者这个叶音采自洪兴祖，而洪氏又是取自徐音。

《怀沙》将"改"字叶音"己"。他在《楚辞辩证·下》说其根据云："《怀沙》改叶音'己'。按郑注《仪礼》释'用己日'为'自变改'，则二字音义固相近也。"说明是根据郑玄。

然大多数他并没有作出说明，可以稽考相关古籍查出，如"羹叶卢当反"：

---

① 《经典释文》通志堂本，88 页。

大雅荡六：商鹭音唐羹叶卢当反丧息浪反,呼平声行叶户郎反方

"羹叶卢当反"或"叶音郎"，分别见于《诗集传》中《商颂·烈祖》《大雅·荡》《鲁颂·閟宫》三处，而"羹"《广韵》只有"古行切"一读。这个叶音从用字上看，改见母读来母，改庚韵读唐韵。朱子没有说明该音从何而来。今按，该音最早见于《经典释文》，是地名中的一个古读。《左传·昭公十一年》："楚子城陈、蔡、不羹",《释文》羹"旧音郎"，而在《昭十二年》"不羹"下《释文》注"音郎"。师古《汉书·地理志》注亦用此音。大概因其为古地名之音吧，《广韵》不收,务从该广的《集韵》在唐韵卢当切小韵下收之，却并不认其为古地名，云："羹，臛也。《鲁颂》、《楚辞》、《急就篇》与'房'、'浆'、'稂'为韵"。吴棫《韵补》阳韵下"羹"字亦收此音。从上文简单的梳理可见，"羹"读为"郎"，自陆德明以来就有记载，文献转相引述，越数百年，是文献所记旧音。朱之此叶其来远矣。

3.5.3 据其他文献叶音。韵书、古注音义之外，凡有古音注或古音语料的文献，都为朱熹叶音的根据。如下面"厉叶力桀反"一音，就包含有朱熹对文献中的古音考证内容。

小雅正月八：结厉叶力桀反灭威呼悦反

阴声韵去声"厉"字叶入声"力桀反"，即将蟹摄去声祭韵字叶读山摄入声薛韵，《集韵》薛韵的力櫱切小韵收"厉"字，或许是朱子之叶音的韵书根据，但朱子所用切语与之不同，并非直接抄录。朱子叶"厉"为"烈"，取音之资并不限于韵书。在《朱子语类》卷一百二十五有云："烈风，庄子音作'厉风'。如此之类甚多。"所谓庄子"厉风"，见于《齐物论》"飘风则大和，厉风济则众窍为虚"之句。陆德明《庄子音义》云："厉风，司马云：大风。向、郭云：烈风。"①味其辞，陆氏此释并非注音，乃标一物之异名或释其语义。语词之间音义相关，朱子说"'烈风'，庄子音作'厉风'"，一个"音"字，大概认此异名为音转之异，认"烈风"转为"厉风"，实乃"烈"转读为"厉"。与之相似，《左传·昭公二十九年》"有烈山氏之子曰柱"，《释文》："烈如字，《礼记》作'厉山'。"②此《左传》之"烈"，《礼记》转读作"厉"也。文献中有"烈""厉"古音互

---

① 《经典释文》，通志堂本，362页下栏。
② 《经典释文》，通志堂本，292页下栏。

转之例,此即朱子叶《正月》之"厉"为"力桀反"的一个根据。

3.6 据古韵例类推叶音

根据先秦两汉古诗文用韵推古音,以今所见资料,最早出于初唐颜师古《匡谬正俗》。此后唐宋学者多据古人用韵求字之古音,如袁文《瓮牖闲评》卷一云:

> "一薰一莸,十年尚犹有臭。"此二句"莸"可作"又"音,而不音则非也。"莸"字本是平声,而可音"又"者,如《太玄·聚首》"鼎血之莸,九宗之好","好"有许候切,则"莸"字当音"又"字矣。"臭"字本是去声,而可音"抽"者,以《诗》"上天之载,无声无臭。仪刑文王,万邦作孚","孚"有房尤切,则"臭"字当音"抽"字矣。①

袁氏利用古韵文考《左传》中"莸"字古可音"又",据《诗》定"臭"字古可音"抽"等等。

久之,遂有"古韵类推"之说。王楙《野客丛书》云:

> 古人协字,必有其音。又如《毛诗》以"下"字协"故"字者,是"户"字耳。"家"字协"蒲"字者,是"孤"字耳。"庆"字协"阳"字者,是"羌"字与"卿"字耳。如《诗》"爰有寒泉,在浚之下。有子七人,母氏劳苦",曰"予所蓄租,予所卒瘏,曰予未有室家",曰"先祖是皇,神保是飨。孝孙有庆,万寿无疆"之类是也。学者当以类推之。②

"类推"即与条例相关。

项安世曾将《诗经》中的用韵,"择采音之聚者,举之以为例",归纳出十四条古韵例。如其第一例曰:"'采苓采苓,首阳之巅。人之为言,苟亦无信'。此'青'字、'先'字、'真'字三韵之聚为一者也。"所谓"聚为一"大概就是说古韵通用吧。项氏之意,《采苓》诗中"青""先""真"三韵通用为古韵之一例。项氏说:"通乎此十四例,则凡三百六篇之音,皆可以类推矣。"③大意

---

① 《瓮牖闲评》卷一,1985年,7页。
② 《野客丛书》卷六,1991年,81页。
③ 见《项氏家说》卷四"诗音类例",丛书集成初编本,50—51页。

是凡《诗经》中出现今诗韵混用之韵段,均可视为古韵"聚为一",均可以从中推知某字古音。提出古韵有定例是对的,但他的做法太宽,仅据一诗之诸韵混押即确认其例,忽视了所谓"例"乃"凡例",须以此例彼,必定涉及某一类现象,需要有一定的统计数据支持。仅凭一个韵段即确定古诗韵例,类似以孤证来证定理,难免粗疏,所以他所确定的十四例中芜杂殊甚。

凡所类推,必有其类方可为推。徐蒇《韵补序》云:"如'服'之为房六切,其见于《诗》者凡十有六,皆当作蒲北切,而无与房六叶者。'友'之为云九切,其见于《诗》者凡有十一,皆当作羽轨切,而无与云九叶者。以是推之,虽毋以它书为证可也。"是也。

朱子之类推古音即据类而推,往往通过观察某种混押的出现次数与场合,是不是在多首古诗或多种古书中出现等情况,来断定是否有此一古音条例,确认其例之后再推其古音。如咸摄"严"押唐韵,朱子根据该种押韵既见于《诗经·殷武》篇,又见于《楚辞·天问》,《诗》《骚》之间,互为印证,故此才立为古韵之一例,才断"严"字古音当如"昂",协阳唐。他在《楚辞集注·天问》篇的"严"下注曰:"'严'叶五郎反。《诗·殷武》篇有此例。"(70页)这个"例"字即肯定该种押韵可以与诗经互为印证,可立其例。

又如"'待'叶徒奇反":

楚辞离骚 45:待_{叶徒奇反}期

蟹摄一等洪音"待"字何以"叶徒奇反",他在《楚辞辩证·上》特作说明:"'待'与'期'叶。《易·小象》'待'有与'之'叶者,即其例也。"(184页)这是拿《周易》例《楚辞》。

又如确立蟹摄开口一等"哉"字古音叶止摄细音"兹"之例,《诗经》之外,援引了诸多例证,下面二段引文均出自《朱子语类》:

(1)《下武》"昭兹来许",汉碑作"昭哉"。洪氏《隶释》"兹"、"哉"叶韵。《柏梁台》末句韵亦同。

(2)因言古之谣谚皆押韵,如夏谚之类。散文亦有押韵者,如《曲礼》"安民哉"叶音"兹",则与上面"思"、"辞"二字叶矣。①

---

① 两段引文分别见《朱子语类》2129页、2081页。

可见,为了确证蟹摄一等开口"哉"字古韵通止摄细音,除了《诗经》中的例证,他广泛搜集汉碑、《柏梁台》诗、《曲礼》等多种秦汉古诗中"'哉'叶音'兹'"的旁证,确立此一古音条例。

从朱子叶音可见其古音条例作用甚大。他通过比较同类型混押之多数韵段确定其古韵条例,古韵条例越是确定,越是可以确定古韵相押的某一具体特征,越是可以决定哪些字应当看作归入哪些古韵,越是可以确定叶音需要改动哪个字的音、改读为一个什么音,对确定叶音的取向甚为关键。《诗》《骚》叶音为什么有那么多"一叶通用""改多就少"等现象,应当都与他的古韵条例相关。朱子的叶音取向中蕴含了许多他所制定的古韵条例,虽然他本人没有整理成为条例体系,但其中的内在关联是可以观察的。应当说这些古音条例,体现了宋代朱熹的古音学的研究成果,这是我们应当给予足够重视的。

四、典型字例试释

从上可见,朱熹叶音是有根据的,说他不要根据乱改字音,显然有失偏颇。了解他的叶音根据,就可以很好地解释他为什么要把"家""虞""仇"等字改读为后人难于理解的叶音。

4.1 "家"字的多叶

《诗集传》"家"叶音"姑",又叶入声"谷",又叶阳声"古红反",这个叶音综合运用了"文献旧读""古韵例推""四声互用"等几个根据。这可以写成公式:

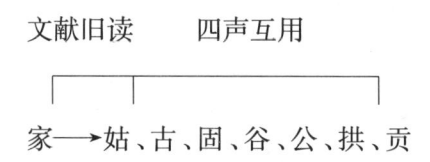

```
        文献旧读    四声互用
         ┌─────────┴─────────┐
       家──→姑、古、固、谷、公、拱、贡
```

"家"在《诗经》及先秦韵文中多次与鱼韵字通押,故可叶读"姑",且为文献旧读所载。顾炎武曰:"《后汉书·虞美人传》'冲帝母虞大家',《曹世叔妻传》

'帝数召入宫,令皇后诸贵人师事焉。号曰大家'。本书无音,胡三省《通鉴注》曰:'曹大家,今人相传读曰姑。'"①可见宋元以来"家"读"姑"已是相传之古读。朱子据古韵和相传之音把"家"叶音"姑",然后运用四声互用原理将"姑"音由平声转入声叶读"谷",再由入声"谷"转阳声叶读"古红反"即"公"音。

4.2 "虞"字的多叶

"'虞'叶音'牙'",又"叶五红反",见于《召南·行露》,这是同一个字叶阴声、又叶阳声韵。其叶音根据可从两个方面述之。

其一,"虞"字叶麻韵"牙"是据声符类推。

"虞"字从"吴"得声,《诗·鲁颂·泮水》"不吴不扬"。在"不吴"下陆德明《释文》云:"郑如字,讙也。又王音误作'吴'②,音'话',同。"杨简《慈湖诗传》"'吴'如字,又音'话'",将"音话"看作异读。朱熹在"不吴"下干脆注"音话"③,当作该语词之本音。

"吴"可音"话",又可音"华",故"铧"又作"鍸"。宋庞元英《谈薮》:"王中行字知复,国子司业述之子,学问文章皆有家法。在广西幕时,李公大异为帅,常诵老杜天吴紫凤之句,问坐客曰:'天吴,水神也。"吴"当音"华",见《山海经》。未知复何书?'客皆莫对,王独曰:'按《后汉》戴就被收,狱吏烧鍸斧,使就挟之。注引何承天《纂文》、张揖《字诂》:鍸音华。又"不吴不敖"、"不吴不扬"亦皆"华"音。'李公称善。"④这段笔记除《诗经》外,还涉及《山海经》《后汉书》两种古籍。查今本《山海经》之《大荒东经》和《海外东经》"天吴"名下均不注音。李公读"天吴"为"天华",亦必有据,可能就是宋人相传之音吧。作为幕僚的王中行引《后汉书·戴就传》为李帅佐证。《戴就传》见于《后汉书》卷八十一,原文:"又烧鍸斧,使就挟于肘腋。"⑤李贤注:"鍸从

---

① 《音学五书》,267页。
② 此处"吴"字《经典释文》宋本、通志堂本误。黄焯据阮校改作"吴",见《经典释文汇校》,中华书局,1980年,87页。
③ 《诗经·周颂·丝衣》"不吴不敖",朱熹亦注"'吴'音'话'"。
④ 《说郛》卷三十一,《说郛三种》本,546页。
⑤ 《后汉书》卷八十一,中华书局标点本1965年,2691页。

'吴'。《毛诗》云：'不吴不敖。'何承天《纂文》曰：'甴，今之鍨也。'张揖《字诂》云：'甴，刃也。'鍨音华。案《说文》、《字林》、《三苍》并无'鍨'字。"按照李贤注，"鍨"字当写作"鍨"，王先谦《后汉书集解》云："官本……两'吴'字并作'吴'"，又引洪颐煊云："鍨本从吴。"①那么李贤注文中的"吴"也应当写作"吴"。又引《一切经音义》卷十六："鍨，此古文奇字铧。"原来是"吴""华"两声符相通，故鍨又作铧。可见宋以前"吴"字可读麻韵。据声符类推的原则，与"吴""鍨"同声符的"虞"亦可类推读麻韵。

郑樵《通志·七音略》"谐声制字六图"之"一音谐三声图第六"云："吾，音吾我之'吾'，又音'鱼'，《国语》'暇豫之吾吾'是也，又音'牙'，汉金城允吾县是也。"②"吾"可音"鱼"，又音"牙"，犹之乎"虞"可音"吴"，又音"华"。

所以朱子据"虞"从"吴"声，"吴"声通"华"等语音关系，给"虞"字叶音"牙"。

其二，"虞"字叶五红反，是据四声互用。查《切韵指掌图》第三图阴入相配牙音疑母一等"吾五误㸦"、三等"鱼语御玉"，第二图阳入相配疑母一等"峱○○㸦"、三等"颙○○玉"。可以排成下列配合：

　　　阴——入——阳
一等：吾五误㸦○○峱
三等：鱼语御玉○○颙

按《切韵指掌图》的四声相配，"虞""鱼"同音，当属三等，其阳声当为"颙"。"颙"《广韵》钟韵鱼容切。朱熹"虞"叶五红反，读作一等，与"峱"(《广韵》五东切)同音。朱熹把"虞"字读作了"吴"字，细音读成了洪音，从音理上看是朱子错配了洪细音，但很可能是朱子口中"虞""吴"已经同音了。

4.3 "仇"字的多叶

"仇"音"求"，又叶渠之反，此叶音出于《兔罝》第二章，"逵""仇"相押。陈第《毛诗古音考》不考"仇"字的古读，把"逵"字处理为幽韵字。可能是因为焦竑提到朱熹乱叶"仇"字为"渠之切"而有所顾忌吧。陈氏"逵"字的本

---

① 《后汉书集解》，中华书局1984年影印虚受堂刊本，940页。
② 《通志·二十略》，王树民点校本，中华书局1992年，359页。

证、旁证亦仅此一例,可见这种用韵出现很少。清代古音学家对这个韵段的处理态度不同,顾、江从朱熹,段、孔从陈第。如顾炎武《唐韵正》卷六:"仇"定为与"逑"古同音,渠之反,引《诗经》《史记》《易》等五个韵例证之。但又说:"按'仇'字《诗》有二音。"一读入之,一读入幽。江永《古韵标准·平声第二部》"逑"字下注云:"今案脂韵字古无入尤韵者。逑韵仇,'仇'读渠之切。"顾、江的毛病是"脂""之"不分,故段氏"脂""之"分立后,大致以为《切韵》尤韵字上古入之部而无入脂者,又"逑"之声符"求"又谐"陸"为幽部入声,方定"逑"入幽,而"仇"读本韵。

我们不必纠缠清人的分韵归字。只看宋人的叶音,吴棫和朱熹均将"仇"字叶读渠之切。吴氏在《韵补》引《汉赵王之歌》叶"死理仇"为证①,而在杨简所引《毛诗补音》中,该条之证在《汉赵王之歌》外又多《龟策传》一段②。朱熹取吴氏说,可能是看到"他皆有据",引有两条汉代的韵文为据吧。但笔者认为还可能有宋代闽音的根据。笔者在宋代闽北人李纲诗作中发现两首从九得声的"究"字与支微部字押韵。两首诗一首叫《次志宏戏兴宗耳疾之作》,另一首叫《再次其韵》,故两诗韵字全同:"洗、礼、耳、此、里、究、已、止、水、子"。笔者在《宋代闽音考》第二章说:"这是次韵诗,志宏即邓肃,系南剑州沙县人,与李纲同为福建人。但邓氏文集中不见《戏兴宗耳疾》诗,原作无考。李诗宥韵'究'字2次押入支微部。'究'字两句:1.'铿然助发机,妙响非外究';2.'闻性含虚空,物蔽乃为究'。四库本'究'作'宄'。《广韵》:'究,穷也,深也,谋也,尽也。''宄,内盗也。'细绎语意,以作'究'为妥。……然'究'字押支微部,仅见于此,押韵奇特,录以待考。"③由于没有更多的材料可以说明这条押韵,故当时录以存疑。但联系朱熹和吴棫的叶音来看,"究"押支微,犹之乎"仇"叶渠之切,两下恰可互证,李纲的用韵和朱、吴的叶音可能都是根据宋代闽音的,只是这个方音今已罕见或失传了。

在学术研究中,由于受不同时代学科发展所达到的水准和人的主观因素等的影响,研究者有时可能会援引不适当的根据或虚假证据来证明自己

---

① 《宋本韵补》,4页。
② 见《慈湖诗传》卷一,18页。
③ 见拙著《宋代闽音考》,岳麓书社1999年,133页。

的学说。所以虽有证据不一定可靠,或所援引的证据不能证明想要证明的学说而可能证明另外一种观点,这样的现象在科学发展史上是存在的。正因为如此,我们才提出在叶音的问题上,有无语音根据和这个根据能否证明叶音读古诗的合理性或者是否具有古音价值等问题,应当是互相关联但又不同的两个问题。据前所论,朱熹的叶音的确是有其语音根据的。由这些语音根据做出的叶音在古音学方面并不完善,价值并不太高,这也是针对古音学初萌时不可求全责备的,但叶音的语音根据,蕴含有丰富的历史语音信息,却具有很高的语音史价值。

第七章　朱熹叶音对吴棫补音的改订

宋代两种叶音,朱熹独青睐注古诗的叶音,对于写诗的叶音从不染指。看他文集诗词一千余首,核其用韵,除少数跨韵通押之外,大部分都符合礼部韵。他的诗词不但跨韵通押数量很少,而且都属于通语中久混、习以为常的跨韵,如之脂支与微的通用等,根本看不到方音现象杂入其中。他在诗歌创作中严格遵守礼韵规则,反对动用叶韵方式引入方音,在一封写给诗友巩仲至[①]的信中,指责用方音或古韵押韵"恐不无讹谬之嫌"[②],反对在诗歌写作中用方音、用所谓古韵等,实际上就是不赞成使用"叶韵"的方式押韵。然而,与之决然不同的是,在注释《诗经》《楚辞》时,他却大量使用叶音来说明其用韵,以至于叶音成为《诗集传》《楚辞集注》中的一个非常突出的音释现象。这当然有其复杂的主客观因素,其中重要的一点就是受吴棫《诗经》古音研究的影响。

一、关于吴朱叶音的传承

1.1　宋人的评说

吴棫(1100—1154)年长朱熹(1130—1200)整整三十岁,是朱熹的前辈。吴棫去世之时,25岁的朱熹才考上进士不久,到同安任主簿刚一年。他的以破小序为标志的《诗经》研究,此时还刚刚处在酝酿阶段,而这时吴棫这位前

---

① 巩仲至(1148—1217)名丰,字仲至,武义人。淳熙十年进士,能诗。与朱熹多有书信往来,朱熹文集中收有与其讨论学术的往返书信达20篇,见《晦庵先生朱文公文集》卷六十四。

② 《晦庵先生朱文公文集》卷六十四《答巩仲至》第17封,《朱子全书》第23册,3108页。

辈学者的《毛诗补音》已经名满士林。《毛诗补音》对朱熹的影响很大，甚得朱熹的称许。他多次毫不隐讳地说过他曾取用吴氏之说以叶《诗经》之韵，以至于宋代学者也都据此来评述朱熹叶音的传承。比如南宋目录学家陈振孙在《直斋书录解题》中著录吴棫《韵补》时云"朱侍讲多用其说于《诗传》、《楚辞注》"①，著录《毛诗补音》又说"朱晦翁注《楚辞》亦用棫例，皆叶其韵"②。大概陈氏是用互见之法，明示朱子诗骚叶音取用吴棫之例以叶其韵。周密《齐东野语》卷十一"协韵牵强条"亦云："晦庵用吴才老补音多通，然亦有太甚者。"③说"多用"也好，说用其例也好，都是说明朱吴之间存在某种传承关系。

1.2 明人的误读

不巧的是，宋人这些点明承传关系的评论，让明儒产生了两个误读。

一是朱熹的叶音取自《韵补》一书。如明初大儒宋濂就说："唯武夷吴棫……乃稽《易》《诗》《书》而下逮于近世凡五十家，以为《补韵》（按，即《韵补》），新安朱熹据其说以协《三百篇》之音。"④可能是因为陈振孙在著录《韵补》时提到朱熹"多用其说"，又在述及《毛诗补音》时不曾提及朱子《诗经》的叶音，才会有此种误解的吧。

二是认为朱熹的叶音全部取自吴棫。如杨慎（1488—1559）说："宋吴才老作《韵补》，始有成篇，旁通曲贯，上下千载。朱晦翁《诗》传《骚》注，尽从其说。"⑤又有四库本《韵补》卷首载明儒陈凤梧序云："宋儒吴才老博学好古，乃采辑古经传子史协韵，分为四声，各释其音义，汇成一书，名曰《韵补》。其援引赅博，考据精当，诚有功于文字之学。晦庵先生作《诗集传》悉本其韵，以协三百篇之音，其见信于大儒，盖不苟也。"⑥"尽从其说"也好，"悉本其韵"也好，总之都是照单全收，给人以朱熹的叶音翻版于吴氏的印象。

---

① 《直斋书录解题·卷三·韵补》，徐小蛮、顾美华点校本，上海古籍出版社 1987 年，92 页。
② 《直斋书录解题》卷二，38 页。
③ 周密《齐东野语》，唐宋史料笔记丛刊，中华书局 1983 年，205 页。
④ 《洪武正韵》卷首序，《景印文渊阁四库全书》第 239 分册，4 页。
⑤ 杨慎《转注古音略·原序》，《景印文渊阁四库全书》第 239 册，350 页。
⑥ 《韵补》卷首，《景印文渊阁四库全书》第 237 分册，57 页。

1.3 后人的辨误及不足

明儒的第一个误会,清儒即已辨之。《景印文渊阁四库全书》经部之《诗集传》提要特别指出:"至其音叶,朱子初用吴棫《诗补音》",其下双行小注曰:"案,棫《诗补音》与所作《韵补》为两书,《书录解题》所载甚明,《经义考》合为一书,误也"①。批评清儒朱彝尊《经义考》将吴氏所著两书混为一书,其实也隐喻了明儒张冠李戴的意思。四库馆臣又在经部小学类吴棫《韵补》的提要中细加考辨,指明《诗集传》叶音与《韵补》的不同有两大类,举证10余条,证据确凿,遂成定谳。

明儒第二个误会:朱侍讲"尽从其说",清儒中也有少数学者据《韵补》作过一些异同比较。如京山李元说:"朱子《诗集传》多采《韵补》,亦时有不同者:赭陟略切,鲜想止切,晢征例切,纽女古切,彭普良切,报蒲救切,皆《韵补》所无。"②嘉定钱大昕则讲得更加明确:"杨用修讥才老叶音:'母氏劬劳','劳'叶音'僚';'四牡有骄','骄'叶音'高'。才老书初无此文,殆误认朱氏之叶音为皆出于才老尔。"③虽然证据确凿,但只是举例性的,这个差异到底有多大,他们都没有深究。

以今所见,首次提供具体数据的是现代学者黄景湖(1981)。他取《诗集传》叶音字见于《韵补》者331条,与《韵补》的叶音相较其异同,有四种情况。一是切语全同者101条,二是切语字异音同者40条,三是切语字异音近者37条,四即字异音异者153条。第四类基数很大,达到153条,已占总数46.2%。而所谓字异音近的37条中,有的是用字不同韵,但礼韵注明可同用者,如"闲",《诗集传》叶胡田反,属先韵开口四等,《韵补》归于何甄切,属仙韵开口三等,先仙同用,此可归"音同类";有的是礼韵不能同用者,如"阔",《诗集传》叶苦劣反,薛韵合口三等,《韵补》丘月切,月韵合口三等,薛、月不同用,此当归入"音异类"。由于黄氏文中37例没有全部列出,具体音同、音异各有多少不能确知,假如一分为二,则331条叶音条目中,同于吴氏的当为

---

① 《景印文渊阁四库全书》第72分册,747页。
② 李元《音切谱》卷二十,《续修四库全书》第246册390页,上海古籍出版社2002年。
③ 《跋吴棫韵补》,《嘉定钱大昕全集》第9册451页,江苏古籍出版社1997年。

160条,异于吴氏的171条。以此计之,异于吴氏的占总数的51.6%,相同数仅占48.4%,不及一半。一半以上的叶音不但用字不同于吴棫,而且音类亦不同,朱与吴的差异应当说是相当大的。

不过,这个结论仍有可议之处。因其所比较的对象是《韵补》,毕竟不是《毛诗补音》,比对的双方恐怕难说对等。如,朱子明言作过修改的两条补音,一条"严"读为"庄",一条"务"叶音"蒙"。前者就不见于《韵补》,可见"《韵补》一书,不专为《诗》作也"①。查《韵补》所补之音的来源,除《诗经》之外,还有49种文献,《诗经》在其中占有的份额其实很小。各种文献的时间跨度很大,纵贯先秦两汉魏晋唐宋,此尤可见《韵补》之叶音体系确实不同于《诗经》的叶音体系。根据一种不为《诗》而作的书来评判朱、吴《诗》叶音之异同自然有所不妥,有所未尽。

虽然如此,将朱、吴之叶音作一番异同比较还是很有必要的。朱子自己说过:"叶韵乃吴才老所作,某又续添减之","叶韵多用吴才老本,或自以意补入。"②看来朱子并不是不加批判的照录吴氏之说,而是有添有减,必然有所改动。他还有一句很关键的话,是这样说的:

吴才老《补韵》甚详,然亦有推不去者。某煞寻得,当时不曾记,今皆忘之矣。③

琢磨"某煞寻得"的话,似乎修改甚多而且有其条理。如果这句话不是随口说说,那么,朱熹叶音不但没有全取吴说,在他的"添减"或"自以意补入"的修订之中,一定有其自主创新的成分。如此说来,弄清楚朱熹叶音究竟对吴棫作了哪些改动,改动了多少,这不但关乎朱子是否"尽从其说",而且还关系到朱子在叶音的问题上有没有自己的主见。这显然是一个关系到宋代学术史的重要任务。要完成这个任务,拿《诗集传》叶音直接与《毛诗补音》进行比较才是最为可靠的办法。

《毛诗补音》虽佚,或可辑佚得其梗概。

---

① 陈振孙之语,见《直斋书录解题》卷二《毛诗补音》,38页。
② 上两句引文分见《朱子语类》,第6册,2081、2079页。
③ 《朱子语类》,第6册,2080页。

二、《毛诗补音》的辑佚

2.1 辑佚之依据

《毛诗补音》虽然后代失传，由于在宋代颇具影响，南宋注释家说诗亦多称引。以今所见，杨简《慈湖诗传》、王质《诗总闻》两书的引述尤为集中。

杨简（1141—1226 年）字敬仲，慈溪（今浙江慈溪）人，宋乾道五年（1169）进士。《宋史·杨简传》称"杨简之学，非世儒所能及"。所著《慈湖诗传》二十卷，讲古音宗吴棫，间下己意。他引述吴棫的文字均冠以"《补音》曰"字样以为标志，此项材料最为可靠，可目为原文照引。但其原本已佚，今本《慈湖诗传》是四库馆臣从《永乐大典》辑出，辑本亦非完帙。四库《慈湖诗传》提要云："《补音》久佚，惟此书所引尚存十之六七。"[①]今按，仅据此不全之本考之，恐怕书中征引数目尚不足此数。

王质（1127—1189）字景文，号雪山，郓州（今山东东平）人，寓居兴国军（今湖北阳新）。所著《诗总闻》二十卷，名号"总闻"，实则"总闻"之外，分设"闻音""闻训""闻章""闻句"等等"十闻"以论《诗经》。其中"闻音"一节专论诗之音读与押韵等语音问题。所闻之音，有闻于人者，亦有自己的意见，有叶音也有注音，有述有作，夹叙夹议。拿杨简的引述与王氏闻音对照，则所注音切常常大同小异，可以大致确定所闻之音多来自吴棫。不过，王氏闻音不像杨简那样标明"《补音》曰"字样，除少数标有吴氏之名外，概不注明出处，因此难以断定每个所闻之音一定出自吴氏《补音》。更为麻烦的是"闻音"中其实是注音与叶音混杂，凡所叶音一概不注"叶"字，这些必然给判断是否来自吴氏带来更多的困扰。从严处置的话，单就这些《诗总闻》的"闻音"中未明出处的音注而言，恐怕只可以目为疑似吴氏的语料。但王氏之书是全帙，其"闻音"所述之反切远多于杨书，下面我们可以看到，该书至少可在两个方面补杨书之缺。

以杨王二氏之书为主，参校宋人韵书以及文集、笔记等文献，考核比判，

[①] 《景印文渊阁四库全书》第 73 分册，2 页。

索隐钩沉,大略可得吴氏《毛诗补音》的梗概。

2.2 诸家辑佚之异同

以笔者所见,对吴氏补音的辑录,包括笔者在内,迄今已有4家,然互有歧异。

2.2.1 笔者的辑录与比较。笔者曾于二十余年前的世纪之交觅得杨、王二书,立即对书中征引的吴棫补音作辑佚考校,当时辑得吴棫的补音切语共1359条。今天看来,所辑音切既有可以确认为吴棫反切者,也有应当归于疑似吴氏切语者,当时笔者从宽处理,一概目为吴氏之补音切语。随即将此资料与朱子叶音作全面比对,进行朱熹吴棫音叶异同的比较研究,于2004年刊发《朱熹吴棫毛诗音叶异同考》,翌年又刊发《论朱熹〈诗集传〉叶音对吴棫〈毛诗补音〉的改订》。两篇论文较为全面比对并论述了朱吴二人毛诗叶音之异同,提供的数据是:对照1359条吴氏音切,《诗集传》中有419条切语和62个韵段的韵字处理与之不同,两者合计与吴氏不同之处约40％,跟黄景湖(1981)的结论大同小异。

文章指出,朱子对吴说虽有吸收,但更重要的是有很多的修订与增删。综合考察这些改订条目,归纳其修改体例并考察其动机,可以清晰地看出朱子对吴氏叶音并不盲从,其取舍确有自己的主见,何者能叶,何者不能叶、不必叶以及叶什么音,他的心中自有域度,就算是采用吴棫叶音,也不过是沿用了他认可的反切而已。从这个角度看,笔者认为,朱子叶音不但不能如明儒所说的那样全部取自吴棫,看作吴氏的翻版,而且更应当确认为这在他自己的叶音意识导引下的自主行为。因此,朱氏叶《诗经》之韵虽然有所承于吴氏,但从体系上看,朱熹自朱熹,吴棫自吴棫,不应混而为一。

今天回顾十余年前的旧说,笔者以为仍未过时,应当重新检讨的是当初辑录的补音语料,因标准颇为宽泛而略显混杂。其他诸家的情况又如何呢?

2.2.2 诸家异同。在笔者当年埋头稽考的同时,学术界对吴氏补音的辑佚与研究也如火如荼地进行着。从已经面世的成果来看,有包丽虹(2004)、骆瑞鹤(2005)、张民权(2005)三家。前两家为博士学位论文,后者为专著。

包丽虹在其博士论文《朱熹诗集传文献学研究》(浙江大学博士论文

2004年)的末尾附录《吴棫〈毛诗补音〉辑佚》,主要依据杨简、王质之书,参考《韵补》等其他材料,辑录吴氏音切。将所辑得的音切,依照《诗经》风雅颂之序,分别在每首诗之下依次列出,形成了一张《毛诗补音》的音切表。细数之,表中共收列吴氏切语1430条。包氏对朱、吴叶音之异同有简单比较,其结论是:"就朱、吴叶音均可考者1368处而论,从吴、异吴的比例约为7:3。"(64页)不过,文中仅表出三七开的数据,未见提供异同比较的细目与具体论述。

骆瑞鹤的博士论文《〈毛诗叶韵补音〉研究》(武汉大学博士论文2005年),主要据杨简《慈湖诗传》及《慈湖遗书》,参考王氏《诗总闻》以及宋元韵书、类书、笔记等,作《毛诗叶韵补音》辑校,亦依《诗经》的先后顺序分立条目,边辑录边考校,作辑校考证共计342条。所辑内容包含吴棫《毛诗补音》的《序》文、叶音条目以及一些说明文字等。所以,342条并非全部都是叶音,还包含《补音》的一些佚文。除去非音部分,笔者逐一计算,得叶音条目328条,其中辑自杨简书中的283条,辑自王质等其他书中45条。

张民权《宋代古音学与吴棫〈诗补音〉研究》(商务印书馆2005年)的下编《吴棫〈诗补音〉汇考校注》,也有吴氏补音的辑佚。其体例是录出《诗经》正文,所作辑佚分列于正文之下,再作考校。其凡例称"辑录以杨书所引《补音》为基本部分,而以王朱二书音释为旁证部分,名曰汇考"(121页)。可见所辑以《慈湖诗传》为基准,其他材料只作为考校的旁证。张书并未提供辑录的音切条目表。据其凡例所述,其辑录补音的叶音当限于《慈湖诗传》征引的范围。以今所见,杨简书中征引补音共有287条,此或为张氏书中辑录之数。

从上文简单的介绍来看,其他诸家辑佚的情况似乎也不太令人乐观。仅从数字就可以看出,诸家的辑录非但各不相同,而且差异巨大,少的只有二百多条,多的竟达一千四百多条。基本上都是根据同类文献,针对同一对象做辑佚,而所辑结果差异如此之大,好比是利用同样的图纸与材料"闭门造车",却"出而异辙",这现象颇为奇特。

2.3 求同存异的思路

分歧如此之大,将何以取舍? 笔者以为,诸家辑录各有所长,似不便也不必要去作无谓的是此非彼的评判。而应当考虑最大限度地去除差异,消弭纠纷以提高共识。可以考虑取各家之最大公约数作为比较的基础,进行求同存异的考察。

何为求同存异？简言之：锁定确定无疑的吴氏补音反切作异同的比较与研究,以获得共识,此为"求其同"。将那些不太确定的材料或疑似材料另作补充的研究,此为"存其异"。要之,以确定无疑的材料评判朱、吴之异同,以疑似材料旁证之,综汇而得出结论。

无论是确定无疑的材料还是疑似材料,主要都得依托《慈湖诗传》《诗总闻》两书获取。今所传《慈湖诗传》有两个本子,一为《景印文渊阁四库全书》本(简称库本),一为《四明丛书》本(1934年张氏约园刻本,简称四明本)。《诗总闻》版本稍多,常见者亦两种：一是《景印文渊阁四库全书》本(简称库本),二是《丛书集成初编》本(简称初编本)。今所辑校,二书使用的底本得有所选择,《慈湖诗传》既为四库馆臣所辑,库本即为今所见诸本之源,我们的辑佚将以库本为底本,参校四明本。《诗总闻》则以《丛书集成初编》本为底,参校库本。

2.4 操作程序

求同存异的具体操作可概括为两条,一为求同辑佚,二为存异旁证。

2.4.1 求同辑佚。主要是在诸家公认的基础上,获取确定无疑的吴氏补音语料。这样的材料大致有三种。

一是杨简《慈湖诗传》中引述的《补音》语料。这些材料都录有出处,大多数有反切且都有包含书证在内的考证文字,符合朱熹所说"他皆有其证"的特征。这些引文,既有补音的切语又录有原考证文字,"有考有切",可认为是对吴氏原文的全引。如《周南·关雎》"左右采之"句下,杨氏引曰：

> 《补音》云：右"采",此礼切。荀卿《赋篇》："此夫文而不采者与,简然易知而致有理者与？"杜笃《论都赋》"采"与"已"叶。郭璞《客傲》"采"与"里"叶。陆云《赠顾尚书》"采"与"水"叶。①

---

① 《四库》第73分册,8页。

所引的"采,此礼切"之下又引述 4 条秦汉魏晋间的韵文书证,有切音有考证,信息齐全,无疑可直接作为吴氏补音原文材料辑入。

杨简引文偶然也有只引述了吴棫的考证文字,漏写或去掉了吴氏的切语,可称为"有考无切"。如《召南·行露》"岂不夙夜"句"夜"字及"何以速我讼"的"讼"字的补音引文,今库本《慈湖诗传》是这样的:

夜,《补音》允具切_{原本脱此六字}。宋玉《招魂》娱酒不废沉日夜,兰膏明灭华灯错。陆云《岁暮赋》"夜"与"暮"叶。又《张二侯颂》"夜"与"故"叶。《易林》"被发长夜"与"娱"叶;"五日六夜"与"暮"叶;"明月照夜"与"故"叶;"独宿憎夜"与"故"叶;"晨夜"与"露"叶。①

讼,《太元·从首》"从不淑,祸不可讼也","从徽徽,后得功也"。挚虞《愍怀太子文》"昔之申生,含枉莫讼。今尔之负,报冤于东"。潘岳《关中诗》"讼"与"空"叶。《易林·井之益》"讼"与"功"叶。②

据库本小字夹注可知,"夜"字条下"夜,补音允具切"六字原文没有,是四库馆臣补上的。"讼"字引文则留下了字头,佚其反切,馆臣没补。两条引文的共同点就是缺了吴氏的切语,仅录下了吴氏的书证考语,故为"有考无切"。吴棫原本应当都有反切,以明其所补之音为何音。今佚去切语致使所补之音不详。缺少了反切这个关键信息,则与朱熹叶音的异同比较无从进行。得想法子补上其切语。四库馆臣据《韵补》补上了大部分反切,少量未补。正如前文所说《韵补》与《补音》有很大的差异,所补反切并不一定可靠。

笔者以为,补齐反切,据《韵补》不如据《诗总闻》。我们的做法是,杨氏所引之"无切"材料,如果与王氏《诗总闻》相应字条的"闻音"反切能够对应的话,则可取其切语补之。如上文引的"讼"字,看吴氏的考证是要说明本读去声的"讼"字可以叶读平声,而王质在《行露》诗之"闻音"中恰有"讼,才容切",读为平声,与杨书所引补音相对应,因而可以认为吴氏补音的反切原本就是"讼,才容切"。此即王书可以补缺之一。

若王书亦缺,退而求其次,才可以考虑据《韵补》补之。如《小雅·六月》第五章韵脚"闲"字下,杨简书引《补音》有考无切,王质书《六月》诗下亦无

---

① 《四库》第 73 分册,23 页。
② 《四库》第 73 分册,24 页。

"闲"字音切,《韵补》有之,其下平声一先"闲,何甄切"即是,可取以补之。如果两书都没有则缺如。

如此操作,可得杨简引述吴氏《补音》之确数。杨引共有287条,其中有考有切者249条,有考无切者38条,据王质"闻音"可补31条切语,此外又据《韵补》可补4条,仅"幅""子""邮"3字的反切无法补足,共得"确切无疑"的吴氏补音语料284条。

二是王质《诗总闻》中明确标明为吴氏的音切。如《魏风·葛屦》"宛然左辟"闻音曰:

辟,吴氏毗义切,叶掃、刺。①

该句"辟"字,杨简全无引述,仅王氏"闻音"下有注明来自"吴氏"的反切,洵足以补吴氏之音。我们找到《诗总闻》的"闻音"中注明来自吴氏的音切共11例,其中一例与杨简引述相重,则可补杨书之缺的有10例。此所谓王书可补缺之二也。

三是朱熹及其他宋代文献中明确标明为吴棫补音的音切。然此种字例泛无所归,颇难把握,今暂收录朱子明言修改的两例:"'务'叶音'蒙'""严,读曰庄",按,此两条亦见于王书。

上述三种材料,可辑录毛诗补音叶音297条,除去3条无切语者,得有效补音音切共294条。

2.4.2 存异旁证。杨书之外的材料,主要为王质"闻音"之所引述,因其体例不纯而无法全部确认为吴氏之补音,除去少数明确标示出自吴氏的材料定为"确定无疑"外,均暂定为疑似材料。

疑者,不能确认也,当然也不能全部加以否定。疑似仍是有其价值的,其理由有二。

其一,王质大朱熹3岁,早朱一年逝世,两人完全是同时之人,分处今湖北、福建两地,远隔千里之外各自研究《诗经》,卓尔名家。但从朱、王著作互不提及、互无称道来看,两人的《诗经》研究并无交集,各自所作叶音不应当有太多的雷同现象。

---

① 《四库》第72分册,517页。

其二，两人都有取用吴棫叶音的意图与行为，在某种程度上看，两人叶音有共同来源。

这就意味着，朱熹、王质所作的叶音如果有雷同，则可以反推有出自同一来源的可能。当然，如果雷同只是偶然一见，也有可能是一种巧合，可实际上朱、王的叶音中相同者很多，恐难以巧合来解释，其中必定有取自吴氏叶音者。正因为如此，才有可能从朱、王叶音的异同比较中多少窥得吴氏叶音的状况以及朱子对吴叶的态度。在这种情况下，疑似材料既可较朱、王之异同，亦足为朱、吴异同之旁证。如：

《诗总闻·郑风·风雨》闻音曰："喈，居奚切。""瘳，怜萧切。""晦，呼罪切。"

《风雨》的"闻音"有三条反切。核朱熹《诗集传》的《风雨》篇也是这三字注叶音反切，其中"喈""瘳"两字叶音与王氏全同，仅"晦"为"叶呼洧反"，切下字与王氏不同。三叶两同一异，同者很有可能都是取自吴棫之补音，异者却颇有趣味，上字相同，下字略异。如果同者同出于吴棫，则异者必有一家改于吴氏，极有可能改动者就是朱熹。因为在《诗集传》中确有类似的更改，如杨简引述了吴棫"母，满罪切"2次，王质闻音中仍是"母，满罪切"，朱则均改为"母叶满彼反"，将"罪"改为"彼"，与这里的"晦，呼罪切"的"罪"改为"洧"极为相似。因此，该条叶音通过较朱、王之异同可以推吴氏叶音之原貌，亦可作为朱子之改"母，满罪切"为"满彼反"的旁证。

王氏还有不少批评吴氏之语，亦可提取信息以供参证。如《小雅·鹤鸣》闻音曰："天、渊从今音，不必作'铁因'、'一均'。《诗》用天二十三，用渊六，虽无叶'他年'、'萦年'二切，既叶亦可。吴氏不必从一读也。"王氏批评吴氏"从一读"，其言下之意或即指吴氏此诗只有"天叶铁因切""渊叶一均切"的叶音。然王书毕竟没有正面引述之，故辑录中亦暂归疑似。

王书"闻音"的主体既被定义为"疑似语料"，辑录之法则可稍宽。我们的做法是：凡"闻音"中与朱熹《诗集传》注音、叶音对应的切语，均在辑录之列。如：《召南·甘棠》三章有两个韵脚："拜、说"，朱子"拜，叶变制反"，"说，始锐反"，一叶音一注音，杨简该诗没有引述吴棫补音，王质"闻音"则有"拜，变制切，说，始锐切"两条闻音，其反切用字均与朱熹的音、叶对应。因而可以辑为疑似吴氏补音。以这种方式辑得吴氏闻音的反切与直音共1345条，其中240条与杨简的引述重合,又有10条因其注明了来自吴氏,应当归于确切无疑之例,则疑似吴氏补音的音切共1095条。

三、异同:表现与内涵

确认了比较对象,朱吴异同的比较可分两步进行。

第一步是基础材料的比较。就确切无疑的补音材料与朱熹相应的叶音或注音作一对一的细致比对,辨其同异,统计数据,归纳条例,并列表展示全部不同字例;然后在此基础上简析各种条例的语音表现以及其意蕴内涵。

第二步是疑似材料的比较。主要辨明这些材料与朱子音叶的异同,列出数据,略作举例,以备旁证之用。

3.1 基础材料比较

我们将杨简、王质引述的确切无疑的297条《毛诗补音》中的叶音语料与《诗集传》相对应的叶音、注音逐条对比,观察异同,统计数据。基本情况是:297条吴氏叶音,除去"有考无切"而无法比对异同的3条之后,294条补音中,朱子叶音与之相同的176条,不同的118条,分别占总数的59.8%与40.1%,四舍五入去除小数点,大约同者占60%,异者占40%,与黄景湖提供的数据仍然大同小异。

查看异同的具体表现,同者不必多说,异者情况比较复杂,可以概括为"用字异"与"说音方式异"两大部分,每个部分又有多种表现。

3.1.1 用字异。用字异是指朱与吴给同一个韵脚作叶音时用了不同的注音字。但从朱子对吴氏承用的角度来看,这种不同也可以看作朱子参考或取用吴氏所作叶音时,改动了其中的切语用字。以《切韵》音系为参照,改动的字之间又有仅字异音类不异、字与音类均异之分,前者可称为"形异",后者可称为"音异",即改动所涉及的两字在切韵音系中属于同一音类者为形异,两字属于不同音类的归于音异。不同的字所在位置的不同,又有上字异、下字异、上下字均异之分。将字的形音异同与其所处位置结合起来,"用字异"共有6种不同表现。下面罗列6种表现及其所有字例,并根据其表现分析其内在意涵。

3.1.1.1 上字形异 18 例。上字形异是指朱子叶音的切语上字改动了吴棫叶音的原字,但未变其音类。具体情况详下表。表列 5 栏,从左至右展示朱子改动吴氏叶音的对象、位置及所改内容诸项,下文各异同比较表均大致同此,若有变动则随文说明。还有一点需要说明,因为吴棫的叶音一概不用"叶"的术语,这是《毛诗补音》的特点,所以,在表中第三栏"吴叶音"下面列出的吴氏叶音切语均依其原貌,也没有"叶"字,也就是说"吴氏叶音"栏目下的"某某切",都得读为"叶某某切",这是我们要充分注意的。

字头	诗中出处	吴叶音	朱子叶或注音	所改内容
觥	周南卷耳三章	姑黄切	古横反叶古黄反	姑-古,见母
降	召南草虫一章	胡攻切	户江反叶乎攻反	胡-乎,匣母
沱	召南江有汜一章	养里切	音祀叶羊里反	养-羊,以母
轨	邶风匏有苦叶二章	举有切	居美反叶居有反	举-居,见母
田	鄘风定之方中三章	地因切	叶徒因反	地-徒,定母
猗	卫风淇奥一章	乌何切	於宜反叶於何反	乌-於,影母
甲	卫风芄兰二章	吉协反	叶古协反	吉-古,见母
鳏	齐风敝笱一章	姑伦切	古顽反古伦反	姑-古,见母
者	唐风绸缪三章	掌与切	叶章与反	掌-章,章母
宪	小雅六月五章	虚言切	叶许言反	虚-许,晓母
祷	小雅吉日一章	当口切	叶丁口反	当-丁,端母
牙	小雅祈父一章	讹胡切	叶五胡反	讹-五,疑母
捣	小雅小弁二章	当口切	丁老反叶丁口反	当-丁,端母
先	小雅小弁六章	思晋切	苏荐反叶苏晋反	思-苏,心母
湝	小雅鼓钟二章	弦鸡切	户皆反叶贤鸡反	弦-贤,匣母
庆	小雅楚茨二章	墟羊切	叶祛羊反	墟-祛,溪母
甸	小雅信南山一章	地邻切	田见反叶徒邻反	地-徒,定母
售	邶风谷风五章	时周切	市救反叶市周反	时-市,禅母

按,表中"湝"字的叶音,笔者使用的《诗集传》底本原误倒作"叶鸡贤反",当为"叶贤鸡反",表中已改。

3.1.1.2　下字形异 10 例。此为朱子的叶音切语下字改动了吴棫叶音切下字,未变其音类。

字头	诗中出处	吴叶音	朱子叶或注音	所改内容
喈	周南葛覃一章	居西切	叶居奚反	西-奚,齐韵
兵	邶风击鼓一章	晡茫切	叶晡芒反	茫-芒,阳韵
梦	齐风鸡鸣三章	莫滕切	叶莫朦反	滕-朦,登韵
硕	秦风驷骥二章	常约切	叶常灼反	约-灼,药韵
寿	豳风七月六章	殖有切	叶殖酉反	有-酉,有韵
厉	小雅正月八章	力蘖切	叶力桀反	蘖-桀,薛韵
予	小雅四月一章	演汝切	叶演女反	汝-女,语韵
设	小雅宾之初筵一章	书实切	叶书质反	实-质,质韵
让	小雅角弓四章	如阳切	叶如羊反	阳-羊,阳韵
邦	鲁颂閟宫六章	卜功切	叶卜工反	功-工,东韵

今按,上两表同为"形异"之改动,改字不改音,这可能是个人用字习惯不同使然,不反映朱子对吴氏所叶之音有不同意见而进行修改,自然也不反映语音不同,但也可以看出朱子并非亦步亦趋地照抄吴氏。这种字例只有 28 例,在 118 例中是绝对少数。

3.1.1.3　上字音异 10 例。朱子的叶音切语上字改动了吴棫叶音切语上字的音类。表中"所改内容",除注明切语用字之异,还注明其音类之异动,以下凡有音异的表均同此例。

字头	诗中出处	吴叶音	朱子叶或注音	所改内容
讼	召南行露三章	才容切	叶祥容反	才-祥,以邪改从
信	邶风击鼓五章	斯人切	叶师人反	斯-师,以生改心
修	王风中谷有蓷二章	式竹切	叶先竹反	式-先,以心改审
服	魏风葛屦一章	满北切	叶蒲北反	满-蒲,以並改明
写	小雅蓼萧一章	赏羽切	叶想羽反	赏-想,以心改审
阙	小雅节南山五章	睢桂切	古穴反叶胡桂反	睢-胡,以匣改晓
浊	小雅四月五章	厨玉切	叶殊玉反	厨-殊,以禅改澄

续 表

字头	诗中出处	吴叶音	朱子叶或注音	所改内容
祊	小雅楚茨二章	蒲光切	补彭反叶补光反	蒲-补,以帮改並
田	小雅信南山一章	池因切	叶地因反	池-地,以定改澄
年	曹风鸤鸠四章	袮因切	叶尼因反	袮-尼,以娘改泥

3.1.1.4 下字音异 23 例。朱子的叶音切语下字改动了吴棫叶音切下字的音类。

字头	诗中出处	吴叶音	朱子叶或注音	所改内容
采	周南关雎三章	此礼切	叶此履反	礼-履,以旨改荠
友	周南关雎三章	羽轨切	叶羽己反	轨-己,以止改旨
怀	周南卷耳二章	胡威切	叶胡隈反	威-隈,以灰改微
有	周南芣苢一章	羽轨切	叶羽己反	轨-己,以止改旨
败	召南甘棠二章	蒲昧切	叶蒲寐反	昧-寐,以至改队
皮	召南羔羊一章	蒲禾切	叶蒲何反	禾-何,以开改合
关	卫风氓二章	圭元切	叶圭员反	元-员,以仙改元
母	魏风陟岵二章	满罪切	叶满彼反	罪-彼,以纸改贿
沃	唐风扬之水一章	鬱缚切	叶鬱镈反	缚-镈,以铎改药
载	小雅彤弓二章	子例切	叶子利反	例-利,以至改祭
友	小雅六月六章	羽轨切	叶羽己反	轨-己,以止改旨
届	小雅节南山五章	居气切	音戒叶居例反	气-例,以祭改未
有	小雅甫田三章	羽轨切	叶羽己反	轨-己,以止改旨
谋	邶风泉水一章	谟杯切	叶谟悲反	杯-悲,以脂改灰
枕	陈风泽陂三章	知莘切	叶知险反	莘-险,以琰改狝
火	豳风七月一章	虎隈切	叶虎委反	隈-委,以纸改贿
耇	小雅南山有台五章	果羽切	音苟叶果五反	羽-五,以姥改语
母	小雅小弁三章	满罪切	叶满彼反	罪-彼,以纸改贿
在	小雅小弁三章	此礼切	叶此里反	礼-里,以止改荠
躬	大雅文王七章	姑宏切	叶姑弓反	宏-弓,以东改耕

续　表

字头	诗中出处	吴叶音	朱子叶或注音	所改内容
母	鲁颂闷宫八章	满罪切	叶满委反	罪-委,以纸改贿
有	鲁颂闷宫八章	羽轨切	叶羽己反	轨-己,以止改旨
弓	郑风大叔于田三章	姑宏切	叶姑弘反	宏-弘,以登改耕

3.1.1.5　上音下形异2例。朱子的叶音切语改动吴棫叶音切语的上下字,上字改其音类,下字未改音,仅变其形。音类有改有不改,为了突出音类的改动,表中"所改内容"栏略作调整,改动音类部分的照例注明所改内容,不改音类的部分用括号括出,下"上形下音异"表亦同此。

字头	诗中出处	吴叶音	朱子叶注	所改内容
耽	卫风氓三章	都森反	叶持林反	都-持,以澄改端。(森-林,侵)
尺	鲁颂闷宫九章	敕略切	叶尺约反	敕-尺,以穿改彻。(略-约,药)

3.1.1.6　上形下音异5例。朱子的叶音切语改动吴棫叶音切语的上下字,上字仅变其形,未变其音类,仅下字改音类。

字头	诗中出处	吴叶音	朱叶注音	所改内容
结	桧风素冠三章	激质切	叶讫力反	(激-讫,见)。质-力,以职改质
局	小雅正月六章	讫力切	叶居亦反	(讫-居,见)。力-亦,以昔改职
负	小雅小宛三章	薄狠切	叶蒲美反	(薄-蒲,並)。狠-美,以旨改贿
梓	小雅小弁三章	浆礼切	叶奖履反	(浆-奖,精)。礼-履,以旨改荠
翩	小雅巷伯三章	纰苓切	叶批宾反	(纰-批,滂)。苓-宾,以真改青

从3表到6表的4种改动均有改音的内容,所改之音有实有虚,可以从三个方面来谈。

一是改字实改其音,反映了实际语音的变化或差异。如《王风·中谷有蓷》二章"修"字,吴氏叶"式竹切",朱子改其上字"叶先竹反"。修,《广韵》息流切,本属心母尤韵三等,吴氏将其改叶入声屋韵三等时,其切语上字却误写成了审母"式"字。这很可能是吴氏方言中审母与心母有相混者,凭口语之音作出的切语。朱子取用其切语时,将吴氏原切上字改回心母,纠正了吴氏方音之偏，反映了宋代通语的语音情况。此一改动表达了朱子"音从通语"的观念，亦可见朱子之正音观与吴氏不同。

二是改音可能与实际语音无关，另有其他的意图。如《周南·关雎》三章"采"，吴叶"此礼切"，朱改为"叶此履反"。吴氏切下字"礼"属荠韵开口四等，朱子改为旨韵开口三等的"履"字。这个改动未必可以说明朱熹口中三等、四等仍可区别，后文我们可以看到，这大概是为了照顾韵书规范而作出的更改。

三是改音反映了对吴棫补音的语音根据的修订。如《芣苢》一章"有"吴叶羽轨切，朱改叶羽己反。都是将流摄"有"字改叶止摄，吴棫用旨韵合口三等字作切下字，朱子改为止韵开口三等，虽然旨、止可以同用，但开口与合口则音质有异，朱、吴之叶实不同音。笔者推想，此乃朱子修改了吴氏叶音的语音根据所致。吴氏提供的叶音根据是："《说文》'痏'、'洧'、'鲔'，皆以'有'得声。《史记·封禅颂》'有'与'祉'叶。《龟策传》'有'与'纪'叶。《司马相如叙传》'有'与'始'叶。班固《西都赋》'有'与'里'叶。付毅《洛都赋》'有'与'畤'叶。按，'采'有此苟切，'有'有云九切，宜从两读例。而《诗》十用有韵，无作云九切者，今定从一读。"①徐蕆《韵补·序》也有类似的说明。大概吴氏作此叶音的根据有两条，一是从"有"谐声之字多合口，二是"有"在诗中只与止摄字相韵。既叶止摄又谐声之字多为合口，故定其古音为止摄合口"羽轨切"。朱子改为开口，大概是认为在这里简单使用"谐声推古"定其开口似有不妥吧，"洧""鲔"等固然是合口，但"宥""囿"等字又属于开口，可见"有"字所有的谐声字并不同质；且"有"字本属开口，在《诗》中又多与开口相押，表现出古读开口的可能，故此剔除谐声多合口的语音依据，不取其合口的叶音，改为开口。

总之，无论何种改音，都体现出朱子在叶音中的自主性，说明作叶之时他是自有主张的。

3.1.2　说音方式异。凡切语用字不同之外的其他修改都与说音方式有关，可以概括为一类。这里的内容同样复杂，也可以归为 6 种不同方式。

---

①　这段考证文字仅见于杨简的引文，在《韵补》上声纸韵羽轨切小韵的"有"字下没有，可见《补音》不同于《韵补》。

3.1.2.1　吴氏叶音用反切,朱子叶音改用直音或类似读若的注音。3例。

字头	诗中出处	吴氏叶音	朱子叶或注音	所改内容
霾	邶风终风二章	陵之切	亡皆反叶音狸	反切改直音,音类同
牭	周颂载见	公土切	叶音古	反切改直音,音类同
贻	邶风静女三章	以志切	与异同	反切改说明

按"贻"的"与异同"是指其叶音与本章的"异"字相同。虽非直音,但也是与反切不同的说音,姑附于此。

这种异叶,所叶的音没有什么不同,但说音的方式不同。如果说这是朱熹承用或抄袭吴氏的叶音,而改变其说音方式,当然可备一说。但是不是还有别的可能? 因为这种改变动静太大,如果是抄录吴氏叶音,为什么要将他的反切改变一个形式呢? 改其说音方式本身就不是直接的抄袭,或许是两人对字音的认识相同,各自作叶的形式不同吧。

3.1.2.2　吴氏叶音仅叶一音,朱子改为二音叶。所谓"二音叶"是朱吴二氏共有的一个叶音体例。简言之,就是认定韵段中所有的韵脚字都可以叶两个音,即整个韵段叶了二个不同的韵部。需要特别说明的是,朱子二音叶的注音方式有"叶××、××二反"、"××、××二反"二种,一有"叶"字术语,一无此术语,但无论有"叶"还是无"叶"字的术语,并不影响韵段的叶二个韵部,其作叶的意思是相同的。(详刘晓南2016)

一个韵段可以同时叶两个不同的韵,当然不符合诗歌押韵基本规则,也得不到诗歌韵律史的支持,这是朱熹、吴棫两人共有的瑕疵。但在确定具体韵字的两叶上面,两人取舍却不同。有的韵段中,吴氏认为需要两叶,而朱熹只取其一读;有的吴氏只取一叶,朱熹改为两叶。

先看吴氏一叶,朱子改为两叶的例子,9例,6个韵段。

字头	诗中出处	吴氏叶音	朱子叶或注音	所改内容
华	周南桃夭一章	芳无切	芳无呼瓜二反	吴叶虞,朱又叶麻
家	周南桃夭一章	公胡切	古胡古牙二反	吴叶模,朱又叶麻
车	召南何彼秾矣一章	斤於切	斤於尺奢二反	吴叶鱼,朱又叶麻

续 表

字头	诗中出处	吴氏叶音	朱子叶或注音	所改内容
来	邶风终风二章	陵之切	叶如字又陵之反	吴叶之,朱又叶咍
思	邶风终风二章	息慈切	叶新才新赍二反	吴叶之,朱又叶咍
侯	郑风羔裘一章	洪姑切	叶洪姑洪钩二反	吴叶模,朱又叶侯
驱	秦风小戎一章	居惧切	叶居惧反又居录反	吴叶遇,朱又叶屋
来	小雅南有嘉鱼四章	六直切	叶六直陵之二反	吴叶职,朱又叶之
又	小雅南有嘉鱼四章	伊昔切	叶夷昔反或如字	吴叶昔,朱又叶宥

3.1.2.3　吴氏叶音为二叶,朱子改为一叶。4 例,2 个韵段。

字头	诗中出处	吴氏叶音	朱子叶或注音	所改内容
皮	鄘风相鼠一章	一读蒲縻切一读蒲何切	叶蒲何反	去除又叶脂
仪	鄘风相鼠一章	一读鱼奇切一读牛何切	叶牛何反	去除又叶支
为	鄘风相鼠一章	一读于妫切一读吾禾切	叶吾禾反	去除又叶支
泽	周颂载芟	一读直格切一读徒各切	音释叶徒洛反	去除又叶陌

上两表中 12 字例、8 个韵段的单叶、二叶取舍,在朱吴之间呈现互相对立的状态,以《邶风·终风》二章为例,该韵段的韵脚如下:

邶风终风二:霾来来思

吴氏叶音是 3 个韵脚字均只叶 1 个音:"霾音陵之切""来音陵之切""思音新赍切",朱子叶音是每字叶两个音:"霾音亡皆反,叶音狸""来叶如字,又陵之反""思叶新才、新赍二反"。朱叶中"霾"字稍显特别,它先注"亡皆反"再"叶音狸",形式上只是将吴氏的反切改为直音,看不出叶两音,所以归入上文 1 表"反切改直音"表中。但是,联系后面"来""思"两字的叶音,从韵段整体来看,"霾"的"亡皆反"应当也是入韵的。本韵段 3 个韵字,朱子其实是采用二音叶的变例来叶音的。该韵段,吴氏单叶一读,处理为全韵段叶"之齐"一个韵,朱子改为二叶之后,韵段就变为叶"皆咍""之齐"两个韵,其差异不仅仅是韵脚字,而且涉及整个韵段的不同。其他几个韵段都可如是观之。

3.1.2.4　朱子取消吴氏叶音,改为注音,10 例。

字头	诗中出处	吴叶音	朱改注音	所改内容
蒌	周南汉广三章	一读力侯切	力俱反	叶侯改押虞
芾	召南甘棠一章	一读扶废切一读蒲昧切	蒲曷反	叶队改押曷
亩	齐风南山三章	一读满罪切一读满补切	莫後反	二叶改押厚
懆惨	陈风月出三章	七到切	七弔反	叶号改押啸
煇	小雅庭燎三章	许云切	许云反	叶文改押文
出	小雅雨无正五章	尺遂切	尺遂反	叶至改押至
瘨疧	小雅无将大车一章	眉贫切	眉贫反	叶真改押真
畛	周颂载芟	之人切	音真	叶真改押真
多	鲁颂閟宫三章	一读章移切一读当何切	章移当何二反	二叶改二音
辟	魏风葛屦二章	毗义切	音避	叶真改押真

按，"惨""疧"二字，朱子均取前人之说，释为古字通用，故表中以小号字将其本字注于其旁。

所谓"叶音改为注音"，就是将吴棫确定为古音的叶韵，取消其古韵的定性，改为按其正常之今音押韵，或者说，吴氏认定该字入韵要用古音，朱子认为不必，但实际情况比较复杂。10例之中，纯改叶为注的只有"煇""出""疧""畛""多""辟"6字，此外"蒌""芾""亩""惨"4条又还改动了所押用的韵部，"蒌""亩""芾"又有改二叶为一叶。具体可从3点来谈。

一是朱子认为吴氏所补之音本身就是韵脚字的当读之音，本音如此，当然不必作叶音。如"煇"出于《小雅·庭燎》"庭燎之煇"句，朱注其义"煇，火气也"，常用之音为微韵许归切，诗中与"晨"字押韵不谐。吴氏取"煇"字在《集韵》文韵"许云切"的异读来押韵，认作叶音。朱不作叶音看，大概是许云切的"煇"字义为"灼也"，与本句诗意基本相符，可以认作是以其本音入韵。"出""瘨疧""畛""避""多"等字可归为这一类，其中"多"字因其涉及二音叶，稍显复杂，略作解说于下。

"多"字所在韵段有韵脚"牺""宜""多"3字，杨、王二书所引述都只有一个"多"字叶二音，不知是漏引了"牺""宜"2字，还是本来吴氏就只给一个字注了叶音，笔者倾向后者。如果吴氏本就只给"多"字补其音，则吴氏恐怕只照顾到了韵脚而忽视了韵段的和谐。朱子取用吴氏"多"字的二音而有细心的改动,其一不用叶音方式,确定"多"为注二音。其二还配齐"牺,虚宜、虚何二反""宜,牛奇、牛何二反"的二音,补上了吴氏韵段叶音欠完整之缺。为什么朱子这里不用叶？核查韵书,原来"多"的这两个音,都分别见诸《集韵》的支、歌二韵,连反切上下字都一样,吴氏是直接取自韵书的。而且"牺""宜"的二音也各有一音见于韵书,整个韵段以取用韵书音为主,所以,朱改叶为注,其实只是表达了该韵段诸字之叶音多见于韵书这样一个倾向而已。(参刘晓南 2016)

　　二是朱子认为吴氏的叶音不合适,应当换一个音来入韵,而这个换入的音就是该字之本音,所以不必用叶。如《周南·汉广》第三章的韵脚"蒌"字,《广韵》有虞韵力朱切、侯韵落侯切两读,其"力朱反"为常读之音。大概吴氏以为"蒌"的常读音可以入韵,而其异读亦可入韵。所以,吴氏给该韵段的两个韵脚"蒌""驹"注的叶音为"其蒌一读力侯切""其驹一读居侯切"。所谓"一读",就是在韵书所记的"蒌,力朱切""驹,举朱切"之外又有叶"蒌,力侯切""驹,居侯切"的一读,其实是将"蒌""驹"两字分别读入两个韵部,既叶虞韵,又叶侯韵。朱子不同意吴氏这种两读的处理,取消其侯韵一读,改为只押虞韵一读。很可能是因为两个韵脚中,"蒌"有虞、侯两读,而"驹"字只有虞韵举朱切一读,两字均读虞韵,但不能全读侯韵,故认定韵段当押虞韵。当然,朱子这样做,肯定是从今韵的角度考虑的。所以,他在"蒌"字下仅注"力俱反"的音,在"驹"字下不注音(此即属于取消吴氏叶音类,见下 3.1.2.6 表),意思是"蒌"字于韵书所记两音之中,取"力俱切"一音押韵,"驹"字直读韵书之音入韵即可。吴氏虽然考虑到了古音,但其取二种叶韵也不是真正的古音,反映了他对其古音当读什么其实是把握不定的。朱子定从今音一读入韵则较吴氏减少纷乱,有利诵读。同类的例子还有"芨""宙",都是除了改叶为注之外,又有改吴氏二音叶为单音叶的内容。

　　三是"惨"字。"惨"字的本字为"懆",吴氏据《集韵》取本字"懆,七到切"的音给"惨"字作叶音,朱改叶为注,是强调"惨"不是本字,用其本字"懆"之音入韵则不必作叶。但为了整个韵段洪细和谐,朱子又将"七到切"的洪音改为细音"七弔反",这样一调整就有了叶音的性质了,其实还是应当用"叶"字的。

　　3.1.2.5　朱子取消吴氏叶音,另做叶音。2 例。

字头	诗中出处	吴叶音	朱叶或注音	所改内容
务	小雅常棣四章	转音蒙	罔甫反	"务"改叶为注,另叶"戎"音汝
严	商颂殷武四章	严作庄	叶五刚反	"严"不用吴说,改叶唐韵

此两例的修订,改动幅度颇大,此乃朱子修改吴叶的经典例证(详下文)。

3.1.2.6　朱子取消吴氏叶音且不另作叶音,以本音入韵,22例。本组所改内容一目了然,都不以吴氏叶音为是,认为不必作叶,而且字属寻常,也不必作注,在韵段中该字以其本音入韵。故下表"朱子叶注"一栏为空,而"所改内容"亦不必列,改为"备注",以备补充信息之用。

字头	诗中出处	吴叶音	朱叶注	备注
驹	周南汉广三章	一读居侯切		参前"蒌"字
伐	召南甘棠一章	扶废切		
节	邶风旄丘一章	子悉切		详下文说明
害	邶风泉水三章	瑕憩切		
害	邶风二子乘舟二章	暇憩切		
反	鄘风载驰二章	浮脔切		
艾	王风采葛二章	鱼刈切		
嗟	王风丘中有麻一章	遭哥切		
国	王风丘中有麻二章	胡骨切		
环	齐风卢令二章	胡涓切		
奕	小雅车攻四章	一读夷益切一读弋灼切		又改二叶为一
舄	小雅车攻四章	一读思积切一读七雀切		又改二叶为一
绎	小雅车攻四章	一读夷益切一读弋灼切		又改二叶为一
伏	大雅灵台二章	笔直切		例出于王书
斁	商颂那	弋灼切		例出于王书
奕	商颂那	弋灼切		例出于王书
泽	商颂那	弋灼切		例出于王书
昔	商颂那	息约切		例出于王书

续　表

字头	诗中出处	吴叶音	朱叶注	备注
夕	商颂那	祥龠切		例出于王书
安	大雅民劳五章	於连切		例出于王书
残	大雅民劳五章	财先切		例出于王书
牛	周颂丝衣	鱼其切		例出于王书

上列4、5、6三表均有取消吴氏叶音的内容，表明朱子认为这个字不能依照吴棫所补的古音来读，需要有所改订。改订在形式上有三种表现，一是酌情另作叶音，二是改作注音，三是不叶不注以本音入韵。

我们要特别指出的是，改订虽然只有一个字，但所改订的内容，往往不限于一个字而已，其实包含了丰富的信息。如6表中《旄丘》一章的"节"字，吴叶"子悉切"，朱子取消了这个叶音，表面上看仅去除一个叶音而已，实则内涵丰富，只有进入"节"字所在韵段作整体考察，才能明白朱子的修订不仅仅是取消一个字的叶音这么简单，才能看清楚朱子之修改跟吴氏叶音有多么大的不同。先看"节"字所在韵段的韵脚字：

邶风旄丘一：葛节伯日

原诗可以作韵脚的字有4个："葛""节""伯""日"，杨简王质所引之吴棫补音均只有"节"字补音"子悉切"，显然是将屑韵的"节"改叶质韵与同为质韵的"日"相韵，将"节""日"看作偶句位的隔句韵，"葛""伯"两字下不作叶音，看作不入韵，全章为一个韵段，偶句入韵。

朱子的处理是"节"字取消叶音，另给"葛""伯"二字作叶音。"节"取消叶音且不作注音，意味着恢复其屑韵本读。将"葛叶居谒反"叶读月韵，显然是要与"节"押韵；又将"伯叶音逼"叶读职韵与本属质韵的"日"押韵（按，朱熹诗韵体系中屑月、职质均可通押），则全章作两韵段：葛节/伯日。可见，看起来只更改一字，但其实涉及面甚广，不但全韵段4个韵脚的叶音都与吴氏不同，而且谐韵的方式与韵段的设定都不相同。改叶的效能实际上已大大溢出了一个韵脚字的叶音范围，辐射到韵段与用韵方式的层面来了。一个字的改订虽小，但牵涉面之广，其实与吴氏有重大的分歧。

3.2 疑似材料比较

疑似材料共 1095 条，与朱子注音叶音比对，相同的 571，占总数的 52.1%，相异的 524，占 47.8%，与确定无疑材料的异同比率是接近的。其异同表现与确定无疑的材料一样，也可分为"用字异"与"说音方式异"两大部分，下面略举几例以明之，不再列举细目。

3.2.1 用字异。下面举例中"吴：某某切"表示王质所引的疑似吴棫叶音及其切语。

叹（邶风泉水四章）吴：他涓切，朱：叶它涓反。上字形异。

田（郑风叔于田一章）吴：池因切，朱：叶地因反。上字音异。

风（邶风绿衣四章）吴：孚音切，朱：叶孚憎反。下字形异。

哉（邶风北门一章）吴：将黎切，朱：叶将其反。下字音异。

皓（唐风扬之水二章）吴：侯各切，朱：古老反叶胡暴反。上字形异，下字音异。

3.2.2 说音方式异。如：

母（周南葛覃三章）吴：莫後切；朱：莫後反。改叶为注。

令（齐风卢令一章）吴：卢经切；朱：音零。改叶为注，改反切为直音。

翟（鄘风君子偕老二章）吴：其礼切；朱：叶去声。不用吴叶另作新叶。

涘（王风葛藟二章）吴：羽已切，朱：音俟叶矣始二音。吴单叶，朱改为二叶。

山（小雅节南山一章）吴：所斾切，朱无音叶。朱不取吴叶且不另注音叶。

3.2.3 辑佚之外的信息。此外，王书中还有一些材料，虽不能辑佚为吴氏补音，但其透露的信息，亦足以辨析朱子与吴棫之异同。如：《大雅·抑》第六章王质有闻音曰："'言'旁纽作蘖，'苟'旁纽作格。《集韵》'舌'、'逝'皆食列切。四字无不叶也。以矣相叶亦可。然吴氏以为未详，非也。"这段话针对《抑》第六章前四句句尾字吴氏的处理作评。原韵段共有四个韵尾成分："言、苟矣""舌、逝矣"。从王氏的话中可知吴氏给这四句处理为韵否不详，当然不会补其音。王质批评吴氏"未详"不妥，全盘否定吴说，认为四句都可以叶韵，补上了叶韵之音。王质的处理，该韵段为句句韵。

朱熹也是全部否定吴说,但与王质的做法完全不同。《诗集传》在第二句"矣"字下注"此二句不用韵",否定吴氏叶韵未详说,直说其不用韵。第四句"逝"字下注"叶音折,与舌叶",此处改吴氏未详为有韵,认为"舌""逝"两字是入韵的,将吴氏没有补音的"逝"注上了"叶音折",我们在前文已经指出该叶音主要是据其谐声偏旁"折"所定,但是"逝"在《集韵》中还有"常列切"的异读,这也可能是朱子注叶的根据之一。给吴氏未详的字加注叶音,正是对吴棫的"未尽"作"自以意补入",是正吴氏。

3.3 内涵:三个层面

朱吴异同的比较,无论是"基础材料"还是"疑似材料",差异都在40%以上,尚不到50%,与黄景湖据《韵补》比较得出的结果颇为接近。各个相异的数据集中在40%—50%之间,应当是比较客观的。该如何解读? 比率的同大于异,是不是由此可以得出朱子叶音大多数来自吴氏,甚至是主要承自吴棫的结论呢? 笔者以为,恐怕不能太拘泥于这些枚数一个一个条目所得到的数字,因为不同条目之间的差异其实很大,只有掩盖在条目之下的多样而复杂的改订内容才是其精神实质所在。台面上的数字颇像是浮在水面的冰山,其下面还隐藏了很多内容,虽然不便直接进入量化计数,但可以肯定,朱吴叶音的不同实际上可能远较可计量的数字要大。试从定音与押韵的三个层面来谈。

一是文字音读层面。在字面上改订的虽然只是吴氏叶音的用字,但它并非一个单纯的用字问题,其中包含了大量相关韵脚字读音的差异,显示了朱、吴二位在许多韵脚字古今语音的主观确认上存在颇大的分歧,体现了朱子对吴棫考定的古音及其古音学说的多重批评与修订,无论在数量还是质量上都坐实了他自述的对于"推不去"者"煞寻得"之类言论的所言不虚。

二是韵段韵脚层面。上文我们指出,一条叶音的更改,所涉及的对象与范围往往会超越一条叶音,辐射到一个韵段或一组韵脚字之中,带动了大范围的音叶变化。如"萎"字不取吴氏二叶,"节"字去除吴氏叶音,"逝"字不取吴氏"未详"之说等等都表现出某种程度韵段重组及叶音重定的溢出效应。改订吴氏叶音所产生的辐射作用,竟可以大大溢出单个字例条目的范围,进而触发一组字的叶音更改,有力地扩张了朱子修订吴氏叶音的范围并加强其深度。这是统计条目的数据无法涵盖与表达的。

三是语音根据层面。在变动字音时,还变动了叶音的语音根据,或者更应当反过来说,正是因为朱熹采用的语音根据或取证方式与吴棫不同,才启动了他对吴氏的修正。关于这个层面,上文已举"修"字的改订为例,下面我们还将看到更多的内容。

全面比对朱子叶音与吴棫叶音的异同,我们看到了朱子在很多情况下都对吴棫补音实施了修订。这种修订接近半数,已经形成了一定的规模,足以显示了二人叶音的差异之大。更重要的是,朱子对吴氏叶音的改订并不是改动几个字例那么简单。全面地看,他其实是根据自己对叶音的认识来对前辈叶音作出取舍与更改的,取己之所认可者,改己之不认同者,许多修订条目都不同程度地涉及了古音研究的方法、考求古音的根据等深层次的学术内涵,并且产生了由里而外的辐射作用,从而带动更多的叶音及与之相关的连锁变化,实际上是全方位多层面的修订与更改,有深度,有广度,彰显朱熹叶音不但不是全部照搬吴棫,而且是有自己的体系的。

四、主见:原则与动机

据上文,朱熹基本上是按照自己的理解来决定是取用或修改吴氏叶音,还是另作新叶,显示了自己独立的主见。他本人对此少有正面阐述,我们可以通过分析他修订吴棫叶音的实例,窥见其一二。试述其要于下。

4.1 古音考订尤重证据

确立某字的古音需要有证据,这是朱、吴两家的共同特征,但朱子尤为重视语音根据,特别是综合各方面的证据来确证韵脚字的叶音。观察朱子对吴氏的修订,有不少条目就是针对吴氏证据不足而作出的修改,显示出多重取证,综合考音的特质。

4.1.1 多重取证、综合考音。多重取证就是广泛地查考各种语言材料,综合各个方面的证据,从不同角度来确立《诗经》韵脚的叶音,以充足的证据来确证所考古音之合理性。正因为如此,他才会常常不满于吴棫某些证据不充分的补音，必欲改之而后快。其中著名的例子就是对吴氏"严读为庄""务叶音蒙"两条的修订。这两个例子前文已有涉及，我们现在仅以对"严读为庄"的修订为例，看朱子是如何多重取证确定古音的。

关于"严"字叶音的修订，《朱子语类》中记有他的两段话：

> "下民有严"，协"不敢怠遑"。才老欲音"严"为"庄"，云避汉讳，却无道理。某后来读《楚辞·天问》，见一"严"字乃押从"庄"字，乃知是协韵，"严"读作"昂"也。《天问》，才老岂不读？往往无甚意义，只恁打过去也。义刚。

> 或问："吴氏协韵何据？"曰："他皆有据。泉州有其书，每一字多者引十余证，少者亦两三证。他说，元初更多，后删去，姑存此耳。然犹有未尽。"因言："《商颂》'天命降监，下民有严；不僭不滥，不敢怠遑'。吴氏云：'严'字，恐是'庄'字，汉人避讳，改作'严'字。"某后来因读《楚辞·天问》，见"严"字都押入"刚"字、"方"字去。又此间乡音"严"作户刚反，乃知"严"字自与"皇"字协。然吴氏岂不曾看《楚辞》？想是偶然失之。广。①

这两段话分别出自朱熹的学生黄义刚、辅广所记，内容略有不同，不知是同时所闻还是不同时候朱子讲说同一问题的语录。两段话比较详细地阐明了修改吴氏"严读若庄"叶音的理由与根据。兹试析之于下。

首先，朱子判定吴氏该条叶音无理，即证据不充分。《商颂·长发》中咸摄"严"字与宕摄"遑"字押韵，吴氏将"严"读为"庄"来协韵，理由是："严"字，《诗经》可能本作"庄"，是东汉人避明帝讳改作"严"字的。东汉避"庄"字讳改为"严"，在历史上确有其事。陈垣《史讳举例》卷三云："《汉书·叙传》称庄子为严子，又称老严之术。师古曰：老，老子。严，庄周也，盖避汉明帝讳。"②吴氏利用史实来证《诗经》文字，其实只能算是"间接证据"，所以朱子认为吴氏此说"却无道理"。为什么无道理，虽然朱子没有细说，但笔者猜想，一定是认定该条叶音纯为主观推测，缺乏《诗经》版本异文的支持。试想《诗经》古本如果真是"下民有庄"的话，东汉之前至少流传数百年，仅凭东汉

---

① 《朱子语类》卷八十，2080页。
② 《励耘书屋丛刻》本，北师大出版社1982年，1315页。

百余年之更改，古本岂可遽灭？即如东汉人讳《庄子》为《严子》之时古本俱在一样，何以自陆德明《经典释文》广收异文，却不见有一语道及"严"一作"庄"？这只能说明《诗经》并无"下民不庄"的古本。所以，吴说证据不足。

其次，朱子提出"古韵例""方音"两大证据，论证"严"古当读"昂"与"遑"叶。

关于古韵例。就是咸摄"严"字押宕摄之事，在上古押韵中确有其例。朱子曾回忆读《楚辞》时，看见《楚辞·天问》中有一同类型的韵段："熏阖梦生，少离散亡。何壮武厉，能流厥严。""严"与阳韵"亡"字押韵，"乃得其例"，悟出咸摄"严"字押宕摄是一条古韵例①。同一个字在上古时代不同的诗歌中多次同押另一个韵，虽不合于今韵，但多见于古诗之中，因知古韵有其条例，也说明今韵不叶而古韵能叶。所以他在《楚辞集注·天问》篇的"严"下注曰"严叶五郎反，诗《殷武》篇有其例"（70页）《诗》《骚》互为印证，故确认韵例得以成立。古韵例的获得，须广泛查阅文献而考求之，既要广博阅读又要目光敏锐，他很惋惜地说："然吴氏岂不曾看《楚辞》？想是偶然失之。"

关于方音的证据。已据《诗》《骚》确定韵例，可定"严"叶宕摄于古韵例有据。然咸摄严韵三等的韵母既为细音，又属闭口尾，与宕摄一等"遑"不但主元音洪细不合，而且韵尾大异。语音相距如此之大，当何以谐之？同样批评"吴氏不必以严作庄，避汉讳而改"的王质，在《诗总闻》中为了弥合二者语音差异，他想到的是援引《集韵》衔韵二等"严，鱼衔切"的异读来解决，衔韵二等本属洪音之次大，在宋代又大部分已经并入一等，或已成为洪大之音，此可解决"严"本读三等细音与"遑"洪细不叶之矛盾，然王氏没有提及咸、宕之间韵尾不协的问题如何解决，所以王说仍存瑕疵。朱熹提出全新的证据，曰"又此间乡音'严'作户刚反，乃知'严'字自与'皇'字协"。笔者（详刘晓南2001）认为所说"此间"，当指闽北建阳，亦即曰，朱熹是在古韵例的基础上，再取当时闽北建阳方音证上古之音。朱熹采用了活生生的实际语音为证，以今证古则古音可定。

美中不足的是，所述"严"字之方音，今天建阳方音并不与之吻合。"严"字在《广韵》属咸摄三等字，王质告诉我们《集韵》里"严"有"鱼衔切"一读，为

---

① 语见《楚辞集注》之《楚辞辩证》下，196页。

咸摄二等。我们要进一步指出的是,在现代建阳,古咸摄一二等可读-aŋ,混同梗摄。或许朱熹时代闽北建阳音闭口韵尾已与后鼻尾相混,"严"字读咸摄二等,其音即为-aŋ,而与宕摄-oŋ音近可协。不过,现代建阳(潭口镇)音"严"字读 ŋieiŋ,杭(户刚切)读 xoŋ,不能协韵。然朱子生于尤溪,长于崇安,长期定居建阳,对于方音,一定有所耳闻,若据耳闻而述之,则洵足信也。今天建阳音不能印证,或许是特殊字音,古今失传了。

综合古韵例与当时方音两重证据,朱子断然摈弃吴氏"古避讳说",确认"严"当"叶音昂"。较之吴氏仅据古史之推想,朱子所取证综合言文,纵贯古今,论据充足可备一说。

"务叶音蒙"的修订亦与之相类,同样是在批评吴氏叶音证据不足的基础上,综合两种证据加以修改:一是古韵例,二是古文献所记之音读,在《朱子语类》卷八十中有详细的讲述,文多不录。(具详下卷第 9 章)

4.1.2 证据隐而不显的问题。要注意的是,朱子修订吴棫叶音,秉持"注书宜简"的原则,在《诗集传》中通常只是列出结论,不列理由,其叶音的证据往往隐而不显,这给我们正确评其得失带来了一定的困难。遇到这种情况,就需要全面考察,找到其语音根据。

如《邶风》的《二子乘舟》《泉水》两诗中都有的泰韵一等"害"字与祭韵三等"卫""逝"等字的押韵,杨简、王质均引述吴氏"害"补音"暇憩切"(又作瑕憩切),将洪音改叶细音,吴棫大概是据"害"多与细音押韵的古韵例,推知"害"当改读细音叶韵。

朱子 2 例"害"字全不取吴说,另作解读,今试以《二子乘舟》的韵段为例述之。先看朱子叶音:

邶风二子乘舟二:逝此字本与害叶,今读误害

朱子在"害"下不但没有照抄吴氏,而且没有注叶音,看起来是要取消吴氏叶音以其本音入韵。"逝"下注"此字本与害字叶",似乎是要改读三等细音的"逝"叶为洪音,但后面却又来一句"今读误",就叫人不太明白,毕竟"逝"的"今读"究竟怎么"误",他并没有说。"注书从简",不过这里似乎太简了一些,致使这个叶韵该读哪个音,不甚清楚,更不知道朱子是根据什么说"逝"要与"害"叶的。

我们从《朱子语类》卷一百四十找到了他的一句话,恰是对这个叶音的

说明:"'逝'字从'折',故可与'害'字叶韵。"①由此可知,所谓"逝"字的"今读误"是指其声调,因为"逝"字从折得声,其古音当读为入声"折",今音读成了去声,所以误。这段语录告诉我们,朱子主要是从古谐声关系推定"逝"字古当读为入声"折"音的②。

然而"逝"读入声"折"音,跟去声"害"字怎么押韵呢?原来,"害"字古音也当叶读为入声"曷"③,没有写入同样是求简的原因。在《诗集传》中《蓼莪》第五章、《四月》第三章、《生民》第二章、《荡》第八章下都可见到"害叶音曷"的叶音,所以在这里"害"应当也一样读为"曷"。"曷"属山摄曷韵,"逝"的声符"折"音属山摄入声薛韵,曷、薛两韵在宋代诗词中是可以谐韵的。因此《二子乘舟》本文之下言而不详的"逝本与害叶",其实是综合古韵例、古谐声等语音根据考得的,比吴氏仅据古韵例推古音多了一重证据,观察角度不同,所得结论完全不同。

4.1.3 朱吴取证之异同。我们已经看到,朱子在很多情况下修改吴氏的叶音,另作新叶,并不是吴棫没有根据,而是认为吴氏所取证据有所不逮,需要修改增补。朱子的修订往往都扩大了取证范围,改换或新增证据,综合各种证据考其古音,显示出在语音根据方面与吴氏有所不同。那么,在取证的根据方面朱吴之间究竟有多少不同呢?

朱子在《诗经》音注中尽管很少写下叶音的根据,但分析《诗集传》的实例,辅之以朱子留下的大量文献如文集、语录等,我们已经推知其叶音的语音依据有 6 大门类(详本卷第六章),简言之即:1.古韵例,2.古谐声,3.古音训,4.宋代通语音,5.宋代方音,6.四声互用类推。

吴氏《毛氏补音》中叶音取证的完整表现今已无从得知。但可以从《韵补》推知补音取证的大致范围。根据《韵补》徐蒇序、吴棫书目和补音条目下的具体取证,大致可以归纳吴氏补音的语音依据有 5 大门类,同于朱子的前 5 条。

朱吴相较,吴比朱少"据四声互用的音理推叶音"一类。根据"四声互

---

① 《朱子语类》,第 8 册,3336 页。
② 按,据谐声系推其叶音前文已述,在《大雅·抑》中朱子将"逝"字"叶音折"。
③ 按,"害叶音曷"的语音根据为"四声互用"与"韵书异读",参刘晓南 2016B。

用"的原理,在古韵中任一字音根据其上下文的需要,可在音节的平上去入四声之间互用,这是"害"字吴氏只能叶"暇憩切",而朱子却可以"叶音曷"的根本原因所在。朱子之取叶证据较吴氏多了一类,就有了一大批叶音的不同。

然朱吴取证之异同还不仅止于此。朱吴二人共有的 5 种叶音依据,在具体使用上也有很大的不同。朱子取证都以能否说明叶音为准,凡适者即用之,5 种根据没有轻重之分;而吴氏补音之取证主要为"古韵例""古谐声"与"古音训"3 类,至于据宋代通语与方言的实际语音考古音,从现有的材料看,《毛诗补音》佚文几乎未见运用宋代实际语音作补音根据的条目,在《韵补》也只有少量字例,且取证的用语闪烁模糊,主要分布在两个地方。

其一是"去声五寘"所收的一组蟹摄合口一等洪音叶止、蟹三等细音即是,但其解说语只是含糊地说一声"古声清,叶志"或"叶祭"而已,如:

桧,今声浊,叶泰;古声清,叶志。

外,古声清,叶志;今声浊,叶泰。

退,今声浊,叶队;古声清,叶志。

内,今音浊,叶泰;古声清,叶志。

贝,今声浊,叶泰;古声清,叶祭。

荟,今声浊,叶泰;古声清,叶志。

悔、海,今声浊,叶队;古声清,叶志。

会,今声浊,叶泰;古声清,叶祭。

上引文中所说的"今声"指礼韵之音,用于补音的所谓"古声"其实就是实际口语表现出来的读音。"桧"等 9 字均为蟹摄队韵和泰韵合口的洪音字,吴氏说它们"古叶志、祭",其所依据并非古韵,而是灰韵泰韵合口呼以及蟹摄三、四等通押止摄的宋代通语实际语音。这种通押在宋代诗词用韵中大量存在①,属于宋代通语中实际出现了而又不见于韵书的新的字音,吴氏用来作为所谓古音的证据,以补足《集韵》漏收之音,吴氏并没明确其语音性质。

其二是"鱼""语""御"3 韵下所收的一组来自中古止摄的开口三等齿音

---

① 此可参宋诗词用韵的诸篇论著,不赘。

字的补音,吴氏的解说语含糊地说其为"今读""世俗读",如:

平声九鱼:

资,如今读,叶鱼韵。古资、雌、疵、思、词一类多与今鱼、虞等韵叶用,下同。

斯,如今读,叶鱼韵。

词,如今读,叶鱼韵。

上声八语:

子,子而、奖礼切。经传又有一音,如今世俗所读,而与语韵相叶。

士,今与止韵叶用,古有一音,如今世俗所读,而与举武为韵。

去声九御:

嗣,存故切,或只如今读,以叶御韵。

事,事本仕吏切,古有一音,如今世俗所读,与御遇相叶。

这组收于鱼语御韵中的止摄齿音字,吴氏据它们今世俗读中有读为鱼语御的读音,来作为古叶鱼韵的证据,补其古音。其实它们是宋代闽音(参刘晓南 2002),是吴氏的家乡语音,但吴氏同样也没有明说是据方音。

以笔者所见,虽然《韵补》中按实际语音补音的字例不止于此,但说到了"今音""世俗音"的主要就是上述诸例,字例既少,其所解说也很含糊。可见吴氏补音之取证虽有实际语音,但并不重视,或因其缺乏应有的认识,做不到明确地使用方音来说古音,难怪王质要批评说:"吴氏考古音甚详,而采方音稍略也。"[①]较之朱熹一再明说方音有与古音暗合,努力取用宋代闽音以说诗经古韵,其差距之大是显而易见的。

4.2 叶音重诵读和谐

有一些《诗经》韵段,在叶什么韵部的大前提下,朱子同于吴棫,但朱子还是修改了吴棫的切语,这是因为朱熹的叶音不但考虑到韵部是否可叶,而且还照顾到了整个韵段韵脚字的开合洪细(介音)是否相同,介音相同的话,朗读起来就更加和谐。

4.2.1 开合和谐的修订。比如改吴氏合口叶音为开口,前文我们已经

[①] 语见《诗总闻·小雅·裳裳者华》诗下之"闻音"。

提及了将吴氏"有,羽轨切"改为开口"有,叶羽己反"一例,其实朱子改吴氏"羽轨切"为开口,见于杨氏引录者,共有"友""有"2字5次,涉及5个韵段,现罗列如下:

周南关雎三:采叶此履反友叶羽己反

周南芣苢一:采叶此履反有叶羽己反

小雅六月六:喜祉久叶举里反友叶羽己反鲤友叶羽己反

小雅甫田三:止子叶奖里反畮叶满彼反喜右叶羽己反否叶补美反畮同上有叶羽己反敏叶母鄙反

鲁颂閟宫八2:喜母叶满彼反士有叶羽己反祉齿

上面5段中的"有""友"二字,吴棫全叶"羽轨切",朱子全改为"叶羽己反"。为什么要这样改?前文说了两个理由,一是叶音根据不同,一是诗中多押开口。所谓诗中多押开口,列出整个韵段韵脚字自可一目了然。以中古音系来看,上列5个韵段中的韵脚字虽然所属韵部有不同,但原本并无一个是合口,原本介音相当和谐。将它们同叶止摄,"有友"两字若依吴氏叶"羽轨切",音同于"洧",开口韵段中就出现了一或两个合口音,介音和谐即被打破,诵之则有开合不谐之嫌;朱子改为"叶羽己反",改属止开三,其音同"以",这样一改,整个韵段全读开口,介音重返和谐。

4.2.2 洪细和谐的修订。朱子只改订洪细而不改动韵基的例子也是有的,如《唐风·扬之水》第一章韵字"凿、襮、沃、乐",沃,吴《补音》"鬱缚切",切下字属药韵合口三等,照吴氏读,全韵段药铎两韵洪细通押。朱子将"沃"改"叶鬱镈反",属铎韵开口一等。则全韵段均叶铎韵一等。

下面韵段中朱子改订后达到洪细均衡的效果:

小雅南山有台五:枸俱甫反楰音庾耇音苟叶果五反後叶下五反

4个韵脚字,原本前2个为遇摄虞韵三等,后2个为流摄厚韵一等,洪细均衡。吴棫将流摄字改叶遇摄时"耇"叶"果羽切",厚韵一等字改读为语韵三等,洪音变细音,韵段出现了3个细音,1个洪音,洪细失衡。朱子认可吴氏的改流叶遇,但没有取用吴氏改一叶三,而是改为"耇,叶果五反"遇摄一等洪音。这样一改订,韵段就又回到了2细2洪,洪细均衡。

下面韵段的朱子叶音或可与王质闻音的"疑似语料"比较,以旁证朱子叶音的介音和谐。

大雅生民二 1：达他末反副孚逼反叶孚迫反害叶音曷

《生民》第二章第 1 韵段 3 个韵脚，王质闻音"达，徒对切"，读队韵合口一等；"害，暇憩切"，读祭韵开口三等，"副"字无叶，当不入韵。前文已介绍杨简引述吴氏"害，叶暇憩切"有 2 条之多，所以王质闻音的这一例"害叶暇憩切"极有可能是吴氏的补音。

在"达、害"韵段中，王氏所闻之音将入声"达"字改读去声"徒对切"后，整个韵段叶蟹摄去声，其语音根据仍然是据古韵例推，且符合宋代通语，但全韵段的开合洪细明显不伦。

朱子的叶音则完全不同。"达"注音"他末反"，"害，叶音曷"，改为叶入声。"害叶音曷"前文已提及是有语音根据的。"达"字《广韵》音唐割切，定母，而朱子音"他末切"透母，是否有误？查《生民》篇之"达"字原句"先生如达"，"达"，毛传"生也"，郑笺"羊子"，朱子释为"小羊也"，从郑氏。陆德明《经典释文》音"他末反"。而《广韵》唐割切的"达"，义为"通达"，显然不是《诗经》上的"达"字。《广韵》曷韵他达切小韵收"羍，小羊也"，此即"先生如达"的"达"本字。朱子的注音据《经典释文》注"他末反"（即他达切），不看作叶音。照朱子之音叶，则读"达，他末切"乃据释文与韵书，"害，叶音曷"亦有根据，则此两叶音的语音根据远强于王质闻音所述。且"达""害"两字的叶音都是曷韵开口一等，开合洪细完全和谐，就连王质闻音未提及的"副"字，依朱子的叶音"叶孚迫反"也读陌韵开口二等，同样属于开口洪音。如果王质闻音确是闻于吴棫补音的话，那么，朱子的修改不但改定了韵调，而且还改订了洪细。亦即曰，朱子之修订不但使韵段押同一韵调，而且达到了诵读时介音的和谐。朱、王异同比较，生动反映了朱子叶音对诵读和谐的重视。

4.3　和谐不忘诗韵规则

虽然宋代实际语音已与诗韵大不相同，但诗韵在读书人中间仍有很高的地位。无论作诗还是读诗，在大多数情况下，文人都是遵从诗韵规则的。朱熹在《诗经》叶音中也注意了这个问题，在不违背诵读和谐的前提下，朱子注叶在许多场合是充分照顾了韵书及其规则的，从他对吴棫叶音的修订中也可以看出来。

4.3.1 规则:同用独用的维护

吴棫叶音取用实际语音之时,经常有突破诗韵规则的地方,朱熹则往往在不破坏所叶语音和谐的前提下,修订其叶音,达到符合诗韵的规则。前文表"下字音异"中有不少这样的字例,我们择其要,略作举证说明。下面举例时列出韵脚所在的韵段及朱子的叶音,并将吴氏的叶音用"/"标于其后,以备核对。

先看"枕"字的修订,该例比较典型:

陈风泽陂三:菡大感反叶待检反俨鱼检反枕叶知险反/吴:枕,知辇切

《泽陂》三章 3 个韵脚,切韵音系中都属闭口韵,但其主元音弇侈不同。"菡""俨"2 字属咸摄侈音,"枕"字属深摄弇音。吴氏给"枕"叶"知辇切"①显然是要改其弇音属性,押侈音咸摄的韵,但切下字"辇"属山摄仙韵上声三等,是与咸摄平行的韵摄,韵尾不同,若要韵尾相符则当叶盐韵上声。这并非吴氏错叶,因为吴氏认为这种韵尾的叶音是古音可通的。《韵补》卷第二云"添古通盐",又云"盐古通先",又云"仙古通先"②,是以先仙古通盐添。所以叶仙韵可通盐韵。杨简批评曰:"补音此切未安,诗固自有微叶而不切者,纵此切叶,则宜占敛切,乃今音之微转,若知辇切,则差甚矣。"③杨氏所说的"微转"即指由侵韵转叶盐韵,吴氏却转叶仙韵,所以"则差甚矣"。朱子改订为"枕叶知险反","险"正属咸摄盐韵上声三等,就完全符合诗韵的同用系统了。

再看"采""在"两例,其韵段如下:

周南关雎三:采叶此履反友叶羽已反/吴:采,此礼切

小雅小弁三:梓叶奖履反止母叶满彼反裹在叶此里反/吴:在,此礼切

上两段中"采""在"两字,吴氏原叶齐韵上声,朱改为叶旨止韵。这些改订是不是反映了在朱子口中齐韵四等与脂之三等尚存在语音分别?全面考查朱熹叶音就会发现并无此事,如前文表"下字形异"中《周南·葛覃》第一章第二韵段的"喈"字,吴棫在"喈"下补音"居西反",朱子改为"叶居奚反",

---

① 该条叶音亦见于《韵补》卷第三上声二十七铣韵,其所引古证正是《泽陂》。
② 见《宋本韵补》,54、36 页。
③ 杨简语见《慈湖诗传》卷九《泽陂》篇下。

与吴氏同叶齐韵。"喈"字所在韵段为"萋飞喈",朱吴均不给止摄的"飞"叶音,意味着止摄"飞"字直接可以跟齐韵的"萋"和叶读齐韵的"喈"字相谐。这是蟹摄齐韵与止摄字相叶的实例。其实在《诗集传》中齐韵叶止摄的例子很多。有的是改叶别韵字为齐韵以与止摄字相叶,如上所引例,还有的韵段韵字本身就是齐韵字与止摄各韵的字,朱子并不注叶音,表示它们直接相叶,如《卫风·硕人》第一章韵字为"颀、衣、妻、姨、私"齐韵的"妻"与其他脂微韵字相叶,朱子没有注一个叶音。由此可见"以齐叶止摄"朱熹跟吴棫没有什么不同,将"采""在"二字吴棫的叶荠韵改订为叶旨止韵,其实并无语音差异,为什么要改?恐怕只能解释为是使原韵段的用韵符合诗韵规则。同样,《关雎》第三章韵字"采""友",吴氏"采"叶"此礼切","友"叶"羽轨切",从诗韵的角度来看,就是上声荠韵与旨韵通押,不合诗韵规则,且开口合口混押。朱子改订"采"字"叶此履反","友"字"叶羽已切"就是止旨同用,符合诗韵的同用独用规则。

4.3.2 韵书:犹疑与决断之间

前文"异同比较"中有关修订二音叶的几组字例,朱子一是在 6 个韵段中不同意吴氏叶一个韵,改为二音叶;二是有 2 个韵段不取吴氏二音叶,而将其确定于只叶一个韵部。如果把吴氏单音叶改订为二音叶,由确定的一读变为不确定的二读是有所犹疑的话,那么把吴氏的二音叶改订为单音叶就是由有所犹疑而变得决断。可见,朱子是时而表现出犹疑,时而表现出决断的,在犹疑与决断之间,是什么在起作用呢?

我们先看所谓"犹疑"者,上表中吴氏单音叶,朱改为二音叶的韵段共有 6 段,

周南桃夭一:华芳无呼瓜二反家古胡古牙二反/吴:华芳无切,家公胡切

召南何彼秾矣一:华芳无胡瓜二反车斤於尺奢二反/吴:车斤於切

邶风终风二:霾亡皆反叶音貍来叶如字又陵之反来思叶新才新赍二反/吴:来陵之切,思息慈切

郑风羔裘一:濡叶而朱而由二反侯叶洪姑洪鉤二反渝叶容朱容周二反/吴:侯洪姑切

秦风小戎一:驱叶居俱反又居录反续叶辞屡反又如字毂叶又去声舜之树反又之录反/吴:驱居俱切

小雅南有嘉鱼四:来叶六直陵之二反又叶夷昔反或如字/吴:来六直切,又伊

昔切

笔者曾穷尽考察过《诗集传》中的二音叶韵段(刘晓南 2016C),根据二音叶韵段的音注特色及朱子的一些注释文字,推知朱子采用二音叶的原因有两条:一是"存异说",二是"难取舍"。

"存异说"主要指保留吴棫旧说,然后自己再提新说。这是因为,朱子虽然不大同意吴氏的叶音,要提出自己的叶音,但吴氏旧说亦有道理且影响较大的,则予以保留而形成二音叶。如"华""家""车"三个麻韵字,诗中常与鱼模韵相押,又能单押麻韵。他曾明确地说过:"至如'何彼秾矣,唐棣之华',是第一韵,则当依本音读,而下文'王姬之车',却当作尺奢反,如此方是。今只从吴才老旧说,不能又创得此例。"①在《经典释文》及《广韵》《集韵》中可以找到"华""家""车"3字两读于麻、鱼模之间的记载。上面《桃夭》《何彼秾矣》的两个韵段,韵脚全属于麻韵,本可协麻,然吴氏却只叶鱼模。叶鱼模有理,但亦可叶麻,故朱子存吴说,另标押麻之叶。上述 6 段,均为吴氏叶音在前,朱子增补在后,均保留其异说。

"难取舍"是指韵段中诸韵脚可以有两种选择,到底该押何种韵,其倾向不明,故暂均予以保留,以方便诵读选择。上述 6 个韵段共有 12 个韵脚,涉及中古麻(华、家、车)、皆(霾)、咍(来)、之(思)、侯(侯)、虞(渝、驱、续、斁)、屋(穀)等 7 个韵,除"霾""侯"外,其他 10 个字在韵书与音义中都有符合上面韵段两叶的两种读音,而"霾"也可以据其谐声"貍"推其古有之韵一读,"侯"则据宋代闽音可以推其有模韵一读。可以说都有相关的两读,因而在韵书及音义文献中这些韵段的押韵就有了两读选一的需要。吴氏已选定其一,去除其一,但查看诸韵脚字在韵段中的押韵倾向,并没有显现出必得读为吴氏所叶之韵的趋势,似亦不宜去除另一读。如《终风》二章的"霾来思"3字,吴氏叶之韵一读,朱子增叶皆咍。大概原因就在"霾"字宋人实际常读皆韵音,"思"字实际常读之韵音,而"来"字实际读音是咍、之两读,整个韵段 3 个韵脚字,依韵书则 1 个读咍皆,1 个读之;再加上古谐声推古音,则"霾"字从貍得声,自可叶貍,"思"字有鰓、颸等谐声字,亦可得出"新才反"之音,整个韵段就是都可读之,都可读咍皆,可押之、可押咍皆的音各占一半,其倾向不

---

① 《朱子语类》卷八十,2079 页。

明，不易确定何韵必叶，故而两叶。其他韵段亦可如是观。

　　当然，这里朱子取二音叶时并没有从古音系的角度考虑。上述诸韵段，只要古音系一定，诸字必定属于某一个古韵部，就必定只能一叶。吴氏可能是据其所认定的古音作出一叶处置，这比朱子的二音叶要高明，不过，我们也不能给予吴氏过高的评价，因为吴氏也有二音叶。

　　了解了"犹疑"的原因，再看将吴氏二音叶改订为单音叶的所谓"决断"，似乎头绪就比较清晰了。将吴氏二音叶决断为一叶的韵段有 2 个：

　　鄘风相鼠一：皮叶蒲縻反仪叶牛何反为叶吾禾反/吴：皮一读蒲縻切一读蒲何切，仪一读鱼奇切一读牛何切，为一读于讹切一读吾禾切

　　周颂载芟 1：柞侧百反叶疾各反泽音释叶徒洛反/吴：泽一读直格切一读徒洛切

　　以《相鼠》第一章为例，这个韵段共三个韵字"皮、仪、为"，杨简引述曰："皮，《补音》一读蒲縻切，一读蒲何切。仪，一读鱼奇切，一读牛何切。为，一读于妫切，一读吾禾切。'或寝或讹'，'民之讹言'，闻凡五经文字皆作'譌'。《说文》以'爲'得声。《史记》引《书》'居南交''南为'，正读'为'作'讹'。《楚辞·哀时命》：'知贪饵之近死兮，不如下游乎清波。宁幽隐以远祸兮，孰侵辱之可为。子胥死而成义兮，屈原沉于汨罗。'《汉书·王莽传》'以劝南伪'，韦昭'五戈切'。'为'与'伪'皆当有'讹'音。"王质闻音曰："为，于妫切。开元凡经文皆作譌，《说文》譌以爲得声，今爲皆省文。孔氏以譌作讹，而《楚辞》为叶'波''罗'，则音'讹'亦是，两读皆可若此。'仪'当牛何切。"综合杨、王的引述，可知该韵段吴氏《补音》处理为既可叶支韵，又可叶歌韵。因为读支韵是当时普遍使用之音，不必论证，吴氏主要论证古音可叶歌韵，重点说明"为"古可读为"讹"。总之，吴氏认为该韵段古音支、歌两叶。站在今天古音学的立场，该韵段只押歌部，吴氏支、歌两叶显然不合古音。

　　朱熹时代尚无古韵部系统，朱子当然不可能从古韵部的角度评判吴说。他应就是从韵书暗示的押韵倾向来决定取舍的。"皮""仪""为"三字可读歌韵，是从古谐声、古韵例等推导得来的，韵书之中全无记录，则从韵书的角度来看，其读支韵无疑是为今韵，读歌韵者乃考证所得，与今韵无关，是纯粹的古韵。既然韵段古、今韵读分明，若要保留叶支韵的今韵，古今杂糅自然不妥。朱熹反对这个韵段的二叶，改为只叶歌韵，正是去除了吴氏以今韵作叶的部分。

同样,《周颂·载芟》第一韵段"柞""泽"两个韵脚,吴氏补音:"泽一读直格切,一读徒洛切。"既叶陌韵又叶铎韵,叶陌韵实属于今韵,吴氏仍作古今杂糅的二音叶。朱取其"泽叶徒洛反"一叶,又注"柞音侧百反叶疾各反",这样一来整个韵段只叶铎韵,也是在押韵倾向清晰的前提下,去除其今韵之叶。

韵段的押韵倾向明确即可确认其该押何韵,如果韵段的古今音押韵倾向不明确,韵书暗示的押韵倾向就会助力朱熹的决断。我们在前文"说音方式异"中指出有"蒌、芾、亩、奕、舃、绎"6个字共4个韵段的将二音叶改定为单音叶,就与韵书的暗示有关。先看其韵段。

周南汉广三:蒌力俱反驹/吴:蒌,一读力侯切;驹,一读居侯反。

召南甘棠一:伐芾蒲曷反/吴:芾,一读扶废切,一读蒲昧切。

齐风南山三:亩莫後反母莫後反/吴:亩,一读满罪切,一读满补切。

小雅车攻四:奕舃绎/吴:奕,一读夷益切,一读弋灼切;舃,一读思积切,一读七雀切;绎,一读夷益切;一读弋灼切。

前文分析过《汉广》的"蒌""驹"叶音吴氏侯、虞二叶,即是因古音属侯还是属虞难以分辨,而作出的处置。朱子定为虞韵一叶,实乃据韵书暗示的押韵倾向而定。《甘棠》《南山》二诗的情况类似。《车攻》四章则朱子全不从吴氏,亦据韵书的暗示以定其本音入韵。

综上文,朱子之于二音叶的"犹疑"还是"决断",恐怕原因还得从韵段中韵脚字由韵书所暗示的押韵倾向来寻找。笔者推测,朱子在确定一个韵段是否二音叶时,比较重视韵书(含音义书)的"暗示作用"。他可能充分考察了韵字在韵书中的表现,来判断韵脚字的押韵倾向。如果韵书只能查出诸韵字之今音,其所谓补考之古音多不见于韵书,属于"补"记之古音,显出古、今分途之趋势,则常常舍今音以就古读,当断则断,如《相鼠》所定;若韵书记载的异读中今音与所谓古音难为轩轾,势均力敌,今古两可者,则以今律古,不定于一。而吴棫也有二音叶,什么情况下根据什么确定其当属二音叶,似乎看不见韵书暗示的作用。吴氏到底据什么确定二音叶,因其例证较少,暂且存疑。

一个韵段定其押两种不同的韵,这种做法当然不符合古音实际,或许根本就是不科学的。但换一个角度来看,这种处理仍然反映了朱吴二人重语音根据的严谨态度,透过二音叶操作中朱吴异同的比较,我们在其间看到了"韵书暗示"的重要作用,说明朱熹的叶音有一个重要的依据就是韵书。

4.4 目的:补音与叶音之异

一般看法,凡论《诗经》之韵,莫不与古音相关。吴棫针对毛诗音所作的补音,其实就是他对《诗经》韵脚字古音的认证与考定,其著书目的只有一个,就是疏通《诗经》之古韵。正如徐蒇所说:"自补音之书成,然后三百篇始得为诗,从而考古铭箴诵歌谣谚之类,莫不字顺音叶"[①]。

吴氏叶音只求其古音,所以他并不称之为叶音,而名其曰"补音"。所谓补音,主要就是据古诗韵例推韵脚字的古韵读。观其补音字条之所有的引证,无论是先秦汉魏等古诗韵段还是某书某人的音训之类,无非都是为了推论《诗经》中某韵脚字的古韵之音。朱熹说的"他皆有其证""多至十几证"等等,大概都是指所引的古诗韵例而言。吴氏通过大量的古韵文相关韵段,判断某些字今韵不谐而在古韵中是相谐的,证明古有此读而给《毛诗》之韵脚补入一个古音。凡所补之音,均不见于音义或韵书,此即其补音之本意,正因为如此,所以凡吴氏所补,一以古音为定。

朱熹叶音同样也有考证《诗经》韵脚古音的意思。但朱熹不称之为补音,只称叶音,其立意与吴氏大为不同。叶者,韵读和谐是也。通过上文的朱吴异同比较,可以看出朱子叶音与吴氏一心只为补上《毛诗》之古音的作法并不完全相同。在吴棫那里,由于只补古音,必定没有今音的位置,只求所补古音成立,也不太顾及诵读之和谐顺口。而朱子叶音则不然,叶音之中一再修订吴氏补音中的介音不谐、修订其不合诗韵规则现象,更多地显示了叶音为诵读和谐而作的实用功能。当朱子叶音的修订一再讲究诵读和谐,强调并尽可能能靠拢诗韵规则的时候,这就超越了吴氏的补足古音的范围,带来了朱之于吴的最大不同,就是叶音的目的不同。简言之,吴氏补音,考古音是其目的,朱子叶音的目的是诵读和谐,考韵脚的古音只是达到目的手段之一。他说:"古人情意温厚宽和,道得言语自恁地好。当时叶韵,只是要便于讽诵而已。"又说:"大凡读书,先晓得文义了,只是常常熟读。如看诗,

---

[①] 徐蒇语见《韵补序》,《宋本韵补》,1页。

不须得着意去里面训解,但只平平地涵泳自好。""读诗全在讽咏得熟,则六义将自分明。""看诗,须并叶韵读,便见得他语自整齐。又更略知叶韵所由来,甚善。"① 所以,在朱子看来,叶韵是一定要读,而且能读的,诵读则必定需要和谐。无论是古音,还是今音,凡是叶韵,一定要达到诵读的和谐,这才是朱子叶韵的真正目的。

五、朱吴差异概观

虽然材料不全,我们只能在两百多条叶音的范围内比较朱吴之异同,但通过朱子对于吴氏的修订的区区一百余例,我们仍然可以看见,朱之于吴的差异是巨大的。

一是朱子根据自己对叶音的理解,来决定是否取用前辈的成果。这就决定了,虽然他非常尊崇前辈,对吴氏的补音评价很高,但他并不全盘接收,一以吴说为准。而是反复核查,广泛取证,对吴氏的补音有自己的理解与评判,在这个基础上,取其认可者,改其不取者,对吴说作了大规模的修订。有的是技术性的修订,如同一叶音用字不同的"形异"。更多的是对古音的认识不同,如"音异""说音方式"等差异。

二是叶音中的语音根据有很大的不同。从朱吴所有的叶音字例归纳各自的取证方式,进行比较,可以归结其异同为"三同、两异、一缺"。

"三同"即在"古韵例""古谐声""古音训"三个方面,朱吴二人使用的叶音或古音考证方法全部相同。

"两异"即在"宋代通语音""宋代方音"两个考古音的语音根据方面,朱吴两人虽然都运用此两个方面的证据来证古之叶音,但各人的理解与使用并不一致。简言之,朱子对于以宋代时音证古音是有理性的认识的,因而自主地有意识地全面使用时音语料,尤以方音使用为常。而吴氏则不但没有提出时音或方音证古的理论,在具体使用上也是数量不多,且用语闪烁,不甚清晰。吴氏以古韵例为主,参考古谐声,古音训来考定韵脚古音,虽有口

---

① 四段引文分别见《朱子语类》卷八十,2081、2078、2088、2083 页。

语音甚至是当时方音的加入，但并没有形成自主的理性认识，甚至都不提方音可以证古音，至使王质有吴氏"采方音稍略"的批评。

"一缺"即朱子吸收同时代古音学家程迥的"四声互用"理论于《诗》《骚》叶音之中，开古音通转理论之先河。吴棫补音中并没有看到有使用音转论证古音的例子。

三是叶音目的不同。吴氏补音重古音的考定，以补足韵脚字之古音为其目的。而朱熹叶音则更为重视《诗》《骚》实际诵读的和谐，以恢复古诗歌优美的旋律为其归宿。这一重大差异，从修订吴氏补音的介音和谐和维护诗韵规则中可以看出来。

第八章　朱熹语音核心语料概观

我们已经从历史发展和社会文化等不同角度考察了宋代叶音的源流、分布及其各种表现，对宋代叶音有了一个比较接近历史客观的整体了解。通过全面比对朱熹、吴棫叶音的异同，我们可以确定，朱熹诗经叶音并非是吴棫毛诗补音的翻版，而是在他自己的叶音思想主导下形成的自主成果。

朱熹广泛地收集包括方音在内的语音资料，吸收前人的研究成果，在前人已有成果的基础上疏通语音障碍，小心地核查、考证每个难识字与韵脚字应当的或可能的读音，以解决《诗经》诵读的韵律和谐问题，期望通过诵读的和谐来再现这批经典作品的铿锵音调和优美旋律，从而形成了以叶音为主体的朱熹语音的核心语料。正因为注重诵读的和谐，而不得不与口语密切关联，这批宝贵的语音材料，才具有了汉语语音史特别是近代语音史研究的重大价值。它们数量既多，价值又高，对于缺乏属于本时代韵书的南宋来说，无疑具有填补时音文献空白的意义。

我们已经根据内在特征及相互的关联，将朱熹语音的核心语料分为三大部分：一是叶音，二是与叶音相关联的注音，三是经过叶音定读之后的韵段。三者之中叶音语料是主体和基础，另外两类语料要么是衍生的，要么是相关连的，都是因为或多或少与叶音语料有着某种关联而一同成为重要的研究对象。三种语料主次有别，互相关联，又各有特色，在进入历史语音研究之前，有必要对它们有一个梗概的了解。

由于叶音语料最为重要，我们将重点介绍叶音语料，然后再涉及其他相关语料。

一、叶音的结构形式

1.1 术语及基本构造

1.1.1 叶音的术语:"叶"字。叶音,本质上仍是一种注音,然而它们从内容到构造形式都与一般注音不同。从所注内容上看,叶音这种独特的注音是专为韵脚字的谐韵而作的,目的是使这些古老韵段中口语读来不和谐的韵脚变得和谐,与一般的为了解决疑难字读音问题的注音有明显的差别。从形式上看,朱熹叶音严格地使用了一个专用的术语"叶"字,作为统一的功能标志,以与一般的难字注音在形式上区别开来。

1.1.2 叶音的构造。朱熹所有音释中凡疏通韵脚的注音,除个别特殊情况外,全部都冠以"叶"字,以"叶某某反"或"叶某音"的方式形成一条一条的叶音条目。其内容丰富,结构形式多样,与普通注音相比较,大致注音有什么样的构造形式,叶音就有什么样的构造形式,可是反过来并不是叶音的所有形式注音都有的,也就是说,有一些结构形式是叶音所独有的。

1.2 与注音相同的叶音形式

一般注音常见的结构形式有:如字、直音、标调、反切 4 种。这 4 种形式在朱子叶音中都有,但需要说明的是,在一般注音中颇为正常的"如字",在叶音中却是不太正常的。因为如字通常是用来标示多音字的常用读音,但在韵脚的谐韵问题上,叶音却是表示采用非常用音谐韵,如字与叶音其实是矛盾的,只有在特殊情况下才会出现"叶如字"之音。在朱子叶音中,"如字"形式的叶音实例很少且需要有一定的前提条件,与一般注音中的"如字"的含意有所不同,应当归入"与注音不同的形式"中。

因此,与一般注音相同的结构形式主要就是:直音、标调、反切 3 种。下面分别从《诗集传》《楚辞集注》中列举例证以明之。每例由 3 个部分组成,一是被叶字,二是所叶之音,三是出处。出处标注方式一依前文所定。

1.2.1 叶直音。以直音的形式注上一个叶音,格式为"叶某音"。

召南驺虞一:虞,叶音牙。

山鬼44:来,叶音厘。

1.2.2 叶标调。以标明声调的形式注上一个叶音,格式为"叶某声"。

鄘风君子偕老二:翟,叶去声。

河伯43:鱼,叶上声。

1.2.3 叶反切。以反切的形式注一个叶音,格式为"叶某某反"。此式最为常用。

周南关雎一:服,叶蒲北反。

哀二世赋233:差,叶初歌反。

1.3 与注音不同的结构形式

与一般注音不同的结构形式,属于叶音所特有者,可以归为4种。

1.3.1 先注后叶。给韵脚字先注一个音,再叶一个音。其中注音疏通疑难字音,叶音则注明谐韵专用之音。注、叶合于一条,集难字注音与韵脚谐韵于一体。这种格式当然只有叶音时才会出现。至于其注音、叶音的结构形式均可用如字、直音、标调与反切,这样一来,注与叶之间的不同搭配形成若干种不同的组合,为了尽可能展现各种不同的组合形式,多举几例。

大雅生民七:烈,如字叶力制反。此为先注如字再叶反切。

商颂玄鸟:何,音荷叶如字。此为先注直音再叶如字。

小雅采绿四:鲔,音叙叶音渭。此为先注直音再叶直音。

大雅韩奕五:乐,音洛叶力告反。此为先注直音再叶反切。

小雅小旻五:否,方九反叶补美反。此为先注反切再叶反切。

湘君32:茝,莫报反叶音邈。此为先注反切再叶直音。

成相210:治,直吏反叶平声。此为先注反切再叶声调。

吊屈原158:螾,音引叶平声。此为先注直音再叶声调。

离骚24:下,上声叶音户。此为先注声调再叶直音。

1.3.2 叶如字。以"如字"的形式注上一个叶音,意思就是说,当多音字作韵脚时,其常用音不合文意但可谐韵,而合文意的读音(可称为"本音")又不能谐韵,反而得回到常用音才能谐韵,所以就注"叶如字"。与一般叶音不同的是,"叶如字"往往需要先注一个符合语境的音(本音)之后再叶如字之音,格式为"某音或切、叶如字",由此看来,"叶如字"其实是一种特殊的先注后叶。如：

小雅庭燎二：艾，音乂叶如字。

大雅桑柔三：疑，鱼乞反叶如字。

如《庭燎》的艾"音乂叶如字"，是说韵脚"艾"字的常用音为泰韵五盖切，在本章中要读为废韵鱼肺切"乂"音方符合其文意，故其本音为"乂"，但押韵却得押其常用音，所以"叶如字"。《桑柔》的"疑"字亦当作如此解。这种叶音形式使用很少，《诗集传》中"叶如字"共 5 见，《楚辞集注》中未见。

1.3.3 二音叶。二音叶是一种复杂的叶音方式，它给一个韵段中的每一个韵脚字均注上两个叶音，使得整个韵段可以同时读出两种不同的韵部（详刘晓南 2016C）。二音叶堪称是叶音中最为特殊的说音现象，有两个显著的特点。

一是术语的使用较为自由，可以用"叶××、××二反（音）"，此可称为二叶例；也可以不用"叶"字，而成为"××、××二反（音）"，此可以称为二音例。无论是二音还是二叶，它们给整个韵段叶读两个韵部这一点是相同的，所以合称为二音叶例。

二是每个韵脚下的二叶，均依序排列、遥相呼应，形成两组押韵组合。由于二音叶与整个韵段相关，下面的举例就列出韵段及其叶音。

二音例：周南桃夭一：华芳无、呼瓜二反家古胡、古牙二反

二叶例：豳风东山四：缡叶离、罗二音仪叶宜、俄二音嘉叶居宜、居何二反何叶奚、河二音

如《桃夭》诗的韵脚"华家"二字，朱子分别注鱼、麻二韵之音，其实就是提供了该韵段鱼模部"芳无反、古胡反"与麻车部"呼瓜反、古牙反"两种押韵组合，读者诵读时可以据自己的爱好选用其中一种谐韵。

二音叶还有若干种变例，较为复杂（详刘晓南 2016），此略。

1.3.4 叶音说明。对韵段中的谐韵作出说明，其中也需要使用"叶"字，因而出现了专为说明押韵的"叶音"，可概称之为"叶音说明"。"叶音说明"与确认韵脚谐韵之音的叶音从形式到内容都有很大不同。形式上叶音说明一般不采用"叶某某反"之类的注音方式来说其叶韵情况，在内容上主要是对于韵脚字及其所谐韵的说明，涉及面比较广，大致可以区分为三种情况，一是说明韵脚字与哪个字谐韵等谐韵的情况，二是说明一些比较特殊的谐

韵,三是说明韵段的谐韵"未详"。下面各举几例,必要时略作说明。

(1) 说明韵段中韵脚与谁谐韵。

召南何彼秾矣一:秾,如容反与邕叶。

周颂有瞽:举,以上叶瞽字。

周颂有瞽:成,以上叶庭字。

自悼赋235:邮、周,皆叶时韵读。

如《自悼赋》注中的"时韵"即"时字韵"的意思,"时"字是本韵段前面的韵脚。"叶时韵读"就是说韵段的"邮、周"两个韵脚都与"时"字相谐,需要叶读与时字相同之韵的音,但作者只作出叶音的说明,具体读什么音,并未注出。其余字例均可如此解读。

(2) 说明比较特殊的谐韵。

陈风宛丘二:夏,叶与下同。

离骚16:属(具),叶章喻反或如字则具字亦叶入声。

《宛丘》的"夏叶与下同"的"下"是指本韵段在"夏"前的韵脚"下叶後五反"。"叶与下同"就是说"夏"字的协韵与"下"字相同,也是"叶後五反"。《离骚》的"属"所在韵段有"属、具"两个韵脚,朱子在"属"下注叶音的说明,从所注内容可知,此注是包含了"具"字的,所以用括号附于"属"字之旁。上引诸叶音的说明均溢出三种正常叶音之外,比较特殊。

(3) 说明韵段的谐韵未详。

小雅谷风三:怨,叶韵未详。

大雅桑柔十六:歌,叶韵未详。

大招148:赋,与下乱变撰不叶未详。

"叶韵未详",用于说明那些无法找到语音根据来说明其谐韵之音的韵脚字。这种叶音说明在吴棫的补音中就已有了,朱子的"叶音未详"有的取于吴氏,有的为自述。

总之,叶音说明比一般的叶音相对繁杂,若细分之,3类之下还可根据其所注对象及形式等等的不同,再分若干小类,但目前似无此必要。因为它们虽为说音,却大多无切语,无法或比较难以把握其所叶之音,对于研究历史语音作用不大。所以,这一类没有明显音释形式的叶音,一般不列入叶音条目的统计之中。

二、叶音的来源

为什么要关注叶音的来源？主要是为了辨明叶音是承用前人旧音还是作者自制的音切，这是语音史研究的需要。

我们知道,叶音本质上是一种音释。古代典籍的音释历史悠久,源远流长。汉魏以后,大凡文人音释均讲究前有传承、言之有据,往往以承用前人旧音为其常态。宋元以下,传之久远的经籍音义和隋唐以来发达的韵书音切尤为音注家所重视,常常以为音释之首选。无庸置疑,这对于保障文化的传承与学术的沿续是必要的,但对于语音史研究来说,如果一部音释主要用的都是前人音切,就容易掩盖或忽略新生的语音现象,其实际语音的价值无疑就要打上一个不小的折扣,反之,如果音切主要为注音者自己新制,则其反映时代实际语音的几率将大幅提高。因此,要从宋元以来的经籍音释中发掘其所在时代的实际语音,就很有必要辨明其来源,以便最大限度地去除因循旧式音切而产生的纷扰。

不过,与一般音释有所不同的是,叶音并非普通的解读难识字音,而是专为疏通特殊用韵而作。宋代叶音第一人吴棫,撰作《毛诗补音》,意在全面地"补"足陆氏毛诗音中没有的、宋人诵经遇到的特殊韵脚字的谐韵之音。既然是"补"前人之所未备,亦可想见并无前人旧音可以参考或承用,宜其音切多自创也(按,其中也有借用其他旧切的)。

吴氏补音之用意如此,但朱熹的叶音并不完全与之相同。以笔者所见,朱子叶音的目的,重点不在于求备而补,而是求谐而叶,即通过叶音达到诵读的和谐,以展现《诗经》《楚辞》中自然便美的韵律。凡古今音切,只要能合理地谐其韵者,朱子即可采之以叶音。所以,选用叶音音切的范围较吴氏有所拓展,其承用前人的可能也大为增加。

我们已经通过朱吴叶音的异同比较,肯定了朱对吴棫叶音的有所继承。现在我们需要进一步了解的是,朱子承用前人是不是仅限于吴棫一家？我们仍可以沿用"异同比较"之法,扩大朱子叶音与前人音释的比较范围,来全面地探讨朱子叶音是否对前人旧音有所承用。

笔者设想以朱子《诗》《骚》所有叶音，与今所见前人的诗骚相关音释及韵书作比对核查，凡朱子叶音所作之音切用字与前人相同者，即确认为承自前人；虽用字有不同但其音类相同，即所谓"字异音同"者，亦可以确认承用或部分承用自前人；凡用字不同而且音类不同者，则断其之间没有传承并系，如果跟所有的比对方均无传承关系，则可确定为朱子自制。如此一来，朱子叶音承用前人大致有四：一是吴棫《毛诗补音》，二是洪兴祖《楚辞补注》，三是陆德明《毛诗音义》，四是宋代韵书。

2.1 来自吴棫《毛诗补音》

宋儒的诗骚音释，在朱子之前，有吴棫的《毛诗补音》，专为考究诗中特殊韵脚而作；又有洪兴祖的《楚辞补注》，也有《楚辞》的全面音释，两种著作的音释是朱子叶音的重要参考。

朱子《诗集传》叶音的最为重要的参考无疑是吴氏补音。在前文（本卷第 7 章）的讨论中，我们通过朱熹、吴棫两家共有的 294 条叶音的比较，分门别类地详细列举了朱子以"形异""音异"等方式修订吴棫补音的音切共 118 条，细致地辨析两家之"异"；同时又指出有 176 条（涉及 156 字）叶音朱子完全承用于吴氏，现在，我们列举这 156 字 176 条叶音的基本信息，以明朱子承用吴氏之"同"。为避免篇幅过大，这里仅列出被叶字及其叶音的音切，因为两家音切用字完全相同，只出朱子叶音足矣，不必备列吴氏，相应地字例出处等信息也一概隐去。所叶之音切均以小字附于被叶字旁，若一个音切重复出现，则旁识数字标其次数，一次者不标，要特别指明的是，所标次数仅指吴氏补音辑佚材料中出现且朱熹承用的次数，并非指朱熹叶音该字作此叶的次数。

朱子承用吴氏补音的 156 字 176 次叶音的被注字与其叶音的音切如下：

服 2 叶蒲北反、笔叶音邈、致叶弋灼反、仇叶渠之反、泳叶于誑反、方叶甫妄反、马 2 叶满补反、居叶姬御反、夜叶羊茹反、蛇叶唐何反、昂叶力求反、孙叶须伦反、野叶上与反、南 2 叶尼心反、瓜叶攻乎反、行 5 叶户郎反、忡叶敕众反、下 2 叶後五反、否叶补美反、友叶羽轨反、怒叶暖五反、死叶想止反、救叶居尤反、久叶举里反、门叶眉贫反、艰叶居银反、景叶举两反、仪叶牛何反、天 3 叶铁因反、扫叶苏后反、道叶徒厚反、宜叶牛何反、颜叶鱼坚反、中叶诸良反、上叶辰羊反、兄叶虚王反、奔叶逋悶反、京叶居良反、千叶仓新反、驱叶祛尤反、漕叶徂侯反、虺叶谟郎反、宽叶区权反、盼叶匹见反、丘叶祛奇反、陨叶于贫反、哉叶将黎反，带叶丁计反、玖2叶举里反、啸叶息六反、萧叶疏鸠反、穴叶户橘反、施叶时遮反、檀叶徒沿反、狩叶始九反、英叶於良反、加叶居之居何二反、餐2叶七宣反、巷叶胡贡反、明叶莫郎反、间叶居贤反、颠叶典因反、双叶所终反、久叶祥飨反、偕叶举里反、闲叶胡田反、迈叶力制反、栲叶去九反、考叶去九反、保叶补苟反、鹄叶居号反、屮叶侧九反、隅叶语口反、姓叶桑经反、巅叶典因反、信叶斯人反、褭叶渠之反、栎叶历各反、讯叶息悴反、予2叶演女反、飘叶匹妙反、发叶方吠反、烈叶力制反、飨叶虚良反、瑕叶洪孤反、亨叶虚良反、福叶笔力反、牧叶莫狄反、载叶节力反、时叶上纸反、台叶田饴反、莱叶陵之反、後叶下五反、赑叶虚王反、衡2叶户郎反、俟叶于纪反、寡叶果五反、宅2叶达各反、旆叶渠斤反、客叶克各反、池叶唐何反、雄叶于陵反、殆叶养里反、诵叶疾容反、邦叶卜工反、意叶乙力反、琢叶都木反、富叶笔力反、又叶夷益反、威叶纡贵反、盟叶谟郎反、阶叶居奚反、舍叶商居反、幡叶芬邅反、贤叶下珍反、议叶鱼羁反、冥叶莫逈反、暇叶胡故反、戚叶子六反、喈叶居奚反、祀叶逸织反、硕3叶常约反、炙叶陟略反、格叶刚鹤反、愍叶起巾反、位叶力人反、渥叶乌谷反、彧叶於逼反、敏叶母鄙反、柏叶逋莫反、怿叶弋灼反、仰叶五刚反、樊叶汾乾反、抗叶居郎反、的叶丁药反、远叶於圆反、牛叶鱼其反、燔叶汾乾反、身叶户羊反、男叶尼心反、赫叶黑各反、袑叶满补反、皆叶举里反、才叶前西反、邪叶祥余反、陶叶夷周反、逆叶宜脚反、岩叶鱼欽反、绎叶弋灼反、椵叶果五反、焉叶七约反、奕叶弋灼反、爱叶许既反、宫叶居王反、夕叶祥飨反、渊74叶一均反3叶於巾反。

此外，又有用字不同而音类相同的"形异"28条，详见前第七章，此不赘。

综合上面两个数据，朱子承用吴氏补音的叶音共204条，约占朱吴异同比较总数的三分之二，显示朱承于吴的比例很大，另一方面，从朱子对吴氏补音的大刀阔斧修订中，我们又认定这种承用并非抄袭，而是一种出于主观认可的借用。这里还要补充2点，一是朱熹承用吴棫，所承对象虽然是前人，但吴棫仅早朱熹约30年，完全是同时代之人。亦即曰，朱、吴之间语音并无时代隔阂，具有同质性。二是吴棫所补之切语少有承前的问题，大致可视为吴氏新制。在这两个基础之上，朱子依照自己的主见，经过认真的核查检验，认可之后而酌取之，如此谨慎的态度，充分体现了其自主意识的决定作用，其实与自己新制音切并无区别。

2.2 来自洪兴祖《楚辞补注》

洪兴祖《楚辞补注》是朱熹《楚辞集注》音释的主要参考。笔者拿朱熹

《楚辞》注中所有注音、叶音与洪氏《楚辞补注》(白化文等点校本,中华书局1983年)中的音释——对照,得能够互相对应的音注共1041条。其中朱子注音940条,叶音101条。亦即曰有101个朱子叶音的字条,洪氏也有注或叶音。具体说,101条音释中,洪氏有14条叶音(13条用"叶"字,1条用"协"字)。这14条叶音,朱子全部承用,其余87条音释,洪氏都作注音,朱子叶音中有承有不承。比较87次音释中二人的用字可知,其中有52条洪氏的注音朱子加以承用并转写为叶音,另有35条洪氏注音,朱子或取用为注音或不取,无论取与不取均另作叶音。合起来看,在朱、洪音注相对应的字条中,朱子承用了洪氏全部的14条叶音,又将洪氏52条注音改作叶音。朱子叶音中共承用洪氏音叶66条。下面分别列举这两部分承用字例。

2.2.1 承用洪氏叶音14条。每个字条先列举朱子音切及出处,其后再列出洪氏相应的音切,以便对照,为避免过于细碎,引述洪氏音切的内容均不加标点。有几个字多次出现,如果各条叶音用字完全相同,则合在一起出之,字头之后标其次数,并详细注明其各次的出处,若被注字所用注音之字有不同者则分列之。

1. 爽,叶音霜,招魂140。洪:爽音霜协韵
2. 能,叶奴代反,离骚3。洪:能读若耐叶韵
3—4. 予2,叶音与,离骚11、16。洪:予音与叶韵
5—6. 行,叶户郎反,离骚24、26。洪:行胡郎切叶韵
7. 行,叶胡刚反,东君42。洪:行胡刚切叶韵
8. 姱,叶音户,东君41。洪:姱音户叶韵
9. 壄,古野字叶上与反,国殇46。洪:壄古野字又叶韵
10—11. 正2,叶音征,少司命40、惜诵73。洪:正音征叶韵
12. 志,叶音之,抽思85。洪:志音之叶韵
13. 志,诒志皆叶平去二声,思美人92。洪:志音之叶韵
14. 贶,叶平声,悲回风100。洪:贶虚王切叶韵

"志"字的两处叶音,洪氏均"叶音之",其实是将去声改叶平声,但朱子对洪音的承用是不同的。《抽思》是完全承用,而《思美人》是将原单叶改为二音叶。为什么要改?查《思美人》中,"志"与"诒"为韵,在宋代韵书中"志"字只读去声,"诒"字却是平、去两读,与"诒"相谐的话,"志"字并无只叶读平

声的必然性。而《抽思》中"志"与"期"押韵,"期"在韵书中就只读平声,"志"若要与"期"相谐,就只能读为平声。也就是说,本读去声的"志"当与只读平声的"期"押韵时,朱子同意洪兴祖将"志叶平声",当所与谐韵的"诒"字本有平去二读时,朱子保留洪氏旧说,然后根据韵书的暗示增加去声一叶,这样一来"志"字就叶读平去二声了。

2.2.2　承用洪氏的注音切语(或直音),转为叶音者52条。

1. 降,叶乎攻反,离骚3。洪:乎攻切

2. 化,叶虎瓜反,离骚6。洪:音花

3. 化,叶呼瓜反,九辩121。洪:旧音花

4. 索,所格反一叶苏故反,离骚7。洪:徐邈读作苏故切则索亦有素音

5. 听,叶它丁反,离骚12。洪:平声

6. 属,叶章喻反,离骚16。洪:音注

7. 御,叶音迓或如字,离骚16。洪:读若迓

8—19. 下12,叶音户,离骚16、18、湘君34、湘夫人35、大司命38、少司命39、河伯43、山鬼44、怀沙89、九辩124、九辩129、招魂142。洪:音户

20. 下,上声叶音户,离骚24。洪:音户

21. 马,叶满补反,离骚17。洪:满补切

22. 恶,叶乌路反,离骚19。洪:去声

23. 古,叶音故,离骚19。洪:音故

24—28. 予5,叶音与,湘夫人35、大司命38、少司命39、河伯43、山鬼44。洪:音与

29. 者,叶音渚又音睹,湘夫人37。洪:旧本者音渚集韵者有睹音

30. 明,叶音芒,东君41。洪:旧本明音亡

31. 明,叶音芒,九辩122。洪:旧音芒

32. 降,叶胡刚反,东君42。洪:户江切

33. 降,叶胡攻反,天问59。洪:胡攻切

34. 来,叶音厘,山鬼44。洪:音厘

35. 飨,叶虚良反,天问70。洪:飨有香音

36. 姱,叶音户,抽思85。洪:亦有户音

37. 出,叶尺遂反,思美人93。洪:出类切

39. 举,叶音据,九辩 124。洪:音据

39. 诵,叶夕恭反,九辩 125。洪:疾恭切

40. 凿,叶音造,九辩 126。洪:音造

41. 乐,叶五告反,九辩 126。洪:五孝切

42. 高,叶孤到反又苦浩反。九辩 126,洪:孤到切一苦浩切即枯槁之槁

43. 蹠,叶丈吕反,九辩 127。洪:丈吕切

44. 恙,叶音羊,九辩 131。洪:旧音羊

45. 瞑,叶芒丁反,招魂 136。洪:音眠又音铭

46. 羹,叶音郎,招魂 140。洪:音郎集韵云鲁颂楚辞急就章羹与房浆为韵

47. 还,叶音旋,招魂 143。洪:音旋

48. 嗌,叶音益一於革反,大招 148。洪:於革切又音益

49. 当,叶平声,大招 151。洪:平声

50. 差,叶七何反,哀时命 166。洪:七何切

51. 遑,叶丑京反,哀时命 166。洪:丑京切

52. 聊,叶音留,招隐士 168。洪:音留

2.2.3 对洪氏音切的修订。从上两表可见,洪氏虽有叶但并不严格,有的字音在相同的押韵环境出现时,甲处作叶,乙处作注,如"予"的"音与""姱"的"音户"等,还有大部分应该作叶却仅作注,如"下音户"等等。正因为如此,与承用吴棫叶音一样,朱子对洪氏音注有诸多修订。

首要的一个修订是统一体例,极大地消除了洪氏注叶不严谨之处,如"下",洪氏注"音户"13 次,朱全转为"叶音户","予"洪氏除注"音与,叶韵"外,又注"音与"5 次,朱亦全转为"叶音与"。

此外还有用字不同的改动,如洪氏的"行胡郎反"朱改为"叶户郎反",上字形异。又如"出",洪氏"出类切",朱改为"叶尺遂反"则上下字全为形异。

又有说音方式的改变,如上表中的"化""属"等是将直音改为反切,"听、恶"是将标调改为反切。

比较重要的是改变音类,如下字音异:"降"洪氏原作"户江切",朱改作"叶户刚反",朱改订较洪更靠近实际语音。又如上字音异:邪母"诵"字,洪氏原作"疾恭切"切为从母,朱改作"叶夕恭反",改为邪母,朱较洪更符合

韵书。

最为有趣的是，"乐"字洪氏原作"五孝切"为肴韵二等去声，朱子改作"叶五告反"，豪韵一等，改叶有何意义？看"乐"字所在韵段：

九辩 126：凿叶音造 教叶音告 乐叶五告反 高叶孤到反

这里我们又看见了改动中对礼韵规则的维护以及诵读中对洪细和谐的追求，韵段中如果"乐"字照洪兴祖作"五孝切"，则肴韵与豪韵的通押不合诗韵规则，朱子改动之后整个韵段为豪独用，符合诗韵之例。另外，如果肴韵二等牙喉音已经腭化而读为细音（参刘晓南 2016A）的话，韵段亦有可能洪细不谐，朱子改动之后统一读为一等洪音，介音无论如何都是和谐的。

洪兴祖（1090—1155），字庆善，镇江丹阳人。洪比吴棫大 10 岁，比朱熹大 40 岁，虽为朱熹的前辈，也称得上朱熹同时代人，所作叶音亦可认定为同时之音。朱子将他与吴棫并提，称"近世考订训释之学，唯吴才老洪庆善为善"①。故所著《楚辞补注》得为朱子《楚辞》音注之首选，虽数目不多，然洪氏注的叶音全为朱取，又另有修订，可知朱取洪叶亦与取吴叶相同，绝非盲从照抄，而是有其自主意识的，故取自洪氏之叶，亦可目为朱子认可之音。

2.3　来自陆德明《毛诗音义》

陆德明《经典释文》中有《毛诗音义》三卷，陆氏秉承其"古今并录，括其枢要"之旨，集"为诗音者九人"即郑玄、徐邈、蔡氏、孔氏、阮侃、王肃、江惇、干宝、李轨，又有"徐爱诗音""沈重诗音义"②等，共集唐前为诗音者 11 家，编而成集。此书历来为诗音之总集，注家之钤键，朱子音诗，亦以为主要参考。朱子叶音之中，亦有取自释文者。

笔者将朱子叶音与陆氏释文相对照，能与陆氏释文相对应者有 400 条，承用陆氏 54 条，其中同样可分为承用于陆氏叶音与从陆氏注音转为叶音者两个部分。

2.3.1　承用陆氏叶音 13 条。朱陆对应的 400 条叶音中，陆氏原作协音有 17 条，朱子取其 13 条，但陆氏《毛诗音义》中协韵之数不止 17，张文轩

---

① 《朱子语类》卷一百三十八，3279 页。
② 所引诸语分别见《经典释文》陆氏序例，1、10 页。

(1983A)曾钩稽陆氏自制之叶音 25 条,然若以今数据库穷尽检索,则包含自制与引述他人,陆氏叶音共有 32 条之众。陆氏所传叶音 32 条,朱子承用仅 13 条,约占总数的 43.7%,比例略小于取用吴氏。下面依例列举 13 条协音,若朱子对原叶音有所修订则以括号简述于其后。

  1. 下,叶後五反,召南采蘋三。陆:如字协韵则音户(改直音为反切)

  2. 讼,叶祥容反,召南行露三。陆:如字徐取韵音才容反(上字音异)

  3. 野,叶上与反,邶风燕燕一。陆:如字协韵羊汝反沈云协句宜音时预反后放此(取沈氏协句之音,上字形异下字音异)

  4. 南,叶尼心反,邶风燕燕三。陆:如字沈云协句宜乃林反今谓古人韵缓不烦改字(取沈氏叶句之音,上下字形异)

  5. 来,叶如字又陵之反,邶风终风二。陆:如字古协思韵多音梨后皆放此(改直音为反切,韵异)

  6. 驱,叶祛尤反,鄘风载驰一。陆:如字协韵亦音丘(改直音为反切)

  7. 居,叶音据,唐风蟋蟀一。陆:义如字协韵音据

  8. 说,音税叶输热反,曹风蜉蝣三。陆:音税协韵如字(改如字为反切)

  9. 议,叶鱼羁反,小雅北山六。陆:如字协韵音宜(改直音为反切)

  10. 望,叶音亡,小雅都人士一。陆:如字协韵音亡

  11. 望,叶无方反,大雅卷阿六。陆:如字协韵音亡(改直音为反切)

  12. 翰,叶胡干反,大雅崧高七。陆:协句音寒(改直音为反切)

  13. 誉,叶羊茹羊诸二反,大雅韩奕五。陆:协句音馀(改直音为反切)

  2.3.2 承用陆氏注音,将注音转为叶音的有 40 条。朱子在转写时,又对陆氏原音作了许多修订,同样以括号简注其旁。

  1. 御,五嫁反叶鱼据反,召南鹊巢一。陆:五嫁反王肃鱼据反

  2. 信,叶师人反,邶风击鼓五。陆:毛音申(改直音为反切,声异)

  3. 敦,叶都回反,邶风北门三。陆:毛如字郑都回反

  4. 媛,况元反叶况远反,卫风淇澳一。陆:况元反又况远反

  5. 馆,叶古玩反,郑风缁衣一。陆:古玩反

  6. 濡,叶而朱而由二反,郑风羔裘一。陆:音儒(直音改反切,二音叶)

  7. 渝,叶容朱容周二反,郑风羔裘一。陆:以朱反(上字形异)

  8. 著,直据反叶直居反,齐风著一。陆:直居反又直据反又音伫诗内协

句宜直据反(不取陆氏叶音,反以其注音为叶,以其叶音为注)

9. 续,叶辞屡反又如字,秦风小戎一。陆:如字徐辞屡反

10. 差,初佳反叶七何反,陈风东门之枌二。陆:郑初佳反徐七何反

11. 俟,叶于纪反,小雅吉日三。陆:音士徐音矣(直音改反切)

12. 梦,莫工反叶莫登反,小雅正月四。陆:莫红反沈莫滕反(下字形异)

13. 长,丁丈反叶直良反,小雅巧言三。陆:丁丈反又直良反(以又音叶韵)

14. 行,叶户郎反,小雅大东二。陆:户郎反

15. 躇,七亦反叶七略反,小雅楚茨三。陆:七夕反又七略反(以又音叶韵)

16. 度,叶徒洛反,小雅楚茨三。陆:如字沈徒洛反

17. 胥,叶思吕反,小雅桑扈一。陆:毛如字郑徐思叙反(下字形异)

18. 艾,鱼盖反叶鱼肺反,小雅鸳鸯三。陆:鱼盖反徐音刈(直音改反切)

19. 仇,音拘叶求其二音,小雅宾之初筵二。陆:毛音求郑音俱

20. 取,叶音娶,小雅角弓五。陆:如字又音娶(以又音叶韵)

21. 属,音蜀叶殊遇反,小雅角弓六。陆:音蜀亦音树(直音改反切)

22. 髦,叶莫侯反,小雅角弓八。陆:旧音毛……莫侯反

23. 瘵,侧界反叶子例反,小雅菀柳二。陆:侧界反郑音际(直音改反切)

24. 疧,都礼反叶乔移反,小雅白华八。陆:徐都礼反又祁支反(上下字形异,将又音作叶音)

25. 楫,音接叶接入反,大雅棫朴三。陆:音接徐音集(直音改反切,声异)

26. 椐,羌居反叶纪庶反,大雅皇矣二。陆:羌居反字林纪庶反(将又音作叶音)

27. 囿,叶音郁,大雅灵台二。陆:音又徐于目反(反切改直音,声异)

28. 芉,古雅反叶居讶反,大雅行苇二。陆:古雅反又音嫁(直音改反切)

29. 熇,叶许各反,大雅板四。陆:徐许酷反沈又许各反(以又音叶韵)

30. 易,以豉反叶夷益反,大雅板六。陆:郑音亦又以豉反(直音改反切)

31. 雠,叶市又反,大雅抑六。陆:市由反徐云郑市又反(以又音叶韵)

32. 泯,叶弥邻反,大雅桑柔二,陆:面忍反又名宾反徐又音民(直音改

33. 翰，叶胡干反，大雅崧高一，陆：户旦反又音寒（直音改反切）

34. 瘵，侧界反叶侧例反，大雅瞻卬一，陆：侧界反字林叶侧例反

35. 喤，华彭反叶胡光反，周颂执竞，陆：华彭反徐音皇又音宏（直音改反切）

36. 禛，叶津之反，周颂丝衣，陆：音兹徐音灾郭音才（直音改反切）

37. 昭，叶之绕反，鲁颂泮水二，陆：之绕反

38. 酤，叶候五反，商颂烈祖，陆：音户（直音改反切）

39. 共，音恭叶居勇反，商颂长发五，陆：毛音恭郑音拱（直音改反切）

40. 龙，叶丑勇反，商颂长发五，陆：毛如字郑作宠（直音改反切）

2.3.3　承用陆音的启示。无论是取其叶音还是注音，朱子的叶音承用陆氏合计有53条，涉及50个被注字。朱子在承用时对原音切从形式到内容作了许多很有特色的修订，如多次将直音改写为反切，此为说音方式的修订。又如"痕"（《小雅·白华》八章）、"椐"（《大雅·皇矣》二章）、"瘗"（《小雅·十月之交》八章）等的叶音，是将原注中的两个异读，取其一读注为本音，另一读为叶音，则反映了朱子对异读的不同看法。

还有许多"字异"的改写，其中有用字不同的"形异"，但有的改写涉及"音异"，对于研究宋代语音是有启示作用的。如改动上字造成音异的例子，《召南·行露》三章的"讼"原作才容反，朱改写为祥容反，改从母为邪母，实则反映从邪无别。《邶风·击鼓》五章的"信"陆氏原作"音申"为书母，朱改写为"叶师人反"，上字改属生母，此反映了照二与照三的合流。

又如改动切下字音类的例子。《邶风·终风》二章的"来"，陆氏原作"协韵音梨"，韵属脂韵，朱改写为"陵之反"属之韵，反映脂之合流。当然这个改写只在诗韵的同用范围内流转，没有什么新意，但《邶风·燕燕》一章的"野，叶上与反"，取沈氏协句之音"时预反"时的修订就完全不同，该叶与原叶上字形异，下字音异，改去声读上声，皆符合原诗谐韵。

2.4　来自韵书

宋代公认的代表韵书是《广韵》《集韵》，宋人常用的《礼部韵略》只是前者的删简本，不足以代表宋代韵书，且礼韵所有字音，均见于二部经典韵书，

故不必用作朱叶之对比。今以朱子叶音条目与《广韵》（泽存堂本）、《集韵》（述古堂影宋抄本）相较其"存否""异同"，以窥其承用韵书之概貌。

所谓"存否"，指朱子的叶音在韵书中是否存同音类的音切，如行"叶户郎反"之"户郎反"一切，无论《广韵》《集韵》，均有记录。"行"字，《广韵》有胡郎切，《集韵》有寒刚切之音，此为存。存则意味着该叶音见于韵书，亦可认定为承用于韵书。又如"友叶羽已反"，则韵书中"友"字无此类音切。此为否。

所谓"异同"，指承于韵书的朱子叶音，其切语用字是否与韵书相同。如"广叶古旷反"（《周南·汉广》），《集韵》宕韵"古旷切"小韵有"广"字，此为与韵书音切用字相同，可据此确认切语取自《集韵》，即所谓抄自韵书。若用字与韵书不同则可定为"异"，但有形异、音异之别。形异即用字不同而音类相同，原则上仍可认为承用韵书旧音；音异，则非但用字不同，所显示的音类亦于韵书有所不同，仅某些在韵书同用范围内的音异可以认定为承于韵书，详下文。

2.4.1 存否。将全体朱熹叶音语料，以被叶字为纲，逐一比对它们在代表韵书中的音切异同，以判断叶音是否同于韵书。基本数据是：朱子叶音共859字，作叶2079次，去除承于吴棫、洪兴祖、陆德明诸家之后，剩余部分的叶音承用于《广韵》者109字，226次，承用于《集韵》者159字，455次，但有8字重出于《广韵》，去除8字，则有151字。这里所说的承用，包括上文所说的抄于韵书与音同字异的两部分。由于叶音与承用两个内容较为复杂，为便于观瞻，我们列举承于《广韵》《集韵》两个字次表时，将以20字为一组，先纯列20字与次，再在字下列举每字叶音的具体表现，且附上韵书相应的音切，二者之间以"|"号分隔。

叶音取自《广韵》的有109字226次。末尾8字单列一行是因为它们重出于承用于《集韵》表中。

行44 子11 艾2 乐敩角3 说2 讼治3 上丧3 怒6 娈2 还2 敦佗宜皙相2 告

行44 下孟反叶户郎反3、叶户郎反38、叶胡郎反、叶音杭、叶胡刚反|胡郎切、子11 叶奖里反11|即里切、艾2 音义叶如字、鱼盖反叶鱼肺反|五盖切、鱼肺切、乐叶五教反|五教切、敩叶丁故反|当故切、角3 叶卢谷反3|卢谷切、说2 音税叶输热反、挚如字即说叶税|失爇切、舒芮切、讼

叶祥容反|祥容切、治 3 直吏反叶平声、叶平声 2|直之切、上叶时亮反|时亮切、丧 3 息浪反叶平声 2、息浪反叶桑郎反|息郎切、怒 7 叶奴五反、叶暖五反 4、叶上声、叶去声|奴古切、乃故切、娈 2 叶龙眷反|力卷切、还 2 叶音旋 2|似宣切、敦叶都回反|都回切、佗吐贺反叶汤何反|讬何切、宜叶鱼奇鱼何二反|鱼羁切、晢星历反叶征例反|征例切、相 2 息亮反叶平声 2|息良切、告叶姑沃反|古沃切

予 14 谖私 2 望 3 渴 2 父馆 2 造乘罕侯渝恶虺埤著令 2 圃莫几

予 14 叶演女反 6、叶音与 6、一作余并叶音与、序予并叶上声|余吕切、谖况元反叶况远反|况晚切、私 2 叶息夷反 2|息夷切、望 3 叶武方反、叶音亡、叶无方反|武方切、渴 2 叶巨列反、叶巨烈反|渠列切、父叶夫矩反|方矩切、馆 2 叶古玩反 2|古玩切、造叶在早反|昨早切、乘绳证反叶神陵反|食陵切、罕叶虚旰反|呼旰切、侯叶洪姑洪鉤二反|户鉤切、渝叶容朱容周二反|羊朱切、恶叶乌路反|乌路切、虺市由反叶齿九反|昌九切、埤音善叶上演反|常演切、著直据反叶直居反|直鱼切、令 2 力证反叶力呈反、叶卢经反|吕贞切、圃叶去声|博故切、莫音麦叶木各反|慕各切、几音纪叶居希反|居依切

岂正 8 户汶沤溉楚何 2 寿 3 湛 3 度烝酢作时矜犹芋箪池 4

岂叶去幾反|袪几切、正 8 叶音征 5、叶诸盈反 3|诸盈切、户叶後五反|侯古切、汶从史则叶弥巾反|武巾切、沤一遘反叶一侯反|乌侯切、溉古爱反叶古气反|居豪切、楚叶创举反|创举切、何 2 叶奚何二反、音荷叶如字|胡歌切、寿 3 叶殖酉反 3|殖酉切、湛 3 叶南反叶持林反 2、答南反叶持林反|直深切、度叶徒洛反|徒洛切、烝叶之孕反|诸应切、酢叶候五反|侯古切、作叶则故反|臧祚切、时叶酬时二音|市之切、矜古顽反韩诗作鳏叶居陵反|居陵切、犹叶于救反|余救切、芋香于反叶王遇反|王遇切、箪叶徒检徒锦二反|徒玷切、池 4 叶唐何反、叶徒何反、一作沱并叶音陀、蛇池并叶徒河反|徒河切

趣王 2 听 3 争 2 翰 2 易长侧 4 厚视踖格 2 尽籽胥教柞能 2 识 2 纾

趣叶此苟反|仓苟切、王 2 叶于放反、音往叶如字|于放切、雨方切、听 3 叶平声 2、叶它丁反|他丁切、争 2 叶侧陉反、叶甾陉反|侧茎切、翰 2 叶胡干反 2|胡安切、易以豉反叶夷益反|羊益切、长丁丈反叶直良反|直良切、侧 4 叶庄力反 3、叶札力反|阻力切、厚叶狠口下主二反|胡口切、视叶善止反|承矢切、踖七亦反叶七略反|七雀切、格 2 叶刚鹤反 2|古落切、尽叶子忍反|即忍切、籽音子叶奖里反|即里切、胥叶思吕反|私吕切、教叶居爻反|古肴切、柞侧百反叶疾各反|在各切、能 2 叶奴代反、叶奴来反|奴来切、奴代切、识 2 叶失志二音、叶音志|职吏切、纾音舒叶上与反|神与切

躬兹 2 椐句主 2 熇世尚 2 泯疑誉肃蘗伐当 2 瞑蜩约仪缡寝

躬叶姑弓反|居戎切、兹2叶津之反2|子之切、椐羌居反叶纪庶反|居御切、句古候反叶古侯反|古侯切、主2如字或叶当口反、叶当口肿庚二反|之庾切、燸叶许各反|呵各切、世叶始制私列二反|舒制切、尚2叶平声、叶音常|市羊切、泯叶弥邻反|弥邻切、疑鱼乞反叶如字|语其切、誉叶羊茹羊诸二反、以诸切、羊洳切、萧叶津之反|子之切、藒五葛反叶五竭反|鱼列切、伐叶房越反|房越切、当2叶平声2|都郎切、瞑叶芒丁反|莫经切、蝇音引叶平声、翼真切、约音要|于笑切、仪叶宜俄二音|鱼羁切、缡叶离罗二音|吕支切、寝叶于检于锦二反(按于当为千)|七稔切

嗌御蛇思弟濡绥索2

嗌叶音益一於革反|伊昔切、御五嫁反叶鱼据反|牛倨切、蛇市奢反叶于其土何二反|弋支切、託何切、思叶去声|相吏切、弟叶待礼反|徒礼切、濡叶而朱而由二反|人朱切、绥叶宣佳土果二反|息遗切、索2山格反叶苏各反、叶先各反|苏各切

叶音取于《集韵》的有159字455次。同样将与《广韵》重出8字置于表末。若去除此重复字则为151字。

差2服27害3否5广马17定2居6事5降7下37革3树2氾虞2渊9瘵2信7政2难

差2叶七何反、初佳反叶七何反|苍何切、服27叶蒲北反27|鼻墨切、害3叶音曷3|何葛切、否5叶补美3、叶音鄙、方九反叶补美反|补美切、广叶古旷反|古旷切、马17叶满补反16、同上、按即叶满补反|满补切、定2叶唐丁反2|唐丁切、居6叶举虑反2、叶姬御反2、叶鱼据、叶斤御斤于二反|斤御切、事5叶上止反5|上止切、降7叶胡攻反2、叶乎攻反2、户江反叶乎攻反、户江反叶胡攻反、叶呼攻反|乎攻切、下37叶音户18、叶后五反17、上声叶音户、叶音虎|后五切、革3叶讫力反3|讫力切、树2叶上主反2|上主切、氾音祀叶羊里反|养里切、虞2叶元具反2|元具切、渊9叶一均反6、叶于巾反2、叶一因反|一均切、瘵2侧界反叶子例反、侧界反叶侧例反|子例切、信7叶斯人反6、叶师人反|升人切、政2叶诸盈反、叶音征|诸盈切、难叶乃多反|囊何切

孚2来19式2莱2斗将戚劳雠愿摧髦野16意2醋2梦4僭2属2厉2宅4

孚2叶孚尤反、叶房尤反|房尤切、来19叶六直反7、叶陵之反5、叶力之反3、音赍叶六直反、叶音厘、叶如字又陵之反、叶六直陵之二反|六直切、陵之切、式2叶式吏反、叶失吏反|式吏切、莱2叶陵之反2|陵之切、斗叶肿庚反或如字|肿庚切、将叶子两反|子两切、戚叶子六反|子六切、劳叶音僚|怜萧切、雠叶市又反|承呪切、愿叶五远反|五远切、摧叶徂为采卧二反|遵绥切、寸卧切、髦叶莫侯反|迷浮切、野16叶上与反16|上与切、意2叶音臆、叶乙力反|乙力切、醋2市由反叶市救反、市由反叶大到反|承呪切、大到切、梦4叶莫朦反、叶莫登反、莫工反叶莫登反、叶弥登

反|弥登切、僭 2 子念反叶七心反、叶七寻反|千寻切、属 2 音蜀叶殊遇反、叶章喻反或如字则具字亦叶入声|殊遇切、厉 2 叶落盖反、叶力桀反|落盖切、力蘖切、宅 4 叶达各反 4|闼各切

忌沙邪救浼嘌洒撮懠衍袪陂渥耋续畏 3 威氐泽 4 漕 2

忌叶巨己反、巨己切、沙叶桑何反、桑何切、邪叶祥余反、祥余切、救叶居尤反|居尤切、浼每罪反叶美辩反|美辨切、嘌匹遥反叶匹妙反|匹妙切、洒十罪反叶先典反|鲧典切、撮七活反叶租悦反|租悦切、懠音齐叶筐西反|牋西切、衍叶怡战反|延面切、袪叶起据反|丘据切、陂音波|逋禾切、渥叶乌谷反|乌谷切、耋田节反叶地一反|地一切、续叶辞屡反又如字|辞屡切、畏 3 叶于非反 2、叶纡会于非二反|于非切、威叶纡胃反|纡胃切、氐丁礼反叶都黎反|都黎切、泽 4 叶徒洛反 2、音释叶徒洛反、叶待洛反|达各切、漕 2 叶徂侯反 2|徂侯切

邑敏 2 闵仰驹庆 9 获 6 諴翟栎沃英 10 依 2 俟 2 庭戊备波 2 出发

邑叶乌合反|遏合切、敏 2 叶母鄙反 2|母鄙切、闵叶眉贫反|眉贫切、仰叶五刚反|鱼刚切、驹叶去声|俱遇切、庆 9 叶袪羊反 6、叶音羌 2、叶墟羊反|墟羊切、获 6 叶黄郭反 4、叶胡郭反 2|黄郭切、諴古获反叶况璧反|况璧切、翟亭历反叶直角切|直角切、栎卢狄反叶历各反|历各切、英 10 叶叶良反 5、叶于姜 4、叶音央|于良切、依 2 叶于岂反、同上、按即叶于岂反|隐岂切、俟 2 叶羽己反又音始、叶于纪反|羽己切、庭叶去声|他定切、戊叶莫吼反|莫后切、备叶步介反|步拜切、波 2 叶补基反、叶补悲反|斑縻切、出叶尺遂反|敕类切、发叶方吠反|放吠切

放古横 2 举姱 2 聊 3 旁彭 7 言义蹢字喜 3 瘳溥蒲噎羹 6 艰 3 天 28

放叶音方|分房切、古叶音故|古慕切、横 2 叶音黄 2|胡光切、举叶音据|居御切、姱 2 叶音户 2|后五切、聊 3 叶音留 3|力求切、旁补彭反叶补冈反|铺郎切、言叶音银|鱼巾切、义叶平声|鱼羁切、蹢音隻叶音灼|职略切、字叶音滋|津之切、喜 3 叶去声、叶音嬉一作嘉音基、叶许寄反|许记切、瘳叶邻萧反|邻萧切、溥徒端反叶上兖反|竖兖切、蒲叶滂古反|伴姥切、噎于结反叶于悉反|益悉切、羹 6 叶音郎 3、叶卢当反 2、叶力当反|卢当切、艰 3 叶居银反 3|居银切、天 28 叶铁因反 28|铁因切

麦 5 陨穴 4 狩 3 茂 5 颠 2 讯 2 岁 2 飨 5 垤囊山 3 喤 2 嗟贤 2 议冥抗楫壹

麦 5 叶讫力反 5|讫力切、陨叶于贫反|于伦切、穴 4 叶户橘反 3、音血叶胡役反|户橘切、狩 3 叶始九反 3|始九切、茂 5 叶莫口反 5|莫后切、颠 2 叶典因反、都田反叶典因反|典因切、讯 2 叶息悴反 2|虽遂切、岁叶音雪又如字|苏绝切、飨 5 叶虚良反 5|虚良切、垤田节反叶地一反|地一切、囊古刀反叶古号反|居号切、山 3 叶所旃反 3|所旃切、喤 2 华彭反叶胡光反 2|胡光切、嗟叶遭歌反|遭歌切、贤 2 叶下珍反 2|下珍切、议叶鱼羁反|鱼羁切、冥叶莫迥反|母迥切、抗叶居郎反|居郎切、楫音接叶接入反|即入切、壹苦本反叶苦俊反|困闰切

恢逝溺迪垢川岩共动驱瞿结2昭驰顾6田7年6诒3蔽蹜

恢女交反叶尼犹反│尼猷切、逝叶音折与舌叶│食列切、溺叶奴学反│眤角切、迪叶徒沃反│徒沃切、垢古口反叶居六反│居六切、川叶枢伦反│枢伦切、岩叶鱼枕反│鱼枕切、共音恭叶居勇反│古勇切、动叶德总反│都动切、驱叶祛尤反│祛尤切、瞿叶良何反│良何切、结2叶缴质反、叶音吉│激质切、昭叶之绕反│止少切、驰叶唐何反│唐何切、顾6叶公五反2、叶果五反3、叶居五反│果五切、田7叶地因反6、叶徒因反│地因切、年6叶尼因反3、叶泥因反2、叶祢因反│祢因切、诒3叶音异2、诒志皆叶平去二声│羊吏切、蔽如字又叶音鳖│必列切、蹜叶丈吕反│丈吕切

感反2改2呼潭鲔囿凿折雌师3

蹙叶七六反│七六切、反2叶孚绚反2│孚万切、改2叶音己2│苟起切、呼叶胡故反│荒故切、潭叶音寻│徐心切、鲔叶于轨反│羽轨切、囿叶音郁│于六切、凿叶音造│七到切、折蔽如字即折叶音制蔽音鳖即折音哲│征例切、雌叶千西反│千西切、师3叶霜夷反3│霜夷切

御3蛇2思索嗌濡绥弟

御3叶鱼驾反2、叶音迓或如字│鱼驾切、蛇2音移叶唐何反、蛇池并叶徒河反│唐何切、思叶新才新赍二反│桑才切、索所格反一叶苏故反│苏故切、嗌叶音益一于革反│乙革切、濡叶而朱而由二反│而由切、绥叶宣佳土果二反│吐火切、弟叶待里反│荡以切

"御、蛇、思、索、嗌、濡、绥、弟"8个字的叶音同见于二部韵书,又可分两种情况,一是所谓"二音叶"所注之两个叶音,一个见于《广韵》,另一个见于《集韵》,有"濡、绥、嗌"等3字;二是一字多次叶音时,出现两个以上的叶音反切,其中一个音见于《广韵》,另一个见于《集韵》,有"思、弟、蛇、索、御"等5字。各举一例如下:

二音叶:濡,叶而朱、而由二反郑风羔裘一,《广韵》人朱切,《集韵》而由切

多次叶:御,五嫁反叶鱼据反召南鹊巢一,《广韵》牛倨切

御,叶鱼驾反郑风大叔于田二,《集韵》鱼驾切

去除8个重复出现的字,去除二音叶重复出现的4次,见于二部韵书的叶音共计有260字,681次,分别占总数的30.2%(字)、33.1%(次),大概占全体叶音的三分之一左右。虽然在各项比较之中占比不算最大,但数量却是最多的。

还有一事需要特别说明,就是因为《集韵》是在《广韵》基础上修订扩编的,基本上《广韵》的所有字音,《集韵》都有收录,所以,原则上那些承于《广韵》的叶音,在《集韵》中也会存在。为避免重复计数,已计入《广韵》的就不

再计入《集韵》，或反过来说，凡是计入《集韵》的，都是《广韵》中没有的音切。不过，在承于《广韵》的叶音中，从用字的角度来看，朱子叶音的切语上下字却有不少异于《广韵》而同于《集韵》，如：

说，音税叶输热反_{曹风蜉蝣三}，《广韵》失热切，《集韵》输热切

野，叶上与反_{邶风燕燕一等16次}，《广韵》承与切，《集韵》上与切

这种情况共有 37 字 74 次。尤其"野"字，叶音多至 16 次，虽其音类与《广韵》"承与切"相同，但其用字竟全与《集韵》的"上与切"密合，从这个意义上说，这些字例亦可归入同于《集韵》类中。这样一来，取自《集韵》的数量将更大。这似乎可以说明，朱子取韵书之音作叶，尤重《集韵》。

2.4.2 异同。这 260 字、681 次承于韵书音的叶音，数量颇大，表现也相当复杂。从直接抄录韵书音切作叶，到对韵书音切作各种修订，同样存在用字异、说音方式异、形异以及在诗韵"同用"范围里音异等类型。下面各种类型略举一二例，在字例之末尾以括号注明其异同的具体内容。

2.4.2.1 全同。

芋，香于反叶王遇反_{小雅斯干三}，《广韵》王遇切（上下字全同）

否，方九反叶补美反_{小雅小旻五}，《集韵》补美切（上下字全同）

2.4.2.2 字异。叶音切语与韵书用字不同而音同。

听，叶它丁反_{离骚12}，《广韵》听他丁切（上字形异音同）

踖，七亦反叶七略反_{小雅楚茨三}，《广韵》七雀切（下字形异韵同）

居，叶姬御反_{召南鹊巢一}，《集韵》斤御切（上字形异声同）

母，叶满补反_{鄘风蝃蝀二}，《集韵》蒙脯切（上下字形异音同）

2.4.2.3 说音方式异。由于韵书没有直音，所以朱子承于韵书音，而以直音方式叶之者，都是改写韵书的说音方式。如：

尚，叶音常_{天问54}，《广韵》尚，市羊切（以禅阳开三的"常"转写"市羊切"）

害，叶音曷_{小雅蓼莪五}，《集韵》害，何葛切（以匣曷开一"曷"转写"何葛切"）

2.4.2.4 在诗韵"同用"的范围内叶音用字的音异。如：

牟，叶莫侯反_{小雅角弓八}，《集韵》牟，迷浮切

此以侯开一的"侯"改写尤开三的"浮"，诗韵规则"尤侯幽"同用，所以同用各韵的字可以换用。但其中真正起作用的仍是实际语音，因为尤韵三等的明母音节，很早就已读为侯韵一等(参邵荣芬 1997，198—209 页)，韵书虽

写作迷浮切,读出来仍是莫侯反。

2.4.3 承用韵书的启示:特点与意义。

2.4.3.1 承用韵书叶音的特点。从上面的材料来看,朱子的叶音承用韵书有以下两个显著的特点。

一是异读选叶。凡承用韵书之音作叶的字在韵书中都是多音字,从这个意义上说,所谓承用韵书作叶,就是取用韵书所记的一字多音中的某一异读作为叶音。其间关系或可简述为:在诗文中韵脚字本来当读的音不能谐韵的情况下,选择其在韵书所记载的多个读音中比较适合谐韵的音用作叶音。

二是规模效应。200余字的近700条叶音都从韵书而来,占到全体叶音的三分之一。三分天下有其一,其体量之大,绝不是"偶然"二字可以解释的,如此巨大的数量足以产生一种强有力的规模效应,足以表明韵书是朱子叶音的重要来源之一,或者说韵书之音是朱子进行叶音时的有意选择。

2.4.3.2 承用韵书叶音的意义。了解这些特点对于我们认识朱子叶音的目的以及判断叶音的性质都非常重要。前文我们已经通过比对朱熹、吴棫的叶音异同,指出朱子叶音的目的非为求备乃为求谐。现在,从这个规模效应里,我们又看到了他还非常注重从韵书的异读来获取叶音。此举拓展了取音范围,无异于创立了一个新的叶音选项,这就是在通过古诗文特殊用韵"补"其未备之音外,又从韵书所记的又音中"选"其适合谐韵的音。如果说"补其未备"是推考韵脚字的古音以通其韵的话,那么,"选其又音"就是核查其今音以定其读。要之,"补"立足于古音,"选"则着眼于今音,一"补"一"选"之间,定其韵读却有古音今音之异,两者的取音范围迥然不同。选用韵书异读来叶音,其实跟他修订吴棫补音时力求照顾诗韵规则、讲究洪细和谐等做法的意图是完全相同的,都是在考求古诗谐韵的时候,力求引入"今音"的元素以突破吴棫补音的纯古音预设,尤其是直接选用韵书之音作叶,更凸显了他在"叶韵"时不拒绝"今音"的价值取向。可以肯定,"今音"也是他叶音的语音根据之一。确认这一事实的意义不仅仅是揭示了叶音新的取音范围,更重要的是给传统叶音理论带来了不小的挑战。

自从焦竑、陈第等人批判叶音以来,传统理解的叶音,一直被认为是一种只有在用今音读古诗不谐韵之时才实行的音释行为,在传统叶音学说里从来就没有"今音"的位置。"韵脚之今音不适于古诗谐韵"无疑是传统叶音学说的基本前提，在此前提之下，必然会合乎逻辑地推出如下命题：所作叶音的音切不可能、也不应当雷同于以《广韵》等韵书为代表的今音。

可现在通过与韵书音切的异同比较，我们却看到了完全相反的事实。朱子叶音中可以确认同于韵书的条目竟多达200余字、680余次，几为全部叶音的三分之一。如此充沛的反证汇合起来无异于就是一股强大的冲击波，严重地冲击传统叶音理论的基础，其叶音无关乎"今音"的逻辑预设恐怕已有倾颓之虞。无论如何，朱熹叶音大量承用韵书的确凿事实，再一次提示我们传统的叶音理论可能存在不足。我们应当在新的事实基础上重新认识宋人的叶音行为，重新评估朱熹叶音的目的与语音根据，以便全面、准确地发掘蕴含其中的历史语音信息。

2.5 自制叶音

原则上说，朱子叶音中凡不属于承用前人或在前人音释与韵书中找不到来源的条目，都属于朱子自制叶音。自制叶音究竟有多少，其表现如何？

2.5.1 基本数据。既然我们已经获取了各种承用前人的数据，理论上就可以把所有承用前人音切的数据作一汇总，使用"排除法"来推知朱子叶音中自制音切的数量。如果将朱子叶音的总字、次数减去其承前数，所得之差应当就是朱子自制叶音的数目，详下表。

	总数	承用前人						非承用前人	
		承吴	承洪	承陆	承韵书	合计	占比	自制(?)	占比
字	859	156	39	50	260	505	58.7%	354	41.2%
次	2079	176	66	53	681	976	46.9%	1103	53.0%

观察上表，用"总数"减去"承用前人"数据所得的数字，却令人感觉颇为怪异，即"字"与"次"之间的比例相当不协调。承用前人的部分字多次少，非承用的字少次多，这种比例非常奇怪。能否直接确认所谓非承用前人的部分即为朱子自制叶音，自然要打一个问号。笔者以为欲解此疑，需要厘清两个问题。

一是造成这个奇怪比例的原因是什么？笔者以为造成这个疑问的原因

其实很简单,即将各项数字相加时,"字"的计数存在着重复计量。我们知道,每条叶音语料,都包含一个被注字和一条"叶某音"的音切,可记为一字叶一次,即"一字次"。朱熹所作叶音 2079 条,就是 2079 字次。但其中涉及的被注字并没有 2079 个,因为同一字可以重复作叶音,去掉重复,其总字数是 859 个。当我们以叶音条目分项统计字次时,各项目之间的"次"是不重复的,但所涉及的"字"却有可能在各项目间重复出现。比如说,承用于陆德明的 53 次叶音涉及 50 个被注字,将 50 字与承用于韵书的"字"相核查,就会发现竟有 44 字重出于承用《广韵》《集韵》二部韵书的字数之中,亦即曰承用于韵书的 681 次叶音所涉及的 260 字中包含了承用于陆氏叶音中的 44 字。如果将"承韵书"字次加上"承陆"的字次,字的部分就会重复计量 44 个字,造成了字数的虚大,正确的记数应当是 260 加 6。

"字多次少"就是简单地将各个承用前人项目的字、次数相加时,没考虑规避字的重复计量而出现的"字"的虚假数据。它使得承用前人的字数偏大,挤压了朱熹自制叶音字数的空间,使得字数偏小,又造成了非承用部分"字少次多"的问题。解决这个问题的办法就是要在相加的各项数据之间,尽可能地避免重复计量。

二是"承前"各项数据能否简单相加?根据上文的论述,承用前人的四个数据,其内在的意涵其实并不相同,不应当相提并论。依笔者之见,四个数据应当分为两组:"吴""洪"为一组,"陆"与"韵书"为一组。承用于吴、洪两位的数据,不能跟承用于陆德明和韵书的数据相提并论,有三个理由。一是吴、洪同属于宋人,前后相差仅几十年,可以看作与朱子同时代人,其语音之间没有时代隔阂,而"陆"与"韵书"跟朱子不是同一时代。二是吴、洪的叶音亦多属自制,仅洪氏的注音有承前人旧音的可能,但相对数字较小,无关大局。三是朱子承用吴、洪两人的叶音也是经过反复核查,并有大量的修订与改作,其实是在朱子自主意识下的一种借用,与他本人自制没有什么区别。凡此种种,都应当将朱子对吴棫与洪兴祖的承用部分归入自制之内。

如此一来,朱子承用前人的音切中只有"承陆"加上"承韵书"的两个部分:

字:260+6=266　　次:681+53=734

除去承前部分,朱子自制叶音的数目就是:

字：859－266＝593　次：2079－734＝1345

自制部分的字数占总字数的 69%，次数占总次数的 64.7%。自制的叶音切语大概都在六成以上，字多次亦多。

2.5.2　自制叶音的启示。朱熹叶音中自制音切比例很大，约占全部叶音的三分之二左右。实际数量也很多，由两个部分组成，一是经过自主核验认可之后，借用同时代吴棫和洪兴祖的音切，有 242 条；二是完全朱子自制的音切，有 1103 条。这些叶音，基本上都与被注字在韵书或音义中的传统读音无关，是朱子为了实现古诗文的特殊谐韵，通过各种途径考证并确认的谐韵之音。一方面它们不见于韵书或音义的记录，难寻其历史传承的轨迹，另一方面它们又都是为诵读古诗服务的，远离当时日用言语。传承不明而又远离现实，非古非今，看起来很像是"虚拟"出来的非正常读音，能给语音史提供什么有价值的信息呢？

首先，我们必须肯定，叶音音切虽然都不见于韵书，但都是有其语音根据的（详本卷第六章），绝非师心作古式的杜撰之音。由于它们有着非常复杂的语音根据，所以非但不是虚构之音，而且还可以折射出某种不同时代、不同地域或不同语音理论所推演出来的特殊语音，涉及非常复杂的历史语音现象。也正是因为其涉及的语音现象特别复杂，才有可能提供不同层面的语音信息，成为历史语音研究的珍贵原材料。

第二，由于"求谐"的需要，这些通过不同途径获取的叶音一定都能验诸唇吻，口诵成音。这给我们认识朱子叶音中一些不合规则的反切提供了新的视角。比如舌齿音三等知章组，因洪细不能协调，在切韵音系中不与一等洪音相拼，宋元"切韵法"称之为无字可切。可在朱子叶音中，知章组是可拼切一等的，如：

卫风硕人三：朝，叶直豪反。

小雅渐渐之石一：朝，叶直高反。

陈风月出二：受，叶时倒反。

这种切语如果只是虚拟之音，则没有任何价值。但如果承认它们可以实际诵读，而且还能通过诵读使韵段由不谐而谐，则这些切语必然可以切出时人能读之音，从而间接地证明，朱子这些违背中古音规则的切语，在宋代语音背景下是合格的。它们很可能就是反映了知照合流后，正在进行卷舌化的音变,使得原来只能拼读细音的声母,现在已经能拼读洪音了。

第三,在音切构成方面的一些特殊表现,可以提供新的语音信息,比如"一音多形"或"同音异切"现象。

所谓"一音多形",是说同一个叶音,朱熹在不同的场合可能使用不同切语用字,形成多个切语形式的"异切"。诸异切在同样的押韵环境下叶同样的音,其诵读之音应当是完全相同的,但从中古音系的角度来看异切之间的"异"有时却是音异,这种异、同之参差,反映了宋代口语与韵书所记书面音之间的变化。下面仅以"命""苞"二字为例,分别看上字、下字在异切中的表现。

鄘风蝃蝀三:命,叶弥并反。(叶音切下字"并"属梗摄清韵)

唐风扬之水三:命,叶弥宾反。(叶音切下字"宾"属臻摄真韵)

小雅斯干一:苞,叶补苟反。(叶音切上字"补"属帮母)

大雅生民五:苞,叶蒲苟反。(叶音切上字"蒲"属并母)

"命"字在《蝃蝀》《扬之水》中都是与"人信"等臻摄字押韵,在《蝃蝀》"叶弥并反"读梗摄清韵,在《扬之水》"叶弥宾反"读臻摄真韵,从中古音角度来看两叶不同韵,甚至都不属于同一摄,鼻音韵尾完全不同,是不同的音。但从韵段的押韵环境看,它们只可能叶的是同一音,这说明朱子口中梗摄清韵与臻摄真韵实际读音已有相混,这应当是朱子方音的表现。

"苞"字在两个韵段中与"犹""秀"等字相押时,都叶侯韵上声,但其叶音上字一作帮母"补",属重唇全清,一作并母"蒲",属重唇全浊,有清浊之别,叶同一个韵的音,不可能其声母有清浊之别,这也只能说明朱子口中帮母与并母发音已无区别。

可见,朱子叶音的自制音切不但不是虚构,而且还包含了丰富的历史语音信息,有很好的历史语音价值。它们数量很多,质量很高,堪称是一个能够全方位反映包含南宋时代实际语音在内的珍贵的历史语音资料宝藏,是当之无愧的语音史研究的核心语料。

三、注 音 语 料

朱子语音核心语料的第二部分是与叶音相关的注音资料。"注音"这个术语,在古籍训释中通常泛指一切说解疑难字音的音释。可这里的"注音"却非泛指,它排除了疏通韵脚谐韵的"叶音"但又强调与之有所关联,是特指与叶音语料相关联的用于说解诗文疑难字音的音释。有人特地称之为"非叶音语料"以与叶音语料相区别。笔者以为,若仅仅与叶音相区别,直接称之为"注音语料"亦颇为简明,不过,这个"注音"应当视为狭义的用法。

3.1 关于"相关性"

为什么核心语料中的注音要特别强调其"相关性"？为什么必须重视它与叶音的关联？这可以从消极因素与积极因素两个方面来谈。

3.1.1 消极因素。如前所论,宋儒注音中的消极因素往往与强调音有传承、言之有据的音释传统有关,由于大量地沿袭前人旧音,遂造成音释的相对保守,致使语音价值低下。沿袭前人旧音,朱熹也不例外。研究者已经注意到了这一现象,比如《诗集传》,近年来有金周生(2005)、李子君朱光鑫(2018)两家作了注音的统计,并分别与陆德明《毛诗音义》以及《广韵》《集韵》等韵书进行异同比对,各自提供了朱子注音中承用前人旧音的基本数据。笔者根据两家的数据制成表格,以集中展示其数量与比例。表中分列"总数""承前"与"非承前"三栏,在"承前"与"非承前"下面分别列举两家的具体数据及其所占比例,"非承前"下的"占比"项中,两家原作中都没有提供数字,笔者根据其实际数字代拟。

总 数		承 前		非承前	
		数 目	占比	数目	占比
金氏总计:2528条	直音 753	承于韵书:721	95.75%	32	4.24%
	反切 1775	承于释文:1461	82%	52	2.92%
		承于韵书:262	14.76%		
李朱二位总计:2490		承于释文、韵书:2468	99.1%	22	0.88%

观察上表,虽然表中两家提供的数字略有差异,但有一点是共同的,即承前的数值与比值特别之高,非承前的数值与比值太低,完全不成比例。可以想见,一眼望去,都是前人旧音,少有新制,的确不利于反映宋代的实际语音,其消极因素不言而喻。影响所及,必然会大为降低其历史语音研究的价

值,虽然不至于毫无意义,但似乎比较难以承担全面研究朱熹语音的重任,用作核心语料当然有其不合适之处。

但可喜的是,这些语料并非全部都是消极因素,它还有积极的一面,使得我们不能简单地排除它们。

3.1.2 积极因素。朱熹注音语料的积极因素就在于它们与叶音语料之间有着密切的关联,这是朱子的注音语料不同于一般注音的地方。正是这个"相关性"特征,使得注音跟叶音结下了不解之缘,甚至无法将两者绝然分开。既然叶音语料主要出于作者自制,能很好地反映历史语音信息,那么,这一大批与叶音有密切关联的注音,当然有其不可忽视之处。

什么叫"密切关联"? 是指这部分注音不是孤立的存在,而是与叶音血肉相连,一体共存的。主要有两点:一是它们在空间分布上与叶音语料交互出现,杂处于叶音语料的氛围之中;二是在语用关系上,它们常常与叶音互为补充,甚至达到与之深度融合的程度,你中有我,我中有你,共同构成古典诗歌的音释。注音语料与叶音相互关联的程度是如此之深,除了能显示自身已具备了相当的语音价值之外,还可协助叶音传达其历史语音信息,从而成为我们全面把握或解读蕴含于叶音语料中的历史语音信息的有用材料。

具体说,其互补关系至少有"先注后叶""音叶互用""注叶同切"三种表现。

3.1.2.1 关于"先注后叶"。上文已经简单介绍了"先注后叶"的特殊结构,我们还需要进一步关注其由注音、叶音两种音释方式综汇形成的特殊功能,可以从两个方面来说。

一是功能互补。先注后叶之中,注音与叶音各有不同的释音作用,用于解决不同的语音问题。具体说,注音解决韵脚字该读什么音的问题,叶音解决韵脚字该用什么音谐韵的问题,各司其职。因其注音不能谐韵而须作叶,又因叶音不能正音而须作注,所以既注又叶,形成功能的互补。二音合为一体,共同完成韵脚字的音释。

二是音改相关。在正常情况下,"前注"与"后叶"之间往往有前音后改的语音关联。先注后叶的音释程序通常是,先给疑难字正其音,正完其音之后再改其音以谐韵,两个步骤环环相扣,一气呵成。这样一来,先注的正音与后改的叶音之间就会出现"被改"与"使改"的"前音后改"关联。后面的叶音是针对前面注音的改定,由于必改的内容只是其韵属,所以正常情况下,一条先注后叶从"注"到"叶"再到出现新的"谐韵之音",就有如下的连带关系:

　　　　　被改　　　　　　使改　　　　　　结果
　　注音(声甲、韵甲) → 叶音(声甲、变韵) → 谐韵之音(声甲、韵乙)

在上面的关系图中,从"韵甲"到"韵乙",必得改之使变的语音要素是"韵",而"声甲"并无变"声乙"的可能,属于不应当变的音素,但如果不应当变的音素也变了,则就有可能是一种时音的实际变化。下面两个例子中,先注与后叶之间,从切韵音的角度看,声母都发生了改变:

觑,市由反叶齿九反,郑风遵大路二,不当变而变:市-齿(禅母变昌母)

嗥,呼高反叶胡求反,招隐士167,不当变而变:呼-胡(晓母变匣母)

上两例都是在变韵叶音的同时,声母也改变了。声母的不当变而变,或许就反映了朱熹口语中两个声母之间实际发音已经混同,朱子制作叶音时照实际读音写出来,所以就出现了与书面不同的变化。由此看来,对前注之音作叶音的改变时,有可能通过"不当变而变"的方式反映口语音变。其中注音的作用就在于,清晰地提供了音变的比对对象。

3.1.2.2 关于"音叶互用"。在二音叶例中,无论"二音式"还是"二叶式",其结构框架的基本语意都是相同的。"××、××二反"与"叶××、××二反"两个格式是同义共存的,用不用"叶"的术语,传达的意思都一样,都是对韵段给出两种谐韵的参考,由读者自由的选择。这是"二音叶例"中的特殊现象,了解二音叶例中的音叶互用现象对语音史有两个意义。

一是二音叶中"注音"其实已经等同于"叶音",如果在这里机械地套用有没有使用"叶"的术语来确定其是否自制,那就拘泥了,其结果是必定会丢失掉一批真正的自制叶音。

二是在具体的二音叶条目中,往往其中取自韵书之音与作者新制之音交互羼杂,所谓音中有叶,叶中有音,如:

侯,叶洪姑洪钩二反,郑风羔裘一,此为"二叶"但叶中有注。

驹,恭于恭侯二反,小雅皇皇者华二,此为"二音"但注中有叶。

上面两个字条，"侯"用二叶例，"驹"用二音例，但实际上"侯"的二叶并非都是叶，其中"洪钩反"一音见于《广韵》，作"户钩切"，从来源上看，它其实是据韵书给"侯"字的注音；"驹"的二音也并非都是据韵书注的音，其"恭侯反"一音不见于韵书或其他音义书，是一条不折不扣的专为谐韵而设的叶音。"音叶互用"现象告诉我们，在朱子的语音文献中，绝不可以将叶音与注音一刀切地分开，为了最大限度地避免资源的浪费，有必要收入与叶音相关联的注音语料。

3.1.2.3 关于"注叶同切"。一个反切既可用作注音，又可用作叶音，这就是"注叶同切"。这是因为在不同的语境下，某一字音的切语或可用作难字注音之用，或可用作韵脚叶音之用，同一切语具备注音与叶音的不同功能，作者根据语境的需要来分别实现其不同的价值。这种现象在朱子核心语料中并不少见，略举几例：

柏，音博。在《山鬼》45 注"柏，叶音博"，此为叶，在《湘君》33 注"柏，音博"，此为注。

差，七何反。在《陈风·东门之枌》二章注"差，初佳反叶七何反"，此为叶，在《离骚》13 注"差，七何反"，此为注。

出，尺遂反。在《思美人》93 注"出，叶尺遂反"，此为叶，在《小雅·雨无正》五章注"出，尺遂反"，此为注。

弟，待礼反。在《齐风·载驱》二章注"弟，叶待礼反"，此为叶，在《邶风·谷风》二章注"弟，待礼反"，此为注。

度，徒洛反。在《小雅·楚茨》三章注"度，叶徒洛反"，此为叶，在《大雅·皇矣》六章注"度，徒洛反"，此为注。

敦，都回反。在《邶风·北门》三章注"敦，叶都回反"，此为叶，在《周颂·有客》注"敦，都回反"，此为注。

这些字例充分显示，所谓注音与叶音之间还有割不断的关联。当我们讨论上述叶音时，不去关注它们的注音将是不完整的。

综合起来看，与叶音相关联的注音资料虽然有着大量承用前人旧音的消极因素，但也有与叶音密切相关、互为补充的积极因素。它们与叶音一起出现在古诗文的注疏之中，密不可分，与韵脚叶音一起构成诗文的音释，共同支撑起朱子打造的音释大厦。

3.2 基本数据

依据"相关性"特征,检视朱子经籍注疏中的注音文献,可以确定为核心语料的有《诗集传》《楚辞集注》两书中的全体注音,此外《仪礼经传通释》《四书集注》两书中少数注有叶音的古韵文中的注音,也属于核心语料范围。在这个范围之外的其他的注音语料,如《四书集注》中的注音,应当归入朱熹语音研究的辅助语料。

从结构形式上看,核心注音语料可以分为两个部分,一为纯注音条目,二为"先注后叶"中的注音部分。"先注后叶"条目作为一个整体应当算作叶音,计入叶音条目之中,但其所包含的注音部分与普通注音的性质相同,如果仅仅是统计注音语料则需要计入。两部分的基本数据如下。

纯注音条目,《诗集传》2265 条、《楚辞集注》1256 条,《仪礼经传通释》中与朱子叶音相关联的注音 48 条、《四书集注》中与叶音相关联的注音 3 条。四种语料合计 3572 条。

"先注后叶"条目,《诗集传》中有 248 条,《楚辞集注》中有 38 条,共计 286 条。

两种注音合计,《诗集传》注音语料总数是 2513 条,《楚辞集注》中总数为 1294 条,再加上《仪礼经传通释》《四书集注》中的 51 条,所有的注音语料合计:3858 条。

3.3 来源核查

确定朱子核心语料中的注音之后,同样也要考察其承前的情况。核查有多少属于新制,有多少承于前人,这对判断注音材料的语音价值仍是必要的。

笔者将 3858 条注音与前人音释、韵书进行比对,以探查其承用前人之概况。为避免过于繁琐,比对将分两个步骤进行:先比对相关音义文献,再比对韵书。

第一步将《诗集传》《楚辞集注》注音与陆德明《毛诗音义》、洪兴祖《楚辞补注》相对应的字逐条单独进行异同比对,所谓"相对应字"是指诗骚中的某字,陆洪与朱都作过音释,可以进行音切异同的比对。不能比对的就是"无相对应音释"的字条。

第二步将所有"无相对应音释"的注音全部拿来与《广韵》《集韵》比对。

这样一来,进行比对的 3858 条可根据其相对应条目分为三组,一是《诗集传》中与陆氏释文相对应的字条 2282 条,二是《楚辞集注》中与洪兴祖《楚辞补注》注音相对应的字条 962 条,三是无前人音义对应的字条 614 条。

比对主要是核查与前人音切之异同,有"全同""形异""音异"三种表现。"全同"就是整条音切与比对对象完全相同,可以认为是抄自前人;全同之外都是有所不同,"形异"仍然是指音切的用字不同,音类相同,可以认为其音取自陆、洪或韵书,但对切语用字有所更改,"音异"即指朱子音注完全不同于陆、洪或韵书,基本上就属于朱子自制的音切。数据见下表。

	全同		形异		音异	
	数据	占比%	数据	占比%	数据	占比%
对应陆氏释文:2282	2082	91.2	159	7.6	41	1.9
对应洪氏补注:962	824	85.6	112	11.6	26	2.7
比对经典韵书:614	166	27.0	385	62.7	63	10.2
小结:3858	3072	80.0	656	17.0	130	3.3

3.4　语音价值

表中数字显示的异同比例与前文引述有关《诗集传》的两家统计数据的基本倾向是相同的。所有注音材料无论从哪个方面来看,都极大地与前人旧音相同,完全不同于前人旧音的只占总数的 3.3%,可谓微乎其微。数字层面上看不到新的音切有任何优势,可见消极因素势力之大。如此多的旧音切重复使用,一派老旧面目,难以从中看到宋代语音音系层面上生气勃勃的鲜活表现,可见,单独将朱子的注音语料用作近代语音研究确有很大的缺陷。

不过,不必太过悲观,且不说注音语料本身还有占总数 3% 左右的自制音切 130 条,都可以直接用于宋代实际语音的研究,只说注音语料与叶音语料的密切关联,就足以极大地抵消其过于陈旧的消极影响了。上文我们已经对注音、叶音的相关性特征作过比较明确的论述,显示其具备核心语料的性质。这里还想进一步说明的是，即算是完全承用前人旧音且不与叶音相关联，情况也可能不至如想像的那么糟糕，只要我们注意对比其出现时的不同语境或具体表现，就完全有可能从中看到新的语音信息。下面举两例说明。

其一，"湑"字注音的形异。"湑"在《诗集传》中被注音共4次，3次注"思吕反"，1次注"息吕反"；陆氏《释文》相应的4次注音，3次注"思叙反"，1次注"息叙反"。朱子注音与陆氏的切上字完全相同，切下字则字异音同，属于"形异"。

这个形异有什么意义？查"湑"字《广韵》"私吕切"，《集韵》"写与切"，朱注肯定不是抄韵书，可以推测是取《释文》之音作注时，改动了其切下字。问题来了，既然音同，为什么要改字？朱子抄释文2000多条切语，都一字不改，为什么这几条切语一定要改其下字？而且全部都改一个不留？这恐怕不是偶然笔误，一定有其用意。比对一下所改的字，都是将陆氏原切语中的全浊上声"叙"改为次浊上声的"吕"字。也就是说，朱子是排除了全浊上声字在这里作切下字。考虑到被切字"湑"本是上声字，笔者以为这一定是南宋口语中全浊上声变读去声了，原切语下字的全浊"叙"字已变读去声，宋人口语用它已切不出正确的上声读音，才有去除全浊字换为其他能读出上声的字的必要。（详刘晓南2019B）可见，虽然"湑"的朱子注音与陆氏切语同音类，也与韵书同音类，但仍然表现了宋代新的语音信息。

其二，"弟"字注音的存否。一般作音切比较，多看其"同异"，而忽略其"存否"。其实朱子注音与其他音释的比较，"存否"也是很有意思的。比如，陆氏《释文》中没有注音的字，到了朱熹手下却给其加注了字音，虽然这个注音完全同于韵书，但当其涉及"此存彼不存"之差异时，其中往往有值得关注的信息。"弟"字的注音即是。

"弟"字在诗中朱子注"待礼反"5次，切语同于《集韵》，完全照抄韵书，仅看切语当然看不出来有什么新的语音在其中。但联系陆氏《释文》来看，情况就不那么令人沮丧了。朱子其实是将陆氏不注的字加入了注音。试想一下，陆德明对这几个"弟"字没有一个注音，当然不是偶然漏注，完全是有意不注，说明在陆氏看来这几个"弟"字没有任何读音上的问题，不需要注音。为什么朱子要不厌其烦地注音而且每字必注呢？一定是在陆氏的时代没有问题的字音,现在出现了读音上的问题,不注的话,依当时口语就读不出正确的音来。核查"弟"字所在的上下文,全都出现在押上声韵的韵脚位置,必须读为上声才可以谐韵。如此,朱熹的注音只有一种可能,"弟"字在口语中已经发生了浊上归去的音变,若不注音则读者会读成去声,与诗经中的谐韵需要的读音不类,才造成了在陆氏那里没有问题的字,到现在必须加注了。而且这个注音有意采用韵书的反切,没有另作新切,大概朱子是要通过韵书之切语恢复"弟"字旧有上声音读,或许是其文读音吧。(详刘晓南 2019B)

这样看来,虽然朱子注音大多来自前人,自制切语很少,本身语音价值不如叶音高,但由于其与叶音的密切关联的"相关性"以及其他特征使其具有了积极意义,显示出其独特的语音价值。没有理由把它们排除在朱熹语音的研究之外,它们理所当然的是朱熹语音研究的核心语料的一个不可缺少的组成部分。

四、韵 段 语 料

朱熹语音核心语料的第三部分是诗骚等古诗文中由叶音而衍生的韵段。这里有两个关键词,一是"韵段",一是"衍生",它们在朱熹语音文献中有何特别意义?

4.1 韵段:两种类型

什么叫韵段？泛泛而谈,韵段是指韵文中押同一韵部的韵脚组合,凡同韵段中的韵脚都是同韵互谐的,因其天然的谐韵关系而被认为是历史语音韵部研究的重要材料。

朱熹语音文献中的韵段比较特别,它们由两种类型材料组成。一是《诗》《骚》等古诗文中经由朱熹注入叶音之后形成的韵段,主要见于朱子的古籍注疏之中;一是朱熹自己创作诗文中的韵段,主要见于朱子的文集之中。前者可称为朱熹《诗》《骚》韵段,后者可称为自创诗文韵段。两种韵段的来源和语音价值都不相同。

自创诗文韵段虽然是自创,但却不能与音释中的自创音切相比,此自创非彼自创也。他的"自创音切"能够较多较好地反映实际语音,但自创诗文韵段却做不到这一点。因为求正存雅的需要,朱熹写诗用韵,遵从诗韵的规则竟至毫不含糊。尽管身为闽人的他口语非常特别,大不同于诗韵①,可是看他的诗文押韵,竟然几乎找不到能体现其方音的特殊通押。所以,他的自创诗文韵段资料也跟"与叶音无关联"的注音一样,并无特别高的语音价值,只能充当研究的辅助语料。

排除自创诗文韵段之后剩下的朱熹诗骚韵段又可简称为朱熹韵段。这类韵段的情况与自创韵段完全不同,因为其中插入了大量的叶音,在叶音的作用下,原本属于《诗经》《楚辞》的古韵段就变身为由叶音而衍生的韵段,即朱熹诗骚韵段,其所押的韵与原韵段也有了质的区别。叶音的衍生转化作用是造成这种质变的主要原因。

4.2 关于"衍生性"

4.2.1 何谓"衍生性"?"衍生"本是推演派生的意思,所谓叶音的"衍生性",可以简述为通过叶音改变一个古韵段的押韵方式而使整个韵段获得一种新的谐韵效果。这是由叶音所衍生的,所以可称为"衍生性效果"。朱熹正是利用叶音的衍生性特征,将《诗经》《楚辞》等古诗文韵段转化为宋人口语可以和谐诵读的韵段。改不能谐使之谐,变不可读为可读,从而曲折地传达出古诗文的优美旋律。它并不是像今人重建古音那样地成体系地建构古韵,而是一种古音今音并行的特殊运作。无论使用古音还是今音,目的只有一个,都为了催生适合宋人诵读的韵律,结果就是形成了一种新的韵段形式:朱熹诗骚韵段。由此可见,所谓"朱熹诗骚韵段"原本是不存在的,它是由朱熹通过叶音的方式转化而来,完全由叶音而派生,因而属于衍生性的韵段。

4.2.2 衍生的过程。动态地看,所谓"朱熹韵段"的生成,可分"叶前"、"作叶"和"叶后"三个阶段。

叶前阶段,韵段处于诗骚用韵的原生态。面对原始状态,是否作叶,朱熹根据具体情况作出两种不同选择。其一,如果原韵段的押韵符合朱熹时

---

① 他自己就说过"闽浙声音尤不正",见《朱子语类》卷一百三十八,第 8 册,3282 页。

代的用韵体系,时音能够和谐诵读,可以不作叶音时,便不作叶(按也有作叶的),这可看作以不叶为叶,即直接认定该韵段为"朱熹诗骚韵段"。此可理解为古诗文的韵系与朱熹时代韵系在某个具体韵段中重合了,达到了同一。其二,当原韵段不符合朱熹韵系时,就加注叶音,促使原生态的古诗文韵段发生转变。

作叶阶段,是对原韵段中需要调整读音的韵脚字,按一定的程式,考证其可能的谐韵之音,采用便于谐韵的字音加入韵段之中,作出叶音的标注,注明其在"朱熹韵段"中当读什么音,以改变其押韵体系。

叶后阶段,所有需要调整韵读的韵脚字统一调整之后,整个韵段的押韵发生了变化,一是原韵段的诵读不谐变得和谐了,二是在叶音的作用下原韵段的押韵发生了质变,已经脱离其原生态诗经用韵体系,变身为朱熹的用韵体系。

由此可见,一个标注了叶音的韵段,其叶前、叶后的性质是完全不同的。"作叶"是促使由《诗经》《楚辞》等古韵段变身为朱熹的诗骚韵段的关键一步,如下图所示:

     叶前(诗经韵系)   作叶   叶后(朱熹韵系)
周南葛覃一:萋飞喈(支微皆合用)⇨喈叶居奚反⇨萋飞奚(脂微齐合用)

图中的韵段在叶音前后有两个重大变化。

一是押韵的转化。从诗韵的角度看,叶前韵段原为"支微-皆"合用,不但不符诗韵也不能和谐诵读。朱熹给皆韵的"喈"字作叶,注"叶居奚反"之后,"喈"用于谐韵的音就已经不再是皆韵的音,而是变身成为一个属于齐韵的"居奚反"的音,叶后就变为"脂微齐"合用,再也不是叶前的"脂微-皆"合用,虽"脂微齐"仍不合诗韵同用的规范,但口语诵之已谐。至于皆韵的"喈"怎么能变读齐韵的音,那属于叶音的语音根据问题,朱熹这样叶音是有其语音根据的(详前文第六章,此不赘)。

二是入韵字的变化。叶前韵段中的韵脚字是"萋飞喈",叶后整个韵段的押韵字变为"萋飞奚",原韵脚"喈"实际上在叶音的作用下,已经退出韵段的谐韵,其位置转由叶音切语"居奚反"中的切下字"奚"来填充。入韵字的变化引起韵段组合的不同,"萋飞喈"是诗经韵段的韵脚组合,"萋飞奚"是朱熹韵段的韵脚组合。

4.2.3 衍生的性质。衍生的过程其实是一种质变过程,经过叶音改造后衍生的"朱熹韵段"与《诗经》《楚辞》书中原有的韵段有了本质的不同。简言之,叶前的押韵是原生态的,属于诗骚的韵系,是古音;叶后韵段的用韵经过改造,转变为朱熹的用韵体系,是宋音。朱熹正是通过"叶音"将《诗经》《楚辞》等原生态的韵段统一地转化为所谓朱熹的诗骚韵段。

从语音史的角度来看,叶前属于古音系,叶后属于近代音系,这就是叶音的衍生性所作转化的本质所在。我们必须充分理解并把握叶音对韵段衍生的这种分水岭式的转化作用,时刻分清叶前与叶后属于不同的语音层次,注意不要被它们扰乱了我们观察韵部信息的视线。

总之,叶音使诗骚韵段发生了巨大的变化,其内部被注入了新的语音因素,衍生出与原韵段完全不同的押韵组合,使之转化成朱熹韵段,而其中蕴含的丰富历史语音信息无疑具有很高的历史语音价值,成为朱熹语音研究中韵部研究的核心语料。

4.3 基本数据

"朱熹韵段"作为朱熹语音中韵部系统研究的主要材料,总共有多少个?这个看似简单的问题其实并不那样简单,因为首先得判断诗骚中哪些是朱熹所确认的韵段,才有可能进行统计。

4.3.1 判定朱熹韵段的基本原则。在《诗经》《楚辞》等先秦诗歌中,习惯上韵段都是篇章之下的语段单位,得在篇章的内部确定其韵段,一般最大的韵段就是一章之中的一韵到底的押韵组合。一章之内如果出现换韵,则凡换韵之处就是一个新的韵段开始。一章之中换了几个韵,就会有几个韵段。

但这还仅仅是对诗骚韵段的一般理解。具体一章之中,哪些句子是韵句,哪些韵句属于同一韵段,哪些不同韵段,朱子又如何确认他们属于同一韵段等等问题,都非常复杂。此外还有复杂的押韵方式,比方说,除了常见的偶句入韵外,诗中还有首二句不入韵,首三句不入韵,奇句入韵,还有包韵、交韵等各种特例。朱子对这些特殊押韵现象如何确认,他本人并无专门的说明,所以我们有必要对朱子如何确认韵段有一个客观的判断,以便于全面地把握朱熹诗骚韵段。通盘考察诗骚中的注音叶音状况,综合宋诗押韵的特点,我们认为判断朱熹韵段要注意以下几条。

4.3.1.1　叶音是朱熹韵段的标志。凡朱子作了叶音的字，无论其处于奇句还是偶句，朱子一律都得确认其为韵脚字，凡确立了韵脚字之处，必有朱熹韵段存在。如《鄘风·桑中》篇，诗中朱子叶音情况如下：

爰采唐矣，沬之乡矣。云谁之思？美孟姜矣。期我乎桑中叶诸良反，要我乎上宫叶居王反，送我乎淇之上叶辰羊反矣。

爰采麦叶讫力反矣，沬之北矣。云谁之思？美孟弋矣。期我乎桑中，要我乎上宫，送我乎淇之上矣。

爰采葑矣，沬之东矣。云谁之思，美孟庸矣。期我乎桑中，要我乎上宫，送我乎淇之上矣。

全诗三章，朱子共注 4 个叶音，所起作用各不相同。先看第二章首句"麦"下有叶音，表明朱子确认"麦"是入韵字，则必然认定该章的古韵段为"麦北弋"相押，而给"麦"作"叶讫力反"之后，韵段转化为"力北弋"相押，成为朱熹韵段。

4.3.1.2　再看第 1 章注的 3 个叶音，所处位置属于本篇各章重复出现的段落。凡诗骚篇下重复出现的章段，朱子往往在首次出现时予以叶音，后面不再作叶，这时也得默认这些未作叶者是一个朱熹韵段。《桑中》篇共三章，每章都有"期我乎桑中，要我乎上宫，送我乎淇之上矣"一段，朱子在首章给"中""宫""上"都注了叶音，表明它们是一个朱熹诗骚韵段，在二章、三章下省去了叶音，但得默认为与上章同叶，即顾炎武所说的"后章韵前章者也"。这样一来，《桑中》一诗有朱熹韵段 6 个，而不是 4 个。

4.3.1.3　诗骚中偶有一两篇或章没有注叶，则根据两点来判断韵脚。一是处于偶句末位的字可能是韵脚，二是各韵脚位的字是否符合诗韵的同用系统或宋代通语音系。如上《桑中》第 1 章和第 3 章的第 1 韵段，朱子均无叶无注。查第 1 章"唐乡姜"三个句末字，《广韵》属于唐阳两韵，符合礼韵阳唐同用的规则；第 3 章"葑东庸"三个句末字，"葑庸"两字属钟韵，"东"属东韵，虽不合礼韵同用，但合于宋代通语东钟部的通用范围。两个韵段宋代口语都可谐韵，朱子虽不作音，但其口语都可谐韵，亦可视为默认的朱熹韵段，都要入录。

4.3.1.4　凡有注"下同""同上""与某同"者，这是一种避重的注音法，表

明同一篇章上文或下文的同一字有相同的叶音(按也有的是注音),亦必有押相同韵的韵段存在。如:

冬之夜同上,夏之日。百岁之后叶胡故反,归于其室。(《唐风·葛生》第五章)

"夜"字下注"同上",其意是这里"夜"的叶音与本诗前面的第 4 章"夜叶羊茹反"相同。只有知道本章"夜叶羊茹反"才可能知道本章"后叶胡故反"跟谁押韵,才有可能归纳其韵段。

4.3.1.5 二音叶韵段。从原生态角度看,二音叶韵段只是一个韵段,但从朱熹韵段角度看,可以确定为两个韵段。因为朱子注了两种押韵形式,每一种都可以视为一个韵段。如:

羔裘豹袪起居、起据二反,自我人居居斤於、斤御二反。岂无他人?维子之故攻乎、古慕二反。(《唐风·羔裘》第一章)

该诗原韵脚"袪""居""故"3 字,只有 1 个韵段,但朱子每字注二音,意为该韵段既可读为平声押"袪居於乎",又可读为去声押"据御故慕",所以在朱子韵段的系统中是两个韵段。

4.3.1.6 诗中凡注"未详"者则不予统计韵段。主要在《周颂》部分,另外风与雅中也有少数"无韵"或"叶音未详"。《楚辞集注》中的《楚辞后语》少有音叶,其韵段即据音叶实录,有则录无则缺,后三卷无一音叶则不录其韵段。

4.3.2 朱熹韵段的表现状态。按照衍生性特征,观察诗骚中的原生态古韵段的入韵字和朱子注音和叶音后的朱熹韵段的韵脚字,其间押韵组合有同有异,大概可以归纳为"同""异""双"三种状态,分别与无注无叶、有注有叶以及二音叶相关。

4.3.2.1 同。古韵段中既无叶音又无注音,即朱熹韵段同于古韵段。例略。

4.3.2.2 异。在仅有注、仅有叶、有注有叶、先注后叶等情况下,朱熹韵段都与古韵段的押韵组合不同,一般情况下,"注"后给朱熹韵段增加了韵脚字,"叶"后则是改换了韵脚字。下面各举一例,每例之下对其押韵组合略作说明。

仅有注:周南关雎一:鸠洲逑音求,

古韵段押韵组合为"鸠、洲、逑",注音之后朱熹韵段的组合为"鸠、洲、逑、求",注音实际是增加了一个入韵字:求。

仅有叶:周南卷耳一:筐行叶户郎反,

古韵段的押韵组合为"筐、行",叶音之后的朱熹韵段押韵组合为"筐、郎",叶音实际上将原庚韵"行"字改换为唐韵的"郎"字。

有注有叶:召南甘棠三:拜叶变制反说始锐反,

古韵段的押韵组合为"拜、说",朱熹韵段的押韵组合为"制、说、锐",其中叶音将原怪韵"拜"字改换为祭韵的"制"字,而注音则增加了一个入韵字"锐"。

先注后叶:邶风击鼓二:仲宋忡救中反叶救众反,

古韵段的押韵组合为"仲、宋、忡",朱熹韵段的押韵组合为"仲、宋、众"。先注之音对韵段的韵脚字没有影响,后叶之音则将原平声东韵的"忡"改换为去声用韵的"众"字。

4.3.2.3 双。二音叶韵段,古韵段只有一段,朱熹韵段是两段,例见上。

4.3.3 具体数量。笔者根据上述原则,确认并统计《诗集传》《楚辞集注》以及其他著作中与叶音有关的韵段,具体情况如下。

《诗集传》朱熹认定有韵的诗 296 篇,其原生态韵段 1654 段,因为其中有 41 段注为二音叶,朱熹韵段实为 1695 段。

《楚辞集注》朱熹注有音叶的诗篇有 48 篇,其原生态韵段 776 段,其中有 16 段注为二音叶,则朱熹韵段有 792 段。

此外,还有两本著作中有少数叶音衍生的韵段。

《仪礼经传通释》45 段。

《四书章句集注》2 段。

合计共 2534 段,若不重复计二音叶韵段,则 2477 段。

4.4 价值:历史语音的二重性

韵段的押韵组合是研究韵部系统的不可或缺材料,这是学术界的共识。朱熹韵段当然是研究朱熹语音或南宋通语音系韵部系统的重要材料。但笔者以为其学术价值远不止于此,因为当作者采用叶音方式改造诗骚古韵段生成朱熹韵段的同时,那些支持和推动韵段的衍生或改造的诸多信息也都沉淀在其中了。"叶音"作叶过程中的复杂信息与"朱熹韵段"中的宋代语音信息共存一体，决定了朱熹韵段的二重性特点，实际形成了表层与里层两个不同的历史语音层面。表层信息就是朱熹韵段的韵脚字押韵组合所表现的宋代韵部信息，通过系联它们可以归纳出共时的韵部系统，即近代南宋通语音系的韵部系统，里层信息即所谓沉淀于叶音中的复杂信息，甚至比表层信息更加重要。

里层信息之所以重要，就是因为它是在韵段的衍生转化过程中各种来源不同的复杂语音信息的汇总。为了将口语诵读不谐的韵脚字变得和谐，朱熹通过各种方式与途径，广泛搜索古今语音材料，将它们合理地、有根据地进行谐韵改读，改哪个字音，不改哪个字，怎么改，都经过精心设计。确认改读的每一个音都可能作过足够多的考证与推理，使每一个叶音都拥有在当时学术条件下最为充分的音理根据，使每一个韵段都包含丰富而复杂的历史语音信息，诸如今音异读、口语俗读、方音变读、音理推定、古音训推定、古谐声推定等等，诸种信息犹如百川汇海，形成一股合力，共同推动韵段的转化。韵段既是叶音的衍生物，又是叶音存活的庇护所，观察、研究叶音不但不应脱离韵段，而且从韵段的角度考察叶音根本就是一个必不可少的研究视角。立足于韵段看叶音，其间既有因果关系，又有部分与整体的关系，较之单纯一个一个叶音的考察必将另有一番景色，可以获得不一样的信息。通过韵段来整体地把握单字的叶音，与就字论字地看叶音，虽各有千秋，必然合之两利，更有利于全方位地观察朱熹语音及语音思想之全貌，这大概就是韵段二重性特征的价值所在吧。

五、辅助语料简说

核心语料是研究朱熹语音的主要材料，但辅助语料也绝不是一无是处。归于辅助并不等同于将它们扔入垃圾桶之中。我们先说明为什么将它们归为辅助语料，然后才简述它们的数量及价值。

5.1 定义

我们定义核心语料是可以直接用于朱熹语音研究的材料，那么辅助语料就是不能或不便直接用来研究朱熹语音的材料。主要是两点，一是大量承用前人旧音又与叶音没有关联、不能或无法直接用作历史语音研究，二是没有统计价值。在朱熹语音文献中，符合上述两点的材料有三种：1.非核心注音语料，2.自创诗文韵段，3.语音散论。

5.2 数量

5.2.1 "非核心注音"亦可称为辅助注音语料，主要出于《四书集注》一书。《四书集注》共有注音1630条，叶音2条，由叶音衍生韵段2个。2个叶音韵段无疑当入于核心语料的朱熹韵段之中，其中所含的叶音2条，注音3条，亦随之而入核心语料的叶音、注音之中。除去核心语料，剩下的1627条纯注音语料，与叶音及叶音衍生韵段无关，除大量承用前人旧音外，还有大量的语义破读及辩义音注，不能正面反映历史语音的变化，所以归入研究的辅助语料。

5.2.2 "自创诗文韵段"为数不多，笔者从朱子文集和《全宋词》中，共辑录朱子诗词赋等韵文共1274篇，共有韵段1305个。有两个特点，一是数量太少不利于统计韵部系统。通常考诗文韵系需要海量数据，一千余韵段甚至连206韵都不能覆盖，当然无法完成韵系的考察。二是用韵保守。考其用韵情况，其中完全符合诗韵规则的竟多达968段，不符合诗韵规则的337段中绝大多数是符合宋代通语十八部的通押，如"鱼""虞"，"支""微"，"寒""仙""元"，"庚""清""青"，"麦""昔""锡"，"屋""烛"等等通押，都在宋代诗文用韵中常见，无甚新意。因此被归入辅助语料。

5.2.3 "语音散论"是朱熹语音文献中的一个特殊现象。朱熹在师友论学及注疏古籍之时，为了解释经典中的语言问题，或讨论学术问题时往复论难，常常涉及并谈论到一些语音问题，包括古籍中字音的疏解以及当时的通语与方言各方面的语音问题，零零散散地形成了一批论音的话语片段。其中有的讨论或说明叶音，有的讨论音韵学比如古音学的问题，有的讨论时音或方音问题，有的讨论古代辞书韵书中的语音问题等等，内容丰富复杂，形式零碎分散，因而称之为语音散论。以笔者所见，语音散论在朱子的传世著作中分布很广，笔者已掌握的情况如下：

《仪礼经传通释》，1条

《诗集传》,2 条

《楚辞集注》,2 条

《楚辞辩证》,19 条

《昌黎先生集考异》,46 条

《晦庵先生朱文公文集》,15 条

《朱子语类》,37 条

合计:122 条

以上统计可能还有遗漏,以后还有补充的空间。

5.3 作用

各种辅助语料虽不能用作历史语音研究的主角,但其用作旁证还是有其价值的,尤其是进行有关朱子语音思想的研究,语音散论的学术价值更为显著。

注音语料虽然比较保守,不大能反映时代音变,但如果是多音字,在其作注与不注之间,还是可以了解在宋人口中一些实际语音情况的。如"焉"字,韵书记两音两义,一读影母於乾切"何也",此读喉音清,为疑问代词;一读云母有乾切"语助",此读喉音次浊,为句尾助辞。两音原本为清浊之别,宋代语音中如果两音仍有区别,或当变为阴平、阳平之别。问题在于,这两个音是不是仍然存在宋代口语之中?查《四书集注》"焉"共注音 34 次,其中 33 次都是给句中作疑问词"何也"之义注音,注为"於虔反",影母;仅一次给句尾助词作注,注为"如字"①。这个注解透露如下信息:韵书所记的两音在宋人口中常用的音是语助词之音"有乾切",它的出现一般都不注音,偶然一注也是"如字",而表疑问或反问的"何也"的音,可能口语不用了,故此出现必得注反切,且没有一个注如字的。

自创韵段虽然跨韵通押不算多,但也可以作宋代韵部考察的很好旁证,具体情况详下卷第四章。

语音散论,是朱子的讨论语音或音韵学的零篇断简、只言片语,涉及古音、通语与方言等各个层面的语音,虽然相当珍贵,但本身无法用来统计语

---

① 见《四书集注》之《公冶长》篇,83 页。

音演变，其零散的分布，碎片式的表现，都不易用作具体语音演变的主要证据。但它们作用却是非常重要的，可以提出两点。

一是用作宋代实际语音的坚实的根据，如前文提及的朱熹关于建州音"口读为苦""走读为祖"的散论，就是宋代闽音侯韵部分字读入模韵的有力证据。

二是用作朱子语音思想研究的主要材料。朱熹的语音思想，一般少有正面的阐述，研究者大多通过其叶音等语音作品来推其思想，但这些语音散论中保存了大量的朱子语音思想原始材料，如有关古音的，有关宋代方音的，也有关系到宋代韵书及音义书的评述，还有关于宋代诗歌用韵的各个方面的思想。我们在研究宋代音韵学尤其是古音学和方音学等问题时，需要大量用到"语音散论"资料，这时实际上已经起到主要证据的作用。从这个角度上说，它们的历史语音和语音学价值一点也不逊于核心语料。

第九章 朱熹叶音条例(上)——例推古音

我们已经初步了解了朱熹语音研究的核心材料:"叶音""与叶音相关的注音""韵段"。三者之中叶音是基础,处于主导的地位,注音与之有关联,韵段则与之有衍生关系,相辅相成,构成三位一体的朱熹语音研究资料。

虽然三者之间互有关联,但叶音与韵段的关系尤为紧密,且相当复杂。看起来是叶音衍生了所谓"朱熹韵段",其实不然,叶音与韵段之间的作用是相互的:叶音作用于古韵段,使之转化为新的韵段,当然韵段离不开叶音;但更重要的是韵段提供了叶音的原动力和取音方向,脱离了韵段则无所谓叶音,叶音更加离不开韵段。叶音只可能在韵段的语境之中产生、存留以至发生作用,韵段无疑是叶音的推动者、庇护者与制约者。一个韵脚字要不要作叶,怎么叶,都不是韵脚字本身可以决定的,必须纳入韵段之中作整体考量,才可以确定是否作叶及怎样作叶。这样看来,对韵段和谐的整体考量才是叶音的催生剂。

站在韵段的角度,观察或推演朱子制作叶音的过程,自然而然会萌生一些疑问:为什么有的韵段不作叶,有的韵段必作叶? 作叶既然都是解决韵脚字不能互谐的问题,为什么其中某些字作叶音,另一些字又不叶? 作叶或不叶是率性而为,还是自有法度等等,疑问都指向了朱子是怎么确定韵段中某些字要作叶音以及作何种叶音的这一根本问题。要回答这些问题,有必要引入一个朱熹在叶音中经常使用,但迄今仍不大为研究者注意的概念:例。

一、"例"与"例推"

1.1 断案标准:"例"与古韵例

朱子所注的叶音条目,绝大多数都只是告诉读者如何读才可以谐韵,对于这个叶音怎么得来则不置一辞。但也在为数不多的几次叶音中提供了一个确认及获取叶音的关键词:"例"。表明该条叶音是依"例"而为的,由此透露出一个重要信息,即所谓"例"才是他判断是否作叶的标准。

1.1.1 例与韵例。何为"例"?《说文》人部"例,比也",《广韵》祭韵"例,比也,皆也",《宋本玉篇》人部"例,类例也",综合诸经典工具书的解释,"例"的本义可概述为"比类",是说事物之间的相似性与类同程度。如果多个事物具有相同类型或相似表现,因而形成某共同的性质特征,可以互相类比的话,这种情况即可归结为"例"。

朱子这里所说的"例"限定在诗歌押韵的范围。从押韵的角度来看,其共同特征应当就是指押同类型的韵,确定哪些韵之间可以通押,哪些不能通押,构成共同的韵属特征,这就是韵例。宋代押韵的"例"是确定的,即礼韵体系。何者通用,何者不能通用,礼部韵中都有明确规定。诗韵的韵例就是规定押同一诗韵韵部,符合诗韵就是合其例,否则不合其例。

1.1.2 古韵例。但在诗骚等古诗文韵段中,押韵的情况与此大相径庭,不合于诗韵韵例的韵段随处可见。这些韵段中韵脚位置上的字能否断为入韵?仅从宋代诗韵看来,既然违背韵例,当然不能算作入韵。但《诗经》《楚辞》号称诗词之祖,当然是有韵的,如果就此断其无韵,诗骚很多篇章就会处于"不可读"的尴尬境地了,这当然不可以。如何才可以确认其为入韵?在朱子看来,关键在于能否得到唐宋诗韵之外另一种"例"即古韵例的支持。

下面3段引文均出于《楚辞集注》,里面朱子的叶音都涉及了古诗谐韵的"例"的问题,前两条是直接说到"例",后一条间接涉及"例",原文如下:

(1) 勉升降以上下兮,求榘矱之所同。汤、禹严而求合兮,挚、咎繇而能调叶音同,《诗·车攻》之五章有此例。(《离骚》21)

(2) 勋阖梦生,少离散亡;何壮武厉,能流厥严叶五郎反,《诗·殷武》篇有此例。(《天问》70)

(3) 路修远以多艰兮,腾众车使径待叶徒奇反。路不周以左转兮,指西海以为期。(《离骚》25)

看3段引文中朱熹注,可以分两组来谈。第1、2两例为一组,第3例为一组。在第一组中,朱子在"调叶音同""严叶五郎反"之后都明确地写上在

《诗经》的《车攻》《殷武》篇中"有此例"字样。我们不妨去《诗经》中看看。下面的材料引自《诗集传》：

小雅车攻五：弓矢既调读如同与同叶，射夫既同。

商颂殷武四：天命降监，下民有严叶五刚反。不僭不滥，不敢怠遑。

显然，"调"、"严"两字在《诗经》中也有完全同类型的押韵，故为"有此例"。

第二组叶音，朱子注"待叶徒奇反"，后面虽然没附上关于"例"的说明，但朱子在《楚辞辩证·上》有一句话，就是专门说明这个"待"与"期"通押之例的，他说：

"待"与"期"叶，《易·小象》"待"有与"之"叶者，即其例也。①

意思是，《周易》蹇卦象传中"待"与"之"②押韵的韵段，与《楚辞》中"待"与"期"押韵是同类型韵段，同属一"例"。一个"待"字既与"期"押，又与"之"押，这就是为什么要将"待"字"叶徒奇反"，而不是将止摄之韵的"期"叶读海韵的原因。

1.1.3 古韵例的作用。朱熹作叶，非常注重古韵例的支持，因为同类型古韵段往往可以形成叶音成立的关键证据。就好比"三军易得，一将难求"，在判断古韵段是否需要叶音的时候，往往是韵例一得，纷扰立除。比如，上文所引《殷武》诗中咸摄"严"字叶宕摄"遑"字，这种押韵实属蹊跷，叫人难以接受，但只要得到古韵例的支持则可以确认。他说：

余始读《诗》，得吴氏《补音》，见其疑于《殷武》三章"严""遑"之韵，亦不能晓。及读此篇（按，指《天问》），见其以"严"叶"亡"，乃得其例。余于吴氏书，多所刊补，皆此类。今见《诗集传》。③

这段话中，"得其例"最为关键，同一韵脚、同类型的押韵在不同的地方一再出现，韵例既成，则豁然开朗，有了古韵例的支持，即可确认韵字有此古音之叶音。由此可见，"调"等3组叶音中都提及的"例"，看似随意一提，其实

---

① 《楚辞集注》，184页。

② 周易蹇卦象传该韵段其实是"待尤之"等韵脚杂押，朱子突出"待"与之韵相押，去除了其他韵脚。

③ 《楚辞集注》，196页。

是经过深思熟虑的,在确定叶音中具有举足轻重的作用。

综合上文,我们可以简单地归纳一下,朱熹判断古韵段中入韵字的"例"大概包含两个要点:一是某一韵类的字出现于古诗文韵脚字的位置,与其他韵脚字形成不符合诗韵规则的押韵态势,既非今韵,则有依古韵押韵的可能;二是具有该种押韵态势的韵段在古籍中多次出现,互相印证,就可以确认为一种古韵例。古韵例一经确立,则古韵段就可以成立,随之而来的就是要考其古音以叶音。以"严"字为例,当它在《诗经》中处于韵脚位置而与阳唐韵的字形成相押态势时,极不合于诗韵,足以判定不属于今韵,但它是不是押古韵呢? 看到"严"又在《楚辞》中与阳唐韵相会,同一字的同类型混押在古韵段中再度出现,这就叫"得其例"。因为有其例的支持,所以就能确认咸摄"严"字与宕摄字相押是古韵相谐,就得考虑给它叶入一个古音。"调""待"等通押的古韵不同,但都属于有其例,都可以确定是一种不同于今韵的古韵之例,在古韵中可以成立。

1.2 拓展规则:"例推"

古韵之"例",凭借同类型的特殊用韵在古籍中反复出现的群体效应,表明其本身是一种不同于今韵的古韵。正因为有了"韵例"所烘托出来的群体效应,才可以缘例以求古韵,有效地消除偶然性,以确证古韵段的成立。其实这种"缘例以求古韵"的作法并不新奇,宋人求取古韵段往往都是如此,吴棫就是一个代表。

1.2.1 吴棫的运作。吴棫广征博引,以充足的古诗文韵例作为《毛诗补音》之证据。朱熹特别欣赏这一点。当学生问他吴棫补音有什么根据时,他非常肯定地说:"他皆有据。泉州有其书,每一字多者引十余证,少者亦两三证。他说,元初更多,后删去,姑存此耳。"[①]今《毛诗补音》虽然已佚,但我们仍可以从扬简《慈湖诗传》的引述中看到,吴氏论说某字古音时,取证古诗文中同类型押韵的材料。下面转录吴氏的"采,此礼切"一条补音,看他是如何举证的。

《补音》云:右"采",此礼切。荀卿《赋篇》此夫文而不采者与,简然

---

① 《朱子语类》卷八十,6册2081页。

易知而致有理者与？杜笃《论都赋》"采"与"已"叶。郭璞《客傲》"采"与"里"叶。陆云《赠顾尚书》"采"与"水"叶。①

为了证明海韵"采"字古有"此礼切"一读，吴氏引述了战国汉魏晋诗中同类韵语共 4 条，共证蟹摄咍韵上声的"采"字古有与齐韵、之脂韵的上声相押之例，表明"采"字有一个脂齐韵上声的古读，吴氏补出此音为"此礼切"。

1.2.2　吴棫的不足。朱熹对吴棫求古音"皆有据"这一点很赞成，但对吴氏的做法也有相当大的不满，指责他的"犹有未尽"②之处。笔者以为，这句批评绝不是信口开河，而是在对吴氏的补音条目作了严格的检验核查之后下的审慎评判。他曾给出了两个吴氏"未尽"例子：一就是"严读为庄"，二是"务叶音蒙"。我们已经剖析了朱子批判"严读为庄"的"未尽"是因为没有引述《天问》中的同类押韵，因失"例"而错失对"严"字古音的认定。至于吴氏的"务叶音蒙"有何问题，我们不妨看朱子的原话：

"外御其务"叶"烝也无戎"，才老无寻处，却云"务"字古人读做"蒙"，不知"戎"，汝也；"汝""戎"二字，古人通用，是协音汝也。

"兄弟阋于墙，外御其务；每有良朋，烝也无戎"。吴氏复疑"务"当作"蒙"，以叶"戎"字。某却疑古人训"戎"为"汝"，如"以佐戎辟"，"戎虽小子"，则"戎""女"音或通。后来读《常武》诗有云："南仲太祖，太师皇父，整我六师，以修我戎。"则与"汝"叶，明矣。③

"外御其务""烝也无戎"两句诗出于《小雅·棠棣》第四章，"务"与"戎"都居于偶句末位，应该互相押韵，但不合诗韵。吴棫处理为"务叶音蒙"，朱子则处理为"戎叶音汝"。为什么朱子不取吴棫之说，要改为"戎叶音汝"？他在《诗集传》本文之下对此没作说明。但在给学生讲学时作了解答，学生笔之于策，就是上引的这两段语录。综合两段话来看，朱子批判吴氏的"未尽"有两点，一是"无寻处"，即吴氏所叶之音没有古韵例的根据，而朱子改为"戎叶音汝"则有《常武》诗的韵例为证。二是不知"戎汝二字，古人通用"。这其实是列举"戎叶音汝"的语音根据，即古训中"戎""汝"同训，音义相通。

---

① 《慈湖诗传》，影印文渊阁四库全书 73 册 8 页。
② 《朱子语类》卷八十，6 册 2081 页。
③ 两段引文见《朱子语类》6 册，2080—2081 页。

合起来看，朱子指责吴氏之误就是缺少了古韵例的支持，导致了古叶音之字的臆定。朱子一是提供古韵例确认通摄"戎"字在古诗中有押遇摄的古韵例，二是取证"戎"与"汝"的古音训确认其音义相通，故而确定《棠棣》诗中不是"务叶音蒙"，而应当是"戎叶音汝"。

从朱子所举两个例子可见，朱子认定吴氏的"未尽"，包含了两层意思。一是吴氏虽关注古韵例，但举证仍有不足，有"脱证"之嫌。二是考证古音，范围太窄，不能广泛搜集证据以证其古音，有"拘守"之蔽。有此两大"未尽"，当然不能圆满解决古韵段的叶音问题。这也是朱子为什么要"多所刊补"吴氏之书的原因所在。

1.2.3　新的拓展："例推"。从朱熹对吴棫的批评中，我们已经看到了，他纠正吴氏"未尽"的办法，就是拓展范围，普查韵例，广考音证。朱熹曾非正式地将这个作法称为"例推"。

1.2.3.1　"例推"的出处与语义。以笔者所见，在朱熹的传世文献中，"例推"一语出于《昌黎先生集考异》。在这本评述同时人方崧卿《韩集举正》的文献学著作中，他提出了"例推"古音的术语。下面完整转录"例推"出处的文字，文中"强令、骇水"是方氏所校的韩诗韵脚，"〇"之前是转述方说，之后是朱子的评论。文中关于韩诗用韵的具体问题我们暂且按下不表，只讨论文中有关古音判断的话。原文如下：

"强令""骇水"　方云：此诗十一章，以令叶强，以骇叶水，皆古音也。令有平声一读，公《独孤郁墓志》亦见。《淮南子》："勿惊勿骇，万物将自理；勿挠勿撄，万物将自清。"骇，古音自与"理"叶也。《周官》注："疾雷击鼓曰骇。"《西京赋》所谓"骇雷鼓"是也。

〇今按：古音之说甚善，吴才老《补音》《补韵》二书，其说甚详。骇、水协韵，如《管子》："宫，如牛鸣盎中；徵，如负豕，觉而骇。"亦一证也。沙随程可久曰："吴说虽多，其例不过四声互用、切响通用二条而已。"此说得之。如通其说，则古书虽不尽见，今可以例推也。①

显而易见，这段话中的关键句为"古书虽不尽见，今可以例推也"，"例

---

① 《昌黎先生集考异》卷第五，471 页。标点略有调整。

推"一语即出于此。结合整段文意判断"例推"之意,笔者以为包含两重意思:一是古韵依类而推,二是古音依理而推。

所谓"古韵依类而推",是指据古韵例来推定古诗文韵脚字是否押某种古韵。这个方法为唐宋以来讲古韵者所通用,吴棫更是成体系地在补音中用之,所以,从方法论来看,依类而推是承前人旧法,并无新意。

所谓"古音依理而推",是指在确定古韵段之后,确认必须叶音。针对叶音之字,广泛利用各种语音文献以及语音原理推证其古音。为什么说"例推"之中包含了语音原理推古音的意思呢?可以从他引述并充分肯定"沙随程可久之说"这一点看出。

1.2.3.2 关于依理而推之理。"沙随程可久"即程迥,是与朱熹同时代的古音学家,年长于朱熹且学问精湛,朱子甚为敬重之。程氏著《古韵通式》一书,专论古音,阐发"四声互用""切响通用"的理论。因原书已佚,"四声互用""切响通用"的原始学说已失传。据笔者考查,"四声互用"的大意是凡字音之古读可以在其四声之间辗转流动而互用,"切响通用"的大意是凡字之古音可以在双声之间通转互用。(参刘晓南 2016B)从理论及方法论来看,程迥据音理以定古音的作法大概有点像清儒所说的"对转"与"双声正纽、旁纽",可归于"审音"一类,相应的,吴棫的据古韵例推求古音就比较像清儒说的"考古",两家的方法论其实是不同的。

朱熹是通过援引程迥评述吴棫补音的话,来表明他的"例推"理论中的音理内涵的。品味前引程迥原话,他并未否定吴氏,反而表达了无论吴氏所补之音为何,都可以归入"四声互用"与"切响通用"两个音理之中的意思。程迥的话有没有道理呢?看看具体字例,比如"采"本"仓宰切",吴氏补音"此礼切",所补之音与原有之音为双声而韵异,符合其"切响通用"原理。其他补音也大都可以如此归类。因为从音节的语音要素来看,凡补古谐韵之音,无非就是改变韵脚字的韵与调使之相谐。程氏的"四声互用"在同一音节的四声之间流转,变其声调以互用,实乃韵基不变而调变,"切响通用"在双声之间流转,变其韵母以通用,实乃声不变而韵变,这跟吴氏补音在韵与调之间流转变化是相通的,所以从补音的结果来看,程迥之理自然说得通。大概程氏是想调和吴氏的学说与自己的理论,将吴氏学说纳入自己的体系之中吧。朱子先肯定程氏"其说得之",然后再作深化,进一步提出如果掌握了"四声互用""切响通用"等原理,以此来推断古音,就可以凭例而推演了。此即笔者断其"例推"中含依音理而推古音之意的根据。

但实际上朱子推论古音时广泛取证,凡所取证都是其理据,所以他的"依理"之"理"实际即囊括其作叶音的全部语音根据。吴棫重考据,主要据古韵例及某些古音训、古谐声的证据等等来推古音,程迥则重音理,注重声韵关系推古音,两人各有侧重。朱子的取音范围则涵盖了吴棫与程迥,既重考据又重音理。各种方法在朱熹那里"众生平等",凡能证据古音者则倚为根据,所以,从整体上看,朱子依理而推古音在方法论上不但超越了吴棫,也大大丰富了程迥,堪称是朱子在古音学方法论上的一个创新。

总之,"依类而推"偏向推求古韵段,"依理而推"偏向推求古音读,二者都需要推求,推求的依据即为"例",故为例推。把握了韵例与音理之例这两个"例",实乃掌握了叶音之关键,如网在纲,一例在手,虽古书不尽见,亦可以据例而推其古音也。

1.3 例推程序

"例推古音"可以说是朱子设计的破解古诗诵读不谐问题的一条有效途径,作为思想方法上的"新式武器",提供了解决诗骚古韵段通过古音叶韵转化为所谓"朱熹韵段"的可能。朱子是怎么运用这个武器,使可能性转化为现化为现实的呢?

1.3.1 两个阶段。将原生态古韵段转化为朱熹韵段,其间发生质变的唯一催化剂就是所谓叶音,但这个催化剂颇不简单,因为不同的韵段及韵脚字之间有很大的差异,变量很大。事实上几乎每一个不同的韵段中该叶何音,本身都需要考证,甚至是艰难的考证,才可以确定是否叶音及叶什么音。也就是说,从古韵段变身为朱熹韵段往往要经过复杂的判断、类比、考证,才能加注叶音,完成转化。这个过程可以简述为,先确定古韵段是否需要叶音,再通过考证、类推等途径获取韵脚的"古音"并实施叶音,最终实现韵段的衍生转化。我们可以由此推出,叶音的全程实际是由两个阶段组成,第一阶段主要解决韵段中是否需要叶音的问题,可以名之为"从不叶到必叶",所谓"必叶"是认定其有必要作叶音;第二阶段解决必叶之字当叶何种音的问题,可以名之为"从必叶到定叶",所谓"定叶"是指落实了其具体的或唯一的叶音。

1.3.2 三个关键点。观察朱子诗骚韵段,对比原生态古韵段的各种差异,窥探朱子在完成叶音的两个阶段任务时,大概实施了三个操作:

第一,确认韵字,即根据韵位,核查韵脚是否符合诗韵及通语韵系,核查违例韵段,检出可能的叶音对象;

第二,核其韵例,即比对古韵例,核其是否为古韵段,从而确定是否必得作出叶音;

第三,考音定叶,即考查必叶字的古音理,获取古读以确定其具体的叶音。

三个操作,自然形成"确认韵字""核其韵例""考音定叶"等三个程序。每一程序都含有一个关键点,即:韵位,古韵例,古音理。每个点都是新的韵段衍生转化过程中的一个关键,依次解决了它们就可以顺利作出叶音,否则,无论在哪一个点遇到困难或阻碍,都将不利制作叶音。可以认为,判断是否需要作叶,及作何种叶音,取决于三个关键点能否合理疏通。

韵位、古韵例、古音理等三个关键点之中,古韵例与古音理前文已作论述,这里还需要简述一下韵位。

1.3.3 何为韵位?所谓韵位,是指诗骚文本的章句中应当或可以押韵的位置,通过它可以初步确定韵脚字。根据朱子对诗骚韵句的实际操作,可以得知韵位又可分为三个小类。

一是必韵位,即偶句末字位,除特殊句式外,韵文中偶句末位通常是要押韵的。

二是次韵位,即奇句末字位,除三句一换韵等特殊句式外,韵文奇句末位通常不入韵,但朱子常常给奇句位的字作叶音,意味着奇句末位字也可入韵,虽非必韵位亦可入韵,故名次韵位。

三是对应韵位,这是朱子特有的韵段设定。从篇章来看,当同一篇的上下章之间处于对偶或章句互相对应的情况下,朱子往往将全诗相对应的章之间确定为同一押韵方式。下章即依上章的押韵方式定其韵脚。如下引《行露》诗,全诗三章,其第2、3两章就属于对应韵位:

厌浥行露。岂不夙夜叶羊茹反,谓行多露。

谁谓雀无角叶卢谷反,何以穿我屋?谁谓女无家叶音谷,何以速我狱?虽速我狱,室家不足。

谁谓鼠无牙叶五红反,何以穿我墉？谁谓女未家叶各空反,何以速我讼叶祥容反,虽速我讼,亦不女从。(《召南·行露》)

《行露》全诗三章,朱子确定该诗每章都是句句韵,第 2、3 两章又是互相对应的句式,所以处于奇句位的"家""牙"两字都是必韵字,因而这里也就出现了非常奇特的由阴声韵改叶阳声韵和入声韵的叶音。

1.4 例推举例:"遽"叶音"乔"

虽然朱子并没有专题论述过他的例推程序,但他还是反复对学生说"解诗,多是推类得之""诗无许多事,大雅精密。'遐'是'何'字以汇推得之"的话①。"推类"及小字标记的"以汇推得之"的"汇推",应当都是依例而推的意思,可见他是如何重视例推。

查《诗集传》《楚辞集注》中有很多的叶音都是例推而得或有例推的痕迹,例子不胜枚举。说明他在判定古韵段求取古音之叶时,是严格地这样做的。不过,诗骚注文极简,极少说出其所例推的根据和过程。有一个极好的例子,就是朱子专门写了一篇短文说明《楚辞集注》中"遽"字是如何被叶为"乔"音的,从中可以看到他的"例推"实际操作过程。

1.4.1 "遽"叶音"乔"的原文。这篇名为《书〈楚辞叶韵〉后》的文章,收于《晦庵先生朱文公文集》卷八十二,主要说明楚辞中"遽"叶为"乔"的原委,有非常清晰的例推过程说明,录之于下:

> 始予得黄叔厚父所定《楚辞叶韵》而爱之,以寄漳守傅景仁。景仁为刻板置公帑,未几,予来代景仁。景仁为予言,《大招》"昭""遽"同韵,此谓"遽"当为"遭",似矣。然尝读王岐公集,铭诗中用"遽"字正入"昭"韵,则《大招》之"遽"自不当改。然又疑其或反是承袭此篇之误,因考《汉书·叙传》,则有"符"与"昭"韵者,《高惠功臣侯表》。"区"与"骄"韵者,《西南夷两粤传》。乃知《大招》本文诚不为误,而岐公用韵,其考之亦详也。
>
> 予按诸书,信如景仁之言。盖字之从"豦"声者,"噱""臄""醵",平读音皆为"彊",然则《大招》之"遽"当自"彊"而为"乔",乃得其读。于是

---

① 两段引文均见《朱子语类》卷八十一,6 册,2128 页。

即其板本复刊正之,使览者无疑焉。景仁说尚有欲商订者,会其去巫,不果。他日当并扣之,附刻书后也。绍熙庚戌十月壬午新安朱熹书。(《书〈楚辞叶韵〉后》)①

该文主要说《楚辞·大招》篇中"遽叶音乔"是怎么来的。涉及人有黄叔垕父、傅景仁,涉及著作有《楚辞叶韵》。黄叔垕父应当就是黄铢。

黄铢(1131—1199),字子厚,"叔垕父"中"垕"即厚,称"叔"可能是黄氏年小于朱,加"父"则为男子之美称。子厚是朱熹求学于屏山刘子翚时的同学,善诗,且精研《楚辞》。

所涉及的《楚辞叶韵》一书很可能主要出于朱熹之手,以子厚之名刊之,《朱子语类》卷八十谓:"某有《楚辞叶韵》,作'子厚'名字,刻在漳州。"②为何要以别人之名刻自己的书呢? 说者有云,此乃避以公帑刻私书之嫌③。

1.4.2 "遽"叶音"乔"的两阶段。该篇文字论"遽"字叶音的两个阶段非常清晰。一为傅景仁确认"遽""昭"押韵为古韵例,此即从不叶到必叶;一为朱子论"遽叶音乔"的古音例,此即从必叶到定叶。

1.4.2.1 第一阶段:从不叶到必叶。先看《大招》及注叶的原文:

青春受谢,白日昭只。春气奋发,万物遽叶渠骄反只。冥凌浃行,魂无逃只。魂魄归来,无远遥只。

这是《大招》开篇首8句第1韵段,效摄"昭、逃、遥"3字与遇摄"遽"字处于必韵的韵脚位。洪兴祖注"遽,其據切"④,本读遇摄,与效摄"昭"等字不协韵。大概《楚辞叶韵》书中最初将"遽"字认作"曹"之误。《广韵》"曹,众也,群也","万物遽"若改为"万物曹"意为"万物群起",义亦通。但傅景仁提出异议,遇摄字与效摄字押韵,有古韵例支持,认为改"遽"为"曹"字不妥。朱子接受了傅氏的意见。此即据古韵例定古韵段,确定必叶音字:"遽"。

1.4.2.2 第二阶段:从必叶到定叶。确定必叶字之后,朱子就从古谐声、四声互用两个方面以音理推"遽"字当"叶渠骄反"即"乔"之音。

---

① 《晦庵先生朱文公文集》卷八十二,《朱子全书》第24册,3891页。
② 《朱子语类》卷八十,6册,2079页。
③ 参束景南《朱熹年谱长编》,华东师大出版社2001年,976页。
④ 《楚辞补注》,216页。

1.4.3 "遽"叶音"乔"的音理。"遽"叶音"乔"具体操作分两步走，第一步据古谐声关系确定"遽"古音通"噱"，即"遽"从"豦"声，宕摄入声其虐切"噱臄醵"等字也从"豦"声，则古音同谐"豦"声，古音相通，则"遽"古有"噱"音。第二步再据四声互用确定"其虐切"的"遽"古转音叶"乔"。

他说的"自彊而为乔"比较笼统，不大能看得清楚，可据宋代韵图《七音略》略演示之：

七音略内转三十四(宕摄阳韵开口三等群母音的四声相配)：彊强弶噱

七音略外转二十五(效摄宵韵开口三等群母音的四声相配)：乔骄峤噱

阳韵、宵韵群母三等的四声相配系列中，共同配了入声"噱"字，将入声"噱"字重合之后，成为 8 字，形成了两个四声相配字组成的"阳声韵-入声韵-阴声韵"之配合：

阳——入——阴

平上去入入去上平

彊强弶噱噱峤骄乔

将 8 个字中去除重复的入声字，即成为下面的以入声为枢纽的阳-入-阴之间的所谓"六字总归一入"的 7 字配合关系(参刘晓南 2016B)：

彊强弶　噱　峤骄乔

上面 7 个字音，以入声为枢纽，从阳声韵到入声韵到阴声韵之间，四声互转。若从入声"噱"字开始转读平声，有两个方向，往阳声韵的方向转读为"彊"，往阴声韵的方向转读为"乔"。程迥的四声互用就是说这种四声关系的各个音节都可以在古音中互用，即"噱"可转读阳声韵的平声读为"彊"，也可以转读阴声韵的平声读为"乔"，同样，"彊"也可以通过入声"噱"字转读为"乔"，反之亦然。

综合古谐声、四声互用两条音理，遇摄的"遽"就可以古音叶读"乔"了，其衍转关系可列为下图，图中括号的内容表示音转条件，箭头表"读作"，如"遽(同声符)→噱"，表示在古声符相同的条件下，"遽"古音读同"噱"的字音，其他类推。表之如下

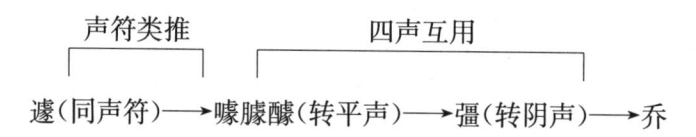

声符类推　　　四声互用

遽(同声符)——→噱臄醵(转平声)——→彊(转阴声)——→乔

"遽叶渠骄反"的整个推导过程,首先是据古韵例确定其为古韵通押,是一个古韵段,确定"遽"字有必要作叶音,完成第一阶段任务;然后是据古谐声定"遽"与"噱"古音相通,又据"噱"与"彊、乔"的四声转读关系,定其古音叶"乔",完成第二阶段的任务;体现了"依古韵例推古韵段"与"依音理推古音"的设想,正是"例推程序"的完美展示。

下面我们分别从例推程式的两个阶段来审视朱子叶音中例推古音的诸表现。

二、从不叶到必叶

例推古音的第一阶段从不叶到必叶,是要确定一个韵段中的韵脚字是否必须作出叶音。

2.1 确认必叶字的困难

笔者推测,由于第一阶段主要是核查韵位上的字是否必入韵,是否符合诗韵及通语韵例,是否需要作叶等等,其活动范围主要就在"确认韵字"、"核其韵例"两个操作层面,附带涉及"考音定叶"。为什么需要涉及考音定叶?是因为"必叶"(确定必须叶音)的判定往往与"定叶"(给出准确的叶音)相关,如果已经确定必须叶音,但又因语音根据方面的原因,难以确定其准确的或唯一的叶音,则仍然处于不确定状态,就难说是真正准确的"定叶"。因此,我们将凡在韵段中无法作出"定叶"的韵段都归于此讨论。

从不叶到必叶,其实就是在"确认韵字"之后,再"核其韵例"以确定必须叶音,但由于韵段中各个韵脚有时不能互相配合,就会出现必韵位之字缺乏古韵例或古音理支持等各种问题,给实行正常的叶音带来困难。从许多实例中可以看见,朱熹尽可能根据所掌握的证据作出判断,能叶则叶,不能则疑。这个疑并非是"缺疑"之疑,而是根据手头掌握的证据作出恰如其分的推断,不把话说死,因而就出现了一些必须叶音字却有了类似亦叶亦否、或叶或否的模糊状态。在从不叶到必叶的阶段中,如果起点是不叶,终点为必有一叶,那么这些模糊状态就成为处于其间的中间状态。

2.2 中间状态诸表现

今试就诗骚韵段中所见,粗粗列举从不叶到必叶及其诸种中间状态于下。

2.2.1 不叶。不叶是叶音的起点,在整个韵段体系中属于以不叶为叶,直接将古韵段转为朱熹韵段的部分。其要点是必韵位上的各字均符合礼韵规则与宋代通语韵系,它们本来诵之韵谐,不需要作叶音,就可以直接认定为朱熹韵段的韵脚字。但有的韵脚字属于难字,有注音,注音字与被注字同韵,所以转化为朱熹韵段后,整个韵段就增加了入韵字。

下面将符合诗韵与通语韵者各举两例,其中又各有一例注音的例子。不注音者直接列出朱熹韵段,注音者先列出古韵段及其注音,再列出转化所成之朱熹韵段。最后以括号标出所押韵部,符合诗韵者沿用同用独用例标之,符合通语韵则标明其某与某通押及通语归何部。

周南樛木二:荒将(阳唐同用)

天问 69:悒音邑急——悒邑急(缉独用)

邶风柏舟二:茹如预反据愠怒——茹预据愠怒(御暮通押,通语鱼模部)

九歌湘夫人 36:兰言湲(寒元山通押,通语寒先部)

诗骚中的不叶韵段为数甚巨,据笔者统计,不计二音叶中二音例,《诗集传》有 654 韵段,《楚辞集注》有 414 例,合计 1068 段,约占诗骚总韵段数的 43.9%。

2.2.2 未详。"未详"及下面"说明与谁叶""二音叶"等现象在前第八章"概观"的叶音结构部分已作简介,这里从判断古韵段及作叶的功能角度,揭示它们各自在叶音过程中的意义。

我们推测朱子之所以要认定韵段中某字叶音"未详",必定是在通过了必韵位字的确认之后,却卡在下一步的古韵例、古音理层面了。必韵位的字如果特别不符合诗韵与通语,就必得有古韵例的支持才可以确定它是不同于今韵的古韵段,但不巧的是该种古韵例没有找到,又无法考证其当叶之音为何,所以就只得注其"未详"。"未详"其实就是存疑,大意是,虽然该字应当入韵,但不能确认其是否为古韵段,也无法确定该叶何音。如:

陈风东门之枌二:差初佳反叶七何反原无韵未详麻叶谟婆反娑

离骚 8：艰替替与艰叶未详，或云艰居垠反，替它因反

如《东门之枌》第二章元韵"原"字处于偶句必入韵位，但诗骚及其他古代韵文中未见同类古韵例，也找不到"原"字可押歌、麻韵的语音根据，只得"未详"存疑。"艰""替"亦然。

诗骚中注"未详"的情况有多少呢，据陈鸿儒（2012，12—13 页）提供的数字《诗集传》中共有 17 处，另据我们的调查《楚辞集注》也有 4 例。诗骚合计 21 个韵段。

2.2.3 疑有某音。疑有某音又作恐有某音。这种情况与"未详"有相通之处，但其存疑的程度较之略轻。这是在确认韵脚之后，强调找不到叶音的语音根据，在"古音理"层面受阻。在无法确切考证其所当叶之音时，只能推想可能叶某种古音，推测成分浓厚，因此措辞也颇为犹疑，虽然尚未至于"未详"，其实离"未详"并不远。此种音释仅见于《楚辞集注》，有 3 例，列之于下：

天问 59：继饱饱与继叶，疑有备音

大招 152：暴暴不叶下韵，未详，疑亦有皮音也罢縻施为

哀二世赋 233：衍榛榛侧巾反，叶韵未详，恐有栈音

前 2 例为效摄的"饱""暴"分别与支、齐韵字相押，可以互为古韵例以证其属于古韵段，但效摄字读为支、齐韵之音，于古于今均无据，所以朱子仅疑其有止摄之韵读。下面的"榛"亦然，真韵与仙韵相押，有古韵例可以支持，但"榛"字读入仙韵则乏语音根据。

2.2.4 说明与谁叶。韵段中处必韵位的字，可以确定为古韵段中的韵脚，但在音释中并不直接注"叶某音"，而是只作出与谁叶音的说明，至于具体叶读音则没标明白。这有三种可能，一是所与叶音的对象及该叶何音很是明确，不必出叶；二是所叶之音是明确的但此处漏注，很有可能是偶尔疏漏；三是可能语音根据有所缺失，无法准确推知当叶何音，只得仅作说明而已。第一种情况详本卷前文第八章"1.3.4 叶音说明"，此不赘。现就二、三两种情况各举一例如下：

邶风二子乘舟二：逝此字本与害叶，今读误害

邶风泉水三 2：瑕胡瑕反叶下介反迈卫此字本与迈害叶，今读误害

"逝"是知道此字该叶读何音而未注出，"卫"是知道此字当入韵，但叶何音尚不明朗。

查《诗集传》中"逝"字入韵6次,3次未作叶,读本音;2次叶入声("叶音折""叶石列反");仅此1次只作说明,未明注叶音。总起来看,"逝"之叶音,朱子其实是明确的,语音证据确凿,前文已有详说,此不复述。或许是在本韵段中,朱子主要强调今读有误时偶然漏注了叶音。

祭韵"卫"字在《诗集传》中仅此一次入韵,朱子注"卫字本与迈害叶",具体叶什么音呢？并未注明。笔者推测,蟹摄三等细音"卫"字与同摄的一、二等洪音"害迈"相叶,虽其中古音同摄,主元音相近仅洪细有别,但在宋代通语音系中却分道扬镳,"卫"归支微部,"迈、害"等归皆来部。"卫"与"迈、害"在宋人口中,其实主元音已经不同了,并非介音洪细有异而已,读之已不能谐韵,此所以"今读误",需要叶音的原因。但"卫"究竟当叶读为何音,没有注明,很可能是缺乏有力的直接的语音根据,不能直接注明叶某音吧。朱子知其当叶,但语音根据不足,只得仅作说明而已。

2.2.5　二音叶。二音叶,从叶音结构来看,是韵段中的每一个韵脚字都注两个叶音,前文已论及。从对韵段叶音的语音根据推求来看,却是韵段中各不同的韵脚叶音的语音证据都比较丰富且均衡,与前面"说明叶音"等因语音根据不充分,不能确认韵脚该叶何音完全不同。如果叶音证据不充分,只得泛泛说明不能落实,二音叶却是证据太多,混押的双方都有理由可以叶对方的音,形成两种叶音的可能,两者之中,取其任何一个似乎都没有充足的理由。朱子因而两存之,注为二音叶韵段。前文已经多次举例,此略。

二音叶的韵段《诗集传》41段,《楚辞集注》16段,为数也不少。

2.2.6　音叶同字。"音叶同字"中的"音"指注音,"叶"指叶音,是说同一个韵脚字在不改变语用语义的情况下,有时给它注音,有时却又给它叶音的现象。我们知道,朱子音释的注音与叶音是有清晰区别的,一般不混用。但有少数字常用字,其音义并无疑难之处,却是既给它作注音又给它作叶音,竟然不能分辩该音加上术语"叶"与不加究竟有何差别。典型有"听""弟"两字,下面两字各举一段注音、叶音的韵段。

听:叶音例,大雅云汉一2:牲_{叶桑经反}听_{叶吐丁反}

　　注音例,大雅荡七2:刑听_{汤经反}倾

弟:叶音例,鄘风蝃蝀一:指弟_{叶待里反}

　　注音例,邶风泉水二:沸_{子礼反}祢_{乃礼反}弟_{待礼反}姊_{叶奖礼反}

"听"在《云汉》《荡》中都是"听从"之义,都是与庚清青韵的平声字押韵,因"听"是常用字,本可以不注,但"听"在宋人口中有平、去两读,所以有必要明其当读何种声调而作注。可是,同一语意,同一语法,注同一音,朱子一注为叶音,一注为注音。

"弟"字其语义为"兄弟",在诗中与脂韵上声字押韵,同样属于常用字,本可以不注,因浊上归去的关系,该字在宋人口语中出现了去声一读,故得注明此读上声。问题是同一语义,同样用法,注同一音,也是分别各注了一个注音、一个叶音。

为什么会这样,笔者以为恐怕不能简单归于体例不纯。因为两个字都有新旧两读,大概两种读音正处于历史音变的过程之中,新兴之读虽然较为强劲但未完胜,旧读虽然走向式微但仍然残存,两读正在消长演变之中。在平常日用之中,这种消长关系很隐晦,仅仅表现为两读并存,身处其中难以辩明其间的消变关系,作出准确的选择,所以出现了骑墙之注。

不过,如果略作统计,或许还是可以看出某种消长之端倪的。如"弟"字在《诗集传》作音 8 次,叶音仅 2 次,6 次都是注音。如果叶音意味着其音非其正读,注音则看作正读的话,这种注音远多于叶音的作法,说明朱熹潜意识中仍然以为"弟"字主要读为上声,或许朱熹口中"弟"之变读去声才刚刚兴起吧。

以上两字的音切都是韵书所有的,如果有一个反切不见于韵书,也有注音叶音两种使用,则不太正常,因为一个未见于韵书且可用于叶音的反切,不会是一个口语中常用之音,用它去注一个字的正常读音完全不合逻辑,出现这种现象可能有误。《诗集传》中"友,羽轨反"就是这样一例。"友"字本音"云久切",韵书与音义都没有止摄合口三等"羽轨反"的音。这是一个口语不存在的音,最早是由吴棫当作古音补入毛诗音中的。朱子之注实取自吴氏。考朱子的诗骚音叶,朱子给"友"叶 10 次,注音 1 次。叶音的 10 次中有 8 次"叶羽己反",1 次"叶羊里反",共计 9 次都将吴氏补音的合口改为开口,这是为了介音和谐而作的更改,前文已说明。非常奇怪的是保留了一次"友叶羽轨反"的合口音,和一次注"友羽轨反"的合口音,两个"友"都是必韵字。奇怪有两点,一是保留合口未改开口,二是韵脚位作注音。但只要列出韵段就知道保留合口并不太怪,且看:

邶风匏有苦叶四：子叶奖履反否叶补美反否友叶羽轨反

小雅沔水一：水海叶虎洧反止友羽轨反母叶满洧反

在两个韵段中，"友"字所在位置前后多合口或唇音（唇音字有合口的性质），有了合口的语境，所以保留了吴棫的合口切语。真正奇怪的就是同样一个切语，给韵脚字作音，一作叶音一作注音，"友"字属于常用字并不难识，且本无"羽轨反"一读，作注音是毫无道理的。这里的注音完全可以断定为漏注"叶"字或传抄刊刻中脱去"叶"字。

2.2.7　定叶。当确定了韵脚字，又有充足的古韵例支持，充分的音理依据时，朱子的古韵段叶音即可以确定下来。这就是定叶。定叶即一字一叶，稳定准确，极为常见，例略。

上面粗粗罗列，从不叶到定叶，历经 7 个过程，存在 5 个中间状态，其中大致可以见得从明确的不需叶音，到可能不需要叶音，到可能要叶音，到叶音难以确定，直到必须叶音，大概每种状态之下都颇为纠结，大费神思。针对这些问题，朱子并没有一刀切的主观臆定，而是根据自己手上掌握的证据，能决断的就断之，难确定的就存疑，能做到什么程度就做到什么程度，体现了严谨的治学精神，也为我们留下了许多颇有价值的真实历史语音资料。

三、从必叶到定叶

3.1　定叶之要点

例推古音的第二阶段从必叶到定叶，是在确定了韵脚字必须叶音之后，制作并实施叶音的阶段。其音释活动主要为"核其韵例""考音定叶"两个操作，目的是在确认了哪些字需要叶音的情况下，进一步解决这些字该叶读一个什么音的问题。

韵段中的诸韵脚字今韵读之不协其实是双方的甚或多方的。一个韵段中甲、乙两韵的字不谐，既是甲不能协乙，其实也是乙不能协甲，倒底是改甲音令其与乙协呢？还是改乙音令其与甲协？或各方都作叶音令其相协呢？不同的选择有不同的意义。

朱子既然已经作出叶音,意味着都作出了自己的选择。观察朱子对被叶字的选择,主要是观察所叶字音的动向或动态变化。为了叙述的方便,我们先把韵段中实际叶音的字根据其所叶之韵称作叶入某韵,或简称入某韵,如"友叶羽己反",就称友字"叶入止韵"或简称"入止韵"。无论一个韵脚字叶了一个什么音,都会有"入某韵"的表现。

从必叶到定叶,其要点就是聚焦韵段中"入某韵"的考察。根据韵段中叶音所展示的"叶入韵"方式,可以归为三个类型:单入、互入、他入。不同的叶入方式反映了朱子对叶音取向的不同选择,有其特殊的意义。

3.2 定叶之方式

3.2.1 单入:字入与类入。单入,是一种单向的叶音取音动态,即韵段中互不谐韵的两类韵脚字之中,仅将其中一类作出叶音,叶入另一类,故此称为"单入"。根据字的多少,单入又可分为两种,一是个别字单入,可简称为"字入";某二是某类字单入,可称为"类入"。

3.2.1.1 字入。字是单字的意思,入是叶入别韵的意思。某些韵的个别字在韵段中被叶入另一韵类,形成单字的叶入别韵类,这种情况我们称之为字入。如:严叶入唐,言叶昂音,兴与林叶,等等。下面各举一例:

商颂殷武四 2:严叶五刚反遑(此咸摄"严"叶入唐韵。诗骚两例,另例见《天问》)

商颂烈祖 2:成叶音常 羹叶音郎 平叶音旁 言叶音昂 争叶音章 疆衡叶户郎反 鸧享叶虚良反 将康穰飨叶虚良反 疆尝将(此山摄"言"叶入唐韵。诗骚亦两例,另一例见《大雅抑》九章)

大雅大明七:林兴叶音歆心(此曾摄蒸韵"兴"叶入侵韵。按,仅此一例)

咸摄"严"字叶入唐韵,并非咸摄其他字也能这样叶,这只是"严"字一个字的特殊叶音,"言""兴"两字的叶入他韵也是一样。"字入"现象,其特殊性就在于只是个别字的单独运动。在朱子例推古音之中,这是一种范围最为狭窄的例推。首先是古韵段非常少见,上述 3 个字中,"严""言"两字均只有两个韵段,"兴"之本字只有一例,但另有少量蒸登韵叶侵韵之例。其次是语音根据非常难寻。关于"严"字之根据,朱子已提出是据方音,而"兴"字协"林",也与当时方音有关(详刘晓南 2001、2020),仅"言"字协"昂"音,笔者尚未找到朱子的根据，或许是本有根据，后已失传，笔者推测若有根据也应当与方音有关。合起来看，朱子例推古音中的"字入"类似于今天语音史学家说的单字音变。

3.2.1.2　类入。"类"是韵类的意思。某个韵类的一组字经常在韵段中被叶入另一韵类，而不见另一韵类的字叶入该韵类，就形成单向的类入。典型的例子有"皆通叶支"，"皆"代表蟹摄开口一二等字叶入止摄，"支"代表止摄三等开口韵类。所谓"皆通叶支"是说诗骚韵段中凡蟹摄一二等开口呼（含二等合口唇音字）与止摄相会者，朱子一律改蟹摄字叶入止摄。这种类型的韵段有 106 段，下面《诗经》《楚辞》各举一个韵段：

小雅宾之初筵一：旨偕音皆叶举里反

大招 149：佳叶居宜反规施

106 段中涉及"皆"类开口洪音字 46 个，共作叶 116 次，全都改叶止蟹摄细音（具体情况详下卷第八章及第十一章）。

3.2.2　互入：字组与方式。互入，是与单入相反的叶音动向。在韵段中互不谐韵的两类韵脚字之间，并不只是将其中一类叶入另一类，而是两类字之间互有叶入，即有时甲类字叶入乙类韵，有时乙类字又叶入甲类韵，形成互相叶入的情形，故此称为"互入"。

3.2.2.1　互入字组。互入是两种韵类各自一组字之间的互动叶音取向。以止摄与蟹摄合口洪音的互动为例，在诗骚韵段中，切韵音系中灰泰合的字在诗骚中有不少与止摄字之间互有接触，朱熹制作叶音时，有时将其中灰泰合字改叶止摄细音，形成了一组蟹摄合口一等叶入止摄三等的叶音，有时又将止摄部分字改叶蟹摄合口一等，形成一组止摄三等叶入蟹摄一组的叶音。现先将互叶的两组字及其叶音次数罗列于下，再略作说明。

蟹摄灰泰合韵系的字叶入止摄者，16 字 32 次：

晦 2 叶呼洧反、梅 3 叶莫悲反、痗叶呼洧反、罪叶音悴、回叶乎为反、海叶呼位反、雷叶音纍、退叶吐类反、背叶蒲寐反、悖叶蒲寐反、旆叶蒲寐反、外叶五坠反、枚 2 叶莫悲反、叶谟悲反、悔 4 叶虎洧反 2、叶呼委反、叶虎委反、佩 7 叶蒲眉反 2、叶音备 5、媒 4 叶莫悲反 2、叶谟悲反、叶音寐。

止摄脂微韵系的字叶入蟹摄者，7 字 13 次：

威叶音隈、萎叶於回反、归 2 叶古回反 2、依叶音隈、迟叶陈回反、畏 3 叶於非反 3、遗 3

叶夷回反 2、叶乌回反

经对比非常明确,灰泰合字可以叶入止摄,止摄字也可以叶入灰泰合。只是从数量上看有差异,较多的灰泰合字叶入止摄,显得不那么平衡。

还有一点必须明确,两个互叶的韵摄都是双向的运动,它们既叶入对方,又能自叶,即:叶入止摄的 16 个灰泰合字,同样也可以在蟹摄字为主的韵段中直接入韵,而不需要作叶,同样,叶入蟹摄的 7 个止摄字也可以在止摄字为主要韵段中不作叶音直接入韵。就是说,它们的互叶并非意味着只有所叶入韵的一种读音选择,而是两韵都可以互押。

3.2.2.2 互入方式。我们已经知道两组字是互为对方叶韵,但既然是双向取音,在实际操作中就有一个如何确定本韵段里面的字是叶入止摄还是叶入蟹摄的问题。据我们观察,韵段中两组字各自所占数量的多少可能起了很大的作用。也就是说,主要是看韵段中哪一组字占多数,就将少数字改叶入多数字组之中,此可名之为"以少就多",如果韵段中两组字占数大致持平,则叶止、叶蟹就有一定的随意性,难寻规律,此可名"随意互叶"。

先看以少就多的例子,如:

大雅云汉三:推吐雷反雷遗叶夷回反下同遗摧在雷反

豳风东山一:归悲衣枚叶谟悲反

《云汉》韵段中只有一个脂韵字,而有三个灰韵字,就改脂叶灰。《东山》韵段有三个脂微韵字,一个灰韵字,就改灰叶脂。

再看"随意互叶"的例子,条件是各摄的入韵字数分别持平,如下列 4 个韵段,都是脂、灰相会,每韵各有一个韵脚字,且看朱子如何作叶。为了醒目,韵段中与叶韵无关的音释一律省去。

周南汝坟一:枚叶莫悲切饥

秦风渭阳二:思佩叶蒲眉反

小雅谷风三:嵬萎叶於回反

大雅常武六:回归叶古回反

4 个韵段都是 2 个韵脚,一个止摄字,一个蟹摄字,朱子前两段改蟹叶入止,后两段改止叶入蟹,叶止还是叶蟹,完全看不出有何规律可言。这可能是随意而作的。这种随意性体现了两组字的双向取叶特性。

我们要充分注意的是,这种叶音取向与叶音的一般理解有矛盾。如果叶音是因为该音读非其本读才需要作叶的话，那么在灰泰合与止摄之间，两韵都作叶音，是不是两韵都非正音呢？两韵又有都不叶音，也就意味都是正音。笔者在《楚辞集注》中看到有几个脂、灰接触的韵段，朱子完全不作叶音，两组字直接相押，如：

九章涉江 79：衰嵬

绝命词第十七 245：归徊

似乎可以不叶即相谐，而且都是正音。当然，这样的韵段出现在《楚辞集注》之中，朱子晚年所作，且尚未完全定稿的作品，其叶音部分往往与当时口语实际比较接近。由此推断，蟹摄洪音合口字与脂齐韵的双向取音，并非两组字之间不能谐韵，很有可能是口语中已经能相谐韵了，只是文读层面与韵书之中两组字还有分别吧。

3.2.3 混合方式。有时单向与双向取音方式同出于一个韵段之中，就会出现混合取音选择。混合方式有同韵段混入与他入之别。

3.2.3.1 同段混入。所有的混合叶入，不论多么复杂，都在同韵段互动的韵中实现。如：

小雅鼓钟二：喈音皆叶居奚反潜户皆反叶鸡贤反(按，当为贤鸡反)悲回叶乎为反

《鼓钟》二章有 4 个韵脚字，从诗韵角度看，2 个皆韵字，1 个灰韵字，1 个脂韵字。从止、蟹两摄对比来看，蟹摄占绝对优势。如果以少就多，则该段就应该将止摄"悲"字改叶入蟹摄音。但这个韵段却是先将 2 个皆韵字叶入齐韵，再将 1 个灰韵字叶入支韵，成为同一韵段中皆入齐、灰入支的混合叶入。看似无理，实则体现了咍皆单向叶支齐，灰泰合单向叶支两个单向叶入的混合实施。

3.2.3.2 他入。他入，是说在韵段中互不谐韵的两类韵脚字之间，既不将其中一类叶入另一类，又不将其不叶而保留本韵，而是将所有互不相谐的韵脚字均改叶第三个韵类，均改叶他韵以谐协，故称为"他入"。如：

周南关雎三 1：采叶此履反友叶羽已反

秦风终南一：梅叶莫悲反裘叶渠之反哉叶将黎反

两个韵段都是蟹摄字与流摄字相会，如果是随意改字只求其谐的话，将其中某个韵类改读另一韵类，或将流摄字改叶蟹摄，或将蟹摄字改叶流摄，都是方便而简明的办法。但朱子绝不取其互入方式，而是将流摄、蟹摄的字

无一例外地都另改叶入了止摄，实施了"他入"的叶音。

从韵段的角度看叶音，叶音并非是孤立的、单独一个字的特殊音释现象，而是受制于韵段的。在韵段的语境下，哪些韵脚需要叶音，能够叶什么样的音，其中"韵例"起的作用巨大。能够形成某一韵例的韵段往往是由古今之韵有不同所造成，所以应当据古韵例来确定是不是必须要叶音，再根据各种语音文献以及语音材料，来考证韵脚字可能的古音，用来叶韵脚的古音，以使韵段诵读和谐。

在韵段的范围内，我们考察了例推古音以叶韵的两阶段操作程序以及叶音制作中的三个要点，考察了叶音在韵段中的形形色色表现，揭示了古音叶韵的单入、互入等叶音取向。对叶音中的例推古音有了一个较为明确的了解，提供了观察朱熹叶音语料中语音信息的一个有益的视角。

但例推古音限定在据古音以叶韵的范围，而朱子的叶音范围大于所谓古韵，仅了解例推古音还不足以概括朱子叶音与韵段关系的全貌，这就是我们还需要继续考察朱子叶音条例的原因。

第十章　朱熹叶音条例(下)——今音叶音

我们已经揭示了朱子"例推古音"的叶音条例,提供了一把解读朱子叶音的钥匙,但在朱子诗骚音释中还有不少叶音,在韵段内不显示或不能清晰地显示出古韵特征,不大符合古韵段的叶音方式,不适合用"例推古音"来解读。这批叶音语料颇为另类,观察并揭示它们的语音内涵需要另辟蹊径。

一、"另类"的今音叶音

1.1　另类叶音举例

先列举几个韵段,看其另类叶音究竟有何种表现。

曹风蜉蝣一:羽楚叶创举反处

召南殷其雷二:侧叶庄力反息

小雅鹿鸣二:蒿昭叶侧豪反恌他凋反叶音洮效胡教反叶胡高反敖

卫风氓六1:怨岸叶鱼战反泮音畔叶匹见反宴晏叶伊佃反旦叶得绢反反叶孚绚反

4个韵段,10个叶音字,可分两个部分来谈。

前两个韵段属于一个类型,其共同点是韵段中的叶音切语均出自韵书①。看这2个韵段韵脚字的归属,一属切韵音系的语韵,一属职韵。每个韵段都有一个字作了叶音,因其所叶的切语出于韵书,所以作出叶音之后,韵段的用韵归属并无任何改变。

---

① "楚""侧"两字的叶音同于《广韵》音,仅"侧"字切语上字与《广韵》用字不同,但音同。

后两个韵段叶音的共同特点是调整洪细。《鹿鸣》段原押效摄的洪细诸韵，《氓》段原押山摄洪细诸韵，洪细混杂，当然不符合礼韵同用系统，但它们都属于同一韵摄，同一韵摄的洪细韵在宋诗习惯上是可以通押的，如果仅从诵读和谐来看，也可以不作叶音。朱子都作了叶音，叶音的结果是统一规范洪细，消除了原韵段的洪细混杂，具体说《鹿鸣》段统一叶读为洪音，《氓》段统一叶读为细音，产生的效果是向礼韵体系靠拢。

1.2　另类之要义：今音叶音

上引例子告诉我们，这些韵段中的大多数韵脚本身都符合诗韵规则或宋诗用韵的习惯，几乎看不到古韵例的影子，不符合"例推古音"叶音的惯常作法，完全可以不作叶音，直接以其本音入韵即可。可是，朱子却给它们注上了叶音。似此等不必叶而叶的动作，本就有了"多此一举"之嫌，更何况作叶之后也没有改变被叶字所属的韵部，又多了某种"虽叶犹如不叶"的态势，所以显得特别另类。要之，这批叶音之所以另类，就是其古韵性质特别薄弱，在极少或甚至没有古韵例以及古音理支持的情况下作出叶音，而所叶之音大多没有超出今音的范围，因而可以看作是一批采用今音制作的叶音，可直接称之为"今音叶音"。

1.3　今音的意涵

这个用于叶音的"今音"是一种什么性质的音？当然，朱熹采用叶音的"今音"不是字面意义上泛泛而言的"今音"，而是近代语音史上一个特定时代即朱熹时代的实际语音，包含书面语、通语和方言等三个语音层面。根据惯例，书面语音是指记载于韵书之中的传统雅音体系，通语和方言音又可合称为"口语"语音。具体说，朱熹时代的书面语音系统就是指合并《切韵》的同用韵部而来的礼部韵或诗韵音系，朱熹时代的口语音系则包括宋代通语和方言两大部分。宋代通语音系是朱熹时代的民族共同语代表音系，其韵部系统由十八个韵部组成（详鲁国尧 1991），是在大量归并、少量分解切韵音系的韵部体系基础之上汇合而成的。宋代的方音则非常复杂，不同地域有不同表现，但作为闽人的朱熹，对他影响较大却是其母语闽方言。

1.4 今音叶音的表现

以今音叶音的结果,就是出现了大批今音叶音韵段,展示了朱子叶音的另一重天地。细察上引典型韵段中的10条叶音的语音表现,并不特别复杂,大致可以归纳为三种状况:

一是变动韵脚字声调以叶音,如效叶胡高反,去声改叶平声(按,其中也有洪细的改变)。

二是改动韵脚字的洪细以叶音,如岸叶鱼战反,一等改叶三等。

三是采用韵脚字的韵书音来叶音,如楚叶创举反,《广韵》语韵:楚,创举切。

三种表现都不同于一般的古韵叶音,具有清晰的今音性质,可归属于今音叶音的范围。鉴于每种叶音的数量都比较大,自成规模,形成了自己独特的类型特征,因而可以将三种现象称为今音叶音的三大门类。同样,三大门类叶音的韵段也有很多,所占份额颇丰,成为朱子诗骚韵段中一个不可忽略的组成部分。如此看来,如果要全面说清楚朱子叶音与韵段的关系,只考察古音叶音是远远不够的,还有必要从"今音"的角度来考察。

1.5 今音叶音的条例

今音叶音是一个客观存在,这一点不必怀疑,但怎样才能有效地说明今音叶音的性质与意义?我们认为首先要关注的就是,朱子在制作此类叶音时,是不是也与"例推古音"一样,有一个贯穿其中的共同条例?辨明这一点相当重要,因为考明条例其实是解答他为什么要采用今音来叶音的关键,以说明叶音的合理性或必要性,而条例的合理与否又将直接决定所有的今音叶音的语音价值。

1.5.1 隐形的条例。朱熹有没有订立过这方面的条例?查阅相关文献,看不到朱熹自己说过今音叶音方面的任何话语,但并不妨碍我们从他的叶音实例中稽考其意图并归纳相应的条例。我们前面已经指明,在朱熹音释中,当一个韵段中的韵脚字都符合诗韵时,本可以"不叶",直接认定韵脚字入韵。事实上,诗骚中符合礼韵的韵段,朱子不作叶音的很多,跟这些依今音作叶的韵段形成了鲜明的对照。全面地看,朱子对于诗骚中合于礼韵或今音的韵段,实际上有两种操作,一是不作叶音,一是作叶音。为什么会这样?

我们认为,有必要追究一下他在什么情况下才会作叶,也就是说当具备了什么条件时,韵脚字即算符合诗韵也要作叶?这里所说的"条件"既是判断是否作叶的理由,也是确定需要作叶的标准,其实就是揭明那些隐含在叶音条目中的体现其今音叶音意图的条例。这一种隐形的实施叶音的条例,却与"例推古音"的条例有共同的功能,都用于确认在韵段中需要作叶或不需作叶;不同之处是"例推古音"立足于古音,"今音叶音"立足于今音,其立足点迥异罢了。简而言之,为什么要以今音作叶,是受其隐形的今音叶音条例所制约的。

1.5.2　制约三要素。一般而言,在经传注释中,今音尤其是韵书所记之音,都会用于疑难字的注音,此为其常态。现在不用作注音,反用作叶音,实际上就是强行改变了字音的用途。我们认为,将一个今音性质的字音不用作正常注音,而是有意转变其用途,去作古韵段谐韵的叶音的同时,也改变了字音的音释功能和活动范围。既然在叶音的范围里活动,必定要受叶音的各种因素所制约。笔者认为制约因素主要有三:一是叶音的目的,二是叶音的背景,三是叶音的直接需求,是它们提供了改变今音的注音功能的动力。

1.5.2.1　关于朱子叶音的目的。我们一再辩明,与吴棫旨在补足古音不同,朱子叶音的目的是为了在当时语境下使所有的古韵段都能达到口诵谐韵的效果。口诵谐韵可以说是他制作叶音的最高原则,韵脚字的注音也好,叶音也好,亦注亦叶也好,不注不叶也好,都以达到口语诵读和谐为依归。我们也看到了,朱子对口诵谐协的要求相当高,有时候超出了"韵基"的范围,要求声调与介音也要达到和谐。应当说,追求诵读的完美和谐是推动许多今音叶音出现的主要原因之一。

1.5.2.2　关于叶音的背景。这里的叶音背景是指制作叶音时的实际语音环境,主要是指在当时历史条件下,人们日常交际中的语音状况。如前所说,当时的语音背景由宋代通语音系、诗韵书面音系和各地方音等三个语音层面组合而成,但其实际使用却有主次之分。可以推想,当时人们的日常交际,应当以当地百姓的日用语言即方言为主,但当从事政治、法律、文化、教育等事业之时,应该更多地使用宋代通语语音与韵书代表的书面语音。在诵读诗歌这种文化事业中,对人们语音影响最大的应当就是书面语音系,其次通语音系,最次才是方音。这应当是直接承用韵书音叶音的原因所在。

1.5.2.3 关于叶音的直接需求。有时候为了达到诵读韵谐的目的,而不得不对某些韵脚字共时层面的音义关系作出某种更改或调整,以提取合适的谐韵之音,其结果就是叶音的引入。这里的"音义关系"是一个笼统的说法,细分之可以有语音层面、语义层面与语用层面等不同层面的音义关系。各个层面的音义关系的变异或变化,使得某些字音的复杂性一再膨胀,从而造成某些字的今音既不适于作为注音出现又不能不出现的两难局面,如果不作音释则可能口诵之难以有效地谐韵,而用其注音则可能会有歧义等等。当需要使用它们注明谐韵之音时,就只得采用叶音的方式了。

上面三个要素,在促成今音叶音方面互为补充,相辅相成,共同形成了使用今音叶音的原动力。

下面,我们将以今音叶音三大门类为纲,重点探讨今音叶音是在什么力量的驱使下产生的,各有什么表现等问题。附带还有一个说明,韵脚字的"音义关系"虽然涉及今音的书面语、通语和方音三个层面,但据我们的观察,在他的"方音存古"思想指导下,朱子往往将方音看作古音之遗迹,跟其他的今音叶音用途有所不同,因此,有关方音叶音的部分我们将在下卷历史方音部分讨论,在此仅讨论叶音所涉及的书面语、通语两个层面。

二、变调叶音

古音不能解释的第一种叶音就是变调叶音。变调叶音是指根据韵段谐韵的需要,在不改变被注字文义的前提下,变动字音的声调而作出的叶音。这种叶音看似简单,但实际使用中,情况相当复杂。

2.1 复杂性:两种变调叶音

所谓"变调"当然是改变汉语字音的声调。汉语有四个声调,根据其语音要素的性质可分成舒声调(含平、上、去三调)和入声调两个部分。用现代语音学的术语来说,舒声调之间仅声调(或音高)不同,但舒声调与入声调之间除了声调或音高不同外,还有韵尾(即音素)的差异。正是舒、入两组声调之间的不同,造成了变调叶音的两种表现,一种叶音仅改变音高,另一种叶音则既变其音高又变其韵尾音素。请看实例,下列4个韵段,前2段与后2段的变调叶音内涵是不同的:

小雅斯干一:苞叶补苟反茂叶莫口反好呼报反叶许厚反犹叶余久反

说明:4个韵脚作叶,仅"犹"一字变调,将平声改叶本韵上声。

陈风墓门二:顾叶果五反予叶演女反

说明:2个韵脚属鱼模部一去一平,全改叶上声。

大雅假乐一:子叶音则德

说明:2个韵脚,将上声"子"改叶入声,既变其音高又变其韵尾。

小雅楚茨五:备叶蒲北反戒叶讫力反位叶力入反告叶古得反

说明:4个去声韵脚全改叶入声。

4个韵段中,前2段在平上去三声之间改叶,这种改叶是纯声调改叶,不涉及韵母中的音素。后2段是在上去声与入声之间的改叶,虽然平上去入四声都属于声调的范畴,但平上去与入声之间的改叶,除了声调变动外,还涉及韵尾的变化,实际上既有声调的变化又有韵母的变化,跟纯声调的改叶很不相同。所以,有必要区分两种不同的变调叶音,将只有音高变化的叶音称为纯声调叶音,将舒声与入声之间改变韵尾的叶音称为音转叶音。

2.2 必要性及语音根据

2.2.1 必要性。从上面所举韵段实例来看,变调叶音的必要性是显而易见的,因为韵段中各韵脚字的声调出现参差,不同的声调杂陈,必然诵读不谐,必得统一其声调,才可能达成诵读和谐。这是大前提。

小前提是根据什么条件选择其中一些字改叶声调,而另一些字不改叶?观察上列诸例,每个韵段的改调叶音似乎都有"先韵后调"的顺序,即先在本韵段确定叶哪一个韵部之后,再根据声调参差的数量多少确定变调叶音的韵脚。如上引《斯干》一章韵段的4个韵脚,是先确定"苞茂好"等字均叶尤侯韵上声之后,才有同韵部的平声"犹"与另3字声调不同的问题,再根据"以少就多"的原则,将平声"犹"字叶读本韵上声。如果不同声调的韵字之间数目持平,则选取何字改叶读声调就有一定的随意性,可以"单入",如《假乐》一章的"子叶音则"与"德"叶韵;也可以"他入",如将《墓门》二章中的去声字顾"叶果五反"、平声字予"叶演女反",均另叶上声以谐韵。

所以,确定一个韵段中何字当变调叶音,有两个步骤,一是先确定本韵段押什么韵部,二是选定押本韵部声调不协之字,或据以少就多原则、或据其他情况改变其中某些字的声调以叶音。

2.2.2 语音根据。凡押同一韵部而声调不协的字之间,无论其原读声调为何,都可以转读所需要的声调以谐韵,这是不是有点随心所欲? 这样做有理据吗? 回答是肯定的。在这里,朱熹吸收了程迥的"四声互用"学说作为变调叶音的理论根据,因为他非常肯定"四声互用"的理论,明确地评定其为"无可疑者"①。该理论认定:一个字音(音节)按平上去入四个声调读出来的四个音在古诗押韵中可以互用。朱子就是根据这个理论创立其变调转读叶音的。

笔者又进一步考查"四声互用"的立论根据,考得"事据"与"理据"两种根据(详刘晓南 2016B)。

所谓"事据"是指汉语单字之音常有声调变动之异读,异调而不异义。这是语言中实际存在的异调之间的互用,在韵书中有记载,略举几例如下:

一是一字两调同义异读,如"锜"字读平声、上声同义,可以互用:

1. 读平声,《广韵》支韵渠羁切,锜,釜属。

2. 读上声,《广韵》纸韵渠绮切,锜,釜也。

二是一字三调同义异读,如阳声韵"冥"字平声、上声、去声三读同义,可以互用:

1. 读平声,《广韵》青韵莫经切,冥,暗也,幽也。

2. 读上声,《集韵》迥韵母迥切,冥,暗也。

3. 读去声,《集韵》径韵莫定切,瞑冥,夕也,或省。

又如阴声韵的"囿"字,读上声、去声、入声同义,可以互用:

1. 读上声,《集韵》有韵云九切,囿,苑也。

2. 读去声,《广韵》宥韵于救切,囿,说文曰苑有垣,一曰禽兽有囿。

---

① 语见《晦庵先生朱文公文集》,卷三,《朱子全书》第 25 册,4874 页。

3. 读入声，《广韵》屋韵于六切，囿，园囿。

三是一字四调同义异读，如"比"字可读平上去入四个声调，四调同义可以互用：

1. 读平声，《广韵》脂韵房脂切，比，和也，并也。
2. 读上声，《广韵》旨韵卑履切，比，校也，并也。
3. 读去声，《广韵》至韵毗至切，比，近也，又阿党也。
4. 读入声，《广韵》质韵毗必切，比，比次。

上引各字的异调异读都是同义的，充分说明一个字音在实用中有四声之间变读的实例，虽然为数不多，四调互变也有不全，但它的确是一种语言中的客观存在。这无疑是程迥四声互用的事实依据，当然也是朱子变调叶音的语音根据。

所谓"理据"是宋代切韵学的"调四声"理论。调四声理论从音理上演绎了四声之间流转的可能性，成为支撑四声互用学说的理论根据。（详刘晓南2016B）

因此，我们也确认朱子变调叶音的语音根据有"理据"和"事据"两个层面。其理论根据是"四声互用"学说，是为全面支持变调叶音的理论依据。事据则是在汉语实用中长期存在的字音异调同义现象。可以想见，朱熹是在理据的总体原则支持下，综合前人的记载、时人的学说以至于自己的理解和推演，在具体运用中逐渐形成自己的变调叶音条例。在朱子之前，尚不见有人大规模使用变调叶音，吴棫补音中也未见使用这一条例所形成的实例，程迥虽然初创了四声互用的理论，但并未大规模地运用，完善并大规模使用这个条例的是朱熹，这应当是朱子在其语音研究中的创新。

下面我们分别介绍两种不同类型的变调叶音。

2.3 纯声调叶音

2.3.1 要点及概况。"纯声调"特指四声中纯音高变化的声调，即平上去三个调。纯声调叶音包含两重含义，一是指叶音只是在被叶字音节的平上去三个声调之间变动，不涉及入声。二是叶音不改变字音的韵属。这里的"韵属"是指韵类归属。就是说，如果变调的同时还改变了韵类的话，则不能归入纯声调叶音，有的甚至不能算作今音叶音，如"苞，叶补苟反"（《小雅·斯干》),将"苞"字由平声改叶为上声的同时又将其由效摄肴韵改读流摄侯韵,改变了被叶字的韵属,其"效-流"之间的改叶实际上属于一种古韵叶音,当然不能归入今音叶音类中。所以"纯声调叶音"是指在不改动被叶字原所属韵类的前提下的仅变其调类的叶音。

据笔者调查,在叶音语料中纯声调叶音有 120 字①,201 次,涉及韵段 188 段。

2.3.2　六种变调。纯声调叶音是在平、上、去三者之间变动声调叶音,三个声调两两组合,可形成 6 种可能的变调组合。在朱熹叶音中,6 种可能的变调组合全部出现了。下面逐一展示 6 种变调组合的叶音,每种组合举 1 个韵段例,为眉目清晰,所举各例韵段中只保留变调叶音之音切,其他无关变调的注与叶一概略去。在韵段举例之后再穷尽列举本种叶音所涉及的字、次及所叶音切,以示梗概。次数将以数字附于叶音字及相应的切语之后,仅 1 次者不列,下同。

2.3.2.1　平转叶上,即把本读平声的字转读为上声叶韵,如平声"休"叶上声:

大雅江汉六:首休叶虚久反考寿

平转叶上声共有 19 字 36 次:

休叶虚久反、衣叶上声、犹叶余久反、昭叶之绕反、鱼叶上声、壶叶行古反、龙叶丑勇反、期叶上声、歇叶上声、纾叶上与反、图叶丁五反、辞叶音似、虚叶起吕反、施叶上声、谖叶况远反、时 4 叶上止反 3、叶上纸反、共叶居勇反、依 2 叶於岂反、同上、予 14 叶演女反 6、叶音与 7、叶上声

说明:"依"字的"同上",是指该字的叶音同于本韵段上一个"依"字的叶音,下凡"同上"均此义。

2.3.2.2　上转叶平,如本读上声的"爽"字叶平声:

卫风氓四:汤裳爽叶师庄反行

上声转叶平声的共有 16 字 25 次:

爽 3 叶师庄反 2、叶音霜、右叶音由、否叶音悲、兕叶音词、远叶於圆反、上 2 叶辰羊反 2、

---

① 按,下面六种变化中共有字 123 个,但有"犹、王、反"三字重复出现,当去除重复为 120 字。

飨 5 叶虚良反 5、氐叶都黎反、长叶直良反、幾叶居希反、左 2 叶祖戈反、同上、巚叶鱼轩反、螾音引叶平声、葚叶知林反、王叶如字、反 2 叶分遵反 2

2.3.2.3 平转叶去,如本读平声的"抽"字叶去声：

郑风清人三：轴陶抽叶敕救反好

平转叶去的共有 28 字 33 次：

抽叶敕救反、方叶甫妄反、丰叶芳用反、呱叶去声、飘叶匹妙反、嘌叶匹妙反、瞿叶音丽、王叶于放反、芋叶王遇反、犹叶于救反、醻叶市救反、威叶纡胃反、臧叶才浪反、讦叶去声、囊叶古号反、驹叶去声、雠叶市又反、忡叶敕众反、沤叶一候反、高叶孤到反、诒 2 叶音异 2、呼叶胡故反、思叶去声、庭叶去声、辞叶音似、居 5 叶姬御反 2、叶举虑反 2、叶音据、途叶去声、仪叶音义

说明："辞叶音似"，"似"本为上声，但由于浊上归去，朱子是将它作为去声叶音的。关于浊上归去，详下卷第五章。

2.3.2.4 去转叶平,如去声"笑"字转读平声以叶韵：

大雅板三：僚嚣笑叶思邀反茇

去声转叶平声的共有 37 字 67 次：

笑叶思邀反、尚 2 叶音常、叶平声、媛叶于权反、佩 2 叶蒲眉反 2、著叶直居反、讼叶祥容反、素叶孙租反、畏叶於非反、句叶古侯反、贶 2 叶虚王反、叶平声、献叶虚言反、试 2 叶诗止反、叶申之反、定 2 叶唐丁反 2、壮叶音庄、政 2 叶诸盈反、叶音征、佗吐贺反叶汤何反、议叶鱼羁反、臭叶初尤反、伉叶苦郎反、恙叶音羊、义叶平声、相 2 叶平声 2、嗣叶音祠、乘叶神陵反、字叶音滋、化 4 叶虎瓜反 3、叶呼瓜反、志 2 叶音之 2、放叶音方、当 2 叶平声 2、姓叶桑经反、听 3 叶它丁反、叶平声 2、治 3 直吏反叶平声、叶平声 2、望 3 叶武方反、叶音亡、叶无方反、正 7 叶音征 4、叶诸盈反 2、叶侧京反、宪 3 叶虚言反 2、叶许言反、让 3 叶如羊反 2、叶平声、丧 3 息浪反叶平声 2、息浪反叶桑郎反

2.3.2.5 上转叶去,如上声"受"字叶去声：

小雅巷伯六：受叶承呪反昊

上声转叶去声的共有 12 字 14 次：

受叶承呪反、反 2 叶孚绚反 2、喜 2 叶许寄反、叶去声、取叶音娶、罦叶居讶反、壸叶苦俊反、古叶音故、圃叶去声、举叶音倨、衍叶怡战反、广叶古旷反、死叶去声

2.3.2.6 去转叶上,如去声"秀"字转读上声叶韵：

大雅生民五：道草苞褎秀叶思久反好

去声转叶上声的共有 12 字 27 次：

秀叶思久反、事 5 叶上止反 5、饎叶昌里反、助叶床所反、恃叶上声、积子赐反叶上声、附 2 叶上声 2、妒叶丁五反、悟叶上声、愿叶五远反、怒 6 叶暖五反 4、叶奴五反、叶上声、顾 6 叶果五反 3、叶公五反 2、叶居五反

说明："怒""恃"两个字比较特别，需要说明一下。"怒"字本来叶 7 次，6 次叶上声，说明它是由去声改叶上声的。另有《楚辞集注》成相篇"怒叶去声"1 次，但我们认为该叶音有误，且看该韵段："怒叶去声野叶上与反下叶音户祖"（211 页），则"怒"字是在一个上声韵段之中，只有叶上声方与韵段声调合，此"叶去声"当为"叶上声"之讹。为求保险，"怒"字这一次去改叶上暂不予计入，存疑。

"恃"字，在韵书中本为上声，《广韵》时止切，《集韵》上止切，禅母止韵。朱子注"叶上声"，这只能认定一些本读上声的浊上字，由于口语中已读去声，朱子直接将其看作本读去声，所以才注为"叶上声"，因此我们将它计入去声转叶上声类。也有一些全浊上声字，并没注明"叶上声"，只是在押上声的韵段中用叶音复原其浊上的切语，回叶韵书上声，形成了书面语看来是浊上叶浊上，口语中去声转读上声的特殊叶音，这些字例我们没有计入。以"弟"字为例，该字共有两次叶音：

齐风载驱二：济子礼反㳽乃礼反弟叶待礼反

鄘风蝃蝀一：指弟叶待里反

"弟"所叶之"待礼反"实即《广韵》上声荠韵徒礼切，所叶之"待里反"亦《集韵》止韵的荡以切，所注的叶音其实就是韵书本有之音。采用韵书音作叶，被叶字有书面语仍保留上声一读之可能。就是说，"弟"字很可能有上、去两读，朱子所注叶音是以书面语入韵，不一定仅仅是对声调的一种变读。

2.4 音转叶音

2.4.1 将"音转叶音"归于今音的考虑。

音转叶音是变调叶音的第二种类型，它们语音变化比较复杂，为什么将它们归入今音叶音，有必要略作说明。

音转叶音是在同韵系舒声、入声间语音流转的叶音，不但有声调的变化，还涉及了韵尾的变化，所叶之音已经超出了诗韵或通语韵部的范围，其

实含有据音理推其古音叶音的意味,为什么不归入"古音叶音"类呢？有两个理由,一是"音转叶音"与"纯声调叶音"都是受"四声互用"理论支持的叶音。两种叶音有共同的理论基础,而纯声调叶音占据数量优势,且符合今音叶音的特征,完全应当归于今音叶音,如果将其孪生的"音转叶音"转归古音叶音,分而治之,必有割裂理据之嫌。二是音转叶音虽可归古音叶音范围,但也不是完全不可归今音范围。下文我们将看到,其变动韵尾是依据宋元切韵学的学理,基本按照当时韵图的语音格局来转音的,其所根据的语音仍然以时音为主。既然理论基础与语音基础都与时音相关,又可以维护其理论体系的完整性,所以将其归入今音叶音似亦是一个可行的选择。

2.4.2 两种音转。从音理看,音转叶音的"音转"有两个含义,每个含义都支持一种叶音。

一是指在一个音节的舒声与入声之间互用,如蒸韵系"蒸"音节的"蒸、拯、证"与"职"之间互用。此种同韵系的四声互用可简称为"舒-入互用"。根据舒、入互用原理作出的叶音可以叫作"舒入转叶"。

二是指以入声为枢纽的两组四声相承音节之间的互用。此为同配入声的阴声、阳声韵系间的互用,又可以称为"阴-入-阳"相配韵系之间的阴声韵与阳声韵间的互用,由阴声韵阳声韵互用原理作出的叶音可以叫作"阴声韵与阳声韵转叶"或简称"阴阳转叶"。

总起来看,在朱子叶音中,音转的叶音实有两种,一是以四声为基础的"舒-入"音转叶音,二是以入声为枢纽的"阴-阳"音转叶音。

舒-入音转在音转叶音中较多,据笔者初步统计有 75 字①,121 次,涉及韵段 92 段。

阴-阳音转在叶音中稍少,据笔者初步统计有 19 字,24 次,涉及韵段 21 段。

2.4.3 舒入音转。舒入音转共有 6 种方式,分别为"平音转入""上音转入""去音转入""入音转平""入音转上""入音转去",下面每种先列出韵段叶音实例,再穷尽列出该种转读的总字次数及其所作叶音,叶音切语有的符合宋元切韵图《四声等子》《切韵指掌图》的四声相承关系的,但也有的转读关

---

① 按总字数 76,其中"家"字重出,去除重出为 75 字。

系比较复杂，还有一些所转读之音与两个韵图略有参差，因此在列举字次时，尽量将其间差异分别标示，必要时加按语略作说明。

2.4.3.1 平音转入，如平声"昭"字转读入声"灼"音：

大雅抑十一：昭叶音灼 乐憯当作懆七到反叶七各反 藐教叶入声 虐耄叶音莫

平声转叶入声共有 5 字 13 次：

昭叶音灼、修叶先竹反、驱叶居惧反又居录反、家叶音谷、来 9 叶六直反 8、叶六直陵之二反

说明：表中"家""来"的音转较为复杂，先有一次据古音理的转叶之后，再按四声转读入声的，如"家"是先据古读"叶音姑"，再按"姑"的四声作"舒-入"转读叶入声"谷"的（详上卷第六章）。"来"则先据古音"叶陵之反"，再转其入声"叶六直反"的。它们其实都作了两个转读，一是先依古音转叶其韵，二是依四声互用转叶其调。这种先转叶韵后再转读入声的复杂叶音，后文若再出现，仅略作标示，不再解释。

2.4.3.2 上音转入，如上声"沼"字转读入声"灼"音：

小雅正月十一：沼之绍反叶音灼 乐焰憯七感反当作懆七各反虐

上声转叶入声共有 5 字 11 次：

沼 2 之绍反叶音灼、叶音灼、子 2 叶音则、又叶入声、赭叶陟略反、汜 5 叶逸织反 5、垢叶居六反

其中"赭、汜、垢"的转读并不完全符合宋元切韵图，有所变异，"汜"本属邪母，转读时声母变为以母，声有变异；"垢"本属侯韵一等上声，转读后读入屋韵三等，韵有变异；"赭"则有声韵均有变异。这种与韵图的四声配合有所出入的现象，其实都曲折地反映了口音的变化，在转读入声中时常可见，后面若再出现，亦仅略作标示，不再细作说明。（详刘晓南 2015）

2.4.3.3 去音转入，如号韵的"耄"转叶入声铎韵：

大雅板四：虐谑蹻耄莫报反叶毛博反谑熇叶许各反药

这种转读共有 35 字 61 次，可分两组述之：

耄 2 叶毛博反、叶音莫、教叶入声、易叶夷益反、异叶逸织反、至 2 叶朱力反、叶入声、意 2 叶乙力反、叶音亿、怭叶音必、逝叶音折、说叶输爇反、厉叶力桀反、害 3 叶音曷 3、憯当作懆七到反叶七各反、岁 2 叶音雪、或曰发列褐皆如字而岁读如雪

说明：以上 13 字 19 次的舒-入转读符合韵图。仅"教叶入声"（《大雅·

抑》十一章)具体读音不明,查宋元韵图《切韵指掌图》《四声等子》"教"字四声相承均为"交绞教角";则"教叶入声"当为"叶音角"。

此以下22字42次之叶音均于韵图之四声相配有所变异,仅此标示不具论之。

芼叶音邈、啸叶息六反、告3叶古得反2、叶姑沃反、孝叶许六反、备3叶蒲北反2、叶笔力反、位叶力人反、背3叶必墨反3、载5叶节力反5、界叶讫力反、戒4叶讫力反3、叶古得反、解3叶讫力反3、疚3叶讫力反3、具2叶居律反、叶入声、庶叶陟略反、夜叶弋灼反、度叶徒洛反、囿叶音郁、侑叶夷益反、奏叶音族、隘叶於力反、蔽叶音鳖、又3叶夷益反或如字、叶夷益反、叶夷益夷豉二反

说明:上表中"又"字2次属于二叶例,叶音有去、入两个切语,此取其入声切语。

2.4.3.4 入音转平,只有一例"疑"字:

大雅桑柔三:资疑鱼乞反叶如字维阶

说明:"疑"本读《广韵》之韵"语其切",但在《桑柔》第三章"靡所止疑"句,朱子释其义曰:"疑读如《仪礼》疑立之疑,定也。"注其音"鱼乞反",查《经典释文》,《桑柔》释文曰:"止疑,鱼陟反,定也"①,《集韵》迄韵鱼乙切:"疑,正立自定兒,《仪礼》妇疑立于席西。"此则朱子音义的根据,"鱼乞切"即"疙"音(《广韵》迄韵鱼迄切)。从音义关系看,《桑柔》诗的"疑"本读当入声,然韵段中所有入韵字除"疑"外,全都为平声,则又需要以平声押韵,故"叶如字"。

2.4.3.5 入音转上,亦仅一例"室",其韵段如下:

豳风鸱鸮一:子又叶入声室又叶上声

说明:该韵段两个韵脚字"子""室"都注叶,朱熹实际是取二音二叶例,意思就是:韵段中若按"子"字本音来押韵,则"室"字叶上声。入声"室"读上声,若按韵图的四声相配当读若"弛"。若按"室"字本音押韵,则"子"字叶入声。"子"叶入声又见《大雅·假乐》第一章:"子叶音则"。

2.4.3.6 入音转去,如屋韵三等"轴"改叶宥韵:

郑风清人三:轴叶音胄陶徒报反叶徒候反抽叶敕救反好呼报反叶许候反

---

① 《经典释文》,中华书局1983年,97页下栏。

这种转读共29字34次，下面14字19次的入声叶去声，符合韵图的音转：

轴叶音胄、**鞶**叶下介反、**发**叶方吠反、**縠**叶又去声、**烈**2叶力制反2、**秣**叶莫佩反、**较**叶蒲昧反、**翼**叶音异、**疾**叶集二反、**续**叶辞屡反、**式**2叶式吏反2、**翟**叶去声、**属**2叶殊遇反、叶章喻反、**乐**3叶洛叶力告反、叶五教反、叶五告反

下面15字次的叶入声有不符韵图音转的地方，另列一表：

作叶则故反、**鹄**叶居号反、**褐**叶许例反、**阋**叶胡桂反、**拨**叶方吠反、**悖**叶蒲寐反、**晢**叶征例反、**说**挚如字即说叶税、**折**蔽如字即折叶音制、**索**所格反一叶苏故反、**恶**叶乌路反、**失**叶音试、**约**叶音要、**德**叶音帝、**匿**叶奴计反

说明：表中"说、折、索"等都是比较特殊的二叶，故两个叶音全部列入，但入音转去只是二叶中的一个。

2.4.4 阴阳音转。将阴声韵字改叶相应的阳声韵，或反之，将阳声韵字改叶相应的阴声韵，这是朱熹运用四声互用理论所作出的又一种叶音（参刘晓南2016B），如"旂，叶巨斤反"：

小雅采菽二：泉叶才匀反芹旂巨依反叶巨斤反

"旂，叶巨斤反"就是一例"阴-阳互用"的叶音（其转读叶音的音理见上卷第六章），其间阴-入-阳的配合有与宋元韵图的四声配合参差者，为省篇幅，此仅作标示，不一一细说（详参刘晓南2015）。

阴阳音转共有两种方式，一为阴音转阳，一为阳音转阴。下面分论之。

2.4.4.1 阴音转阳。将阴声韵的字转叶为相应阳声韵以谐韵，韵段例见上文"旂"，此略。

这种转读有8字9次，分两组列举其例：

旂2巨依反叶巨斤反、叶其斤反

说明："旂"字完全符合韵图所示之转音，以下7字则在声母小类、等呼方面与韵图所示之音转有小的出入，有的还有多次音转，故此单列之。

虞叶五红反、**牙**叶五红反、**番**音波叶分遭反、**铎**徒对反叶朱伦反、**洒**十罪反叶先典反、**家**叶各空反、**浼**每罪反叶美辩反

2.4.4.2 阳音转阴。如寒韵的"难"转读为歌韵的"乃多反"：

小雅桑扈三：难叶乃多反那

这种转读共有11字15次，下面分两表列出。前表6字符合韵图音转，

后5字或音转关系复杂,或音转与韵图所示略有出入:

难叶乃多反、戎2叶而主反、叶音汝、近叶渠纪反、功叶居古、敦叶都回反、敏2叶母鄙反2、巩叶音古、鲜叶想止反、讯2叶息悴反2、先叶音私、能2叶音泥、叶音尼

说明:"巩"之叶音原作"巩叶居古",出于《鲁颂·閟宫》二章,"叶居古"不通,可能是"叶音古"之误。本诗"巩"与"女旅父"等遇摄上声字相押,故以"巩"音转叶"古"相谐。

综上所述,变调叶音无论是"纯声调叶音"还是"音转叶音",都以其在声调方面的流转变动叶音的类型特征而形成一条叶音条例,其理论基础是程迥的四声互用,其语音基础是实际存在的声调异读,虽然其中有的条目含有例推古音的内容,但所据以变调转化之语音全为今音,其音理也大多符合宋元切韵学原理,况且还有诸多当时实际语音的变化羼杂其中,是今音在其中占据了主导地位,故而从整体上将变调叶音定义为一种今音叶音。

三、洪 细 叶 音

古音不能解释的第二种叶音就是改动韵脚字的洪细以叶音,因此将它们称为洪细叶音。

3.1 性质及分布

所谓洪细叶音,从音节结构上看,可认为是为了介音和谐而制作的叶音。既然是改动介音的叶音,为什么不直接称为介音叶音?因为近代语音的介音包含洪细与开合两组音征,而朱子的叶音只见用于洪细之间,不见有开合之间的叶音,对介音的叶音并不能包含介音的全部语音内涵,故可据实称之为洪细叶音而不称为介音叶音。

洪细叶音作为一项音释,在音系之中的分布也特别不平衡。据笔者的观察,洪细叶音并未随着洪细音的实际存在而遍布于音系的各个相关韵摄之中,而是只出现在山、臻、效、咸4摄之内,其他韵摄竟未见一例。分布的严重失衡,注定了它只是一种有限的叶音。

具体情况:以山摄涉及韵段数量最多,共有70段,其中舒声52段,入声

18 段;效摄 29 段;臻摄共 20 段,其中舒声 17 段,入声 3 段;咸摄最少仅 3 段,其中舒声 2 段,入声 1 段。4 摄合计有 122 段,其数量足以形成一定的规模。

3.2 两种表现

洪细叶音虽然都是针对介音位置的洪细进行叶音,但因所叶的对象有所不同,叶音的内容有差异,呈现出两种特殊的表现。其一是洪细之间的改叶并不平衡,改洪叶细多,改细叶洪少。其二是将本为细音的轻唇音再改叶细音。

3.2.1 关于改洪叶细多、改细叶洪少。下面将 4 摄洪细叶音的韵段,每摄举 2 个代表,具体看他是如何调整洪细的。如:

卫风考槃一:涧叶居贤反宽叶区权反言谖

小雅采薇二:烈渴叶巨烈反(以上山摄 2 段,全为洪音改叶细音)

魏风伐檀三:轮漘沦囷鹑飧素门反叶素伦反

商颂那:成渊叶於巾反声平声孙叶思伦反声(以上臻摄 2 段,除渊字外,全改洪叶细)

鲁颂閟宫六:岩叶鱼枕反詹

卫风芄兰二:葉韘韘甲叶古协反(以上咸摄 2 段,亦全为洪音改叶细音)

齐风东方未明一:倒叶都妙反召

卫风氓五:暴笑叶音燥悼(以上效摄 2 段,1 段洪改细,1 段细改洪)

4 摄的 8 个韵段中前 7 段都是将一、二等字改叶三等或四等切下字,唯有最后效摄 1 段将细音改叶洪音。实际情况也是这样,山、臻、咸摄中都只有改洪叶细,无改细叶洪,惟有效摄是既有改洪叶细,又有改细叶洪。但无论怎么改叶,都是在介音位置上作出调整,都是在介音位置上洪细不协时以叶音方式使之协同。正是这一操作将这些叶音韵段联结成一个具有共同性质的集合,成为一个受同一条件支配的叶音类型。这个起支配作用的叶音条件自然构成一条新的叶音条例。

但是,这条不成文的条例对各摄的操作却有宽有严,亦即曰虽然 4 个韵摄中大多数洪细不谐的韵段都作出了叶音,但也存在少数不作改叶的情况。如下面两个韵段的"刀"字:

卫风河广二：刀朝（不作叶音，一等"刀"直接韵三等"朝"）

大雅公刘二：舟叶之遥反瑶刀叶徒招反（一等"刀"叶三等"徒招反"）

"刀"在《河广》《公刘》中都与三等细音押韵，前者不改叶音，后者改叶三等细音，同等条件一叶一不叶，可见其宽严不一。4摄中操作最为严格的属山摄，几乎无一遗漏，结果是改叶韵段的数量最多，其他几摄数量相对较少。当然，有的摄本身规模很小，韵段数目很少，如咸摄。但不可否认的是，朱子在执行这个条例时并不从头到尾都那么严格，尚未达到凡洪细音相遇均须改叶令谐的程度，其具体操作有一定的随意性。

3.2.2 轻唇音节改叶细音。将轻唇音音节改叶细音，主要出于臻、山二摄。如果韵段中出现臻、山二摄轻唇音与其他细音字相韵，往往会将轻唇音改叶一个细音的韵读，以与韵段中其他细音相谐。如：

小雅巷伯四：幡芳烦反叶芬邅反言迁

大雅烝民三：舌发叶方月反（上2段为山摄的舒入声韵段）

王风葛藟三：湄昆叶古匀反昆闻叶微匀反

小雅蓼莪六：律弗叶分律反卒（上2段为臻摄的舒入声韵段）

轻唇音改叶细音的性质与前面的普通洪细改叶是不同的，普通洪细改叶要么将洪音改叶细音，要么将细音改叶洪音，是洪、细之间的改叶，轻唇音叶音则是细音之间的改叶。上引4个韵段中的被叶轻唇音字"幡发闻弗"从切韵音系来看，本身就是三等细音，当它们与同韵摄的细音相遇时，应当是和谐的，但是朱熹还是给它们改叶细音，从其所用切下字看，都是改叶三等细音的切语。本属细音，又改叶细音，细上加细，这就有点奇怪了。而且这种改叶在臻、山两摄并非偶一为之，而是成批量出现，山摄有10字20次，臻摄8字11次，详下表。

山摄轻唇改叶细音10字20次：

樊音烦叶汾乾反、反4叶孚绚反2、叶分邅反2、蕃叶分邅反、藩叶分邅反、幡2芳烦反叶芬邅反、叶分邅反、燔音烦叶汾乾反、繁叶纷乾反、阪2音反叶孚裔反、叶孚裔反、发6叶方月反6、伐叶房越反

臻摄轻唇改叶细音8字11次：

分2叶敷因反、叶孚巾反、汶叶弥巾反、焚叶符匀反、芬叶丰匀反、闻3叶微匀反2、叶无巾反、弗叶分聿反、茀音弗叶分聿反、拂叶分聿反

臻、山二摄内,轻唇音字与其他细音字相遇,绝大多数均改叶为三等细音的字,因而能够构成同类型叶音。这种改叶只限于臻、山二摄,并非所谓轻唇十韵中所有的轻唇字一律改叶,这同样应当引起我们的注意。

3.3 音理试析

以调整洪细为依归的介音改叶,虽然很有特色,但它们有什么必要性呢?如果仅从诗歌用韵来看,介音的和谐与否其实是无关紧要的,看不到有什么改叶的必要性。但是我们如果把朱子介音叶音的特殊表现考虑进来,或许能得到一些启发。

全体介音叶音,无论是普通洪细改叶、还是轻唇音改叶,都有两大特点,一是看不出它们与所谓古音有任何关系,与古音无关,暗示这组叶音具有很强的今音特色,很有可能在某种程度上反映了当时实际语音的变化。

二是它们只出现在 4 个摄中,分布有限,这一点更是大有讲究。

首先,为什么分布会如此严重失衡? 以切韵音系为例,音系中具有洪细对立的韵摄是很多的,如果洪细的改叶确是针对洪细音的调整的话,不应当仅限在山、咸、效、臻 4 个摄中出现,同样有着鲜明的洪细之别的韵摄,如通、遇、蟹、果、假、宕、梗、流等摄,不见一例洪细改叶,足以说明朱子的所谓洪细叶音有很强的选择性,并非是泛泛而为的洪细调整,其中必有深层原因。

其次,叶音的目的是为了诵读和谐,诗歌用韵历来就不以介音不同为不和谐,只有涉及了主元音、韵尾不同,才会出现不谐韵的问题。这也可以印证其他大多数有洪细分别的韵摄中不见一例洪细叶音,一定是因为其洪细音本身并不感觉韵读不谐,所以无须作叶。既然介音的洪细不谐无须作叶,那么这 4 个摄中的所谓洪细作叶,恐怕并非真正的洪细不协,可能已超越了介音的范围而产生了新的不协。

其三,将山、臻两摄中原轻唇三等字改叶三等细音也颇为可疑。就是说,在轻唇十韵中仅将元、文两韵系唇音改叶细音,其他韵的轻唇音毫不理会,改叶对象如此之不完备,已充分显示其改叶并不是冲着轻唇的音征来的。从诗韵规则来看,将原本就是三等的细音字再改叶细音,更是显得荒谬。唯一的可能就是这些韵摄中原轻唇细音字已经变得不像细音了,跟其他细音押韵有了诵读不谐的可能,为了实现诵读的和谐而不得不给其改叶。

上述诸点推论,都指向原洪细音之间发生了超越介音的音变的可能,这种音变很可能在某种程度上已经影响到了其主元音的变化,并造成了诵读的不谐。由此看来,给臻、山、咸、效诸摄作出所谓洪细趋同的叶音,或许并非为了介音和谐,而是为了调和几个摄的洪细音之间主元音的差别。但主元音问题已经超越了叶音条例的范围,笔者将在下卷第四章及某些相关章节中再作讨论。

综上所述,洪细叶音虽然涉及面不广,但在相关的几个摄中形成了同类型叶音的趋势,已经构成了一个今音叶音的条例。

四、音义错位叶音

古音不能解释的第三种叶音是采用韵书音来叶音。被记入韵书的字音,无论它是多么复杂的异读,因为它所处身的韵书本就属于今音书面语音,所以采用韵书音来叶音也同样属于今音的范畴。若要追究为什么这些书面音不用作注音,而是用作叶音,笔者认为,可以从语义、语用两个方面探讨其原因。语义方面的原因造成音义错位叶音,语用方面的原因造成以非常用音入韵,可称为语用错位叶音。我们认为正是这两个错位才造成了大面积运用韵书音的叶音,并形成了新的叶音条例。

4.1 何为音义错位叶音

音义错位叶音,简言之就是指对多音多义字作梳通押韵的音释时,不得不采用与被叶字语义不相吻合的又音来谐韵,使它们的音与义之间发生了错位,所以叫音义错位叶音。

所谓"音义吻合"是指汉语中的多音多义词,其不同的音往往与不同的词义相配合,音义配对使用,不能混淆。比如"行"字,《广韵》记载了4个音,每个音的语义都不同,下面列举这4个音义,每条引文后面都加括号说明该词的词性和常用语义:

唐韵开口一等胡郎切:行,伍也,列也。(名词,行列义)

庚韵开口二等户庚切：行，行步也，适也，往也，去也。（动词，行动，步行义）

映韵开口二等下更切：行，景迹，又事也，言也。（名词，品行、操守等义）

宕韵开口一等下浪切：行，次第。（名词，辈分，排行义）

上述 4 音义，在《诗经》中出现了 3 个，仅"下浪切"的音义未见。朱熹的处理是，当出现动词"行动"或名词"道路"①之类语义，读为户庚切音时，不予注音。如《王风·黍离》一章："行迈靡靡，中心摇摇"的"行"为"步行"义，《召南·行露》一章："厌浥行露，岂不夙夜，谓行多露"的"行"为"道路"义，朱子均不注其音，即以户庚反为其默认之音。当出现名词"品行"等义时注"下更反"，名词"行列"义时注"胡郎反"的音。如《小雅·大东》六章"有捄天毕，载施之行"，朱熹注"行，行列也"，注其音"户郎反"。又《卫风·氓》四章"女也不爽，士贰其行"，这个可解释为"品行、德行"的"行"，朱熹注其音为"下孟反"。此两义必注其音，就是为了以音辨义，避免与"户庚切"的语义混读。

以上音释中"行"的音与义是完全匹配的，什么样的语义就使用什么样的音，丝毫不乱。

但"行"在《诗经》《楚辞》的押韵中比较特殊，据笔者统计，"行"字共入韵 50 次，各次的语义并不尽同，相应的读音也有不同。但各韵段中"行"字所处的押韵环境却很单纯，所有韵段的韵脚字或全部或主要都是阳、唐韵平声字。从押韵环境看，这些"行"字竟全部都要以韵书所记之唐韵胡郎切入韵，方可谐协。可是，从诗句上下文看，只有 6 次本当读"户郎反"，《诗经》5 次，《楚辞》1 次，相应地，朱熹给这 6 个"行"字全都注音"户郎反"，没有一个"叶户郎反"的，而其他不当读"户郎反"的韵段中通通都注"行叶户郎反"。下面略举几个韵段加以说明，为了明示被注字的音义关联，在韵段之后以括号列出"行"字所在诗句及其释义。先看"行"的注音例：

唐风鸨羽三：行户郎反桑粱尝常（肃肃鸨行，集传："行，列也。"）

朱子给"行列"义"行"注"户郎反"，即韵书"胡郎切"，户郎反既是音义密合之本音，也是韵谐之音，所以直接注其音以明其韵，不必注叶。

----

① 现代将"道路"义的"行"读 háng，笔者考定宋人该义读为户庚切（xíng），详刘晓南 2018A。

此外44次入韵的"行"字都注"叶户郎反"及相类之音,从其上下文来看,都不能释为"伍也、列也",联系其语境、对比其异同,语义可概括为三组,各组内部语义也有差异,如动词"行动"义在不同的上下文可以解释为"走""前往""行役""出嫁"等等,但其基本义相同可归为一组。下面各组举一例,再作分析:

鄘风载驰三:驱行叶户郎反狂(亦各有行,集传:"行,道。")
秦风无衣三:裳兵行叶户郎反(与子偕行,集传:"行,往也。")
邶风雄雉四:行下孟反叶户郎反臧(不知德行,行是德行、品行义)

第一组为名词:"道、路"义,本当读庚韵户庚切,本音不谐韵,朱注"叶户郎反"。

第二组为动词:"行动、行走"义,本也读户庚反,朱注"叶户郎反"。

第三组为名词:"德行"义,朱子给这个"行"先注音"下孟反",再"叶户郎反"。

前2组"行"字本当读如字即户庚切,第3组本当读"下孟反",它们的"本音"都不当读户郎切,但从押韵来看,"行"又要读"户郎切"方妥。也就是说,此时"行"字若要韵谐就得采用一个本非其义的异读、即取多义多音字的甲语义之音,给乙语义谐韵。非其义而读其音,音与义发生错位,即韵脚字的本音与韵段不能谐协,本音非韵;取同字之异读以入韵,韵非本音,是以错位。这种错位完全是为了韵读和谐、在多音字的范围内作出的调整。

4.2 合理性与普遍性

4.2.1 合理性:叶音有据。上所举例可以清晰地看出,音义错位叶音仍然是为了诵读韵谐。所叶之音虽身为今音,但若用作注音则于文意有歧,若不用则韵亦不谐。这就是上文所说的处于既不适于作为注音出现又不能不出现的两难局面,调和折衷的唯一办法就是采用叶音的方式。

这样叶音的合理性就在于它是见记于韵书的实有之音,与一般"例推古音"的最大不同就在于,当韵脚字的本音读之不能谐韵之时,朱子并没有去求古例、推古音来谐韵,而是在韵书所记异读的范围内寻求能够谐韵之音。从这些叶音切语上下字多同于韵书来看,应当是抄自韵书的,可知朱子作叶取音不避韵书,甚至有可能以韵书为其首选,只有韵书找不到合适的叶音再转而他求。笔者以为，首选韵书是为了使叶音有据，凸显叶音确确实实就是一个实有之音，并不是"天外来客"式的无根之音。

4.2.2 普遍性：今古通用。我们还要指出，音义错位的叶韵现象，不仅仅只是经师释读古诗的特殊处理，在宋人诗歌创作中也存在。如北宋诗人徐积的五言古诗《感秋和张文潜》押平声尤侯韵，其第五韵句："我有千丈松，亭亭不可揉。"韵脚"揉"，《广韵》中有平、去两读，平声尤韵"耳由切"一读，语义"捻也，又顺也"，去声宥韵"汝又切"，"蒸木使曲也"。张令吾（1998）认为"揉"字在该句中应当"取汝又切，方合文义"。依张说，则徐诗中"揉"本当读去声却以平声一读入韵。以平声的音押去声义的韵，这就是典型的音义错位。这或许是诗人误用了字音，属于无意而为之，但的确存在有意为之者，如前文讨论宋人写诗用韵叶音所提及的王禹偁五言古诗《七夕》在第17韵句韵脚"娑"下自注"叶韵苏可反"即是。作者自知有音义错位，故特注"叶韵"以明之。宋诗中这种错位的押韵究竟有多少，目前尚无法准确统计，但仅凭经验似亦可认定当不在少数。可见，音义错位叶音，其实是宋代诗歌创作与古诗音释的共同现象。诗人创作新诗有意使用音义错位方式叶韵，注释家解读古诗也采用音义错位的方式叶韵，虽使用的对象不同，但用意相同。

4.3 音义错位叶音的概况

朱子诗骚音释中音义错位叶音有多少？我们前文逐条比对韵书，统计共有260字的681次叶音同于韵书（详本卷第八章），从音义关系考察这批字的叶音，可得其中属于音义错位叶音的条目计有138字344次。下面列表展示所有音义错位叶音的字次。表列4栏。

第一栏是"字头"，包含被叶字及其作叶次数，以数字附注字旁，一次则略。

第二栏是"本音本义"，即被叶字在诗骚原句中据其语义当读之音，即其本音。本音，如果朱子已作注则取朱子之注，或作直音、或作"××反"，若朱子无注则杂取韵书字书，一律写作"××切"。若其义释较长则略作删简。

第三栏是"叶音及出处"，即朱子给被叶字所注的叶音及出处位置。叶音重复出现者仅列首见1次，余者以数字注之于后，若叶音用字不同，则并列之。出处标示一如本书通例，出处字数较多，采用小字方式标写。如果同一叶音多次出现,即在叶音后面加数字标之,诸次出处不便同时标出,以初见者为代表。

第四栏是"韵书对应之音及其义",此即为朱子叶音与韵书的对应方式,有的切语全同,有的切语部分同,有的切语用字不同但音类同,均照韵书列举。切语之后列举的语义,是指该叶音切语所对应韵书音的语义。将这个叶音切语的语义与"本音本义"对照可以知道音义错位之情况。若语义文字太多,则略作删简。凡韵书之音,优先《广韵》,《广韵》所无则取《集韵》,取于《广韵》之音直出切语,取于《集韵》者,缀一"集"字以别之。有的叶音切音两韵书都有,但叶音切语上下字与《集韵》相合,亦取《集韵》之切语。

如表中第1字"差"字,在《陈风·东门之枌》二章"穀旦于差"中本当读"初佳反"其本义为"择也",朱子叶其音为"七何反",该音在《集韵》戈韵作苍何切,其义为"渐也"。就是说,"差"字初佳反、苍何反两音,一为"择"义,一为"渐"义,两音不同义,朱子用"渐"义之音(七何反,集韵作苍何切)押"择"义之韵(初佳反),故音义错位。表中诸例均当如此解读。

字头	本音本义	叶音及出处	韵书对应之音及其义
差2	初佳反,择也	叶七何反2 陈风东门之枌二章	集:苍何切"差,渐也"
敦	都昆切,厚也	叶都回反 邶风北门三章	都回切,朱注"敦犹投掷也"
矜	古顽反,无妻曰矜	叶居陵反 小雅何草不黄二章	居陵切:"矜,本矛柄也"
瘵	侧界反,病也	叶子例反 小雅苑柳二章	集:子例切"瘵,接也"
谖	况元反,忘也	叶况远反 卫风淇奥一章	集:火远切"诈也"
御4	五嫁反,迎也	叶鱼据反 召南鹊巢一章	牛倨切"御,理也,侍也"
	牛倨切,侍也	叶鱼驾反2 郑风大叔于田二章	集:鱼驾切《说文》相迎也
	牛倨切,侍也	叶音迓 离骚16	集:鱼驾切《说文》相迎也
句	古候反,通彀,引满也	叶古侯反 大雅行苇三章	古侯切"句,《说文》曲也"
革3	古核切,犹皮也	叶讫力反3 召南羔羊二章	集:讫力切"鞿革,《说文》急也"
愿	鱼怨切,欲也、念也、思也	叶五远反 郑风野有蔓草一章	集:五远切"愿,面短貌"

续 表

字头	本音本义	叶音及出处	韵书对应之音及其义
行44	户庚切,行步也,道也	叶户郎反 38 周南卷耳一章	胡郎切"伍也列也"
	户庚切,行步也,道也	叶胡刚反东君42	胡郎切"伍也列也"
	户庚切,行步也,道也	叶胡郎反招魂140	胡郎切"伍也列也"
	户庚切,行步也,道也	叶音杭弟子职受业对答2册408页	胡郎切"伍也列也"
	下孟反,景迹又事也	叶户郎反 3 邶风雄雉四章	故郎切"伍也列也"
王2	音往,王,往通	叶如字大雅板八章	雨方切"王,大也,君也"
	雨方切,君也	叶于放反 小雅十月之交六章	于放切"霸王"
何	音荷,何,任也	叶如字商颂玄鸟一章	胡歌切"何,辞也"
说	音税,舍息也	叶输爇反曹风蜉蝣三章	集:输爇切"说,《说文》说释也"
摧	昨回切,摧,堇也	叶采卧反小雅鸳鸯四章	集:寸卧切"堇摧,说文新刍也"
髦	莫袍切,夷髦也	叶莫侯反小雅角弓八章	集:迷浮切"鬈髦,发至眉也"
渊2	乌玄切,渊渊鼓声	叶於巾反 2 小雅采芑三章	集:於巾切"鼓节也"
信7	息晋切,忠信	叶斯人反 6 鄘风蝃蝀三章	集:斯人切"信,引革也"
	息晋切,"信与申同"	叶师人反邶风击鼓五章	集:升人切"《说文》屈伸"
政2	之盛切,政化	叶诸盈反小雅节南山六章	集:诸盈切"政,赋也"
	之盛切,政化	叶音征大雅抑三章	集:诸盈切"政,赋也"
胥	相居切,语词	叶思吕反小雅桑扈一章	私吕切,胥同谓"才智之称"
敳	羊益切,厌	叶丁故反周颂振鹭	当故切,"敳同斁,败也"
难	那干切,慎	叶乃多反小雅桑扈三章	集:囊何切"难罿,难却山恶"
孚2	芳无切,信也	叶房尤反大雅文王七章	集:房尤切"孚叜,玉采也"
	芳无切,信也	叶孚尤反大雅下武二章	集:房尤切"孚叜,玉采也"
来9	落哀切,至也	叶六直反 9 郑风女曰鸡鸣	集:六直切"来,来牟,麦也"
式2	赏职切,用也,法也	叶式吏反 2 大雅荡五章	集:式吏切"试式,《说文》用也"
莱2	落哀切,草名	叶陵之反 2 小雅南山有台一章	集:陵之切"釐莱,草名夫蓰也"
斗	当口切,大斗	叶肿庚反大雅行苇四章	集:肿庚切"枓斗,《说文》勺也"

续 表

字头	本音本义	叶音及出处	韵书对应之音及其义
将	即良切,养也	叶子两反 大雅桑柔三章	集:子两切"奖将,劝也助也"
戚	仓历切,忧	叶子六反 小雅小明三章	集:子六切"蹙戚蹐,迫也"
劳	鲁刀切,劬劳	叶音僚 邶风凯风一章	集:怜萧切"辽劳,《说文》远也"
雠	市流切,匹也	叶市又反 大雅抑六章	集:承呪切"售雠,《说文》卖去手"
野16	羊者切,田野	叶上与反 16 邶风燕燕一章	集:上与切"墅野,庐也"
沙	所加切,水散石也	叶桑何反 大雅凫鹥二章	集:桑何切"抄沙,摩抄也"
邪	似嗟切,不正也	叶祥余反 鲁颂駉四章	集:祥余切"徐邪,《说文》缓也"
救	居祐切,护也	叶居尤反 邶风谷风四章	集:居尤切"勼救,《说文》聚也"
意2	於记切,志也	叶乙力反 小雅正月十章	集:乙力切"億意,《说文》安也"
意2	於记切,志也	叶音臆 服赋160	集:乙力切"億意,《说文》安也"
思	息兹切,思念	叶新才反 邶风终风二章	集:桑才切"鬒思,鬃鬒"
害3	胡盖切,伤也	叶音曷3 小雅蓼莪五章	集:何葛切"曷害,《说文》何也"
浼	每罪反,浼浼,平也	叶美辩反 邶风新台二章	集:美辨切"浼浼,水貌"
嘌	匹遥反,漂摇	叶匹妙反 桧风匪二章	集:匹妙切"车行疾无节"
疑	鱼乞反,疑立,定	叶如字 大雅桑柔三章	语其切"不定"
相2	息亮反,辅	叶平声2 大雅桑柔八章	息良切"共供也,瞻视也"
柞	侧百反,除木曰柞	叶疾各反 周颂载芟	集:疾各切"木名"
乘	绳证反,千乘	叶神陵反 鲁颂閟宫五章	集:神陵切"驾也"
醻	市由反,报也	叶大到反 小雅彤弓三章	集:大到切"美酒名"
洒	十罪反①,高峻也	叶先典反 邶风新台二章	集:稣典切"肃恭貌"
撮	七活反,缩撮	叶租悦反 小雅都人士二章	集:租悦切"撮,行具"
易	以豉反,难易也	叶夷益反 大雅板六章	集:夷益切"变易"
长	丁丈反,大也	叶直良反 小雅巧言三章	直良切"久也,远也"
齱	市由反,弃之	叶齿九反 郑风遵大路二章	集:齿九切"《说文》可恶也"

---

① 朱注其音"十罪反"甚为可疑,当为七罪反,见于《释文》。

续 表

字头	本音本义	叶音及出处	韵书对应之音及其义
艾2	音义,尽也	叶如字小雅庭燎二章	五盖切"草名"
	鱼盖反,养也	叶鱼肺反小雅鸳鸯三章	鱼肺切"治也"
梦4	莫工反,梦梦,不明	叶莫登反2小雅正月四章	集:弥登切"梦梦,乱也"
	莫凤切,寐中神游	叶弥登反小雅斯干六章	集:弥登切"梦梦,乱也"
	莫凤切,寐中神游	叶莫滕反齐风鸡鸣三章	集:弥登切"梦梦,乱也"
令2	力证反,号令也	叶力呈反齐风东方未明二章	吕贞切"使也"
	力政切,善	叶卢经反小雅十月之交三章	集:郎丁切"使也"
僭2	子念反,乱也	叶七心反2小雅鼓钟四章	集:千寻切"侵也"
属	音蜀,附也	叶殊遇反小雅角弓六章	集:殊遇切"属,连也"
懠	音癠,怒	叶笺西反大雅板五章	集:笺西切"懠懠,懠疑"
父	扶雨切,而谓他人为己父	叶夫矩反王风葛藟一章	方矩切"父,男子之美称"
衍	以浅切,宽纵之意	叶怡战反大雅板八章	集:延面切"衍,水溢也"
祛	去鱼切,袂	叶起据反郑风遵大路一章	集:丘据切"袂末也"
娈2	力兖切,好貌	叶龙眷反2齐风甫田三章	集:龙眷切"从也"
作	则落切,生出地	叶则故反小雅采薇一章	臧祚切"造也"
树2	常句切,立也	叶上主反2小雅巧言五章	集:上主切"扶树也"
度	徒故切,法度也	叶徒洛反小雅楚茨三章	徒落切"度量也"。
趣	七句切,人心归附	叶此苟反大雅棫朴一章	集:此苟切"促也"。
告	古到切,嘉告	叶姑沃反大雅既醉三章	集:姑沃切"告上曰告"
厉2	力制切,暴恶也	叶力桀反小雅正月八章	集:力蘖切"严也"
	力制切,垂带之貌	叶落盖反小雅都人士四章	集:落盖切"厉,病也"
宅4	场伯切,居也	叶达各反4小雅鸿雁二章	闼各切"奠爵也"
陂	彼为切,泽障也	叶音波陈风泽陂一章	集:逋禾切"陂,陂陁,衺也"
渥	於角切,饶足	叶乌谷反小雅信南山二章	集:乌谷切"水声"
岂	可亥切,岂,亦乐也	叶去幾反小雅鱼藻二章	集:去幾切"《说文》还师振旅乐"

续　表

字头	本音本义	叶音及出处	韵书对应之音及其义
尚2	时亮切,"弗尚,厌弃之"	叶平声大雅抑四章	市羊切"尚,尚书,官名。"
	时亮切,"举也。"	叶音常天问54	市羊切"尚,尚书,官名。"
广	古晃切,大也	叶古旷反周南汉广一章	集:古旷切"度广曰广"
否5	方久切,不也	叶补美反4小雅甫田三章	集:补美切"恶也"
	方久切,不也	叶音鄙弟子职受业对答2册408页	集:补美切"恶也"
忌	渠记切,忌讳	叶巨己反大雅桑柔十章	集:巨已切"戒也"
上	是掌切,说文高也	叶时亮反小雅颊弁二章	时亮切"君也"
畏3	於胃切,畏惧	叶於非反3郑风将仲子一章	集:於非切"有威可畏"
威	於非切,威仪	叶纡胃反小雅巧言一章	集:纡胃切"《说文》恶也"
教	古孝切,教训也	叶居爻反小雅车舝二章	集:居肴切"令也"
渴2	苦曷切,饥渴	叶巨列反王风君子于役二章	集:巨列切"水尽"
	苦曷切,饥渴	叶巨烈反小雅采薇二章	集:巨列切"水尽"
池4	直离切,停水曰池	叶唐何反小雅无羊二章	集:唐何切"呼池,水名"
	直离切,停水曰池	叶徒何反大雅皇矣六章	徒河切"池,虖池,水名。"
	直离切,停水曰池	叶徒河反招魂139	徒河切"池,虖池,水名。"
	直离切,停水曰池	叶音陀少司命40	徒河切"池,虖池,水名。"
服27	房六切,服事,亦衣服	叶蒲北反27大雅荡二章	集:鼻墨切"说文:伏地也"
氐	丁礼反,本	叶都黎反小雅节南山三章	集:都黎切"氐,戎种。"
著	直据反,门屏之间也	叶直居反齐风著一章	直鱼切"太岁在戊曰著雍"
湛3	都南反,乐也	叶持林反3小雅宾之初筵二章	集:持林切"《说文》:陵上滴水也"
莫	音麦,莫莫,清静而敬至	叶木各反小雅楚茨三章	慕各切"莫,无也"
泽4	音释,泽泽,解散也	叶徒洛反周颂载芟	集:达各切"泽,格泽,星名"
	场伯切,润泽	叶徒洛反2秦风无衣二章	集:达各切"泽,格泽,星名"
	场伯切,润泽	叶待洛反大招150	集:达各切"泽,格泽,星名"

续　表

字头	本音本义	叶音及出处	韵书对应之音及其义
佗	吐贺反，加也	叶汤何反小雅小弁七章	集：汤河切"佗，彼之称"
漕2	昨劳切，卫邑也	叶徂侯反2邶风泉水四章	集：徂侯切"漕，水运也"
予14	以诸切，我也	叶演女反6陈风墓门二章	集：演女切"予，《说文》推与也"
	以诸切，我也	叶音与7离骚11	集：演女切"予，《说文》推与也"
	以诸切，我也	叶上声成相214	集：演女切"予，《说文》推与也"
邑	於汲切，西鄙之邑也	叶乌合反秦风小戎二章	集：遏合切"唈邑，呜唈"
罕	呼旱切，希	叶虚旰反郑风大叔于田三章	集：虚旰切"罕，抱罕，地名"
敏	眉殒切，拇	叶母鄙反大雅生民一章	集：母鄙切"敏，疾也"
闵	眉殒切，忧也	叶眉贫反豳风鸱鸮一章	集：眉贫切"闵，说文秋天也。"
仰	鱼两切，瞻望	叶五刚反小雅车舝五章	集：鱼刚切"仰，灵威仰，青帝号。"
格2	古伯切，至	叶刚鹤反2大雅抑七章	集：刚鹤切"格，树枝也"
驹	举朱切，马驹	叶去声小雅角弓五章	集：俱遇切"驹，驹丽，国名。"
庆9	丘敬切，贺也	叶祛羊反6大雅皇矣三章	集：墟羊切"庆，乱也，通作羌"
	丘敬切，贺也	叶墟羊反小雅裳裳者华二章	集：墟羊切"庆，乱也，通作羌"
	丘敬切，贺也	叶音羌2士冠礼2册59页	集：墟羊切"庆，乱也，通作羌"
获6	胡麦切，得也	叶黄郭反4秦风驷驖二章	集：黄郭切"获，陨获困迫失志貌"
	胡麦切，得也	叶胡郭反2大雅皇矣一章	集：黄郭切"获，陨获困迫失志貌"
馘	古获反，所格者之左耳也	叶况璧反鲁颂泮水五章	集：况璧切"馘，面也"
芋	香于反，尊大也	叶王遇反小雅斯干三章	王遇切"芋，一名蹲鸱"
蹙	七亦反，蹙蹙，敬也	叶七略反小雅楚茨三章	七雀切"蹙，陵也，驱也"
翟	亭历反，雉羽也	叶直角邶风简兮三章	集：直角切"翟，鸟名"
栎	卢狄反，木名	叶历各反秦风晨风二章	集：历各切"栎，阙，人名"
沃	乌酷反，光泽貌	叶鬱缛反小雅隰桑二章	集：鬱缛切"沃，茂貌"
蛇	音移，委蛇，自得之貌	叶唐何反召南羔羊一章	集：唐何切"蛇，虫名"

续　表

字头	本音本义	叶音及出处	韵书对应之音及其义
几	音纪,幾何	叶居希反小雅巧言六章	集:居希切"幾,说文微也"
英 10	於惊切,华也	叶於良反 5 魏风汾沮洳二章	集:於良切"英,稻初生未移者"
	於惊切,华也	叶於姜反 4 离骚 8	集:於良切"英,稻初生未移者"
	於惊切,华也	叶音央佹诗 219	集:於良切"英,稻初生未移者"
依 2	於希切,安也	叶於岂反 2 大雅公刘四章	集:隐岂切"依,譬喻也"
俟 2	床史切,待也	叶羽已反鄘风相鼠二章	集:羽已切"俟,大也"
	床史切,待也	叶于纪反小雅吉日三章	集:羽已切"俟,大也"
庭	特丁切,门庭	叶去声周颂闵予小子	集:他定切"庭廷,迳庭"
戊	莫候切,刚日也	叶莫吼反小雅吉日一章	集:莫後切"戊,中宫也。"
正 8	之盛切,正当也	叶诸盈反 3 小雅节南山九章	诸盈切"正,正朔。本音政"
	之盛切,正当也	叶音征 5 小雅斯干五章	诸盈切"正,正朔。本音政"
恶	乌各切,不善也	叶乌路反离骚 19	乌路切,"憎恶也"
尽	慈忍切,竭尽,终也	叶子忍反小雅楚茨六章	集:子忍切,"极也,任也"
乐	卢各切,淫乐,乐之深也	叶五教反远游 111	五教切,"好也"
能	奴登切,能,工善也	叶奴来反成相 211	奴来切,"兽名"
沤	一遘反,沤,今沤麻也	叶一侯反离骚 239	乌侯切,"浮沤"
识 2	赏职切,知也	叶音志 2 成相 216	职吏切,"标识"
索 2	山格反,求也	叶苏各反九辩 130	苏各切,"尽也"
	山格反,求也	叶先各反招魂 135	苏各切,"尽也"
蝒	音引,水虫之小者也	叶平声吊屈原 158	翼真切,"寒蝉"
犹	以周切,谋也	叶于救反小雅小旻三章	余救切,"兽似麂善登木"
备	平秘切,备具也,防也	叶步介反招魂 138	集:步拜切,"成也,王褒说"
波 2	博禾切,波浪	叶补基反远游 110	集:斑麋切,《说文》:阪也
	博禾切,波浪	叶补悲反渔父 116	集:斑麋切,《说文》:阪也
出	赤律切,进也,见也,远也	叶尺遂反思美人 93	集:敕类切,"自中而外也"

续　表

字头	本音本义	叶音及出处	韵书对应之音及其义
发	方伐切,发起又舒也明也	叶方吠反豳风七月一章	集:放吠切,"发矢也"
放	甫妄切,逐也,去也	叶音方远游108	集:分房切,"说文并船也"
古	公户切,故也	叶音故离骚19	集:古慕切,"始也"
横2	户盲切,纵横	叶音黄2九辩122	集:胡光切,"草名"
居6	九鱼切,当也,处也	叶姬御反2召南鹊巢一章	集:居御切,居居,怀旧不相亲比貌
	九鱼切,当也,处也	叶举虑反2招魂137	集:居御切,居居,怀旧不相亲比貌
	九鱼切,当也,处也	叶斤御反大雅韩奕五章	集:居御切,居居,怀旧不相亲比貌
	九鱼切,当也,处也	叶音据唐风蟋蟀一章	集:居御切,居居,怀旧不相亲比貌
举	居许切,擎也	叶音据九辩124	集:居御切,称引也
姱2	苦瓜切,姱奢貌	叶音户2东君41	集:后五切,性不端良
聊3	落萧切	叶音留3惜往日95	集:力求切,木名尔雅杻者聊
旁	补彭反,骜骜,马盛貌	叶补冈反郑风清人一章	集:铺郎切,旁礴,混同也
彭7	薄庚切,行也道也盛也	叶铺郎反6小雅出车三章	集:逋旁切,多貌
	薄庚切,行也道也盛也	叶普郎反郑风清人一章	集:逋旁切,多貌
言	语轩切,言语也	叶音银天问71	集:语巾切,言言,和敬貌
义	宜寄切,仁义	叶平声成相210	集:鱼羁切,善也
蹠	之石切,足履践也	叶音灼哀郢82	集:职略切,迹也
字	疾置切,说文乳也又爱也	叶音滋士冠礼	集:津之切,养也
喜	虚里切,喜乐	叶音嬉天问63	集:虚其切,末喜,有施氏女名

4.4　音义错位三种类型

概览上列诸叶字条,其音与义之间的错位大概可归为三种类型:一是通假义错位,二是引申义错位,三是异音异义同形错位。下面各举一例论之。

召南羔羊二：革叶讫力反緎食（羔羊之革，集传："革，犹皮也。"）

小雅楚茨六：尽叶子忍反引（维其尽之）

齐风著一：著直据反叶直居反素叶孙租反华叶芳无反（俟我于著乎而，集传："著，门屏之间也。"）

《羔羊》段中"革"字，在文句中是"皮"义，当读梗摄麦韵古核切，但其所与押韵的字"緎""食"都是曾摄职韵字，不能谐韵。所以朱子取"革"字在《集韵》职韵讫力切之异读来叶韵。《集韵》的表述也很清晰："䩐革，《说文》急也，或作革。"说明"革"本无"急"义，其本字为"䩐"字。"䩐"字"或作革"，大概是"革"字曾有过通假"䩐"字的用法，因通假的关系才临时有了"䩐"字的音义，是一个通假的音义。朱子取"革"之通假义的音来给《羔羊》韵段中的"革"作叶，其音可谐，其义则异。此为以通假义之音叶音的音义错位。

《楚茨》段中"尽"字，在韵书中有两读，异义。一读轸韵慈忍切，全浊从母，"竭尽、终也"之义，可作动词、形容词用。一读轸韵即忍切，《集韵》子忍切，全清精母，《集韵》注其义"极也、任也"，作副词，表示"全部地、完整地、尽可能地"等义。两读语义相关，可看作由动词"穷尽"义语法化而产生"全部地"等副词义。后者现代普通话仍存留在"尽管、尽量"等双音词中。本来两音仅是声母清浊之异，无关韵母。由于从中古开始到宋代发生了浊音清化的音变，造成浊上归去，"尽"字两读原来的声母清浊差异，变成了韵母上声、去声的差异，在韵书系统就分属于轸韵、震韵，原浊上一音就不能押上声韵了。而《楚茨》六章中动词"尽"与上声"引"字押韵，"尽"在口语中已读去声，不与"引"字声调相谐。为了造成诵读中上声协调，朱子将"尽""叶子忍反"，其切语从《集韵》抄来，是将"尽"字的引申义之音来协韵。故为引申义错位。

《著》一章中的"著"字，朱子注其音"直据反"，释其义为"门屏之间也"；本读去声，但朱子将其叶读平声"直居反"，查所叶音即《广韵》鱼韵直鱼切，"著"有此平声一读，义为"太岁在戊曰著雍"，与"门屏之间"当无关系。似可以说，"著"字记录了两个音义无关的词，故有了两义两音，是异音异义同字所记之两个词，叶音则取甲词之音叶乙词之义，故为异音异义同形错位叶音。

所有音义错位的叶音，其错位方式不出此三途。当然其中还有一些引申、假借关系不太显著者，虽属错位，却处于模棱两可之间，亦不便强说之，知其有了音义错位即可矣。

五、语用错位叶音

这里的"语用"一词取最一般意义，即语言使用的意思。

5.1 何为语用错位叶音

语用错位，主要是指多音字的同义异读在不同语境中的使用中发生错位。

我们知道，韵书所记多音字除了多音多义外，还有多音同义，即一个字有几个没有语义区别的读音。如："腌（醃）"字，《广韵》记平声盐韵央炎切、严韵於严切、入声葉韵於辄切、业韵於业切4音，都是"盐渍肉食"之类语义，4音同义并存。但韵书中并存的这些音，可能在实际使用是不平等的。就拿"腌"的4个音来说，李荣先生告诉我们，从现代音来看，"'腌鱼、腌肉、腌菜'的'腌'北京说 yān，阴平，从古盐韵'央炎切'或严韵'於严切'来，……广州说［ip˧］中阴入，梅县说［iap˧］阴入，从古业韵'於辄切'或葉韵'於业切'来"①，也就是说，"腌"的平、入两类音读中，现代北京音不用入声韵之音读，粤、客音不用阳声韵之音读。而作为现代汉语普通话基础方音的北京音，自然只会确立"腌"字阳声韵读音为通用的音，现代汉语的各种词典均予收录；而韵书所记的、仅残存于某些方言的入声音读，在现代汉语看来属于不用于全民交际的异读，现代汉语词典也不予收录。

由此可见，韵书所记的同义异读在实用中有的是常用音，有的不是常用音。它们虽然在韵书中并列共存，但在实用中往往不平等。常用音在现实交际中普遍使用，活跃在人们口中，是"活"的音。非常用音有两种可能，一是完全废弃不同，仅被作为历史现象记于韵书字书之中，是为"死"之音，一是可能还存在于实用之中，但使用的范围有限，或偏处一隅或行将淘汰。常

---

① 李荣《语音演变规律的例外》，载《音韵存稿》，商务印书馆1982年，引例见该书117页。

用音活跃在人们口中属于正常的读音,甚至被看作是正确的读音,非常用音则被当作不正常的甚至是误读。

朱子疏理诗骚用韵时,充分注意到并利用了同义异读诸音。如果韵段中韵脚字的常用音不能谐韵,它的非常用音能谐韵的话,这时朱子就会采用非常音来梳通韵读。在音释术语上,他常常分别采用注、叶的方式区分何为常用、何为非常用音。如"怒"字,韵书有上去两读:

《广韵》姥韵奴古切,怒,恚也。(《集韵》的切语作暖五切)

《广韵》暮韵乃故切,怒,恚也。(《集韵》同切语)

两读语义完全相同,是典型的同义异读。韵书并没有告诉我们哪个音读是常用的,哪个不常用。朱子在诗骚中的注与叶却给了我们可靠的信息。"怒"字在《诗经》《楚辞》中有 13 次入韵,从《切韵》音系的角度来看,所处的押韵环境有两种:一是押去声韵,有 6 段;一是押上声韵,有 7 段。恰好对应于韵书所记同义异读的两音。朱熹的处理是,"怒"押去声者,都不注音也不注叶,如:

邶风柏舟二:茹据诉怒

天问 70:怒固

相反,在另 7 个押上声的韵段里,6 例全注明叶上声,仅 1 例可能有传抄之误注为"叶去声",实际应当"叶上声"。如:

邶风谷风一:雨怒叶暖五反

离骚 5:武怒叶上声

7 个押上声的韵段中"怒"都得以上声入韵,朱熹取《集韵》暖五切一音入韵时,全部注上"叶"字。显然,凡去声韵段不作叶音者,是认定"怒"字以去声入韵属于正常的押韵,而不必作叶;也不作注音,则表明"怒"字不是疑难字,不必注音。相反,它在上声韵段入韵则必注明叶,是非常用音。使用非常用音叶音,改换了同义异读的语用环境,发生了语用的错位,此即"语用错位"的叶音。

5.2 必要性与互补性

以非常用音入韵,造成了一字同义异读在语境上的错位,超越了字音的正常使用,有必要使用叶音的方式。这是使用韵书所记之同义异读入韵时必须使用叶音的原因。无庸置疑,其必要性还体现在叶音的目的上,跟音义错位叶音是为了谋求韵读和谐一样,语用错位也是为了能在韵书所记异读的范围内梳通韵脚,达到诵读和谐。

此外,两种取自韵书异读的所谓错位叶音之间还有着特别的关联,这就是各自所取对象虽然有所不同,但却是互补的。音义错位是在多音多义字的多音中寻找叶韵之音,而语用错位则在同义异读之中寻找叶韵之音。分开来看则各取一偏,合而观之则可称完璧。因为韵书所记韵字的又音异读,无论有多么复杂,从音义关系来看,无非就是多义多音、一义多音两种。利用一字多音来叶音,要么取异义之异音叶韵,要么取其同义之异音叶韵。取异义之音叶音即为音义错位,取同义之音叶韵即为语用错位。两个部分各有侧重,合起来才能概括取用一字多音作叶的全貌。音义错位与语用错位的叶音从不同的方向分别展开,相互配合,全面地利用了韵书所记的又音异读来作叶音,以达成诗骚的谐韵。

5.3 语用错位的注或叶

5.3.1 注、叶分明。凡韵书所记同义异读,朱子如果能够确定何为常用,何为非常用的,都会非常清晰地以注音、叶音的不同方式相区分。就是说,入韵若需要用其常用音则采用注音方式,若需要用其非常用音则采用作叶的方式,分别划然。如"瘳"字,韵书记两音:

《广韵》尤韵丑鸠切,瘳,病愈。

《集韵》萧韵怜萧切,瘳,病损也。

"瘳"字的两音语义相同。该字在诗经中两次入韵,一次与流摄字相押,一次与效摄字相押,朱子取韵书两音以释其韵,但使用的术语不同:

大雅瞻卬一:收瘳_{敕留反}

郑风风雨二:潇膠瘳_{叶怜萧反}

从朱子的术语分用,我们即可得知,在宋人口中"瘳"字常用音是敕留反(即丑鸠切),非常用音是怜萧反。朱子对同义异音作叶音,基本固定用于其中非常用音之上,而作注音则固定于常用音之上,这就是注、叶分明。这也说明朱子对于被注字常用音的认识是清晰的。

5.3.2 注、叶疑混。但也有些同义异读的常用音难以确定,两读之间常

用与非常用界线不明,也就有了注叶疑混的现象。"听"字就是一个代表。"听"字韵书录有平去两音:

《广韵》青韵他丁切,听,聆也。(《集韵》汤丁切"聆也")

《广韵》径韵他定切,听,待也,聆也,谋也。(《集韵》他定切"说文聆也")

在诗骚中"听"字入韵 7 次,都押平声。朱熹对 7 个韵段中的"听"作了三种处理:叶平声 3 次,注平声 2 次,不注不叶 2 次,下各举一例:

离骚 12:情听叶它丁反争成

大雅荡七:刑听汤经反倾

小雅伐木一:鸣声声生听平

既有作注音或不注不叶意味着平声一读为常用音,又有用作叶音则当其为非常用音,其处理有些矛盾。笔者以为,这种矛盾并非术语使用的错误,而是朱子或宋人对"听"字"聆听"义的平、去两读究竟何音常用、何音不常用,本身把握有所不定。这反映了一个客观现象:即自然状态下对羡余语音的规范,有时并不一定全都那么清晰严密。拿"听"字来说,其两读并存由来已久。《切韵》同时代的隋代诗文用韵中,"听"字平去都可押韵,各出现一次①,数量少而平衡,难分何音常读。然而在初唐诗文用韵中情况有所变化,"听"入韵共 8 次,7 次押平声,仅 1 次押去声②,平声变得比较常读了,然去声异读并未消失。朱熹的诗骚中"听"7 次以平声入韵,朱熹 3 次作叶,4 次不叶,表明该字读平声一读势力虽然较大,但去声之读势力也不弱,两音并存,难辨正否,因而注叶疑混。

注、叶疑混现象在朱子音叶并不多见,所起作用有限,尚不至于影响叶音条例成立,但这些特殊现象里面蕴含了非常有价值的鲜活语音信息,这是我们需要充分关注的。

5.4 语用错位叶音概貌

核查叶音的使用语境,可得朱熹语用错位叶音 99 字,但与音义错位表重出 9 字,当去除不计,则计 90 字,278 次。

---

① 例见李荣《隋韵谱》,载《音韵存稿》,商务印书馆 1982 年,引例见该书 193、196 页。
② 鲍明炜《初唐诗文韵部研究》,江苏古籍出版社 1990 年,引例见该书 309—329 页。

我们仍然列表展示全部语用错位叶音概貌，表仍列四拦，一为字头，二为常用音、义，三为叶音，四为非常用音、义。常用音与非常用音是据朱子所用叶音的切语确定的，即同义异读两个切语中，朱子用作叶音的定为非常用音，另一个为常用音。常用音若朱子有注则取朱注，其术语是"××反"，朱子无注则取韵书，术语为"××切"，常用义则只取朱子自注，若无注则缺。非常用音义，取于韵书，若释义太长则略作删减。

字头	常用音义	叶 音	非常用音义
瘳	敕留反,瘳,病愈也	叶怜萧反 郑风风雨二章	集:怜萧切,病损也
怒 6	乃故切	叶暖五反 5 邶风谷风一章	集:暖五切,恚也
	乃故切	叶上声 离骚 5	集:暖五切,恚也
望 3	巫放切	叶武方反 卫风河广一章	武方切,看望
	巫放切	叶无方反 大雅卷阿六章	武方切,看望
	巫放切	叶音亡 小雅都人士一章	武方切,看望
听 3	他定切	叶平声 2 小雅小旻四章	他丁切,聆也
	他定切	叶它丁反 离骚 12	他丁切,聆也
降 7	户江反,降,下也	叶乎攻反 3 召南草虫一章	集:乎攻切,下也
	户江反	叶胡攻反 3 小雅出车五章	集:乎攻切,下也
	下江切,降,下也	叶呼攻反 大雅旱麓二章	集:乎攻切,下也
漙	徒端反,漙,露多貌	叶上兖反 郑风野有蔓草一章	集:竖兖切,露貌
羹 6	古行切	叶卢当反 2 大雅荡六章	集:卢当切,脏也
	古行切,和羹,味之调节也	叶音郎 3 商颂烈祖	集:卢当切,脏也
	古行切	叶力当反 大招 147	集:卢当切,脏也
来 10	落哀切	叶陵之反 6 郑风子衿二章	集:陵之切,至也
	落哀切	叶力之反 3 湘君 32	集:陵之切,至也
	落哀切	叶音厘 山鬼 44	集:陵之切,至也
马 17	莫下切	叶满补反 17 周南汉广二章	集:满补切,马也
角 3	古岳切	叶卢谷反 3 周南麟之趾三章	集:卢谷切,兽不童也

续　表

字头	常用音义	叶　音	非常用音义
事5	钮吏切	叶上止反5召南采蘩一章	集:上史切,从所务也
下37	胡雅切	叶後五反17召南采蘋三章	集:後五切,底也
	胡雅切	叶音户19离骚18	集:後五切,底也
	胡雅切	叶音虎曲礼杂礼辞2册454页	集:後五切,底也
讼	似用切	叶祥容反召南行露三章	祥容切,争狱
汜	音祀,水决复入为汜	叶羊里反召南江有汜一章	集:养里切,水决复入
艰3	古闲切	叶居银反3邶风北门一章	集:居银切,险也
天28	他前切	叶铁因反28邶风柏舟一章	集:铁因切,颠也
麦5	莫获切	叶讫力反5鄘风桑中二章	集:讫力切,来牟也
陨	于敏切,陨,落	叶于贫反卫风氓四章	集:于伦切,坠也
噎	於结反,噎,忧深不能喘息	叶於悉反王风黍离三章	集:益悉切,食塞咽也
蒲	薄胡切,蒲,蒲柳	叶滂古反王风扬之水三章	集:伴姥切,草名
穴3	胡决切,穴,旷	叶户橘反3王风大车三章	集:户橘切,孔也
馆2	古缓切,馆,舍	叶古玩反2郑风缁衣一章	古玩切,馆舍也
狩3	舒救切,冬猎曰狩	叶始九反3郑风叔于田二章	集:始九切,冬猎也
墠	音善,墠,除地町町者	叶上演反郑风东门之墠一章	常演切,除墠地名
茂5	莫候切,茂,美也	叶莫口反5齐风还二章	集:莫後切,《说文》:草丰盛
颠2	都年切	叶典因反2齐风东方未明二章	集:典因切,顶也
还2	户关切,还,犹归也	叶音旋2魏风十亩之间一章	似宣切,还返
耋	田节反,八十曰耋	叶地一反秦风车邻二章	集:地一切,老也
续	似足切	叶辞屡反秦风小戎一章	集:辞屡切,连也
讯2	息晋切,讯,告也	叶息悴反2陈风墓门二章	集:虽遂切,告也
岁2	相锐切	叶音雪2大雅生民七章	集:苏绝切,年也

续 表

字头	常用音义	叶 音	非常用音义
飨5	许两切	叶虚良反5豳风七月八章	集:虚良切,歆飨
垤	田节反,垤,蚁塚也	叶地一反豳风东山三章	集:地一切,蚁封
喜2	虚里切	叶去声小雅彤弓二章	集:许记切,《说文》:说也
喜2	虚里切	叶许寄反天问69	集:许记切,《说文》:说也
櫜	古刀反,櫜,韬	叶古号反小雅彤弓三章	集:居号切,弢也
山3	所间切,南山,终南山	叶所旃反3小雅斯干一章	集:所旃切,土高有石曰山
喤2	华彭反,喤喤,大声也	叶胡光反2小雅斯干八章	集:胡光切,《说文》:小儿声
嗟	子邪切	叶遭哥反小雅节南山二章	集:遭哥切,咨也
定2	徒径切	叶唐丁反2小雅节南山六章	集:唐丁切,止也
贤2	胡田切	叶下珍反2小雅北山二章	集:下珍切,多才也
议	宜寄切	叶鱼羁反小雅北山六章	集:鱼羁切,谋度也
冥	莫经切,冥冥,昏暗	叶莫迥反小雅无将大车二章	集:母迥切,暗也
敏	眉殒切,敏,疾也	叶母鄙反小雅甫田三章	集:母鄙切,疾也
抗	苦浪切,抗,张也	叶居郎反小雅宾之初筵一章	集:居郎切,举也
纾	音舒,纾,缓也	叶上与反小雅采菽三章	神与切,缓也
楫	音接,楫,櫂	叶接入反大雅棫朴三章	集:即入切,舟櫂也
椐	羌居反,椐,樻也	叶纪庶反大雅皇矣二章	居御切,木名
壸	苦本反,宫中之巷也	叶苦俊反大雅既醉六章	集:困闰切,宫中巷
溉	古爱反,亦涤也	叶古气反大雅泂酌三章	居豙切,溉灌
㤅	女交反,惛㤅犹譁讙	叶尼犹反大雅民劳二章	集:尼猷切,愁也
熇	呼木切,熇熇,炽盛也	叶许各反大雅板四章	呵各切,热貌
逝	时制切,逝,去	叶音折大雅抑六章	集:食列切,往也
泯	武尽切,泯,灭	叶弥邻反大雅桑柔二章	弥邻切,没也
溺	奴历切	叶奴学反大雅桑柔五章	集:昵角切,没也
迪	徒历切,迪,进也	叶徒沃反大雅桑柔十一章	集:徒沃切,进也
垢	古口反,垢,污秽也	叶居六反大雅桑柔十二章	集:居六切,不净也

续 表

字头	常用音义	叶音	非常用音义
川	昌缘切	叶枢伦反 大雅云汉五章	集:枢伦切,穿通流水也
鼐	昨哉切,鼐,小鼎也	叶津之反 周颂丝衣	子之切,小鼎
岩	五衔切	叶鱼枕反 鲁颂閟宫六章	集:鱼枕切,险也
酤	古胡切	叶候五反 商颂烈祖	侯古切,一宿酒
共	音恭	叶居勇反 商颂长发五章	集:古勇切,《说文》:敛手也
动	徒摠切	叶德总反 商颂长发五章	集:都动切,振动拜也
蘗	五葛反,蘗,旁生萌蘗	叶五竭反 商颂长发六章	鱼列切,木余
虞 2	遇俱切,虞,虑	叶元具反 2 大雅抑五章	集:元具切,度也
驱	岂俱切	叶祛尤反 鄘风载驰一章	集:祛尤切,疾驰也
罹	吕支切,罹,网	叶良何反 王风兔爰一章	集:良何切,心忧也
结 2	古屑切	叶缴质反 小雅都人士三章	集:激质切,系也
	古屑切	叶音吉 成相 212	集:激质切,系也
寿 3	承呪切	叶殖酉反 3 豳风七月六章	殖酉切,寿考
昭	止遥切	叶之绕反 鲁颂泮水二章	集:止少切,明也
驰	直离切	叶唐何反 大雅卷阿十章	集:唐何切,走也
醻	市由反,醻,报	叶市救反 小雅小弁七章	集:承呪切,报爵
渊 7	乌玄切,渊,深	叶一均反 6 邶风燕燕四章	集:一均切,深貌
	乌玄切,渊,深	叶一因反 招魂 136	集:一均切,深貌
顾 6	古暮切,回视也眷也	叶果五反 3 邶风日月一章	集:果五切,回视也
	古暮切,回视也眷也	叶公五反 2 王风葛藟一章	集:果五切,回视也
	古暮切,回视也眷也	叶居五反 小雅伐木二章	集:果五切,回视也
田 7	徒年切	叶地因反 6 郑风叔于田一章	集:地因切,树谷曰田
	徒年切	叶徒因反 鄘风定之方中三章	集:地因切,树谷曰田
年 6	奴颠切	叶尼因反 3 曹风鸤鸠四章	集:祢因切,谷一熟也
	奴颠切	叶泥因反 2 小雅信南山三章	集:祢因切,谷一熟也
	奴颠切	叶祢因反 大雅江汉五章	集:祢因切,谷一熟也

续　表

字头	常用音义	叶　音	非常用音义
丧3	息浪反	叶平声2大雅皇矣三章	息郎切,亡也
	息浪反	叶桑郎反大雅召旻一章	息郎切,亡也
当2	丁浪切	叶平声2大招150	都郎切,直也,主也
瞑	莫贤切,瞑,卧也	叶芒丁反招魂136	莫经切,合目瞑瞑
能	奴登切,能,才也	叶奴代反离骚3	奴代切,技能
囿	博古切	叶去声涉江79	博故切,园囿
皙	星历反,白也	叶征例反鄘风君子偕老二章	征例切,博雅:白也
诒3	与之切,诒,遗也	叶音异2离骚17	集:羊吏切,遗也
	与之切,诒,遗也	叶去声思美人92	集:羊吏切,遗也
约	於略切,穷约也	叶音要九辩129	於笑切,束也
烝	煮仍切,说文,火气上行也	叶之孕反招魂143	诸应切,热
治3	直吏反,理也	叶平声3成相210	直之切,亦理也
蔽	必袂切,掩也	叶音鳖离骚22	集:必列切,蔜也
蹰	直鱼切,踟蹰	叶丈吕反九辩127	集:丈吕切,踟蹰进退貌
慼	仓历切,忧也,惧也	叶七六反哀郢83	集:子六切,一曰忧也
反2	府远切,反覆又不顺	叶孚绚反2卫风氓六章	集:孚万切,覆也
改2	古亥切,更也	叶音己2怀沙88	集:苟起切,更也
呼	荒乌切,唤也	叶胡故反招魂137	集:荒故切,《说文》謼也
索	所格反,取也,求也	叶苏故反离骚7	集:苏故切,求也
潭	徒南切,深渊也	叶音寻抽思87	集:徐心切,《说文》旁深也
鲔	云九切,鱼名	叶于轨反周颂潜	集:羽轨切,鱼名
囿	于救切,说文曰苑有垣	叶音郁大雅灵台二章	集:于六切,园囿
凿	在各切,錾也	叶音造九辩126	集:在到切,穿空也
折	旨热切,拗折	叶音制离骚22	集:征例切,断也
瘵	侧界反,瘵,病也	叶侧例反大雅瞻卬一章	集:侧例切,病也
蛇2	市遮切,虫也	叶土何反小雅斯干六章	託何切,毒虫
	市遮切,虫也	叶徒河反招魂139	集:唐何切,蛇,虫名

5.5 韵书叶音之例与非例

今音叶音数量最大的是取韵书之音叶音。计取自《广韵》的叶音 109 字 226 次叶音,取自《集韵》的 159(有 8 字重出于《广韵》,实 151 字)字及 455 次,去除重出共 260 字 681 次,占全体叶音约三分之一强。其中可以用音义错位说明的 138 字 344 次,语用错位说明的 90 字 278 次,两个错位形成了今音叶音的新的条例。然而,这两个条例还不能概述全部的韵书叶音。取自韵书的叶音共计有 260 字 681 次,去除两个错位叶音的 228 字 622 次,还有音义错位、语用错位不能说明的韵书叶音 32 字 59 次。它们数量太少,不成规模,无法形成一定的条例,但它们用作叶音同样也不是随意而为,而是有其自身的原因,大致可归为 6 类,今简述之于下。

5.5.1 止开三精庄组字直接用韵书音叶音。这是因为这一类字易受朱子讲学所在地建阳等地方音(闽北音)的影响,读成鱼模部之音,为了避免地方语音的干扰而将其叶读通语齐微部,涉及约 20 余字,其中直接以韵书切语作叶音的有 6 字 21 次:

子 11 私 2 兹 2 秄雌师 3(思)(详刘晓南 2002B、2016A)

其中"思"与本节前述表重出,故以括号标出,只计次数不计字数。

5.5.2 二音叶中之二叶,其中有一叶取韵书之音。我们已经说过,"二音叶"注音体例是叶中有注,注中有叶,虽为叶音但其性质与注音相通,有 16 字 20 次:

嗌簟侯厚缡寝濡时世绥汶仪宜渝誉主 2(何)(说)(属)

其中"何、说、属"3 字与前文表中重出,不计字数。

5.5.3 庄组字用韵书叶音。庄组字的韵书叶音 3 字 7 次:

楚争 2 侧 4

这组叶音,当与声母卷舌的音变有关(详刘晓南 2016A)。

5.5.4 浊上字回叶韵书音。"浊上归去"音变后,变读去声之字在押上声的韵段中回叶上声 4 字 5 次:

弟 2 户视造

因其实际读音已读去声,所以在《诗经》中当这些字与上声相押时,朱子往往依其韵书所记浊上之切语作叶,笔者将其称为"回叶上声"。(详刘晓南

2019B)

5.5.5 轻唇音回叶韵书。轻唇音用韵书切语叶音有1字次：

伐

臻山二摄轻唇音作叶，详前文。此类叶音大多数切语作者重制，但"伐"的叶音切语直接取自韵书。

5.5.6 可能有刊刻传抄致误者2字3次：

躬翰2

"躬叶姑弓反"，今按，切下字"弓"似当作"弘"，"翰叶胡干反"，今按，"干"似当为"千"。

追寻古音，不避今音，一以诵读韵谐、充分展现古诗歌之优美旋律为依归，这是朱熹叶音的总体原则。在这个指导原则之下，朱子广开语音资源，考证古音，核查今音，下及口语与方音，开拓了今音叶音一条途径。设立了三大门类今音叶音，通过三大类叶音的考察，我们可以归纳出4条今音叶音的条例，一是变调叶音，二是洪细和谐叶音，三是音义错位叶音，四是语用错位叶音。

4大条例共同形成今音叶音的格局，它们各自相对独立，又有许多横向的联系。比方说，变调叶音中有许多是取自韵书的，如"犹叶于救反"就是。而韵书叶音中的轻唇音"伐"字同样属于洪细叶音之例。

我们更应当关注的是，今音叶音中所流露出来的宋代通语与方言语音的音变信息，如止开三精庄组字的回叶韵书，其他庄组字回叶韵书，恐怕都与实际语音已经变得不同于韵书有关了。

下 卷

历史语音

第一章　基本思路与方法

在全面考察了叶音行为的历史与现状之后,我们将进入以朱子叶音及相关语料为核心的历史语音研究。

在叶音通论中,我们已充分展示了叶音语料的复杂性与多样性,充分说明了叶音及相关语料之中内蕴了丰富的历史语音信息,是我们研究历史语音的不可多得的原始材料。但与一般音释差异甚巨的是,其复杂程度却是迄今所见音释中最为突出的。单看叶音的六大来源,就可以梳理出诸多语音线索,充分显示其取音途径的多样性与语音表现的复杂性。犹如海纳百川一般,叶音之中大量集聚了古今音,文白音,特殊音与普通音,通语音与方言音等等不同层面的语音表现,各种字音相互缠绕,结为一体,你中有我,我中有你,好像是一座大型的语音综合博物馆,既错综复杂,又精彩绝伦。

利用这种从形式到内容都异常复杂的材料来研究历史语音,自然会与普通音释的研究有很大的不同,相应地,我们的研究思路与方法也要有所调整与更新。

一、基本思路:层位区隔

在有关叶音来源的论述中,我们已经指明,叶音及相关语料的取音来源可以归结为三个语音层面,一是古音,二是通语,三是方音。亦即曰,叶音及相关语料其实是将不同性质的字音丛聚杂处而形成的一种严重异质化了的复合型语音素材。用它来研究语音史必须充分顾及这一特点,并作出相应调整。调整的目的就是要将不同层面的材料尽可能地进行层位区隔,以最大限度地消除研究对象的异质性。

1.1 何为层位区隔

1.1.1 区隔研究之要义。"层位区隔"是因应叶音语料的复合性、杂糅性，以消除芜杂，取得同质语音材料进行研究的一种新的思路。其两个关键词"层位（或语音层次）"与"区隔"，各有特定的含义。

所谓"层位"是指朱熹语音文献中的叶音及相关语料中包含了复杂来源的语音信息，它们分别处于不同的语音层面，包含共时的或历时差异的各个层面。

所谓"区隔"就是在材料的收集与整理过程中，根据其来源与语音特征，同时根据研究的需要作相应的过滤，使庞杂的材料各自回归于其所属的语音层面，"土反其宅，水归其壑"，各归其本，各从其类。"过滤"其实是将语料去杂提纯的一个运作过程。经过过滤之后，将会最大限度地形成单一语音层面的同质语料，再根据其语音表现考究其语音。

1.1.2 历史的经验。"区隔"的研究思路，前人的研究中其实早已显露端倪。在上世纪七十年代，运用《诗集传》叶音考察历史语音的中国台湾学者许世瑛，在其所撰系列论文中就有意地将叶音材料作了区隔。以声母研究为例，他从不同角度对《诗集传》叶音中的声母进行考察，撰写《诗集传叶韵之声母有与广韵相异者考》《重唇音与舌头音在朱子口中尚有未变读轻唇音与舌上音者考》《从诗集传音注及叶韵考中古声母并合情形》等系列论文，其实就是将音叶材料区隔为方音、古音、宋代通语音三类，分别从三个层面进行研究。虽然草创之初尚难说精密，但每篇论文都只取与论题相关者进行论述，其他与之无关者置之勿论，其实就是在收集研究材料时给过滤掉了。

同样是研究声母，王力先生（1982）缩小范围，仅研究宋代通语音系，这实际上将古音、方音部分的语料过滤掉，未予讨论，但与许氏同等论文相较，被过滤掉的还不止此。如，王先生论文提出叶音中有十一种声母间的混注，就将许文中全清、次清相混（精清、见溪、影晓）、喉音与舌头相混等两大类非通语语料剔除了，确保了在同一个语音层面的研究中，对语料的考察更加精致与准确。又如，在十一种混注中虽然保留了相当于许氏"喉音与齿头音相混"的"喻邪相混"，但做出的处置并不相同。他认为"喻邪相混""这个现象不大好说明"(王力 1982，332 页)，在他的声母系统中并没有显示其存在，实际上是将这部分也过滤掉了。

可以说，当研究一种庞杂的原始材料时，首先要做的就是在整理材料时理清其线索，分辨其性质，梳理其条理。只有语音性质明确、条理清晰，才可以进行相关的研究。所以，合理地进行语音层位的区隔是必要的。

1.2 如何区隔、过滤

1.2.1 八字方针：平面整理，立体考求。区隔是为了确保研究中的语料纯净单一，过滤是完成区隔的必要手段，但不能简单地理解为仅刺取所需而已。过滤只是将相关语料作合理的归类操作，仍然必须坚守对全体材料的穷尽校验。如果仅仅取我所需，而不作全面的归纳与考究，不在意是否穷尽材料，则挂一漏万将在所难免。所以，无论是否区隔，穷尽材料仍然是研究的必要前提。怎么才能既穷尽材料，又能妥善合理地作出过滤？我们提出"平面整理，立体考求"的八字方针。

"平面整理"是指任何一次过滤，开始时都必须是针对全体语料的操作，不能像庖丁解牛那样"未尝见全牛也"，开始时目中必须要有全牛。先假设全体语料是纯一的同质语料对它们进行全面的收集整理，即在同一平面对它们进行同一形式的整理，此即所谓平面整理。

"立体考求"是在全面收集、穷尽考察了全体语料的各种表现，初步建立了各种异类之间的接触方式之后，再结合各种异类接触表现的性质，确认它们的语音性质，在这个基础之上进行必要的过滤，以作出合理的区隔。经过区隔之后，平面材料就各归其类，显现出了不同语音层面的属性，呈现出立体的特征，这就是所谓立体考求的意思。

1.2.2 区隔举例。要言之，平面整理就是无差别地穷尽材料，立体考求就是在确认语料性质的基础之上作出合理的区隔。

比如，如果要收集朱子音叶中有关宋代通语声母音变的语料。研究开始时，取材的范围应当锁定核心语料中凡能显示出声类接触的所有材料，即全体叶音与相关注音材料或"音叶"材料，共 5000 多条音叶。除去那些不能表现声母的音释，如"听，叶平声"之类，针对全体音叶，获取所有能表现声母之间关系的音释条目。确认诗骚中被注字与音叶上字（或直音字）之间声母不同的共有 844 字 1027 次，是为平面整理的结果。

再针对这 844 字 1027 次声母异类接触语料，穷尽细致地考查其来源与成因，综合语音考证的所有信息，排除各种特殊情况之后，我们认为其中有 153 字 217 次异类接触的音叶具有普遍性及共性特征，符合通语声类音混的特性与表现，可以用作宋代通语的声母音变研究。在这个过程中，多达 500 余字 800 余次异类接触的音叶因其处于不同语音层面或不反映通语声母的变化而被过滤，区隔于通语声母研究之外。

任何论题都是针对某一个具体语音问题的研究，论题本身都是音系中的某一个方面或某一个组成部分，所能用到的材料自然只是与论题相关的部分，不可能全部材料都冗杂的堆积进来，如何合理地提取有用的材料，剔除无用的材料，这本身就体现了材料的过滤，而相对于朱子音叶这种复合度很大的语料而言，消除材料的复杂性或异质性实际上已经是一个不可或缺的重要任务，这也是通过过滤进行区隔的必要性之所在。

1.3　区隔的步骤

根据平面整理，立体考求的原则，区隔的步骤大致可分为三步：一为精选，二为对比，三为考定。

1.3.1　精选。在具体的研究中，任一论题都要精选其研究材料，精选是区隔的基础。精选的要点，一是确定穷尽选材的范围；二是在本范围内根据一定的已知条件，确定应当参与研究的所有对象，排除无价值的语料；三是从研究对象中提取可用于研究的有效材料。

如"浊上归去"论题的材料整理。

第一步，确定选择范围。既然是"浊上归去"的专题研究，自然只能限定在全浊上声字范围取材，选材的对象就是《诗集传》《楚辞集注》等语音文献中的全体全浊上声字，包括诗骚文本中与朱子注文中的所有全浊上声字。但这只是一个理论选材范围，缺乏可操作性。亦即曰，从理论上说，需要确认朱子语音文献中所有的中古音全浊上声字都在研究的范围之内。

第二步，根据一定的条件，初步确定研究对象的使用价值，排除无价值的语料。也就是说，初步确定在全体对象中有哪些能够显示出某种有价值的语音信息，以便于排除无价值语料。这是因为处身研究范围中的全浊上声字并不是每个字都有研究价值的,这跟它本身能否显示出相关的语音信息有关。比如"抱"字,《诗集传》出现了3次、《楚辞集注》出现了2次,可它从未出现在韵脚位置,没有押韵方面的信息。也没有过注音叶音的经历,从陆德明、洪兴祖到朱熹,竟没人给它作过一次音注,尽管它是一个不折不扣的全浊上声字,也频频出场,但无法看到它显示出来或本身附着了任何可以考察语音信息的线索,这种全浊上声字显然没有研究价值,只得加以排除。

第三步,提取有用信息,从纷繁复杂的语料中遴选出能够反映语音变化的材料。通过全面考察《诗集传》和《楚辞集注》中具有某种语音线索的全浊上声字或与全浊上声字相关的材料,我们确认朱熹语音文献中适合用作浊上变去研究的材料只有两类,一是"音叶",即两书中被作过音叶或用作音叶的全浊上声字;二是"入韵",即在押上声或去声韵的韵段中用作韵脚字的浊上字。根据两条标准,我们查出朱熹语音文献中符合两个条件的全浊上声字共有144字,它们或韵或注,各种使用共计456次。这就是过滤所得的研究全浊上声变化的全体有效材料。

1.3.2 对比。对比是从已知到未知的研究法,用性质已然确定的材料比对需要研究的材料作语音性质的判定,以确定这些语料是否符合研究的需要。对比对象的选取,需要有一定的针对性和准确性,目的就是通过对比确认语料的语音性质。

如通语声母研究,当全体音叶经过"精选"之后有844字1027次声母间的异类接触,各种接触五花八门,比如舌音有诸如"来母与见母混叶"(如"羹叶音郎"),"知组与章组混注"(如"常音长"),"知组与端组混叶"(如"驰叶唐何反")等等多种异类接触。仅看这三种异类接触的方式,似乎就已经感到它们并非是同一语音性质。那么,三者之中哪些确定该入于通语音,哪些不能入通语音,实际上就成为了一项通语研究中的排除异质成分的过滤。具体操作则可以选定已有的宋代语音史研究的成果作横向比较,以判断其中哪些应当保留下来,哪些还不能直接采用为通语音语料。比如说,上述三种接触中的"知组与章组混注"符合宋代通语声母的知照合流特点,完全可以认定为通语层面的声类混注,应当留在通语语音研究之中,另两个声类接触则无法与宋代通语的已有研究成果建立联系,要么它们是尚未发现的新的通语音变,要么它们就应当归于其他语音层面而被区隔。怎么才能确认它们是否需要区隔,就有必要进入第三步:考定。

1.3.3 考定。考定是通过考证来确定其性质。从语料过滤的角度来看,考定是通过古今语音资料或语音史的各种表现,来推论某些异类接触材料的语音性质。仍以上文横向对比难定去留的"来-见混叶""知-端混叶"两种异类接触为例。知-端混叶即舌上音与舌头音之间的混用,清儒钱大昕早已经论证了这是一种上古音现象。朱子叶音中的同类叶音或注音,与古音现象相合,在宋代通语研究中应当被过滤掉,可以考虑归入古音层面或方音层面的语料之中。

至于"羹叶音郎"之类的"来-见混叶",据笔者的考证(刘晓南 2002A),是出于《经典释文》等古音释中的一个特殊音注,来自一个古地名的特殊读音,在唐代就已经是仅见于书面的特殊读音,当然不是宋代口语之中的活语音。作宋代通语声母的研究必须过滤掉,至于是否可以用作古音研究,这将需要一场新的考证来加以确定,此不赘。

当然,上列区隔操作的三个程序只是一个大概的安排,具体操作中常常有出入。

1.4 区隔研究的意义

在叶音及相关语料的研究中,由于语言材料的高度复杂性,对原始材料的甄别区隔势所必行。区隔之后,材料的分化却给接下来的语音研究带来了一个意想不到的重大变化,这就是针对朱子叶音及相关语料的历史语音研究,实际上进入了一个共时、历时相结合的全方位研究的新模式。在这里,如果想要对所有的语料展开全面的研究,单一音系的研究模式就必须打破,代之以共时、历时的多层面综合研究,研究的结果是多重音系或语音特征的全景展示。

在共时层面,由于区隔之后,朱子叶音等语料实际上已经分属于通语音混注与包含方音在内的特殊混注两大部分,分别对两部分进行研究所得的结果也是宋代通语音系与方音主要是闽音特征两大系统。

在历时层面,将通语、方音层面过滤掉的叶音材料,通过朱子的例推古音诸种条例的检验之后,就可以确认其具备了朱熹的古音研究语料特性,配合朱子各种语音散论,我们可以探求朱熹的古音观和他的早期古音研究成果。这些材料是否属于真正的古音，尚可讨论，但有一点可以肯定，从这些语料中可以获得汉语语音研究史上最早的原创古音学说。

正是因为实行了层位区隔的研究思路，成体系地形成了不同层面的语音材料，才有我们本卷中全方位研究朱子语音文献中历史语音的新的构想，才会出现通语音系、方音特征和朱熹的古音学三大历史语音综合的研究领域，最终形成三大历史语音研究的成果。

二、叶音的语音信息获取

朱子叶音及相关材料包含叶音、注音和韵段三大类，但叶音和注音都是以反切直音等方式构成的音释，可以合为一类：音叶，韵段则是诗歌中的押韵组合，形式另成一类。在区隔的基础上，研究音叶、韵段等语音材料，获取其中内蕴的语音信息的做法并不复杂。目前学术界通行的做法就是针对音释材料作异同比对、针对韵段材料作韵脚系联。通过切语上下字的异同对比归纳其间的异类接触，判断声母、韵母之间的变化，通过韵脚系联得到押韵的实际组合，以考明其实际使用中的韵部分野，以推论其韵部系统。这个操作具有一定的普适性，同样也适合叶音及相关语料的特征，是我们采用的基本方法。

但是由于朱子叶音语料的丰富性与复杂性，具体的操作并非如此简明，其中有许多特殊问题需要处理，有必要在进入研究之前略作说明，同时统一术语与操作手法。

下面我们将从宏观到微观，从外在到内在，逐步观察从叶音中获取历史语音信息的关键，以形成我们获取历史语音信息的基本认识。

先看宏观观察之法，共有 4 条。

2.1 承前、自制

承前与自制是有关音叶来源的一对范畴。承前即承用前人的旧音，自制即作者新造切语。我们在前文已多次指出朱子音叶中大量地取用前人的音切，如注音多取陆氏《释文》、洪氏《楚辞补注》，叶音多取吴棫还有宋代韵书等等,同时也有许多找不到前人类似音切的音叶,应当就是朱子自制的切语。承前与自制的不同对语音信息的传达有很大的影响。

自制音切虽然数量相对较少,但都出于自己新创,其中大多数能反映实际语音,自不必多说。承前一是数量较多,二是情况复杂,有的能反映实际语音,有的不能反映实际语但可以反映古音等等,其语音价值绝不可一概而论。从能否反映历史语音来看,注音的承前与叶音的承前有很大的不同,有必要在此先作概说,其他方面的差异将在后面的讨论中随文论述。

2.1.1 注音之承前。在承用前人音切中,注音的承前往往比较保守,极少反映宋代语音的变化。这个方面已有金周生(2005)、李子君朱光鑫(2018)等人作过论述。我们还要指出一个容易被忽略的要点,即其保守性其实主要体现在不能反映当时语音的细微变化上面。就是说,某个字音从中古到宋代若有大的语音变化,旧音切又不足以反映其变化,无法拼出正确的读音的话,朱子一般不会照搬,如韵书中轻重类隔之音切,朱子大致不会照抄韵书。但一些正在进行的或较难感知的细微音变,如浊上归去、平分阴阳等音变,口语虽然有变,但朱子仍引述旧音切作音,书面上维持了旧有格局,无法从注音中反映新兴的音变(详刘晓南2018B、2019B),这是有相当大的遗憾的。所以,注音的承前旧切语音价值相对较低。

2.1.2 叶音之承前。叶音的承用前人旧切,情况与注音大不一样。因为叶音是为了解决韵段中口语诵读不谐的问题,如果口诵韵谐,通常是不需要作叶的。既然要作叶音,就一定在某种程度出现了韵读上的问题,此其一。如果叶音又采用前人旧切,甚至是韵书的切音,那就可以肯定口语诵读与韵书音切有了不同,此其二。如:

曹风蜉蝣一:羽楚叶创举反处

"楚"的叶音"创举反"实为一条原汁原味的《广韵》反切,这条照抄于韵书的叶音至少说明了两条:一,遇摄语韵庄组三等的"楚"在当时口语中与同韵同等异组的"羽、处"读来韵已经有所不谐了;二,回复到韵书的音切就能和谐。其中必有韵书音与口语音的差异。可见,叶音的承前与注音的承前是完全不同的,其语音价值不可同日而语。

总之,同为承前,叶音与注音的语音价值不同,而叶音承前体现的价值往往多种多样,需要具体问题具体分析,详本卷各章。

2.2 改音的有意、无意

每一条叶音,都是针对韵脚字韵读不谐的改音,照理其所改叶的内容,只会涉及字音的韵与调,与声母无关。无论改韵、改调,还是既改韵又改调,都不必改其声,所以,原则上叶音有意要改动的只是韵与调两者,或两者之一。但如果在改韵调时,所作反切又涉及了声母的改动,这应当看作是无意的改动。如下面韵段中的"苞叶蒲苟反":

大雅生民五:道叶徒口反 草叶此苟反 茂叶莫口反 苞叶蒲苟反 襃叶徐久反 秀叶思久反 好叶许口反

查《广韵》"苞"仅效摄肴韵布交切一音,由于全韵段需要押流摄上声,所以朱子针对"布交切"改其韵为厚韵上声,叶读为"叶蒲苟反",本只需改其韵、调,但从所注的反切看,这个叶音又改变了声纽。可以确认其中由效摄改叶流摄,由平声改叶上声是为了谐韵而有意作出的改动,声母由帮母改为並母应当是无意的改变,都程度不同地反映了语音演变的信息。有意改动必有根据,无意改动必有原因。

2.3 改音的直改、借改

无意的改动是在不经意间作出的改变,造成这个改读的原因恐怕是口语中已经出现了混读,这也使无意之改有了类似于自制音切的性质,其反映实际音变的可能很大。

而有意的改动总有一种只是为了谐韵而人为改动的阴影笼罩其上,但其具体情况则比较复杂,大概可以分为"直改""借改"两种类型。

2.3.1 直改。直改是指朱子认为韵脚字有充足的理由可以改叶为某韵,所以自己制作一个叶音切语直接改之,如"明叶谟郎反",试据该条叶音的现代音简析其直改过程如下:

明,本念 míng,叶谟郎反即改念 máng

改动的部分是韵母:íng＞áng

改动的音素是主元音:i＞a

用音韵学的术语述之就是,朱熹将"明"字的韵母作了由梗摄二等叶读为宕摄一等的改变,既跨摄又越等,是为旁转。这是朱子为了谐韵而直接针对韵脚字的韵母作出改读，所以叫直改。至于他为什么要这样转，那是语音根据的问题，详后。

上面例子可见，直改主要是有意而改，但有的直改也羼入了无意而改的内容，如前所论"苞叶蒲苟反"，先是认定效摄之音可以直接改叶流摄之音，所以自制一个新切来改其音，此为有意之直改，但在自制叶音切语中，又将被叶音字的声母帮母改写为了並母，这是无意之改。这条叶音中既有有意的改动，又有无意的改动，无论有意改还是无意改，都是作者自制的切语，都表现了作者自己的语音认识与语感。

2.3.2　借改。借改则是采用韵脚字的又音异读或其他语音材料来作叶音，作者并不直接针对韵脚字改音，而是借用了韵脚字实有的一个又音异读来作叶音，主要对韵调作有意的改变，有的也出现无意的改动内容，甚至有曲折地反映音变的可能。我们要强调的是，无论有意还是无意，借改都没有直接对韵脚字实施改其音读的操作，而是承用前人旧音来叶音，那么这些"借壳上市"的改音，反映朱子口语中语音变化的可能性就会大大降低，如：

小雅白华八：卑疧都礼反叶乔移反

"疧"朱子先注"都礼反"再叶"叶乔移反"，如果"乔移反"是针对"都礼反"的改读，那么音、叶之间既有韵调的改读，又有声母的清浊混叶与舌与牙音混叶等等，改动的音素可谓复杂。不过，这个叶音并非直改而是取自《释文》的又音。核查《白华》释文："疧兮，徐都礼反，又祁支反，病也。"可知实际上朱子是借用了"疧"在释文中的一个异读"祁支反（即乔移反）"来作叶音的。该条音叶实际上是将《释文》所记"疧"的两个异读，一用为注音，一用为叶音，注音与叶音间的所谓"端、群"异注并非真正的混注，仅凭这条音叶还不能说明在朱熹口语中发生过"端母变读群母"之类的音变，算不上宋人实际语音。

区分叶音中的直改、借改对正确认识朱熹口语的实际语音变化意义重大。

2.4　改音的内蕴、外显

一条叶音看起来结构简单，仅由被叶字和叶音切语两个部分构成。但是如果要核查其中有没有不同音类之间的接触，并从这些异类的接触中搜寻语音变化的证据，就不那么简单了，回到上文的例子：

明，叶谟郎反。

请问该条叶音用唐韵开口一等改叶庚韵开口三等之韵，能说明什么语音变化呢？仅看叶音本身，确实不易回答。如果说不出来其所反映的音变，那么这样的叶音，其语音价值何在？

我们认为，叶音的改音反映语音变化，可以通过其叶音过程中的内蕴与外显得到体现。

"内蕴"是指包含在叶音条目内部的语音根据与叶音理由，正是因为有了语音根据，才可以针对被叶字作出改叶。也可以说，任何一条朱子直改的叶音，都含有一个语音内蕴，以支持这个叶音的成立。"外显"是指注入叶音切语之后，韵脚字的语音表现。我们可以通过被叶字的本音与所叶之音之间的语音差异（即外显），寻求不同音类的接触以判断有无语音变化等等，比如"明，叶谟郎反"，该条叶音的外显是用唐韵开口一等改叶庚韵开口三等，为什么能这样改叶呢？那就是有古韵例和方音的支持，后者构成叶音的内蕴。要说明这种异类接触的语音价值，只有把握了改音的内蕴才有可能。内蕴是获取历史语音信息的唯一途径，如果只看外显，大概只会给人混乱不堪的感觉。

在叶音语音构成的内蕴与外显中，内蕴是叶音的支持，是叶音的灵魂，外显是叶音的表现。内蕴与外显并存于一体，表明叶音内含的信息其实是二维的。这是叶音与注音的巨大差异所在。注音可以直接比对声、韵异同，寻求语音之间的变化。叶音不可以这样。叶音更为重要的信息在于其内蕴的语音根据。

以上宏观观察叶音的4个条例，给我们提供了综合考察叶音内含语音信息的有效程序。大概当我们面对一条叶音时，首先要看叶音是否有意作叶还是无意作叶，有意作叶又是直改还是借改。叶音之中的有意作叶往往内含有人为改叶的意味，难以看作当时实际语音，因为这种改叶仅仅是叶音的外显部分，它是由其内蕴的语音根据支持的，要了解外显部分的合理性，必须了解其内蕴的语音根据，只有了解了其语音根据才有可能说明白为什么要如此叶音，才有可能说明白这样叶音究竟反映了什么样的语音认识或传递了什么样的语音信息。

下面 2 条为观察叶音的微观条例,即如何进入叶音内部观察其语音信息。

2.5 本音、常用音

从微观上看,要判断被注字与其音叶切语之间是否有异类接触,先要确定"被注字"在文句的上下文中本来或应当读什么音,这可以称为本音。确定了本音之后,才有可能与朱子所注之音进行异同比较,以获得不同音类之接触信息。这是进行音叶上下字异同比较的基本前提。如:

行,叶户郎反。

上述叶音,必须先确定"行"的本音是户庚反,才可以得知这条叶音是唐韵一等开口与庚韵二等开口的韵类发生了异类接触。

确定本音的常用办法是查韵书。然而不巧的是,如果被叶字是多音字的话,查韵书往往得到的是多音字的常用之音,并非本音。

什么是常用音?简明地说,就是一字多音中最为常用的音。判断常用音一般有两个标准,一是统计标准,即诸异读中使用频率最大的音为常用音,该标准在实用中有很大难度。二是语言心理标准,即在没有任何语言环境的情况下,一个有阅读经验的读者单独看一个字时最先想到的音。比如现代汉语中"行"字有:háng、xíng 两音,大概人们一看到"行"字,可能最先就会想到要读 xíng 音,这就是心理上认定的常用音。

常用音是字典层面的音,本音是语用层面的音,两者本不是一回事。当然,常用音在实用中多用为本音,这种情况下,音注家往往不注音,实际上是将常用音默认为该字的本音。但当文章中的本音不是常用音时,这时确定其本音就有必要从多音中选出一个与句中语义吻合的音,如当作"德行"义使用时,"行"的本音就是"下孟反"等等。当非常用音用作本音时,音注家为了辨析音义,疏通音读,往往会给它注上读音。或可反过来说,除特殊情况外,凡所注音都是其本音。

鉴于多音字的常用音可能与文句中的本音重合、也可能分离的事实,我们给某一被注字确定本音时,不能全部依靠查韵书来获取,还必须考虑其上下文语境之义。在具体的上下文中,多音字往往有特定的音义,而从韵书查得的常用音未必就是符合语境义的当读之音。只有符合语境音义关系的音

才是真正的本音。明白了这一点,我们才能理解出现在下面韵段里的"王"字的叶音为什么要"叶如字":

大雅板八:明叶谟郎反王音往叶如字

"王"注"音往",这是因为本句中朱子认为"王,通往",即名词"王"通假为动词"往",所以句中"王"字的本音为上声"往",本音为通假之音。但在该韵段中"王"字入韵要用平声,所以"叶如字","如字"即其常用音,所谓"叶如字"即叶音乃用其常用音。

考察被注字与注音字之间的混注与否时,时时要有本音的观念,防止以常用音代本音,出现误认混叶。

2.6 初混、假混、音混

2.6.1 混注与自注。确定了被注字的本音,就可以与朱子所作音叶比较,以判断其间是否有混注。如果一条音叶,被注字的本音与朱子注音之间音类不同就叫混注,音类相同就叫自注。

如:"行,叶户郎反",被叶字"行"本音户庚切,叶音户郎反。

其本音、叶音的切上字即声母都是匣母,属于匣母范围内的自注,自注就是在同音类之内作注,音类不变;其切下字本音属庚韵二等,叶音属唐韵一等,则韵类属于以宕摄一等开口改叶梗摄二等开口,属于混注。

2.6.2 初混。字的本音与音叶之音的关系十分清晰,一对比就可以得到其异同。从理论上说,变还是不变,变字音的哪个部分似乎都是固定的,如:

行,叶户郎反,本音户庚反,叶为户郎反,发生改变的是切下字:庚——郎。

现在我们要弄清楚的是,由于叶音的取音来源复杂,这种混注究竟是不是反映了宋代实际语音的音变,或应当看作一种什么样的变化,这些问题都无法由叶音本身直接解答,因此,这种混注,还不能直接得出语音变化的结论,我们将它称为"初混"。

2.6.3 假混。有许多初混的音叶,当探明其来源、性质之后,发现它的混注并非是真正的音变之混,而是一种假性的混注,我们称之为"假混"。如:

羹,叶音郎。

被注字"羹"本音古行切,见母,它的叶音为"郎"(《广韵》鲁当切),来母。从字面上看,声、韵都有混注,声母方面见母与来母发生了混叶,如果是直改的话此当属于无意之改,韵母方面以宕摄开口一等与梗摄庚韵二等混叶。如果这个叶音是直改的话,其语音的变化将非常独特。但它不是直改,这个叶音的真正原因是"羹"在文献中本有共存并行的两个读音,一读古行切,此为常用音,一读鲁当切为非常用音。朱子是用其非常用音来叶韵的。因此,这条叶音并非直接用"郎"音来直改"羹"音,是借改非直改,或者说"郎"并不是针对"羹"音作出的谐韵改读,如下面的关系式所示:

羹 kēng ⟶ 郎 láng

这个关系式说明,"郎"音不是由直改"羹"音得来的,也就是说其间不可能有"k->l-"的音变。由于"羹"音与"郎"音之间不存在互相改音的问题,所以这个叶音之间的混注是假性的,不反映宋代或朱子口中的实际语音。

朱子音叶中这种类型的假混经常可见,极易发生音变的误解,应当引起我们高度注意。

2.6.4 音混。只有在初混阶段中排除了假性混注的现象之后,才是真正反映语音变化的混注,这种混注我们称为"音混"。

如《商颂·长发》第四章"何天之休"句中,朱子注"何音贺"。"何",诗中用为"负荷"义,即"荷"的本字,《广韵》胡可切,《集韵》下可切,都是读上声哿韵匣母,本音为上声胡可切。但朱子的注音为"贺",而"贺"《广韵》"胡簡切",《集韵》"胡佐切",都是去声,此实以去声注上声,是去声箇韵与上声哿韵间的混注。朱子这条注音完全是自制音切,是直改,反映了他口中的歌韵系上、去声全浊字音之间的混用,是研究浊上归去的好材料。

这种能够反映语音变化的混注,可名之曰"音混"。音混的混注才真正是研究音变的有效语料。

在上述宏观、微观的观察法之外,在获取叶音中所含历史语音信息的过程中还有两个方面情况应当引起注意,一是叶音中特殊的音混现象,二是统计方法的应用。

2.7 特殊音混现象

特殊的音混现象有"前音后叶""同音异切""音叶同切"等三种,前文从内部结构、外部关联等方面分别对它们有所涉及，因为它们都不同程度表现了音混，而且可以帮助推知语音信息，所以在此汇集作一简述。

2.7.1 前音后叶。所谓"先音后叶"是指给一个韵脚字先注音后叶音。注音是解决疑难字读音的问题，所注必为本音；叶音是解决谐韵问题，只有本音不能谐韵才会改作叶音，所以，一条音释如果先注音后作叶音，如果不是"借改"，那么后叶之音通常必然是有意针对先注之音作出的谐韵直改，这层关系可简化为一条原则："叶改前音，音叶必异"。如"喈，音皆叶居奚反"，先注的音属皆韵开口二等，后叶的音属齐韵开口四等，以四等齐韵改叶二等皆韵，后面的叶音必然不同于前面的注音。但有的先音后叶与此不同，如"墠，音善叶上演反"（见《东门之墠》），无论《广韵》还是《集韵》，"上演反"都是"善"的切语，从韵书看，本条音释的后叶之音和先注之音居然相同，后叶无改前音，与"音叶必异"原则直接矛盾。这恐怕只好说明"上演反"在宋人口中切出的音不同于"善"，很可能是"善"的实际读音已发生了浊上归去的音变。由此可见，先音后叶中可能包含了实际语音的音变。

2.7.2 同音异写。所谓"同音异写"是指同一个音在不同的地方写作不同的形式，仍以"苞"为例：

小雅斯干一：苞叶补苟反茂叶莫口反好呼报反犹叶许厚反犹叶余久反

上文已举证了"苞叶蒲苟反"，这里又有"苞叶补苟反"，这里"苞"的本音与上文一样是"布交切"，同样需要改叶为厚韵上声，与"苞叶蒲苟反"不同的是，这里"苞叶补苟反"，切上字为帮母。同一个"苞"字，以同样的本音，在同等押韵环境中需要谐相同的韵而作叶音，朱熹两次制作的切语中声母却有清浊之异，这当然是无意之改。大概是朱熹给同一个被注字制作相同的叶音切语时无意中换用了一个韵书上不同音但口语已经同类的切上字，字换而音未换，并没有改变两条叶音的同一性。可以大胆地推断，"苞"叶厚韵的两个切语属于形异而音同的同音异写，"补苟反"与"蒲苟反"是其实是等值互换，当然，切上字"蒲""补"声母也是等值的。

2.7.3 音叶同切。所谓"音叶同切"是指同一个切语既可用作注音，又可用作叶音。如："度"的入声铎韵待洛切的音，在《小雅·楚茨》三章"度，叶徒洛反"，同时在《小雅·皇皇者华》四章、《小雅·巧言》四章等多处注"度，待洛反"。

笔者以为造成音叶同切的原因有两个。一是对该切音的使用意图不同，作注则用其音为本音，作叶用则视其音为非本音。据其作注还是作叶之异，可以明其本音及常用音之分。二是对该条切音是否作常用音有点把握不定，有时认其为常用音则作注，有时又认其不当为常用音则作叶。这种现象虽然少见，但在朱子音叶确实存在，如前文所说"听"字的平声一读，朱子有时注音，有时叶音，是也。

三、韵段的语音信息获取

前文我们已经说明，《诗集传》和《楚辞集注》中的韵段实际有两种类型，一是诗骚原典中的古音韵段，一为由叶音而转变的、我们称之为朱熹诗骚韵段的宋音韵段。从《诗集传》和《楚辞集注》中获取韵段的语音信息必须区分此二者。用于宋代语音研究的韵段只能是朱熹诗骚韵段，而非古音韵段，当然，也不能将朱熹诗骚韵段当作古音韵段用于古韵的研究。

运用朱熹韵段研究宋代语音的韵部系统，首先要了解古韵段是如何段转变为朱熹时代的宋音韵段的，然后探明朱熹韵段中的内部结构与组合等相关内容，才可以有效获取相关的语音信息。这方面的内容，在上卷第八章的某些段落中已经有所涉及，但尚不全面，这里再综合起来作一介绍。

3.1 叶前、作叶、叶后

我们已经指出，诗骚中的古韵段经过叶音之后，发生了两大变化，一是诵读由不谐韵变为谐韵了，二是性质则由古音转变为宋音。转变过程可以归结为三个阶段：叶前、作叶、叶后。三个阶段的意涵与表现均见上卷第八章第四节，此不赘。这里要进一步说明的是第二阶段"作叶"对转变韵段的关键作用及其理论意义。

3.1.1 "作叶"的全覆盖性。毫无疑问，在运用叶音转变韵段属性的三个阶段中，最为重要的是第二阶段：作叶。正因为有了作叶，才会有从古韵段到朱熹宋音韵段的点石成金式的变化。但并非每个韵段都有叶音，这就涉及一个"作叶"对象与范围的问题。从字面意义上看，"作叶"只是给不谐韵的韵脚字作出有利于谐韵的叶音，其所实施的对象似乎只是那些不符合时音、诵读不能谐韵的韵脚字，不涉及诵读已谐之字，似乎不包括那些没有作过叶音的韵段。那么，我们已经确认朱熹作过叶音的韵段转变为宋音韵段，又该怎么看待这些未作叶音的韵段呢？它们仍然属于古韵段吗？如果《诗集传》《楚辞集注》中的韵段一会儿古韵段，一会儿宋音韵段，这合理吗？就是说，不大可能只有作了叶的韵段转变为宋音韵段，而那些朱熹认为可以不作叶音的韵段仍然属于古音韵段。我们认为，如果以叶音的方式将那些今音读来不谐的韵段变得今音和谐，其实际的改音是一种显性转变的话，那些本来和谐的古韵段尽管不作叶音，但也同样达到今音和谐的效果，从"作叶"的角度看，就是一种隐性转变。因为这些韵段之所以不作叶音，完全是因为韵段本身已经符合宋代时音，不必作叶音而已，它们跟已作叶的韵段一样，都已经达到了诵读和谐的目的，其语音性质并无不同。从这个意义上说，它们虽然不作叶音，但跟已作叶的韵段一样，也完成了由古韵段向宋音韵段的转变。其转变的方式就是隐性的"以不叶为叶"。

由此看来，作为解决韵读和谐问题的必要且不可或缺的方法，"作叶"看似只作用于今音诵读不谐的那一部分韵段，实际上却是覆盖全体古韵段的。表面上看，"作叶"只是将今音诵读不和谐的古韵段转变为朱熹韵段，其实那些没有作叶音的韵段也同样通过了"作叶"的考核，同样完成了由古韵段向朱熹韵段的转化。在达成诵读和谐的共同目的方面，其实是全体古韵段都要接受"作叶"的检验，都要通过"作叶"程序而质变为宋音的韵段。理论上说，"作叶"既给不谐韵的字作叶音以达到诵读的和谐，也确认那些未作叶音韵段的和谐，其结果必然是"实叶"与"不叶"之后所形成的韵段语音性质一致，都成为宋代的时音。

3.1.2 朱熹韵段的三种状态。所以，凡由古韵段转化而来的朱熹诗骚韵段都通过了"作叶"的核验与作用，包含"实际改叶"和"以不叶为叶"二大部分，当然其中还可以加入给疑难字注音的操作。这样看来，朱熹"作叶"过程其实有三种操作：一为注入叶音，二为不注叶音仅增加注音，三为不叶亦不注。相应地，全体朱熹韵段的音叶也有三种状态：一是不作音叶，此为纯"以不叶为叶"的韵段；二是仅作出注音不作叶音，此为仅音释疑难字的"以不叶为叶"韵段，三是作出叶音，此为实叶韵段。前两种是为以不叶为叶的

"作叶",后者为实际叶音的"作叶"。

3.2 朱熹韵段的五种变体

我们已经明确了,经过"作叶"之后,韵段由原先的不谐而变得和谐的同时,原古音韵段即质变为宋音韵段。因此,我们确认"叶音"承担了改变诗骚古韵段性质、即由古韵段质变为宋音韵段的催化作用。从体系的角度来看,这种质变是贯穿全体韵段的。经过朱熹的叶音改造之后,无论是实叶还是"以不叶为叶",在诗骚古韵段全都质变为宋音韵段的同时,也对韵段的构成发生影响,使得朱熹韵段的结构内容及韵脚字较原韵段有的增加了韵脚字,有的改变了韵脚字,发生了一些显著的变化。根据变化的内容,可以归纳为如下 5 个形式。

3.2.1 重合式。所谓"重合"是指古韵段的押韵与今音吻合,以不叶为叶,古韵段原型直接转变为朱熹韵段。由于古韵段与今韵段的谐韵重合,故称为重合式。如:

古韵段:流求周南关雎二章──→不作音叶──→今音韵段:流求(尤独用)

此为古韵段直接转化为今音韵段,没有任何更改。但其语音性质由古韵变成了今韵。

3.2.2 膨胀式。所谓"膨胀"是指那些押韵与今音吻合的古韵段,在"作叶"阶段仅作疏通疑难字的注音没有作出叶音,仍然是以不叶为叶。但经过注音之后,原古韵段转变为宋韵段时韵脚字较原韵段有了增加,韵段发生了膨胀。如:

古韵段:鸠洲逑周南关雎一章──→注音:逑音求──→今音韵段:鸠洲逑求(尤独用)

由于注音的作用,古韵段变为今韵段时,韵脚字增加了一个"求"字,原韵段 3 个韵脚字,转为今韵段后变为 4 个韵脚,增加了韵脚字,故为膨胀式。

3.2.3 转变式。这是指仅作叶音的韵段。这类古韵段的押韵古今不吻合,经过叶音之后,改变了古韵段的押韵字,消除了古韵段的不谐,古韵段转变为宋韵段,同时韵脚字发生了改变。如:

古韵段:得服侧周南关雎二章──→叶音:服叶蒲北反──→今音韵段:得北侧

（德职同用）

"服"的叶音,将原韵段中韵脚"服"改变为"北"。改变了韵脚,故为转变式。

3.2.4 膨转式。这是指韵段中既有注音,又有叶音,古韵段的押韵古今不吻合,同时韵段字又有疑难字,采用注音解决难字问题,采用叶音解决古韵段不谐问题,在古韵段转变为宋韵段的同时,原韵段既发生了膨胀,又发生了转变,故为膨胀转变式,简称为膨转式。如:

古韵段:败憩 召南甘棠二章 ⟶ 叶注音:败叶蒲寐反、憩起例反 ⟶ 今音韵段:寐憩例（至祭合韵）

古韵段转化为今韵段时,既用叶音改原韵脚"败"为"寐","憩"字的注音又使韵段增加了一个韵脚"例"字。既增加了韵脚,又改变了韵脚。

3.2.5 裂变式。韵段采用二音叶,给每个韵脚字注上两个音叶,使得古韵段出现了两种谐韵,类似于一个古韵段,在叶音的作用下裂变为两个宋韵段。如:

古韵段:濡侯渝 郑风羔裘一章 ⟶ 二叶:濡叶而朱而由二反 侯叶洪姑洪钩二反 渝叶容朱容周二反

今音韵段1:濡朱姑渝（虞模同用）   今音韵段2:由侯钩周（尤侯同用）

二音叶使得原韵段分解为两个韵段。

5种"作叶"造成不同的韵段体式,相较于原古韵段而言,其结构的变化是相当明显的,有的发生了韵脚字的变化,有的发生了韵属的变化,然它们共有的一条变化就是语音性质发生了由古韵到今韵的变化。考察韵段内在的各种变化,是获取其内含语音信息的有效途径。

3.3　组合关系与聚合关系

古韵段转变为朱熹诗骚韵段之后,原韵段的入韵字有了变化,形成了上述5种体式。从韵段中韵脚字的角度来看,每个韵脚字都可以有"纵""横"两个维度的观察。"纵"是指韵脚字处于韵段的某个位置而与同韵段的其他韵脚字形成的线性组合,"横"是指同一韵脚字处于不同韵段的押韵位置上时,所出现的各种不同的叶注音表现。借用一组语法学的术语,前者可以称为韵脚字的组合关系,后者可以称为韵脚字的聚合关系。组合与聚合的不同,反映韵段中的语音信息不同。

3.3.1 组合关系。组合关系在探讨语音信息方面,有两个基本作用。

其一是提供韵部分合的证据。当一个叶音的韵脚字处于韵段中时,它必然与本韵段的其他韵脚字形成一种互相谐韵的组合关系。从中古音的角度看,这些互谐的韵脚可能属于同一韵部,也可能不属于同一韵部,无论属于什么韵部,线性的组合都能用于证明诸韵脚之间押韵的成立,从而提供新的语音信息。

其二是提供"语音取向"考察的有益帮助。在线性的组合关系中考察叶音的语音取向,从而探讨朱熹叶音的语音根据以及朱熹的古音学都有很大的价值,这个内容涉及朱熹的古音学,详本卷的古音部分。

3.3.2 聚合关系。考察聚合关系能全面展示一个韵脚字的所有叶音表现,通过内在不同叶音间的对照、比较,可以获知有关的时音与古音信息。有关这个部分的内容非常丰富,具详本卷通语、方音和古音诸章。

四、统计的辅助作用

我们讨论了通过叶音考证历史语音信息的复杂过程,但考证只可以获取历史语音的个案,个案只能告诉我们出现了某种音变,这种音变有多少,发展到什么程度,是不是音变已经完成等等问题,还需要有统计数据的评判与支持。统计是不可少的。但统计的方法又是最难把握的,难就难在确立音变的计量标准,不同的统计对象往往有不同统计标准。要确立音变数目或比例到了一个什么数值就可以认定音变完成,至今没有一个统一的、学术界可以成为共识的标准。既然没有共通的标准可用,就只能根据具体情况来拟定标准进行统计,难免有一定的主观性,更难说完全符合科学标准。因此,统计法不能作为判断音变是否完成的唯一方法,而只能作为一种确认音变的辅助方法,可以在综合各种现象,归纳语音变化的所有事实基础之上,辅之以统计之法,论定音变的过程是否完成。不同的研究对象,可能有不同的统计,可见,统计虽然是一种通贯全书的研究方法,却不可能形成统一的完善标准,具体情况只得在各个具体问题的讨论中加以说明。

第二章　从音叶看南宋通语的声母系统(上)

运用朱熹《诗集传》《楚辞集注》音叶材料研究南宋通语的声母系统,迄今主要有许世瑛(1974)、王力(1982)和黎新第(1999、2001)三家,然颇有分歧,并未形成共识。有鉴于此,笔者更新研究法,发掘新材料,进行再研究,发表系列论文(刘晓南 2018C、1019A、2019B)讨论南宋通语声母及相关问题,形成了一些新的认识。现整合诸文,对朱熹音叶中的南宋通语声母作一整体展示。我们的讨论从之前诸家研究的分歧开始。

一、分歧、原因及对策

1.1　诸家分歧

首次从朱熹音叶研究南宋通语音系的是王力先生。基于"朱熹所用的反切反映了南宋时代的语音系统,是我们研究语音史的重要资料"(王力 1982,246 页)这一认识,王力先生撰写重要论文《朱熹反切考》。所考察语料,除了"反切"外,还包括根据叶音推定的朱子《诗经》《楚辞》的押韵体系。运用这些语料,王力先生第一次全面地提出了南宋朱熹语音系统:21 声母,32 韵部,4 个声调。21 声母系统显示了从传统 36 字母到朱熹时代声母的 5 条音变:全浊清化,知照合流,泥娘合流,非敷合流,影喻合流。

最早利用音叶材料考察声母问题的是许世瑛先生。早在上世纪七十年代以前,许世瑛就提出这样的研究思路:

> 朱子《诗集传》里有很多"叶韵"……用叶韵的方法去读《诗经》固然是一件很可笑的事,但是我们也可以从这些叶韵中,推测出朱子口中的

实际语音现象。①

秉持这一理念,许先生运用《诗集传》叶音材料,探讨"朱熹口中"的声、韵问题。有关声母的讨论,虽涉及系统但重心却在阐发朱子音叶中有关声母变化的语音内涵之上。他以传统的切韵系统41纽为出发点,从重唇音、轻唇音等10个方面,列举《诗集传》注音、叶音中声纽的混注现象,并据以合并声母,得28纽,不过,其中9个浊纽被打上了括号,表示是否成立没有把握。9个括号纽中,属于次浊的(ȵ)、(ʒ)两纽,王力先生表中也有,另7个全浊声纽王表中没有。此外还有一些小的不同,如两家都认定正齿音与齿头音有相混,即有"照二归精"的内容,但许的"清母与生相混"王没有,而王的"清初混用"一条许没有。但二家的主要分歧还是"全浊清化"问题,王力先生确认全浊已经清化,许则"因为文献不足,不敢妄下断语"(1974,282页)。

鉴于全浊清化问题上的巨大分歧,黎新第从1999年到2001年的3年间,连发3文,专题讨论全浊清化及相关的浊上归去等问题。在材料方面,黎氏强调要作穷尽的研究,同时指出并非所有清、浊混注的音切都可以作为全浊清化的证据,应当区分为"不宜"作为证据、"未必"就是证据和"可以"作为证据的三部分。他(2001)认定在《诗集传》和《楚辞集注》的"全浊字与清纽字有牵连的102例"中,归第一类36例,第二类28例,第三类38例。这38例能够说明全浊清化已经启动,但能否说明全浊清化已经完成了呢?为了能得到客观而精准的结论,黎氏引入数学方法,设计了一个量化比较的研究程式,其核心就是设立一个能反映全浊清化的概率标杆以衡量清化的发展进程。经过复杂的设计与计算,确定标杆的数据为34%左右,即如果清浊混注能达到总数的34%左右,即可认为已经全部清化。而朱子音叶的38例清浊混叶所占比率,在《诗集传》为5%、在《楚辞集注》为9%,显然"实际比例均远远低于相应概率"。结合另一个论据:《诗集传》《楚辞集注》音切反映浊上归去的演变尚未完成来看,黎氏的结论是:朱熹语音中全浊清化尚未完成。

据上文,三家之最大分歧就在全浊清化问题上:王先生认为已经清化,许氏没有把握,倾向于存浊,黎氏则明确全浊正在清化之中,但尚未完成。

---

① 语见许世瑛《朱熹口中已有舌尖前高元音说》(1970年)一文,287页。

黎的观点比较接近许。

1.2 分歧原因试析

为何同一材料的研究有如此分歧？笔者以为主要原因还是对材料的认识有异和使用的方法不同。

1.2.1 关于材料。如前所述，与许王二家提供混注语例以说明音变不同，黎氏（2001）则要求穷尽全体叶音材料，并作出"不宜、未必、可以"三类区分，实际上就是对音叶语料的价值有新的认识，即并非所有的"混注"都反映实际语音变化。这就意味着仅仅判明异类混注还不够，还有必要深究混注之下的真实内涵，排除"假混"语料的干扰。笔者赞成这种穷究混注语料中的语音内涵，以判别其音变信息的运作方式。遗憾的是，或许受制于篇幅吧，黎氏除将清浊初混的102例音叶作出哪一例可以归入哪一类的框架式区分之外，对于为什么要划归此类，其提供的证据或理由则显得简略了一些，给人"意犹未尽"的感觉。

1.2.2 关于方法。诸家使用的方法有同有异，可以从两个方面来谈。

一是考证法，这是三家一致的地方，但有程度的差别。王许两家都考出一些不同声母发生接触的实例，据之判断音变。这是举例定性的工作，往往可以说其有，难以说其无，而且两家的举证与说解互有不同，仁智互见。黎氏强调穷尽语料，要求对全部语料进行考察，辨别真伪，客观地判断语料内蕴的语音信息，定量与定性相结合，进了一层。但由于具体条目或条例的考证与论述稍嫌简略，某些问题可能还要有所补证或商榷，在后面的讨论中我们将随文论之。

二是数学方法。黎氏引入数理统计进行量化比较研究，试图将某一种历时音变量化为一定的数字比例，作为音变成立的标杆，希望经由数字化的操作，达到客观而精准的效果。这个想法当然很好，但实行起来并不容易。针对黎文所引入的数理统计研究程式，我们曾反复探究其算法原理，核其数据，初步的看法是，其设计理念与计算公式似都有可议之处，以其现有的状况，恐难以作为判断浊音清化是否完成的客观"标杆"。因所涉及的数学问题比较复杂，不便展开讨论，在此暂且隐去我们的推论过程，仅提供结论如上。

1.3 新的研究思路

1.3.1 三点考虑。据上文分析,诸家分歧的原因可概括为三条:音叶语料犹有未尽,语音内涵犹存模糊,统计方法尚欠成熟。三者之中,统计方法如何改进,笔者尚无良方,但以为有必要降低其权重,或许返朴归真,回归原始的算术统计法,仍不失为可选之项;至于语料的穷尽与语音内涵的探寻等方面,则有很大的改进空间,有三点考虑:

一是吸收黎氏的意见,穷尽考察语料,全面把握不同声母间的互动与接触。

二是在穷尽的基础上加大考据力度,进行细致的比较分析,全方位地获取声母变化的有力证据,准确地发掘并揭示语料中蕴涵的历史语音信息。

三是在获得声母音变信息之后,再归纳其条例,统计其比率,在量化比较的基础上,综合各种语音信息,判断声母的消长,进而归纳声母系统。

1.3.2 关于准确揭示音变信息。"三点考虑"中重点是第二点:"准确"揭示和获取语料中的声母演变信息。首先要准确地钩稽全体音叶中的"初混"语料;然后考察或检验这些混注是朱子自制新切的"直改"还是承用前人旧音的"借改",是有意之改还是无意之改等等,准确地排除其中的不能反映语音变化的,诸如前文所举的"痕,叶乔移反"之类"假混"现象,获得真正能够传达音变信息的"音混"材料;再通过考证以至于复杂的综合考证,准确揭示语音演变信息。

1.3.3 关于考证及综合考证。大多数"音混"音叶本身即已反映不同声母之交互使用、互相融合,可以直接从中获取声母音变的信息,这是一种简明而程式化的考证,便于批量操作。但有时候叶音中内含的语音信息颇为隐秘,简明的异同比对难以奏效,如果作综合考证,扩大观察范围,不放过任何蛛丝马迹,却可以有意外的发现。如下面"弟"字的两个叶音:

齐风载驱二:济泳弟^{叶待礼反}

鄘风蝃蝀一:指弟^{叶待里反}

"弟"的常用音为《广韵》荠韵"徒礼切",在《载驱》中"叶待礼反",其切语显然与《广韵》同类;在《蝃蝀》中"叶待里反",虽不同于《广韵》,但与《集韵》止韵的"弟,荡以切"类同,这两条叶音都可定为借叶。因其承用前人旧音作叶,声纽本身并无混注,字面上看不出有任何声母音变的信息。但是,我们有没有想过,叶音本来就是为了谐韵而改变韵脚字的韵或调,有叶必有改,无改则无叶,可这两条叶音改动了什么呢?要回答这个问题,就有必要扩大观察范围,联系韵段等材料作综合考察。看两个"弟"所处韵段,与之相押的韵脚字"指、泳、济"分别属于旨、纸、荠韵,它们合起来形成了一个押止蟹四的押韵环境。奇怪的是,将本属荠或止韵的"弟"字改叶之后仍入止或荠韵,这种不出"止蟹四"押韵范围的叶音,不改本已同韵属,改后亦同韵属,从韵的角度看,改之犹如不改,因此可以断其不是改韵属。确认叶音不是改韵属,就只一个可能:改声调。因为,"弟"本属全浊上声字,而全浊上声字在唐宋时代正在发生浊上归去的音变。如果"弟"在韵段中与清或次浊上声字"指、泳"等押韵不谐而又不是韵不谐,那就只有一种可能:发生了浊上归去的音变而声调不谐。因其口诵已读去声而与韵段中其他清上字声调不谐,才有叶音必要。我们推想,朱子取同于韵书的音叶音,无非就是要有根有据地将口语中已读去声的字改回上声,以使整个韵段声调和谐。若此说能够成立,那么,两条叶音涉及的变化还不限于声调,根据近代语音史上凡浊上归去必然伴随有全浊清化的音变规律,"弟"字声母一定也会有清化的音变。如此说来,"弟"之叶音实反映声调和声母两重音变,如果声调变化是作者的"有意"改叶的话,那么,声母清化之音变却是伴随着叶音"无意"间连带引出的。可见,适当运用综合考证,可以掘发深藏于叶音切语中的音变信息。

  1.3.4 关于统计。客观统计音变的比例以尽可能获取声母消长的进展程度是必需且重要的一环,不过,如何确认音变的比例却是一个非常棘手的难题。因为声母音叶的原始材料中羼杂有太多人为的或偶然的因素,对客观统计造成重大障碍。该如何评估这些人为因素,消除其影响,提出较为合适的音变数据?迄今还没有一个科学的方案,目前常用的是综合研究者的经验与估算、加以主观确认的办法,无疑这是一种应急方法。

  以同样受到人为因素干扰的诗歌用韵的统计为例,学者们倾向确认韵部发生变化的跨韵通押的数据大概可定在 10% 左右,显然就是通过压低比例来排除人为因素的干扰。相较之下,音叶声母之间的混注,受人为干预尤为深刻。因为长期以来,代表雅音传统的韵书或音义的音,作为文人音释的取音标准,似乎已成为一条不成文的法则。况且崇尚雅正的朱熹,为彰显其音叶的言必有据,除特殊情况外,他总是努力促使其音叶之声母符合韵书或音义。结果就是"自注"被不断强化,"混注"的空间倍受压缩。朱熹诗骚音叶中声母混注数量之稀少,难以显山露水,犹如淹没在雅音的汪洋大海之中,仅时而偶露峥嵘而已。但是,这种冲破重重阻力终于显现的混注,难道不是文言与口语"虽时时争持纸上,实则节节失败于口中"①的绝妙体现么?难道不具有以一当十之效用? 所以,应当充分估价朱子音叶中这批数量远逊于诗歌合韵的混注语料的宝贵价值,它们量少价高,音变的表现力更大,足以支持相应地调低判断音变的量化比率,使之低于诗歌用韵的10%,或者在5%左右比较合适。当然,这个比率完全是来自经验与估算,是否科学合理仍有待证明,它只是给判断声母变化提供一个数据作为参考标准,决不是唯一根据,具体论断还要综合各项信息,全面考察。

1.4 操作程式

调整了研究思路,接下来我们将进入实际操作。根据上文的思路,先比对《诗集传》和《楚辞集注》等所有音叶切语的切上字与被注字之间声纽异同,以获取"初混"语料,同时排除无所混注又不反映实际语音的"自注"部分。再考察初混音注语料的语音依据与内涵,排除不能或"不宜"作为音变证据的条目,以获得"音混"语料。然后考证或综合考证混注中所蕴含的语音信息,作出音切个案的音变描述。最后,统计音变所占比率,对照前人的研究,综合语音史信息,以判断音叶中反映的宋代通语声母的消长分合,最终完成声母系统的归纳。

二、初混与音混

2.1 初混数据的获取

核验并获取全体声母初混语料是研究的基础和起点。在三类核心语料

---

① 语见罗常培《汉语音韵学导论》"1.4 古今音韵变迁大势"所引吴稚晖语,中华书局1956年,29页。

中,能直接反映声母变化的材料是叶音及相关的注音,共计5651条,考察初混当在这个范围内进行。我们以经典韵书以及相关音义为参照,在音叶被注字常用音的基础上,比对所作音叶的切上字异同,以获取声母初混原始数据,包含下面几种情况:

(1) 被注字常用音与所注音叶切语上字常用音的声母不同类;
(2) 被注字给注上二音叶,二音之间声母在韵书不同类;
(3) 被注字多次叶、注音,各次音叶之间声母在韵书不同类;
(4) 先注后叶之注与叶的声母不同类;等等。

2.2 初混概况

穷尽比对、统计《诗集传》《楚辞集注》中所有的反切与直音,除去那些不能表现声母的音释,如"听,叶平声"之类,获取所有能表现声母的音释条目,基本数据是:声母音叶共有2842字5496次,其中叶音853字2010次,注音1989字3486次。以陆氏释文、吴棫补音补韵和洪兴祖补注为比对,参照韵书声母系统,确认诗骚中被注字与音叶切语上字(或直音字)之间声母不同的共有403字759次,其中叶音226字431次,注音177字328次,是为初混语料。叶音、注音的初混都是以音义、韵书为参照,针对被注字常用音的异同比对所获得的混切,此类混切只是初步展示被注字的常用音与所作音叶的切上字不同声类的数据,所以称为初混,至于能不能反映实际语音,需要结合被注字"本音"和音叶切语的来源等再作探讨。

2.3 从初混到音混

我们已知在总体作音叶的5496条目中,共有759条初混的混注。这些音叶能否反映实际语音尚处在真假混杂状态,还不能直接用于实际语音的考察,需要先核查每一条混注的语音依据,尽可能查明混注的来源,辨明混注原因,揭示其真实"身份",判明混注之"真假",以过滤掉那些不能反映宋代通语实际语音的假性材料。经过考察,笔者认为,759条音叶中共有3种情况的混注属于不能反映通语实际语音的假混。下面略作说明。

2.3.1 常用音与本音的参差。前文已说过,一个多音字的常用音大致是确定的，常用音的语义也是确定的。如果诗骚中在正常情况下使用常用音，朱子一般不予注音，默认常用音为本音。如果使用了有不同语义的非常用音，则朱子一定注明当读何音。这个当读之音也就是被注字的本音。这个本音与常用音之间必有不同，如果是声母有不同，就会造成声母之间的混注。如"比"，韵书和音义中至少有 8 音，帮滂并三纽与平上去入俱全，各音之间语义有别。其常用音通常读《广韵》上声旨韵帮母卑履切，义为"校也、并也"，此亦今音 bǐ 之来源。诗骚中，当"比"用于常用音之外的语义时，就可能会有不同于常用音的读音，如《唐风·杕杜》"胡不比焉"句下，朱注"比，辅也"，注其音"毗志反"，即"比"在本句的本音读全浊并母去声，跟其常用音有清、浊上、去之异。查"比"字在诗骚中共有 12 次注音，均其非常用音，所注之音除有 4 次毗志反外，还有 1 次毗至反、3 次音鼻、1 次频二反以及 3 次必寐反等等，这其中有 8 次是唇音全浊音。也就是说，共出现了以浊注清 8 次，但这都是本音与常用音不同而造成的声母参差，不属于音混。这种类型的初混，毫无疑问在声母研究中应当过滤掉。

2.3.2 采用异读作叶作注。采用多音字的异读作叶或作注，也会大量造成声母间的混注。这类音叶内在的音注关系相当复杂。常见的是运用非本音的异读来作叶音，上卷第十章"今音叶音"里面的音义错位、语用错位两种叶音，都是此类，例见前文上卷第十章，此不赘。

叶音之外，也常见用异读注音，其中真假混杂，须细加甄别，以免误将假混当作音混。

如，给原文中的异文注音，《楚辞·哀时命》："外迫胁于机臂一作辟，毗亦反兮"(165 页)。该句"毗亦反"如果是给"臂"字注音的话，就有清浊混注。因"机臂，弩身也"，则"臂"当读为"臂膊"之"臂"音，《广韵》《集韵》"臂"均音"卑义切"，只有帮母一读，而朱注"毗亦反"则为并母，似乎以并母混注帮母。但朱注指明"臂"下有异文"一作辟"，其实"毗亦反"是"辟"的注音。同类的情况又见《九章·惜诵》"设张辟毗亦反，又音臂娱君"句，"辟"字朱注音"毗亦反，又音臂"，本句"张辟"一语，朱子释其义云："辟，开也，与闢同，或云弩臂也。"(77 页)注有两解，一解为动词义"开也"，二解为名词义"弩臂"，与"张辟"下所注的两音，恰相对应。前者"毗亦反"即针对"辟，开也，与闢同"的"辟"的注音，"闢"字《广韵》房益切，《集韵》正作"毗亦切"；后者"又音臂"正是对"或云弩臂也"注的音,则"辟"字又音"臂",实为以注音而破通假,与"毗亦反"无关。由《惜诵》"张辟"而推《哀时命》"机臂"句的"一作辟","机臂"即"弩身",亦即"弩臂","音臂"是为常用音,无须加注。"一作辟"则古异文有异义,须注其音,所注"毗亦反"与"张辟"之"辟"用同,即可知《惜诵》之"毗亦反"为"一作辟"之"辟"字的注音,并非"臂"字之注音,由此看来,《哀时命》"臂"字下并无清浊混注的问题。

又如,一字多音分别在不同场合用作注音。如"斁"字,在《诗集传》中有两次注音,一注端母"丁故反",出《大雅·云汉》,一注以母"音亦",出《大雅·思齐》。两注是否成为端母与以母的混注?核查其各自的语音依据,就可判明。《大雅·思齐》五章"古之人无斁"句的"无斁"一语是诗中常用语词,又写作写"无射",是"无厌"的意思,《广韵》昔韵羊益切:"斁,厌也。"羊益切即"亦"音,"无斁"的"斁"本读"亦"音。注端母的出于《大雅·云汉》二章"耗斁下土"句,集传:"斁,败。"注其音"斁,丁故反",此音义见于《广韵》暮韵当故切的"斁"其义为"败也",《集韵》作都故切:"斁,说文败也。"朱子端母的注与该音义相同,"败"义的"斁"本音当故切(丁故反)。可知,斁的端母、以母两音,均各有义,各为其本义之本音,是一字二词的并注,没有什么通语声母混用的问题。

又有一字之下,多音同注。有时候两音或多个音同在一次注中出现,多音之间声母有异,这种情况更是与广传闻见有关,不是多切同音,更没有异音混注。《诗集传》的多音同注主要见于"二音叶例",《楚辞集注》则比较多,从二音到五音各种类型都有。多音同注一字,诸音之间声母多有不同,大都属被注字之异读,并非声母有混用。下面《诗集传》《楚辞集注》各举一例:"多,章移当何二反"(《鲁颂·閟宫》),章母、端母同注;"鲗、积、瘠、责三音"(《楚辞·大招》,148页),精母、庄母、崇母同注,都不发生声母间的混用。这些混注都与声母音变无关。

2.3.3 据声符推得叶音。叶音中有一部分是根据声符推得的。如前文所述"逝,叶音折"(《大雅·抑》六章)即是。又如《小雅·楚茨》五章"位,叶力入反",这条叶音虽然承自吴棫,但亦为朱子认同,虽朱子没有说明该条叶音之根据,但应当看到,"位"之声符为"立",其中是不是也有据其声符推古音的内容呢?据声符类推出来的叶音,并非对被叶字音的直改,当然也不能算作通语声母的音混。

据声符类推所得的叶音,往往缺乏口语的支持,此等语料可以考朱子的古音学,但不能当作实际语音。其本音、叶音之间声母的混注,难以直接作为宋代通语实际语音来看。需要特别指出的是,朱子据声符确定古叶音的具体操作非常谨慎,从《诗集传》《楚辞集注》的实际表现来看,朱子从谐声偏旁推古音的具体字例不多。

综合上文三类不能反映实际语音的声母异类接触的假性混注,竟可排除大部分初混语料,剩下的都可以认为是反映不同声类接触的混注,属于"音混"。但这些混注仍然复杂,通过各自语音内涵的考定、语音性质的确认,还可以区分为反映通语、方言两个层次(朱熹音叶还有所谓古音层次,但朱子所定的古音主要是古韵,与声母无关)。在此主要讨论宋代通语声母,将区隔那些反映方言的语料,另作讨论。

三、全浊清化

运用音叶中声母音混语料考察、研究有关南宋通语声母的音变,我们同样得出了王力先生三十多年前的结论:南宋通语声母21组系统,并确认朱子音叶中所反映的南宋通语声母演变的五种条例:全浊清化,非敷合流,泥娘合流,知照合流,影喻合流。我们与前述诸家略有不同的是,通过一条一条音叶的比对,穷尽全体声母材料,取得了迄今最为详备的音变原始材料,在此基础上逐条考证,获取了较为准确的语音信息,使得声母演变的实例得到拓展,音变异同的理据渐次明晰,五大音变条例得以确立,宋代通语声母的演变途径渐趋明朗。

鉴于五大音变中全浊清化最为复杂,覆盖面最广(全面覆盖五音),涉及的材料最多,也是之前诸家之中争议最大的,问题最多的等特殊情况,有必要单独考察,专题讨论。因此,朱熹音叶中的南宋通语声母系统的研究,我们分为两个部分来讨论。其一是全浊清化,其二是其他四大音变与声母系统的归纳。本章专题讨论全浊清化问题,其他问题在下章讨论。

3.1 材料与操作方法

3.1.1 基本材料。全浊清化是宋代重要的历史音变,朱熹音叶中表现相当突出。前文已经指明,诸家分歧主要表现在材料的使用和结论的不同两个方面。结论的不同大概与材料的使用有关,如许文提出 31 字 38 次,王文 27 字 28 次,除去重复共列出全浊清化 48 字 56 次混注,包含以清声母混注浊声母、以浊声母混注清声母两种类型。黎氏虽钩稽出 102 字例,但也只确认其中 38 字次可作为全浊清化的证据,视前辈示例有增也有减,其总数却并没有超出前人。

诸家取证如此不统一,无怪乎结论会有分歧。朱子音叶中全浊清化究竟有多少,其表现如何?看来不解决基础材料的问题,研究就没法深入下去。有鉴于此,我们投入大量的时间,穷尽材料,在获取全部"初混"之后,比对混注各方,参以各种证据,剔除假性语料,最终确认其中能说明全浊清化的语料共 84 字,107 例。

3.1.2 操作步骤。我们设想考述的操作分两步进行。一是穷尽列举全部浊音清化的语例,二是在各组所列原材料之下进行考证和论述。

3.1.2.1 穷尽列举全部浊音清化的语例。为了充分显示语例之间的内在关联,我们将依照宋元切韵学的五音清浊对应关系分组罗列材料,唇舌齿音各分两组,牙喉音各一组,具体分为 8 组:帮滂并、非敷奉、端透定、知彻澄、见溪群、精清从心邪、照穿床审禅、晓匣。在 8 组的框架下,穷尽列举各组清浊相混的原材料。每组一般包含两项内容。

一是条例标注,标明本类混注的名目和其总字次。如"重唇组:帮滂并,15 字 26 次"等等。

二是原材料各项相关信息,即列出同一条目下所有音混语料,包含 4 项内容:"1 被注字及其本音,2 音叶切语,3 混注类型,4 音叶出处"。

"被注字及其本音"含两项内容。一是"被注字",此为音叶条目的字头。二是被注字的"本音",紧连被注字之下。叶音条目有时朱子自注了本音,则照录。那些没有自注本音的叶音条目和所有的注音条目,笔者据朱子的释义和上下文义来确认其本音,凡笔者所确认的本音均用小号字标于被注字右下角。

"音叶切语"照录朱子原注之切语、直音及必要的连带文字等。有的被注字重复出现,多次音叶,则视其所注音叶的异同分别处置。如果所作音叶的切语不同则不避重复,分列条目,如果所作音叶切语相同,则在"音叶切语"后面标出次数,相应地在后面"音叶出处"标明各次的出处。

"混注类型"指混注双方在韵图 36 母(按,有的地方使用切韵 41 纽名目,若此则随文说明)中的类属差异,用"/"隔开,线前为"本音"声母,线后为混注切语的声母。

"音叶出处"指音叶所处篇章位置,重复出现且音叶切语雷同的条目,只举初见语例,其余用数字标出,并分别注明各例出处。"出处"并非主要信息,同样使用小号字标示。

3.1.2.2 说明、考证和论述。在每组之下进行材料的说明及音变的考证与论述,具体有三项内容。一是对所列举的原材料作必要的说明。二是考证语音信息。主要就是确认被注字与切上字之间各自音类异同,进行"音混"的声类比对,列举各种证据考证其中音混的语音内涵,论证混注之异类接触所反映的语音演变,充分揭示其内蕴的语音信息,确认音变的语音性质。由于逐条考证篇幅太大,为了避免繁琐,依据语例的具体内容区分"规则现象"与"特殊现象"。"规则现象"不作考证仅作概括说明,"特殊现象"则作必要的考证与论述。三是在说明与考论的基础上判断其音变性质。三项内容并非每组都有,有则言之,无则空出。

3.2 分组讨论

3.2.1 重唇组:帮滂並。本组有效清浊混注 15 字 26 次。

保博抱切,叶音鲍,帮/並大雅思齐三

苞布交切,叶蒲苟反,帮/並大雅生民五

报博耗切,叶蒲救反,帮/並大雅抑六

扁补典切,叶步典反,帮/並小雅白华八

蒲薄胡切,叶滂古反,並/滂王风扬之水三

泮音畔,叶匹见反,並/滂卫风氓六

炮薄交切,叶百交反,並/帮小雅瓠叶二

擗毗亦切,普觅反,並/滂楚辞湘夫人 36

辟毗亦切,必亦反,並/帮楚辞远游110

辟必益切,婢亦反,帮/並大雅皇矣二

饱博巧切,与"继"叶疑有"备"音,帮/並楚辞天问59

比毗至切,必寐反3次,並/帮楚辞大招149、楚辞成相210、楚辞成相215

拨蒲末反,叶方吠、笔烈二反,並/帮大雅荡八

苝博盖切,芳勿、蒲昧二反,帮/並曹风候人一

背音佩,叶必墨反,並/帮大雅瞻卬四

背蒲妹切,叶必墨反,並/帮大雅桑柔十五

背补妹切,叶蒲寐反,帮/並鲁颂閟宫五

彭蒲庚切,叶普郎反,並/滂郑风清人一

彭蒲庚切,叶铺郎反6次,並/滂小雅出车三、小雅北山三、大雅大明八、大雅烝民七、大雅韩奕四、鲁颂駉一

"饱"字的叶音表述为"(饱)与继叶,疑有备音",较为特别,需要说明。朱子认为"饱"字在韵段中要与"继"字叶韵,故而推测"饱"当有"备"的读音,"备"实际上是针对"饱"的谐韵有意的改音。改音之后,"备"字之韵虽然可以与"继"相谐,但声母与被注字"饱"有清浊不同。很显然,朱子说此叶音时,并未核查韵书两音声母之清浊,很可能完全根据口语读音,随手拈来一个可与"继"韵谐的唇音字叶之,无意中改动了声母的清浊。可见在他口中,"备"与"饱"的声母没有什么两样。"备",《广韵》至韵平祕切,《集韵》平秘、步拜二读,都是並母,韵书"备"没有帮母之读,但朱子口中已读为清音,与同属一韵的帮母"秘毖闷"等字无别。至于用了一个"疑"字,笔者以为朱子是想申明这个叶韵的文献根据有点薄弱,而不是怀疑"饱"的声母与"备"有什么隔阂。

15字之中"保、苞、报、扁、饱"5个清音字以浊音混注之(可简称为"以浊注清");"炮泮擗比"4个浊音字以清音混注之(以清注浊),线索清晰,可以认定为朱子自制切语时无意之间依口音混置清浊,反映了浊音清化。其中"泮"叶音又见《韵补》,"擗比"注音也见洪兴祖补注,即算有所承于前人,也是宋人,亦可反映朱熹口语实际。需要考述的是"辟、彭、拨、苝、蒲、背"6字。

辟,为多音字,有清有浊。根据其本音,可以判断诗骚中有两次清浊混注。1次出于《远游》"氛埃辟而清凉",此"辟"当训"开",实通"闢"字,其本音

为《广韵》房益切,《集韵》毗亦切,並母,而朱注为必亦反,帮母,以清注浊。另1次出于诗《皇矣》"启之辟之"句,朱注其义"辟,芟除也",此即《广韵》昔韵必益切之"辟",本读帮母,朱注"婢亦反",为並母。此为以浊注清。

彭,诗中7次叶音都是由庚韵改叶唐韵,朱子制作了两个叶音切语。第一个"彭,叶普郎反",出于《郑风·清人》"清人在彭"句,义为"邑名",查地名"彭",《集韵》本读庚韵蒲庚切,朱熹作叶音时其声母变为滂母,是为以清叶浊。第二个"彭,叶铺郎反"共6次,全是重言词"彭彭"的叶音,其中有4次朱子作了释义,其核心义是"盛",与《广韵》庚韵薄庚切小韵的"彭,盛也"吻合,其本音当为蒲庚切,改叶"铺郎反",此亦以清混浊。

"拨、芾"两字均用二音叶例,两字所注的二音叶,各有轻唇、重唇之异,轻重混注可能与方音有关,性质不同需要过滤,此只论其重唇一叶。

"拨"字所在句"本实先拨",朱先注本音"蒲末反",並母,后面的对应的叶音为帮母"必烈反",即以清混浊。但黎氏认为此据"异读"作叶,当归"不宜清化"。查《广韵》,"拨"的帮母异读"北末切",朱的叶音是"笔烈反",并非同一个音,恐难看作据异读作叶。

芾,原句"三百赤芾",朱注"芾,冕服之韠"其本字为"市(韍)",本音分勿切,非母入声。诗中与读去声"丁外切"的"祋"相押,朱子认定为去入两叶。若叶去声,即"芾"将与"祋"的泰韵合口相叶,而"芾"字本有泰韵开口"博盖切"异读,与"祋"字同韵,但宋代通语中泰韵合口正在发生向齐微部的演变,与其开口韵母已开始分道扬镳,为了避免诵读不谐,朱熹并不照抄"博盖反",而是改写成队韵合口的"蒲昧反",以与"祋"的泰韵合口相谐,至于切上字能否写成並母的"蒲",他似乎并不认为有什么问题,倒是给我们提供了浊音清化的例子。

"蒲、背"两字的叶音较为特别,需要多说几句。

"蒲叶滂古反",黎新第(2001)认为"未必"是全浊清化的证据,其理由"清浊的不同可能源于浊上变去后上声中不再容留相应的全浊字"。推想其大意是:浊上变去之后,原浊音字如果要叶上声,为了避免叶音切语上字出现全浊字可能误拼为去声,"就只好选用或优先选用对应清纽字",如此一来,平声全浊字"蒲"叶上声"滂古反",就无法确认是反映了实际语音全浊声母清化,还是因为"优先选用"清纽字而作出的人为调整了。这种全浊字叶上声"优先选用"清声母的"避浊"现象,是否真的存在,是可以核查的。以笔者考定的《诗集传》韵部系统的支微部上声为例,该部上声有134个韵段,有16个全浊字在42个韵段入韵,朱熹对它们有注有叶,所注声母有清有浊、且浊多于清:

叶清音者3字4次:涘叶始2次俟叶始在叶此里反

叶次浊者8字24次:涘叶矣、叶以、叶羽已反俟叶羽已反、叶于纪反秠叶羊里反、叶养里反3次祀叶逸职反、叶养里反6次汜叶羊里反似叶养里反3次殆叶养里反3次怠叶养里反

叶全浊者4字11次:负叶蒲美反、叶扶委反弟叶待里反、叶待礼反6次视叶善止反近叶渠纪反

注全浊者3字15次:士鉏里反8次仕鉏里反3次兕徐履反4次

不注不叶者1字2次:弟2次(按,表中"涘""俟""弟"3字重复出现)

16字50多次音叶,除叶次浊声母字之外,叶注清声母只有3字4次,叶注全浊声母多达7字26次,远超叶注清音者,数量如此悬殊,似无法体现选用清声母的"优先"地位。再看几个实际韵例:

鄘风蝃蝀一:指弟叶待里反

小雅大东一:匕砥矢履视叶善止反涕

小雅甫田一:亩叶满彼反籽音子叶奖里反蓺鱼起反止士鉏里反

"弟、视"的叶音、"士"的注音毫无疑问都得拼出上声,否则无法谐韵。可见企图用"优先选用清纽字"的手法来避免"上声中不再容留全浊字"的尴尬,这样的事情在朱子音叶并不显著。我们以为朱子给上声韵段中的韵脚字作切语时毫不忌讳使用全浊上声字,其原因就在于整个音节的声调完全由切下字控制,跟上字的清浊无关。由此可以确认"蒲叶滂古反"上字写为清声母,并不像刻意回避全浊声母而优先选用清声纽,更像是无意中写了一个韵书中清浊不同但实际口语已然混同的切上字。黎氏以同样的理由将"蒲、妇、辅、殆、动、图、士、俟、涘、祸、阜、鲌"等12字归入"未必"类,笔者认为其清浊混注都不必怀疑,发凡于此,后文不再讨论。

背字3次叶音,2清1浊,因为各自本音不同,而分别造成了不同的清浊混注。

"背"混叶並母的一次,在《闵宫》"黄发台背"句,原是名词,本音读帮母队韵一等,改叶三等细音"叶蒲寐反"谐韵,改洪叶细时,无意间把原全清声

母写为全浊声母了。

"背"混叶帮母的两次，都是动词"背弃、背反"义，本当读蒲昧切（即"音佩"），並母，为了谐入声职德韵而叶"必墨反"，声母改为帮母，以清注浊。黎新第(2001)认为这两例也要归入"未必"类，因其"清浊的不同可能来自作为被叶字声符的字或与之同声的字"，如"背"的声符"北"等。今按，"背"的叶音来自其声符"北"的可能性不大，因为混叶並母的"台背"的"背"，也有一次"叶必墨反"，见《大雅·行苇》。同一个"台背"，在《行苇》里要押入声就"叶必墨反"，在《閟宫》中要押去声细音就"叶蒲寐反"，让人清晰地看到声母的清浊只是固定在叶入、叶去的不同切语之上，叶入声则用"必墨反"，叶去声则用"蒲寐反"大概是为了统一切语吧，与其声符并无必然关系，看来声母的清浊变换只是无意之改。作者只关注韵调的统一，叶去叶入完全根据韵段的需要而确定，并未理会被注字声符有何特色。因此，"背"的 3 例混叶是有效的。

顺便说一下，黎氏(2001)将"孚、刀、浊、滞、歌、奇、臧、烬、施"等 9 字的清浊混用与被注字声符字挂钩，均归"未必清化"例中，笔者同样以为不必，集说于此，后不再论。

3.2.2　轻唇组：非敷奉。本组有效清浊混注 11 字次。

父 扶雨切，叶夫矩反，奉/非 王风葛藟一
繁 附袁切，叶纷乾反，奉/非 大雅公刘二
坟 符分切，叶敷连反，奉/敷 楚辞天问 55
妇 房久切，叶芳尾反，奉/敷 楚辞天问 65
辅 扶雨切，叶音甫，奉/非 楚辞招魂 134
拂 符勿切，叶分聿反，奉/非 大雅皇矣八
孚 芳无切，叶房尤反，敷/奉 大雅文王七
枹 房尤切，音孚，奉/敷 楚辞国殇 46
腓 符非切，芳菲反，奉/敷 小雅四月二
阜 房久切，方九反，奉/非 小雅頍弁三
伾 敷悲反，符丕反，敷/奉 鲁颂駉二

11 字中，"父、繁、腓、坟、妇、辅、阜、拂、枹"9 字为以清混浊，"孚"字以浊混清，清浊混注清晰。仅"伾"字较为特别。

朱注为"符丕反"的"伾",《广韵》敷悲切,《集韵》另收异读贫悲切。黎氏(2001)认为本有清浊异读,有据异读注音之嫌,当归"不宜清化例"。按,朱注的"符丕反"用字全然不同于韵书"贫悲切",可以确认不是抄自韵书。今核《驷》"以车伾伾"句下,朱注"伾伾,有力也"此承自毛传,《释文》释其音"伾,敷悲反"。朱子释义取于毛,音亦当取于《释文》。我们推断"敷悲反"应是朱子注"符丕反"的根据,他没照抄释文,而是依其音新制切语,只是在制作切语时仅注意到了维持原轻唇不变,却受口语影响忽视了其间清浊的区别,敷母无意间误写成了奉母,而反映了奉母与敷母实际发音相同。朱子的学生陈埴说该切语中的"符"字"当作匹"①,最早指明将清音注为浊音之误。陈埴是浙江人,其母语吴语能分辨清、浊,所以能烛见其误。

3.2.3 舌头组:端透定。有效清浊混注 9 字 12 次。

刀都牢切,叶徒招反,端/定大雅公刘二

得多则切,叶徒力反 3 次,端/定楚辞天问 62、楚辞天问 65、楚辞九章抽思 86

殆徒亥切,叶当以反,定/端楚辞天问 62

图同都切,叶丁五反,定/端大雅烝民六

动徒总切,叶德总反,定/端商颂长发五

地徒四切,叶音低,定/端楚辞天问 59—60

达唐割切,叶他悦反,定/透商颂长发二

达唐割切,叶佗悦反,定/透周颂载芟

蜓徒典切,音典,定/端楚辞成相 219

湛徒感切,丁感反,定/端楚辞悲回风 102

"刀、得"以浊叶清,"殆图动地达"以清叶浊,线索清晰。

"蜓"是多音字,在《成相》篇中作为复合词"蝘蜓"的语素,《广韵》《集韵》均音徒典切,铣韵定母,朱注"蜓音典",大概是将"徒典切"转换成直音时,受口语定母清化影响,写成了"典"音。照理"徒典切"的"蜓"清化时应当变读去声,大概是在"蝘蜓"这个专有名词中,受前一音节"於殄切"的"蝘"影响,发生同化,而保留了上声一读。

"湛"字韵书虽记 14 个音,但绝无读端母者,在《楚辞·悲回风》"吸湛露

---

① 语见辅广《诗童子问》后附《叶韵考异》,影印文渊阁四库全书第 74 册,419 页。

之浮凉兮"句,朱注"湛,丁感反"。"湛露"是合成词,当来自诗"湛湛露斯"之类句子的压缩。"湛湛"一语,朱子在《楚辞·哀郢》又注"湛,徒感反",笔者以为《悲回风》中"湛,丁感反"对应于《哀郢》的徒感反,两者构成同音异写,端母"丁"与定母"徒"是为清浊混用。

3.2.4 舌上组:知彻澄,清浊混注 4 字 5 次。

浊直角切,叶竹六反,澄/知 楚辞渔父 117

滞直例切,叶丑亦反,澄/彻 楚辞涉江 79

众之仲切,叶直恭反,章/澄 楚辞招魂 139

朝陟遥切,叶直高反,知/澄 小雅渐渐之石一

朝陟遥切,叶直豪反,知/澄 卫风氓五

4 字的清浊混叶线索清晰,前人无异说,故无须讨论。另外,"众"字叶音还有知照合流的内容。

3.2.5 牙音组:见溪群,有效清浊混注 5 字次。

具其遇切,叶居律反,群/见 小雅无羊二

局渠玉切,叶居亦反,群/见 小雅正月六

歌古俄切,叶巨依反,见/群 楚辞天问 60

奇渠羁切,叶古何反,群/见 楚辞招魂 141

佉渠王切,音匡,群/溪 楚辞九辨 122

"具局奇"以清叶浊,"歌"以浊叶清,线索清晰,仅"佉"稍显特别,需要考论。

佉,出于《九辩》:"逢此世之佉攘"句,朱子释其义:"佉攘,狂遽貌"(122页)。查"佉"字韵书中有平上 2 音。上声读《广韵》养韵求往切:"佉,楚辞注云:佉佉,遑遽儿",平声读《集韵》阳韵渠王切:"佉,佉儴,惶遽也",声母都是读群母,朱注"音匡",应当是据"渠王切"作的音,混群母为溪母。但该音乃承自洪兴祖,见洪氏《楚辞补注》187 页。洪注透露了"佉"字至迟在北宋后期即已清化的信息,此外还有《集韵》的旁证,《集韵》收"勘勤"一语,见阳韵曲王切小韵:"勘,勘勤,遽也"。从韵书的释义看"勘勤"与"佉攘"字形不同,其音义实同,在"勘勤"中"勘"读曲王切,不读群母只读溪母,也就是说,在《集韵》编纂的时代,"佉攘"之"佉"在口语实际语音中就已经清化了。

3.2.6 齿头组:精清从心邪,本组有效清浊混注 13 字 18 次。

奏则候切,叶音族,精/从小雅楚茨六
臧则郎切,叶才浪反,精/从小雅頍弁二
皁昨早切,叶子苟反,从/精小雅大田二
赠昨亘切,叶音则,从/精郑风女曰鸡鸣三
存徂尊切,叶祖陈反,从/精楚辞大招148
裁昨代切,叶即词反,从/精楚辞惜誓155
烬徐刃切,叶咨辛反,邪/精大雅桑柔二
鲔音叙,叶音湑,邪/心小雅采绿四
辑音集,叶祖合反,从/精大雅板二
在昨宰切,叶此里反,从/清小雅小弁三
在昨宰切,叶音紫2次,从/精楚辞天问53,楚辞天问57
凿在到切,音造,从/清楚辞九辩124
凿在到切,叶音造,从/清楚辞九辩126
柞子洛切,才落反,精/从小雅车舝四
柞侧百反,叶疾各反,庄/从周颂载芟
遒即由切,在羞反,精/从豳风破斧三
遒即由切,字由反,精/从楚辞九辩127

"奏、臧、皁、赠、存、裁、烬、鲔"8字的本音都比较明晰,前2字以浊混清,后6字以清混浊。"辑、在、凿、柞、遒"5字需要有所说明、考论。

辑,黎氏(2001)归"不宜清化",认为清音之读早见于《释文》,他的举证:"释文:辑,音集,又七入",今按,《释文》"又七入反"是次清清母,朱子改叶是全清精母"祖合反",声韵均不同于"七入反",两者并非一回事,似不可以认为朱取《释文》异读以叶其音。

在,诗骚中共叶4次,《楚辞》《天问》中有2次均"叶音紫",叶精母,《诗经》《小弁》1次"叶此里反",叶清母;《离骚》1次"叶才里反",叶从母。可以看出,"叶才里反"与"叶此里反"具有同音异写的特征,"在"清化当无疑问,但清化之中又有全清、次清之混杂,笔者认为与闽音有关(详本卷第八章)。

凿,常用音是铎韵子洛切,《集韵》又有去声在到切异读。《离骚》"不量凿而正枘兮"句朱注"凿音漕",此即《集韵》在到切。在《九辩》中分别注"凿音造"(洪兴祖补注亦然)一次,"凿叶音造"一次,我们认为都是以清注浊。注音的"凿音造"同于"凿音漕",两者正是同音异写。"漕"读"在到切","造"的去声为"七到切",故以清母混注从母。再看"叶音造"的"凿"所在句"灭规矩而改凿",其语义与前文是相同的,因为"凿"处于韵脚位得注"叶",该韵段共4个韵脚,朱的叶音为"凿叶音造教叶音告乐叶五告反高叶孤到反",对于"凿"来说,是用它的非常用音谐韵,故注叶。

柞,作为木名,韵书有则落切、在各切两读,在诗中注音、叶音各混注一次。"柞"字在诗中注音其实有两次,分别见《车舝》《绵》,《释文》两次"柞"字都只注"子洛反"(86、91页),据此可以确定其常用音读精母,也是本音。朱子在《车舝》中给它注音"才落反",将精母注成了从母,可在《绵》又注"子洛反",将不同上下文中出现的形义相同、语用相同的同一个字,注为清浊不同的两个切语,非常符合"同音异写"特征,可以推定"才洛反"与"子洛反"在其口语实际音中是等值的。"柞"的一次叶音出于《周颂·载芟》"柞,侧百反,叶疾各反",为先音后叶,先注之音取自《释文》,因为此字在诗中义为"除木曰柞",作动词用,本音读庄母,由于在韵段中要与药铎韵押韵,所以"叶疾各反",以浊混清。黎氏(2001)认为这是据韵书异读作叶,将其归"未必清化"类,我们认为虽然其叶、注音符合韵书异读,但由于其存在"同音异写"的特征,因此仍将它看作浊音清化。

遒,《破斧》中注"在羞反",释其义为"遒,敛而固之也",但"遒"字本无"敛"义,按朱子的训义"遒"当是"揫"或"揂"的通假,见《广韵》尤韵即由切小韵,其本音为精母,朱注为从母"在羞反"乃以浊注清。在《楚辞·九辩》:"岁忽忽而遒尽兮"句中,朱注"遒,迫也,尽也",其义与《广韵》尤韵"遒,尽也"相同,但《广韵》该义有两读,一为即由切,一为自秋切。《九辩》中"遒"前后也出现两次,朱子前次注"即由反",后次注"字由反",与韵书的清浊两读相同,是不是抄自韵书呢?核查其切语,精母"即由反"同于韵书,从母一读《广韵》为"自秋切"《集韵》"字秋切",朱子的"字由反",用字不同,不是抄自韵书,当为据韵书音自制或改制。"字由反"与其说是据韵书"自秋切"改制,还不如说是据"即由反"改制,其实是无意间将精母"即"字改写为了"字"字,使"即由反"与"字由反"却构成了同音异写。

3.2.7 正齿组:照穿床审禅。本组有效清浊混注14字15次。本组为韵图正齿音，来自中古庄、章两组，为了准确展现朱熹音叶，下面的讨论中依照原音叶的用字区分庄、章组声纽。

　　士钽里切，叶音所，崇/山大雅常武一
　　神食邻切，叶式云反，船/审楚辞大招151
　　释施只切，叶时若反，审/禅楚辞哀郢82
　　施式支切，叶时遮反，审/禅王风丘中有麻一
　　纾音舒，叶上与反，审/禅小雅采菽三
　　属市玉切，叶章喻反，禅/章楚辞离骚15
　　涘音俟，叶矣、始二音，崇/审王风葛藟二
　　涘床史切，叶以、始二反，崇/审秦风蒹葭三
　　俟床史切，叶羽已反、又音始，崇/审鄘风相鼠二
　　收式州切，殖酉、殖由二反，审/禅大雅瞻卬二
　　从钽弓切，楚红反，崇/初楚辞九辩130
　　榛锄臻切，侧巾反，崇/庄楚辞哀二世赋233
　　齜食茬切，尸荏反，禅/审鲁颂泮水八
　　壇时战切，式衍反，禅/审楚辞涉江80
　　鉏床鱼切，状所、床举、七鱼三反，崇/清楚辞九辩124

　　14个字，叶音6次，二音叶4次，注音5次。当分别论之。

　　叶音6次的本音混注线索清晰，除"纾"外均朱子自制。"纾"，黎氏（2001）因《广韵》有伤鱼切、神与切两读，认为据异读叶音，当归"不宜清化"类。但笔者以为，其一，"纾"的本音是朱子自制的直音，与纯抄韵书有别；其二，更为重要的是这条先音后叶，意图无疑是将平声转读上声以谐韵而已。"上与反"切语虽与韵书相关，但也不能否认其变平叶上的意图，所切之音当为"舒"的上声，因此我们倾向定为清浊混注。

　　二音叶的"涘、俟、收"3字4次。"收"字的二叶，切语上字都写作"殖"，叶音将原审母变为禅母，以浊混清。"涘、俟"本音都是床史切，属止摄上声止韵崇母，所作多个叶音都是上声止韵三等，看不到叶音对韵有什么改动，此属"韵"的问题在此暂且按下不论。看其切语，这些叶音对声母也有改动，其中有的反映了通语音变。考其声母的改读有两种，一叶次浊"矣""以"或"羽已反"，此实取自吴棫，非朱子自制，当然不反映实际语音。二是"音始"，

这才是朱熹自制。自制的叶音照顾到了与本音声母的联系，只是将原崇母误写为审母"始"，反映了两个音变，一是浊音清化，二是照二、照三合流。

注音的5次比较复杂。分别说明于下。

"从"的"楚红反"，出《楚辞·九辩》："后辀车之从从"，洪兴祖注"楚江切"，朱注为"楚红反"，两人切语上字均为初母。查韵书"从"没有读初母者，但有读崇母者，见《集韵》东韵锄弓切小韵，该音原出于《檀弓》释文："从从，音摠，高也。一音崇，又仕江反。"（168页）很明显，洪氏的音对应于《释文》的仕江切，朱熹注的"楚红切"对应于《释文》"音崇"，两人都不约而同地将声母由崇母变为初母"楚"，说明在朱子口中"崇"与楚红切同音，当然"仕江切"与"楚江切"也是同音的。

榛，《楚辞》中1次混注，见《哀二世赋》"览竹林之榛榛"句，朱释"榛榛，盛也"，此与《集韵》臻韵锄臻切"榛，木丛生曰榛"语义相关，本音当为崇母，朱所注侧巾反，虽类似于《广韵》臻韵侧诜切的"榛，亲栗"，但音义不合，朱注实际上将崇母混注为庄母。

锄，出《九辩》"吾固知其锄铻而难入"，"锄"朱注了一个怪音"七鱼反"，属鱼韵清母三等，洪氏书无，韵书亦不见，该音从何来？首先要确认，朱熹音释讲究音皆有据当不会生造一个音来。查《广韵》鱼韵士鱼切有"锄，诛也，又田器"，笔者以为姑且暂认此即"七鱼反"所本。朱子大概是依"士鱼切"给"锄"加注又音，却误注为"七鱼反"，如果"七"字不是"士"之形误（笔者见过的本子皆不误），则将崇母注为清母了，反映了崇母"锄"清化送气清塞擦音，还有照二归精的内容，后者当属方音。

椹，出于《鲁颂·泮水》"食我桑椹"，朱注"椹，桑实也"，查韵书"椹"字总计7个音义，无一训"桑实"。查本诗《释文》："椹，说文、字林皆作葚，时审反。"（105页）据陆氏，"桑椹"当即"桑葚"，音时审反，禅母；朱注"尸荏反"，是乃以清注浊。

壇，《楚辞》共注3次，两次同于洪氏注"壇音善"（《大招》、《湘夫人》），但在《涉江》中"壇"为韵脚，尽管这里洪兴祖也注了"壇音善"，因为要与上声字"远"谐韵，不能读已归去声的"善"，所以朱子改"式衍反"以明其谐上声韵，自制的切语无意间声母写成了清音。

3.2.8 喉音组：晓匣，有效清浊混注13字14次。

昊_{胡老切}，叶许候反，匣/晓_{小雅巷伯六}
褐_{音曷}，叶许例反，匣/晓_{豳风七月一}
怀_{户乖切}，叶虚韦反，匣/晓_{楚辞河伯43}
呼_{荒乌切}，叶胡故反，匣/晓_{楚辞招魂137}
閒_{音闲}，叶许研反，匣/晓_{楚辞招魂139}
嗥_{呼高反}，叶胡求反，匣/晓/匣_{楚辞招隐士167}
谺_{呼加反}，叶音河，晓/匣_{楚辞哀二世赋232}
穴_{音血}，叶胡役反，匣/晓/匣_{楚辞招隐士168}
化_{呼霸切}，叶胡戈反，晓/匣_{楚辞哀时命166}
活_{户括切}，叶呼酷反2次，匣/晓_{周颂载芟、周颂良耜}
祸_{胡果切}，叶许规反，匣/晓_{楚辞成相210}
祸_{胡果切}，叶许诡反，匣/晓_{楚辞成相211}
害_{胡盖切、何葛切}，许曷、瑕憩二反，匣/晓_{大雅荡八}
鴡_{侯古切}，呼故反，匣/晓_{楚辞离骚18}

"嗥、穴"两字的混注方式比较特别，需要说明。"嗥"《广韵》胡刀切、"穴"《广韵》胡决切，本音均为匣母。朱子先注后叶，先注之音都注为了晓母，后面的叶音再叶为匣母，本音匣母，混注为晓母，再叶为匣母，所以这两个字的混注类型为"匣/晓/匣"。

"昊褐怀呼閒嗥谺穴化活2祸2"13次叶音，本音线索明晰，叶音与本音之间清浊混注非常清楚。其中"昊,叶许候反"一条，朱子的学生吴人陈埴曾批评其切上字有误，曰"许当作胡"①，指出叶音将浊音误注了清音。吴人语音分辨清浊，故能指出其误。又，"怀"字在《河伯》中与止摄微韵三等"归"押韵，怀"叶虚韦反"，但在《哀时命》的韵段中，同样是与"归"字押韵，同样是改"怀"叶止摄微韵，其切语却是"叶胡威反"，"胡威反"与"虚韦反"构成同音异写。

害，在《大雅·荡》中与"揭"押韵，两个韵脚字一读去声，一读入声，朱处理为二音叶，意思是：如果韵段按入声"揭"字押韵，则去声"害"字叶入声"许曷反"，如果按"害"的去声押韵，则"害"叶"瑕憩反"（保留去声、韵改细音），

---

① 语见《诗童子问》，影印文渊阁四库全书第74分册，419页。

入声"揭"字叶"去例反"。查"害"字本有入声异读,读曷韵何葛切(见《集韵》),读匣母,朱取之叶音则叶为"许曷反",将原匣母变为晓母的"许",此乃以清叶浊。反映了喉音的全浊清化。

鸠,见《离骚》"雄鸠之鸣逝"句"雄"字下朱注:"雄,一作鸠,羽弓反,黄云呼故反,然则鸠字欤?""黄"指他的学友黄子厚。朱子引述黄子厚说"雄"字读"呼故反",由于"雄"没有呼故反之音,朱熹认为黄氏可能是把"雄"字看作了"鸠"字。也就是说,朱子口中"呼故反"为"鸠"字的读音。查《广韵》"鸠"收于姥韵侯古切小韵,韵书只有匣母姥韵上声一读,朱子说它念"呼故反",当为其口语实际读音,表现了两条变化,一是匣母读为了晓母,全浊清化;二是上声读成去声,浊上变去。

3.3 量化比较

经过穷尽考察,比对与论证,我们得到朱熹音叶中能反映全浊清化语料如上。现在,我们把前述三家和本文所有个案作一综述,再整合信息,考察朱熹音叶中全浊声母变化的程度。

3.3.1 诸家异同。我们仍依 8 组列表展示本文与诸家的异同,表设"字"与"次"两项,"字"指被注字,"次"指被注字音叶次数,用数字附在每个字后,没注数字者为一次。字表中设立斜线"/"分别表现本表与诸家的异同,线前为与诸家相同部分,线后为不同部分。

		本表 84字107次	许文 31字38次	王文 27字28次	黎文 38字次
唇	重唇	报蒲3炮拨苐背3彭7保苞扁/泮擗辟2饱比3,15字,26次	报蒲炮拨苐背彭7,7字,13次	保蒲,2字次	报保炮苐彭苞扁,7字次
	轻唇	繁腓阜孚伓坟/父妇辅拂枹,11字次	繁腓阜孚伓,5字次	繁坟,2字次	繁腓阜坟,4字次
舌	舌头	刀图动地得3达2/殆蜓湛,9字,12次	刀图填,3字次	图动地得2/溥蛇,6字,7次	地得达,3字次
	舌上	浊众朝2/滞,4字,5次		浊,1字次	众朝,2字次
牙		局具/歌奇铚,5字次	局,1字次	局,1字次	局具,2字次

续　表

		本表	许文	王文	黎文
		84字107次	31字38次	27字28次	38字次
齿	齿头	奏皁鮿烬在3臧辑存赠裁/凿2柞2遒2,13字,18次	奏皁鮿烬在,5字次	皁臧辑存/尽,5字次	存赠裁,3字次
	正齿	士收施甚俟渼2神释纾坛/属从榛钼,14字,15次	士收施甚俟渼/甚,7字次	士施神释纾/甚,6字次	收神释/甚(甚)坛(壇),5字次
喉		褐活2昊谽怀呼闲嗥穴化祸2/害鴅,13字,15次	褐活2/降,3字,4次	活昊谽/降,4字次	褐活昊谽怀呼闲嗥穴化祸/降,12字次

三家之中"降、葚、坛、填、溥、蛇、甚、尽"等8字我们的表中没有，说明如下。

诸家都有的"降叶呼攻反"出于《大雅·旱麓》第二章"福禄悠降"句下，但这只是在中华书局1958年版《诗集传》中如此，该本源自文学古籍刊行社1955年本（按，该本笔者未见），核查四部丛刊影印静嘉堂文库本则本条"降"作"叶乎攻反"，中华再造善本影印元刻本《诗集传》与之同，故此"降叶呼攻反"一条应是中华书局本或文学社本之误。"降"在《诗集传》作叶音4次，3次叶乎攻反，1次叶胡攻反，没有"叶呼攻反"。

"葚坛"两字。"葚"，许黎两家有之，但并非同字。许氏提出的"葚音甚叶知林反"出于《卫风·氓》"无食桑葚"句，黎氏认为这个禅母"葚"叶知母可能是据同声符的字"椹"作的叶音，陈鸿儒（2012,244页）则进一步指出"《释文》：'葚，本又作椹。'椹有知林切一读"，明确了朱子是依"葚"的古本异文"椹"作的叶音，所以本文不取。黎氏的"葚尸荏反"出于《泮水》第八章"食我桑甚"句，是黎氏之"葚"本当为"甚"，与本文正齿音的"甚"同。同样，黎氏提出的"坛,式衍反"出于《楚辞·涉江》"燕雀乌鹊，巢堂壇兮"句，原文的"壇"字，写成了"坛"可能是繁简转换造成的吧。

"填"，许世瑛提出的"填,都田反"出于《小雅·小宛》"哀我填寡"句，朱注曰"填与瘨同，病也"，许先生"填"的常用音"徒年切"作比对，所以有以端母注定母之清浊混注，其实"填"是"瘨"的通假，瘨，《广韵》都年切，端母即其本音。

"尽、齓、蛇、溥"均见于王力先生表中。王先生认为"尽,叶子忍反"是"精从混","齓,叶齿九反"是"以穿切禅"。又认为"溥,徒端反叶土兖反,蛇,叶土何反"是"透定混",并分别补充注明"溥,宋本作上兖反,误。今依通行本","蛇,读如沱"。黎氏(2001)将这4个字通归入"不宜"之类,其理由:"尽"在韵书中有精、从二读,语义不同,"尽,叶子忍反"是依韵书的精母异读作叶。"齓"的清音异读早已见于《释文》所引"或云,郑音为丑",今按,"丑"《释文》本作"醜"①。醜,《广韵》昌九切,音同齿九切,则朱子叶音可能是据旧传异读作出的。"蛇,市奢反叶土何反",黎氏认为清、浊之间不能对应,但黎氏没有提及王先生还有"蛇读如沱"的注。其实"蛇"字作为"毒虫"义,在韵书有多读,常用音为"市遮切",其次有《广韵》讬何切、《集韵》唐何切和余遮切等等,叶"土何反"音同《集韵》的"讬何切"。笔者以为,朱子这个叶音是据蛇字的异读作出的,似与音变无关。朱子在《召南·羔羊》中还有"蛇,叶唐何反",也是据的异读。关于"溥,叶土兖反",黎氏(2001)认为还是应当按"宋本"作'上',因为《集韵》"溥"有竖兖切的音,与"上"同纽。到底是"上"还是"土",以今所见《诗集传》传世本中最早的静嘉堂文库宋本核之,作"上"为是。

前人所举浊音清化语例除"葚坛"两条外,本表实有6条不取,理由如上。本表多出的部分,除去同于黎氏"葚坛"的"黮坛",本文新增为"泮擗擘2饱比3父妇辅拂枹殆蜓湛滞歌奇伾凿2柞2遒2属从榛钼害鹬"等26字32次。

总之,84字107次混注音叶,完全可以确认全浊清化音变已经发生,但要说明音变进行到一个什么程度,是否已经完成?则还要作量化比较,综合考察。

3.3.2 量化结果。综合我们及诸家成果,从混注材料的分布来看,注音中较少叶音中较多,那本已少得可怜的注音混注材料大多又出于《楚辞集注》。从这个分布可以看出,始于三十岁、经过多次修订的《诗集传》要比晚年草就、尚来不及定稿的《楚辞集注》运用音释的严谨度高出许多,与《楚辞集注》偶然还有一些混注不同,《诗集传》注音的混注几乎可以忽略,大概疑

---

① 见《十三经注疏》合订本,340页中栏。

难字注音很少受到口语影响,高度忠实地反映了文献雅音。所以,将诗骚之"音"与"叶"平等地看待是不合适的。量化比较中应当适当区分注音、叶音,这样将能得到更为清晰的实际语音变化比率。

我们设想从总与分两个方面进行统计,"总"是指各对应声母组的所有音叶条目与其混注音叶条目之比,可称为"音叶总比";"分"则分别指"注音"、"叶音",因为注音语料传承前人太多,几乎不能反映实际情况,叶音则有较多自制切语,尽管朱子仍然尽可能地维护雅音格局,但还是不同程度地受到自然语音的影响,比较能反映语音实际,本表"分"的部分就舍去注音,仅就叶音条目作出统计。"分"只指对应声母组内部的所有叶音与其混注条目之比,此可称为"叶音比率"。总、叶两表之下又以五音对应组为单位作"字"与"次"的统计,以获得从各分组到总体的各个层面的数据,给综合考察提供更多的支持。

	音叶总比						叶音比率					
	总注叶字次		总混字次		总混比例		叶音字次		叶混字次		叶混比例	
	字	次	字	次	字	次	字	次	字	次	字	次
帮组	188	350	15	26	7.9%	7.4%	53	106	9	17	17%	16%
非组	114	236	11	11	8.7%	4.2%	42	106	7	7	16%	6.6%
端组	251	432	9	12	3.5%	2.7%	72	148	7	10	9.7%	6.7%
知组	146	180	4	5	2.7%	2.8%	29	47	4	5	14%	11%
见组	442	779	5	5	1.1%	0.6%	145	317	4	4	2.8%	1.3%
精组	372	749	13	18	3.4%	2.3%	124	260	11①	13	8.9%	5.0%
照组	301	550	14	15	4.6%	2.7%	97	187	8	9	8.2%	4.8%
晓组	284	592	13	15	4.5%	2.5%	83	264	11	13	13%	4.9%
合计	2098	3868	84	107	3.9%	2.7%	645	1435	61	78	9.5%	5.4%

上表 8 个对应组各按"总""叶"分别统计混注比例,分组比率数据共 32 个,合计比率数据 4 个。

32 个基础数据若以 5% 上下为衡量标准,则总比表的 18 个数据偏低,仅

---

① 精组注音 3 字,但"柞"字注、叶各一次。所以叶的字溢出一次。

帮、非、照、晓 4 个对应组的 6 个数据符合清化比例,占全体数据的三分之一。这是因为其中"注音"的数据过大,受强大的人为因素干扰而比率被冲低的缘故。比如知组,注音的被注字 146－29＝117 个,注音 180－47＝133 次,注音的混注(4＋5)－(4＋5)为零。各组注音都这样,注音的数目很大,混注数很小,即算这样,总比合计也还有字 3.9％,次 2.7％的混注率。再看比较能反映自然状态的叶音数据,情况就大不一样,8 个对应组的 16 项数据,仅见组的 2 个数据在 4％以下,其余都在 4.8％以上,非常接近 5％,有 5 个处4％—6％间,其他全在 8％以上,高于 10％多达 6 个。"叶比"的合计:字的混注率为 9.5％,次的混注率为 5.4％,完全符合声母音变的 5％的预期比率。这个比例至少可以说明朱子音叶中清浊混注已经发展得相当成熟了。

3.4 综合分析及结论

混注音叶绝对数虽然不算太大,比率也不算太高,但其代表性是充分的。混注的方式,以清混浊和以浊混清都有。分布于五音各组,覆盖面广,所有类型的全浊声母都出现了混注,没有留下死角。略作统计,卷入混注而可判定发生了清化的全浊字至少达到 76 个,见下表(表中斜线"/"前的为被清音所注的全浊被注字,线后为给清音作注的全浊字):

唇音:背彭比辟拨蒲炮泮/鲍备婢,父繁腓坟妇辅阜拂/房符;

舌音:殆图动地蜓湛达/徒,浊滞/直;

牙音:具局奇伎/巨;

齿音:阜赠存裁辑烬鲔凿在疾遒/族才字,士神属从榛黩坛鉏浚俟/时上殖;

喉音:昊褐怀閒穴嗥活祸害鸼/胡河;

当然,表中有一些字如"背比辟拂湛达遒属"等都具有清浊二读,有的清浊二读同义通用,其全浊清化的表现不算很典型;还有少数字如"从榛伎"的浊音非常特别,有的是非常用字,有的是非常用音,其代表性相对薄弱,但这都不能改变全浊字大面积地清化的事实。

只要稍加观察,上表中"蒲符徒直巨才在疾士时上殖胡"等都是常见切语上字,如果它们都已清化,那些用它们作切上字的"浊-浊"音叶难道就能逃得了清化之"嫌疑"? 就拿"蒲"字为例,据笔者统计,在朱子音叶中"蒲"作叶音切语上字多达 51 次,如"炮叶蒲侯反(《小雅·瓠叶》),佩叶蒲眉反(《郑风·子衿》),皮叶蒲何反(《召南·羔羊》)"等等,作注音切语上字或直音 30 次,如"茇,蒲曷反"(《周南·甘棠》)、"匐,蒲北反"(《邶风·谷风》)、"匍音蒲"(《大雅·生民》)等等,这样联络起来,将是一个庞大的字群。这样,我们还有足够的理由来怀疑清化的程度很浅,达不到一个足够大的数据了吗?

综上所述,我们认为在朱熹音叶中全浊清化已经完成。

第三章 从音叶看南宋通语的声母系统(下)

南宋通语声母的五大音变中最为复杂的全浊声母是否清化问题,经过穷尽材料,详细考证,我们得出了全浊清化已经完成了的结论。现在我们回到声母研究的第二部分"非敷合流"等四种音变上来。我们仍取前章同样的做法,每项音变单立一题,分项穷尽列举语例,进行比较、考证与论述。分题研究之后,再对照前人的成果,比对异同,统计比率,判断音变的进程。最后引入全浊清化的数据,加以整合,推断朱子音叶所反映的南宋通语声母系统。

一、非 敷 合 流

轻唇音非敷奉三组,在朱子音叶中互有音混,其中非敷两组与奉组相混属于全浊清化性质,前文已论。此只论非与敷纽的相混。朱熹音叶中非敷相混共有 12 字 23 次。23 次混注中有 5 个字只混注一次,2 个字注二音,5 个字有重复音叶,下面分三组列举字例,各组之间隔开一行以示区分。

封府容切,叶孚音反,非/敷楚辞天问 68

枫方戎切,叶孚金反,非/敷楚辞招魂 144

芬府文切,叶丰匀反,非/敷大雅凫鹥五

幡芳烦反,叶分遭反,敷/非小雅宾之初筵三

蝮芳福切,音福,敷/非楚辞招魂 135

芾分勿切,芳勿、蒲昧二反,非/敷曹风候人一

髴芳未切，音佛、又音沸，敷/非楚辞悲回风101

雺音分，叶孚袁反，非/敷楚辞悲回风102
雺府文切，敷云反，非/敷小雅信南山二
风方戎切，叶孚愔反4次，非/敷邶风绿衣四、秦风晨风一、小雅何人斯四、大雅烝民八
风方戎切，叶孚金反2次，非/敷楚辞涉江79、楚辞哀郢82
风方戎切，叶孚音反，非/敷大雅桑柔六
风方戎切，叶孚光反，非/敷楚辞惜誓154
反府远切，叶孚绚反2次，非/敷卫风氓六、齐风猗嗟三
阪音反，叶孚窎反，非/敷郑风东門之墠一
阪府远切，叶孚窎反，非/敷小雅伐木三
分府文切，叶敷因反，非/敷楚辞天问51
分府文切，叶孚巾反，非/敷楚辞成相217

第一组5次混注，"封、枫"两字的以敷叶非之音混线索清晰，但"芬、幡、蝮"需要略作考述。

"芬，叶丰匀反"，出于《大雅·凫鹥》"燔炙芬芬"句。查"芬"字的本音，有点奇特，《广韵》读为非母，见文韵府文切小韵："芬，芬芳"，《集韵》对应的文韵非母方文切小韵不收"芬"，却在敷母敷文切小韵收之："芬，说文草初生其香分布"。两书所释义同，音却有非、敷之异，只有一个可能，是《集韵》误非为敷，反映了《集韵》编者分不清非、敷而混收。由此可以确认，若要严格按韵书来确定"芬"的本音，只能依《广韵》的府文切。"芬"在"燔炙芬芬"句中，朱注："芬芬，香也。"其义同于韵书，本音的声母无疑是非母，属于臻摄轻唇音字。我们已经指出，凡臻山两摄轻唇音字与同摄细音相韵时，在朱子"今音叶音"的"洪细叶音"条例中都是要再叶细音的（详上卷第十章），因此《凫鹥》诗中的韵脚"芬"字，朱子自制"叶丰匀反"的叶音切语以叶之，切上字用了一个敷母的"丰"字，与《集韵》一样，造成了非敷混注。

幡，属于山摄轻唇音，作为韵脚字时，依"洪细叶音"之例同样需要叶细音。具体情况是，该叶音出于《小雅·宾之初筵》三章第2韵段，原句"曰既醉止，威仪幡幡"，朱子集注："幡幡，轻数也"，由于在韵段中要与"迁仙"等细音字谐韵，故朱子依例将"幡，叶分邅反"，属非母。"幡"字的本音不难寻找，该

字《释文》音为"孚袁反"①，而《广韵》"幡"字也只有元韵合口三等孚袁切一音，由此可以确定，在《宾之初筵》中，"幡"的常用音与其本音是重合的，读敷母。朱子叶音"分邅反"，声母则变为非母"分"字，此敷非混注。又，《诗经》中"幡"还有另一次叶音：

小雅巷伯四：幡芳烦反叶芬邅反言迁

"幡"所在句"捷捷幡幡"，同样是"幡幡"，同样是与山摄细音相押，同样叶细音，叶音的切语却是"叶芬邅反"，这个"芬邅反"与《宾之初筵》的"分邅反"其实是同音异写，可证朱子口中"芬、分"两字声母相同。

蝮，敷母被注非母，出《楚辞·招魂》："蝮蝮音福蛇蓁蓁，封狐千里些"（135页）句。查"蝮"字，《广韵》屋韵敷母芳福切"蝮，蝮蛇"，但《集韵》又增补屋韵房六切"蝮，蛇名"，两读之中，敷母一读早见于《广韵》，奉母一读为后补，其常用音当取前者。朱熹在《招魂》篇中给它注音"音福"。福，《广韵》屋韵方六切非母，同样，《集韵》又增补一个去声读音，宥韵敷救切"福，藏也。史记邦福重宝，徐广读"。后者是取自徐广的史记音注中的一个异读，当然不是福的常用音。所以，"音福"的"福"当读方六切，非母。以福注蝮，即以非母注敷母，反映了非敷混并。

第二组两个字都注了二音，有必要略作说明。

"芾"字注二音出于《曹风·候人》一章"三百赤芾芳勿蒲昧二反"句，其中"蒲昧反"一音在"全浊清化"例中已述，此处讨论"芳勿反"一音。"芾"朱子音"芳勿反"属敷母，但笔者认为该字本音当为"分勿切"，此处是以非母混注敷母。因为"芾"字之语义，朱子注曰："芾，冕服之韨也。"其义为韨，则其本字即为"市"，《广韵》物韵分勿切："市，《说文》曰韨也。"初文象形，后出形声"韨"字。《候人》中的"芾"乃"市（韨）"之借字，所以，诗句中"芾"本音为分勿切，非母。在《诗集传》中，"芾"作"朱芾"或"赤芾"用共有4次，《候人》之外的3次分别见于《小雅》的《采芑》《斯干》《采菽》，其义仍然是"冕服之韨"，朱均注"芾音弗"，"弗"就是"分勿切"。而在《候人》中，同为"赤芾"的音注成了"芳勿反"，该音注与"分勿切"的"弗"形成同音异写，敷母混同非母。

"髴"的二音见于《楚辞·悲回风》"存髣髴音佛又音沸而不见兮，心踊跃其

---

① 见《十三经注疏》合订本，487页上栏。

若汤"(101页)句。"霏"为联绵词"髣髴"的组成部分,韵书有去入两音,《广韵》去读未韵芳未切,入读物韵敷勿切,其义注均为"髣髴",另有物韵分勿切"霏,妇人首饰",此非"髣髴"义,不论。朱子在《悲回风》中给"霏"注的正是去入两音,但并非抄于韵书,而是取于洪兴祖。洪补注:"霏,沸、拂二音"(157页),先去后入,朱注颠倒其序,先入后去。其中"音沸"即对应韵书去声"芳未切"一音,但韵书"沸"字去声只有非母一读,《广韵》方味切,《集韵》方未切。此以读非母的"沸"注读敷母的"霏"是以非注敷。虽然承自洪兴祖,但也表达了朱子对该音的认可。

第三组重复音叶的 5 个字,略作考论于下。

雰,查韵书,"雰"字《广韵》收于非母"府文切"小韵,《集韵》转归了"敷文切"小韵,韵书收录时就已出现非敷相混。此当依《广韵》,本音非母。该字朱子两次混敷母,1 次为混叶,出于《楚辞·悲回风》"雰音分叶孚袁反媛"(102页),1 次为混注,出于《小雅·信南山》二章:"上天同云,雨雪雰雰敷云反"句。朱子在《信南山》中注"雰"读"敷云反",当然不是照抄自《集韵》,而是据其音自制的切语,看他在《悲回风》将"雰"先注"音分",非母,再叶"孚袁反"敷母,就可以知道这是非敷相混了。

"风"的 8 次叶音 4 个切语,切语上字都是"孚"。查"风"的读音,《广韵》东韵平声方戎切、去声方凤切二读,《集韵》又增加侵韵甫凡切一读,共计三读,但无论韵母如何变,声母都只读非母。朱子风字叶音 8 次,全采用"孚"为切上字,无一例外。"孚"字《广韵》芳无切"信也",此为常用音,此外还有去声芳遇切、奉母房尤切、符遇切(均见《集韵》)等,无论何种异读,都不会读非母。因此,我们根据"孚"字的音义,确定它作为注音字时当为敷母。但朱熹用它来叶非母字,这是无意间的改叶,且多次用之无一例外,其实是非敷之间没有区别了。

反,非母"反"字被叶敷母 2 次,都是"叶孚绚反"。反,《广韵》元韵平、上两读,平读孚袁反"反,断狱平反",上声府远切"反覆,又不顺也",《集韵》又增加去声孚万切、方愿切等又读,诸读之中,上声府远切为常用音,是为非母。"反"字朱子在诗中共叶 4 次,2 次"叶分邅反",分别见《小雅·宾之初筵》《小雅·角弓》,此 2 次仍叶非母,不论。另 2 次即"叶孚绚反",切语上字为敷母,一在《氓》的"信誓旦旦,不思其反"句,朱串其文意"成此信誓,曾不思其反复以至于此也"，一在《猗嗟》"四矢反兮"句，朱注其义"反，复也"。两处都是"反复"之义，本音当读上声府远切，非母。由于在韵段中都要押去声，朱子因取吴棫《韵补》去声三十二霰韵"孚绚反"叶之，该切语虽然承自吴棫，但与他自己整个音切中常用"孚"字做非母字的切上字、以敷母注非母是一致的。

阪，非母2次叶敷母，都是"叶孚脔反"。阪，是个多音字，声母有非、並之别，常用音当为《广韵》府远切"阪，大陂不平"，远韵三等非母，此外还有潸韵扶板切"阪，陂别名"（集韵部版切），《集韵》产韵蒲限切"阪，阪泉，地名"等又音。

阪字2次注叶所在韵段，都是押山摄上声细音狝铣远等韵，依韵书，"阪"本身也是山摄细音上声，况且朱熹还在《东门之墠》中给"阪"字注音"反"，更加明确了其山摄远韵三等的身份。朱子将该字"叶孚脔反"。其切下字"脔"，韵书有洪细两读，洪音为寒韵"落官切"，细音为狝韵"力兖切"（集韵力转切），"脔"在这个叶音切语中是不是还读洪音呢？不，它必读细音。姑且不说这里的叶音是依例改洪叶细，仅从声调上看，因为被叶的韵段是上声韵段，如果朱子这里叶音的切下字是读洪音的话，声调就一定会是平声，则整个上声韵段就达不到和谐了，朱叶"孚脔反"必然是取"脔"字的上声细音一读，其目的是将已读洪音的"阪"叶读细音，达到与全韵段其他细音韵读和谐。在改洪叶细的时候，将切上字变成"孚"，就出现了以敷注非的混注，反映了非敷合流的语音变化。

二、泥娘合流

泥娘合流并非朱子音叶中的新生现象，而是自《切韵》以来隋唐时代早已存在的音变，不过在朱子音叶中也有表现，所以，列出来作为历史语音资料存档。朱子音叶中泥娘混并共计5字，14条。其中3字叶音1次，2字多次音叶，分两组列之。

男那含切，叶尼心反，泥/娘大雅思齐一
能奴登切，叶音尼，泥/娘楚辞成相213

匿女力切，叶奴计反，娘/泥楚辞成相215

南那含切，叶尼心反 7 次，泥/娘邶风凯风一、燕燕三、陈风株林一、小雅何人斯四、小雅鼓钟四、大雅卷阿一、鲁颂泮水六

南那含切，叶尼金反，泥/娘楚辞招魂144

年奴颠切，叶尼因反 3 次，泥/娘曹风鸤鸠四、豳风东山三、小雅无羊四

第一组 3 字中"男叶尼心反"是承传于吴棫，但这是朱熹认可的，与下文"南"相类。

能，由于在《楚辞·成相》篇中要与之韵的"时、治、之"谐韵，所以"叶音尼"，娘母。同一叶音在《思美人》之"登高吾不说兮，入下吾不能，固朕形之不服兮，然容与而狐疑"（93页）中又写作"能叶音泥"，泥母。显然"泥"与"尼"是同音异写。

匿，本读入声，在《楚辞·成相》中要与去声"备、忌"谐韵，所以改叶去声霁韵"奴计反"，声母由娘母变为了泥母，此泥娘混叶。

第二组重复音叶"南、年"2 字。

南，本泥母字，《诗集传》中"叶尼心反"叶为娘母，这是承自吴棫，既见于《补音》，又见于《韵补》，吴棫又是承于南朝沈重，但同一个"南"字，在《楚辞·招魂》中作同类的叶音时，朱却注为"叶尼金反"，这是朱子师前人之意自制之切语，"尼金反"等值于"尼心反"。可见，无论是承前人还是自制音切，朱子口中娘母"尼"字与泥母"南"或"男"字的声母都没有区别。

"年"字本音也是泥母，在《鸤鸠》一诗中，吴棫"叶祢因反"，泥纽，见杨简《慈湖诗传》所引，亦见于《韵补》，然朱子的叶音却写作"叶尼因反"，娘纽，朱子之叶音与吴氏补音泥娘对换了。其实朱子也有"年叶祢因反"，见于《江汉》第五章"天子万年"句。在《诗集传》"年"字还有 2 次"叶泥因反"，见《小雅·信南山》、《小雅·甫田》。这些叶音，无论是叶泥母的"叶祢因反""叶泥因反"，还是叶娘母的"叶尼因反"，都是同音异写，娘混同泥。

三、知 照 合 流

这里的"知照合流"只是一个笼统的提法，"知"代表舌上音，"照"代表包

含照组二等、三等在内的正齿音。该种音变内容比较丰富,它不但涉及舌上音与正齿音的混并,还包括照二与照三两组间的混并,另外,语音史上很早就开始了的齿头音从邪、船禅的混并也在朱熹音叶中有表现,因其既非新生音变,又属于齿音,故附于此。所以,本节总共包含有4个内容:一是庄章(照二与照三)相混,二是知照(舌上与正齿)相混,三是船禅相混,四是从邪相混。

3.1 庄章相混

此乃所谓照二与照三混,共 10 字 19 次。单独音叶者,5 字次;重复出现,二音叶者也是 5 字 14 次,分两组列举。

昭止遥切,叶侧豪反,章/庄小雅鹿鸣二

臭尺救切,叶初尤反,昌/初大雅文王七

争侧茎切,叶音章,庄/章商颂烈祖

侁所臻切,叶式巾反,生/审楚辞招魂 136

涅土角切,食角反,崇/船楚辞离骚 13

瞻职廉切,叶侧衔反,章/庄小雅节南山一

瞻职廉切,叶侧姜反,章/庄大雅桑柔八

事组吏切,叶上止反 5 次,崇/禅召南采蘩一、小雅北山一、小雅大田一、大雅绵四、大雅抑十

施式支切,叶疏何反 2 次,审/生楚辞哀时命 164、楚辞鸿鹄歌 224

施式支切,叶所加反 2 次,审/生楚辞天问 55、楚辞天问 66

涘音俟,叶矣、始二音,崇/审王风葛藟二

涘床史切,叶以、始二反,崇/审秦风蒹葭三

俟床史切,叶羽已反、又音始,崇/审鄘风相鼠二

第一组 5 个字,"昭、臭"本读章组声母,叶音改读为庄组声母,以庄混章。"争、侁、涅"3 字本读庄组声母,叶音改读章组声母,以章混庄。两组均属庄章混并。"涅"字在《楚辞·离骚》"涅又贪夫厥家"句中注音为"食角反"(13页),船母,另在《天问》"涅娶纯狐"句下,注涅为"仕角反"(60页),此与"食角反"形成同音异写。

第二组的 5 字中"瞻、事、施"三字的混叶脉络清晰，不论。"俟、涘"两字 3 次均为二叶例，3 次二叶的第一叶都是承自吴棫，第二叶即朱子自创，自创者均以审母"始"字改叶崇母"俟、涘"二字，以审母混叶崇母，其中既有照三混照二的信息，又有全浊清化的内容，详前文"全浊清化"之齿音照穿床审禅组。

3.2 知照相混

此乃舌上音知、彻、澄三组与照二的庄、初、崇和照三的章、昌、船、禅之间的混合。这个音变现象在宋代之前的语音材料比较少见，以今所见语料，可能始出于北宋，南宋已成规模，应当引起我们的重视。朱子音叶中共有 16 字 22 条，分两组论列之，第一组为单音叶 11 字次，第二组为注二音及重复音叶者 5 字 12 次。

展陟战反，叶诸延反，知/章 邶风君子偕老三

鼂陟遥切，职夭反，知/章 楚辞哀郢 81

浊直角切，叶殊玉反，澄/禅 小雅四月五

赭音者，叶陟略反，章/知 邶风简兮三

枕章荏切，叶知险反，章/知 陈风泽陂三

众之仲切，叶直恭反，章/澄 楚辞招魂 139

庶章恕切，叶陟略反，章/知 小雅楚茨三

寿殖酉切，叶直酉反，禅/澄 小雅南山四

常市羊切，音长，禅/澄 楚辞渔父 117

伥丑亮切，初亮反，彻/初 大雅江汉五

蛋丑辖切，初迈反，彻/初 小雅都人士四

抒神与切，上与、又（丈）吕二反，船/澄 楚辞惜诵 73

挚职日切，挚如字即说叶税、挚音哲即说音悦，章/知 楚辞天问 63

折旨热切，蔽如字即折叶音制、蔽音鳖即折音哲，章/知 楚辞离骚 22

折旨热切，音哲 3 次，章/知 齐风东方未明三章、楚辞大司命 38、楚辞山鬼 44

中陟弓切，叶诸良反，知/章 邶风桑中一

中陟弓切，叶诸仍反 2 次，知/章 秦风小戎二、大雅召旻六

炙音隻,叶陟略反,章/知小雅瓠叶三
炙之敕反,叶陟略反,章/知小雅楚茨三
炙之石切,叶陟略反,章/知大雅行苇二

第一组11字中,"展、鼂"2字本音知母,注叶之音为章母。"展"的常用音是上声狝韵知演切,朱注其本音为去声"陟战反",此乃据《释文》,"叶诸延反"乃自制切语,则以章母混叶知母。"鼂",朱子确定为朝暮之"朝"的通假,本音"陟遥切",知母。朱注其音"职夭反",则切上字为章母,此以章混知。但在《湘君》"鼂骋骛兮江皋,夕弭节兮北渚"(34页)句下,同一"鼂",朱注曰:"鼂与朝同,陟遥反",与本句的"职夭反"构成同音异切,其切上字"陟""职"同纽。

"浊"本音澄母,叶音禅母,线索清晰。"赭、枕、众"3字本音章母,注叶之音为知母或澄母,其混注舌上音的线索清晰。

"庶"本为审母,在《楚茨》中叶知母"陟略反",出于"为豆孔庶"句,看起来似为以知母混注审母,其实不然。"庶"朱子注其义"多也",此义与《广韵》御韵商署切"庶,众也"相合,从句中语义看,诗中"庶"完全应当读为"商署切"。如果需要将去声"商署反"转读入声叶音,照理可叶"商略反"(或"叶音硕"),不当叶读知母"陟略反"。朱叶"陟略反"字面上当然是以知母叶审母,涉及舌上音与正齿音相混,全清与次清相混两种混注。查"庶",《广韵》无知母读,但《集韵》有章母的上、去两读,上声读为语韵掌与切"庶,驱除毒蛊之言,周礼有庶氏",去声读为御韵章恕切"庶,除毒蛊也,周礼有庶氏,掌除毒蛊",可见上去同义。许世瑛认为朱"叶陟略反"是根据"庶"的"章恕切"异读作的叶音,此说有理。今按,"庶,叶陟略反"不见于《补音》《韵补》,当是朱子自创的叶音音切,根据被注字"庶"的多音情况看,朱子应当是将"庶"先读作"掌与切"或"章恕切"的异读,再转读入声叶韵①。在转叶入声之时,受口语知章混读的影响而无意间注成了知母,其间并无审母与知母的混读,却有知照合流。

"寿、常"本音禅母,注叶之音澄母。禅母"寿"字,在《南山》中因为要与上声谐韵,朱子叶其"直酉反",澄母字,此为以澄母改叶禅母。同一个"寿"

---

① 按,朱子古音条例中有鱼模-药铎之间的转读,此为四声互用,参刘晓南2015。

字在《大雅·江汉》第六章"天子万寿"句下,《周颂·雍》的"绥我眉寿"句下,均"叶殖酉反",亦为禅母,与澄母的"叶直酉反"构成同音异写。

"常"注"音长"条。"常"不是《楚辞》本文中字,是朱熹在《渔父》"宁赴湘流"句下给"湘"字作校的一个音注。朱子指出"湘"字《史记》引作"常",然后说,"常"字"音长"。这种随手而作的音注,脱离韵书的羁绊,恰恰完全按口音来写,而将禅母的"常"音注为澄母的"长",表现了禅澄相混。

"邺、虿"2字本音彻母,注音声母无意间误为初母。其中"虿"字稍显特别,《广韵》丑犗切,《集韵》丑迈切,朱子注音"初迈反",可能是取《集韵》之切语作其音注,却误注了切上字,造成以初母混注彻母。

第二组5字中,"中、炙"的混叶线索清晰,不论。"抒、挚、折"3字略作考论如下。

"抒"注两音,其第二音"又吕反",当为"丈吕反",有两个证据,一是该两音承自洪兴祖补注,在《惜诵》本句下,虽然洪本"抒"写作"杼",但洪氏注明"杼"的音义后又指明其有异文,请看:"杼,渫水漕也,音署。杜预云:申杼旧意。然《文选》云:抒情素。又曰:抒下情而通讽谕。其字并从手,上与、丈吕二反。"(121页)对照朱子之音,可知"又吕反"原本是"丈吕反"。二是元天历三年陈忠甫刻本、朝鲜本都作"丈吕反"。抒,在韵书有多种读音,《广韵》有船母神与切,邪母徐吕切,《集韵》有禅母上与切等,朱子承用洪兴祖音,将"上与、丈吕"两音并列,则似有示传闻见,广异闻的意味,如果说"上与反"对应《集韵》的禅母上与反,那么"丈吕反"似应当对应于《广韵》的船母神与切,但洪、朱却均误将切上字写作"丈",混于澄母了。

"挚、折"两字的叶音都是二叶例,其共同特点就是:所在韵段的韵脚,一读去一读入。

"挚"所在韵段乃"挚、说"相押。"挚",古人名,《广韵》至韵脂利切(《集韵》同),《集韵》又有质韵职日切:"挚,姓也",本有去入两读,无论去入都读章母。在《天问》中与"说"押韵。"说"也有去入两读,所以朱子定为去入二可之叶,大概朱子认"挚"本音为《广韵》的脂利切,"说"的本音为"悦",所以注:"挚如字(即读去声本音),即说叶税(去声),挚音哲,即说音悦"(63页),"挚音哲"乃依"说"读入声而作的叶音,没有叶"浙"或"折"等章母字,而是叶音"哲",哲字《广韵》《集韵》都是"陟列切",知母。

"折"所在的韵段"折、蔽"相押,亦一去一入。折,《广韵》有杜奚切、常列切、旨热切三音。朱子将"折"叶去时"折叶音制",章母,那么朱在此将其本音读为旨热切。问题就出在:用"折"叶入声时,没有写上韵书的切语"旨热切",而是写了一个直音:"叶音哲",而"哲"的韵书音为"陟列切",知母,则以知母混叶章母。同样,在《东方未明》《大司命》和《山鬼》给"折"注音也是"折音哲",看来在朱子口中并无知章之别了。

3.3 船禅相混、从邪相混

船禅相混跟从邪相混都是老话题,在颜之推《颜氏家训》、陆氏《经典释文》以及《切韵》时代的语音资料中早已出现,学术界已有许多论著讨论这两个问题,两组声母的合并至少在唐代就已成型。若以中古41组为背景讨论朱熹音叶中声母的变化,则两种音变在朱子音叶中也有显著的表现,揭橥于此无非以为古音变之佐证而已。之所以不再重新起题,而是附于知照合流之后,是因为这是老旧的话题并非新起之音变现象,同时它属于齿音的缘故。

3.3.1 船禅相混。4字次。

绍 市沼切,实照反,禅/船 陈风月出三

抒 神与切,上与、又吕二反,船/禅 楚辞惜诵73

杼 神与切,常与反,船/禅 楚辞哀时命162

蛇 市奢反,叶于其、土何二反,船/禅 小雅斯干六

绍,韵书读禅纽,《广韵》《集韵》均市沼切,无去声读。朱注"实照反"取自毛晃《增韵》①,毛氏确认浊上字"绍",已经有去声的读音,因而在去声笑韵收之,但却收入了实照切小韵,"实"属船母,因混禅于船。毛氏之混,朱氏之所以取用,是为了要在诗中读"绍"为去声,因为本章中"绍"处于韵脚,要与"照"等去声字谐韵,至于其切语声母是船是禅,朱子恐怕是没有什么感觉的。请注意:朱子是直注"实照反"而没有加"叶",其原因恐怕就是实际语音中"绍"已读去声,且两个声母早就混合了。顺便说一下,我们还是看到,在《大雅·抑》第三章"弗念厥绍"句下朱子注"绍"音"市沼反",是因为这个

---

① 影印文渊阁四库237册,523页。

"绍"字要与"叶子小反"的"酒"字押韵，所以必读上声，但朱注同样不加"叶"，可以看出，他承认"绍"有上声之读。"绍"在《诗集传》上、去两注，无疑告诉我们，"绍"在当时仍存在着上去两读。

"抒"字注两音，前文已讨论了"又（丈）吕反"是船澄相混，这里再看"上与反"一切。"抒"字《广韵》只有船母神与切一读，《集韵》只有禅母上与切一读，可知《集韵》是将"抒"从船母改归禅母，其实也是将《广韵》语韵的"纾，神与切"（船）、"墅，承与切"（禅）两小韵合并为一个小韵。洪兴祖注"上与反"，朱子承用，该注依《广韵》则神禅混，依《集韵》则音和，其实就是唐宋音船禅混的表现。从洪朱之注亦可见宋人不辨神禅两母。

"蛇"字先注后叶，这里讨论其注音"市奢反"，不论叶音，该注音以禅混船。蛇，《广韵》麻韵食遮切"毒虫"，船母，但在麻韵又收"蛇"的又音"市遮切"，就是说，《广韵》本身就已出现船禅相混。后来《集韵》将"蛇"改收入禅母"时遮切"，实际上是将《广韵》蛇（船）、闍（禅）二纽合并为一纽。与上面"抒，上与反"一样，朱注"市奢反"的音从《广韵》看是船禅混，从《集韵》看是音和，虽然前有所承，但同样反映了宋音中船禅混合的实际。

3.3.2 从邪相混。4字5次。

诵_{似用切}，叶疾容反，邪/从_{小雅节南山十}

鲔_{徐吕切}，才吕反，邪/从_{齐风敝笱二}

羡_{祥面切}，饯面反，邪/从_{大雅皇矣五}

瘁_{秦醉切}，似醉反2次，从/邪_{小雅出车二、小雅蓼莪二}

诵，韵书读邪母"似用切"，在《节南山》中，朱子将其叶平声时，声母写成了从母的"疾"，但在《楚辞·九辩》"欲循道而平驱兮，又未知其所从。然中路而迷惑兮，自厌按而学诵"（125页）中，同一个"诵"叶平声，却写作"叶夕恭反"，显然是从、邪两母的同音异写。

羡，韵书读邪母"祥面切"，朱子在《皇矣》中注音"饯面反"，切上字"饯"韵书音为慈演切，从母，乃以从注邪。又在《十月之交》八章"四方有羡"句中，注"羡"为"徐面反"，此属邪母，与"饯面反"形成同音异写。

瘁，《广韵》秦醉切，从母，朱子两次注其音为"似醉反"邪母，以邪混从。又在《小雅·雨无正》四章"曾我暬御，憯憯日瘁"，下注瘁为"徂醉反"，从母，与前两个邪母的注形成同音异写。

四、影喻合流

影喻合流，从《切韵》音的角度来看，是影与云、以的混注。云、以两母在朱子之前早已混合，但在朱子音叶中仍有云、以混注现象存在，故援"从邪混注"之例，仍将云、以合流列出。

4.1 云以相混

云、以相混的语料较多，14字18次。可分二组讨论。其一为"友右永侑又4有游犹用育2聿遹蛇"等13字，17次。其二，"涘"字1次，其叶音比较独特，单独列出并给予说明。

友云九切，叶羊里反，云/以楚辞橘颂98
右于救切，叶音由，云/以周颂我将
永于憬切，叶弋亮反，云/以周南汉广一
侑音又，叶夷益反，云/以小雅楚茨一
又于救切，叶夷益反，云/以小雅小宛二
又于救切，叶由、怡二音，云/以小雅宾之初筵二
又于救切，叶夷益、夷豉二反，云/以小雅宾之初筵五
又于救切，叶夷昔反、或如字，云/以小雅南有嘉鱼四
有云久切，叶音以，云/以楚辞反离骚240
游以周切，叶云俱反，以/云小雅白驹三
犹以周切，叶于救反，以/云小雅小旻三
用余颂切，叶于封反，以/云小雅小旻一
育余六切，叶曰逼反2次，以/云大雅生民一、周颂思文
聿徐律切，于笔反，以/云大雅文王六
遹徐律切，于橘反，以/云大雅抑十二
蛇市奢反，叶于其、土何二反，(以)/云小雅斯干六；

涘音俟，叶以始二音，(云)/以王风葛藟二

第一组13字中，"右永侑有游犹用育聿逼"等字线索清晰，不必论。此外"友"字，朱子在《诗集传》中9次"叶羽已反"、1次"叶羽轨反"，均为云母，仅《橘颂》1次"叶羊里反"为以母，而此"叶羊里反"恰与前9次云母的叶音构成同音异写。

云母"又"字，叶音4次，因为其中有三次出现"两音叶"，总计却有5个切语。5切语的切上字用"夷"3次，另两次用的是直音"由、怡"，5次全都为以母。

"蛇"字，上文讨论了其注音的船禅混，这里再论其叶音中的云以混。该字在《小雅·斯干》中是先注后叶，注"市奢反"是禅母，"叶于其、土何二反"，其"云、以"相混是在"叶于其反"一切。查"蛇"，韵书共载有6音，其中"食遮切"、"唐何切"、"汤何切"与"余遮切"是"毒虫、虫"义，另有喻母"弋支切"是"委蛇"义，澄母"陈知切"是"殹蛇，地名"。朱子在《诗经》中给"蛇"字作的3个叶音不出这个范围，"叶于其反"，应当就是采用"蛇"字韵书"弋支切"又音作叶，只是在自制切语时写作了"于其反"，声母变成"于"，用云母混叶了以母。相对"蛇"的本音"市奢反"而言，"叶于其反"是借用异读的叶音，相对于原异读"弋支切"而言，是无意中之直改其音。故叶音的上字所改动的是"弋支切"的上字，原属以母，改叶时无意间改写为云母的"于"，所改的对象是以母"弋"字，所以表中混叶方式是被改声母用括号（以），表明所改动对象非本音声母。

第二组"涘"字1次。"涘"字本音读崇母，其改叶之音也是另有其主，而非其崇母本读。"涘"与"俟"两个从矣得声的字，吴棫《韵补》收入上声五纸羽已切小韵，这是吴棫根据其声符"矣"（按：矣，《广韵》于纪切、《集韵》羽已切）推出的古音。"俟"在诗中入韵2次，朱子一"叶羽已反又音始"、一"叶于纪反"；"涘"在诗中入韵3次，朱子一"叶矣、始二音"、一"叶以、始二反"（按"二反"当作"二音"）、一"叶羽已反"。从朱子所叶来看，这两个字的叶音与《韵补》大致相同，主要"叶羽已反"或"叶于纪反"或"叶音矣"，都是云母，唯独"涘"字在《葛藟》中有一次写成了"叶以"，以母。这个叶音"以"无论如何都与叶音"矣"构成了同音异写，在这里以母的"以"与云母的"矣"读音相同，可见其声母用以母与用云母并无区别。

4.2 影喻相混

影喻相混有 5 字 6 次。

矣云纪切，叶於姬反，云/影小雅十月之交五

遗以追切，叶乌回反，以/影小雅谷风二

远云阮切，叶於圆反 2 次，云/影小雅角弓一、小雅角弓二

囿于救切，叶音郁，云/影大雅灵台二

鴥余律切，伊橘反，以/影秦风晨风一

5 字之中，"矣、遗、远"的混叶线索清晰，不必论。

"囿"本有去声宥韵于救切、入声屋韵于六切两读，两读义同，属于同义异读。在《大雅·灵台》第二章中与入声屋韵"伏"字谐韵，朱注叶音，则可知其去声一读是常用音，入声一读非常用。问题是，与屋韵"伏"字押韵，"囿"本就有入声屋韵异读"于六切"，可以说是顺理成章。然而，朱子在制作叶音时，给囿字自制了一个直音"叶音郁"，虽然仍是屋韵的音，但却将本读"于六切"云母的"囿"，写成了读为"於六切"的影母的"郁"，这也可以证明在朱子口中"于六切"与"於六切"切出的音是同一个音。

鴥，宋本《诗集传》的字形作左鸟右穴的"鴥"，而韵书都作左穴右鸟的"鴥"，《广韵》鴥"馀律切""飞快"义，与朱子注"鴥，疾飞貌"同义，所以知该字本音为以母，朱自制切语注为"伊橘反"，声母为影母。

五、诸家异同与量化比较

5.1 诸家异同

5.1.1 诸家异同概况。经过逐条检核与考证，包含"全浊清化"在内，总共获得能反映宋代通语声母演变的语料两百余条，其中"全浊清化"的资料最多，最为复杂，上章已作单独的讨论。现在我们沿用同样的方式，来综合讨论除全浊清化之外的其他四种反映通语声母音变的语料。讨论分两步进行，第一步将我们所得与许、王两家的混注个案比较异同，并就差异部分作出说明。第二步整合所有语料，进行量化比较，结合语音史考察朱熹音叶所

反映的宋代通语声母面貌。

针对全浊清化之外的四大音变所作的量化比较，实际比较的对象不止四项。由于其中"知照合流""影喻合流"两项又有下位分类，其中"知照合流"分立4小项，"影喻合流"分立2小项，共计6项。上文列举语例考论时就已经指出，这6个项目各自来历不同，性质有异，因而不便归并到其所附属之大项内进行统计，所以，在下表的统计中仍各自单独统计。6小项加上另外2大项，统计比较实际上有8项，下面列出每组名称及各组所包含的内容：

一是非敷组。仅指轻唇音非母与敷母相混。非敷与奉母的相混归于全浊清化，不在此列。

二是泥娘组。舌音次浊一四等与二三等间的相混。

三是从邪组。齿头音的浊塞擦音与浊擦音之间的相混。

四是船禅组。正齿音的浊塞擦音与浊擦音之间的相混。

五是云以组。喉音次浊喻三与喻四间的相混。

六是影喻组。喉音次浊与清音的相混，即影母与云以两纽之间的相混。

七是庄章组。指中古照二与照三之间的相混，含庄初崇生与章昌船书禅九母。

八是知照组。舌头与正齿相混，即知彻澄与庄章、初昌、崇船禅之间的相混。

比较8组混用条目的诸家异同时，仍然列出"字""次"两项，用"/"区分本表与前人的异同，"/"线前为与前人相同的字，线后为本表异于前人或前人异于本表的字。

	本表，69字110次	许文，37字49次	王文，24字30次
非敷	风8苇阪2幡封分2反2/枫雾2芬蝮髴，12字23次	风5苇阪幡，4字8次	风2封分2反阪/纩，6字8次
泥娘	南8能/男年3匿，5字14次		南2能，2字3次
从邪	诵/鲔羡瘁2，4字5次	诵，1字次	
船禅	绍抒蛇/杼，4字次	绍，1字次	抒蛇，2字次
云以	右永侑又4有游用犹育2蛇/聿遹友，13字17次	右永侑又4有游用犹育，9字12次	犹有用蛇，4字次

续 表

	本表,69字110次	许文,37字49次	王文,24字30次
影喻	矣遗远2圉骯,5字6次	矣遗远2圉骯,5字6次	矣远,2字3次
庄章	争昭瞻2臭事5俟涘2侁施4/浞,10字19次	争昭瞻2臭事4俟涘,7字11次	昭2瞻侁施2,4字6次
知照	中3展枕赭炙3折3邕蚩庶/挚毫众浊寿常抒,16字22次	中3展枕赭炙折邕蚩庶/葚,10字12次	中2展邕蚩,4字5次

5.1.2　异同说明。许王二文"怀葚"2字次本文未取,说明如下。

怀,出于《周颂·丝衣》"丝衣其怀孚浮反,载弁俅俅"句。朱注义"怀,洁貌",此义来自毛传"怀,洁鲜貌",其音也取自《释文》"怀,孚浮反"①,但《广韵》该字作非母甫鸠切:"怀,诗传云:洁鲜貌",《广韵》尤韵又有敷母匹尤切:"怀,说文云白鲜衣皃"。这应当是《广韵》混用非敷,朱子直接抄释文,不取《广韵》,还看不出是否一定反映非敷混并,所以暂不收入非敷相混例中。

葚,即《卫风·氓》第三章"无食桑葚"句下朱注"葚,音甚,叶知林反"条,陈鸿儒(2012,244页)说:"《氓》三章:'桑葚'韵'士耽',朱叶葚知林反。叶葚知林反者,读葚作椹,'无食桑葚',《释文》:'葚,本又作椹。'椹有知林切一读。"核查《释文》原文:"葚,本又作椹,音甚。"陆氏认为"葚"的异文"椹"也要读"葚"音。但《广韵》并不认同这个异文,曰:"椹,俗用为桑椹字,非。"所以《广韵》中"椹"只有知林切一音,朱子"叶知林反"实乃依旧所传异文之常用音来作叶,异文之异读与本音为并列之两音,之间并无互改,是为假混,似不应用作知、禅两母混注之证。

与诸家相较,本章新增"枫雾2芬蝮髹男年3匿鲔羡瘁2杼聿遹友浞挚毫众浊寿常抒"23字27次。

5.2　量化比较

5.2.1　数据比率。我们仍然以5％为预期,统计上述8种混注在整个朱熹音叶中所占"总""叶"两种比率。

---

① 《十三经注疏》603页中栏。

	音叶总比						叶音比率					
	总音叶字次		总混字次		总混比例		叶音字次		叶混字次		叶混比例	
	字	次	字	次	字	次	字	次	字	次	字	次
非敷	69	135	12	23	17.4%	17%	27	66	9	19	33.3%	29%
泥娘	38	104	5	14	13.2%	13.5%	10	35	5	14	50%	40%
从邪	113	169	4	5	3.5%	3.0%	43	69	1	1	2.3%	1.4%
船禅	61	111	4	4	6.6%	3.6%	24	46	0	0	0	0
云以	169	360	13	17	7.7%	4.7%	50	143	11	15	22%	10.4%
影喻	322	666	5	6	1.5%	0.9%	84	213	4	5	4.8%	2.3%
庄章	300	540	10	19	3.3%	3.5%	97	187	9	18	9.3%	9.6%
知照	360	605	16	22	4.4%	3.6%	97	176	11	15	11.3%	8.5%
合计	1432	2690	70	112	4.9%	4.2%	432	935	50	87	11.6%	9.3%

5.2.2 数据解读。表中数据有两种解读，一为一般解读，二为重点解读。

5.2.2.1 一般解读。如果以5%为预期标杆，表中8组数据大致可归为4个部分。一为超标，含"非敷、泥娘、云以"三组；二为合标，含"知照、庄章"两组；三为部分合标，含"船禅、影喻"两组；四为差标，含"从邪"一组。无论各组数据怎么参差，整体来看，"合计"的4个比例数据是合乎预期的，因此，从整体上看，8组音变原则上可以成立。

8组分组数据各自程度不同，若纯从数据的角度看，"从""邪"两母仍各自独立，"船"与"禅"、"影"与"喻"可能各自独立，但这样解读却与语音史不能吻合。据已有的研究成果，8组混注所表现的音变，在历史上发生与发展的时间与程度是不同的。泥娘几乎从《切韵》产生之日起，是否独立就存在争议；从邪、船禅的相混也出现很早，最早可以追溯到晋代徐邈、北齐的颜之推和隋唐间的陆德明，它们在通语中合并应当早于宋代。庄章、云以的相混，至少在唐代就出现，到韵图36母就已完成。非敷的相混大概是在轻重唇分化之日起就已存在，而且不久就已合并。以上六组其实都是老话题，不代表宋代语音。只有影喻、知照两组出现较晚，大致出现于中晚唐，完成于宋代。也就是说，8组混注语料，真正表现宋代音变的只是影喻与知照两组。

这样来看"从邪"组的差标,"船禅"组的部分不合标,都可以由语音史来否定,将这个数据看作朱子刻意维护韵书雅音的结果。而超标的"非敷、泥娘、云以",合标的"庄章"4 组,统计数据完全符合语音史的发展,都能确认反映宋代的声母音变。

5.2.2.2 重点解读。由于"影喻、知照"两组在宋代语音史中地位重要,其中"影喻"组还有部分不合标的问题,需要讨论,"知照"组虽然合标,但该数据能否真实反映实际语仍有必加以特别的说明。

先看知照组的 4 个数据,仅总混比例"次"的数据略低之外,其他 3 个均合于预期,甚至叶音比例的两个数据均远超预期比例,这个数据说明在朱子语音中,知照两组之"戛、透"对应的音之间互混程度很深。

再看知照两组互混的范围与分布,16 字 22 次混注,遍布知彻澄与照(庄章)穿(初昌)船禅(崇)诸纽。下面列简表展示知照之间的叶注全部字例,表中单列被音叶字,再附上括号并列被音叶字及用于音叶的字与次,以"/"分开,线前为被音叶字,线后为用于作音叶的字,请看下表:

  知-照:以知叶章:赭(赭/陟)炙(炙 3/陟 3)挚(挚/哲)
         折(折 3/哲 3)庶(庶章/陟)
    以章叶知:中(中 3/诸 3)展(展/诸)
    以章注知:鼌(鼌/职)
  澄-照:以澄叶章:众(众/直)
  澄-禅:以澄叶禅:寿(寿/直)
    以澄注禅:常(常/长)
  澄-船:以澄注船:抒(抒/丈)
  彻-穿:以初注彻:彴(彴/初)蚩(蚩/初)

表中显示知彻澄与照穿船禅诸纽都有混注,并无死角,基本实现了全覆盖。从数量上看,知母与照母之间混注最多,其次澄与船禅,最少的是彻与穿。混注数的多少或许表现了对应戛透音的混并程度有深有浅,但从整体上看,舌上与正齿两组声母的分别已经消失,应当合为一组。

影喻组的情况相对复杂一些。它们的混注只有 5 字 6 次,绝对值不高,其混用比例相应较低,4 个统计数据中只有叶音比例的"字"一个合标,另三个均低于预期,不合标准。是否合流,仅凭数据还难以定论。观察混注的 5

个字,有如下特点:

一是被注字平声字少(仅一个"遗")、仄声字多(有4个:"矣远囿欪"),此可名之曰"平少仄多"。

二是注音字少(欪)、叶音字多(遗远囿欪),即"音叶"之中"音少叶多"。

这种分布的倾向非常明显,即混用主要在仄声字或叶音的部分出现,或者换言之,朱子在给平声字作音叶或给疑难字注音时,一般不会混影、喻两纽。我们认为这应当有其内在原因。

其一,"音少叶多"当与音叶的根据有异相关。给疑难字注音朱子主要参考韵书音释,音之有据,即算口中混用,也因为有韵书、音义的准确记录,一般不混是正常的。而叶音则无韵书可依,多为自制。自制音切常有口语音的干扰,口语中的混用就能较好地反映出来。

其二,"平少仄多"可能与平仄音节的实际语音表现不同有关。在平声字中影喻两纽虽然作为音节首音的音值已然混同,但作为伴随特征的声调区别仍然清晰,此所谓"声母之清浊乃一变为声调之阴阳"①,如果取零声母的阳平字音叶喻母,取阴平字音叶影母,求取声调之和就会表现为声母清浊之相符,此似可为平声的音叶影、喻一般不易混淆提一解释。

为什么平声字"遗"字又混了?"遗"作为"遗忘"义本读以追切,止摄合口三等细音,在《谷风》中为了与灰韵一等洪音谐韵,朱"叶乌回反",虽然上字用了影母,但切下字用"回"似仍有保留浊平调的意思。

同样,上声"远"要叶平声,朱改叶"於圆反",也是上字影母清音,用浊平切下字来暗示其声调当属阳调。可这还是被明辨清浊的吴人陈埴批评道:"於圆切,'於'当作'于'"②。

最有意思的是"囿叶音郁",这是将本读去声宥韵"于救切"的音改叶入声屋韵。如果仅仅只改韵的话,就应当叶"于六切",而实际注的"叶音郁"恰恰不是于六切,而是"於六切"。《广韵》屋韵于六切小韵收两个字,除"囿"外还有"宥"字,《集韵》屋韵乙六切收字稍多,共有"囿、宥、宥、鴥、萳"等5字,选择同声母叶音字的还是有的。在并非无字可选的情况下,选用一个非本音

---

① 罗常培《中原音韵声类考》中语,见《罗常培语言学论文集》,商务2004年,86页。
② 语见辅广《诗童子问》附《协韵考异》,影印文渊阁四库本74册,419页。

声母的字，这种不同于韵书的结果，恐怕就是制作叶音时没有查韵书，仅是据口中语音作的叶。如果是这样，那么在朱子口中"於六切"的"郁"与"于六切"的"圉"，整个音节语音没有区别，选谁都一样。这也说明，除了平声在声调上可能表现一些差异，在仄声的范围内，影、喻两母的音节，读音并无差异，影、喻两母实际已经混同。

总之，影、喻两纽音变的趋势是平声音节由于声调的原因，还能勉强维持其分别，仄声则随着声纽的合并，声调并无异读，原先有差异的影、喻音节也合并了。可以说，仅从声首辅音的角度看，影、喻已经没有差别，合二而一了。

六、结论：9项音变和21声纽

6.1 声母9项音变

综上所述，反映声母系统变化的五大音变，全部细节落实下来，实际上可以细数之为9项音变。这里的8组混用全部都可以确认反映了通语声母之间的合并，再加上前文讨论的"全浊清化"，朱子音叶中反映通语声母变化的音变实有9项。但从语音史进程来看，9项音变中发生的时间并不相同，其中发生最早的古老音变是"从邪合流""船禅合流"，这在中古初期的文献中就已发生，是最为古老的音变。"泥娘"稍后一点，但也是不会迟于中古中期，因为在《切韵》音系中就有了其影子。"非敷合流""云以合流"在唐代文献中已经发现了其身影，其发生时间必定早于宋代，"庄章合流"在宋代的《切韵》系韵图中早已完成，也应当发生于宋之前。那么9项音变中可以肯定发生于或主要见于宋代的当属"影喻合流""知照合流"和"全浊清化"3项。

无论其发生的年代是早是迟，9项音变都在朱熹音叶得到体现，而且也可以判定在实际语音都是已经完成的音变，它们分别是：

1. 全浊清化
2. 从邪合流
3. 船禅合流
4. 泥娘合流

5. 非敷合流

6. 云以合流

7. 庄章合流

8. 影喻合流

9. 知照合流

6.2 通语声母系统:5 音 21 纽

我们可以根据这 9 种混用来归并中古声母,以获取朱子音叶中所反映出来的南宋通语的声母系统。不过,其中"全浊清化"音变后的送气与否比较特殊,即清化后归于全清还是次清的归并模式与通语不同。这可能受朱子口中方言影响,表现出闽音的清化方式,我们将在本卷后文闽音声母部分讨论。既然朱子语料无法提供通语清化之后送气与否的归并模式,我们只得略作变通,借用时代比较接近又比较经典的模式,即《中原音韵》的归并模式,来归并全浊声母清化时的送气还是不送气。

我们将以宋元切韵学的五音为纲,以中古音系 41 纽为起点,根据上述 9 种混注归并各自对应的中古声母,确立朱子时代的通语声母系统。

9 种音变中贯穿五音的是"全浊清化",全浊清化之后,原全浊字分别归入对应的清声母之中,按照中原音韵音系的归并模式是"平透仄戛"即全浊平声字音归送气清母,全浊仄声字音归不送气声母,中古 41 纽中的全体全浊声母"並奉、定澄、群、从邪、崇船禅、匣"依此分别归入相对应的清声母中,全浊 11 纽消失。具体情况看五音的归并。

唇音方面,原有重唇、轻唇 8 纽。

重唇並母归入帮、滂,明母不变,重唇共有 3 纽:帮滂明。

轻唇方面非敷合流,奉母并入,则非敷奉合流,微母无混注继续独立存在,则轻唇仅余 2 纽:非微。

唇音的 8 纽至此变为 5 纽:帮滂明非微。

舌音方面,原有舌头舌上 8 纽,外加半舌音来母,共 9 纽。全浊"定澄"消失,知照合流,知彻归入照系,泥娘合流,娘母消失,舌音至此变为 4 纽:端透泥来。

牙音方面最为简明,原牙音 4 纽中仅全浊群母消失,并入见溪纽,变为 3

纽:见溪疑。

齿音方面原齿头、正齿 14 纽,再将半齿音日纽归正齿,共 15 纽。可分齿头、正齿两组来谈。

齿头音 5 纽,"从邪"清化之后,剩 3 纽:精清心。

正齿音庄章合流后,成为照组 5 纽,全浊清化后,船禅消失,剩下"照穿审"3 纽,当然其中包含了知组三纽的内容,再加半齿音日纽,正齿音共有 4 纽:照穿审日。

喉音方面原 5 纽,云以合流为喻纽,影喻合流为零声母,仍可称为影母。全浊匣母清化归晓母,喉音至此变为 2 纽:影晓。

经过 9 项音变归并分离之后,可得朱熹音叶所反映的南宋通语的声母系统为 21 母,这与王力先生的结论相同,但由于需要剔除羼杂的方音成分,在具体合并归属的细节上,我们与王先生略有差异。下面列出朱熹音叶声母表,括号中列出所归并的中古声母。表中除知组船禅的归属略显模糊外,其他各母的界限是清晰的。

唇音:帮(帮並仄) 滂(滂並平) 明(明) 非(非敷奉) 微(微)

舌音:端(端定仄) 透(透定平) 泥(泥娘) 来(来)

牙音:见(见群仄) 溪(溪群平) 疑(疑)

齿音:精(精从仄) 清(清从平) 心(心邪) 日(日)

　　　知(知照澄仄) 彻(彻穿澄平) 审(审船禅部分)

　　　船禅部分仄) 船禅部分平)

喉音:晓(晓匣) 影(影喻)

将上表简化,牙喉音合为一组仍称为喉音,正齿音改称腭音,并给出参考拟音,即如下表:

唇音:帮 p 滂 pʻ 明 m 非 f 微 v

舌音:端 t 透 tʻ 泥 n 来 l

齿音:精 ts 清 tsʻ 心 s

腭音:知 tʃ 彻 tʃʻ 审 ʃ 日 ʒ

喉音:见 k 溪 kʻ 疑 ŋ 晓 x 影 ∅

第四章　从音叶看南宋通语的韵部系统

利用朱熹音叶及相关语料研究南宋通语韵部系统以及韵部特征，主要有许世瑛（1974）、王力（1982）、赖江基（1986）和陈鸿儒（1992）四家。诸家对南宋通语的韵部系统及语音特征多所阐发，但也有分歧，尤其是韵部系统差异颇大。为消除分歧，取得比较符合实际的认识，笔者（2016）曾扩大研究范围，增加朱熹诗文用韵等新语料，比对诸家异同再作穷尽考察与研究，发表了一些自己的观点，现综论于下。

一、分歧、原因及对策

1.1　诸家的研究

上世纪七十年代，中国台湾学者许世瑛运用《诗集传》叶音材料，探讨"朱熹口中"舌尖元音问题，将一批止摄精庄组字的叶音聚合起来考察，实际上已经接触到了后来学者提出的南宋韵部"资思部"的问题。接着许氏又发表系列论文，讨论朱熹口中的"阴入""阳入"相混以及声调的"浊上归去"等宋代语音的韵部特征问题，但尚未归纳韵部系统。

最早运用朱熹语音资料研究宋代通语韵部系统的是王力先生，他在1982年刊发的《朱熹反切考》中首次提出了朱熹语音的韵部系统：32韵部。32部韵系是迄今可以见到的最早的朱熹语音的韵部系统。就在王先生论文刊发的同一年，赖江基《从〈诗集传〉的叶音看朱熹音的韵系》一文写成，四年后即1986年，刊于中华书局编发的《音韵学研究》第二辑。赖江基归纳朱熹语音的韵系为33部。1992年，又有陈鸿儒《朱熹用韵考》刊发，该文归纳朱熹韵部为22部。至此，运用《诗集传》叶音及相关语料来考察宋代韵部系统的论文已经出现了三篇。

三篇论文都是通过《诗集传》《楚辞集注》的叶音及据叶音推得的反映朱熹实际语音的《诗经》《楚辞》押韵体系①,来探讨南宋时代通语的韵部系统。使用的方法大概都是比较音叶的切下字与被注字之间的韵部异同,推测韵部的变化,系联押韵体系中的韵脚,聚同别异,归纳韵部而得到朱熹的韵部系统。

诸家的研究材料相同,研究方法基本相同,照理所得结论也应当相同或大同小异。可事实并非如此,仅看各家韵部系统的数字,就差异很大。从具体内容来看,大到归纳韵部,小到部分韵字的归属,三篇论文都有很大的不同,俨然鼎足而三。历史上朱熹语音的韵部系统当然只有一个,三篇论文却给我们展示了三种可能,分歧显著,这表明朱熹音叶及相关材料所反映的韵部系统问题并没有完全解决。朱熹音叶的韵部系统究竟是什么模样?为什么同样的材料采用基本相同的方法研究,却出现了如此大的差异?应该怎么做,才能有效地解决这个问题?

1.2 三家韵系异同

我们编列三家韵系异同对照表,展示三家韵系在立部与音类归属上的差异。本表以王力先生32部为纲,详列王先生韵系的韵部及所含韵类,再对照列出赖、陈两家以比较同异,同时以括号列出两家各部所收韵类的差异。表的左端附列各部对应的中古音的韵摄,以观察各部之分野。为了有效的进行比较,表中调整了各自的韵部排列顺序。

《诗集传》三家韵系异同对照表

对应的中古韵摄	王力 32 部(1982)		赖江基 33 部 (1986)	陈鸿儒 22 部 (1992)
	各部所含广韵韵类	部名		
通平上去	东冬钟	东钟	东钟	东钟
遇	鱼虞模	鱼模	鱼模	鱼模

---

① 按,其实就是笔者所说的诗骚朱熹韵系。

续 表

对应的中古韵摄	王力 32 部(1982)		赖江基 33 部(1986)	陈鸿儒 22 部(1992)
	各部所含广韵韵类	部名		
止蟹	支脂之微齐祭废	支齐	齐微	支齐
	止开三齿音精庄组 27 字	资思	资思 14 字	资思 19 字
	佳皆咍泰夬	皆来	皆怀(佳咍夬)	灰皆(灰咍皆泰合夬,佳无字)
	灰	灰堆	回来(灰咍泰)	
臻梗曾平上去	真谆臻文牙喉殷	真群	真青	真青(魂文唇不明,痕无字)
	庚三清青	京青		
	蒸登	蒸登		
	庚二耕	庚生	庚耕	
	文唇魂	闻魂	魂文	
山平上去	寒桓删山元唇	寒山	寒桓	寒先(含庚二)
			山删(含元唇)	
	元牙喉仙先	元仙	先仙	
效	萧宵肴喉牙	萧爻	萧宵(萧宵)	萧豪
			肴郊(肴)	
	豪肴舌齿唇	豪包	豪高(豪)	
果	歌戈	歌戈	歌戈	歌戈
假	麻	麻蛇	家车	麻邪
宕江平上去	阳唐江	江阳	江阳	阳唐(无江)
流	尤侯幽	尤侯	尤侯	尤侯
深平上去	侵	侵寻	侵寻	侵寻
咸平上去	覃谈咸衔凡唇	覃咸	谈监	覃咸
	盐添严凡喉牙	盐严	盐添	盐添(凡无字)
通入	屋沃烛	屋烛	屋烛	屋烛
臻梗曾入	质术栉物喉牙迄陌三昔锡职三四	质职	质职	质昔(没物唇不明)
	没物唇	物没	物没	
	陌二麦职二(按,即庄组)德	麦德	麦德	

续　表

对应的中古韵摄	王力32部(1982)		赖江基33部(1986)	陈鸿儒22部(1992)
	各部所含广韵韵类	部名		
山入	曷末黠鎋月唇	曷黠	曷末	曷月(含陌二)
			鎋黠(含月唇)	
	月喉牙屑薛	月薛	月薛	月薛
宕江入	药铎觉	药觉	药觉	药铎
深入	缉	缉立	缉立	缉立
咸入	合盍洽狎	合洽	合洽	合洽
	葉怗业	葉业	葉业	业帖(乏无字)

表中可见，三家韵系有同有异。

同的方面，三家韵系有17个相同的韵部：东钟、鱼模、资思、支齐、皆来、歌戈、麻蛇、江阳、尤侯、侵寻、覃咸、盐严、屋烛、药觉、缉立、合洽、葉业，除了资思、支齐、皆来部辖字尚有差异，有必要检核与讨论外，其他14部三家规模相同，可以说已经形成共识，可确立为朱熹时代的韵部。

异的方面也是很明显的。王力先生分32部；赖江基文中按四声相承关系将入声韵纳入阳声韵中讨论，故其立部为22部，若将入声韵独立，就是33部，较之王力先生虽然数字上仅一部之差，其实涉及5个韵部立部不同；陈鸿儒22部，差异明显。无论如何，三家之差异，少则5部多则10部以上，占音系的三分之一强，覆盖面很广。三家的分歧集中在止、蟹、臻、梗、曾、山、效等7个摄之中，7摄可分为4组，归纳出4点重大分歧：

(1) 止蟹摄为一组，其资思部收字不同；蟹摄一等、二等分合不同。

(2) 臻梗曾三摄为一组，可从舒声、入声两个方面来谈。舒声部分：王力先生分5部，三摄分立，具体是曾摄独立为一部，梗摄依洪细分立为两部，臻摄魂与文韵唇音独立为一部，其他立为一部。赖则仅将梗摄洪音与魂文唇音各自独立，其余合为一部，是为3部。陈则三摄大合并为一部。入声部分：赖与王相同，分为3部，陈为1部。

(3) 山摄为一组，王以洪细分韵为两部，赖又将一、二等分立，共3部，陈不分洪细为1部。

(4)效摄为一组,王分洪细两部,其中二等肴韵则将喉牙音隶细音,舌齿唇音隶洪音;赖则将二等肴独立1部,是为3部。陈仍是1部。

此外,在一些韵类与字类的归属上也颇为耐人寻味,如王力先生将蟹摄合口一等灰韵独立成"灰堆部",排除同为一等的泰韵合口字;赖氏则将效摄二等肴韵独立成肴郊部。两家都有将"窄韵"或"小韵"立为韵部的处置。这样立部甚为特别,从语音史来看,近代语音发展的主流是韵摄大合并,窄韵或小韵往往都难独善其身,唯这两个小韵被认为置身事外,是不是有点"异类"? 又如,三家都有的资思部,王列出所辖字 27 字,陈 19 字,赖仅列 14 字,辖字数相差如此之大,可见这个新产生的韵部还是存在一些问题的。

前人已取得诸多成绩,我们不必重复,前人已有共识者,我们可以接受。我们要做的就是检核三家不同分部及归字的原因,提出新的解决方案,针对存在的问题,作出新的探讨,以期弥缝罅漏,消除分歧,提出比较切合语音实际的韵部系统。

1.3 分歧原因

为什么诸家分歧会有如此之大,笔者以为可从研究材料和叶音性质两个方面究其原因。

1.3.1 研究材料。既然是考察朱熹《诗集传》的韵部系统,就必然要以音叶及音叶之后的韵段为基本依据,对比异同、系联韵脚而形成韵部。三家都是这样做的。然而细勘三篇论文,朱熹的诗经押韵体系中每个韵部都包含多少韵段以及韵段中叶音的情况如何、有无例外表现等重要数据,都未见有穷尽性的准确列举。笔者并不怀疑诸家是否全面地研究过朱熹的诗经韵例,在这里仅仅是想指出诸家采用材料有不一致或遗漏之处,正因为如此,总有点叫人担心,在没有列举的韵段中是不是遗漏了某些比较关键的例证?

1.3.2 叶音性质。笔者已经指出朱熹所作叶音有许多是运用韵书记载的或其他文献记载的所谓"今音"来充当的,形成了一个"今音叶音"的条例(详上卷第十章)。"今音叶音"这个条例给传统叶音说带来了难以回避的矛盾,如:

召南殷其雷二:侧叶庄力反息

该韵段中职韵的"侧"字与同属职韵的"息"相押,本来就合于诗韵,并没有今音不协的问题。朱子改叶"侧"音,不改叶"息"音,而"侧"的叶音仍属职韵,也是标准的韵书所记之音啊。给这种本来完全符合今音,不必叶的韵段叶入一个韵书所记之音,所叶为何?这些问题之前并未引起研究者的思考与重视。这种叶音,陈鸿儒称之为"不是为押韵和谐而设的"(陈鸿儒1992,153页)①。不必叶而叶,必有其因。这种看似多此一举的叶音,可惜长期以来并未引起足够的注意。我们必须指出,上面所说的"今音叶音"以及"不必叶而叶"等现象无疑都是传统叶音说的强力反证。如果把它们与所谓古音的叶音不加区分的看作是同质的语料,显然有些"一刀切",把复杂的问题简单化了。

1.4 解决方略

针对这些问题,我们设想在材料的使用和准确把握叶音性质等两个方面更新我们的研究思路和研究的方法,以推动诸家分歧的解决。

1.4.1 研究材料:穷尽与补充。所谓穷尽,是指全面地考察朱子诗骚音释所形成的用韵语料,前文已经指明,"朱熹诗骚用韵语料"与《诗经》《楚辞》中的原生韵段的语音性质是完全不同的,叶音之前诗骚的原生态韵段属于古音,经过朱熹叶音之后所形成的韵段为朱熹时代的宋音。是叶音将这些古音韵段转化为表现宋代语音的朱熹韵段的。辨明了叶音对于韵段质变的重大作用,就能从理论上确认朱熹诗骚韵段体系②的宋音性质,进而确认用它们研究宋代通语韵系的合理性以及其操作空间。笔者因而穷尽统计朱熹诗骚等用韵体系中的全体韵段,得《诗集传》韵段1654段,《楚辞集注》韵段776段,其他古文献中的朱熹韵段47段,全体与叶音相关的韵段共2477个。这些韵段与羼杂其中的音叶语料共同构成朱熹语音韵部研究的主要对象,是为本证。

所谓补充,是指在作为本证的朱熹诗骚韵段之外,纳入朱熹自己创作的诗词用韵语料,同时引入学术界有关宋代诗歌用韵研究的相关成果,作为研

---

① 赖江基1997年也指出有某些"不是为了求谐韵"的叶音存在。赖文举"德国侧"的叶音为例,其中"侧"即《召南·殷其雷》中的"侧"字。

② 诗骚中有的韵段没有作叶,原则上可认为这是以不叶为叶,仍可目为朱熹用韵语料,详上卷十章。

究的补充材料。诗骚朱熹韵段既然是朱子自己的押韵系统,原则上应当与他自己写作诗歌的用韵具有同一性。遗憾的是,前此诸家在研究朱熹诗骚用韵系统时,偏偏落下了朱熹自己的诗文用韵。今按,传世朱子文集《晦庵先生朱文公文集》①100卷,续集11卷,别集10卷,收编诗词赋多达10卷有半,合计有韵之文1247首,韵段1307个。虽然千余韵段难以单独归纳出一个完备的韵部系统,但无疑是更为直接的朱熹用韵材料,作为研究朱熹时代韵系的补充却是完全合格的。有了这个语料,我们就有了一个直接的参照系,可以帮助确认或判断一些疑难的现象。此可名之曰旁证。

推展开来,迄今为止宋代诗文用韵研究的所有成果都应当成为我们所取证的材料,此可名之曰外证。

1.4.2 叶音性质:必叶与非必叶。上文已指出,不能把朱熹的所有叶音"一刀切"地都当作改"今音"以谐韵的语料,叶音的性质并非如此单纯。尤其是所谓今音已谐"不必叶而叶"的韵段的存在,更其如此。朱熹诗骚韵段中必注的叶音与不必注的叶音混杂,原材料性质不同,若无精准辨析,则难免造成分歧。

为何要辨析必叶与非必叶?是因为二者差异不可忽略,在韵段中如果某韵脚字诵读不谐,为了保证诵读和谐就势必作出叶音,无论该韵脚字出现多少次,为了谐韵都得作叶,是为必叶。如果韵段诵读已谐,只是为了达到某种特别效果而作叶音,那就并不具备每次必叶的必然性,可以作出叶音,以谋求达到某种效果,也可不叶,不叶亦无妨诵读。可见,必叶来自诵读谐协的需要,不叶则不能谐韵,因此,必叶就意味着实际语音要求如此,是语音变化了的表现。不必叶之叶追求异样的效果,其原因多样,这就意味着不一定都反映宋代通语语音的实际变化。这样一来,面对一条叶音,考究其中有关的韵属信息时,首先要做的恐怕不是判断其本音、叶音之间的韵部归属是如何不同,而是先要确认其是否"必叶"。如果是"不必叶"的音,鉴于不必作叶的字有与同韵段其他韵脚今音相谐的可能,也就不便直接用作判断韵部分合的主要或唯一的证据,而需要引进更多的证据,综合考究之后方可定夺。在下面的讨论中,我们将针对具体情况,考察叶音的不同性质,尝试说

---

① 朱杰人等主编《朱子全书》第20—25册,上海古籍出版社、安徽教育出版社2002年。

明某些疑难问题。

1.4.3 统计的多数与少数。研究宋代诗歌用韵通常有一条原则：凡是某些韵部之间常常通押，数目较大的，被认为是主流，是常例，达到一定比例（通常是占总数的10％以上）时，通押的韵部往往可以断其合并；不常通押或偶一通用的是少数，是支流，是变例，应当目为例外，例外常常反映方音或其他特殊现象，一般不能作为合并韵部的根据。我们认为，这条宋代诗文用韵的研究原则同样适用于朱熹诗骚韵系。

根据上述思路，笔者尝试对三家差异较大的7摄所涉及的问题作新的考察与讨论。

二、止蟹摄诸部

朱熹诗骚用韵中止蟹两摄互有牵连，各家立部有的4部，有的3部。其中皆来、齐微两部大同小异，可以确立为朱熹韵部，但资思部与灰堆部差异较大，需再作讨论。

2.1 "资思部"能否成立

2.1.1 基本数据。许世瑛(1970)首发朱熹口中已有了舌尖元音说，揭出20个止摄开口三等精庄组字在押止摄（或宋音的齐微部）条件下需作同属于止摄的叶音，证其主元音已非舌面元音而是像现代汉语一样变成了舌尖元音，这应当是最早的"资思部"。此后三家韵系均设立资思部，但各家所列字数差异甚大。

那么，在朱熹诗骚用韵体系中到底有多少止摄开口精庄组字入韵？笔者穷尽材料，得43字。朱熹给其中27字注了叶音，16字未作叶音，作叶的27字中只有20字与"资思部"有关，因此，43字分成三组列表于下。为详细展示韵叶全貌，在作了叶音且与支思部有关的20字后附上其入韵与注叶的数据，以斜线区隔，前者为叶音次数，后者为入韵的次数，未列数者表示只有一次入韵与叶音（按，本章凡列韵叶数据都用此法）：

第一组，已作叶音且与资思部有关的20字：姊梓籽雌刺2/2 俟2/2 似

3/3 涘 3/3 耜 4/4 祀 6/6 汜 1/2 资 1/2 兹 2/6 斯 2/3 私 2/5 丝 4/7 死 3/7 师 3/8 思 12/21 子 37/47

第二组，已叶却难以支持资思部的 7 字：鼐士嗣积事咒辞

第三组，押齐微部未作叶音 16 字：秭驷四寺字泚柴伙茨仕沸姒竢滋词使

第一组 20 字都是将止摄开口精庄组字改叶所谓齐微部的，可以支持资思部的设想，但本组后面自"汜"以下 10 个字的数据显示，并不是每次入韵都要注叶的。

第二组 7 个字难以甚至不能支持资思部。"鼐"有咍韵昨哉切、之韵子之切两读，语义相同。朱熹在《周颂·丝衣》中鼐叶津之反，很可能是改咍叶之。"士"字凡押止摄均不作叶音，唯一的一次叶音却是"叶音所"，属于改之叶鱼，与资思部无关。"嗣、积、事、咒、辞"都是改叶声调，其中"事"有 5 次"叶上止反"改去叶上非常清楚，"辞"字在《楚辞》入韵齐微部 4 次仅 1 次叶声调，其余均无叶。

第三组是没有作过叶音的止摄开口三等精庄组的押入所谓齐微韵的字。其中"柴"字的常用音是佳韵士佳切，但朱熹取释文"子智切"一读，读作寘韵精母字，故归本组。

2.1.2 性质：不必叶。据上列材料，三组数据都不能完全支持"必叶"。第一组"汜"以后有 10 个字并非次次作叶，其不叶者总计达 37 次，次数之多不像是偶然失叶。第二组上文已论，此略。第三组数据显示符合叶音条件而不作叶音者多达 16 字，几乎占同类入韵字的三分之一。而且其中精母的"秭"入韵有 2 次，朱熹无叶，仅一次注音"咨履反"；清母的"伙"和崇母的"仕"各入韵 3 次，朱熹均只当作疑难字注音："伙"音"七利反"或"音次"、"仕"音"钼里反"，均不作叶音。3 个字合计注音多达 8 次，如此一致地只注音不叶音，恐怕不好说是偶然漏缀"叶"字吧。总之，当叶未叶的字与次都不少，可见当止摄开口三等精庄字押所谓齐微部时，虽然作叶数较多，但也不至于非叶不可，朱熹作出的其实是可叶可不叶的处理，应当归属所谓"不必叶"范围。由此看来，它的叶音是否能反映通语实际语音，恐尚需更多证据。

2.1.3 诸种反证。换一个角度，既然讲的是诗韵，《诗集传》的"资思部"在宋代诗文用韵中是否也存在呢？笔者曾长期考察宋代诗人用韵，关注其研究动态。自上世纪 40 年代周祖谟先生《汴洛语音考》以至于今，凡宋代用

韵的论著,从未见有任何资思部(或者是《中原音韵》的支思部)出现的痕迹。据鲁国尧先生的研究,诗词用韵的材料中,支思部的雏型最早见于金代元好问等诗人笔下(鲁国尧1986A、1991)。而同时代的南宋诗人笔下并无反映,可见宋人诗歌实际押韵也不支持资思部。

有见于此,笔者(2002B)曾穷研朱熹诗骚音叶,广泛搜索韵书韵图、诗文用韵、古注音释,以及前贤今人所著,作《诗集传支思部独立献疑》,提出《诗集传》资思部如下三条反证:

一是所谓资思部各字的叶音有当叶而未叶音。

二是所谓资思部的字有与所谓齐微部直接相韵者。按,此2条即"不必叶"内容。

三是朱子注音时有拿止摄开口齿头音作为切下字给所谓齐微部字注音者。

三项反证的详情请参原文,今仅举一例以明之:

周颂载芟:济子礼反积子赐反叶上声秭醴妣礼

上例6个韵脚中有2个字对于"资思部"构成反证。

一是旨韵精纽"秭"字,从音类上看当归属所谓"资思"部,可朱熹并没有作出叶音,笔者上文已表明由于未叶字次较多,似不应当看作"偶失叶",而是一种"不必叶"。

二是"积"字,《广韵》有子智切、资昔切两个同义异读。朱熹特别注明诗中"积"本音"子赐反"读去声,再注"叶上声",就是说本条叶音叶的是"子赐反"的上声,仅改声调,其下字"赐,斯义切"是止摄开口精组心母字,如果止摄开口齿头音已经音变为舌尖元音,用"赐"作切下字切出的只会是舌尖元音,仍属于"资思部",又如何能读出与"济醴妣礼"等齐微部字相谐之韵?类似的例子还有,《豳风·狼跋》第一章"载疐其尾"朱熹给"疐"字注"丁四反",该音切出于《释文》,《广韵》《集韵》都作"陟利切",朱熹不取韵书,却用了《经典释文》的类隔切,其切下字"四"如果确定口语中只有舌尖元音一读,"丁四反"岂非无字可切?

2.1.4 结论:资思部不能成立。因此,笔者根据吴棫《韵补》有关这批字俗音叶鱼模,雅音叶支之的记述,参考宋代福建诗人笔下的"支-鱼通押"例,断定止摄开口三等精庄组字在闽音中有强大的读同鱼模的俗读。朱熹作为闽人，又长期在闽地设教，很可能考虑到要有效地避免这些地方俗音对经典诵读发生干扰，才特地给这批字加注叶音。如此看来，这些字的叶音只是为了排除方音异读的干扰而作，并不是不叶就无法谐韵的必叶音。既然不必叶，某些地方不注叶就好理解了。如此说来，所谓"资思部"恐怕只是一种区域性方音音变的折射，还不能说宋代通语音中已经产生了资思部，在宋代通语中它们仍归齐微部。

不过，止摄开口精庄组字在宋代的变化也是不容小觑的。从现今掌握的资料看，其异动当萌发于北宋，南宋时代虽然宋金南北对峙，异动非但并未停止，更以不同方式加速推进。其表现：北边的金地，止摄开口精庄章组字有逐渐脱离母体分立的趋势，元好问等人诗歌用韵中初现的支思部雏型即其例也；南边则在福建、江西、江浙、四川等地域出现了成批的止摄精庄组字通押鱼模现象①，印证了吴棫所说的俗音是真实的大面积存在。南、北两方同时出现的异动当然不是互不相关的偶然事件，它们其实既是遥相呼应，也相互竞争，各自正在积聚力量，酝酿着新的音变。结果很可能是随着元代的统一，北兵南下，挟其政治的强势之力，北音由北而南迅速扩展，最终取得压倒性胜利，止摄开口三等精庄章组字终于由异动而走向独立，升格为一个新的通语韵部，即《中原音韵》的支思部。

2.2 灰韵系的归属

2.2.1 诸家异同。王力先生将灰韵系独立为灰堆部，举证 28 个韵段。28 段可分两类，一是改脂、微韵或别的韵字叶灰，叶后为"灰独用"的 10 例，如：

小雅谷风二：颓徒雷反怀叶胡隈反遗叶乌回反

小雅谷风三：嵬五回反萎叶於回反

二是止蟹两摄同现的韵段中改叶灰韵字读止摄，叶后为止摄内各韵及齐祭废等同用的 18 例，如：

周南汝坟一：枚叶莫悲反饥

"灰堆部"中第一类是主体，第二类可以旁证灰韵系与支脂之微齐祭废

---

① 详刘晓南、张令吾主编《宋辽金用韵研究》中相关论文。

有别。

赖氏举出9例说明灰咍皆泰夬五韵同用,又根据蟹摄二等"怀、坏"字与一等相押时,要改叶为灰韵,推定蟹摄一、二等也有区别,故立一等灰咍泰为回来部,二等皆佳夬为皆怀部,又说二部音近可以通押。赖文特地指出,灰泰合口不与止蟹摄细音相谐,分别举灰泰韵字改叶脂微韵14字与支脂微韵字改叶灰韵7字证之,前者如"媒"叶谟悲反,后者如"归"叶古回反。陈鸿儒则认为蟹摄一二等可以合为一部,又特别指出"此部去声(主要是队泰两韵)有与第三部(南按,即齐微部)去声相合的例",他举出队泰怪与未祭废通用的韵段7例。看来灰韵不但是否独立有问题,而且其平声与去声也有差别。

2.2.2 脂与灰泰合互叶概况。《诗集传》中止摄与蟹摄合口一等及唇音开口一等之间叶音的改订,诚如赖氏所言,一方面有止摄三等字改叶蟹摄合口一等:萎叶於回反、迟叶陈回反、遗叶夷回反、叶乌回反等等,另一方面蟹摄一等唇音及合口一等字也常改叶止摄三等:旆叶蒲寐反、枚叶莫悲反、媒叶谟悲反、回叶乎为反、佩叶蒲眉反、海叶呼位反等等。

今考朱熹诗骚韵段中,改灰韵系字叶脂微共"佩7悖梅3媒4背沫悔4晦2痗海枚退罪回摧雷"等16字31次,31韵段;改泰韵唇音及合口字叶脂微的"旆外"2字次,2韵段,共33韵段。其中"摧雷回枚"又以本音出现在改脂微叶灰的韵段中,又有"背佩海悔晦外"等字直接入韵皆来部。

改脂微叶灰泰共"遗3威萎归2依迟畏"等7字10次,9韵段。同样,其中"归"又出现在改灰叶脂微的韵段中不作叶音,"威迟依遗畏"等字也都可直接押脂微。

上述两种状况呈现出来"脂叶灰、灰亦叶脂"的两可选择,同一字既可以改叶对方,又可以出现在对方改叶己方的韵段,其叶音是双向的,表明脂、灰两个韵类虽然有异但可以互为对方,而且不同的声调表现不同。

2.2.3 平声灰、脂两韵的两属。从上面提供的数据看,灰与脂微之间的互动,平声字比较活跃,数量较多,还有双向互动的特殊表现,即同一字既可以改叶对方,又可以出现在对方改叶己方的韵段中。现在我们需要进一步追问,这些平声字的具体改灰、改脂是如何实施的?据我们观察,可以归为两种情况。

一是韵段中的韵脚字若脂、灰字数相等，即呈现所谓"等立通押"的情况下，朱子叶灰还是叶脂比较随意，有的改脂叶灰，此种改叶发现有 4 段；有的改灰叶脂，发现有 6 段。看不出为什么一定要这样改叶的理由，下面各举一例：

大雅常武六：回归叶古回反（此段将微韵字改叶灰韵）

小雅巷伯二：箕谋叶谟悲反（此段将灰韵字改叶脂韵）

二是韵段中如果有一方字数占优势，即在所谓"主从通押"的情况下，则"以少从多"，改数量较少的一方叶较多的一方，有明确的倾向性，如：

大雅云汉三：推吐雷反雷遗叶夷回反下同遗摧在雷反

豳风东山一：归悲衣枚叶谟悲反

《云汉》韵段中只有一个脂韵字，而三个灰韵字，就改脂叶灰，此类有 5 段。《东山》韵段有三个脂微韵字，一个灰韵字，就改灰叶脂，此类有 9 段，另有 6 段改灰叶脂稍微复杂一点，韵段中除灰韵字外，还杂有较多的朱子改叶脂之韵的流摄及哈皆韵字，如：

秦风终南一：梅叶莫悲反裘叶渠之反哉叶将黎反

由于流摄及哈皆韵字与脂之等韵相会时，朱熹必改叶脂之，故上述 6 个韵段亦可看作灰与脂之等相押且脂之等占优势。

上述例子明白显示，脂、灰相会时朱熹制作叶音时隐约有一条数量优势原则，数量悬殊时改数量少的叶数量多的，数量均衡时则随意。两韵之间可以不设前提仅凭数量多少互相叶音，表明两韵互异的壁垒已然降低，暗示两个韵类之间已经具备某种互通性。试与二等皆韵比较，前文已说凡皆韵字与脂、微韵字相会，朱熹一定是将皆改叶脂，决不会改脂叶皆。如：

小雅鼓钟二：喈音皆叶居奚反湝户皆反叶鸡贤反（按，当为贤鸡反）悲回叶乎为反

上列韵段的 4 个韵脚中，有 3 个蟹摄字（其中两个皆韵字，1 个灰韵字，皆韵占多数），1 个止摄字，由于皆必叶脂，所以只得以多就少，不惜将"喈、湝"和"回"一同改叶支、齐韵，也不将"悲"一个字改叶皆韵。与脂、灰的双向互叶不同，皆韵是单向取叶即只可以叶脂，而脂不可以叶皆。这种单向叶音的基本理据应当来自方音异读（详本卷第八章），是由小范围的方音异读形成的某类少数字固定地叶入另一韵而不是相反的有限移动，这种条件的限定，暗示叶入方与被叶方在通语层面无法互通，其壁垒仍然分明。也可以据

此倒推：灰、脂间之双向互通，不需要设定前提，显示了双方的语音壁垒正在打破或消失。其实际语音的指向就是近代语音史研究中屡次提及的灰韵系和泰韵合口转入止摄的音变。

2.2.4　灰泰合与脂微去声的互押。从韵段的押韵组合来看，在朱子的诗骚押韵体系中，灰韵上声目前只看到有"悔4罪"二字的少数几次押齐微部，朱熹均改叶旨纸韵，没有什么特别的表现。灰韵去声因为还涉及泰韵合口和唇音字，入韵字次较多，情况较为复杂。

首先，队与泰合及唇音字通用无碍。据笔者统计，诗骚的朱子押韵体系中，队韵入韵23次，泰韵入韵24次，去除重复两韵共入韵41次，而队泰合用有6次，占总数的14.6%，合用比例是很大的，两类音应当已经合并。

其次，正如陈鸿儒已指出的，队、泰合及唇音字与止摄及蟹摄细音存在通用，据笔者统计共有18韵段，占队泰两韵入韵的比例达到43.9%，从队泰两韵的角度看，他们与止蟹摄细音的通用是相当自由的。如：

大雅绵八2：拔蒲贝反兑吐外反駾徒对反喙吁贵反

将该例4个韵脚字与其注音的切语下字整合，则其押韵组合可以认为有："拔贝兑外駾对喙贵"等8个字，完全是"泰队废未"合用。该韵段的注音也很有趣，"拔"本入声韵，朱据《释文》注"蒲贝反"与《集韵》泰韵蒲盖切一读相同；韵书入泰韵的"駾"字朱亦取《释文》"徒对反"一读注之，确认其为队韵之音，可能是队、泰两韵拼读的音当时已无区别。更有意思的是，"喙"《广韵》属废韵，《释文》"许秽反"是也，而朱并未照抄《释文》，却自制切语注"吁贵反"其切下字用未韵字，说明未废无别，又谐泰队。韵段的押韵组合呈现灰韵去声与泰韵合口及唇音字不但自身已经合并，而且与止摄去声通用。

2.2.5　灰泰合与脂去声的互换。泰韵合口"外"字的同一个叶音在两个不同的地方出现至、队互换，请看：

魏风十亩之间二：外叶五坠反泄以世反逝

唐风蟋蟀二：逝迈叶力制反外叶五队反蹶俱卫反

两个韵段的"外"都是与"逝"等字押韵，押韵环境基本相同。在同样的押韵环境下，"外"的叶音当无不同，但一叶"五坠反"、一叶"五队反"，从礼部韵看，前者属于止摄至韵即脂韵去声，后者属于蟹摄队韵即灰韵去声，若两叶同音异写，实际上就是脂灰同部互换。但赖江基氏有不同的意见，他认为

"外叶五坠反"的"坠"是"队"之误（赖江基1986，152页），核以今所传宋本《诗集传》如静嘉堂文库本，以及南京图书馆所藏南宋刻本（中华再造善本丛书）都作"五坠反"，版本不支持赖说。显然，如果的确是一个笔误，也是宋人的笔误，或竟是朱熹自己的笔误，也足以说明宋人或朱熹口中队泰合与至合口是相通的。还有一个证据，朱熹自制诗文中，有灰泰合口字与止摄相押者两首：

(1) 五古《题可老……画卷》叶"翠外"（《朱子全书》20册272页）
(2) 五古《晚对亭》叶"对翠"（《朱子全书》20册第523页）

脂韵合口去声"翠"字，既押泰韵合口"外"又押队韵"对"，说明朱熹口中蟹摄一等合口去声与止摄三等细音可以通押，与上述叶音相同。不过，朱熹存世的千余首诗文中仅发现这两例，他的诗中灰与支脂之微基本分押，符合韵书，这只能说明朱熹保持传统，遵守规则，尽量不出现落韵。然百密难免一疏，这两首灰泰合字通押脂韵合口的诗作，向我们透露了朱熹口中的实际语音，证实了《十亩之间》《蟋蟀》中的"外"所作两个叶音是同性质的。

2.2.6 结论：灰不当独立。综合上文所述，应当取消灰韵系独立。止蟹两摄之中，蟹摄细音可以确定已并入止摄，其洪音则有两种表现。

其一，蟹摄唇音开口一等与合口一等正在发生主元音高化渐至消失，最终转入止摄合口的音变。韵图将蟹摄一等唇音编入开口，可是这个唇音开口却与合口的演变同步，可能是因为唇音声母的撮唇性使得声母与主元音之间带有一个圆唇的音渡，而有了合口的特性，所以与合口音一起发生了主元音高化或消失的演变。演变过程可能是原洪音合口韵母的主元音在高元音的介音与韵尾的共同作用下，低舌位逐渐高化、减弱并消失，如下图所示：

$$^*uai > {^*u\partial i} > {^*u^{\partial}i} > {^*ui}$$

音变过程中仄声快于平声，其上去声大概已归入齐微部，平声则齐微、皆来两属。

其二，蟹摄开口一等与二等韵合成皆来部。

如此一来，止、蟹两摄在诗集传韵系中可分为两部：齐微（支脂之微齐祭废灰平声及多数仄声泰合）、皆来（佳皆夬泰开灰平声及少数仄声）。

三、臻梗曾摄诸部

臻梗曾三摄有阳声韵、入声韵两种韵类，需要分开讨论。阳声韵三家分部分歧非常大，王力先生分 5 部，可简述为，三摄分立，臻梗二摄又洪细分立。赖则保留洪音分立，三摄细音合为一部，为 3 部。陈则三摄合为一部，称真青部。入声韵，王赖均将三摄细音合为一部，洪音则梗曾（含庄组）为一部，臻摄没韵与物韵唇音为一部。陈同样三摄入声合为一部。三家分歧其实可归结为两大问题，一是三摄之间的分合如何？二是三摄内部的洪细分合如何？下面分别论之。

3.1 臻梗曾三摄的分合

3.1.1 阳声韵：梗曾当合，臻摄当分。朱子诗骚用韵体系中臻梗曾三摄叶后韵段的数据比较复杂，分别为：臻摄内部自押 117 段，梗摄内部自押 89 段，曾摄内部自押 25 段。三摄各自分押合计 231 段。另有臻梗二摄之间合用 24 段，臻曾二摄之间合用 5 段，梗曾二摄之间合用 1 段，三摄之间合用共计 30 段，此外"矜"字有两次押入臻摄，由于该字有蒸、真两韵的异读，不便确定为臻-曾合用，暂时排除在合用数之外，（还有蒸侵合用 1 段、元庚合用 1 段，不论）。三摄之间虽然通用的数字不小，占全部入韵的 11.4%，处于三摄合并的临界点。但换一个视角，具体到合用的当事方来看，数据就大为不同了，每两个摄之间通押所占比例都不够大。具体为，梗-臻间的合用数最大，占总数 10.4%，臻-曾之间合用占总数 4.2%，梗-曾间合用仅占 0.86%。从诗文用韵角度看，仅梗臻两摄的合用数刚刚触碰到韵摄合并的边缘，其他都构不成韵摄的合并。这种比率非常奇怪，合而计之可以蹭触到韵摄合并之边，分开统计则多不可合并。合计、分开计之间无法照应，显示出某种内部矛盾，仅看诗骚用韵的数据还不足以确认它们应当分还是合，不妨引入朱熹自制诗词的用韵数据。

朱熹自制诗词的用韵数据是，臻摄自押 102 段，梗摄自押 127 段，梗-臻之间合用 3 段，曾摄自押仅 4 段，梗-曾之间合用 3 段，而臻-曾间未见合用。

虽然梗-臻、梗-曾合用都是3段，但前者是微不足道的。因为无论是梗摄还是臻摄，使用的数量都非常大，其合用的比例大约只占1.3%，无法证其合韵。而梗-曾之间合用就完全不同，虽然合用的绝对值仍是3例，占总数的2.7%，已比梗-臻之间合用的比例翻了一番，但数值还是不高。如果换一个角度，立足于曾摄观察，性质就会发生根本的变化。曾摄总共入韵只有7次，其中竟有3次与梗摄相通，几乎占了曾摄入韵的一半。从曾摄的角度看，它的通押梗摄几乎是没有障碍的。不但朱子如此，其他宋代诗人的诗文用韵的总体表现也是如此。曾摄属于所谓窄韵，迄今所见宋代诗人用其入韵数目都不大，但往往都表现出较小的入韵数却有较大的通押梗摄比率数。另外，宋代韵图《四声等子》《切韵指掌图》都梗曾合图，重韵混列，邻韵借用，表现出梗曾两摄已经合并的态势。所以，综合本证、旁证，梗曾两摄舒声韵应当合为一个韵部。

再看臻摄与梗曾摄的分合。分开看，臻摄与梗摄合用占比较大，符合合并的条件。但既然梗曾两摄已经合并了，就不能置曾摄于不顾。若看臻与曾摄之间的合用仅有5例，其数字却微乎其微。不过，三摄合起来看，臻与梗曾的合用共计29例，占总数的11%，仍处于三摄合用的临界点，数据可上可下，断其分还是断其合仍有其难度，需要取资其他旁证。

前文已说明，朱子的自作诗文梗曾与臻摄的合用仅3例，其占比微乎其微，而且全部都是梗与臻的合用，曾与臻的合用绝无一例。说明梗曾与臻摄之间的分别是清晰的。

推而广之，从宋代诗文用韵一般情况来看，臻与梗曾摄虽然也有通押，但所占比例都很小，都不支持两者的合韵。具体数据可以参见相关论著，为省篇幅，此略。

能反映宋代语音的韵图《切韵指掌图》《四声等子》中，梗曾跟臻都是分别列图。所以，无论在宋代诗词用韵中还是在韵图中，臻、梗曾两组都没有合并的迹象。

那么，为什么在朱熹诗骚用韵体系之中，应当合并的梗曾两摄通押数很小，而不当合并的梗臻两摄却通押较多，与其自创诗歌及宋代普遍现象背道而驰呢？

以笔者之见，臻与梗的混用较多，当与朱子方音中臻梗两摄之间前、后鼻音韵尾的混同有关，这应当是其制作叶音时口语俗音的自然流露（详刘晓南 2001），并不反映通语之音，不宜在这里讨论。我们的处理是将其过滤出来，加以区隔，转入方音之中讨论（详后文）。

曾与梗的混用很少，则与曾摄在上古韵文中的特殊表现相关。查朱熹诗骚用韵体系中，中古蒸登两个韵系在诗骚中的入韵都比较纯净，几乎未见与其他韵摄相混。这其实是上古蒸部一直到中古都相对地自成体系，除了有"雄弓"等少数字在后来的演变中混入东韵外，几乎都是同进同出，发展到中古仍一齐归于蒸登韵系。诗骚中上古蒸部的韵段，宋代大部分仍归于曾摄，宋人诵读都不需要叶音。上古既纯用本韵，宋代又大多不需要有改韵的叶音，又何来混用通押？朱熹诗骚用韵体系中的梗曾混用太少，源于古韵段的特殊表现，绝不是朱熹时代的实际语音使之不通。

由此可见，朱熹诗骚用韵中处于合并临界点的梗曾臻三摄舒声韵应当参照诗文用韵和宋代韵图，处理为梗曾两摄合并，臻摄独立。

3.1.2 入声韵：三摄当合。在朱熹诗骚韵段中，梗曾臻三摄入声入韵总数是 240 段，过滤除去其中通押阴声韵及偶混押深山通宕诸摄入声的 17 段，三摄内部自押、混押的韵段共 223 段。其分布情况：臻入自押 37 段，梗入自押 20 段，曾入自押 136 段。三摄入声之间的合用共计 30 段，分别是臻入-梗入合用 2 例，臻入-曾入合用 13 例，梗入-曾入合用 14 例，三摄入声合用 1 例。通押数较多，可以达到总数的 13.4%，如果仍然采用宋代诗词用韵的常规标准，以合用在 10% 以上即可断其合并的话，这个数据是符合三摄入声合并韵部的条件的。但各种混用分开计算则有问题，梗入-曾入之间通用只占两摄总数的 8.2%，而臻入-曾入之间通押更小，仅占两摄总入韵的 7.3%，在阳声韵是大量通押的臻-梗两摄，在入声韵中的通押仅为 2 例，三摄之间的合用仅 1 例，几乎都可以忽略不计了。这可能是由于诗骚中曾摄职德韵及需要改叶后为职德韵的韵段很多，三摄之间入韵不平衡造成的。如此一来，与阳声韵一样，单凭合韵的数据尚不易确定其分合，有必要引入朱熹自制诗词用韵的数据作参考。

朱子文集的诗词用韵中，臻梗曾三摄入声总入韵 44 段，虽然总数不大，但各摄之间通押却非常突出，计臻-梗合用 7 段，臻-曾合用 1 段，梗-曾合用 13 段，更有三摄共有的通用 6 段，下面 4 种合用各举一例：

臻-梗：五绝《落梅》"寂锡实质"（《朱子全书》20 册第 472 页）

臻-曾：五古《观祝孝友……之二》"艳职瑟质"（《朱子全书》20 册第 358 页）

梗-曾：五绝《濯清》"致昔识职"（《朱子全书》20 册第 318 页）

梗-臻-曾：五古《山丹》第 1 韵段"拆陌日质碧昔色职"（《朱子全书》20 册第 296 页）

44 个韵段中，三摄间的合用共计达 27 段，占总数 60% 以上，无论怎样统计，其合用的比例都远超 10%，三摄入声无疑通用无碍，可以合并。同时，宋代诗词用韵所得的十八部韵系中，入声梗曾臻三摄外加深摄，合并为了质缉部。朱熹诗骚韵系虽然深摄入声尚能独立，而梗曾臻三摄的合用，这与宋代诗人用韵中的普遍表现也是吻合的。综合来看，朱子诗骚韵系中梗曾臻三摄入声应当合并为一个韵部。

三摄入声在切韵音系中属于主元音相同或接近、韵尾不同的平行韵类，梗曾入为-k 尾，臻入为-t 尾，它们的合并，应当反映了宋代通语中平行的异音入声韵尾弱化而合流的音变，最有可能的就是-k、-t 尾都变为了-ʔ。

3.2 梗摄洪、细音的分合

3.2.1 诸家分歧。《诗集传》中梗摄阳、入声韵的二等字与三、四等字押韵相会时出现了叶音，如：

小雅小宛四：令音零鸣征生叶桑经反

卫风淇奥三 1：箦音责叶侧历反锡璧

上例中，庚韵二等"生"字和麦韵二等"箦"与三、四等相押时要叶细音，说明梗摄的二等与三、四等有不同。所以，王、赖将梗摄二等独立为庚生部（赖称为庚耕部），入声为麦德部。陈则取消该两部，还根据《大雅·抑》第九章"言行"相叶，将庚二并入寒先部。

3.2.2 梗摄二等概况。分歧主要在于如何看待梗摄二等洪音与细音相押时注叶。今查，梗摄庚耕二韵在《诗经》中入韵共 43 字，其中二等 29 字。下面列出这 29 字及其押梗摄时的韵、叶数，表中庚韵系的字又以顿号分两组，前组为押梗曾摄者，后组为通过叶音押阳唐者，后组字因不押梗曾摄略其韵叶数据，斜线前的"0"的准确含义是没有叶音，但它有可能含有注音，未标数字者为入韵且作叶音 1 次。

耕：争 2/2 嘤 0/1 丁 0/2

庚：牲甥生 7/15、庚羹亨行衡珩觥喤彭祊傍旁鱙笙

麦：簀厄谪革 3/4 麦 5/6 適通谪 0/1

陌：伯 3/5 貊 1/2 客 8/9

如果庚生、麦德部当分立，上述押梗摄三四等的二等字就都是必叶字，都得改叶细音。

3.2.3　耕庚二叶音的观察。先看阳声韵。耕韵系 3 个入韵字，"争"仅在《小雅·小旻》《大雅·江汉》各入韵一次押庚三青，朱分别注"叶侧陉反""叶甾陉反"，看起来的确是改二等叶三四等细音。但"丁"字不支持此种改叶。"丁"字除"丁嘤"两字一次自押不必注叶外，还有一次与清韵押韵，却也未注叶音：

周南兔罝一 2：丁陟耕反城

该韵段注音之后为"丁耕城"相押，耕清合用，如果的确耕、清分立，朱熹就一定要像"争叶甾陉反"一样给"丁"字注叶。不但未叶而且给"丁"字作注的切语下字"耕"同属耕韵二等，都说明耕韵二等并非都不能押庚三清青。

庚韵系的 17 个二等字中，除去通过叶音押阳唐的 14 字，属于庚生部的只有 3 个二等字。计 3 个二等字与清青韵相押 17 次，其中有 9 次注上了三或四等的叶音，改叶细音的占多数。未注叶音的 8 次都出自"生"字，且有 7 次出自《楚辞集注》，其分布比较偏，而且《楚辞集注》中叶音相对不太严谨，漏注也很可能的，但恐怕也难说这么多次都是偶然漏注。这一切都说明庚韵的二等与同摄三、四等确有差异，但还是没有达到必叶程度。

再看入声韵。麦韵入韵字 6 个，其中"適"本昔韵字，朱子认为它在诗中通假为"谪"，故归入于麦韵。6 个字中"簀厄谪"3 字各入韵一次也注叶一次，"革麦適"各有 1 次未注叶，3 次未注叶的韵段如下：

革，大雅皇矣七：德色革则

麦，王风丘中有麻二：麦国国食

適，商颂殷武三：辟音璧绩辟適直革反通谪解音懈叶讫力反

3 次未注叶韵段中都有三等字，属于二等直接押三四等。

陌韵的情况。陌韵二等"伯貊客"3 字，共入韵 16 次，其中貊 1 次、伯 2 次、客 8 次叶药铎，应当排除，剩下 5 字次在梗摄本摄入韵，其中"貊伯"本韵自押一段（见《大雅·韩奕》）未注叶音，占 2 字次，"伯"叶音逼 1 次（见《邶

风·旄丘》)改叶细音,剩下"伯客"2字押细音各1次均未注叶:

伯,大雅崧高八:硕伯

客,商颂那:袭奕客怿昔夕

两例的不叶与上文麦韵"革、麦、適"诸例洪细相押相似,都可以直韵细音。全面地看,梗摄二等入韵字与清青韵相押时,并非都要注叶,真正每次都注叶或大量注叶的只是5个庄组字:"争牲甥生簀"。

3.2.4 庄组字是否分立。梗摄二等最有可能与三四等分立的是庄组,因为入韵的5个字中,除"生"外,每字每次都注了叶音,而且"生"字以叶为多,有分立之倾向。但究竟能否确立韵部分立? 不妨拿朱熹自制诗词作一核查。把这5个庄组字取出,核查朱熹诗词中能否与三、四等通押,结果是除"牲、甥"两字未出现之外,"争、生、簀"多次出现,都与细音通用,下面每字举一例:

"簀"1次,如五绝《笋脯》"腊簀"I(《朱子全书》20册325页)

"争"2次,如五古《讲道》"冥争宁"(《朱子全书》20册444页)

"生"38次,如七古《题赤城观》"青鸣成生名"(《朱子全书》25册4975页)

《笋脯》诗中"腊"不是现代"腊肉"的腊字,而是昔韵思积切,"肉干"的意思。

朱熹自制诗文告诉我们,凡梗摄庄组字全都能押梗摄细音。所以,梗摄庄组二等的叶音,恐怕也应当与其他二等同样看待,同样属于"不必叶"之字。需明确的是,它们的叶音虽然不代表分立韵部,但仍可以传达同一韵部之内不同韵类的语音差异信息。笔者推测,这些叶音可能反映了切韵梗摄二等洪音与三四等细音发展到宋代,其二等重韵合并,主元音简化归一,其三四等之间的细微差别消失而合并。这样一来,原先四等之间的差异,转化为洪细两等不同。细音的变化尤为突出,大概原开口三、四等合流以后,-i-介音得到强化,原较低元音的主元音遂逐渐弱化或消失,终于变为前高元音,使得与二等韵类的差异由过去的主要为介音不同(主元音细微差异),转变为现在的主元音不同(即韵基不同)了,如下图所示:

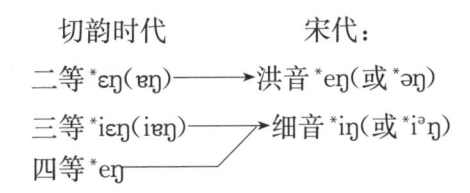

切韵时代　　　　宋代：

二等 *εŋ(ɐŋ) ⟶ 洪音 *ɐŋ(或 *əŋ)

三等 *iɛŋ(iɐŋ) ⟶ 细音 *iŋ(或 *iᵊŋ)

四等 *eŋ

尽管洪细之间音色有变，但从押韵上看，这个差异并不是不可调和的，还不至于造成韵部的分立，就像后来曲韵十三辙的中东辙包含 eng、ing[①]一样，洪细仍可以共存于同一个韵部之中。若要细辨洪细，则可以作出叶音弥缝其异，若遵循旧例取其近似则仍可以通押。这大概就是朱熹一方面要给二等入韵字注叶，一方面作叶又不完备的原因吧。

引人注目的是庄组字除"生"有几次未叶之外，其他字次次叶音，而且都是改叶细音，其作叶几乎成为常态，表明庄组字的洪音语音特征最为突出。有意思的是，《诗集传》中庄组字改叶细音还有原属三等的"侧 4、楚"两字的 5 次叶音，下面每字举一例：

魏风伐檀二：辐音福叶笔力反侧叶庄力反直亿特食

曹风蜉蝣一：羽楚叶创举反处

"侧"为职韵三等，"楚"属语韵三等，本皆细音，当它们在诗经韵段中与本韵细音相押时，朱熹却给它们作叶细音。我们可以将它们称为"回叶细音"。这 5 个看似矛盾的叶音，可作如下两种解读。

其一，"侧、楚"两字分属不同韵系，其共同点是庄组三等字，它们与同韵细音相押，乃同韵同等至谐本不当叶，不当叶而注叶，如果其口语中语音没有任何改变，这样注叶是匪夷所思的。显然是庄组发生了音变，口语读来有所不谐方须叶音。

其二，且看所注叶音，"侧"《广韵》音阻力切，朱叶庄力反，"楚"《广韵》语韵正作"创举反"，叶音与韵书其实都是同一音类。将本韵三等的庄组字再叶为本韵三等细音，只能表明它口语中已经变得不读细音了，最有可能的就是失去-i-介音，变读为洪音了。

如果上述推论没错，那么，区区两个庄组字的叶音可能反映了一个新的音变萌生，这个音变可名之曰"庄组三等洪音化"，或可曰"假二等变成了真二等"。正是庄组三等音变洪音，它们的作叶大概跟梗摄二等庄组字改叶细音的意图相同。就是说，它们与细音相押，若要诵读完全音谐还只得变回原来的细音。

无论如何，上述叶音已经可以认定，庄组三等洪化音变在朱熹的时代已

[①] 参罗常培《北京俗曲百种摘韵》，国民图书出版社，1942 年。

经发生,但其演变的程度如何？目前所见实例甚少,尚难逆料。而且,庄组三等洪音化演变趋势是向庄组二等洪音靠拢,在朱子的叶音中与二等洪音所起的作用应当是相同的,即它们只造成同韵部中洪细音的调整,并没有生成新的韵部。况且,庄组细音作叶甚少,比如说,蒸韵系职韵庄组字在诗骚中入韵字共有"测 0/1 色 0/2 穑 0/3 侧 4/8"4 字 14 次,仅"侧"字叶庄力反 3 次,叶札力反 1 次,并非次次都叶,也不是庄组字字皆叶。它们仍属于"非必叶"范围。

3.2.5 结论:梗摄二等不必分立。梗摄二等的改洪叶细以及曾摄庄组三等的回叶细音,说明梗曾二摄合流之后原四等的细微差别已经消失,成为洪细二分的格局。大格局是一二等合并为洪音,三四等合并为细音,细微之处却是庄组开口三等正在发生韵母洪化的音变。洪细之间虽有区别,但仍可通押,可以合为一部。

3.3 臻摄的洪、细是否当分

3.3.1 诸家意见。臻摄魂韵系与文韵的唇音字,在与本摄细音三等相会时,朱熹注叶,如下例"昆、闻"2 字:

王风葛藟三:湑顺春反 昆叶古匀反 昆闻叶微匀反

因而王、赖均将魂与文唇分出,称闻魂部(赖称魂文部),相应入声为物没部,而陈则仅指出有叶音,并未设立该部。与梗摄庚生部一样,这两个韵部同样是据叶音设立的。

3.3.2 入韵及改叶之概况。今查,臻摄在朱熹诗骚体系中共入韵 117 段(另有与梗曾合用的 29 段及与其他摄合用的 5 段,此不论)。臻摄入声入韵 37 段(另有 15 段与梗曾入声韵合用,不论)。我们先普查魂韵系与文韵系唇音字的入韵及叶音根况,再作讨论。

文韵唇音字的韵叶,情况如下:

文:芬 焚闻 2/3 雾 0/1 问 0/2 纷 0/2 分 2/3(7 字,与细音押 13 次,叶 6 次,占 46.1%)

物:弗 茀拂(3 字,与细音押韵 3 次,叶 3 次,100%)

文韵系唇音入韵的 10 个字 16 次入韵,有 5 字 7 次未叶,每字举一例于下:

雾,小雅信南山二:云雾敷云反

问 2,大雅绵八:愠纡问反问

闻,楚辞远游 105:勤渠云反闻

纷 2,楚辞服赋 161:纷垠

分,楚辞招魂 142:分纷陈先叶苏津反

上列诸例显示文韵唇音虽然与牙喉音和真谆韵有别,但并非必叶字音,不叶者甚至还略多于作叶者,文韵唇音与臻摄细音之间是可以通押的。

魂韵的情况,诗骚中入韵字,除"辉"字《广韵》魂韵户昆切,但在《庭燎》中朱取《集韵》音读为"许云反",归文韵之外,其阳声韵与细音相会有 10 字,入声韵 4 字,共 14 字,诸字韵叶如下:

魂:昆壶飧逊奔孙 3/3 忳 0/1 亹 0/1 存 1/3 门 6/10(10 字,与细音相会 23 次,叶 15 次,约占 65.5%)

没:没忽 1/2 滑 0/1 卒 0/3(4 字,与细音相会 7 次,叶 2 次,占 28.5%)

阳声韵 10 字共与细韵入韵相会 23 次,有 4 字 8 次未作叶音。入声韵 4 字 7 次韵细音,仅作叶 2 次,有 3 字 5 次不叶。不叶的数目相当大。其中"亹"一次未叶,但算不算魂与真欣合用,有不同意见,先看实例:

大雅凫鹥五:亹音门熏叶眉贫反欣芬叶丰匀反艰叶居银反

"熏,叶眉贫反"的叶音非常特别,晓纽的"熏",似不应当叶"明纽",于是有一说认为该叶语应当前移于"亹"下(王力 1982,276 页)。明纽"亹"叶"眉贫反"确实有理,但未见版本支持,今所见宋本静嘉堂文库本,及元刻本,甚至八卷本都一致"熏,叶眉贫反",均不支持前移。笔者曾讨论过这种晓母与明母的叶音,在声母上反映了宋代闽音中的清送气鼻音现象(刘晓南 2002B),姑备一说。此外,"忳存 2 门 4"及入声"忽滑卒 3"共 6 字 12 次押细音未作叶,下面各字举一例:

门 4,郑风出其东门一:门云云存巾员于云反

存 2,楚辞大招 151:云神叶式云反存昆

忳,楚辞惜诵 76:闻忳徒昆反

忽,楚辞招隐士 168:轧乌点反叶乌没反弟音佛忽

滑,楚辞成相第一 217:出律滑音骨拙

卒 3,邶风日月四:出卒述

看来魂也与文韵唇音一样,非但不是不能与真谆欣和文韵牙喉音相谐,

而且不作叶音直接韵细音的次数还有很多次数，接近一半。

再核朱熹自制诗文的情况，上述魂韵系 14 字中"覃昆壸忳"4 字不见入韵，其他 10 字共入韵 41 次，其中阳声韵字入韵 36 次，入声韵字 5 次。入声韵的 5 次全混押月薛屑等细音韵，没有一次是独用的。阳声韵 36 次入韵可分三种情况：

一是循旧例元魂痕通押 30 次：飧遜孙 2 奔 3 存 6 门 17

二是押文韵唇音 3 次：门存 2

三是押真谆与文牙喉音的 3 次：孙奔门

这个分布及数据与他的诗骚押韵基本吻合。无论是诗骚韵系还是自制韵文的韵系，可以充分肯定魂与文韵唇音字独立成韵部的基础都不牢。之所以朱熹给魂、文唇多次作叶音，恐怕还是与梗曾摄一样，反映的是同一韵部里面韵类的洪细有别。大概臻摄一等与文韵唇音字读洪音，其他读细音，略如下图所示：

        开   合   开   合

洪音 *en   *uen   细音   *in   *yn

应当引起我们重视的是，原三等文韵系唇音韵母此时已变成洪音，这应当是伴随轻唇化的演变而达成的，在轻唇音的作用下原 *iuen 韵母，其合口细音介音被吞并，归入洪音：

$$^{*}piuen < {^{*}fen}$$

总之，臻梗曾三摄，从大的方面说，阳声韵梗曾二摄应当合为一部，可名"庚青部"，臻摄单独一部"真文部"，入声则三摄合为一部，可名为"陌质部"。其次，三摄原四等之间的细微差别已经变为洪细二分格局，大概是一二等合流为洪音，三四等合为细音，其中曾摄庄组三等也发生了洪化的音变，并入洪音；臻摄文韵轻唇化的演变完成，其韵亦归入洪音。

四、山效摄诸部

山、效两摄的分部，三家有三、六、九之异。王先生将两摄各按洪细分立韵部,山摄分寒山(曷黠)、元仙(月薛),效摄分萧爻、豪包,共计6部。赖则进一步将山摄一、二等分开,又将效摄二等独立为肴郊部,分为9部。陈最简单,两摄均不分洪细,合为3部。三家都同意三、四等合并,分歧主要在洪音的处置,其一是洪音的一、二等是否要分或二等是否应当独立?其二是洪细之间是否要分部?

4.1 山、效摄的二等是否应当独立

山效两摄一、二等分部均出于赖江基文,下面分摄论之。

4.1.1 山摄。赖氏根据《诗集传》中"雁慢"两个二等字与一等字相会时"雁叶鱼旰反"(见《匏有苦叶》)、"慢叶莫半反"(见《大叔于田》),而判断山摄一、二等之间"主要元音仍有差异"故当分两部,但又说"鉴于寒桓和删山相押不注叶音之例比加注叶音的还多,我们又可以肯定这两部的主要元音差异不大"(赖江基1986年,161页),所以他文章的大标题又写为"寒桓删山四部同用"。

核查朱熹诗骚用韵山摄入韵的情况,入声相对简单,先看入声韵段,再看阳声韵段。

入声韵42段,仅2个韵段有二等字,均不叶,但实则为二三等混押:

小雅车舝五:舝胡瞎下介二反 逝石列石例二反(二等"舝"混押三等)

楚辞绝命辞246:列察(二等"察"混押三等)

山摄阳声韵128段,有38段涉及二等字,其中有18个韵段二等字作了叶音,叶后消除了二等与一等或三等的混押,但仍有20段删山二韵之字未作叶音。具体是,删山自押1段,与一等寒桓同用7段,涉及"晏雁汕蛮间还湲"7字,与三、四等同用9段,涉及"僩2环谏简间2山僴"7字,与一三等同用3段,涉及"板谏湲2"等3字。下面各举一例:

二等"雁"字混押一等:郑风女曰鸡鸣一:旦烂雁

二等"环"字混押三等:齐风卢令二:环鬈音权,

二等"山"字混押四等:楚辞反离骚239:年山

二等"板谏"混押一三等:大雅板一:板瘅远管亶远谏叶音简

二等字与一等洪音、三四等细音混用达20段,占总数15.6%,混用如此之多,可见二等缺乏独立的基础。该如何看待"雁慢"二字的改叶一等?以

"雁"字为例,在《匏有苦叶》中与一等字"旦泮"相押"叶鱼旰反",可在《女曰鸡鸣》中同样与一等字"旦烂"相押却不作叶,就知道"雁"字并非必叶。又有二等"板谏简"字在《大雅·板》与一、三等相会,其中"板"不叶,"谏"只是改去叶上,叶后之"简"仍是二等。又有"环山"等二等字与三四等同用均不注叶。总之,不叶之韵段多于作叶之韵段,看不出有必叶的需求,据少数事例分立两个韵部,其证据力无疑是薄弱的。

4.1.2 效摄。赖江基同样是根据《诗集传》中肴与宵萧相会或与豪相会均有改叶,确定肴韵二等独立,今查朱熹诗骚韵系中效摄入韵 95 段,叶前有二等肴韵字参与者 18 段,韵段中肴韵字有叶有不叶,而且经过音叶之后仍有 9 段肴与豪、宵萧混押,其中肴与一等豪同用 4 段,涉及"巢、茅、匏、巧"4 字,与三等宵同用 4 段,涉及"教 3 效"2 字,与一、三等同用 1 段(见下),下面各举一例:

二等"巢"字混用一等:陈风防有鹊巢一:巢苕徒雕反叶徒刀反忉

二等"教"字混用三等:鲁颂泮水二:笑教

二等"殽"字混用一三等:魏风园有桃一:桃殽谣音遥骄

二等字的混押洪细不叶的 9 段,4 段押洪,4 段押细,1 段混洪细,洪细持平,又恰占肴韵入韵的二分之一,说明肴与豪、宵萧同用较多,其独立性不强,亦不宜独立。

4.2 山、效摄的洪细是否当分

山、效两摄的洪、细音之间有较多的叶音,或改洪叶细,或改细叶洪,这是王赖二家分立韵部的基本依据。我们先核查是不是凡洪细相会都得作叶,以判断是不是必叶字。再核查叶后的情况。

4.2.1 山摄。山摄一二等字在韵段中与三四等相会时,多改叶细音,如:

小雅常棣三:原难叶泥沿反叹吐丹反叶它涓反

到底《诗经》中有多少山摄一二等字与三四等相会,其改叶情况如何?今查,山摄阳声韵 128 个韵段中,叶前与细音相会的洪音字及其韵叶数如下表(表中不计洪音自韵的韵次):

一等:亶 0/1 啴 0/1 瘅 0/1 寒 0/2 伴 0/1 兰 0/2 管 1/2 翰 4/6 盘般泮祥

单乱宽溥瘖贯丸晏难2/2旦2/2叹2/2岸2/2餐2/2安3/3干3/3檀4/4，涣(29字，与细音相会49次，作叶38次，占77.5%)

二等:僩0/1环0/1简0/1板0/1谏0/2僴0/2湲0/2盼涧营卯颜2/2蕳2/2还2/4间3/3山3/3关3/3闲5/5(18字，与细音相会36次，作叶24次，占66.6%)

"涣"字一次押二等字却改叶三等细音，比较特殊，所以放在末尾以逗号隔开。据上表，一二等与细音相会虽然有许多改叶细音，比例甚高，但也有二到三成不作叶者，这些不叶者共有洪细通押韵段13段，占总韵段数10.1%。阳声韵洪细之间的通用处于合并韵部的临界状态。究竟当合当分，有必要引入朱熹自制诗文的数据。

朱子自制诗文的用韵情况是，山摄阳声共入韵199段，一二等洪音同用101段，三四等细音同用88段，洪细混押10段(有2段是首句借韵)，仅占总数的5%，洪细同用比例远低于10%，符合分韵要求。综合两者数据，山摄阳声韵朱熹的诗经韵系似以洪细分部为宜。

朱子诗骚韵系中山摄入声韵段42个，洪音叶前与细音相会有29段，其韵叶数(不计洪音自韵者)如下:

一等:茇0/1末0/1括渴2/2活2/3軷曷蘖瀎佸撮夺葛2/2阏2/2怛2/2拨2/2达6/11，阔2/2(18字，与细音相会36次，作叶28次，占总数77.7%)

二等:犖0/1察0/1(2字，未叶)

上表"阔"字同样很特别。"阔"以"契阔"一语入韵两次，一押洪音"活"，一押细音"说"，均"叶苦劣反"，且连带洪音"活"亦"叶户劣反"。因此以逗号分开排列。

一二等洪音共与细音相会38次，有10次未作叶，其中"犖"的未叶其实是注的二音，属于二音叶例，该字的注音有叶音的性质，可以认为有叶，叶后变为二等牙喉音混押三等。其余9次，除"茇"1次外，"末活达5察"4字8次不叶，全出于《楚辞集注》，我们已经说过，《楚辞集注》是朱子尚未定编之书，其中的叶注音时有不严谨之处，这8次似可当之。若不计这8次，则山摄入声的不改洪叶细音，就只有"茇"一字而已。

与阳声韵不同，在《诗集传》中入声韵洪音17字的28次入韵与细音的相会几乎次次作叶,仅"芨"与月韵三等"伐"(《召南·甘棠》)相会一次未叶,判断其是不是洪细通用,要联系元韵唇音来看。下面是《诗集传》中元韵系唇音与细音相会的韵叶情况:

元唇:番蕃燔藩樊繁幡 2/2 阪 2/2 反 4/6(9 字,与细音会 16 次,叶 14 次,占 87.4%)

月唇:伐發 6/8(共 2 字,与细音相会 9 次,叶 7 次,约占 78%)

元韵系唇音入韵 11 字,25 次与细音相会,除"反、發"2 字 4 次外,一律改叶细音,改叶率可达 80% 左右。大面积的改叶,说明本属三等细音的元韵唇音与其他细音的韵母实际读音已经很不和谐,可能也与文韵唇音一样,其实际读音变读洪音了。但还有 4 次没有改叶:

邶风载驰二:反远

大雅民劳五:绻反谏

小雅蓼莪五:烈發害_{叶音曷}

小雅四月三:烈發害_{叶音曷}

元韵系唇音与细音相押未改叶者 2 字 4 次,阳声韵、入声韵各 2 段。阳声元韵"反"字或许也跟文韵唇音少数相会本摄细音的不叶相似,即韵虽不同但仍可通用,且仅一个"反"字,数量较文韵又有减少,甚至可断为偶然现象。入声两例全是"烈發害(曷)"相押,核查原诗,"烈"字都是首句末字,首句可韵可不韵,似亦可忽略。若忽略"烈"字,"發"字可认为是洪音,则该两段可认为押洪音。再来看《诗经》中三等"伐"字的两次入韵朱子的音叶:

召南甘棠一:伐芨_{蒲曷反}

商颂长发六:钺_{音越}烈曷_{叶阿竭反}蘖_{五葛反叶五竭反}达_{叶陀悦反}截伐_{叶房越反}

"伐"的两次入韵,一押洪音,一押细音。《甘棠》中押洪音一等朱不注叶,《长发》中押细音,朱注"伐,叶房越反"。押洪音不注叶,押细音则叶细音,如此处理,只有"伐"字实际已读为洪音方有可能。"伐芨"相押虽然从切韵音来看是一个洪细通用的韵段,如果"伐"为已变读洪音,则此韵段仍可归属洪音相押。如此说来,山摄入声洪音与细音相会时的改洪叶细,在音叶严谨的《诗集传》中就成为全覆盖的了,也就是说,具备了"必叶"的性质。

再看朱熹自制诗文的押韵,山摄入声共 18 段,其中洪细混用仅 1 段:

七古《五禽言和王仲衡尚书之三》:滑滑阔發(《朱子全书》20 册第 502 页)

该段发生洪细相混的仍是月韵三等唇音字,若考虑到"發"字实际读为洪音,该韵段就全没有洪细混用。看来无论是《诗经》的音叶还是自制诗文的用韵,山摄入声洪细都疆域分明,应当分部。

综上述,朱熹的诗骚韵系以及其自制诗文用韵都显示,山摄洪细之间有两点变化。

其一是洪细分部。其入声韵洪细分立的程度最深,完全达到分立韵部的地步。阳声韵则仍有小比率的洪细混用,但不一定达到了合并的程度,比照入声的分部情况,当定为分立较妥。山摄洪细分立,可立寒山(寒桓删山元唇)、曷辖(曷末辖黠月唇)、元先(仙先元牙喉)、月屑(屑薛月牙喉)4部。这样一来,前鼻尾的山摄与闭口韵咸摄阳、入声韵洪细分立两部在韵部系统中达到了平行对应。

其二,元韵系唇音完成了轻唇音的变化,其韵母由细入洪。音变大概可以描述为:

$$*piuan/piuat > *fan/faʔ$$

4.2.2 效摄。效摄字的入韵,叶后有两种归向,一是归流摄,此与效摄韵部无关,不论;一是归效摄,本节仅讨论后者。上文已指出二等肴韵与洪细音都有同用,比较复杂,容后讨论。先看效摄一等与三四等相会时的情况,表面上看,这种相会改细叶洪、改洪叶细都有,如:

邶风终风一:暴笑叶音燥敖五报反悼(笑叶音燥,此改细叶洪)

大雅公刘二 2:舟叶之遥反瑶音遥刀叶徒招反(刀叶徒招反,此改洪叶细)

但实际情况是,效摄作叶倾向于改细叶洪。先看效摄洪细相会的韵叶数据:

宵萧:鹩 0/1 遥 0/1 谣 0/1 燎 0/1 笑 0/1 夭 0/1 召 0/1 蹻 0/1 耀 0/1 瑶 0/2 骄 3/4 朝 4/5 镳 儦 曜 庙 菁 桃 茗 苗 2/2 昭 2/2(21字,与洪音相会31次,作叶18次,约占58%)

豪:藻 0/1 蚤 0/1 造 0/1 忉 0/1 鳌 0/1 保 0/1 滔 0/1 毛 0/1 鹜 0/1 橐 0/1 好 0/1 高 0/1 蒿 0/1 膏 0/1 号 0/1 慅 0/1 嚣 0/2 皓 0/2 桃 0/2 暴 0/2 悼 0/3 麃 0/3 敖 0/5 刀 1/3 劳 1/7 倒(26字,与细音相会45次,叶细音3次,约仅占6.6%)

表中数据显示,效摄洪细相会时绝大多数是改细叶洪,改洪叶细的很少。如"劳"7次相会细音,有5次都是改韵段中其他细音字叶洪音以与"劳"相谐,还有1段洪细都无叶音,仅1段改"劳"字叶细音。还有"嚣(五刀反)皓桃暴悼旄敖"都是多次相会细音而不改叶。改细叶洪倾向非常清楚,但并没形成"必叶"现象,大概还有40%以上的细音不改叶洪音,使得整个效摄总入韵95个韵段中,"叶前"洪细相会有40段,经过叶音之后仍有洪细相混15段,其中一、三等混押9段,二、三等混押5段,一、二、三等混押1段。下面各举一例:

桧风羔裘一:遥朝_{直遥反}叶直劳反忉_{音刀},叶后韵字:"遥劳忉刀",宵豪同用
鲁颂泮水二:笑教,笑效同用
魏风园有桃一:桃殽谣_{音遥}骄,叶后韵字:"桃殽谣遥骄",豪肴宵同用

叶后的洪细同用韵段占效摄总数的15.7%,符合合并的比例,似可断效摄洪细同部。赖氏认定《诗集传》中的宵萧、肴、豪相会不作叶直接相韵的现象,是受吴棫萧宵肴豪同用影响的"残留",并对照《韵补》提出3个韵段作为证据(赖江基1986,158页)。所举证3例都是叶后洪细不混的韵段,我们现在找到朱熹叶后洪细混押15韵段,大多不能从吴棫《韵补》找出根据,应当不是承自吴氏旧说,何况朱对吴说并不盲从(参刘晓南2005),恐难认定为"残留"。我们倾向确认朱氏韵系中效摄洪细音同属一个韵部,仅韵类不同,一等为洪音,三四等为细音。这样处理似乎比较便于解释效摄洪细韵间的较多的同用。然效摄二等肴韵该归洪还是细,则需要讨论。

肴韵本属洪音,但它的叶音较为复杂,查肴韵押效摄共17个韵段,具体韵叶数据如下:

殽0/1 巢0/1 匏0/1 茅0/2 觉巧膠1/2 效1/2 教2/4 郊5/5(10字20次相会一、三四等,叶10次)

20韵次中作叶10次、不叶10次。但作叶中的有一次"教叶居爻反",只是改调不改韵,应当归入不叶,这样一来不作叶的11次共11段,肴独用2段。作叶的9字次有7段,包含豪独用5段,萧宵、笑号同用各1段。这个数据显示,肴韵与本摄洪、细音相会,并不一定都得作叶,不叶的11段中,除独用2次外,与一等豪韵同用实际达到4次,与三等宵韵同用有5次。如此看来,肴韵与本摄一等、三四等都有接触,且数据大致均衡,到底该入洪音还是

细音？查 10 个入韵字,牙喉音 7 个,唇齿音字 3 个。3 个唇齿音字都没作叶,直接押洪音,可以归洪音。牙喉音 7 字 16 次,叶否情况复杂:

叶洪音者 4 字 8 次:效胡教反叶胡高反(小雅鹿鸣二)、巧叶苦老反(离骚 18)、教叶音告(九辩 126)、郊叶音高 5 次 4 段(鄘风干旄一、卫风硕人三、魏风硕鼠三叶 2 次、小雅出车二)

叶细音者 2 字 2 次:觉居孝反叶居笑反(王风兔爰三)、膠叶音骄(郑风风雨三)

叶本韵者 1 字 1 次:教叶居爻反(小雅车舝二,与"鷕"韵)

不叶者 4 字 5 次:教(鲁颂泮水二,与"笑"韵)、教效(小雅角弓二)、膠音交(小雅隰桑三,与"幽叶於交反"韵)、敫(魏风园有桃一与"桃谣骄"韵)

如此复杂,洪细牵连不清,反复观察则似有条理,隐约可分两组,其一为"觉膠交孝敫",不直接押细音,但可直接押洪音;其二为"巧效郊爻教",不直接押洪音,但可直接押细音。似可作两点解读:其一,肴韵二等牙喉音与本韵舌齿唇音已有不同,可以直接与细音相押,已经不能算纯粹的洪音,表明近代语音开口二等牙喉音的颚化音变已经发生。其二,颚化音变虽已发生变化,但尚不平衡,有的字颚化程度深,如第二组的"郊"与洪音相会 5 次均得叶洪音,可能已完全变读为细音了;有的字颚化程度尚浅,或许有洪细二读,才可以既押洪音又叶细音,如"膠"。总之,由于"敫教效膠"4 字 5 次韵洪韵细均不作叶,显示肴韵二等牙喉音的作叶尚有不定,这可能反映了效摄二等开口牙喉音正在颚化的音变之中,比较稳妥的作法是将肴韵牙喉音洪细二属。

据上文,效摄内部洪细虽然韵类不同,但有较多同用,不必分两部,可以合为一部:萧豪部。原二等洪音肴韵舌齿唇音仍为洪音,应当已并入一等,其牙喉音正在进行颚化音变,可以洪细二属。

五、南宋通语韵部系统

5.1 韵部系统:24 部

经过穷尽材料、辨明叶音、参以旁证与外证的综合研究之后,我们认为朱熹诗骚韵系中止蟹梗曾臻山效七摄可分 10 部,与三家共识的 14 部汇合,则朱熹语音的韵系为 24 部。表之如下,每部右边以括号附列本部所包含《广韵》相应韵类,举平以赅上去:

东钟部(东冬钟)　　　　　屋烛部(屋沃烛)
鱼模部(鱼虞模)
齐微部(支脂之微齐祭废灰平声及多数仄声泰合)
皆来部(佳皆夬泰开灰平声及少数仄声)
庚青部(庚耕清青蒸登)
真文部(真谆臻文欣魂痕)　　陌质部(陌麦昔锡职德质术栉物迄没)
寒山部(寒桓山删元唇)　　　曷黠部(曷末辖黠月唇)
元仙部(仙先元牙喉)　　　　月薛部(薛屑月牙喉)
萧豪部(萧宵肴豪)
歌戈部(歌戈)
麻蛇部(麻)
江阳部(江阳唐)　　　　　　药觉部(觉药铎)
尤侯部(尤侯幽)
侵寻部(侵)　　　　　　　　缉立部(缉)
覃咸部(覃谈咸衔凡唇)　　　合洽部(合盍洽狎乏唇)
盐严部(盐添严凡牙)　　　　葉业部(葉怗业乏牙)

5.2　韵系特征

5.2.1　韵部分合。这个韵系比从宋代诗词用韵中归纳而来的宋代通语十八部多出 6 部,是从寒先部、覃盐部、质缉部、月贴部部依洪细分立、闭口韵尾分立而分出的。具体分合如下:

通语十八部的寒先部、覃盐部,各以洪细音相分别,分别分解为寒山部(洪)、元仙部(细)、覃咸部(洪)、盐严部(细);

通语十八部的入声质缉部以唇音韵尾与否分立两部:陌质部(-ʔ)、缉立部(-p);

通语十八部的月贴部以洪细及韵尾分为 4 部:曷黠部(洪)、月薛部(细)、合洽部(洪,-p)、葉业部(细,-p)。

原通语十八部的4部,在这里分解为10部,多出6部,是为24部。

5.2.2 语音变化。从朱熹韵段及其叶音中可以看出5点音韵变化。

一是外转韵摄洪细音的分化。外转8摄除江假二摄叶音多逸出本摄而情况不明外,臻梗蟹山咸效6摄的叶音均显示同摄之内发生了韵的洪、细分化,大致原四等的细微差别被洪、细二分格局替代。具体有三种变化,一是蟹摄洪细分化后,细音流向止摄与止摄开口合流;其洪音中一等合口也受u介音和i韵尾的同化,主元音逐渐高化与弱化,正在向止摄合口演变。二是山咸两摄的洪细分化后分立两韵部,引起韵部的重组。三是臻梗效三摄洪细分化后,韵母中主元音仍然相近,仍归为同一韵部。

二是臻梗曾三摄入声韵合流,显示切韵韵系的弇音入声韵-k、-t二尾已经趋同,很可能弱化为喉塞尾了。

三是唇音三等的轻唇音演变已经完成,原轻唇三等韵母也发生了洪音化的演变。

四是开口二等牙喉音颚化演变已经开始,效、山二摄的表现尤其清晰。

五是庄组三等洪化,从遇曾两摄庄组三等押细音又改叶细音可以看出,庄组三等原细音韵母有的实际已读洪音。只是诗骚韵系中此种字出现不多,尚难看出其全貌。

第五章　从音叶看南宋通语的声调系统

汉语声调从中古到近代经历了平分阴阳、浊上归去、入派三声的三大演变。这些在《中原音韵》中首次系统记录并展示的语音演变，深刻地改变了中古以来汉语声调的格局，成为由中古四声演变为现代四声的转折点。然从《切韵》(601年)到《中原音韵》(1324年)的近八百年间，声调演变的诸多信息，在韵书、字书中竟难觅踪迹。韵书系统中的声调变化俨然是近代语音史上一匹突然冒出的黑马，成为近代语音史上一个亟待破解的谜团。朱熹所处的时代早于《中原音韵》一百来年，恰处于中古一路走来即将进入中原音韵时代的前夜。独特的时代，似乎应当赋予朱熹语音材料以探讨近代汉语声调演变直接源头的重要价值，可实际情况并不怎么令人乐观。利用朱熹语音文献研究南宋时代通语的声调问题，迄今所见主要聚焦于浊上归去之上，并未全面展开，且诸家研究的观点仍存不小的分歧。

我们的工作既然是运用朱熹语音文献对南宋通语语音作全面的研究，其声调的诸种状态尤其是对后世影响重大的三大音变，当然应当有足够的关注与较为完整的探讨。因此，笔者多年来，在前人研究的基础上，利用朱熹的语音材料全面考察其中的声调问题，刊发系列论文(刘晓南 2018B、2018D、2019A)，展示了我们观察到的一些新现象以及由此而产生的观点。现综合诸论文主要内容，对照前人的研究，概述我们对南宋通语声调的看法于下。

一、平分阴阳的取音倾向

1.1　已有的研究

关于朱熹语音文献中平声是否分阴、阳的问题，迄今仅王力先生在《朱熹反切考》一文中有所涉及。王力先生的观点是：朱熹音系与《切韵》一样"平声不分阴阳"。证据有二，其一"以今阴平声字为今阳平声字的反切下字"，如"芹，其斤反"，举证11字21次音切；其二"以今阳平声字为今阴平声字的反切下字"，如"施，叶疏何反"，举证13字次。所举诸例从后代平分阴阳的角度来看，都属于阴阳平之间的混注，如果平分阴阳的话，这样的反切自然切不出声调和谐的字音，只有像《切韵》音系一样，平声不分阴阳，这样的反切才可以成立。如果朱熹这些反切确实反映南宋时代的实际语音，那么，断其平声不分阴阳完全合理。

1.2 新的思路：两步统计

平声不分阴阳的结论虽然是从清浊混注或阴阳混注的事实推得，但另一方面，朱子音叶又有很多阴阳平声不混或阴阳协调的切语，如："牛，叶鱼其反（《小雅·黍苗》）"等等。拼读这些切语，觉得叶韵只是改动了韵类而已，原有的浊平声调得到了很好维护，似乎又透露出某种阴阳协调的信息。这些阴阳协调的切语是不是如同《广韵》"同，徒红切"一样只一种随机的偶然存在？要回答这个问题，只有进行统计，用数据说话了。笔者设计了两步统计法，试图判断并确认这些阴阳协调的音切是不是一种偶然现象。两步统计的第一步是自制率统计，第二步是协调率统计。

所谓自制率，是指全体平声被注字的注音或叶音的自制反切（含直音）的比率。这是为了了解朱熹的注音是承用前人的旧切为主，还是自制新切为主。如果那些阴阳混注条目大多数是承用前人的旧切，那么这些语料对于南宋实际语音的价值必然就要打折扣。反之，越是自制率高的材料，承用前人旧音就越少，反映朱熹时代的实际语音的价值就越高。

所谓协调率，是指在自制率很高的语料中统计其阴阳协调音切所占的比例。协调率越高就越能说明朱熹具有平声阴阳声调分立的可能。

1.3 统计数据

根据上述思路，我们穷尽《诗集传》《楚辞集注》中所有平声被注字的音叶，共得463字720次音叶，其中注音切语295字、381次，叶音切语168字、339次。因为《诗集传》《楚辞集注》的成书过程不同，书中的注音、叶音又各有不同的功能，为了获取精准的数据，有必要照顾到这些差异，将全部统计对象分为《诗集传》注音、《诗集传》叶音、《楚辞集注》注音、《楚辞集注》叶音等四个项目统计其自制率，然后再将高自制率的数据进一步作协调率的统计，以帮助我们判断阴阳混切和阴阳协调，何者更能反映当时声调的实际语音？整个统计的过程及数据都相当复杂，详情请参刘晓南2018B，我们在此仅简述统计结果。

1.3.1 自制率数据。我们将《诗集传》的平声字音叶切语逐条与陆德明《经典释文》以及吴棫的补音相比对，将《楚辞集注》的平声字音叶切语逐条与洪兴祖《楚辞补注》比对，数据显示，注音部分取前人旧切的比例非常高。《诗集传》的切语同于陆氏《释文》音切的字次比率高达86％以上，《楚辞集注》的注音同于洪兴祖音切的比率较低，但也在60％以上。

叶音部分则数字反转，异于前人的比例大幅提高，可以从上卷第八章提供的数据看到，在可比的范围内，朱叶异于吴棫已达40％以上，另还有大量的吴氏叶音未传或未作叶音的字，朱子所作叶音原则上都可以看作自制。《楚辞集注》的叶音同于洪兴祖音者更是微乎其微。

超高的承前注音比率可以肯定其阴阳混切的声调框架主要是从前人音切中继承而来的，是否反映实际语音，尚难遽定。前人的语音格局，后来时代可能发生变化，也可能不变。正因为如此，我们才需要尽可能地摒弃或剥离承于前人的音切，最大限度地采用朱熹自制音切，考察它们之中阴阳混注与阴阳协调的比率，以推断阴阳协调的音叶能否作为平分阴阳的证据。

1.3.2 协调率数据。我们需要剥离承前的部分，仅考察自制音切的部分。剥离的方法，将前述四项自制率数据，去除《诗集传》注音一项，因其注音的承前比例太高，没有考察价值；将剩下的《诗经》叶音、《楚辞》注音和《楚辞》叶音三项的数据，仅取其异于前人旧切或前人没有作音切的部分作为自制音切的语料。得下列数据：

《诗经》平声字的叶音：199字330次。

《楚辞》平声字的注音：27字29次。

《楚辞》平声字的叶音：147字232次。

三项共373字591次，均可看作自制音切。它们由朱熹制作，能较好地反映朱熹的语音现状。将上述每一条音切，考察被注字与切下字之间的清浊或阴阳是否协调,有三种表现,一是"协调",如"尤,叶于其反";二是"两可",即同一字的多个叶音既有协调者又有不协者,如"安"字既有"安,叶於连反"阴阳不协,又有"安,叶於肩反"阴阳协调,这个部分数量不大,三是"不协",如"师,叶霜夷反"。为了简明,我们将两可的音叶以"次"为单位分别归入协调、不协调中统计,又有少数音叶没有出现切下字,如"治,叶平声",无法断其是否协调,归入"其他"栏。统计结果得下表:

	类型		总数	协调数		不协调数		其他	
				数据	占比	数据	占比	数据	占比
诗	叶音	字	199	118	59.2	79	39.6	2	1.0
		次	330	188	56.9	138	41.8	4	1.2
骚	注音	字	27	17	62.9	6	22.2	4	14.8
		次	29	18	62.0	7	24.1	4	13.7
	叶音	字	147	100	68.0	38	25.8	9	6.1
		次	232	170	73.2	51	21.9	11	4.7

表中三组数据,每组都有字、次的协调与不协调比率,字与次之间数字略有差异,为便于观察、比较,分别对三组字、次协调率数据作平均值的计算如下:

诗叶音:

平均协调率(59.2＋56.9)÷2＝58.1

平均不协调率(39.6＋41.8)÷2＝40.7

骚注音:

平均协调率(62.9＋62.0)÷2＝62.4

平均不协调率(22.2＋24.1)÷2＝23.1

骚叶音:

平均协调率(68.0＋73.2)÷2＝70.5

平均不协调率(25.8＋21.9)÷2＝23.8

上述数据可以看出,当朱熹自己制作反切时,阴阳平之间的协调率还是很大的,但该如何解读这个协调率,恐怕还得先确立一个较为合理的数据标杆。

1.4 数据标杆及其解读

为了尽可能客观解读各种比率,我们不妨先根据概率论的基本原理,设立一套数据评判标杆。

1.4.1 标杆:随机概率。前文已述,制作反切时,无论平声是否区分阴阳,都会有阴阳协调的反切出现。要判断这些阴阳协调的反切是不是反映了平分阴阳,关键在于确认它们是不是偶然出现。如何确认其偶然性? 通常采用随机概率统计的方法。基本原理:如果平声不分阴阳,则切下字不必与被注字同其清浊,制作切语时,其切下字就既可选清亦可选浊,有两种选择。按照古典概率论的基本理论,任一随机事件当其具备两种对等选择的可能时,在自然状态下每种选择实现的概率都是二分之一(50％)。传统三十六声母中清声母十八、浊声母十八,非清即浊,各占一半,所以当清浊两选时其可选对象是对等的。这就意味着对任何一个被注字来说,如果平声不分阴阳,那么在自然状态下给其制作切语时,它的切下字选清、选浊的概率将各为50％左右(可以大致框定在正负5％的区间波动,即处于45％—55％之间),我们暂且确定这个比率数值为判断阴阳协调切语是不是偶然出现的数理标杆。

可以这样推论:在自制音切语料中,如果平声被注字的阴阳协调率处于50％左右,因其符合清浊两选的概率,就有理由断其为偶然现象,确认其为"平声不分阴阳";反之,如果被注字与切下字之间清浊协调的比率超出半数波动的范围,甚至大幅度突破了标杆概率,那就意味着它不是一种偶然现象了。

1.4.2 数据解读。确认标杆之后,再看三组自制语料的协调率比较,表中6个数据有一个共同的趋势,即凡协调率均高于平均数。协调率从诗叶音的58.1,到楚辞注音的62.4,再到楚辞叶音的70.5,这种"步步高"的态势,恰似三级连跳,从最低超出平均值8个百分点,到高达20多个点,这完全无法用偶然来解释,充分显示出具有不同于传统语音框架取音倾向存在的可能。

比对每组协调、不协调率数据,还可以看到:协调率超出不协调率大约是成倍数增长的:

诗叶音：58.1∶40.7≈1.4∶1，协调率是不协调率1.4倍以上
骚注音：62.4∶23.1≈2.7∶1，协调率是不协调率2.7倍以上
骚叶音：70.5∶23.8≈2.9∶1，协调率是不协调率2.9倍以上，接近3倍

三组数据中有两组协调率比不协调率高出二倍以上，这绝对不会是自然状态下的随机表现，只有加入了某种非自然的人工干扰因素，才有可能实现对自然状态下随意选用清浊切下字概率的同一朝向的大规模突破，结果是大大增加了切下字与被注字清浊相同的协调性，降低了清浊不同造成的不协调。如果这里仍然存在"平声不分阴阳"的旧音框架的话，其影响力也已经大大降低，而阴阳协调的倾向则不断强化，尤以《楚辞集注》的叶音为突出，它的切语中阴阳协调率竟比不协调率高出接近三倍，充分显示了人工干扰因素之强大。这种远远超越自然随机概率、统一朝协调方向发展的强力趋向，不得不使人们要产生朱熹在制作音叶时实际上具备了"平声区分阴阳"取音倾向的联想了。

1.5 隐性的取音倾向：平分阴阳

通过各项统计，从朱熹自制反切显示的清浊协调率中，我们已经隐约看到其中有了"平分阴阳"的取音规则，我们将它定义为由语感自然调控的隐性取音倾向。强调语感的作用，本质上就是断定朱熹时代"平分阴阳"的音变已经发生。"隐性"之说，只是表现了这种源于实际语音的取音倾向不显豁、不张扬，有如幽灵般地隐藏在平声不分阴阳的旧音框架之后，以隐晦的方式暗自对音注家的音释行为施加影响，令其作出尽可能合乎阴阳协调的选择，至于平分阴阳的音变是否彻底完成，则目前的数据尚难断定。

二、浊上归去的表现及其进程

2.1 诸家异同

中国台湾学者许世瑛(1974)最早确认《诗集传》中已有17个全浊上声字变读去声，同时还有50字仍读上声，4字难以断定是否读去声。王力先生

(1982)则列举全浊上声读去声的字有 18 个。黎新第(1999)再作考察,读去声的浊上字数扩展到了 32 字,其中有的字仍有上声一读。然只要我们逐条核对上述三家所列举的字例,就会强烈感到三家之间相同的太少,不同的太多,请看下表:

三家浊上变去字异同表

三家相同者 5字	两家相同者共 10 字			仅出一家者合计 32 字		
	许王	许黎	王黎	许	王	黎
父动造尽户	视	似俟涘鲔酤	士受埠罪	耙汜祀绍寿荇	皁土仕践绪舅笞怙	鲍伴辅妇弟殆篡在皂静涘序叙恃善厚洿祸

表中显示,三家提出已读去声的浊上字总计虽只有区区 47 字,可是,互不认可者竟多达 32 字,只两家认可的仅 10 字,三家都确认已读去声者 5 字而已,微乎其微。看来,虽然诸家的研究成就斐然,但仍遗留了两大问题:一是朱熹音叶中究竟有多少浊上归去的字例,二是这些字例能说明浊上归去的音变发展到了一个什么程度?

2.2 研究的对象范围

两大遗留问题中,"字例"是基础。要想准确考明全部浊上归去的字例,弥平诸家分歧,首先得确认研究范围,即确认朱子语音文献中究竟有多少材料适于浊上变去的研究。综合三家语例和我们的考察,我们归纳出两类材料适合用作浊上变去的研究:一是"音叶",即《诗集传》《楚辞集注》两书中被作过音叶或用作音叶的全浊上声字;二是"入韵",即在今音(按,即宋代诗韵)押上声或去声韵段中用作韵脚字的全浊上声字。查三家提供的研究对象浊上字有同有异,去除重复,共有 108 个。我们又查出符合两类条件的字 36 个,合计共有 144 字,它们或入韵或音注共计 456 次。我们先考查这些用例中有多少可以确定为浊上归去的音变,然后再综合讨论它们的音变进程。

运用文献考证法分析 144 个全浊上声字的诸次用例的声调,虽然表现各异,但大致可以归为尚未发现去声一读和已新生去声一读两大类,后者又可分保留上声旧读和未见又读上声两种。未发现去声新读的可能尚未发生音变，这一部分相对保守，我们仅提供数据，不作讨论。我们详细讨论的是新生去声一读的诸字例。

2.3 已读去声，未见又读上声者

我们先列举原材料，再依据其语音特征分为若干小类加以考证说明。大概每条语料含三个部分：一是字头与出现次数，二是出处，三是语例。字头、出处同于本书惯例，不必多说，语例则自有特点，需要略作介绍。

语例即字头的语音信息，可分韵脚语例和非韵脚语例两大部分。两者的语音信息及其表现方式不同，行文中的表述也相应不同。韵脚语例，作为身处韵段中的押韵字，有必要展示"字头"所在韵段，列出全韵段所有韵脚，以及每个韵脚字的注音、叶音，均以小字附着其右。非韵脚语例，即出现在文句之中的不入韵的"字头"，有必要展示其所在文句的上下文，用引号列出该字所在的文句，再在被注字右方以小字列出注音。如果一个语例的同一个音切重复出现多次，就列举首现者，然后加注数字标示重复多少次，再以小号字附上各次所在的位置。必须注意的是，有的字头只是作为注或叶音的字，出现于注音或叶音之中，这就需要去本语例诸字下的小注中去寻找其踪迹。

语例之中所含历史语音信息，则随文加以考证或说明，并缀以"说明"二字。又，字例中有许多是前人提出过的，为免繁冗，恕不一一注明，诸例之后的考证主要为笔者所述，若涉及前人成说，则注明出处。

2.3.1 音叶或入韵显示原浊上字变读去声，13字18次。

鲍，大雅思齐三：庙叶音貌 保叶音鲍

岵，魏风陟岵一：岵音户父

浒，楚辞天问 56：错七故反 浒音户

静 2，楚辞大招 147：静定

　　楚辞九辩 127："靓音静杪秋之遥夜兮"

动，商颂长发五：共音恭叶居勇反 厖莫邦反叶莫孔反 龙叶丑勇反 勇动叶德总反 竦小勇反总

埠，郑风东门之埠一：埠音善叶上演反 阪音反叶孚裔反远

市，楚辞天问 67：市姒

说明：上 7 字除"静"字一次为注音外，都属于全浊字押去或上声韵，各字入韵又略有差异。浊上"鲍"字是给清上"保"字作叶后与去声"貌"押韵。浊上字"户"分别给"岵、涣"注音后与去声相押（按，"父"字其实也读去声，详后文）。"静"字在《大招》中直接与去声"定"字为韵，又在《九辩》中给去声"靘"字注音，无疑都读为了去声。"动、埠"均本读上声，在上声韵段中却要回叶上声才能入韵，说明其回读上声是虚拟的，实际已读为了去声。《天问》的"市姒"押韵，表面上看是浊上互押，因"姒"已读为了去声（详下文），其实是去声互押。

楰，大雅旱麓一："瞻彼旱麓，榛楰音户济济"

荇，周南关雎二："参差荇行孟反菜，左右流之"

鸼，楚辞离骚 18："雄羽弓反，黄云呼故反，然则鸼字欤鸠之鸣逝"

说明："楰、荇"两字都是用去声字注音，故均已读去声。"鸼"本音为"侯古切"，朱子引述"黄"的话，实际是给它注了"呼故反"之音。

杜 3，唐风杕杜一：杜湑私叙反。

  豳风鸱鸮二：雨土音杜徒古反户叶後五反予叶演女反

  周颂丰年："丰年多黍多稌音杜"

叙 3，唐风杕杜一：杜湑私叙反（按，此例重见于"杜"条）。

  小雅采绿四：鲔音叙叶音湑鲔者叶掌与反

  楚辞天问 55："纂就前绪音叙，遂成考功"

土（鼓），豳风鸱鸮二：雨土音杜徒古反户叶後五反予叶演女反（按，此重出于"杜"）

说明：上"杜、叙、土"3 字互有关联，当放在一起讨论。《杕杜》一章韵脚"杜、湑"二字韵书都归入上声，似乎是个上声韵段。但我们认为其中承用于陆氏《释文》的"湑，私叙反"这条反切，隐藏了一条重大历史语音信息，奥妙就在切下字"叙"字上。我们先全面稽出《毛诗音义》中用"叙"字作切下字的"湑 5 胥鲔藇"4 个韵脚的 8 次注音反切，再逐条与朱熹相应切语比对，就可以清晰地看出朱熹对《释文》旧切中的 8 个切下字"叙"是如何改动的。

字头	释文音	字头所处位置及朱注音叶	声调	朱注及其改或录	
湑3	思叙反	小雅伐木：湑思吕反酤鼓舞暇叶後五反 小雅裳裳者华：湑思吕反写叶想与反处 小雅车辖：湑思吕反写叶想羽反	押上声	思吕反	改下字
湑	息叙反	小雅蓼萧：湑息吕反写叶想羽反语处	押上声	息吕反	改下字
胥	思叙反	小雅桑扈：扈侯古反羽胥思吕反祜侯古反	押上声	思吕反	改下字
藇	音叙	小雅伐木：许藇象吕反羜父顾叶居五反	押上声	象吕反	直音改切语
鲔	音叙	小雅采绿：鲔音叙叶音湑者叶掌与反	押上声	音叙叶音湑	先录后改叶
湑	私叙反	唐风杕杜：杜湑私叙反踽俱禹反父扶雨反	去、上	私叙反	照录

表中根据朱熹对陆氏音切改动或录用的不同，以双线隔为两个部分，线上的7条朱音对陆音均有改变，仅线下1条照录旧切。

双线以上7个韵段，根据各韵段的韵脚及所作的音叶，可以得知它们都确凿无疑地押上声韵。7次押上声韵的4个字头，陆氏《释文》所作的5个反切、2个直音都采用全浊上声"叙"字注其韵调，可知唐人口中，全浊上声"叙"字押上声韵没有问题。到了朱熹笔下切下字全部被修改了。所有的修改集中于一点：即撤掉原音切中全浊上声"叙"字，换为次浊"吕"或清上"湑"字。在上声韵段中，无一遗漏地针对浊上"叙"字作出规避，或改为次浊或改为清上字，大概在朱熹看来，只有如此替换之后，被注字才能毫无悬念地准确读为上声而顺利谐韵，"叙"在朱熹口中不读上声难道不是昭然若揭了吗？

再看双线下一个韵段，看起来也是押上声韵，同样"湑"字作韵脚，《释文》同样以浊上"叙"为切下字，这一次却完全照录《释文》的反切。朱熹既然已经多次在上声韵段中排除"叙"音，突出地表达了"叙"字不能谐上声韵的意思，那么这里为什么又不排除了呢？如果不是偶然误注的话，就只有一个可能，那就是该字不押上声，实押去声。《杕杜》本章共有4个韵脚，原押上声，韵段及朱子音叶为"杜湑私叙反踽俱禹反父扶雨反"，照理"湑，私叙反"也应当改其切下字为次浊字"吕"，朱熹不作改动，一定是认定这里应当按"私叙反"一切读去声，为什么呢？因为"湑"的谐韵对象"杜"同样发生了浊上归去的音变。

查《诗》中"杜"字共出现6次，因为它是常用字，所以全无音叶，看不出当读何种声调，但上面列举《诗集传》中朱子有2次用"音杜"给别的字作注，其中《鸱鸮》"土"的注音颇为奇特。这个"土"不是"土地"的土，而是"桑根皮"之义，《广韵》写其本字为"鼣"，本读浊上，朱熹注为"土，音杜，徒古反"。其"音杜"之音取于《释文》，奇特就在于，在"音杜"之后朱熹又注入《广韵》的反切"徒古反"。从韵书看，"徒古反"切出的音正是"杜"音，既属冗余，也不合乎《诗集传》中一字一音的常例。我们认为，直音"音杜"之后再加韵书反切，不是随意而为的冗注，而是针对前人旧音所作的补充说明。这应当是朱熹取《释文》所注的"土，音杜"之后，发现"土"所在的韵段要求押上声韵，而注音字"杜"字已经读为去声，不能谐韵，为了防止读者按"杜"音读为去声而不谐韵，才特地追加韵书反切"徒古反"使之回读上声来谐韵。这个回注可以确认"杜"的口语已读去声。

明晓"杜"实读去声，再来看《杕杜》的4个韵脚及朱熹的处理："杜湑私叙反踽俱禹反父扶雨反"，其条理就清楚了。朱熹其实是将该章分为两个韵段，"杜湑私叙反"押去声自成一段，"踽、父"两字押上声另为一段，其中"杜"口语已读去声，"湑"下保留陆氏《释文》的反切只是拼读为去声谐韵而已。

2.3.2 被注字本有上去或上声清浊二读，其中浊上一读变读去声，7字15次。

为讨论方便，在字头下简列《广韵》两读之音义，出于《集韵》者注其书名，两读义异者，在字例末尾用括号列出被注字的义注或所在诗句，以明其音义关系，两读义同者则略之。

伴，缓韵蒲旱切"伴，侣也"，换韵薄半切"伴，伴奂"。
　　楚辞惜诵76：伴援于愿反（朱注"伴，侣也"）。
酤，姥韵侯古切"酤，一宿酒"，暮韵古暮切"酤，卖也"。
　　商颂烈祖：祖祜候五反所酤叶候五反（朱注"酤，酒"）。
尽，浊上轸韵慈忍切"竭也，终也"，清上即忍切"曲礼曰虚坐尽前"，按，此属虚词。
　　小雅楚茨六：尽叶子忍反引（"尽"所在句"维其尽之"，此为动词）。
寿4，有韵殖酉切"寿，寿考"，宥韵承咒切"寿，寿考"，两读义同。

豳风七月六：枣叶音走稻叶徒苟反酒寿叶殖酉反 3/又见大雅江汉六、周颂雝。
小雅南山有台四：栲音考叶音口杻女久反寿叶直酉反茂叶莫口反。

视，旨韵承矢切"视，比也，瞻也，效也"，至韵常利切"视，看视"。
小雅大东一：匕必履反砥之履反矢履视叶善止反涕音体。

说明："伴"等 5 字都是在押上声的韵段中回叶上声，说明它们口中已经不读上声了才得改回上声来谐韵。动词"尽"字的叶音其实就是它的虚词又读，音义错位故得叶。"寿、视"都有上声又读，但用上声谐韵还得作叶，说明其浊上一读已退出实用了。

造 4，皓韵昨早切"造作"，号韵七到切"至也"。
王风兔爰二：罦音孚叶步庙反造忧叶一笑反觉居孝反叶居笑反（朱注"造，亦为也"）。
郑风缁衣二：好造叶在早反（"造"所在句"敝余又改造兮，此亦"为"义）。
周颂闵予小子：造叶徂候反疚音救考叶袪候反孝叶呼候反（朱注"造，成也"）。
周颂酌：受造叶徂候反（朱注"造，为"）。

恃 3，止韵时止切"依也，赖也"，集韵志韵时吏切"恃，丈也"，两读义同。
小雅蓼莪三：恃至。
楚辞惜诵 76：异恃殆叶徒係反。
楚辞悲回风 100：恃叶上声止。

说明："造"的"造作"及其引申义 4 次入韵，直韵本部去声 1 次，回叶本部上声 1 次，都反映其实读去声，另 2 次"造，叶徂候反"叶他部去声，参之以前两例，亦可断其声调已读去声。"恃"，入韵 3 次，两次押去声直接入韵不作叶，1 次押上声则回叶上声，可证"恃"在朱熹口中读去声无疑。查《广韵》"恃"只录上声，《集韵》增列去声一读，这种先后顺序可能反映了"恃"去声一读乃唐以后新生的。

2.3.3 从"目"得声或声符相关的齿舌音全浊字，10 字 34 次。先看齿音 8 字 28 次。

俟 3，鄘风相鼠二：齿止止俟叶羽己反又音始。
小雅吉日三：有叶羽己反俟叶于纪反友叶羽己反右叶羽己反子叶奖履反。
王风葛藟二：涘音俟叶矣始二音母叶满彼反母有叶羽己反。

涘 3，王风葛藟二：涘音俟叶矣始二音母叶满彼反母有叶羽己反（按，此重出于"俟")。

秦风蒹葭三：采叶此履反已涘叶以始二反，南按"反"当作"音"右叶羽轨反汜。

大雅大明四：涘音士叶羽己反子叶奖礼反。

耘 4，豳风七月一：耘叶羊里反趾子叶奖履反亩叶满彼反喜。

小雅大田一：事叶上止反耘叶养里反 3/又周颂载芟、周颂良耘亩叶满彼反。

祀 7，大雅生民一：祀叶养里反 6/又生民二、六、八章，周颂雍、鲁颂閟宫三子叶奖里反敏叶母鄙反止。

召南江有汜一：汜音祀叶羊里反以以悔叶虎洧反。

汜 2，召南江有汜一：汜音祀叶羊里反以以悔叶虎洧反（按，此重出于"祀"）。

楚辞天问 52：汜音似上声里。

似 6，小雅小宛三：采叶此履反子负叶蒲美反似叶养里反 3/又小雅裳裳者华四、大雅江汉四。

楚辞成相 213：德叶音帝辞叶音似事备（按，此以下 3 次"似"给其他字注叶）。

楚辞天问 52：汜音似上声里（按，此例重出于"汜"）。

小雅正月八章："褒姒音似灭之"。

姒 2，楚辞天问 67：市姒。

小雅正月八章："褒姒音似灭之"（按，此例重出于"似"）。

竢，楚辞思美人 93：佩叶音备异态叶音替竢出叶尺遂反。

8 个被注字中"俟、涘、耘、祀"只见于《诗》，"竢"只见于《楚辞》，"汜、似、姒"同见于诗、骚。

8 字中作了叶音的"似、俟、涘、耘、祀、汜"6 字，都叶读喻母止韵上声，仅"俟涘"两字又叶审母止韵"始"音。这组叶音有没有体现声调的变化？《诗集传》的资料看不清楚，《楚辞集注》"似 2、竢"2 字可释此疑。"似"在《楚辞》中有 2 次叶音，一在《成相》中作为"辞"的叶音与去声"事、备"等字谐韵，这是"似"直接押去声韵；一在《天问》"汜里"韵段，朱注"汜音似，上声"，"音似"的注音取于洪兴祖的《楚辞补注》(88 页)，因为要与上声"里"字押韵，再追加"上声"二字，说明"音似"实际要读为上声才可谐韵，那也就意味着被注字"汜"和注音字"似"实已读去声了，由此可知推知《正月》的"姒音似"的"姒"也读为去声，连类而及《天问》"市、姒"韵段的二个浊上字都读去声。"竢"，黎新第（1999）

认为与去声"异、备、替"等押韵已读去声,是也。由"似汜竢"等字推之,此一组8字之叶音改韵实际都内含了声调的变化,是其已有去声之读。

再看舌音"怠、殆"2字6次,两字声符与"目"相关,其例如下:

怠,小雅宾之初筵五:否叶补美反史耻怠叶养里反。

殆5,小雅节南山四:仕俎里反子叶奖履反已殆叶养里反3/又小雅雨无正六、商颂玄鸟仕。

楚辞天问62:止殆叶当以反。

楚辞惜诵76:异恃殆叶徒係反。

这两个"声符与目相关"的全浊舌音字,在《诗集传》中均与齿音一样"叶养里反",其性质似应相通。但在《楚辞集注》中"殆"字谐韵上、去两调,朱熹不采用吴棫的叶音,分别新创舌音反切叶之,从这个上、去声通叶的表现,亦可推其上去声两读,故"殆5"当归入下文"上去两读"类中。

综上3类,全体已读去声不见遗存上声一读者共计29字62次。

2.4 已读去声,上声旧读仍存者

本组诸字从具体使用来看,读上还是读去大概有三种表现,一是本次可以确认读去,二是本次可暗示或可确认仍读上声,三是本次读上读去难以确认。为确保研究对象的信息准确又不至累赘,列举字例时,字头下列举该字的全部次数,实例部分则仅列举已读去或可以确定有新的去声一读的用例,此外仍读上声或尚难确定上去者则简列数据而已。

2.4.1 回注上声。所谓回注上声,是指常用的全浊上声字在押上声的韵段作韵脚时,朱熹加注上声。这些字本读上声又不难辨认,照理不必为了谐韵再注上声,故称为"回注上声"。这意味着原浊上字新生了去声一读,致使一字上去两读,声调混杂,需要注明上声才能准确谐韵。之所以必断其"上去两读",是由注音的音释方式决定的,因为,注音没有虚拟之意,"回注上声"既表明新生了去声一读,又暗示其回注的旧读仍是实有的一读,所以得定为两读并存。此类字例共14字76次,可以确认读去声的56次。因为判断其声调变化的原因相对简明,我们将相关"说明"移到字头之下,仅个别特殊情况再追加说明。

父7,"父亲、父辈"义本读浊上,诗中直韵去声1次,回叶上声1次,回注上声 5 次。

魏风陟岵一：岵音户父。

王风葛藟一：浒呼五反父叶夫矩反父顾叶公五反。

唐风杕杜一：踽俱禹反父扶雨反 5/又小雅四牡三、伐木二、黄鸟三、鲁颂閟宫二。

弟 9，此为"兄弟"义，徒礼切。入韵 7 次，其中 2 次回叶本部上声，5 次回注上声。另给其他字作注 2 次，其中 1 次注去声，1 次所注可能读去声。

鄘风蝃蝀一：指弟叶待里反。

齐风载驱二：济子礼反㳽乃礼反弟叶待礼反。

邶风谷风二：荠齐礼反弟待礼反 5/又邶风泉水二、小雅常棣一、小雅蓼萧三、大雅行苇一。

楚辞山鬼 44："既含睇音弟兮又宜笑"（按，被注字"睇"音"徒计切"）。

陈风泽陂一："涕他弟反泗滂沱"（按，被注字"涕"他礼、他计两读）。

士 12，诗骚中韵上声 11 次，其中回叶上声 2 次，回注上声韵 9 次。给别的字作注 1 次。

周颂载芟：以士与以叶耜叶养里反亩叶满委反。

大雅常武一：士叶音所父音甫戎叶音汝。（按，以上"士"2 次回叶上声但不典型）

郑风褰裳二：洧叶于已反士鉏里反 9/又小雅祈父二、小雅甫田一、大雅既醉八、大雅假乐四、大雅卷阿七、鲁颂閟宫八、商颂长发七、楚辞大招 152（按，9 次回注上声非常典型）。

大雅大明四："在渭之涘音士叶羽已反"（按，此给实读去声的"涘"注音）。

妇 2，在上声韵段中回注上声 1 次，叶他部上声 1 次。

大雅思齐一：母莫後反妇房九反。

楚辞天问 65：子妇叶芳尾反。

祸 2，诗中上声韵段中回注上声 1 次，骚中叶他部上声 1 次。

小雅何人斯二：祸胡果反我可。

楚辞成相 211：祸叶许诡反士徒施叶上声。

仕 3，诗中 3 次韵上声，朱熹皆回注上声。

小雅节南山四：仕钽里反 3/又小雅雨无正六、大雅文王有声八子叶奖履反已殆叶养里反仕。

舅 2，诗中韵上声 2 次，朱熹均回注上声。

小雅伐木二：舅其九反咎其九反。

小雅颊弁三：首阜方九反舅巨九反（按，此条重见于阜字）。

像 2，骚中韵上声 2 次，朱熹 1 次回注上声，1 次直韵上声，后者例略。

楚辞橘颂 99：长上声像上声。

甚 6，诗中韵上声 1 次回注上声。诗骚给别的上声字作切下字 5 次，例略。

小雅巷伯一：锦甚食荏反。

受 3，诗中直韵本部去声 1 次，叶本部去声 1 次，叶他部上声 1 次。

周颂酌：受造叶徂候反。

小雅巷伯六：受叶承呪反昊叶许候反。

陈风月出二：皓胡老反懰力久反叶朗老反受叶时倒反慅七老反。

咎 4，叶本部去声 1 次，回注上声 2 次。又《楚辞·吊屈原》中直韵上声 1 次，例略。

小雅小旻三：犹叶于救反集叶疾救反咎叶巨又反道叶徒候反。

小雅北山六：酒咎巨九反（按，此例释文"其九反"，朱改上字）。

小雅伐木二：舅其九反咎其九反（按，此例释文无音。朱回注上声）。

上 10，上字本有上去两读，义异。诗骚中"上"字入韵及被注共 10 次，2 次入韵均当读去声却注为叶去声，是为浊上混读去。另外 8 次均非韵脚，朱熹音注符合韵书，例略。

小雅颊弁二：上叶时亮反怲兵命反叶兵旺反臧叶才浪反。

陈风宛丘一：汤他郎他浪二反上辰羊辰亮二反望武方武放二反（按，此二音叶例）。

绪 6，骚中直韵去 1 次，句中注去声 1 次，诗中回注上声 3 次。另直韵上声 1 次，例略。

楚辞天问 70：辅绪。

楚辞天问 55："纂就前绪音叙"。

大雅常武二：父旅浦土处绪象吕反 3/又鲁颂閟宫一、商颂殷武一。

辅 8，骚中直韵去声 1 次、回叶上声 1 次、诗中回注上声 2 次。另外骚中直韵上声 3 次，再加上句中注上声 1 次，这 4 次都属仍读上声，例略。

楚辞天问 70：辅绪（按，此条重见于"绪"字条）。

楚辞招魂 134：苦下叶音户辅叶音甫予音与。

小雅正月九：雨辅扶雨反 2/又鲁颂閟宫二予叶演女反。

说明："辅、绪"两字在骚中互相押韵 1 次，朱无注，因两字均可读去声，此处可认其为去声韵段。两字在诗骚中又都各有 3 次押本部上声韵，前人无注，朱熹回叶或回注上声，说明两个字都新生去声一读。

2.4.2 或承或改前人旧切回注上声。11 字 37 次，其中可确认读去声的 33 次。

鉏 2，2 次注音都承于释文，1 次先注去声"叙"后叶上声，另 1 次回注上声。

小雅采绿四：鉏音叙叶音淆鉏者叶掌与反（按，此条重见于"叙"字）。

齐风敝笱二：鉏才吕反雨。

坛 3，洪氏均注"音善"，朱熹非韵脚的 2 次取洪氏音，押韵的 1 次自制反切回注上声。

楚辞大招 150："南房小坛音善 2/又楚辞湘夫人 36，观绝霤只"。

楚辞涉江 80：远壇式衍反。

憯 3，韵书本上去两读，洪氏韵上声时注上声，非韵时全注去声，朱从之。

楚辞抽思 85：敢憯徒敢反（按，此回注上声以韵上声）。

楚辞云中君 31："謇将憯徒滥反兮寿宫"。

楚辞哀时命 164："志欲憾而不憯大暂反兮"（此以上 2 次直注去声）。

阜 6，诗中韵上声 6 次，释文仅《驷驖》1 处注音，朱则每字必回注上声。

秦风驷驖一：阜符有反 4/又郑风大叔于田三、小雅车攻二、小雅吉日一手狩叶始九反。

秦风小戎二：阜扶有反手。

小雅頍弁三：首阜方九反舅巨九反。

践 2，诗中韵上声 2 次，释文仅《伐柯》注"贱浅反"1 次，朱熹则全部回注上声谐韵。

豳风伐柯二：远践贱浅反。

小雅伐木三：阪叶孚窅反衍践在演反远愆叶起浅反。

赵,作为常用字,诗中韵上声1次,释文音"徒了反",朱改其切上字回注上声。

  周颂良耜:纠叶其了反赵直了反蓼。

何(荷)6,韵书本读上声,朱2次注为去声。又有4次非韵承前注上声,例略。

  商颂长发四:"何音贺天之休,不竞不絿。"

  楚辞自悼赋235:"何音贺性命之淑灵"。

扈3,释文全注"音户",朱熹押上声韵者自制反切回注上声,非韵脚者取旧注注之。

  小雅桑扈一:扈侯古反羽胥叶思吕反祜侯古反。

  小雅小宛五:"交交桑扈音户2/又楚辞离骚3,率场啄粟"。

祜7,诗中韵上声7次,释文全注"音户",朱一律不取,改作反切回注上声。

  小雅信南山四:祖考叶孔五反祜侯古反2/又小雅桑扈一。

  大雅皇矣五:怒叶暖五反旅祜候五反2/又商颂烈祖下叶後五反。

  大雅下武五:许武祜候古反。

  周颂载见:祜後五反嘏叶音古。

  鲁颂泮水四:武祖祜侯五反。

怙,诗中韵上声1次,朱不取释文"音户"之注,改作反切回注上声。

  唐风鸨羽一:羽栩况禹反盬音古黍怙候古反所。

嫭3,骚中3次,洪氏均注"音户",朱取之或叶或注:

  楚辞东君41:鼓簴其吕反嫭叶音户。

  楚辞抽思85:嫭叶音户怒。

  楚辞礼魂47:"嫭音户女倡兮容与"。

2.4.3 浊上字既已有去声新读,又给读上声的字作注表现出旧读仍存。此类上去并存者,6字57次,可以确认读去的23次。

户30,有10次可断其读去,例见下。此外20次读上声,全见于《楚辞集注》,例略。

  豳风鸱鸮二:雨土音杜徒古反户叶後五反予叶演女反。

  豳风东山二:宇户後五反3/又豳风七月五章2次。

  唐风绸缪三:楚户侯古反者叶章与反。

  小雅斯干二:祖堵户胡五反处语。

楚辞招魂 137：络叶力户反呼叶胡故反居叶举虑反（按，此以下给其他去声字注音）。

楚辞抽思 85：姱叶音户怒。

楚辞天问 56：错七故反洿音户故。

魏风陟岵一：岵音户父（按，此例重见于上"父"字条）。

说明：上面 10 个用例，入韵 6 次，1 次回叶、5 次回注上声，给当读去声的字作注 4 次。6 次入韵都是"户"在诗中押上声，陆氏《释文》无注，朱熹全部加注，且回叶、回注并用，明其上去两读。后 4 次作注音字，《楚辞》中 3 次的被注字都是谐去声韵，其读去声没有问题。第 4 次在《魏风·陟岵》中，"岵音户"其实取自《释文》，其所与押韵之字"父"虽有上去两读，但读去声为常，那么"音户"这里也应当是读去的。还有一个有力旁证，查《毛诗音义》中陆氏《释文》用"音户"注音凡 6 字 14 次，朱熹只有 3 次照录，除《陟岵》为韵脚因要押去声照录外，另两次均非韵脚字（见《小宛》和《旱麓》），因其不必强调其声调和谐，取《释文》注其难字音而已。此外 11 次释文注"音户"的字是"扈祜 7 怙酤 2"，全是押上声韵的韵脚字，朱熹无一例外地将《释文》的"音户"弃之不用，全部重新改写为必拼为上声的反切（例详前文）。更有意思的是《召南·采蘋》三章"宗室牖下"的"下"与"女"押韵，释文明确注曰："下，如字，协韵则音户"（56 页上），朱熹仍然改为"下，叶后五反"，就算是陆氏用作协韵也不行。如此统一地将涉上声押韵的"户"全改写为能拼为上声的反切，完全可以确认，朱熹在《诗集传》中决不用"户"音直接押上声是明确的，由此也可以反证《陟岵》中照录释文"音户"就是认为本韵段押去声。

但是，在《诗集传》中不能直接押上声的"户"音却在《楚辞集注》大量出现叶音上声，有"下叶音户"19 次，"姱叶音户"1 次，共 20 次。为何同出一手的诗骚两书如此不统一？只要核对一下洪兴祖《楚辞补注》就可知道，这 20 次叶韵中 15 次直接取自洪兴祖，5 次可算间接取自洪氏，不同之处只是把洪氏"音户"的注音改写为"叶音户"而已。由此可见，弃"音户"之旧注，新制反切回注上声以谐韵的做法只见于《诗集传》，并且严格遵守，表现了彻底排斥使用"音户"作上声音叶的意思，此为他的正式意见，反映了"户"字在实际语音中读去声已成为其主流读音的可能。取"音户"作为上声叶音全部出于《楚辞集注》，是承用洪兴祖的旧说。其实洪氏也是承于唐人。自陆氏释文注"下，协韵音户"之后，宋人文献转相征引，无论宋代口语中是否有此一读，都被文人普遍认可，因此可以断言，朱熹这是从众取音，采用了一个文献记录的旧读或书面音来作叶音，并不代表口语中普遍这样读。

综合"户"字在诗骚中的全部表现，可得出这样的结论："户"字宋人有上去两读，其区别在于读去者为实际口语的主要读音，读上则表现为文献记录的书面音。

罪 7，被叶去声 1 次，给当读去声的字作注 2 次。又给当读上声的字注音 4 次，例略。

    小雅巧言一：威叶纡胃反罪叶音悴。

    大雅板七：坏叶胡罪、胡威二反 畏叶纡会、於非二反（按，"罪"与"会"押韵，去声）。

    小雅小弁五："譬彼坏胡罪反木，疾用无枝"。

在 8，在上声韵段中回叶上声 5 次。又直韵上声 2 次，给读上声的字注音 1 次，例略。

    小雅小弁三：梓叶奖履反止母里 在叶此里反。

    楚辞离骚 17：在叶才里反理。

    楚辞天问 53：子在叶音紫 2/又楚辞天问 57。

    楚辞天问 58：在见上（按"见上"即《天问》57 的"在叶音紫"）里。

序 3，骚中韵去声不作叶 1 次，韵上声回叶 1 次。又给当读上声的字注音 1 次，例略。

    楚辞离骚 4：序暮。

    楚辞成相 213：禹下叶音户序予序、予并叶上声。

绍 3，被注为去声谐韵 1 次，回注上声谐韵 1 次。又给当读上声字注音 1 次，例略。

    陈风月出三：照燎力召反绍实照反懆当作懊七吊反。

    大雅抑三：酒叶子小反绍市沼反。

善 6，在上声韵段中注"墠音善"后回叶上声 1 次。又给当读上声字注音 5 次，例略。

    郑风东门之墠一：墠音善叶上演反阪音反叶孚裔反远。

    说明："墠"的先音后叶，先音之音为本音，后叶之音为改其韵之音，可是从韵书来看，叶音"上演反"就是注音"善"的切语，这说明"上演反"实际切出的音不同于"善"，只有一个可能，"善"已新生去声一读，故得加叶上声反切以明其押上声。此外，"善"又给上声字注音5次，说明还遗存上声一读。

上述上去两读31字的170次用例中，尚有58次仍读上或难以确定读去，可以确认读去的为112次，再加上前文所附"殆"字5次，则上去两读中读去的共计32字117次。

2.5 读上读去全貌

运用文献考证法多角度综合考察144个全浊上声字的456次用例的声调音读，结果有三种表现：一是已变读去声且未见有上声读音者，有29字62次；二是新生去声一读而上声旧读仍存者，有32字175次，然其中可确定读去声的是117次，另有58次尚读上声或无法确定读去声；三是看不到有读去声的变化而仍读上声者，计83字219次，如果加入上去两读部分中仍读上声的58次，则仍读上声共计277次。"已读去声"和"上去两读"两部分合计有61字179次，与前人所提47字相较，新增"市妣岵棺鵵杜扈祜姱怠壇赵何像上甚憯"等17字。这大概是迄今可见的有关朱熹语音材料中浊上归去实例最多的、可能也是最为完备的表述。现将基本数据表之如下，为简明起见，表中"字表"分"读去""仍读上"两栏排出，次数附于字后，一次则略写，字的右下角用小号字附注其所属声纽。

摄	基本数据		字表	
	字	次	读去次数中含上去两读61字	仍读上83字
通	3	9	动定	馗常重7澄
江	0	0		
止	20	63	市视常恃3俟3涘3竢士12仕3床似6祀7耟4汜2妣2邪	是常庤峙床儿4邪跪群雉澄否6奉
遇	33	114	叙3绪6鲔2序3邪杜3土定辅8父7奉户30怙祜7扈3岵湡棺鵵酤姱3匣	淑萴邪釜2奉杼2抒竚2伫虞4纻竚澄钮床粔粔4巨6群沮3从
蟹	8	34	殆5怠弟9定在8罪7从	待2缔定荠从
臻	6	8	尽从	鳟从窘菌近3群盾常

续　表

摄	基本数据		字　表	
	字	次	读去次数中含上去两读 61 字	仍读上 83 字
山	21	39	埤善 6 坛 3 常伴並践 2 从	饯 2 伐栈瓒 2 从僤禪但 4 矝 2 定眅奉睆 3 莞澣 2 睍鞗儞匣撰 2 床
效	15	36	造 4 从赵澄绍 3 常鲍並	皁从旐 2 澄摽 2 並镐颢皓昊匣窔 2 挑道 14 稻定
果	2	8	祸 2 何（荷）6 匣。按"何"为"荷"本字	
假	2	40		下 36 夏 4 匣
宕	8	22	像 2 邪上 10 常	象邪漾沆匣盪定强群丈 5 澄
梗	4	5	荇匣静 2 从	婷匣蜓定
曾	0	0		
流	11	54	舅 2 咎 4 群妇 2 皁 6 奉受 3 寿 4 常	虬 2 群负 2 奉后 3 厚 12 後 14 匣
深	1	6	甚 6 常	
咸	10	19	憯 3 定	澹髧荅黕湛 3 簟 3 定菡领槛 4 匣

2.6　浊上归去演变进程试说

上表的数据可以确认前人观点：朱熹的音叶中浊上归去的音变已经发生，由于还有大量浊上字没有发现读为去声，应当认定这个音变尚未完成。但如果进一步追问这个"未完成"的音变进行到了一个什么程度，处于近代语音史声调演变的什么阶段？对于这个需要通过"定量研究"才能解答的问题，则尚未见有充分的论述。现在，既然我们已经穷尽考核了语料，确认了其中浊上归去的准确数据，已具备了量化研究的基本条件，可以尝试探讨朱熹时代浊上归去的演变进程。

2.6.1　统计的疑惑。我们将 144 字的 456 次使用中的各种读音实况分别计算其比例（取一位小数），看能否显示音变演进的程度。统计数据见下表：

	总数	已读去声		上去两读		仍读上声	
		数量	占比%	数量	占比%	数量	占比%
字	144	29	20.1	32	22.2	83	57.6
次	456	62	13.5	117	25.6	277	60.7

表中数据显示：已读去声的部分所占比例明显偏低，总计约占四成左右，显示全浊上声字仍读上声占据绝对多数地位，变读去声的只是少数。如果将仍读上声看作音变尚未发生的话，那么这组数据只能说明演变的进程尚处于初期或中前期阶段，但这与近代语音史的表现却不甚吻合。

从现有材料来看，浊上变去大约萌生于公元三、四世纪魏晋时代（范新干 1999、2000），隋唐北宋继续进行（廖名春 1989、马重奇 1982、赖江基 1982、丁治民 2005），在陆陆续续发展了将近千年之后，到了十四世纪的《中原音韵》时代，上声全浊字的变读去声已经确认为"同现代北京话"了（杨耐思 1981，15 页），这意味着音变已基本完成。照此看来，朱熹所处的南宋（1127—1279）时代应当是音变完成之前的最后一站，似不应当仍处于音变的前期或中前期状态，那么，问题出在哪儿？

2.6.2 语境分布的差异。看上面的统计，很明显是将 144 字的 456 次用例视作同等语料，忽略了统计对象之间的差异。前文已经表明 144 字的 456 次用例出自"音叶"与"入韵"两种语境，"音叶"又有被注音叶、给其他字作音叶的不同。总之，统计对象其实是有差异的。大概可以根据各自所处语境区分为三种类型：一是在韵段中作韵脚字，它们有的有音叶有的无音叶，可统称为"入韵"语料；二是处于非韵脚位置（即处于诗骚的文句之中）而被注音，它们不在押韵位上，必有注音且必无叶音，可称为"非韵"语料；三是给其他字注音的浊上字，可称为"他注"语料。关键在于三种语境中已读去或未读去的数量不同。简述之如下（详细字表参刘晓南 2018D/2021）：

已读去声 29 字 62 次，属于"入韵"的 24 字 49 次，"非韵"的 3 字次，"他注"的 5 字 10 次，其中 3 字重出。

上去两读共有 32 字 175 次，归于"入韵"的 30 字共 163 次，但其中有 7 字杂有 17 次非韵、8 字杂有 41 次他注，则纯入韵例为 105 次。归"非韵"的 1

字 6 次，加上杂于入韵中的 17 次，总数为 23 次。"他注"的 1 字 6 次，加上杂于入韵的 41 次，总数为 47 次。

尚未发现读去的 83 字 219 次，归于"入韵"的 34 字 146 次，其中 13 字杂有 29 次非韵，4 字杂有他注 15 次，去掉这个部分，纯入韵 102 次。"非韵"的 45 字 57 次，加上来自入韵部分的 29 次，共 86 次。"他注"的 4 字 16 次，加入杂于入韵的 15 次，共 31 次。

我们试着整合上列数据，统计三种语境中的浊上声调音变的表现及各自所占比例。为了消除"字"与"次"的跨境混乱，我们特将"字"数按"入韵—非韵—他注"的优先顺序排列，比如说，一个字的诸次使用如果杂有入韵、非韵或他注，则优先排入入韵，其余顺推。"次"数的跨境异动则作相应的移转，用小字注明其动向。表中的"占比"数据仅指某种读音的字次在某语境中所占的比例，如已读去声的 29 字，在"入韵"语境中有 24 个，占所有已读去声字的 82.7%，余类推。

上去诸读在三种语境的分布表

总数：144 字 456 次		入韵:88 字 256 次		非韵:49 字 112 次		他注:7 字 88 次	
		数字及说明	占比%	数字及说明	占比%	数字及说明	占比%
已读去声	字 29	24 按：其中有 3 个字杂他注	82.7	3	10.3	2	6.8
	次 62	49 原 55 次，除去他注的 6 次	79.0	3	4.8	10 原 4 次，又加入重出于入韵的 6 次	16.1
上去两读	字 32	30 按：其中有 7 字杂非韵，8 字杂他注	93.7	1	3.1	1	3.1
	次 175	105 原 163 次，除去非韵 17 次他注 41 次	60.0	23 原 6 次，又重出于入韵 17 次	13.1	47 原 6 次，又重出于入韵 41 次	26.8
仍读上声	字 83	34 按：其中 13 字杂非韵，4 字杂他注	40.9	45	54.2	4	4.8
	次 219	102 原 146 次，除去非韵 29 次他注 15 次	46.5	86 原 57 次，加入来自入韵的 29 次	39.2	31 原 16 次，又重出于入韵 15 次	14.1

表的内容比较复杂,且其横栏"已读去声"和"上去两读"两个部分内涵及数据都非常接近,而与"仍读上声"部分差异很大,应当将前二项归为"读去"一类,合并其数据,以简化表格比例。但"上去两读"的 175 次中混杂有 58 次仍读上声例,其中"入韵"有 8 次,"非韵"有 13 次,"他注"有 37 次,应当转归"仍上"的各语境之下。将它们分别归入读上部分后,读上总次数为 277,读去总次数为 179,具体数据见下表。

归并简化的上去诸读三种语境比较表

总数:144 字 456 次		入韵:88 字 256 次		非韵:49 字 112 次		他注:7 字 88 次	
		数字	占比%	数字	占比%	数字	占比%
读去	字 61	54	88.5	4	6.5	3	4.9
次 179	次 179	146	81.5	13	7.2	20	11.1
仍上	字 83	34	40.9	45	54.2	4	4.8
	次 277	110	39.7	99	35.7	68	24.5

简化之后,读上读去的对比清晰,内在差异一目了然。竖读表中各栏数据,"他注"各数比较均衡,"入韵""非韵"则差异显著,可以隐约感到一种语境与读上读去的倾向性关联。看表中粗线框出的两栏,很清楚地显示出"入韵"语境中"读去"数据高居榜首,一枝独秀,远远超越其他任何一个项目,"非韵"语境却在"仍上"部分表现突出。如果说"入韵"语境是变读去声的天堂的话,"非韵"语境就是仍读上声的特区了。

2.6.3 语境差异的人为因素。分语境统计音变,我们看到了不同语境下音变分布的显著差异,鲜明地显示出浊上归去之音变有特别钟情于"入韵"语境的选择性分布。这种奇怪的分布很不自然,不太像自然发生的随机事件,笔者推想一定有某种人为因素羼杂其中。

首先,不同的语境下注音的动机有不同。一般而言,在"非韵"语境下,注音的目的只是为了释读疑难字以正音读,"入韵"语境虽然也有正音的要求,但其主要目的是为了诵读谐韵,是为了展示古典诗歌的优美旋律,这恐怕就是在"入韵"与"非韵"的语境之下音释有不同选择的主观原因。

其次,音释动机不同,自会引起取音依据的不同。可以推测:"非韵"语境下的注音,为了"释疑正读"而需要求雅,讲究信而有据,承用历来相传之音读必然是其首选;而"入韵"语境需要顾及诵读和谐,讲究口诵,就一定得关注实际读音。结果可能就是:"非韵"语境的音注大量承用前人旧音,必多保守;"入韵"语境往往参对时音新制音切,故多反映新生的语音现象。简言之,"非韵"多承前,"入韵"多自制,实际情况是不是这样呢?可以略事核查。

2.6.4 "非韵"语境之音切来源。"非韵"语境仍读上声的比例很高,我们先核查它们是不是承自前人旧音。据上文数据,"非韵"有 49 字 112 次注音,其中有 46 次从"入韵"语境转来,我们把二者分开核查。将它们逐个与陆德明《毛诗音义》、洪兴祖《楚辞补注》以及宋代韵书比对,凡朱注之切语上下字或直音字同于前人(少数是音类相同用字异),即定为承自前人。下面列表展示这 112 次音切的来源及占比。为了便于观察表中读上读去的差别,我们将承前诸音中可以确认为变读去声的字次列于字表之末,用"/"号分隔开,如"承陆氏释文"栏中"……/梏"表示本栏中"梏"字可以确认已有去声新读,余类推。

"非韵"音注来源表

	字次表:49 字 112 次		数据	
	原数:49 字 66 次表	自外转入数:46 次	小计	占比
承陆氏释文	杼俾禊贩髧旄 2 栈庮睆 3 镐伐 2 瓒 2 寡湛伐鳟烜盾 滞 2 睍菡鞗何 3/梏	上 2 虞兕 3 摽珍槛 2 釜秅 2 窀否夏 2 下/扈	51 次	45.5
承洪氏补注	杼湛撰佇挑黮澹滃竏 柜虬 2 溆钽抒颢莞瀀沆颔	辅虞秅槛重 6/扈坛 2 憺 2 婞绪	39 次	30.3
承韵书	广韵:峙菌,集韵:象撰何荷	广韵:上 4 近	10 次	11.6
自制	湛蜓娉荇鴽何 2	上 2 近下 2	12 次	12.5

上表的数据显示了"双高"特点。

一是"非韵"语境下的注音承用前人旧切的比例极高,112 次注音中只有 12 次为自制音切,100 次抄于前人,比例高达 89.2%。

二是承前人旧音中仍读上声的比例极高,承于陆洪音切的 85 次中仍读上声者多达 76 次,占比高达 89.4%。

毫无疑问,双高现象不但完美地揭示了"仍读上声"的渊源,而且也毫无悬念地将"非韵"语境打造成了仍读上声的集结地。由此我们可初步得出一个看法,"非韵"语境"仍读上声"的高比例有浓重的承用前人旧音格局之嫌,不一定反映朱熹时代口语的真实读音。

2.6.5 "入韵"语境之"仍上"来源。"非韵"语境如此,"入韵"语境情况又如何呢?据上文"简化表"的数据,"入韵"语境下虽然读去占绝大多数,但是还有仍读上声34字110次(34字原有102次,从"上去两读"转入8次),分别占总字、次数的40.9%、42.5%,比例仍比较高,也应当查一查它们的音叶来源。为了简明起见,分作5项列表展示其音切来源,其中"从上去两读转入"的8次,全属第1项"直押上声"类,表中用"/"号将其与原有的字次分开且不计其字数。"承前人"包括陆、吴、洪及韵书,因其量少不再细分。

"入韵"语境中仍读上声字次的音切情况及其来源表

音切来源及方式	字次表:34字110次	小计
1. 未注音直押上声	道6后3雉殄槛釜厚2/像笞辅3绪在2	7字23次
2. 自制反切注音押上声	秬强	2字2次
3. 自制反切叶他部去声	道昊待	2字3次
4. 自制反切叶他部上声	道7簟皁否5负2苕稻近下33厚2夏2	9字56次
5. 承前人上声音切	虞2兕倜摽紓泲沮3莩蕢皓缔重後10窔	14字26次

虽然全标为"仍上",但5种音切来源并不全都相同,所反映的语音也不完全相同。第1、2两种无疑可确认仍读上声。但第3、第4两种"叶他部"都是在不同韵部之间的转移改叶,所改叶的主要是韵,至于声调是否有变,仅凭叶音难以确认,之所以把它们归于仍读上声,完全是出于无法确认的从严考虑。第5"承前人"音切的26次与"非韵"语境中的承前性质是相同的。5种方式的后3种共计25字85次,严格地说,它们都属于不能确认口语是否变读去声的一类。真正可以确认为实读上声的只是第1、第2两项的9字25次,在"入韵"语境的总数86字256次中所占比例:字9.5%,次9.7%,是很微小的,就算是在仍读上的34字110次中,也只占字26.4%、次22.7%,比例也很小。

针对两个语境的 83 字 222 次音切来源考察，我们看到无论在何种语境中，其"仍读上声"的部分都包含着数量不菲的承于前人旧音的成分，大致仍读上声的数值越大，所含前人旧音的比例就越高。由此我们可以确认，朱熹音叶中浊上字仍读上声的高数值和高比例是在受到前人旧音的强大干扰情况下形成的，不足以代表朱熹时代实际语音。

2.6.6　剥离异质，提纯计量。既然现有统计数据"仍读上声"的高比率中杂有很大部分的异质，就有必要充分地剥离这些外来成分，以提纯统计数据的自然属性。笔者以为，既要充分剥离异质成分，又要最大限度地保证体系的完整，采用以入韵语境数据为主、以自制音切数据为辅的方式进行统计，可能较为合理，即系统数据取"入韵"语境，补充数据取"非韵"和"他注"语境中的自制音切，主、辅数据结合统计，可能做到最大限度地排除前人旧音的干扰，获取真正属于朱熹口语的浊上归去音变最为客观的统计数据。

"入韵"语境读去读上的数据见前文。

"非韵"语境中自制音切的 9 字 12 次，读去读上情况如下：

读去 3 字 4 次："荇鴈何 2"。

读上 6 字 8 次："湛蜓婷近上 2 下 2"（按，其中"近上 2 下 2"3 字 5 次难定上去）。

"他注"部分自制音切 6 字 18 次，其读上、去的情况如下（由其他语境转入的用"/"隔开）：

读去：鲍/似 2 户 2 罪

读上：/厚 8 後 4。

三种材料用于统计的数据如下：

入韵语境：88 字 256 次，其中读去 54 字 146 次，读上字 34 字 110。

非韵自制：9 字 12 次，其中读去 3 字 4 次，读上 6 字 8 次。

他注自制：6 字 18 次，其中读去 4 字 6 次，读上 2 字 12 次。

三数合计：103 字，286 次，其中读去 61 字 156 次，读上 42 字 130 次。但读上的 42 字 130 次中有 28 字 90 次属于难以确定读上读去，包含"入韵"语境 25 字 85 次（见上文来源表）、"非韵"语境 3 字 5 次。下面按"读去""上去难定""仍上"三种数据，统计各自所占比例。

入韵及其他自制音切的上去音读统计表

语境分项			总数	读去		难定上去		仍上	
				数量	占比%	数量	占比%	数量	占比%
语境分项	入韵	字	88	54	61.3	25	28.4	9	10.2
		次	256	146	57.0	85	33.2	25	9.7
	非韵自制	字	9	3	33.3	3	33.3	3	33.3
		次	12	4	33.3	5	41.6	3	25.0
	他注自制	字	6	4	66.6	0	0	2	33.3
		次	18	6	33.3	0	0	12	66.6
语境合计		字	103	61	59.2	28	27.1	14	13.5
		次	286	156	54.5	89	31.1	41	14.3

上表数据分为"语境分项"和"语境合计"两大部分,以双线分开。

语境分项,共有 16 个比例数据,其中"入韵"的读去比例依然高居榜首,字次数值也最大,明显是主流。其他各项字次数值较小,相应的诸"占比"数据除"他注自制"因基数太小而生出了 2 个 66.6% 的畸型比例外,也都大致既小而又持平。

语境合计的比例,较之分项数据,对比度更为清晰,无论字次,其占比数的差异一目了然,即"读去"的比例均超越半数以上,"仍上"被压低在 15% 以内。"难定上去"部分游移在上去之间,既不好全都归入仍上,也不便全归读去,简明的办法便是将其平分为二,读上读去各取一半,那么,全表读去与读上两项数据占比总计如下:

读去:字 59.2+13.5=72.7　　读上:字 13.5+13.5=27.0
　　　次 54.5+15.5=70.0　　　　次 14.3+15.5=29.8

2.6.7　统计解读:浊上归去已近尾声。至此,在尽可能地排除承前旧音的干扰因素之后,我们终于获得了最为客观的对比度清晰的数据。这组数据显示朱子语音文献中全浊上声字变读去声的比例实际已经达到 70% 以上,俨然成为浊上字的音变流向主体,而仍读上声者则龟缩在 30% 以下狭小的空间苟延残喘而已。7 比 3 的大比例告诉我们,朱熹时代浊上归去音变无论如何已经大大突破了四成的比例,在近代语音发展史上其真实的发展进程应当是早已超越音变的前期或中前期，说它正步入或已进入音变的尾声似亦不为过。

但如果要问：它离音变的终点还有多远？我们先得确认终点在哪里？不妨看看现代汉语。据那宗训(1995)的研究，中古全浊上声字在现代汉语语音中并没有全部变为去声，其变去与未变的比例为8.5比1.5，也就是说变去的占85％，未变的占15％。那宗训由此得出如下观点："全浊上声字变为去声，确是音韵学上的一种现象。但我们绝不能说，所有的全浊上声字都变……把那些未变的字说成是例外，也是值得商讨的。似乎只能说一部分字变为去声，还有一部分字未变。"(64页)笔者赞同此说，因为15％的比例的确有点大，难说都是例外。如果说，直到现代汉语全浊上声字都没有完全变读去声，那么我们怎么可能替七百多年前发生的同一音变测出其达于终点的距离来。我们可以做的就是对照各自的比例数据推测其古今差距：朱子时代变去比例为70％，较之现代的85％，其差距恐怕也只是一步之遥吧？仅从数字比例来看，朱熹之后浊上变去应当没有多大的发展空间了。

三、入派三声的前奏：韵尾弱化

3.1 已有的观察及矛盾

中古汉语的入声有韵和调两个语音内涵，朱熹语音文献中两者的表现如何？韵的方面，无论诸家的研究还是我们的考察，在朱子音系中都完整保留了入声韵部，不同的只是各家列韵多少不同而已(详本卷第四章)，相应地，入声作为一个调类也是完整保存的。

但朱熹口中的入声与中古并不完全相同。王力先生在《朱熹反切考》中说："入声字，仍有-k, -t, -p。但是，梗摄和曾摄入声三四等字已由-k变为收-t，与现代客家话相同。"①王先生是根据他的朱熹韵部系统入声10部中的质职部作出如此判断的，该韵部包含中古音系中的"质术栉物喉牙迄陌三等昔锡职"等9个韵类，属于梗曾与臻摄细音的两种不同入声韵尾韵部之间的

---

① 《中华文史论丛》1982年增刊，244页。

跨摄组合,体现了两种中古入声韵尾的混同,王先生认定类似于现代客家方音,-k尾并入-t尾。此外其他入声韵部均未有破摄的合并,这意味着入声韵尾的混同仅是局部的变化,中古入声三个韵尾分立的格局仍然保留。

我们的考察,关于韵的方面,我们考得朱子语音系统中入声韵部只有8部,没有10部,但从各部规模来看,出现不同韵尾间混合的也只有对应于王先生的质职部的陌质部,本部较王先生陌质部多了同摄的一二等字,范围扩大了,但陌质部之外诸部并无跨摄之合并,看起来同样也没有打破韵尾三分的格局。从韵系格局上看,朱子入声韵尾仍与中古音一致。

但这种状况与宋代通语的入声韵系相差甚远。从宋诗词用韵可以看出,不同入声韵之间往往以平行韵部为条件,突破韵尾之界而大面积通押,致使宋代通语入声韵部大大合并而简化,终于使得中古的34个入声韵合并为了4个韵部,即通入诸韵合为屋烛部、江宕入声诸韵合并为药铎部、梗曾臻深入声诸韵合为质缉部、山咸入声诸韵合为月贴部,形成了宋代入声韵调的新格局。同一韵部之中原中古三种入声塞音韵尾之间通用无碍,通常被解释为是中古入声的塞音韵尾弱化为喉塞尾,原韵尾的语音区别已消失。且弱化的趋势仍未消减,其继续发展的表现就是出现了一定数量的阴入通押。

3.2 差异原因试说

为什么同样归属于宋代语音范畴的朱熹诗骚韵段,却与上述宋代通语入声的情况大相径庭?难道朱熹诗骚韵段在入声韵方面与宋代通语语音并不相同?笔者认为,这种差异可能不是实际语音的不同,而是有其自身的原因,试从主、客观两个方面来谈。

主观原因是朱熹音注中有求正存雅的倾向。我们曾经指出,朱子在音注之中有意识地努力取用合于韵书的反切,尽管实际语音已无区别,可在制作音叶时仍极力遵从韵书规范,互不相混,结果就是有可能造成中古塞音韵尾仍完整存在的假象。

客观原因是诗骚古韵之中,除了一些阴、入混押之外,不同入声韵尾之间的混押却是很少的,尤其是闭口韵尾诸韵出现的韵段很少,更是少见与别的韵尾入声字混用。由于本身很少混用,注家新产生混用的机会自然就会相应地减少。

3.3 入声韵尾混用概貌

朱子诗骚韵段体系中不同入声韵尾间混押很少的现象，很可能就是上述主、客观因素造成的。梗曾入与臻入之间之所以有少量的混押，主要也是因为诗骚中本有少量梗曾入字（如下例中"伯即抑减"等）直接与臻入相押的实例，大概这种韵例符合口语，朱子就放行了。尽管如此，仍不免百密一疏，在朱熹诗骚韵段体系中还是出现了三个韵尾混用的实例，虽然数量较少，缺乏统计意义，不能左右入声韵部的立韵分部，但其中仍透露出来实际语音中入声韵尾可能已经大面积混用的信息。

笔者穷尽核查朱熹诗骚韵段，共得 20 例入声韵尾混押韵段，其中王力先生已列举 13 段。下面先列举王力先生 13 例，再列举我们补充的 7 段，以见其混押概貌。

王力先生列举的 13 段，都属于-k 尾混-t 尾，我们补充的 7 例中出现了-p 尾字，所以下面的韵例中凡-k 尾字与-p 尾字即在其后注上音标，以示区别，未标者均属-t，必要时在韵段后以括号简作按语以为说明。

1. 邶风旄丘一：伯-k 叶音逼-k 日（按，叶音字和被叶字均属-k 尾与-t 尾字相押）

2. 郑风东门之墠二：栗室即-k

3. 齐风东方之日一：日室室即-k

4. 桧风素冠三：韠音毕结叶讫力-k 反（按，叶音切下字"力"属-k 尾）

5. 曹风鸤鸠一：七一一结叶讫力-k 反（按，同上）

6. 小雅杕杜四：来叶六直-k 反疚叶讫力-k 反至叶朱力-k 反恤（按，3 个叶音切下字均-k 尾）

7. 小雅宾之初筵三：抑-k 怭毖必反秩

8. 大雅文王有声三：淢-k 洫域-k 反匹（按，被叶字和叶音字均属-k 尾）

9. 大雅假乐三：抑-k 秩匹

10. 大雅公刘六：密即-k

11. 大雅韩奕二：幭莫历-k 反厄叶於栗反（按，叶音切下字"历"属-k 尾）

12. 小雅宾之初筵五：识叶失、志二音又叶夷益-k、夷豉二反（按，二音叶第一组-k、-t 混）

13. 九章惜诵：释-k 白-k 叶音弼-t（按，被叶字均-k 尾，叶音的"弼"属-t 尾）增补 7 段，最后两段出现了-k-p、-t-p 两种混押，即注出-p、-k 尾：

14. 九歌东君 41：节叶音即-k 日（按，叶音切下字-k 尾）

15. 成相第一 217：节叶音即-k 实必日（同上）

16. 士冠礼朱子大全第 2 册 61：备叶笔力-k 反日

17. 弟了职馔馈朱子大全第 2 册 409：食-k 彻

18. 大雅生民二：月达他末反副孚逼-k 反叶孚迫-k 反害叶音曷（按，叶音切下字"逼、迫"均-k 尾）

19. 小雅无羊二：笠-p 音立-p 物叶微律反具叶居律反（按，"笠、立"-p 尾与-t 尾混押）

20. 小雅楚茨五：备叶蒲北-k 反戒叶讫力-k 反位叶力入-p 反告叶古得-k 反（按，叶下字-k、-p 混）

3.4 解读：入尾弱化已经出现

20 韵段中前 17 段全属于梗曾臻摄诸入声韵间的混注，第 18 段《生民》二章属山入与陌韵二等间混押（按此段当归入朱子韵系的曷黠部）都是音系中的-k、-t 的大混并，没有出现-p 尾与其他韵尾的混注，但第 19 段《无羊》二章、第 20 段《楚茨》五章的出现，情况就反转了。《无羊》的韵脚"笠物具"，朱子将"物具"两字叶术韵三等，"笠"不作叶只注"音立"，使得缉韵三等与术韵三等互押。《楚茨》的"位叶力入反"取于吴棫，吴氏作叶的理据是"位"从"立"声，故叶缉韵三等，但如果"立"音口语实读有-p 尾，则在诗中与其他入声无法谐韵，以朱子之严谨，肯定得更改，既然照录不改，一定是口语中缉韵三等与其他职韵三等已经可以谐韵。《无羊》韵段为深入-p 与臻入-t 的混押，《楚茨》韵段为深入-p 与曾入-k 的混押，至此则-p、-t、-k 三尾混用齐全，完全对应宋代通语的质缉部。三个入声韵尾之间既有混押又数量稀少，这与朱子的诗词创作也是吻合的。

在朱子的诗词作品中，共有 16 段-p、-t、-k 尾间的互押，15 段可归宋代通语质缉部，1 段可归月贴部。其中-p 尾混押的有两段，都出现在比较口语化的词中：

菩萨蛮·暮江寒碧：集-p 客（朱子大全第 20 册 561 页，按，此例对应《无

羊》的混押）

念奴娇·临风一笑：白客隔雪蝶-p 月歇折（朱子大全第 20 册 562 页，按，此表明曷黠部是可押-p 尾的）

朱子诗词 1300 多个韵段，仅此 2 段-p 尾与-k、-t 混用，亦可见其用韵之小心与保守。但有此 2 例即可以见其韵尾的通混，与《诗经》的混用互为配合。一滴水反映出太阳的光辉，此等混用也已经可以说明朱熹口语中入声韵尾的弱化混并其实是已经出现了的。亦即曰，与宋代通语韵系相似，朱熹的押韵体系中中古三个入声韵尾其实际读音应当已无差别，与宋代通语一样，都已弱化为了喉塞尾。

3.5 阴入混押的处置

宋代诗词用韵中入声韵的第二个表现是出现了一定数量的阴入通押，预示了入声韵尾逐渐消失，最终并入阴声韵的归宿。在朱熹押韵体系中情况如何呢？在朱子的诗歌创作中，没有一例阴入通押，而他的诗骚韵系中不但在作出音叶之后没有出现阴入混押的韵段，而且《诗经》中原来存在的阴入混押韵段，朱子全部改叶或注为非阴入混用，其处理的方式有三：

一是将入声字叶阴声韵，如：

鄘风君子偕老二：翟叶去声髢徒帝反揥敕帝反皙星历反叶征例反帝

二是将阴声字叶入声，如：

小雅出车一：牧叶莫狄反来叶六直反载叶节力反棘

三是将阴、入声字都叶阴入二音，如：

大雅荡八：拨蒲末反叶方吠、笔烈二反世叶始制、私列二反

这样看来，朱子口中入声韵与阴声韵之间实在毫无混注迹象。这可能反映了入声调在其口语中的仍然坚挺。虽然在同时代其他作者笔下入声调已有松动，但朱子一是谨遵雅音传统，不让入声字与阴声字出现混用，二亦可能是口中入声调的区别语义功能仍然强劲。当然在宋代诗人笔下，阴入混押之数本身并不大，或许这种入声舒声化的音变尚在启动、进行之间，正因为如此，其后《中原音韵》之入派三声的舒声化音变，究竟是否完成，仍有疑问。

无论如何，中古入声韵的格局已经打破，中古三个入声塞音韵尾都已经

消失,随之而来的入声韵虽然犹存,但已经大大简化。与入声韵仍存相对应,入声的促调依然保留。与宋代通语已出现入声字舒声化音变的现象不尽相同,朱子的语音文献中尚未发现一例阴入间的混用例,说明朱子口语中入声促调仍然强劲。尽管如此,宋代通语的入声舒声化的发展趋势已经形成,将随着喉塞韵尾进一步的舒化而并入阴声韵,而最终入声促调的舒声化是必然的。亦即曰,下一步的演变将是入派三声,所以说,朱熹语音文献中的入声韵尾弱化表现可视为入派三声的前奏。

四、关于朱熹语音声调的总体看法

从朱熹语音文献看朱熹语音的声调,可以确认:

一是平分阴阳已经发生,并且有了较为深度的发展。

二是浊上归去已近尾声。

三是入声韵尾出现了混并,应当与宋代通语同步,即原三个塞音韵尾已弱化为喉塞尾。

第六章　朱熹的方言观与方音记述

一、里籍、阅历与方言视野

　　这里所说的"方言观"特指人们基于长期观察所处语言社会的地域性或区域性言语及其发音差异所形成的某种印象或观点，简言之就是指当事人对方言及其环境的切身感受与看法。它们无疑是在当事人的母语及其语言生活的影响下逐渐形成的。母语的习得及语言生活的经历不同，对方言的看法就不同。毫无疑问，考察一个人的方言观需要从其生平里贯和生活阅历入手。

　　朱熹的里籍，《宋史·道学三》中的本传记为"徽州婺源（按，今江西婺源）人"，他自己诗文题签喜欢"新安朱熹"的说法，新安乃是婺源古称，其实无论婺源还是新安都是所谓郡望，不是他真正出生和成长的地方。他本人是福建人，他的父亲朱松（1097—1143）才是婺源人。朱松政和8年（1118）同上舍出身，宣和五年（1123）始任建州政和尉，作《将还政和》诗"归去来兮岁欲穷，此身天地一宾鸿。明朝等是天涯客，家在大江东复东"①以明志，举家迁入福建。后改尤溪尉，秩满家焉，是为婺源朱氏入闽之始。

　　南宋建炎4年（1130）朱熹生于尤溪郑氏馆，7岁随父寓居建州环溪精舍。在建州度过了他的童年时代，留下了坐沙画卦的佳话。绍兴13年，朱松逝世。14岁的朱熹遵父遗命，奉母迁崇安（今武夷山市）五夫里依父亲的朋友刘子翚，并拜胡宪、刘勉中、刘子翚为师肄业。18岁赴建州乡贡，翌年（绍兴18年）登王佐榜第五甲，名排九十。当时登科录上朱熹的籍贯为"建州建

---

① 朱松《韦斋集》，影印文渊阁四库全书，第1133分册，476页。

阳郡玉乡三桂里"①。崇安和建阳,都属于闽北;毫无疑问,朱熹形成语言习惯的少年时代是在闽北度过的。

登第后他第一任官职是泉州同安县主簿,后来陆续任职于台州、南康军、漳州、潭州等地,时间都很短,合计约九年。与其获得美差,他更愿意担任有禄无职赋闲的"宫寺"监管,可以在家乡读书教授或作短期出外游学。宁宗即位时,由宰相赵汝愚举荐,入朝任焕章阁待制、侍讲,这是他一生的辉煌时刻,但仅40日,就为他仕宦生涯画上了句号。《宋史·朱熹传》云"熹登第五十年,仕于外者仅九考,立朝才四十日",实是对他一生仕履扼要的概括。他63岁卜居建阳,卒年71。生于斯,学于斯,设教于斯,终归宿于斯,朱熹一生与福建(主要是闽北)有不解之缘,福建是他当之无愧的家乡。

朱熹是闽人,闽语当为其母语。现代闽语专家黄景湖(1981)、李如龙(1991)都推想朱熹日常使用的语言应是闽北方言。潘渭水(1997)则谨慎地认为"虽不能确定他(按,指朱熹)日常使用的语言就是闽北方言,但可以肯定地说,闽北方言对他的语言的影响应是十分深刻的"。当然,朱熹在仕宦、游学中操何种言语,尚乏直接记载。似乎可以推想,大概给皇帝讲《大学》之时,以及著名的朱(熹)张(栻)岳麓会讲、朱(熹)陆(九渊)鹅湖论辩,面对天下文士之时,尚不致用其乡音吧。朱熹在教学中的"教学语言"或官场、职场的"交际语言"上面,应当使用官方通用之语,即宋代通语。从他经常讲某地语音不正,推崇洛阳正音来看(详下文),他一定能讲当时以汴洛音为基础的通语,并在各种正式或庄重的场合使用。

但他对宋代汉语的了解是广泛的,并非仅仅限于母语及通语的范围,这源于他的丰富的从政、游学阅历。在漫长的70年人生历程中,他的宦学足迹遍及南宋小朝廷大半个疆域,尤其是对曾经任职的闽、浙、赣、湘诸地,他都非常熟悉;又广交南北学友,谈学论道之间,获知秦晋关右乃及北俗。一方面在各地从政,需要广泛接触不同方言的人群并与之交流,另一方面为了问学传道,需要训释古代典籍,诠解文献语言,这都促使他去关注日用口语与

---

① 见台湾影印本《南宋登科录两种》之《绍兴题名录》。按,文中"郡玉"当为群玉。对此里贯后人颇有疑问,如民国18年《建阳县志》卷十二《丛谈》引述建安朱玉云:"文公……十八岁举建州乡贡。实以崇安籍登第。至绍熙壬子始筑室建阳之考亭。坊刻题名录以文公籍建阳县群玉乡三桂里,不知何所本也。"

各地的方言,希望通过现实的活语言特别是方言俗语来诠释、疏解古代文献中的疑难问题,沟通古今,化诘屈聱牙为通俗易懂,为往圣继绝学,代圣人立言。这一切努力,终于使他成为非常了解当时方言的学者。丰富的生活阅历,不但极大地增长了他的语言知识,拓展了他整理与研究古代文献的学术视野,也焠炼了他的学术思想,逐渐形成了他独特的方言观。

二、言文相关的方言观

2.1 方言暗合论

朱熹站在理学哲学的高度,以宏观的视野对宋代汉语的方言异同进行观察与思考,基于"理一分殊"的理念,提出了一个著名的"方言暗合"理论。他说:

> 五方之民,言语不通,却有暗合处。盖是风气之中有自然之理,便有自然之字,非人力所能安排。①

"方言"一语,在朱子文献中常见,但少见其内涵解说。这一段话虽然没有出现"方言"的称名,但却言简意赅地说明了方言的内涵,即:五方居民之间不能相通之言语是为方言。强调方言之间有"非人力所能安排"的自然差别,这与颜之推"九州之民,言语不同,生民以来,固常然矣"之说略同,但颜氏只强调差异,朱子却进一步指出各个"不通"的地域言语之间能"暗合",这的确是高明之见、警策之语。

笔者以为,"方言暗合论"包含两个意涵,一是同一时代的不同方言之间可以暗合,二是不同时代之间的方言也可以暗合。用今天的行话说,前者为共时层面的关联,后者为历时层面的关联。

2.1.1 共时方言相通之理。朱熹所说"五方之民,言语不通,却有暗合处",可以理解为同时代共存的方言间林林总总的"不通"表象之下掩藏着某种内在的契合,凭借它可把纷繁的方言联系聚拢来,并作有效的沟通。朱子话中

---

① 《朱子语类》,第 8 册,3336 页。

暗示,这种"通"的基础乃"自然之理","通"的途径或工具即"自然之字"。

所谓"自然之理",虽然理学意味浓厚,字面略显玄乎,但关于语言与其地域变体的方言之间的内在意涵还是相当清晰的。在这里,朱熹将"不通"与"暗合"对举,暗示了某种表层与底层的理论预设,即"不通"的是言语表象,"暗合"的是其内在之"自然之理"。"理"为诸言语之根源,此即所谓"理一";而派生出五方之言语各有异同,此所谓"分殊"。由此可见,方言之间的言音差异无论怎么千差万别也都只是从同一语言(或共同语)派生出来的变异体,同根异象,同源异流,故此可以"暗合",可以化不通而相通。可见,共时层面的方言"暗合论",实际上已经涉及语言与方言之间的源、流关系,涉及方言的性质问题,即无论各方言之间有多大的"不通",其内在之根本是相通的,这个"根本"就是它们都属于同一语言。

所谓"自然之字",是指方言之间起沟通作用的工具或桥梁。如果说方言暗合的"自然之理"是方言之间可以沟通的根本依据的话,那么具体实施沟通的工具就是这个"自然之字",即汉字对口语的记写与传播。可以借用周德清"韵共守自然之音,字能通天下之语"的名言为之作注。汉字是汉语记写所有方言的共同符号系统,无论方言发音多么难听、难懂,形诸文字即视而可通。有汉字的记写及汉字文献的传播,汉语就可以克服方言的隔阂,有效地实施全民交流,这是一条不以人的意志为转移的客观社会规律,也是文化传统上的"非人力所能安排"之物质基础。

2.1.2 古今方言暗合之理。"方言暗合论"的第二个意涵是不同时代的方言之间也可以暗合。当然,这重意义也同样是通过零散的语音散论和系列的叶音实践来表达的。在《朱子语类》中有一条颇为关键的记录:

"《诗》音韵间有不可晓处。"因说:"如今所在方言,亦自有音韵与古合处。"①

当他的学生请教"《诗》音韵间有不可晓处"时,他非常肯定地打比方说:"如今所在方言,亦自有音韵与古合处。"言下之意,古代诗歌用韵之不可晓,就如同现代不同方言之间口音不同而听不明白一样。可谓是不假思索就将

---

① 《朱子语类》,第6册,2081页。

古诗用韵之难晓与方音挂上了钩。既以今之方音差异类比古诗中的音韵差异,说明古诗用韵之"不可晓"有古方音的因素在内;又进一步指出了今之方言语音与古韵之间也存在着某种内在关联或同一性,话虽简单,内涵却颇为丰富。显而易见,这种以今例古的推论,表达的正是"大抵方言多有自来,亦有暗合古语者"①的意思,故可名之曰"古今方言暗合论"。

笔者以为,"古今方言暗合"要说的绝不是偶然巧合,而是一种古今对应。其中包含了两层意思:其一,当代方音与古音的相合乃是所谓"古之遗声也"②,应当视为古代语音残存在某些地域的遗迹,或者说是当代方言中不同程度地保留了古音。既然如此,古书中的古音现象就可利用当代方言语音来作对照说明。其二,方音与古音相合是有例可寻的。比方说,他曾多次举例说过的闽人将"口"读为"苦","走"读为"祖"等等都符合古韵,且"此类尚多,不能尽举也"③。"多"而且成"类",当然是有其条例。

反复强调"暗合",一个"暗"字无非就是要告诉人们,古、今方音之间虽然有关联,但隐而不显,混沌不清,不易一眼看出,需要古今对照、仔细甄别方可妙手偶得,因而更显得珍贵。我们推测他之所以这样重视方言与古音之间的契合,就是要极大限度地利用闽方音及其他实际语音材料来解说诗骚古韵,为他的叶音寻求活语言的支持。

2.2 方言形于文献

汉字既然是方言沟通的桥梁和纽带,由汉字记写的古代文献自然也会带上方言的印记。正是因为认识到了这一层意思,朱子才尝试用方言差异来解说文献中的疑难现象,如《尚书》今文、古文之间的差别及其优劣等问题,请看:

> 伯丰再问:"《尚书》古文、今文有优劣否?"曰:"……然有一说可论难易:古人文字,有一般如今人书简说话,杂以方言,一时记录者;有一般是做出告戒之命者。疑《盘》《诰》之类是一时告语百姓;盘庚劝谕百姓迁都之类,是出于记录。至于《蔡仲之命》《微子之命》《冏命》之属,或

---

①③ 《晦庵先生朱文公文集》卷七十一《杂著・偶读漫记》。
② 《楚辞辩证》,见《楚辞集注》,190页。

出当时做成底诏告文字,如后世朝廷词臣所为者。"①

西汉以来,《尚书》就有古文、今文之别,其差异如何形成?朱子从口语与文言或雅言有别的独特视角观察,提出一个新的观点,即所谓今文可能是出于当时劝告民众时的口语方言,而所谓古文如《蔡仲之命》之类,可能出于当时词臣所作之公文。文人所作正式公文跟记录口语的文章之间,不但风格、形式大异,用语也有大的不同,形成文献中类似于口语体、公文体的体式之别,以面对不同的受众,因而也造成不同的难点。下面引文中的"格子"就是说公文格式,"士人"与"下民"就是指不同的受众:

> 安卿问:"《君牙》《冏命》等篇,见得穆王气象甚好,而后来乃有车辙马迹驰天下之事,如何?"曰:"此篇乃内史、太史之属所作,犹今之翰林作制诰然。如《君陈》《周官》《蔡仲之命》《微子之命》等篇,亦是当时此等文字自有个格子,首呼其名而告之,末又为'呜呼'之辞以戒之。篇篇皆然,观之可见。如《大诰》《梓材》《多方》《多士》等篇,乃当时编人君告其民之辞,多是方言。如'卬'字即'我'字;沈存中以为秦语平音,而谓之'卬'。故诸《诰》等篇,当时下民晓得,而今士人不晓得。如'尚书'、'尚衣'、'尚食','尚'乃守主之意,而秦语作平音,与'常'字同。诸《命》等篇,今士人以为易晓,而当时下民却晓不得。"②

朱子以为,古代的言语交际,都有口语、雅言之别,口语囿于一域,雅言四方通用。如《尚书》中"卬"乃自称代词"我"的口语形态,当时秦音口语读为平声"卬",因其日常使用,当时人人可懂,而后代的读书人没有了使用的语境,所以不懂。而当时士人的文言之语,如"尚"读为"常",虽同样秦音读为平声,因其为文言雅语,古代士人乃至今天读书人人人能知,而古代没有上过学的平民百姓却不能懂。写作目的不同,相关的受众不同,使用口语或文言就大不相同,相应地文献的体式与结构等也大不相同,可见方俗口语跟文言雅语一样对于文献的影响也是很大的,研究典籍文献不能只知道文言而不顾及方俗口语。

---

① 《朱子语类》,第 5 册,1975 页。
② 《朱子语类》,第 5 册,2061 页。

他已经感觉到方俗口语对文献语言的潜在影响,认识到当作者浸淫于某种方言之中时,很有可能方言就会在不经意间从作者的笔端流出,进入文章之中,使得文章杂有方俗乡谈。下面这条语录说的就是这个意思。

> 又云:"某尝谓气类近,风土远;气类才绝,便从风土去。且如北人居婺州,后来皆做出婺州文章,间有婺州乡谈在里面者,如吕子约辈是也。"①

这段语录中所论"气类""风土"之类具体指什么不是太清晰,但北人居婺州久了写出文章偶然会有婺州乡谈混杂其中,这个意思却是清晰的。

2.3 方言造成文献难解

由于能客观地看待口语与书面语的关系,他在诠释古典文献时,经常以现实方言的差异来推论古籍之难易。比如面对"《书》有两体,有极分晓者,有极难晓者"(卷七十九)的问题,他从方言俚俗的自然性与润色修饰的人为性的角度来探讨其成因,特地指出古文献中的"难晓"者可能是直录了囿于一隅的方言俗语,"易晓"者则是去除俚俗之后的文臣修饰之通用语文。他说:

> 《书》有易晓者,恐是当时做底文字,或是曾经修饰润色来。其难晓者,恐只是当时说话。盖当时人说话自是如此,当时人自晓得,后人乃以为难晓尔。若使古人见今之俗语,却理会不得也。②

比方说,《尚书》中的诸"命"之文与诸"诰"之文的差异就有这个特点:

> 《尚书》诸《命》皆分晓,盖如今制诰,是朝廷做底文字;诸《诰》皆难晓,盖是时与民下说话,后来追录而成之。③

> 孔壁所出《尚书》,如《禹谟》《五子之歌》《胤征》《泰誓》《武成》《冏命》《微子之命》《蔡仲之命》《君牙》等篇皆平易,伏生所传皆难读。如何伏生偏记得难底,至于易底全记不得?此不可晓。如当时诰命出于史官,属辞须说得平易。若《盘庚》之类再三告戒者,或是方言,或是当时

---

① 《朱子语类》,第8册,3334页。
②③ 《朱子语类》,第5册,1981页。

曲折说话,所以难晓。①

典谟之书,恐是曾经史官润色来。如《周诰》等篇,恐只似如今榜文晓谕俗人者,方言俚语,随地随时各自不同。林少颖尝曰:"如今人'即日伏惟尊候万福',使古人闻之,亦不知是何等说话。"②

为什么他一再肯定古文献的难易往往与多用当时俚俗语有关？笔者猜想这可能与他实际见闻有关。比方说,我们在《朱子语类》中看到,他不止一次提及著名的理学前辈张载《语录》一书,号称难懂,就是书中多用陕西方言的缘故,请看：

因论"方言难晓,如横渠《语录》是吕与叔诸公随日编者,多陕西方言,全有不可晓者"。③

张横渠《语录》用关陕方言,甚者皆不可晓。《近思录》所载,皆易晓者。④

正所谓"今人做事多暗与古人合者,只为理一故也"⑤,古今事异理通。他由今推古,既然今人如此写作,古人自当亦然。实际上已经指明古籍中之语言除有古今时代之隔外,还有地域方言之隔,虽隔而又"暗合"之理。古籍之书面语与口语之间这种微妙的关系,促使他时刻关注人们日用口语中的活语言,不断从中汲取营养,作为诠解古代文献语言的一种鲜活的资源加以撷取与利用,并在论著中时时记述与评说,给我们留下了许多宝贵的当时方言的一手资料。

三、五方之音及其区域

凭自己丰富的阅历,细腻的语言感知分辨能力,朱子记述了其所见闻的

---

① 《朱子语类》,第 5 册,1978 页。
② 《朱子语类》,第 5 册,1981 页。
③ 《朱子语类》,第 4 册,1285 页。
④ 《朱子语类》,第 7 册,2506 页。
⑤ 《朱子语类》,第 8 册,3322 页。

许多颇为特别的方言语词与语音,并指出这些语词或语音的特殊表现及其方言地域的归属。从这些记述中,我们甚至可以看到朱熹关于宋代方言特点以及分区的一些看法。

下面分别摘出朱熹著作中的原始材料,再作相应的说明与讨论。每个小标题的方言区名均从朱子原材料中隐括而来。

3.1 洛中正音

《朱子语类》卷一百八十三《杂类》云：

> 因说四方声音多讹,曰:"却是广中人说得声音尚好,盖彼中地尚中正。自洛中脊来,只是太南边去,故有些热。若闽浙则皆边东角矣,闽浙声音尤不正。"①

据《朱子语录姓氏》提供的材料,可知这条语录是建昌人包扬所记,时间大致在宋孝宗淳熙10到13年间,朱熹53岁以后。很有可能是他退出官场,卜居建阳之后,在某次师友论学时所说的有关当时方言差异的印象。从内容来看,说到四方声音,具体提及广中、闽、浙与洛中等等,涉及面相当广,俨然是一次针对当时方言的总括性的全面评述,内容丰富,在这里我们仅讨论其中的"正音"思想,所涉广中、闽、浙等地将在下文逐一讨论。

这段话中,朱子特地指明"广中"等地的正音是"自洛中脊来",言下之意,"洛"音是为正音之源头。实际上宋代语音惟洛阳或汴洛之音为正的思想,是宋人有关正音的通识。陆游曾说:"中原惟洛阳得天地之中,语音最正。"②《说郛》引《谈选》云:"寇莱公与丁晋公同在政事堂日,闲论及天下语音何处为正。寇言惟西洛人得天下之中。丁曰:'不然,四远各有方言,惟读书人然后为正。'"③寇准、陆游两人相当有代表性,时代则一为北宋人一为南宋人,方域则一为北人一为南人,两人的意见都与朱子相通,实在是代表当时人们对天下通语正音的普遍看法。至于丁谓(丁晋公)所言读书人为正,则需要辩证地看,所谓读书人之音当然是指文言之音或文读,而文言的使用范

---

① 《朱子语类》,第8册,3282页。
② 《老学庵笔记》卷六。
③ 《说郛》卷五,《说郛三种》本,上海古籍出版社1986年,110页。

围是有限的,正所谓"若乃讲经授学,弥重文言"①,并不能与日用通语之正音相比。读书之音一般百姓不必日用不辍,跟"五方有别"的实际语言比较,久为帝都的汴洛音为正音无疑。

我们还要特别指出,宋人的语言心理认定汴洛之音为正音,实际上贯通整个两宋三百余年,并不因为南宋首都南迁而有所变动。而南宋的学者虽然他们都要到临安去朝见皇帝,但他们心理上的京师仍是汴京,而通语之正音仍是号称京师音的汴洛音。《朱子语类》中这个意思也非常明确,比如,下面3条关于程颢语录中"满腔子"的解说,用了3个不同的方言名称,不同的地名互相补充,充分表现出来洛阳语在南宋人心中仍是京师语的重要地位。

"满腔子是恻隐之心",腔子犹言邸郭,此是方言,指盈于人身而言。②

"'满腔子是恻隐之心',如何是满腔子?"曰:"满腔子,是只在这躯壳里,腔子,乃洛中俗语。"③

问:"'满腔子是恻隐之心',或以为京师市语:'食饱时心动。'"吕子约云。曰:"不然,此是为'动'字所拘。腔子,身里也,言满身里皆恻隐之心。心在腔子里,亦如云心只是在身里。"④

"满腔子是恻隐之心"是程颢语录,朱子录于《近思录》卷一明道先生所言之下⑤。明道先生这句话因为采用了一个洛阳俗语词,其实很难懂,《朱子语类》中有许多与学生的问难对答,诠释这句。上引的3条即出于此。3条语录都谈到了"满腔子"的出处,一说它出于方言,二说它为洛中俗语,三说它是京师市语。显然,"洛中"与"京师"互文同义。就是说,在朱熹心目中,汴洛仍然是他们的京师,由此类推,语音上汴洛语音仍是正音。

3.2 北人语音

《原本韩集考异》云:

---

① 《日知录集注》卷29《方音》,上海古籍出版社1984年,2172页。
② 《朱子语类》,第4册,1285页。
③ 《朱子语类》,第4册,1284页。
④ 《朱子语类》,第4册,1283页。
⑤ 《朱子全书》,第13册,171页。

今北人语犹谓"毛"为"谟"。①

这里的"北人语",是为了说明韩愈《毛颖传》中"髦"与"居"押韵时所列举的时音旁证。韩愈原文:"八窍而趺居,独取其髦,简牍是资,天下同其书,秦其遂兼诸侯乎!"其中"居""髦""书"等字押韵。朱熹取"今北人"语说"毛"音"谟",旁证跟"毛"同音的"髦"与"居"等协韵,读为"谟"音。

北人之北,泛泛而言,朱熹没有指明具体区域,但有资料可以证实,至少在北宋政权的首都所在地汴洛地区口语中存在这种时俗读音。宋曾慥《高斋漫录》记载了这样一件事:

东坡尝谓钱穆父曰:"寻常往来,止可称家有无,草草相聚,不必过为供具。"穆父一日折简召坡食皛饭。坡至乃设饭一盂,萝卜一碟,白汤一盏而已。盖以三白为皛也。后数日,坡复召穆父食毳饭,穆父意必有毛物相苦。比至日晏并不设食。穆父饥馁甚,坡曰:"饭也毛,萝卜也毛,汤也毛。毛音模,京师俗语谓无为模。"②

"毛"下的小字夹注"毛音模,京师俗语谓无为模",说明当时京师即汴洛的口语俗音中有效摄毛字读如遇摄模字之音的口语音。文人雅士做拆字游戏开玩笑,无意中给后人留下了一条北宋汴洛地区"无"字在口语中与"毛、模"同音的记录。虽然是京师人口语之音,但所出俚俗,这应当也是丁晋公为什么要反对用它作为正音的原因吧。

3.3 粤广音

《朱子语类》卷一百八十三《杂类》云:

曰:"却是广中人说得声音尚好,盖彼中地尚中正。自洛中脊来,只是太南边去,故有些热。……"③

这段语录全文已见前文"洛中正音"所引。这里仅引述其评粤广音的一句。朱子评说广中方言的话很值得回味,这个"太南边""有些热"的"广中",

---

① 《朱子全书》,第19册,573页。
② 《说郛》卷二十七,《说郛三种》本,上海古籍出版社1986年,473页。
③ 《朱子语类》,第8册,3282页。

"声音尚好",其原因是"自洛中脊来",亦即来自宋代标准音汴洛语音。这可能是一条非常宝贵的历史资料。现代广东白话为什么那么接近《广韵》音系,或许能从宋或宋以前的中原雅音南向移植得到一个较为合理的解释。前文所述北宋汴洛音"毛、谟、模"同音,并且口语中"有无"的"无"发音同"毛",这些特征现代洛阳音已经不见了,却可以从现代粤语找到回应,请看:

	毛	模	无
广州	₋mou	₋mou	₋mou
洛阳	₋mɔ	₋mu	₋vu

现代洛阳音,"无"跟"模"不同声母、跟"毛"不同韵母,都不同音,可广东话三字完全同音(当地俗字把"无"写作"冇"),仅从这个例子看,倒是现代广州话比洛阳话更接近曾慥、朱熹所记宋代北方汴洛音。

3.4 湘楚音

《晦庵先生朱文公文集》卷八十四《跋程沙随帖》云:

> 《离骚·九章》云:"乘鄂渚而反顾兮,欸秋冬之绪风。"《说文》:"欸,应也,亚改切,又焉开切。"《史记》范增撞破玉斗曰:"唉!"《说文》:"唉,膺也,乌开切。"二字音义并同……其声则楚语也。故元次山有《欸乃曲》,而柳诗亦用此二字,皆湘楚间作。①

朱子一生多次游历湘楚,曾于湘江边上与张栻会讲,后又任潭州知府,讲学岳麓书院,对湘方言一定比较熟悉。故能引唐人作于湘楚地带方言特色的作品以证屈赋。

3.5 浙音

《晦庵先生朱文公文集》卷七十一《杂著·偶读漫记》云:

> 打字,今浙西呼如谪耿切之声,亦有用去声处。……如浙人谓"不"为"弗",又或转而为"否"。呼若甫云。②

---

① 《朱子全书》,第 24 册,3960 页。
② 《朱子全书》,第 24 册,3420 页。

前文"洛中正音"条的引述已见到闽浙音不正之说,这里的材料又提出两个浙音不正的实例,其一是"打"字之音,其二是"不"字之音。

打,从手丁声,上古当属耕部,阳声韵。《广韵》收在上声梗韵音德冷切,又见于迥韵都挺切,亦阳声韵,但宋代通语及大多方言都读阴声韵。笔者曾检索《全宋词》见到"打"字 8 次押家麻部,又据钱毅(2011),南宋诗中也有 6 例,这都反映了通语韵系中"打"字读阴声韵的演变。欧阳修《归田录》卷二:"今世俗言语之讹,而举世君子小人皆同其谬者,惟'打'字耳。打丁雅反其义本谓考击……以字学言之,打字从手从丁,丁又击物之声,故音谪耿为是,不知因何转为丁雅也。"①周祖谟先生《宋代方音》引述沈括《梦溪笔谈》卷一所记"如打字音丁梗反……吴音也"。周先生指出:"案沈括谓打音丁梗反……是吴音,是北宋时大部分地区读音已与切韵不同。""今苏州言打音 dang,正与沈括所说同。"②朱熹这条记载在欧阳修之后,又为南宋苏浙吴语保留了魏晋旧读提供了证据。现代浙江吴语"打",嘉兴读tã、湖州读tã、桐乡读tãŋ、临海读tãŋ、宁波读tæ̃,虽然有的已经读为鼻化韵了,但还是有读阳声韵的(也有部分地区读阴声韵),实在是一脉相传。

浙人谓"不"为"弗""否",应当是指吴语中否定词读轻唇音。现代吴语大多数否定词文读读双唇音,白读读唇齿音。如"不消"(不需要、不用)上海白读vəʔ² ɕio⁵³,文读pəʔ⁵ ɕio⁵³。在一些吴方言写成的作品中,表示动作的否定词径直写作"勿"。如《九尾龟》第一回:"只要大少肯照应倪,是再好勿有格事体。"《海上花列传》第一四回:"今朝勿曾困醒,懒朴得势。"

这些浙音是朱熹对宋代吴语的记述。

3.6 秦、蜀音

朱熹《晦庵先生朱文公文集》卷六十四《答巩仲至》:

> 三诗皆佳作,但首篇用韵多所未晓。前此所示诸篇亦多有类此者,屡欲奉和而辄忘之。古韵虽有此例,如《大明》诗林与兴叶之类。然在今日却恐不无讹谬之嫌耳。然林与兴叶,亦是秦语,以兴为韵乃其方言,终非

---

① 《归田录》,唐宋史料笔记丛书,中华书局 1981 年,36 页。
② 周祖谟《问学集》下册,中华书局 1966 年,658 页。

音韵之正。今蜀人语犹如此,盖多用鼻音也。①

作为闽人,朱熹对秦蜀之音却有着特别的敏感。在与诗友巩仲至论诗的书信中,当说到《诗经》中有闭口韵的"林"与后鼻韵的"兴"押韵时,顺口就指出这是"秦语"语音的表现,而且又进一步指出"今蜀人犹如此,盖多用鼻音"。所说的"秦语"是不是宋代秦语(关中语音),原文不甚清晰,但所说蜀音的用语"今蜀人语"则必定是宋代蜀音。指出宋代蜀音与秦音都有不同鼻音韵尾相混的特点。关于闭口鼻音韵尾与后鼻尾韵间的通押,这是宋代四川诗人用韵中可以充分证明的,而宋代语音中的秦音与蜀音相近,也同样有据可查。②

3.7 闽音

闽人朱熹在自己的著作中讲闽语闽音最多,笔者所见共计 6 条,内容颇为丰富。现将 6 条语料罗列于下,其中第 4、第 5 两条是韵段的韵脚叶音以及相关的说明文字,韵段以引号列出韵脚字,下面用夹注注出音叶,朱子所述的相关说明文字并列于韵段之下。

(1) 因说四方声音多讹,曰:"……若闽、浙则皆边东南矣,闽、浙声音尤不正。"③

(2) 大抵方言多有自来,亦有暗合古语者。如……闽人有谓口为苦,走为祖者,皆合古韵。此类尚多,不能尽举也。④

(3)《燕河南秀才》芳荼:诸本多作茶。方从潮馆本,云:《尔雅》曰:槚,苦荼,音徒。郭璞注,木小似栀子,早取者为荼,晚取者为茗。《唐韵》荼,宅加反,俗作茶。大抵荼与茶,古音相近。如今言搽,与茶亦通用也。

今按:茶与荼,今人语不相近,而方云"相近"者,莆田语音然也。虽出俚俗,亦由音本相近,故与古暗合耳。今建人谓"口"为"苦"、"走"为

---

① 《朱子全书》,第 23 册,3108 页。
② 详刘晓南《宋代四川语音研究》第四章、第六章。北京大学出版社 2012 年。
③ 《朱子语类》,第 8 册,3282 页。
④ 《朱子全书》,第 24 册,3420 页。

"祖",亦此类。方言多如此云。①

(4)《楚辞集注·九歌·河伯》"堂叶音同宫中"。

《楚辞辨证》曰:"堂、宫、中,或云当并叶堂韵。'宫'字已见《云中君》,'中'字今闽音正为'当'字。"②

(5)《楚辞集注·九歌·国殇》"弓叶音经惩凌灵雄叶音形"。

《楚辞辨证》曰:"'雄'与'凌'叶,今闽人有谓'雄'为'形'者,正古之遗声也。"③

(6)"下民有严",协"不敢怠遑"。……此间乡音"严"作户刚反,乃知"严"字自与"皇"字叶。④

上述6条可分作三组。第1条评论南方闽浙方声音不正,相当于总评,可单独为一组。浙音不正之例,已见上文。关于闽音不正,也是宋人的普遍看法。五代宋初吴越僧人赞宁记述吴越灭福州事有云:"福州王氏有国。闽土人言音诡异,呼两浙为东麂。亦不详其字义。第三主延钧时,忽野麂自东门奔入,报达知。钧曰:'寡人土疆,不可属东麂去。'钧遇害,子又去国,延羲身害国亡,至季达乞内附,果符归我。始初言在东麂,或作年纪之纪、自己之己,至麂兽人,字方定。"⑤在这段话里,同被认为语音不正的吴越人,却毫不犹豫地说闽音"诡异",此可见闽音不正之一般。当时人们甚至与闽人吵架也拿语言来诟骂,宋人陶穀《清异录》记:"荆楚贾与闽商争宿邸。荆贾曰:'尔一等人,犷而蛙言,通身剑戟,天生肉网,腹内包虫。'闽商应之曰:'汝辈腹兵,亦自不浅。'盖谓荆字从刀也。"⑥荆贾说闽商"腹内包虫",肯定是说闽字从虫,而"蛙言"大致也是对闽音的一种贬称,跟孟子说"南蛮鴃舌"一样,除去负气狂言的成分,其中透露的正是一点对闽音"不正"的看法。

第2组含第2、3两条,原文有明确的方音地域记载,所记分别是莆田音

---

① 语见《昌黎先生集考异》,《朱子全书》,第19册,401页。
② 两段引文分别见《楚辞集注》,上海古籍出版社1979年,34、189页。
③ 两段引文分别见《楚辞集注》,47、190页。
④ 《朱子语类》第6册,2080页。按,此段引文仅节取其方音部分,全文见上卷第七章。
⑤ 赞宁《传纪》,见《说郛》卷五,上海古籍出版社影印《说郛三种》本,7页。
⑥ 陶穀《清异录·幺麽门·腹兵》,见《说郛》本。

与建州音。

莆田音一条,朱熹明确指出莆田人方崧卿《韩集举要》所述"茶与荼古音相近"其实是莆田音,并非其他语音。

莆田音之难懂也是有名的,宋周密《癸辛杂识·后集》"私取林竹溪"条,记载莆田人王迈为乙未年考官,事前通消息给"素相厚善"的福建乡亲林希逸。然更有甚者:"是时乡人林彬之元质(按,可能是莆田人)亦在试中,上请,以乡音酬答,亦授以意,亦预选云。"①"上请"是在考场中考生因事请示考官,王迈居然能当场操"乡音"授意给"乡人",而不必顾忌"泄密",可见莆田话"外人"之难懂。

就"茶""荼"两字看,当时莆田音近,究竟谁近谁,朱熹没有告诉我们更多。现代莆田话"荼"读₌tou、"茶"有文白二读,文读₌tsʻa、白读₌tɒ,从现代莆田方言看,荼音近茶,应当是茶与荼的白读相近。

建州音的一条,即"走读为祖""口读为苦"。朱熹曾说过两次,在《偶读漫记》泛泛而谈地说是闽音,在《原本韩集考异》则将其具体范围确定为"建人",亦即建州人(建宁府)。建州地处闽北,"建人"亦即闽之"闽北人",朱熹这里所说的"闽音"应当是指闽北音。朱熹是说当时闽北方言"口、苦"同音,"走、祖"同音。

据《宋史·地理志》宋代的建州下辖七县:建安、浦城、嘉禾(建阳)、松溪、崇安(今武夷山市)、政和、瓯宁。现代方言除浦城情况复杂暂不讨论外,其余五县(民国二年建安与瓯宁合并为建瓯县)仍为闽北方言。可现代闽北方言中这些字不同音。

	建瓯	建阳	崇安	政和	松溪
口	₌kʻe	₌kʻəu	₌kʻiəu	₌kʻɛ	₌kʻai
苦	₌kʻu	₌kʻo	₌kʻu	₌kʻu	₌kʻu
走	₌tse	₌tsəu	₌tsiəu	₌tsɛ	₌tsai
祖	₌tsu	₌tso	₌tsu	₌tsu	₌tsau②

---

① 《癸辛杂识》吴企明点校本,中华书局 1988 年,107 页。
② 闽北五县市"走祖口苦"的方言读音,承福建建瓯市志办潘渭水先生赐知,谨此致谢。

建阳音中古遇摄一等字多读-o,流摄一等多读-əu,其他县市遇摄一等读-u韵,流摄一等读-e、-iəu、-ɛ、-ai不等,侯、模两韵均不相关。但政和口语中有一个词,意思为"跑"读音为ᶜtsu,据其音义来判断本字应当就是"走"①。这似乎就是朱熹的"走读同祖"。还有,闽北音"狗"字的读音亦可给我们启示。下面是闽北五县"狗"字和"苦"字的读音。

	建瓯	建阳	松溪	政和	崇安
狗	ᶜke	ᶜɦəu	ᶜka	ₒxu 白读	ᶜβu
苦	ᶜkʻu	ᶜkʻo	ᶜkʻu	ᶜkʻu	ᶜkʻu

流摄一等字"狗"在崇安读与本音系遇摄一等同韵,政和则有 xu 的白读,其文读是ᶜkɛ。松溪则"狗"又叫"猢",其音为ₒxu(阳平乙),与糊同音。跳蚤闽北又叫"狗蚤",建瓯音ᶜkeᶜtse,可蒲城的石陂念ᶜɦuᶜtsəu。这种流摄一等字白读入模,在崇安方言中还有"喉"字,文读₌xiəu,白读为ᶜβu。在"喉咙"一词中,闽北方言大都将"喉"字读同模韵,如:建瓯ᶜu liaŋᶜkɔŋ(喉灵管),松溪政和都念 ₂uᶜliaŋ,崇安声调略有不同 u²ᶜliaŋ,松溪还有"后"字音白读 xu²,如"后生"读 xu²ᶜsaŋ②。现代崇安方言的"狗"读为"牯","喉"白读近"湖"等现象,尤其政和"走(跑)"读ᶜtsu,与朱熹所述"口读为苦""走读为祖"何其相似。

朱熹形成语言习惯的童年时代是在崇安渡过的,他口中的闽北音应当是以崇安音为基础的,所述的方音与现代崇安音可以对应。

第3组包括第4、5、6三条,分别说"中、雄、严"三字的闽音,但没有说其具体地域。根据我们的查证,"中、雄"两条当属闽南音,"严"条属闽北建阳音。

先看"中、雄"二字,一说"中"读同"当",一说"雄"读同"形"。下面分述之。

朱熹记述了闽音"中"读同"当",与《楚辞》中的"中"字押"堂"字相合,但他没有说明这是闽北、闽东还是闽南音。现代闽南和闽北、闽东方言"中、

---

① 陈章太、李如龙《闽语研究》145、163 页。

② 分别见《闽语研究》162、35 页。

当"二字的读音如下：

	漳州①		泉州		厦门		建瓯		福州	
	文	白	文	白	文	白	文	白	文	白
中	₋tiɔŋ	₋taŋ	₋tiɔŋ		₋tiɔŋ	₋taŋ	₋tœyŋ	taŋ⁼	₋tyŋ	₋touŋ
当	₋tɔŋ	₋taŋ ₋tŋ	₋tɔŋ	₋taŋ ₋tŋ	₋taŋ ₋tɔŋ	₋tŋ	₋tɔŋ		₋touŋ	

表中显示，现代闽音无论闽南闽北还是闽东音，"中、当"均可同音，基本上就是文、白读之间相通。但各有特点，其一，闽南"中、当"二字文白读参差，但"当"字都有白读，建瓯、福州则"当"字未见白读。其二，建瓯"中"字白读与"当"字还有声调的差别，并非完全同音。其三，闽南"中、当"同音取三种形式，厦门"中"字白读同"当"字文读，漳州"中、当"白读同音，泉州则"中"字不见白读，"中、当"二字文读仅介音不同。从韵系的角度来看，"中"字属《广韵》通摄东韵三等，"当"字为宕摄唐韵一等，在现代闽北音中通摄部分字与宕摄部分字同韵（即所谓桐韵-oŋ 并入囥韵-ɔŋ），表现为局部音变；而闽南音中，中古通、宕两摄字大混并，重新组合为-aŋ, -ɔŋ, -iɔŋ 等韵。这种现象闽东不见。

始刻于清乾隆六十年的《建州八音字义便览》桐韵（-oŋ）和囥韵（-ɔŋ）分立，可知闽北建瓯通摄部分字与宕摄合并是近三百年之间的事；而闽南的通、宕混并发生很早，在宋代，就已经在文士用韵中以"东、阳通押"的形式存在。闽南文士中尤以朱熹的学生漳州龙溪人陈淳突出，他的诗文中仅"中"字押阳韵就有 4 次。如《祭十五伯父伯母》叶"隆、宗、巃、亡、空、巷、中、衷、芳"②。这条押韵现代闽南音仍相当和谐，而闽北、闽东则不甚谐，如隆字福州读 ₋lyŋ、建瓯 lœyŋ⁼，都不与本音系宕摄字相叶。

从宋代闽南诗人的用韵以及现代闽语来看，朱熹所说"'中'字今闽音正为'当'字"，应当是闽方言的普遍现象，但从音韵系统来说，则更适合宋代的

---

① 马重奇《漳州方言志》第二章《同音字汇》云："由于漳州方言的异读多而复杂，本书尽可能收录，但不一一注明。"本文根据该书第一章第三节《文白异读》所引例子确定"中、当"二字的文白读。

② 影印文渊阁四库全书第 1168 分册，892 页。

闽南方言读音。

第二条"今闽人有谓'雄'为'形'",情况要简明一些。今建瓯、福州音"雄、形"二字均不同音。而在闽南方言里,与前文"中、当"一样,也存在文、白读相通现象。请看下面现代闽南话主要方言点"雄、形"二字的读音。

	厦门	泉州	漳州
雄	ɕhioŋ 文 ɕhiŋ 白	ɕhioŋ 文 ɕhiŋ 白	ɕhioŋ 文 ɕhiŋ 白
形	ɕhiŋ	ɕhiŋ	ɕhiŋ

表中可见"雄"字的白读跟"形"字的读音完全相同。现代闽南音通摄三等细音部分字读 iŋ 是普遍现象,"中、龙、茏、舂、肿、榕、虫、冲、穷、虹、胸"等字大都有 iŋ 韵的读音。

从历史语料来看,通摄东韵合口三等字押入梗摄,早在唐代闽籍诗僧义存(822—908)的笔下就有一例(周长楫 1994)。诗云:

> 枯木藏龙冬,雷动必惊庚。(《劝人》之七)

周长楫云:"冬庚通押在唐诗里实属罕见。'龙',《广韵》属钟韵,古'钟肿用'韵在今泉州话里文读音(读书音)读 oŋ(唇音字,如封峰奉俸)和 iŋ(从重钟胸冢种勇诵共用),白读音(说话音)读 iŋ,跟《广韵》庚韵细音(三等字)清青韵和蒸韵的文读音(读书音)同韵母。如'龙'跟'兵平明京惊卿迎英(庚韵细音)、名令精清情贞呈征声城成轻婴盈(清韵)、屏铭丁听亭廷宁灵零青星经形刑(青韵)、陵凌(蒸韵)的韵母相同。龙=令=宁=零=陵。"

笔者在宋代福建文士用韵中亦发现一例"虫"字押庚青韵,这一例也出于闽南(泉州)文士蒲寿宬笔下,五言古体《蚊》之二叶"生、虫、行、羹、烹、更、轻、明、清"①,"虫"字在闽南话中同样存在与庚青韵相同的白读,如厦门、漳州都可读 ᶜtsʻiŋ,与梗摄三四等细音大多数字文读可以押韵。毫无疑问,朱熹说"雄"读同"形"是闽南音。

再看"严"读户刚反一条。朱子原文明确指出是"此间乡音"。"此"乃近指代词,"此间"应兼有此时此地的意思,查该条语录乃朱熹弟子辅广所记,原出《池录》,甲寅(1194)以后所闻。甲寅年朱熹 65 岁,据清康熙丙午毛念恃

---

① 影印文渊阁四库全书第 1189 分册,851 页。

合刻《延平四先生年谱》之《文公朱紫阳先生年谱》，朱熹是光宗绍熙三年(63岁)始筑室于建阳之考亭，65岁(1194)到长沙任潭州安抚，这年七月宁宗即位，八月即调朱熹任焕章阁待制兼侍讲，九月到京，十一月返考亭。那么在这年以后所讲的"此间乡音"当指宋代建阳乡音无疑。关于该"乡音"的语音状况，详上卷第七章。

四、方音与传道

宋代理学本有"文以载道"文道并重的传统，但在朱熹的论著中，我们常常看到他有鲜明的重道轻文倾向。比如有学生问："观书或晓其意，而不晓字义。如'从容'字，或曰'横出为从，宽容为容'，如何？"朱熹说："这个见不得。莫要管他横出、包容，只理会言意。"①可见在涉及"言意"与"字义"的关系时，他更重视"言意"，而不去斤斤计较一字一义。在音韵问题上更是如此，如《晦庵先生朱文公文集》卷五十九《答陈与叔》信中，回答陈与叔的"《弟子职》音韵"问题时，他说："此非大义所系，不暇深考。"②即算他曾经花大气力所作的《诗经》音韵叶音等等，他也不认为特别重要，他的看法是："只要音韵相叶，好吟哦讽诵，易见道理，亦无甚要紧。今且将七分工夫理会义理，三二分工夫理会这般去处。若只管留心此处，而于诗之义却见不得，亦何益处？"③明确只花三二分工夫在言音之上，较之要花七八分工夫去理会的义理，三七开的比例，自然是不太重视的做法。

在主观上重道轻文，但文的载道、传道作用又迫使他不得不加强对文的关注与研讨，因为官场上的酬对，学友间的论难，教学上的讲习，与来自全国各地学者学生的交流，以及闽、浙、赣、湘广泛的游历交际，使他懂得传道就得克服语言障碍并努力提高语言表现力。事实上，出于"求道"与"传道"的需要，肯花"三二分工夫"去理会言音问题，对他来说已经是资源的重量支

---

① 《朱子语类》，第7册，2785页。
② 《朱子全书》，第23册，2816页。然而，朱子还是有《读管子弟子职》论其音韵，见文集卷六十六。
③ 《朱子语类》，第6册，2079页。

出。但笔者以为，他对言音等问题的关注与研究绝不会受制于所谓三七开的量度，而是以说清楚弄明白为限。他实际上花了多少工夫去钻研语言问题，我们已经无法考明，但我们从他的论著中可以看到的是，他认真考察经典要籍书面语言的训诂、音韵，特别注意文献语言与当时活语言的关联，细心地体察各种方言异音，以敏锐的语言观察力，经意或不经意地揭示并记述了许多宋代实际语言现象，零零碎碎，散见于他的各种著作之中，以便用作疏释古代典籍之资。

尤其是他在观察方俗语言及其异音的时候，常常进行异同比较，指出各地方言的差异。其中有宏观的比较，如闽浙与洛中的正与不正的讨论；也有微观的描写与说明，如江浙"打"字的音读，建州与莆田"茶"字读音的异同。这样的比较研究尽管浅尝辄止，但也反映出作者对当代方言宏观把握下的区域特征意识，如他根据语音的同异把南海之滨的粤语跟千里之遥的汴洛中州联系起来，作为一个音系，而将近在咫尺的闽浙排斥在外，就是极好的证明。

从上述材料看，他不仅记下一二条奇特的语音作文人茶余饭后的谈资，更是运用这些材料来解说经典中的语言难题，为经籍诠释服务。其中重要的一点就是他将自己所熟识的方言语音用之于诗骚叶音之中，使得他的古音研究在宋代独树一帜。我们在宋代福建文士用韵中发现的方音用韵现象，在朱子的《诗经》叶音中大都得到体现。如：在宋代福建用韵中出现较多先仙元韵字押真谆文的现象，核查现代闽方言，闽方言中有部分先仙元韵字读-in韵的白读，因此笔者认为宋代福建文士的真-先通押当取先(仙元)部分字以白读-in 入韵，先韵混读为真韵(参刘晓南 2002C)。相应地，在朱子《诗集传》中也出现了许多元仙先韵字叶真谆的叶音，如：天叶铁因反，颠叶典因反，田叶地因反，年叶尼因反，贤叶下珍反，千叶仓新反，等等，不一而足。所改之叶音是如此的一致，绝不是一个偶然巧合。联系宋代福建文士用韵和现代闽音先仙元韵部分字的白读，可以断定朱熹这样改韵叶音是根据闽音作出的。由此看来，朱熹古音学中的叶音采用了当时的方音，而这些方音有效地解决了诗骚中的特殊用韵现象，从而实现了梳通经典韵读以传道的目的。

对方言的了解与记述，对方音的比较与运用，实际上是他解经传道的一个重要途径。

第七章　朱熹音叶中的闽音韵母特征

疏理朱熹的方言观,能清晰地感受到他关注方言现象的一个意图,就是希望能利用当代活方言去解释古典文献中的语言疑难问题,正因为如此,他的叶音之中才会蕴含有丰富的宋代方音——主要是闽音的信息。笔者关注朱熹方音现象有年,曾撰作并刊发相关论著,随后陆续又有新的材料发现和新的观点产生。现在我们结合新旧论思,对朱子音叶中宋代闽音的声、韵的特征作综合考察。考察分设两章,本章讨论韵母问题,下章讨论声母问题。

一、基本思路及其操作

在进入具体问题讨论之前,先简单介绍一下利用朱熹音叶研究宋代闽音的基本思路、可行性,以及考察的相关设计与操作要点。

1.1　方言证古与特殊叶音

前文已经论证,朱熹拥有清晰明确的"古今方言暗合"认知。这说明朱子已经观察并注意到了,某些上古韵段用礼部韵或当时通语诵读均不谐韵,却在他熟悉的闽音中可以直接谐韵或辗转相谐的事实。由此他认定闽音在这里达到了与古音的"暗合",并确认这些闽语的特殊读音就是"古之遗声"。如果要恢复该韵段的古音谐韵,就得按闽音的提示改叶其读音。结果就造成了他独特的"方音叶音"方式,产生了一批不符合礼部韵及宋代通语的"特殊叶音"条目,形成了一系列颇具特色的闽音叶韵语料。但是,本着注释从简的原则,朱熹对这些叶音的来源或语音根据,从不在注文中予以说明,致使读者往往难以理解何以如此叶音。我们既已了解了朱熹的"方音暗合论"

以及他的方音证古韵的思想,大可以从宋代方音的角度考察并说明这些叶音的语音根据,并从中考求宋代的闽音。

1.2 特殊押韵与特殊叶音的同质性

在此之前,笔者(刘晓南 1999)曾利用宋代福建诗文用韵中的"特殊押韵"考其方音属性,论证了若干宋代闽音现象。现在朱子叶音中也出现了这么一些"特殊叶音",它们跨韵摄通叶,既不合于传统诗韵,又难以在宋代字书韵书中找到其踪迹,无法用来论证当时通语的实际语音,因而我们在前文通语音系的研讨中已经将其过滤,作了区隔。但当我们把这批"特殊叶音"与福建诗文用韵中的"特殊押韵"进行比对时,往往会看到一种成体系的对应或关联,清晰地显示二者之间存在着不同程度的相似性或同质性。有意思的是,与诗歌中的"特殊用韵"大多是诗人无意间受口音干扰所形成的混押不同,"特殊叶音"之于闽音决不是无意之间的偶然混叶,而是有意地甚至是批量地利用。或者说,叶音的制作者一定是努力地"从他的家乡话的角度"①来确定某些特殊古韵的叶音。因而无论从数量上还是质量上,特殊叶音中的闽音含量更加充分且富有价值。确认诗文"特殊押韵"和诗骚"特殊叶音"的同质性,实际上给我们研究特殊叶音的语音性质开启了一扇方便之门,给我们合理解释那些特殊叶音拓展出一条新的途径。

1.3 考察的设计与说明

基于上述认识,我们将对照从宋代福建诗人的特殊用韵中考明的闽音韵母条例,增补相关历史文献和现代方言材料,考察朱熹诗骚中的特殊叶音,综合论证并归纳朱熹诗骚叶音中的闽音韵母特征。

从已有的实例看,诗骚古韵中的特殊叶韵都出现在阳声韵、阴声韵之中,相应地考察可分两部分进行。每个部分内根据混叶韵摄的异同还可以继续作下位区分,形成若干叶音条例。每个叶音条例都包含一组同类型的

---

① 邵荣芬《明代末年福州话的韵母和声调系统》云:陈第"有时也引证其他文献资料来确定具体的注音字。但这个注音字的韵母必须和他心目中的古韵,也就是他根据古代的押韵从他的家乡话的角度所确定的古韵相一致"。(《邵荣芬音韵学论集》,首都师范大学出版社 1997 年,604 页。)这话也大致适合朱熹。

特殊叶韵材料,是为我们考察叶音中的方音现象的基础材料。

叶音条例的设立和命名主要根据不同韵摄间叶音的语音取向和数量对比来确定,大概可分为三种情况:一为通叶,二为主叶,三为互叶。

何为通叶?通叶就是指单向取叶,即在混叶的甲、乙两韵之间,一律将原属于甲韵的被叶字改变为乙韵的读音,而不将乙韵字改叶为甲韵者,这可称之为"甲通叶乙",反之亦然。

所谓"主叶"和"互叶"都是双向取叶,即甲、乙韵之间互有改叶,但有数量多少之异。如果甲韵大多数叶入乙韵,乙韵仅少数或偶然叶入甲韵,表现出以改甲韵叶入乙韵为主,则条例称之为"甲主叶乙";如果甲、乙两韵互相作叶,数目相差不太悬殊,则该种条例就称为"甲互叶乙",又可称"甲乙互叶"。

下面我们以条例为纲逐条进行考证与讨论。每个条例的大致包含三项内容,一是本条例的叶音语例概况,二是宋代福建诗文用韵的相关信息,三是征引各种语音文献,证以历史及现代方音,综合论证其方音性质。

二、阳 声 韵

阳声韵摄之间的跨韵摄改叶条例,共有 6 条。

2.1 先主叶真

"先主叶真"是关于朱熹诗骚韵段中的山摄与臻摄阳声韵之间的叶音条例,有广、狭两层含义。广义是指韵段中如果出现了山摄、臻摄混押时,主要改山摄韵字叶入臻摄;狭义特指两摄混押的韵段中山摄只有先韵字出现时,必改先韵字叶入真韵。

这种叶音与宋代福建诗人的寒先、真文通押(或简称真-先通押)的特殊押韵相对应。

2.1.1 福建诗韵的相关信息。宋代福建诗人笔下出现了大批通语寒先部(山摄舒声韵)与真文部(即臻摄舒声韵)通押韵段,由于大多数牵混了《广韵》的元与魂痕三韵在内,符合诗韵元魂痕同用的规则,所以带上了浓厚的人为因素。但是,其中还有23个通押韵段不含元与魂痕在内,而且有的韵段主要是先韵字押真文,我们认为这种通押与"该死十三元"无关,是宋代闽音的体现。如:

李纲《素斋箴》第1韵段"文先"(SK1126-596)①

严羽《悯时命》第8韵段"山年天人"(SK1179-61)

这批出于福建诗人笔下的特殊押韵可以启发我们换一个角度来看朱熹诗骚韵段中的先通叶真现象。如下面3个韵段的叶音:

大雅旱麓三:天叶铁因反渊叶一均反人

小雅甫田一1:田叶地因反千叶仓新反陈人年叶泥因反

小雅小弁六1:先苏荐反叶苏晋反堙

3个韵段从切韵音系来看都是先韵混押真韵。朱子的处理是:无论韵段中先韵字有多少,全都一律改叶真韵,决不改一个真韵字叶先韵。显然,这是一种单向改叶的叶音行为,是典型的狭义先主叶真,甚至可认定为先通叶真。

当然,诗骚中除了先韵外,山摄其他韵的字也有与臻摄诸韵混押的,朱子将其中大多数也改叶真文,此即广义的先主叶真,甚至混押的韵段中还出现了少数几个"改臻摄字叶山摄"的例外,与狭义单向先通叶真逆向而行,显得有点复杂。我们有必要先对诗骚韵段中臻、山两摄相会时所作叶音的整体情况作一全面的了解,再作分析。

2.1.2 先主叶真的概况。概况可分韵段、叶音字两个部分来谈。

2.1.2.1 韵段概况。穷尽核查诗骚古韵段中臻、山两摄舒声韵混杂的韵段,共有66段。朱熹叶音中改山摄字叶为臻摄的有61段,其中《诗集传》49段、《楚辞集注》12段;逆向而行将臻摄字改叶山摄的仅5段,全出于《楚辞集注》,如:

天问55:寰坟叶敷连反

九章悲回风102:巅天霁音分叶孚袁反媛

5个韵段涉及"坟叶敷连反、霁叶孚袁反、垠叶鱼坚反、存叶才缘反、门2叶谟连反、叶莫连反、榛叶音栈"等6个字的7次叶音,不但分量很小,而且鉴于《楚辞集注》属

---

① 括号简注诗韵出处,"SK"表示影印文渊阁四库全书,后接两个数字,前者为"分册"数,后者为页码。

于未定稿，所作叶音显得有点非正式等特殊状况来看，这种"改真叶先"的逆向叶音方式似无关宏旨，完全可以从主流上肯定改山叶臻的是一个普遍执行的近似单向的叶音。

2.1.2.2　叶音字概况。查 66 个韵段中所涉及的山摄的韵脚字共计 26 个，其中先韵一个韵多达 13 字，其他仙元删山诸韵合起来亦 13 个字。从改叶次数上看，在 61 个改山摄叶臻摄的韵段里，将 26 个山摄字改叶真文共计 87 次，另有《楚辞集注》中 3 次偶然漏注叶音的混押，附识相应韵字之下，不计入次数中。诸字次叶音的情况如下：

坚叶吉因反、罥叶徒邻反、甸叶徒邻反、玄叶胡匀反、巅叶典因反，另有《楚辞集注》1 次入真文未注叶音、颠 2 叶典因反 2、千 3 叶仓新反 2、叶七因反、贤 4 叶下珍反 2、叶胡邻反、叶音形、先 4 叶苏晋反、叶音询、叶苏津反、叶桑津反、田 7 叶地因反 6、叶徒因反、年 7 叶尼因反 3、叶泥因反 2、叶祢因反、叶奴京反①、渊 9 叶一均反 6、叶於巾反 2、叶一因反、天 28 次叶铁因反 28，另有《楚辞集注》2 次入真文未作叶

以上 13 字原属先韵，改叶真韵 69 次，以下 13 字为山删仙元诸韵字，改叶真韵 18 次。

还叶胡昆反、苑叶音氲、愿叶鱼靳反、惩叶起巾反、嫄叶鱼伦反、川叶枢伦反、言叶音银、患叶胡门反、鸢叶以旬反、鳏 2 叶古伦反、叶音矜、翩 2 叶批宾反 2、泉 2 叶才匀反 2、艰 3 叶居银反 3

此外，《小雅·何草不黄》二章"何人不矜"，"矜"下注曰"古顽反，《韩诗》作鳏，叶居陵反"，依其叶音亦当归于此类，但"矜"字本身有蒸韵居陵切的异读，有依韵书异读作叶之嫌，故暂不计入。

从所叶次数看，69 对 18，叶入真文部的先韵字次数量特大，优势显著。先韵一个韵独占大多数，其他多个韵却只占少数，仅从其所占份额之悬殊就可见该种叶韵的重心是改先叶真。

2.1.3　纯先韵韵段的改叶。此外，还有一个颇为令人惊奇之处，就是纯先韵字的韵段全改叶真，共有 4 个韵段：

小雅鹤鸣二 1：天叶铁因反渊叶一均反

---

①　在朱熹的方言韵母特征中，梗曾摄之后鼻尾混同臻摄之前鼻尾音，故叶奴京反可看作改叶入真文。

小雅四月七：鸢以专反叶以旬反天叶铁因反渊叶一均反

小雅采芑三 4：渊叶於巾反瘨徒颠反叶徒邻反

小雅信南山一 1：甸田见反叶徒邻反田叶地因反

上引 4 个韵段的所有韵脚字全部都是先仙韵字，不杂一个臻摄字，除"鸢"外又不杂入山摄其他韵字，简直可以说是"先独用"。无论从诗韵还是通语的角度看都是谐韵的，本不必改叶，朱子却仍然给它们全部改叶真谆，没有一个例外。看来朱子的叶韵体系并没有打算让先韵独立，而是尽量将它纳入真韵系之中。

2.1.4 非纯先韵韵段的处置。狭义的"改先入真"并不是漫无节制的，凡已改叶真韵的山摄字，只要所在韵段没有臻摄字，又不是先韵独用时，朱子就绝不改叶真韵，而是让它们直接以山摄诸韵之音相谐。这样的情况在 26 个已改叶真韵的字中有"巅、天、年、先 3、泉 4、翩、患、愆 3、愿、还 5、言 17"等 11 字，38 次入韵。11 字中前 5 个为先韵字，后 6 个为仙元删等韵字，分别举例如下：

九章悲回风 102：巅天雰音分叶孚衰反媛（按，"巅天"以本音入韵）

郑风将仲子三：园檀叶徒沿反言（按，"言"字以本音入韵）

郑风野有蔓草一：漙徒端反叶上兖反婉愿叶五远反（按，"愿"字仅改叶上声，所属韵未变）

概而言之，"先主叶真"条例其实只是以先韵部分字为主的山摄诸韵的局部特殊行为，并没有覆盖整个山摄。

2.1.5 先主叶真的诸种表现。综合先韵上述叶音行为，可以看到三种表现。

一是仅先韵与臻摄相会以及纯先韵字为韵，必全改叶真谆韵。此为狭义的真通叶先。

二是其他山摄字与臻摄混用时主要改叶真谆，此为广义的先主叶真。

三是当韵段中没有臻摄字，先韵又与山摄其他韵字同现时不作改叶，直接以本音入韵。

第三种情况表明"先主叶真"虽然强势，但并非是无条件的改叶真，山摄内诸韵自押时仍有其独立性。笔者以为，朱子对先韵及山摄诸韵作两种处理，实际上是以闽音为据的。

2.1.6　先主叶真的闽音根据。无论广、狭，"先主叶真"都显示"先韵"通叶臻摄的能量超乎寻常地强大，其他山摄诸韵相对较弱，为什么会这样？可以从闽方言的闽南、闽北语音中求解。

2.1.6.1　先韵在闽南音中的表现。现代闽南话中先韵字大多存在与真韵韵母相同或主元音相同的鼻化音白读，下面列表展示①，记音为求简明，略其声调：

		年	见	怜	先	千	天	燕	扁
厦门	文读	lien	kien	lien	sien	ts'ien	t'ien	ien	pien
	白读	nĩ	kĩ	lin	sĩŋ	ts'ĩŋ	tĩ	ĩ	pin、pĩ
泉州	文读	lian	kian	lian	sian	ts'ien	tian	ian	pian
	白读	lĩ	kĩ	lin	suĩ	ts'ĩŋ	tĩ	ĩ	pin、pĩ
漳州	文读	lian	kian	lian	sian	ts'ian	tian	ian	pian
	白读	nĩ	kĩ	lin	sĩŋ	ts'ĩŋ	tĩ	ĩ	pi
潮州	文读	nĩ	kieŋ	lieŋ	sĩŋ	ts'õĩ	t'ieŋ	ieŋ	pieŋ
	白读	hĩ	kĩ		sõĩ		tĩ	ĩ	pĩ

"in"韵母是闽南音臻摄开口字音的主韵母，鼻化韵"ĩ"是大多数山摄三四等字的白读，与"in"的主元音相同，鼻音音色相当接近。总之，闽南音中先韵字的白读要么直接读-in，与臻摄相同，要么读-ĩ，与臻摄音近。

2.1.6.2　先韵在闽北音中的表现。闽北音也有这种趋势，《建州八音》②将臻深摄字（另含大量梗曾摄字）大致收入人韵（-eiŋ），山咸摄字大致收入年韵（-iŋ），尽管有区别，但实际音值也比较接近。而朱子幼时求学且长期生活之地崇安的方言里，则更进一步，一些先仙韵字干脆与真文部分字读成了同一个韵-iŋ。下面12组"先仙-真"字，在崇安（今武夷山市）话中前10组同音，以"＝"标示，后2组同声韵异调③，以"/"标示：

---

① 闽南音分别取自周长楫欧阳忆耘（1998）、林连通（1993）、马重奇（1994）以及《汉语方音字汇》。

② 全名为《建州八音字义便览》，清乾隆间林端才所作的闽北方言韵书，全书分韵34部，声母15组，本章重点引述作为三百年前闽北音的代表，韵组取闽北方言专家潘渭水构拟的音系。

③ 方言材料见武夷山市志编委会编《武夷山市志·汉语方言志》，中国统计出版社1994年。

煎笺＝真 tsiŋ　　先仙鲜＝伸申身 siŋ　　演＝引 iŋ　　千迁＝声 ts'iŋ
燕宴＝印 iŋ　　禅蝉＝神晨臣 siŋ　　现＝衅 xiŋ　　烟燕＝茵姻 iŋ
善＝肾 siŋ　　展＝诊 tsiŋ　　　　见 kiŋ/紧 kiŋ　　贤 xiŋ/欣 xiŋ

由此可以推知，宋代福建方音中一定像现代闽南闽北音一样，要么先韵有成体系的读同或读近真文韵的白读，要么先韵大部读同真韵。这恐怕是朱子将先韵强力叶真韵的实际语音根据吧。

2.1.7 山摄其他韵的闽音表现。核查全体叶音可以看见，山摄先韵之外的仙元山删诸韵改叶真韵就要少得多，尤其是当仙元山韵自押时，决不改叶真谆，这应当也是与闽音相对应的。查现代闽音，仙元删诸韵字就没有这么多的白读异读，取上述26字中归仙元删诸韵的8个常见字，核其现代闽音，结果见下表，表中白读下打双横线。

	愿	言	艰	患	仙	原	川	还
厦门	guan	gien	kan	huan	sien	guan、—	ts'uan、ts'<u>ŋ</u>	huan、<u>hŋ</u>
潮州	ŋueŋ	gaŋ	kaŋ	huem	sieŋ	ŋueŋ、—	ts'ŋ、—	hueŋ、<u>hõi</u>
福州	ŋuoŋ	ŋyoŋ	kaŋ	xuaŋ	sieŋ	ŋuoŋ、—	ts'uoŋ、—	xuaŋ、<u>xeiŋ</u>
建瓯	ŋyiŋ	ŋyiŋ	kaiŋ	xuiŋ	siŋ	ŋyiŋ、<u>ŋuiŋ</u>	ts'yiŋ、—	uiŋ、<u>xiŋ</u>

8字中仅"原、川、还"3字有白读，其中只有"还"字有齐全的文白异读，而且还不一定反映臻、山之异。3个字中虽偶有类似于臻摄的异读，但无法形成白读体系。当然，现代闽方音中山摄山删仙元诸韵中也有少数几个字有类似于先韵那样的白读，但一是字少，二是大概只有音近的"ĩ"，三是多见于闽南，其他地方少见，如厦门话中所示：

	缠	扇	变	连	间	拣	箭	钱
厦门文读	tien	sien	pien	lien	kan	kan	tsien	tsien
厦门白读	tĩ	sĩ	pĩ	nĩ	kɪŋ	kɪŋ	tsĩ	tsĩ

上述8个字闽东的福州、闽北的建瓯都没有白读。白读在闽南话也不完整，如潮州话就只有"变"字有文白读（文读：pieŋ，白读 pĩ），其他字无白读。

2.1.8 几点推论。通过朱子"先主叶真"条例的分析，并对照宋代福建诗人押韵和现代闽音，可以得出如下推论。一是先仙诸韵字的臻、山两叶，既与闽北音的韵部变化相呼应,又与闽南音的白读、文读相对应,从语音史角度看,其文读符合中古以来的语音,而白读则上与诗骚古韵相对应,反映了上古先韵字归真韵(文部)的古音遗迹。二是虽然宋代福建诗人的真文-寒先通押可以告诉我们两者韵近,可具体该怎么读或读什么音并不清晰。但是在朱子的诗骚韵段中,狭义先通叶真的定向叶音确切无疑地为我们提供了一个重要信息,即宋代闽音诗韵中"真-先通押"实际上是先读同真。

可以确认,闽音中先韵的特别读音是促成"先主叶真"的重要原因之一。朱熹一定是从他熟知的闽音中看到了先韵的特殊读音成体系地接近真韵,与诗骚中的先韵混押真谆的现象大面积契合,得出了体系性的与古音暗合的看法,认定先韵的古音当归属真韵,从而对古先韵作出了两个非常特殊的处理,其一是当先韵与真谆诸韵混用时,必改先韵叶真以恢复其古韵;其二当先韵单独出现时,也认定它是属于押同真谆的古韵而作出改叶。只有当它们与山摄其他韵如仙元删山等一同出现而韵段中又没有臻摄字出现时,才确认它们读音同其文读而与山摄诸韵相谐。

2.2 东互叶阳

2.2.1 东互叶阳概况。"东互叶阳"是针对通摄与江宕摄舒声字互相叶音拟定的一条叶音条例,"东"代指通摄舒声字,"阳"代指江宕摄舒声字。前文我们已经引述朱子有关闽音"中"读为"当"的自述,论证此现象与闽诗中的"东、阳通押"相合,当然也符合这里的东阳互叶。我们先看看朱子东阳互叶的全貌,然后再对照闽诗中的特殊押韵,讨论其语音依据。

在《诗集传》《楚辞集注》中,东、阳之间叶音共有 35 个韵段,有两种表现,一是改东叶阳,有 11 段,二是改阳叶东,有 24 段。下面分别列举之。

2.2.1.1 改东叶阳。改东叶阳有 11 段,《诗集传》5 段,《楚辞集注》6 段,下面各举 1 段。

小雅大东二 1:东叶都郎反空叶枯郎反霜行叶户郎反(按,"行"字乃庚改叶阳,详下文)

九歌云中君 31:宫叶古荒反光章

诗骚韵段中共有 8 个通摄字 11 次叶阳唐:

东叶都郎反、空叶枯郎反、中叶诸良反、风叶孚光反、桐叶音唐、宫 2 叶居王反、叶古荒

反、功 2 叶音光 2、通 2 叶它光反、叶音汤

2.2.1.2　改阳叶东。阳类即江、宕两摄，它们与通摄相会共 24 段，又可以细分为江摄与通摄相会 22 段、宕摄与通摄相会 2 段的两个部分。凡是江摄与通摄相会韵段，朱子一律都改江叶通，如：

小雅采菽四：蓬邦叶卜工反同从

离骚 3：庸降叶乎攻反

江摄全部改叶字有 6 字 22 次：

双叶所终反、厖叶莫孔反、巷 2 叶胡贡反、叶乎贡反、江 2 叶音工 2、降 7 叶乎攻反 3、叶胡攻反 3、叶呼攻反、邦 9 叶卜工反 7、叶卜攻反、叶卜功反

宕摄与通摄相会则互有改叶，大多数改通叶宕，例见上"改东叶阳"，改宕摄字叶通摄的仅 2 段，被改叶字为"堂、阳"2 字次。

九歌河伯 43：堂叶音同宫中

招魂 134：从阳叶弋公反

2.2.2　福建诗韵的相关信息。宋代福建文士的诗歌用韵中的"东-阳通押"与朱子叶音完全对应，共有 19 例，其韵段中韵脚字的构成有三种，一是通摄字占多数者，有 10 例，二是宕江摄字占多数者，有 5 例，三是两摄字数相当者 4 例。下面各举 1 例，江宕摄字下加点以示区别。

郑侠五古《谢曹公》第 1 韵段"宗同钟恭躬穷中崇忠虫空冲熊螽酦踪蓬攻讻穹冬戎衕丛东隆风泠铓窿梦蜂邛曈峰松春终衷丰缝墉邕通"（S15-10413）①

陈淳七古《遭族人横逆》"融霜攻强将章狼枪傍伤胸恭量刚穷"（SK1168-516）

陈淳《君子戒谨所不睹恐惧所不闻箴》第 7 韵段"阳中"（SK1168-534）

从宋代诗歌用韵看，东阳通押有 2 个特点：一是通押韵例主要出于闽南。19 例中漳州龙溪人陈淳一人独占 14 例，另有泉州人蒲寿宬 1 例，闽南漳泉二州共有 15 例，另外 4 例分别见于福州郑侠、仙游蔡襄、顺昌廖刚和崇安刘学箕笔下。此种通押主要出于闽南，应当体现闽南语音。二是通押之字多面广，江阳唐三韵字大面积通押东钟。比如陈淳七古《上赵寺丞》一诗入韵

---

① 括号注其出处，S 代表《全宋诗》，两个数字，前者为分册数，后者为页码。

字129字,其中东钟韵字54,阳唐江韵字75个,如此大场面的混押,只有两个韵部相混才有可能。

关于漳州龙溪人陈淳(1159—1223)需要多说几句,因为他有一个特殊身份:乡村塾师。他长期设馆授徒于家乡,深知教导学童读圣贤书,识字正音当为第一要务。为了让儿童在"学语"之时"无交俚俗邪语",他特地作《启蒙初诵》《训蒙雅言》和《暑示学子》等3文以正音启蒙,旨在以六经中明白切要四字句,协之以韵,使之"幼习"而"语音调熟"。可恰在3篇蒙学文章中,东阳通押出现了4次。此可见"东-阳混淆"在当地已经习以为常,实则已被文人视为读书音了,故童蒙读物屡见不以为非。

2.2.3 东阳互叶的闽音根据。从现代闽语考之,东阳互叶最为符合闽南音,也与闽北音有关。

2.2.3.1 诸叶音字的闽音表现。上面韵段中被叶音的通摄8字、宕摄2字,江摄6个字共16个字互相叶韵。这些字都是常用字,不妨先简查一下它们在现代闽音中的读音。

	东	空	中	宫	功	通	风	桐	堂	阳	江	降
厦门文读	toŋ	kʻoŋ	tioŋ	kioŋ	koŋ	tʻoŋ	hoŋ	toŋ	toŋ	ioŋ	kaŋ	kaŋ
厦门白读	taŋ	kʻaŋ	taŋ	kɪŋ	kaŋ	tʻaŋ	—	tʻaŋ	tŋ̍	ĩũ	—	—
潮州文读	toŋ	kʻoŋ	toŋ	keŋ	koŋ	tʻoŋ	hoŋ	tʻoŋ	tʻaŋ	iaŋ	kaŋ	kaŋ
潮州白读	taŋ	kʻaŋ	taŋ	—	—	—	huaŋ	tʻaŋ	tɯŋ	ẽ	—	—
福州文读	tuŋ	kʻuŋ	tyŋ	kyŋ	kuŋ	tʻuŋ	xuŋ	tuŋ	touŋ	yoŋ	kouŋ	kauŋ
福州白读	tøyŋ	kʻøyŋ	touŋ	—	køyŋ	tʻøyŋ	—	tøyŋ	—	—	køyŋ	—
建瓯文读	toŋ	kʻoŋ	tœyŋ	kœyŋ	koŋ	tʻoŋ	xoŋ	toŋ	toŋ	ioŋ	koŋ	kioŋ
建瓯白读	—	—	toŋ	—	—	—	—	—	—	—	—	koŋ

上述资料显示,通、宕江摄诸字在现代闽南、闽北音看来,其韵母都有相通之处。

2.2.3.2 闽南音的表现。从厦门音看,上述12字简直可以说是归属于同一韵部,这与现代闽南音通江宕三摄的界限混淆不清是相通的。早在1930年,罗常培就在《厦门音系》中指出:"宕江通三摄厦门音不能分别,宕摄除去唐冈部[ɑŋ]的百分之十五话音读作 ang 韵,阳良部[iaŋ]的百分之七话音读作 iang 韵外，其他一等开口唐冈部合口唐光部[wɑŋ]跟三等合口阳方部[iwaŋ]的字的大部分字音都转入 ong 韵，跟通摄一等相同；三等开口阳良[iaŋ]的大部分字音都转入 iong 韵，跟通摄的三等相同。而通摄的话音也有一大部分转入 ang 韵，又跟宕摄的话音混合。至于江摄的字音，读作 ang 的占百分之四十四，读作 ong 的占百分之三十，当然并入宕通两摄。"（罗常培1956年，60页）后来周长楫在其《闽南话与普通话》(1991)中，把读 ang 和 iang 部分称为"江东韵"，读 ɔŋ 和 iɔŋ 的称作"昂阳韵"。朱子上述叶音中，通摄8字叶音用宕摄字作切下字，叶入阳唐，完全符合罗常培所说通摄大部分转入 ang、iang 韵，跟宕摄的话音（白读）相同，可以说是叶"江东韵"，此乃据白读叶音。宕摄2字的叶音用通摄字为切下字，则符合宕摄转入通摄的文读，叶"昂阳韵"，此据文读叶音。毫无疑问，朱子通、宕互叶颇为符合闽南音。

2.2.3.3 闽北音的表现。据清代闽北韵书《建州八音》，中古通江宕三摄羼入部分臻山深咸摄字重新分韵为两个系列6个韵部，一为以通摄为主形成秾(œyŋ)、桐(oŋ)2个韵部，一为以江宕摄为主形成囥(ɒŋ)、阳(iɒŋ)、放(uɒŋ)和黄(uaŋ)4个韵部。在《建州八音》中上述8个通摄字中"东通桐功空风"6字归桐韵(-oŋ)，"中宫"归秾韵(œyŋ)。从音值上看，桐韵(-oŋ)音值接近囥韵(-ɒŋ)，《建州八音》也将两部比次排在一起，而且以通摄为主的桐韵中已经混入了少数宕摄字，显示了两摄已经有了趋近的渗透、演变。再经过二百来年，到现代闽北建州音中，桐、囥二部即已合并为一部，读为-ɒŋ。观其发展趋势，我们有理由推定，这两个韵的音值接近变化应当早在清代之前就已出现，以至于朱熹的叶音中将闽北音桐韵(oŋ)的"功空桐东通风"等字叶与囥韵一样的音。

"中宫"两字稍显特别，它们在切韵音系都属于东韵三等细音，在建瓯音中文读都在秾韵(œyŋ)，与囥韵(ɒŋ)相差较远。但现代闽北音"中"字有白读 tɒŋ，这应当是一个来自桐韵的音，然《建州八音》桐韵未收此音，很可能是失收，因为《建州八音》秾韵中有一些字具有桐韵的白读，如"陇垅、踪耸"等字，这些白读在现代都变为-ɒŋ 的音。应当说，这些白读都具备叶宕摄囥韵的可能。故朱子在《鄘风·桑中》篇"中叶诸良反、宫叶居王反"又在《九歌·云中君》"宫叶古荒反"，这样叶音与秾韵的某些字有桐韵的白读音相对应。

有意思的是,在《九歌·河伯》"堂叶音同宫中"的韵段中,同样"中宫"2个通摄字与宕摄字相会,这次却是将宕摄"堂"字"叶音同",这不大适合闽北音。从现代闽音看,这是据闽南音的文读作出的,符合罗常培所说的宕摄字转入通摄的读音。

至于宕摄的"堂阳"字叶为通摄之音,从闽北音角度看,也就是将本读囥韵的字音,改叶入其音近的桐韵。但"堂、阳"在《建州八音》中却归属不同,"堂"归囥韵(ɔŋ),"阳"归阳韵(iɔŋ)。不过,它们都与以通摄为主的桐韵(oŋ)音近,况且还有后代合并的这一发展趋势,则"堂阳"两字叶东钟在闽北音亦可以理解。

2.3 东通叶庚

2.3.1 东通叶庚的概况。"东通叶庚"是有关通摄东韵与梗曾摄字相会时改动东韵字叶梗曾摄音的单向叶音条例,其中"东"代指东韵系舒声被叶音字,"庚"则代指将东韵改叶的梗曾摄的韵读。

前文已经述及,朱熹在《楚辞辩证》中解释为什么把《九歌·国殇》的"雄"字叶音"形"时,说过"今闽人有谓雄为形者",我们证明了这种改叶反映了宋代闽南音的特点,并可与闽南文士用韵印证。在《诗集传》《楚辞集注》中符合"东通叶庚"的韵段有13例,都是改动东韵字叶梗曾摄音的单向改叶,涉及"东躬中2雄3梦4弓5"6字16次叶音,下面各字举一例,多次出现的则用小号字附注其出处于韵段之后。

东:大雅桑柔四:愍辰东叶音丁瘝

躬:大雅召旻六:频中叶诸仍反弘躬叶姑弘反

中2:秦风小戎二:中叶诸仍反骖叶疏簪反"中"的另一例见大雅召旻六

雄3:小雅无羊三:蒸雄叶于陵反兢崩肱升另二例见小雅正月五、九歌国殇47

梦4:小雅正月五:陵惩梦叶莫登反雄叶故陵反另三例见齐风鸡鸣三、小雅期干六、小雅正月四

弓5:小雅采绿三:弓叶姑弘反绳另四例见秦风小戎三、郑风大叔于田三、鲁颂閟宫五、国殇47

13韵段中被叶的韵脚字除通摄与梗曾摄字外,还杂有"骖"等3个闭口

韵字,说详后文,此仅论6个通摄字的改叶。

2.3.2 东通叶庚的闽音根据。6个通叶庚的东韵字在今闽南厦漳泉方音尤有可以印证者,请看诸字的现代闽南音。

	雄	弓	中中间	中中意	梦	东	躬
厦门文读	hiɔŋ	kiɔŋ	tiɔŋ	tiɔŋ	bɔŋ	tɔŋ	kiɔŋ
厦门白读	hiŋ	kiŋ	taŋ、tṅ	tiŋ	baŋ	taŋ	
漳州文读	hiɔŋ	kiɔŋ	tiɔŋ	tiɔŋ	bɔŋ	tɔŋ	kiɔŋ
漳州白读	hiŋ		taŋ	tiŋ	baŋ	taŋ	
泉州文读	hiɔŋ	kiɔŋ	tiɔŋ	tiɔŋ	bɔŋ	tɔŋ	kiɔŋ
泉州白读	hiŋ	kiŋ	taŋ	tiŋ	baŋ	taŋ	

上表中"雄弓"2字今闽南音犹有读同本音系梗摄韵的白读,与"弓"同音韵地位的"躬"可能是较文的缘故现代闽南音中没有白读。"中"虽然表"中间"义的音无-iŋ韵母的白读,但厦门的tṅ近之,且有表"中意、射中"义的"中"音有梗摄白读,亦可以旁证。至于"东梦"两字证据稍弱。其中"梦"字属东韵三等细音,在《集韵》有弥登切的异读,朱子叶音的音类与之相同,有据异读作叶的可能,仅"东叶音丁"看不到直接证据,或许支持该叶音的宋代方音今已失传,或许朱子据同类方音类推,究竟何种情况暂且存疑。

宋代福建诗文中暂未见东钟与庚清混押现象,但由于庚清与真文在闽北音中已合并,所以出现在闽北诗人笔下的东钟与真文混押可能与这种"东通叶庚"有关联。如:

刘子翚《遗训》第4韵段:"恭中尊"(SK1134-403)

2.4 庚通叶阳

2.4.1 庚通叶阳概况。"庚通叶阳"中的"庚"主要指庚韵系的舒声韵字,含少数其他梗曾摄舒声字,"阳"代指宕摄舒声韵,在诗骚韵段中,凡梗曾摄舒声韵与宕摄舒声韵相会,朱子一律改梗曾摄字叶入宕摄,属于改梗曾入宕的单向通叶,故名为"庚通叶阳"。这与宋代福建诗人笔下庚清部(梗摄舒声字)混押江阳部(宕摄舒声字)的特殊押韵是相通的。

我们先了解"庚通叶阳"的概况,再联系宋代闽诗用韵作语音分析。

2.4.1.1　韵段数。查朱子诗骚叶音中"庚通叶阳"共有 131 段,如:

大雅文王有声七 1:王京叶居良反

小雅沔水二:汤扬行叶户郎反忘

131 段,数量巨大而繁杂,我们化繁为简,仅看其中叶音的字次。131 个韵段中共有 39 字叶音 169 次,其中庚韵系 34 字,在 127 个韵段叶音 164 次,清耕青蒸韵 5 字 4 段,叶音 5 次。

2.4.1.2　叶音字次。以下是庚韵系的 34 字 164 次叶音概况:

泳叶于诳反、永叶弋亮反、景叶举两反、平叶音旁、竞叶其两反、蝇叶谟郎反、旁叶补冈反、珩叶户郎反、觥 2 叶古黄反 2、京 11 叶居良反 11、盟叶谟郎反、傍叶布光反、枋叶补光反、怲叶兵旺反、鸣叶音芒、苹叶音旁、笙叶师庄反、亨 2 叶铺良反 2、喤 2 叶胡光反 2、庚 2 叶古郎反 2、梗叶古党反、卿叶乞郎反、琼叶渠阳反、横 2 叶音黄、盲 2 叶音芒 2、羹 6 叶音郎 3、叶卢当反 2、叶力当反、衡 6 叶户郎反 5、叶胡郎反、兄 6 叶虚王反 5、叶虚良反、兵 4 叶晡芒反、叶晡茫反、叶晡亡反、叶补芒反、彭 7 叶铺郎反 6、叶普郎反、庆 9 叶祛羊反 6、叶音羌、叶墟羊反、英 10 叶於良反 5、叶於姜反 4、叶音央、行 44 叶户郎反 41、叶胡郎反、叶胡刚反、叶音杭、明 31 叶谟郎反 16、叶莫郎反 2、叶音芒 13

以下是清耕青蒸韵中字 5 字 5 次:

胜叶音商、争叶音章、刑叶胡光反、成叶音常、惩叶直良反

2.4.1.3　叶音特色。这个叶音字次表显示出庚通叶阳的两个特色。

其一,被叶字中梗摄字占绝大多数,而梗摄字中又以庚韵系字占绝大多数。庚韵系字被叶数量之大,重复率之高,无与伦比。34 个庚韵字共叶 164 次,占绝对多数。这是命名为"庚通叶阳"的原因所在。

其二,大数据"庚通叶阳"与同为大数据的"先主叶真"相较,却有两点鲜明的不同。一是"庚通叶阳"乃高"纯度"地单向注叶,凡"庚"与"阳"相会则必改庚叶阳,没有例外,而"先""真"相会韵段中,则还杂有 5 例逆向改真叶先的例外。二是改庚叶阳的"强制性"却相对稍逊。这是指在"先主叶真"中凡纯先韵字韵段必全改叶真,不承认先韵在诗骚中的独立性,而在"庚通叶阳"中没有这一条。如果韵段中韵脚只有庚韵字没有宕摄字的话,朱子即不作叶音,承认庚韵之本音可以独自为韵,如:

大雅荡四 2:明卿(按,该韵段纯庚韵入韵朱子不改叶阳唐)

2.4.2　福建诗韵的相关信息。宋代福建诗文用韵中的"庚清通押阳唐"

（可简称"庚-阳通押"）与"庚通叶阳"的叶音条例相类。"庚-阳通押"是指韵段以押阳唐韵为主，杂入个别庚清韵字的混押现象。笔者找到此种通押有 6 个韵段，涉及"行生枪 3 省成"5 字 7 次入韵，其中庚韵 3 字，清韵 2 字。下面略举 2 例，梗摄字下加点标示：

李纲《肖子宽哀辞》第 1 韵段"刚芳章生狂量强苍翔臧伤光穅忘张荒茫方藏长亡颺"(SK1126-727)

方大琮《太宗得至治之体赋》第 12 韵段"成康唐详"(SK1178-258)

查 6 例的作者：绍武 1 人李纲 2 例，兴化 1 人方大琮 1 例，沙县 2 人邓肃、陈渊各 1 例，福州闽清 1 人葛长庚 1 例。地域分布的倾向性颇为明显，全属闽北和闽中东地区，没有一个闽南人。作者的地域分布显示，这种通押当与宋代闽北、闽中东方音有关。

笔者（刘晓南 1999，203—205 页）曾分析诗人此种混押的音理，5 个梗摄字从古音来源看，"行枪（按，"檥枪"之"枪"）"二字来自古阳部，本与宕摄同源，在中古音中也存在宕摄的异读，闽音中都有读为宕摄之音，直至现代仍然如此，这无疑是诗人混押宕摄的原因。"生省成"在上古归耕部，不与宕摄同源，但核查现代闽北、闽东音，3 字普遍存在着比较接近宕摄的白读，如：

生：	建瓯文 saiŋ　白 saŋ、tsaŋ	福州文 seiŋ　白 saŋ
成：	建瓯文 ts'eiŋ　白 iaŋ	福州文 siŋ　白 siaŋ
省：	建瓯文 sai　白 saŋ	福州文 seiŋ　白 saŋ

虽然现代闽东、闽北音中宕摄字主要不读为 aŋ 类韵，而是读为 ɔŋ 类韵，但一是 aŋ 类韵母音值较为接近本音系的宕摄韵(ɔŋ)，二是宕摄字其实也有一些实读 aŋ 类韵的，如"抗亢螃芒昂"等宕摄字在《建州八音》就被收入南韵(aŋ)。因此可以确认这些白读相对接近宕摄的音读。用接近的音来押韵，这可能是诗人用韵中虽有出现而又比较少见的原因吧。

2.4.3 "庚通叶阳"的语音根据。从宋代福建诗人用韵看，朱熹大量的"庚通叶阳"既与闽音有关，但又不限于此。

2.4.3.1 闽音的根据。现代闽北、闽东音中古梗摄字有成体系的-aŋ、-iaŋ 白读，这是较为接近宕摄读音的白读。我们推测这种现象宋代亦然，应当是诗人诗歌创作中"庚-阳通押"的方音基础。朱子所作叶音之字与诗人通押之字音类相合，应当有共同的方音基础。反过来看，朱子的叶音其实也颇有利于理解诗歌的"庚-阳通押"，如"成叶音常、行叶音杭"，与诗歌用韵中的"成、行"通押宕摄功用完全相同，试以朱子的叶音去读方大琮等人的原诗，不是很和谐的吗？

2.4.3.2 其他的根据。我们推断庚通叶阳有宋代闽音的根据，但又不得不指出庚通叶阳应当还有其他的原因。因为朱子叶音与闽诗用韵的通押在数量上有巨大的差异，即叶音的韵段数量非常多，诗韵混押的数量却很少，极不协调。笔者认为绝不能无视这个数量差异，造成这个差异的原因比较复杂，大致可以归为下面两条：一是叶音与通押二者，使用的对象范围不同。诗歌用韵行之于诗歌创作，仅于特殊情况之下为求方便取其音近通押，实属从权处置，不为常例，是以少见。而诗骚韵段之叶音所面对的是前人已经写成的韵段，由于中古庚韵源于上古阳部，诗骚时代"庚阳唐"本属同部，同部自由谐韵，故而造成后代庚韵与阳唐相会的韵段非常之多。这种巨量混押充分显示出"古韵例"的特点，既为古韵之常例，当然可以凭例类推其古音。二是诗歌押韵的唯一要求就是口语读来和谐，正如我们上文指出的庚与阳之间只是韵近，并不完全和谐，所以偶一混用，为数必然不多；而叶音则可以有六条语音根据（详上卷第六章），并不仅限于实际口语之音，其中最重要的一条就是韵书所载之异读。经核查，作叶的 38 个梗摄字在韵书中拥有宕摄异读者多达 11 字，接近三分之一，这种大面积的宕摄异读，几乎就已经暗示庚可以叶读阳唐了。事实上在朱子的实际叶音中，"英叶於良反""羹叶卢当反""喤叶胡光反""行叶户郎反"，其叶音之切语都是直接抄自《广韵》或《集韵》，此可见其叶音之又一重要语音根据。我们认为，正是因为有这些原因，才最终造成了朱子叶音中大量的"庚通叶阳"现象。

2.5 山、咸、臻摄通叶宕摄

2.5.1 本条例的叶音概况。本条叶音是将山、臻摄-n 尾或咸摄-m 尾韵的字音改叶宕摄-ŋ 尾韵音的单向叶音。字例不多，只有咸摄"严 2 瞻"、山摄"完言 2"、臻摄"身 2 薪"等 6 字 9 次叶韵，共 9 个韵段。下面分摄列举各个叶音韵段，必要时略作说明。

2.5.1.1　咸摄改叶宕摄 3 段：

商颂殷武四：严叶五刚反遑

天问 70：亡严叶五郎反诗殷武篇有此例

大雅桑柔八：瞻叶侧姜反相息亮反叶平声臧肠狂

2.5.1.2　山摄改叶宕摄 3 段：

九章抽思 86：亡完叶胡光反

大雅抑九：言行与言叶

商颂烈祖 2：成叶音常羹叶音郎平叶音旁言叶音昂争叶音章疆衡叶户郎反鸧享叶虚良反将康穰饟叶虚良反疆尝将

说明：《烈祖》第二韵段有很多梗摄字叶音，均属于庚通叶阳，说见前文，这里只论其中山摄"言叶音昂"1 条。《抑》第九章的"行"下原注为"与言叶"，只是作叶音说明，没有注出叶音切语。对照《烈祖》诗的"言叶音昂"，则《抑》诗中的"行与言叶"，完全可理解为"叶户郎反"的"行"与"叶音昂"的"言"相叶，属于山摄字改叶宕摄。

2.5.1.3　臻摄改叶宕摄 3 段：

小雅车舝四：冈薪叶音襄

九章惜诵 78：明叶音芒身叶音商

大雅大明二：商京叶居良反行叶户郎反身叶户羊反王

说明：《大明》的"身叶户羊反"，"户"字当为"尸"字，只有"叶尸羊反"才能与《惜诵》的"身叶音商"相合。

2.5.2　福建诗文用韵的相关信息。宋代福建诗文用韵中的"监廉-江阳""寒先-江阳""真文-江阳"3 种混押与此 3 种叶音相关联，前两种混押各有 3 例，第 3 种混押有 1 例，共计 7 例。下面每种混押各举 1 例。

刘子寰《渔家傲・汉水悠悠》"漾浪桨放上项盎唱缆傍"（C4-2439）①

刘子寰《沁园春・长寿真人》"裳春乡樟翔方樯堂庞"（C4-2070）

陈藻《梨花赋》第 5 韵段"光裳阳姜妆王苍张郎傍房班"（SK1152-70）

3 例混押很有意思，无论是刘子寰词中咸摄"缆"字单独混押宕摄，还是臻摄"春"字单独混押宕摄，还是陈藻赋中山摄"班"字单独混押宕摄，都是单独

---

① 括号注其出处。C 代表《全宋词》，两个数字，前者为册数，后者为页码，下同。

一个异类韵字杂入宕摄,其入韵格局与朱子叶音的韵段完全对应。

7个韵段涉及5位作者,分别为建州刘学箕2段、刘子寰2段,福州陈藻、黄榦和兴化军王迈各1段,全部出于宋代闽北、闽中东方言区,闽南无一人一例。论作者,闽中东以3人占优;论韵段数量,却是闽北以4例占优,各有千秋,难分伯仲。但联系到朱子以闽北方言为母语,则此种混押大可以以闽北音为其主,至少在朱子的叶音是如此。

2.5.3 叶音的语音根据。上述叶音我们认为其语音根据是闽北音,一个重要的证据就是朱子自己曾经特别对"严"字的叶音作过"此间方音"的说明,我们认定其所说为闽北音,说详前文。此可谓现身说法,言之凿凿。然笔者曾广为核查今天闽北方音,并未见到有什么地方的口语将"严读为昂"。这个朱子时代的方音,在后代的闽北音中却不见了踪迹。恐怕除认定为方音异读失传外,也没有更好的办法。同理,另外5个字的叶音在现代闽北音中有何踪迹,笔者也没找到,既然它们与"严叶音昂"相类似,性质相同,而且它们又全都与诗人用韵中的特殊混押相关联,互为映衬,将它们与"严"作同样的处置,都归属于后代失传的闽音之列应当是一个可行的办法。

是不是可以这样推测:6个叶音共同表现出来近代闽北方音中出现了部分臻、山、咸摄字音向宕摄渗透发展的趋势。除宋诗的混韵、朱子的叶音之外,在18世纪的闽北韵书《建州八音》中也有比较清晰的记录。考《建州八音》韵部的构成:中古宕摄舒声字主要归于囥韵(oŋ)、阳韵(ioŋ)、放韵(uoŋ)三个韵部,或者说囥、阳、放三部主要来自中古宕摄。但我们惊奇地发现,来自中古宕摄的囥(oŋ)、放(uoŋ)两个韵部中杂入了数量可观的臻、山、咸摄字。笔者粗略统计,混入囥韵的臻摄字有85个、山摄字有26个、咸摄字有10个,混入放韵的臻摄字10个,山摄字2个,其中有许多是常用字,略举几个如下:

囥韵混入的臻摄字:论盆本钝困坤昆顿屯敦谆逩吞存尊纫稳温门寸村痕昏

囥韵混入的山摄字:蹑灌裸管段缎断攒荐暖煖算酸潺

囥韵混入的咸摄字:敢感甘柑疳墈苫庵

放韵混入的臻、山摄字:文纹蚊闻紊浑分愤忿、爰扮

虽然18世纪的韵书滞后于朱熹时代约500来年,但从其杂入字的覆盖面之大,数量之多来看,其相混合的程度已经很深了,绝非一朝一夕之功,其

发生的时间应当早于韵书面世的时代。由于它们上与朱熹叶音以及宋代闽诗用韵相对应，因此可以将音变的发生至少上溯至宋代。

比对现代闽北音，可以看出在《建州八音》以后的二百多年中，这种渗透的变化仍在进行，表现为某些字旧音的消失、新音的增长。旧音消失，如山摄桓韵"扮"字在《建州八音》中本来有入于蟠(aiŋ)、放(uoŋ)两韵异读，在现代建州音中 puoŋ 一读消失了。新增音的如"灌"字本只有囥韵求母一音 koŋ，但现代建瓯音中 koŋ 音变成了白读，另又新增加了文读 kuiŋ。由近200年的消长可以反推之前500年的变化，似乎可以这样说：在近代闽北音中，中古臻、山、咸摄与宕摄的密切接触很早就发生了，而且随着时间的发展一直在不断变化，有的音在宋代出现，后来失传，有的音在宋代没有，后代新生了。这种历时悠久的消长运动似乎可以解释朱子给这6个字作叶的方音为何在后代找不到的原因。

2.6 梗曾与臻、深摄之间互叶

2.6.1 本条例的几点说明。首先要说明的是，将"梗曾"两摄并列一起是因为在宋代通语中梗、曾两摄舒声字已经合并为一个韵部：庚青部，福建诗人用韵亦然，因此朱子叶音中梗曾两摄的混叶可以看作同一个韵类之内的谐韵，不再区分。

其次，与臻、山、咸摄单向改叶宕摄不同，这里的梗曾与臻、深之间的改叶，从作叶的反切下字看，是既有梗曾摄(-ŋ)字改叶臻山摄(-n、-m)，又有臻山摄(-n、-m)字改叶梗曾摄(-ŋ)，是一种双向改叶，不过，我们将会看到，这种双向改叶并非是三个韵尾之间随意的互换，实际上是方音中不同韵尾的合并。

梗曾与臻、深之间的改叶，跟宋代福建诗文用韵中庚青部与真文、侵寻诸韵部混押的情况相类。我们先简单介绍诗文用韵的混押及其语音性质，再讨论叶音。

2.6.2 闽诗通押的概况。根据《宋代闽音考》(1999)提供的材料，宋代福建诗人用韵中对应上述诸摄混叶的通押有庚青部(梗曾摄舒声)、真文部(臻舒)、侵寻部(深舒)等三个通语韵部间的通押共262例。有4种押韵组合：庚青-真文209例，真文-侵寻20例，庚青-侵寻17例，真文-庚青-侵寻16

例。每种组合的数量都不少,尤以庚青-真文(梗曾-臻)通押的数量巨大,与上文臻、山、咸诸摄混押宕摄的偶然一用完全不同。

从通语韵系的语音结构来看,通押的三个韵部之间主元音舌位都较高而前,各部之间主要以韵尾相区别。在汉语韵母的弇、侈音体系中,它们属于弇音的平行韵部。它们之间的混押可以看作是在主元音相同或接近的前提下不同韵尾之间的混用,又以-n、-ŋ间的混押占绝对优势,数量最多,相当常见。

从地域的分布看,262例混押几乎全部出现于宋代闽北、闽中东两个次方言区,闽南漳泉二州仅有5例,可以目为偶然。这种混押无疑大概率地反映宋代闽北及闽中东方音。相应地,闽北人吴棫在《韵补》中论及所谓古音通转时,也确认"庚耕清青蒸登"古通真、"侵"古通真。吴氏的古通转正是梗曾与臻、深4个摄的大混并的格局。如果把吴棫所认定的通转诸韵合并为一个韵部,竟然与后来《建州八音》的韵部格局极为吻合。考《建州八音》,中古梗曾臻深4摄已经合并而重新分部。大概4摄的主体合成人部(eiŋ),其余部分分散归田部(aiŋ)、园部(yiŋ)等韵部。核查人部的十五音,可以看出部中每音之下所收字全都来自中古梗曾臻深4个摄舒声韵。下面我们以人部(eiŋ)十五音第一音柳母(l-)所辖的46个韵字为例,看其中古来源:

来自中古深摄12字:林淋痳霖琳临澛嶙檩懔瘭廪

来自中古梗曾摄24字:绫翎苓凌陵夌岭㱡糯羚囹鸰龄伶聆昤𦝠蛉灵玲㷖棂令另

来自中古臻摄10字:磷潾嶙蟥麟辚遴鳞邻怜

《建州八音》的人部(eiŋ)其实就是由中古梗曾臻深4摄混并构成,直至现代闽北音还是这个格局,可见近代闽北方音的梗曾深臻诸摄混并是其一大特色。完全可以确认闽北诗韵中的阳声韵弇音诸种韵尾的混押当属于宋代闽北方音的体系。现在我们又看到,这个混押跟朱子的叶音相吻合。

2.6.3 叶音中的韵部混并。以闽北方言为母语的朱熹,在给《诗经》《楚辞》注叶音时,其不同阳声韵尾之间的混叶大致与诗文用韵的分布相对应。为简便起见,下面命"真"代表臻摄-n,"清"代表梗曾二摄-ŋ,"侵"代表深摄-m,分别述其混叶合韵。

2.6.3.1 清、真合韵。朱熹特殊叶音之后形成的韵段中一个鲜明的表现就是清、真的合并。最典型的是真、清之间不改叶直接相押,《诗集传》3段,《楚辞集注》5段,共8段,下面两书各举一段,其余诸段则以小号字附出处于其后。

诗3段,如:齐风卢令一:令仁另两段见邶风简兮四、大雅荡七

骚5段,如:离骚3:名均另4段见远游109、卜居114、吊屈原157、成相第一212

这8段完全符合宋代福建诗文用韵中的真文、庚青两部的混押。真-清之间不作叶音可以直接入韵,与闽诗中真-清混押数量巨大,不约而同地都显示出了各自的作者对真、清二个韵类互相谐韵的莫大宽容,甚至已有将其视为理所当然谐韵的态势。考虑到宋代通语中真、清二韵类仍然分立,则此种出现于闽北方音区且对应于闽北方音的韵部混用,恐怕只好看作是方音中两个韵类的韵基已然相同的客观反映。

当然,有时"真-清相会"的韵段也会出现改叶,但所作的叶音不但不能说明二摄之间的韵尾应当分立,反而可说明二摄的韵尾应当合并。这种情况有21段,下面略举2段:

鄘风蝃蝀三:人姻信叶斯人反命叶弥并反

小雅采菽三:命叶弥并反申

2个韵段中"信、命"二字有叶音。然细审其叶音切语,切下字与被叶音字仍然同韵系,其实并未改变韵部及韵尾,可知叶音只是变其声调而已。尤其是梗摄映韵的"命"字用"并"(按,"并"《广韵》府盈切,读平声)字作叶,叶后与"人姻申"等相押,从通语角度看仍是-ŋ与-n的混押。考《诗经》中"命"字与平声真类相会共7见,朱熹6次改读清韵平声"并",却有一例改读真韵平声:

唐风扬之水三:粼命叶弥宾反人

这一次叶音的确改动了韵尾,但考虑到这次叶音与另外6次改叶"并"的韵脚字所处的押韵环境完全相同,我们不得不说叶"宾"与叶"并"在韵段中所起的作用是完全相同的。这只能说明清韵的"并"与真韵的"宾"在朱子读来是同音的,故在相同押韵环境的叶音中可以互换。

又有梗摄庄组字与臻摄细音同韵段时,也会改叶,如下面"牲、生"两字:

大雅云汉一:天叶铁因反人臻牲叶桑经反听

小雅节南山六:天叶铁因反定叶唐丁反生叶桑经反宁醒成政叶诸盈反姓叶桑经反

看"生、牲"叶音的切下字就知道,所作叶音只是将二等洪音字改叶四等细音而已,改叶之后仍属于梗摄字直接韵臻摄,仍然只能显示曾梗(-ŋ)与臻(-n)的细音相混,这些叶音其实是庄组字韵母洪音化音变的表现,反映的是宋代通语音的变化(详本卷第四章)。同样,洪细音间的改叶还在"真"类内部出现,如:

商颂那 2:成渊叶於巾反声平声孙叶思伦反声

依其叶音,本属于山摄四等先韵的"渊"被改叶为臻摄真韵三等的"巾",而本属臻摄一等魂韵的"孙"字被改叶为三等谆韵的"伦",然后都与"清"类的"平声成"等三等字相谐。其实,据清儒研究,该韵段先韵"渊"字和魂韵"孙"字本不入韵,故江永批评曰:"《那》篇,'成声平'韵,而'靴鼓渊渊',与'於赫汤孙'非韵。……叶'孙思伦反',以此部与蒸清通者,当辩。"①朱子秉承方音暗合古音之理,以方音叶古音,故不辩此二部,尤可见朱子的方音中真文、庚青两部的韵尾是相混了的。当他把这个方音当成古之遗音用于诗骚的古韵叶音时,梗曾与臻之间无论是叶真还是叶庚,其结果都同于《建州八音》所谓"人部"的谐韵。这也就是为什么前文提到朱子"年叶奴京反"时,我们断其与"年叶尼因反"是同类叶音的原因了。

总之,真、清二类韵在宋代通语是分立的,前者为真文部,后者为庚清部。在朱子诗骚韵段中,庚青、真文两部的入韵有 260 余段,朱子在叶音中是努力避免二者相混的,因而在韵段体系上,朱熹的诗骚韵段中真文、庚青两部分立,保持了通语韵系的构架(详本卷第四章)。但当诗骚中偶然出现"真-清相会"的韵段时,在方音暗合古韵的理论支持下,或许也在方音的直接影响下,朱子有意无意地认可了一批"真-清相会"的韵段,其中有的不作叶音直接"真-清"谐韵,有的虽作叶音但仍然还是"真-清"谐韵,无论改叶还是不改叶,都是梗曾-ŋ 与臻摄-n 的合韵,合计有 29 段,它们显示了朱熹叶音中的方音层次。

2.6.3.2 清真、侵合韵。我们已经论证了朱子方言"真"与"清"的合韵,再看"真清"与"侵"之间的特殊改叶,有 2 种表现,6 个韵段,同样也清晰地显

---

① 《古韵标准》平声第四部(真部)渊字下。中华书局 1982 年影印音韵学丛书本,页 25 下。

示出韵尾合并的趋势。

一是改蒸登韵的"兴、能"二字叶侵韵 2 段。

大雅大明七：林兴叶音歆心

小雅宾之初筵二：林湛都南反叶持林反能叶奴金反（按，湛字是咸摄字改叶深摄，同韵尾）

二是改侵韵"今"字叶清韵 2 段，改"音、绶"①字叶蒸韵各 1 段，共 4 段。

大雅抑三：今叶音经政叶音征

周颂载芟：馨宁今叶音经

秦风小戎三：膺弓叶姑弘反縢兴音叶一陵反

鲁颂閟宫五：乘绳证叶神陵反縢弓叶姑弘反绶息廉反叶息陵反增膺惩承

上面 4 个韵段中有几个梗、通摄的字被改叶，说见前，此不论。从宋代通语音系角度看，曾摄、深摄的互叶，主要是改叶韵尾，一为改-ŋ 叶-m，一为改-m 叶-ŋ。但这几个韵段，清儒的处理大不一样，如江有诰把《宾之初筵》的"能"字入下一韵段，《大明》《小戎》《閟宫》看作蒸侵合韵，两例"今"都不入韵。也就是说照清代古音学家的观点看，这几段的叶音字都不正常或不入韵，原因就是其韵尾难以说通，而朱熹注叶则认为他们的古音入韵合法。他确认这几个不同韵尾的字音之间可以谐韵，还可以从下面韵段的改叶得到启示：

秦风小戎二：中叶诸仍反骖叶疏簪反

《小戎》两个韵字分属-ŋ 尾和-m 尾，朱子的改叶后依《切韵》音系，韵尾并没有改变，只是主元音改变了。许世瑛据此推测："难道朱子读簪字的韵尾，已由双唇鼻音变为舌根鼻音了吗？"②许先生语带犹疑不能肯定，这个谨慎态度是对的，因为有反证，请看：

召南摽有梅二：三叶疏簪反今

同一个"疏簪反"既与"诸仍反"相谐，又与侵韵的"今"字相谐，如果说它既读-ŋ 尾，又读-m 尾，这种可能性不大。何况历来批评朱熹乱改字音的很

---

① "绶"字诗出于《鲁颂·閟宫》朱子注其音"息廉反"读咸摄盐韵，该音取自陆氏释文。但宋代似当依《广韵》读侵韵七林切，不必依释文。作七林切符合其谐声，即算陆氏释文也有"又仓林反，又音侵"的异读。

② 见《从诗集传音注及叶韵考中古声母的合并情形》，载《许世瑛先生论文集》，240 页。

多,但指责他乱改之后不和谐的似乎还没有。如果我们承认朱熹改叶目的是为了读得和谐的话,那么改叶后应当和谐的韵段里,仍然是不同的韵尾-ŋ(仍)、-m(簪)相押,该怎么解释?

根据他"方言与古音暗合"的理论,答案应当到闽音更具体一点是到闽北音中去寻找。韵段的"中"字改叶蒸韵的"仍"字,说见前"东通叶庚"条,此不赘。关键在于"骖"改叶"簪"①字是由覃韵叶入侵韵以与庚青相叶,这是宋代闽北音深摄韵母并入梗摄的反映(-m>-ŋ)。宋代闽北诗人用韵"庚青-侵寻通押"可作佐证(刘晓南1998、1999),如:

建安袁说友七律《迓金国使舟中逢玉簪花》"声侵簪深吟"(SK1154-183)

再看上面几个叶音字在现代闽北音的读音:

	仍	簪	今	潜	僭
建瓯	iŋ˚	₋tsaŋ	₋kiŋ	₋tsiŋ	tsiŋ˚
崇安	jiŋ˚	₋laŋ	₋kiŋ	₋li	liŋ˚

"仍、今"两字现代闽北音中韵母完全相同(-iŋ),"簪"字读-aŋ韵,显然是来自覃韵作含切,如果按侵韵"侧吟切"读,就像袁说友诗一样,与"今"字同韵母,可以与"声深吟"等字押韵。又,与"簪"同声符的咸摄"潜、僭"等字今闽北音读-iŋ韵,亦可以类推宋代"簪"字应当曾经有过同类韵母的读音。如果这个推测成立,则在闽北音中"簪"字自然既可协"仍",又可协"今"字,它们之间的韵尾在朱子方音读来没有什么不同,这样改叶就不矛盾了。

综言之,清(梗曾)、真(臻)、侵(深)之间混押或互叶,反映出来闽北方音梗曾臻深4个摄的三个鼻音韵尾已经混同。根据现代闽北音阳声韵仅有一个后鼻尾来看,叶音表现的应当是前鼻尾(-n)与唇鼻尾(-m)两个韵尾一同并入了后鼻尾(-ŋ)。朱子叶音是能体现近代闽北方音韵系中"人部"规模的最早语音现象。

还有一个韵段,应当特别拿出来说一说:

大雅文王七:躬叶姑弓反 天叶铁因反

2个韵脚字一个是东韵的"躬"字,一个是先韵的"天"字,可以称为"先-

---

① 按,《广韵》"簪"有两读,常读覃韵作含切,又读侵韵侧吟切。

东相会"。精于古音的清儒大都不认为它们押韵。如顾炎武《诗本音》本章下注："躬不与天为韵。"江有诰则从校勘上想办法，说躬"当是身字"。可朱熹确确实实认为它们应当押韵，特地作叶令之谐韵。但他用同属东韵的"弓"字作"躬"叶音切下字，作完叶音之后仍为真-东混押，其中必然有误。我们看到，朱子在《郑风·大叔于田》和《小雅·采绿》中两次给"弓"字注"姑弘反"的叶音。似可旁证这里的"姑弓反"应当就是"姑弘反"之讹，"弓"乃"弘"的形近之误。实际上就是按闽音的白读，把"躬"字读入梗曾摄（即"东通叶庚"），再把"天"字按闽音白读改叶真韵（先通叶真），就成了梗曾、臻摄之间的通押。

三、阴 声 韵

阴声韵摄之间的改叶，也有6个特殊条例。

3.1 侯主叶模

3.1.1 侯主叶模概况。"侯"代指中古流摄，即宋代通语的尤侯部；"模"代指中古遇摄，即宋代通语的鱼模部。上古音系的侯部包含部分中古遇摄字，因此在诗骚上古音侯部的韵段中，有不少用《切韵》音衡量就是侯与模通押，必须注叶，共计22段。朱熹在给它们注叶音时，除5个韵段注上既可读侯又可读虞的"侯-虞二音叶"外，其他一律将尤侯韵字改叶鱼模韵，可称之为侯主叶模。下面先列出单叶韵段，再列出二音叶韵段。

3.1.1.1 侯改叶模17段，《诗集传》14段，《楚辞集注》2段，《仪礼经传通释》1段。下面三书各举一段。

郑风大叔于田一：马组舞薮素口反叶素苦反举虎所狙女九反叶女古反女
反离骚237：隅侯叶音胡
仪礼经传通释：偻伛俯走叶音祖侮口叶音苦（《朱子全书》第2册455页）
侯改叶模涉及中古流摄14字26次叶音，以一等字居多：
母叶满补反、垢叶音古、耦叶鱼古反、走叶音祖、游叶云俱反、耇音苟叶果五反、薮素口反叶素苦反、狙女九反叶女古反、厚叶胡五反、谋2叶莫徒反、叶满补反、侯2叶洪孤反、叶音胡、口 3 叶孔五反 3、奏 3 叶宗五反、与走通叶宗五反、叶音祖、後 7 叶胡故反、叶下五反 4、胡豆反叶下五反、叶胡古反

3.1.1.2 侯模两音叶 5 段,《诗集传》4 段,《楚辞集注》1 段,下各书举一例。

郑风羔裘一：濡叶而朱而由二反侯叶洪姑洪钩二反渝叶容朱容周二反

绝命词 246：留叶音间,或云如字,而须叶音秋须

涉及遇摄 7 字 10 次和流摄 6 字次叶音。

遇摄 7 字 10 次：主 2 叶当口肿庚二反、如字或叶当口反、濡 2 叶而朱而由二反、如朱如由二反、醺 2 叶而朱而由二反、如主反或叶奴口反、渝叶容朱容周二反、须留叶音间,或云如字,而须叶音秋、驹恭于、恭侯二反、驱亏于、亏由二反

流摄 6 字次：侯叶洪姑洪钩二反、诹子须、子侯二反、厚叶狠口下主二反、斗叶肿庚反或如字、耇叶果五反或如字、留叶音间,或云如字

22 段中单向的改侯叶模有 17 段,共有 14 个流摄字被改叶遇摄,其中一等侯韵 11 字,三等字 3 个,洪音占大多数。另有 5 段二音叶可以看作双向互叶,除改侯叶模 6 个字之外,又有"主濡醺渝须驹驱"等 7 个鱼模字又叶流摄。两者合计,仍是改侯叶模占优势,且以一等字为主。

3.1.2 福建诗韵的相关信息。宋代闽音中有"鱼模-尤侯通押"与此种叶音相关联,共有 12 例,分布八闽各州。略举 2 例：

陈淳《祭三十二棠兄》"祖处聚语数古五救暮楚枢厝固素顾"（SK1168-896）

李纲《乘桴浮于海赋》第 5 韵段"有斗醜土厚"（SK1125-524）

上 2 例代表两种表现,一是韵段以押鱼模为主,杂入少数尤侯部字"救枢"等；一是韵段中流摄字"斗厚"等都是朱子改叶鱼模的流摄字,它们与模韵"土"字押韵,与朱子叶韵颇为相似。

3.1.3 闽北音根据。14 个单向叶入遇摄的字从近代语音史音变来看,当分两部分。一是唇音"母谋",一是非唇音的 12 个字。流摄唇音字音变入遇摄是自唐代以来的通语音变现象,已有许多的论述,是为共识,朱子这两个字的叶入遇摄可以看作是据通语口语的普遍读音作出的。非唇音的 12 字可以读入遇摄,当是据闽音。

从现代闽音看,这种混押很像闽南音,尤其是"有"字,现代闽南音直接

读"u"。但前文已述,朱熹多次说到"此间方音(按即指闽北)"有"口读为苦""走读为祖"的语音特征,这已经就是明言当时闽北音的侯读同模。所举例的都是洪音字,与实际叶音的倾向相符。比如,我们看到在《仪礼经传通释·曲礼》的韵段里正是"走叶音祖、口叶音苦",与他自述之方音若合符契。另外在《诗集传》的叶音中"口叶孔五反"三次,又在《大雅·绵》第九章的"奏"下朱注"奏与走通,叶宗五反",由此可以确认,这里的"口叶孔五反""奏叶宗五反"同样也是"口读为苦""走读为祖"。这一切都完美地显示出来如此叶韵根据的就是当时当地的口语方音。

根据朱子"口读为祖"等自述,已然可以肯定宋代的闽北音有部分流摄字读与遇摄韵母相同的方音,历八百余年之后,现代闽北音中此种方音已不多见,但笔者细核现代闽语的语音和词汇等文献,也探寻到诸多蛛丝马迹,完全可以肯定朱子所记该种古闽北方音的遗迹犹存于今,具详本卷第六章,此不赘。

3.2 尤互叶萧

3.2.1 尤互叶萧概况。"尤"代指中古流摄(宋代通语尤侯部)、"萧"代指中古效摄(通语萧豪部)。在《诗经》中押上古音幽部的韵段大多杂有《切韵》的效、流二摄字,需作叶音处理。朱熹的处理大致是:韵段中豪肴(效摄洪音)与尤侯字杂处则改豪肴为侯以叶之,此可简称为"改萧叶尤";如果流摄细音与效摄细音(偶杂洪音)字杂处,则改流摄字读入萧豪,可称为"改尤叶萧",形成效、流二摄的双向叶音,故合称之为尤互叶萧。其中又以改萧叶尤占压倒多数,有 64 段。改尤叶萧大大少于第一种,有 10 个韵段,且属细音。我们先每种条例略举 2 个韵段为例,然后穷尽列举叶音的字次。

3.2.1.1 改萧叶尤。本组叶音有 64 个韵段,诗骚各举 1 段。

大雅生民五:道叶徒口反草叶此苟反茂叶莫口反苞叶蒲苟反褒叶徐久反秀叶思久反好叶讦口反

天问 69:告叶古后反救

改萧叶尤共计 46 字 93 次,其中洪音 42 字 85 次,细音 4 字 8 次。

炮叶蒲侯反、膠叶居幽反、祷叶丁口反、滔叶他侯反、慆叶佗侯反、卯叶莫后反、捣叶丁口反、昊叶许候反、薹叶居尤反、阜叶子苟反、昴叶力求反、保叶补苟反、包叶补苟反、袍叶步谋反、髳叶莫侯反、鸹叶补苟反、翿叶殖有反、枣叶音走、稻叶徒苟反、恘叶尼犹反、报叶蒲救反、骚叶苏侯反、茆叶谟九反、曹叶徂侯反、嗥叶胡求反、咆叶蒲侯反、嫂叶音叟、茅2叶莫侯反2、漕2叶徂侯反2、造2叶徂候反2、告2叶古后反、叶居后反、陶2叶徒候反、叶夷周反、栲2叶去九反、叶音口、孝2叶呼侯反、叶呼候反、扫3叶苏后反2、叶苏吼反、草3叶此苟反3、苞3叶补苟反、叶补钩反、叶蒲候反、饱4叶补苟反4、老4叶鲁吼反3、叶鲁口反、考7叶去九反4、叶音口2、叶祛候反、道8叶徒厚反3、叶徒苟反2、叶徒口反、叶徒吼反、叶徒候反、好12叶许侯反、叶许厚反5、叶许口反、叶许口反、叶许苟反、叶许候反、叶呼齨反

以上洪音42字,以下是细音4字8次：

昭叶音周、寥叶力求反、萧3叶疏鸠反2、叶音搜、聊3叶音留3

3.2.1.2 改尤叶萧。本组共10个韵段,全出于《诗集传》,亦举2段。

周颂良耜4：纠叶其了反赵蓼

大雅抑三：酒叶子小反绍

改尤叶萧共11字12次：

瘳叶怜萧反、纠叶其了反、绣叶先妙反、恼叶朗老反、受叶时倒反、韭叶己小反、酬叶大到反、幽叶於交反、舟叶之遥反、酒叶子小反、忧2叶一笑反2

3.2.1.3 改叶的规则。观察被叶之字的分布与数量,可以看出其中似乎存在某种规则。

先看改萧叶尤,有2个特点。

一是以洪音为主。所改叶字中洪音占绝大多数,43个被叶字中一二等洪音字多达39个,三四等细音字只有"昭寥聊萧"4个而已。与之相应,被改字如果属洪音,改叶之音大多数也是洪音,如"枣叶音走"等等,但有例外,"考叶去九反翿叶殖有反栲叶去九反茆叶谟九反恘叶尼犹反蓉叶居尤反袍叶步谋反昂叶力求反漕叶徂尤反膠叶居幽反报叶蒲救反"共11字次不随大流改读侯韵一等、而改读尤韵三等,原因暂不明,可算是特例,但其中"袍叶步谋反"其实可看作洪音,"考"字又有"叶音口"等洪音。

二是倾向鲜明。在改萧叶尤的韵段中,如果豪肴韵（效摄洪音）字与流摄字相会,基本上都是改豪肴韵字叶入流摄,这个倾向非常鲜明。即算韵段中豪肴韵占多数,也不把占少数的尤韵字改过来叶萧豪,而是以多就少,改多数豪肴韵字叶侯韵。例如上引《大雅·生民》五章韵段的7个韵脚,5个豪韵字对2个尤韵字,如果只是临时改动一个读音使韵脚和谐,最省力的办法

是改"褎秀"2个尤韵字叶从萧豪韵。朱熹这样不惮烦地改5个字的读音去迎合2个字,可见其所作改叶是有明确的倾向性的。

再看改尤叶萧。与改萧叶尤相反,所有被改叶字全属细音,即当效摄三四等细音与流摄细音相会时,朱子就会改流摄细音叶效摄细音,然而也有例外,如:

王风采葛二章:萧叶疏鸠反秋

上韵段中效摄四等"萧"与流摄三等"秋"相会,照前述之条例,该韵段应当改"秋"以协萧韵,但实际叶音则反是。但此种改叶不多,全部细音改萧叶尤的仅"昭寥聊3萧2"①4字7次,韵段7个。说它是例外,是相对于改萧叶尤的43个字的94次叶音而言,这4字7次仅占总数的10%左右,是微乎其微的,故可目为例外。又,4个效摄字除"寥"外,吴棫《韵补》全收于尤韵:"昭音之由切""聊音力虬切""萧音疏鸠切"。朱子的叶音与吴氏所注同音,而且"萧"字叶音切语用字更是与吴氏全同,显示出来与吴氏音注的契合。这一些都可以见得他的改叶不是随意的。

综合上面两种情况,可以概括出来一种叶音的倾向,即:效、流相会时,洪音则改萧叶尤,细音则改尤叶萧,或更精准一点说,洪音则改豪肴叶侯,细音则改尤幽叶宵萧。

3.2.2 福建诗韵的信息。福建文士的萧豪-尤侯混押与此种叶音相类。闽诗用韵中效、流二摄混押38例,作者19人,既有效押入流者,又有流押入效者。下面各举1例:

柳永《红窗迥·小园东》"柳了走有逗後"(C1-55)

杨忆五排《清风十咏》"绸皋劳骚高涛毛螯曹"(S3-1413)

柳词效摄"了"字押入流摄,扬诗则流摄"绸"字押入效摄。其分布,闽北8人15例,闽中东10人21例,闽南1人2例。地域分布的倾向无疑应当反映闽北、闽中东语音。

3.2.3 闽音依据。结合叶音与诗文用韵,我们可以初步确认萧尤互叶的语音依据是宋代闽中东、闽北音。核查明清间反映闽东福州语音的韵书

---

① "萧"还有一次"叶音搜"但不能算细音,《集韵》"搜"有"先侯切",现代音"搜"也属于洪音。

《戚林八音》①和反映闽北建瓯音的《建州八音》，两书均可对应。

查《戚林八音》，中古效、流二摄，大概以洪、细分立，洪音分别组成郊(au)沟(ɛu)二部、细音分别组成烧(ieu)秋(iu)二部，但洪细之间各部结构不同。以效摄洪音组成的郊部，内部混入许多流摄字，同样以流摄洪音为主组成的沟部，内部混入许多效摄字。形成许多豪肴与侯韵之间的同音字组，下面略举数组同音字，以见两个韵部中效、流的混杂。

郊部(au)：老＝漏　交郊膠＝勾钩沟　罩＝斗　扫＝瘷嗽　爪＝走

沟部(ɛu)：勾＝膠　逗兜＝彫雕　　走＝沼

此可见效流二摄洪音在闽东方言中有一些直接同音，此外还有一些原本韵母洪细不同现在变得相同，如："九垢"与"教较"，"臭"与"草"，"藕"与"浩肴"，"呕后"与"拗"，"吼"与"效"等字，也都变得声韵母相同，仅声调不同。

《建州八音》也有这种现象。《建州八音》中，流摄洪音主要归茅部(e)，效摄洪音主要归柴部(au)，但"猫巢蚤叫灶扫老"等效摄洪音字当归柴部，却又入茅部，形成"猫与矛"，"蚤与走"，"叫与狗"，"灶与皱"，"扫与瘦"同音，又有"巢与凑"等字同其声韵仅异其声调。这都是效流二摄洪音间多混的遗迹，当然也是朱子将效摄洪音改叶流摄洪音的语音依据。

效、流二摄细音相叶，如《建州八音》流摄"流搜"归入柴部(au)，形成"流牢""搜稍"同音。而闽东音则从《戚林八音》到现代，其流变之迹更是清晰。在《戚林八音》中，来自中古流摄细音的秋部(-iu)与来自中古效摄细音的烧部(-ieu)虽然分立两部，但其音值已经非常接近，到现代福州方言则原秋部已经并入了烧部：iu＞ieu，即尤幽并入萧宵，这个合并趋势与朱子的细音改尤幽叶萧宵是一致的，不但可旁证朱子此种叶音的方音根据，似亦可见得"秋"并入"烧"演变之历史源远流长了。

3.3　豪通叶模

3.3.1　豪通叶模概况。"豪通叶模"是指将属于《切韵》豪韵系上声的几

---

①　关于《戚林八音》的材料及其拟音，均取自李如龙、王升魁《戚林八音校注》，福建人民出版社 2001 年。

个字处理为叶姥韵。只有3个韵段，涉及"考宝保草"4个晧韵字。3个韵段如下：

小雅信南山四：祖考叶孔五反祐

大雅崧高五：马叶满补反土宝叶音补保叶音补

楚辞思美人93：莽草叶七古反

细核"考宝保草"4个字，在朱子的叶音中表现不同。"宝"字在诗骚中作叶只有1次，叶入模韵，百分之百的叶模韵。但"考"字总作叶9次，"保"作叶3次，"草"字作叶4次，主要叶流摄，叶入模韵均仅此1次。所以，合起来看，豪通叶模的4个字，仍是少数字的特殊叶音。

这两个韵段，清儒都不像朱子那样处理，大都认定《信南山》"考"字不入韵；《崧高》第五章则分为两个韵段，如江有诰处理为1."马土"协鱼部,2."宝舅保"协幽部,3."莽草"为幽鱼借韵，这当然符合古音。现在问题是朱熹为什么会这样注叶？这恐怕就得联系闽音及其他文献来看了。

3.3.2 福建诗人用韵及其语音根据。在宋代福建文士用韵中，有3个歌、豪、鱼通押的韵段，与此种叶音相对应。

黄榦《吴节墓志铭》"盗饿慕暮"(SK1168-458)

葛长庚《贺新郎·倚剑西湖道》"道草抱老破坐那个过暮麽帽"(C4-2582)

陈合《宝鼎记·神鳌谁断》"造左枣报补藻到锁做好老过考早"(C4-2989)

三位作者全是福州人，可以确认这种通押出于闽东。这种通押应当从两个方面来说，一是歌豪通押，二是歌鱼通押。诗词特殊用韵的歌、豪两韵通押，是闽东、闽南方言的共同特征，直至今天尤然。但歌豪又有与模韵的混押，则应当是部分鱼模韵字与歌豪在方音中同韵读。看3例韵段，混押歌豪的模韵字为"慕暮补做"，即部分模韵唇音字和个别齿音字与歌豪同韵母。这种现象现代闽方言的闽南、闽东音仍能支持。如厦门"蒲、袍"同音 $_c$po，"部白、抱"同音 po²，泉州"补"与"保文"同音 ^{c}pɔ，"楚白读"与"草又音"同音 ^{c}ts'o，福州"宝保考"入-ɔ韵、"补"入-ou韵两者韵母的韵基相同等等。这是闽南、闽东音中鱼模部(-u)少数字可以读同歌豪(-o、-ɔ)而形成的通押。然朱子的叶音与之有同有异。

3.3.3 叶音的语音依据。朱子叶音的改豪入模，是要将豪韵系的4个字"考保宝草"(-au)等读入模韵(-u)，与宋代闽诗特殊用韵的读模入歌豪的方向相反,可见这种改叶的古方音根据当有所不同。

先看"保、宝"的"叶音补"。唐人李匡乂《资暇集》卷中《俗谭》云:"俗之误谭,不可以证者何限?……帽为慕,礼为里,保为补,褒为逋,暴为步,触类甚多,不可悉数。"①所言"俗谭"当即方音,李氏告诉我们"帽保褒"读同"慕补逋"是非常显豁的当时方音,遗憾的是他未指明其具体方域。此方音经李氏笔之于简端,人所共知,乃至千年之后,清儒钱大昕仍据以认定"今北人读堡为补,唐时盖已然",确认为一种"豪韵转入模韵"的古方音②。可以设想,年代紧接唐代的宋代,该种方音完全可能尤尚留存,即算实已不存,也不妨碍宋儒据之叶韵。

再看"考叶孔五反""草叶七古反",是豪韵字叶读为模韵。"考、草"2字朱子分别作叶8次、4次,其中有7次、3次均叶侯韵,仅此一次叶模韵。上文我们已经看到,在朱熹叶音中"豪肴通叶侯"是常用的规则叶音,所以"考叶音口""草叶此苟反"是正常之叶。但是,"考"若一旦"叶音口",则立即符合朱子曾明言的"口读为苦"的"此间乡音",在与《诗经》古韵段能够暗合的前提下,将已叶读为"口"的"考",再据暗合古音的"口读为苦"而叶读为"苦"以与古诗之韵律相谐,又有何不可呢?此当其叶"考"为"孔五反"之来历。"草叶此苟反"似亦可如此看。

3.4 支通叶鱼、止开三精庄组字通叶齐微

3.4.1 条例的说明。本条例并列两个"通叶",因为它们是同一组字在叶音中的两种不同表现。因为无论"支通叶鱼"的"支",还是所谓"止开三",都是特别代指止摄开口三等精庄组字,这组字在韵段中出现时常常被注上了叶音。"两种表现"是指在两种不同押韵环境下作出不同的叶音:一为在押鱼模韵部的韵段中改叶遇摄,此即所谓"支通叶鱼";一为在押止摄或蟹摄细音的韵段中改叶之脂齐等韵部,从宋代通语的角度看,所改叶的韵部就是齐微部,所以称之为"通叶齐微"。两种表现,第一种很少,第二种特多,下面分述之。

---

① 语见影印文渊阁四库全书第850册,157页下栏。
② 《十驾斋养新录》卷五"声相近而伪"条,上海书店1983年,117页。

3.4.2 支通叶鱼的概况。支通叶鱼只有3个韵段,涉及"子2、士"2字,3次叶音,其韵例如下:

豳风七月五:股羽野叶上与反宇户下叶后五反鼠户子叶兹五反处

鲁颂閟宫二:武绪野叶上与反女旅功叶音居父子叶子古反鲁宇辅

大雅常武一:士叶音所祖父戎叶音汝

以上3韵段均出于《诗集传》。又在《楚辞集注》中有3个韵段,其中有3个非精庄组的止摄唇和牙喉音字"騑叶芳无反戏叶音虚蠲(按,即蚁字)叶五居反"叶入鱼模部,与此不类,因字例太少,出处亦偏,暂无方音证据,列此存疑。

3.4.3 止开三精庄组字通叶齐微的概况。据统计,诗骚中含有止开三精庄组字的韵段有144个,其中含有止开三精庄组韵脚43字。144段中,朱子已作"通叶齐微"叶音的韵段有80段,包含20个止开三精庄组字的91次叶音,未作叶或虽作叶仍未改变止开三精庄组字属性的韵段64段,23字。后者与本条例无关,不论。下面先略举2个"通叶齐微"韵段例,再穷尽列举20字91次叶音。

止开三精庄组字通叶齐微韵段例:

周南麟之趾一:趾子叶奖履反

九歌湘君33:来叶力之反思叶新赍反

20字的91次齐微部的叶音:姊叶奖礼反、梓叶奖履反、耔叶奖里反、雌叶千西反、刺2叶音砌2、汜叶羊里反、资叶笺西反、俟2叶羽己反又音始、叶于纪反、兹2叶津之反2、斯2叶先赍反2、私2叶息夷反2、死3叶想止反3、师3叶霜夷反3、似3叶养里反3、涘3叶羽己反、叶以始二反、叶矣始二音、耜4叶养里反3、叶羊里反、丝4叶新夷反、叶新赍反3、祀6叶养里反6、思12叶新赍反12、子37叶奖履反25、叶奖里反11、叶奖礼反

3.4.4 宋代闽诗用韵的信息及语音根据。宋代福建诗文用韵的"齐微-鱼模通押"(简称"支-鱼通押")与"支通叶鱼"相关。支鱼通押是宋代闽音一大特点,笔者在宋代福建文士笔下发现66例,略举2例:

杨亿五古《表玄师归缙云有怀》第2韵段"路句署住悟素字遇"(S7-176)

真德秀《湖南运制刘公墓志铭》第1韵段"湖师模馀"(SK1174-736)

66段涉及28个齐微部字,遍布于七闽大地。28个协入鱼模部的齐微部字有18个属于精庄组声纽:"子事死似嗣此字师市士丝鲻俟寺词如仔似"。其中有的出现5次之多,如"子事"等。它们全都又协齐微,说明该组字宋代

实际语音当有两读,现代闽音犹有遗迹,略如下表所示,表中凡有两读者,均前为文读、后为白读(白读下加双横线):

	资	子	私	词	似	师	士	事
建安	tsu	tsu、tsɛ	su、si	tsu	su —	su、sai	su、tˈi	su、si
福州	tsy	tsy、tsi	sy、si	sy	søy —	sy、sa	søy、tˈai	søy、tai
厦门	tsu	tsu、tsi	su、si	su	su、sai	su —	su —	su、tai

表中诸字之文白二读,大多文读韵母为-u,白读为-i,与宋代诗韵的两押和朱子叶音的两叶正相对应,可以印证宋代的闽方音两读。其实,在朱熹之前,吴棫《韵补》就已经真实地记录了这组字的两读。吴氏明确地将读鱼模的称为"今读""世俗读",读齐微的虽然吴氏未明说,也应当是指古读或雅读。但吴氏承认"子、士"两字的"今读"是合于古读的,他在《韵补》上声纸韵说:"古子有二读,与纸叶者,声近济水之济;与语叶者,如今读。"又说:"古士有二读,一与语韵相叶,声如今读;一与纸韵相叶者,声当如始,不当如今读。"看上表,现代闽音"子、士"的文白两读,大致跟吴氏所述相符,由此可见,朱子叶韵的语音根据属于闽音无疑。然尚有一个疑问,即吴氏所述之"今俗读",在现代闽音中都属于文读,而现代闽音将吴氏意思中的古雅读全归入白读,这种对应似乎有所颠倒,究竟为什么,原因暂不明。无论如何,吴氏之所以认定"子、士"二字与语韵相叶也符合其所谓"古读",主要原因就是在《诗经》用韵中,仅此二字可认为是押鱼模。查朱子的叶音切语与吴棫《韵补》中"子、士"的注音方式、用字大不相同,可推知朱子所注叶音切语并非袭自吴氏。那么,朱子所注叶音的根据,亦应当跟吴棫一样,都是闽音的实际语音。亦即曰,止摄精庄组读同鱼模的所谓闽音"今读"是他们这样叶音的共同来源。

3.4.5 止摄精庄组字的叶齐微。止摄开三精庄组字在押止摄的韵段中改叶所谓齐微韵,被改字与所改韵其实无论中古音还是宋音,都属于同一韵部。为何同一韵部之字要改叶?学者们注意到了一个关键点,就是这批被改叶的齿音精庄组字在元代《中原音韵》中已经从齐微部分化出来组成了新的支思部,其主元音可拟为舌尖元音,已与其所从出之母体齐微部的韵母完全不同。因此据之推论,朱子这些改叶的字就是元代支思部的雏型,亦即曰朱熹的口中已产生了舌尖元音。

主元音变了，韵部就变，韵部变了韵段就不谐，就得叶音方可谐韵，这本是前因后果、相互连贯的过程。但笔者前文指出，这种叶音其实属于"不必叶"的范围，亦即曰，如果止摄精庄组字的确变成了支思部，那么这 144 个韵段中的精庄组字恐怕都得叶音，才可以诵读谐韵。可实际情况是，朱子只给 80 个韵段的 20 个字作了叶音，作叶的字次约略在全体入韵精庄组字次的二分之一上下，它们属于非必叶现象，凭这种太不完整的叶音断其已变读主元音显然证据有所不足。（具详本卷第四章）

因此笔者认为，此种叶音的原因也应当到闽音中寻找。因为朱熹自己母语为闽语，又在闽地设教，学生之中闽人亦多，诵读中受这种将止开三精庄组字读作鱼模部的闽音影响或干扰的可能性较大，就像闽中诗人写作诗歌常将这批字误与鱼模韵混押一样。给它们特地注上叶读支脂之齐韵的音，是防止诵读《诗经》时出现地方性语音干扰而误读的一种有效补救措施。正因为这是一种抗干扰的叶音，并非是硬性的注音任务，作叶还是不叶，完全可以视干扰的程度不同而分别对待，有的叶有的不叶，是正常的。看来，这些字只是为了排除当地强大的方音异读对诗骚诵读可能造成干扰所作的正音纠偏，并非是针对所谓舌尖元音的改叶。它们恐怕只是一种方音现象的折射，还不能证明朱熹口中已产生了舌尖元音以及南宋通语音中已经产生了支思部，在宋代通语中止开三精庄组字应当仍归齐微部。

3.5 麻、支、歌互叶

3.5.1 麻、支、歌互叶的说明。"麻"代指麻韵系，即宋代通语十八部的家麻部；"支"特指止摄支韵系，所作叶音的字中仅三个字不属于支韵系，但它们都属于宋代通语齐微部的一部分，所作叶音又与支韵字无异，故同归一类，具体情况见下"概况"中的"说明"；"歌"代指歌韵系，即宋代通语的歌戈部。上述麻、支韵类有许多字在上古音中归属歌部，所以诗骚古韵段中押歌部的韵段，从《切韵》看就成为麻-支-歌之间的混押，若要诵读和谐，就得加注叶音。朱子叶音的方式，既有麻叶入歌，支叶入歌，又有歌叶入支，歌叶入麻，麻叶入支等等，形成一种三向互叶，所以名为"麻、支、歌互叶"。

3.5.2 麻、支、歌互叶概况。据计，诗骚中麻、支、歌之间相会并作有叶音的韵段共有63段,情况比较复杂,为便于把握,我们以韵段中韵脚字实有的"歌-麻"、"歌-支"、"麻-支"与"歌-麻-之"等4种相会方式,分类介绍韵段的概况,包括韵段数量、朱子叶音的语音取向和韵段举例等项内容。分类介绍之后统一详列全部叶音的字次数据,并综述本条例的叶音特点。

3.5.2.1 歌-麻相会。诗骚中歌-麻相会的韵段有7段,朱子6段改麻叶歌,1段改歌叶麻。下面两种叶音各举1例。

陈风东门之枌二:差初佳反叶七何反麻叶谟婆反娑(按,此改麻叶歌,"差"当为初牙反)

吊屈原157:沙罗叶卢加反(按,此改歌叶麻)

3.5.2.2 歌-支相会。歌-支相会的韵段最多,共有36段。朱子叶音改支叶歌的22段,改歌叶支10段,歌-支二音叶的4段。下面各举1例。

王风兔爰一:罗为叶吾禾反罹叶良何反吡(按,此改支叶歌)

小雅大田二:稺火叶虎委反(按,此改歌叶支)

鲁颂闷宫三:牺虚宜虚何二反宜牛奇牛何二反多章移当何二反(按,此歌-支二音叶)

3.5.2.3 麻-支相会。麻-支相会共11段,朱子改麻支叶歌2段,改支叶麻1段,改麻叶支2段;又有二音叶5段,分别为歌-支二音叶3段,麻-支二音叶2段。下面各举1段。

小雅宾之初筵四:嘉叶居何反仪叶牛何反(按,此改麻支叶歌)

王风丘中有麻一:麻嗟嗟施叶时遮反(按,此改支叶麻)

天问50:为化叶虎为反(按,此改麻叶支)

郑风女曰鸡鸣二:加叶居之居何二反宜叶鱼奇鱼何二反(按,此歌-支二音叶)

天问55:施叶所加反又如字化叶虎瓜反又音麾(按,此麻-支二音叶)

3.5.2.4 歌-支-麻相会。歌-支-麻相会的韵段共9段,朱子改麻支叶歌8段,歌-支二音叶1段。下面各举1例。

小雅节南山二:猗於宜反叶於何反何瘥多嘉叶居何反嗟叶遭歌反(按,此改麻支叶歌)

豳风东风四:缡叶离罗二音仪叶宜俄二音嘉叶居宜居何二反何叶奚何二音(按,此歌-支二音叶)

3.5.2.5 叶音之字次数据。4种相会韵段的叶音,可以概括为单音叶、二音叶两大类，又可根据所改叶具体内容分为 9 小类，其中单音叶 6 小类，二音叶 3 小类。

先看单音叶的 6 小类的叶音字次。

第 1 小类改麻叶歌，11 字 22 次：差 3 叶七何反 2、叶初歌反、蛇叶徒河反、珈叶居何反、加加叶音戈、麻 2 叶漠婆反、叶谟婆反、嘉 9 叶居何反 9、鲨叶苏河反、嗟叶遭歌反、沙叶桑何反、化叶胡戈反、䓗叶音河。

第 2 小类改支叶歌，20 字 47 次：施 2 叶疏何反 2、纍叶力禾反、锜叶巨何反、皮 2 叶蒲何反 2、蛇音移叶唐何反、仪 8 叶牛何反 6、叶五何反 2、宜 6 叶牛何反 6、为 6 叶吾禾反 5、叶音讹、猗 4 叶於何反 2、叶音阿 2、瞿叶良何反、陂叶音波、驰 2 叶徒卧反、叶唐何反、黑叶彼何反、池 4 叶唐何反、叶徒何反 2、叶音陀、掎叶居何反、柂叶汤何反、离 2 叶音罗、叶力戈反、螭叶丑歌反、奇叶古何反、篱叶音罗。

说明：表中"纍"为脂韵字，不属支韵，因其与支类同叶，故仍计入支类，不作区分。

第 3 小类改歌叶麻 1 字次：罗叶卢加反。

第 4 小类改歌叶支 7 字 11 次：过叶音规、和叶户圭反、何叶音奚、火 2 叶虎委反 2、祸 2 叶许规反、叶许诡反、波 2 叶补基反、叶补悲反、歌 2 叶巨依反、叶居支反。

第 5 小类改麻叶支 3 字 4 次：嘉叶居之反、瓦叶鱼位反、化 2 叶虎为反、叶音扨。

第 6 小类改支叶麻 1 字次：施叶时遮反。

以下为二音叶 3 小类的叶音字次。由于二音叶中有一些变例，所作音叶不规则，为求简明，录入之时在不改变其音叶韵读的前提下，对那些不规则者作了必要的形式上的统一改定。

第 7 小类麻韵字二音叶 4 字 6 次：加 2 叶居之叶居何二反、叶音基又如字、嘉叶居宜居何二反、蛇市奢反叶于其土何二反、化 2 叶虎瓜反又音麾、叶虎瓜反或叶虎为反。4 个字二音叶有两种表现，一是"歌-支二音叶"，有"加嘉蛇"3 字次；二是"麻-支二音叶"，有"加化 2" 2 字 3 次，"加"重复出现，既有歌-支二音叶，又有麻-支二音叶。

第 8 小类支韵字二音叶 10 字 12 次：宜 2 叶鱼奇鱼何二反、牛奇牛何二反、缡叶离罗二音、离叶音罗或如字、仪叶宜俄二音、猗於寄於个二反、摧叶徂为采卧二反、绥叶宣佳土果二反、牺虚宜虚何二反、亏如字又叶苦家反、施 2 叶所加反又如字 2。12 次二音叶中歌-支二音叶有"宜 2 缡离仪猗摧绥牺"8 字 9 次，麻-支二音叶有"亏施 2"2 字

3次。

说明：上表中"摧绥"2字在切韵音系中不属支韵，因其在宋代通语音系中已归齐微一部，且朱子的改叶与支韵字无异，故此在此不作区分。

第9小类歌韵字二音叶3字4次：何2叶奚何二音、如字或叶音奚、破彼寄普过二反、多章移当何二反，全部都是歌-支二音叶。

3.5.2.6 麻、支、歌互叶的数量对比。先看韵段。63个韵段，4种相会，所注叶音无外乎单音叶的将某韵类或改叶歌、或改叶支、或改叶麻，又有二音叶的歌-支互叶、或麻-支互叶等5种叶音，但各种改叶的韵段数量却相当悬殊。单音叶53段，其中改麻、支叶歌数量最大，合计达38段，改歌叶麻1段，改歌叶支10段，还有改支叶麻1段，改麻叶支3段，都很少。二音叶共10段，其中歌-支二音叶8段，麻-支二音叶2段。从韵段数来看，无论单音叶还是二音叶，改麻、支叶歌都是主流。

再看字次。9小类累计有58字104次。但各小类中字有重复，如"加"重见于第1、第7两个小类，"嘉"重出于第1、第5两个小类等等，去除重复则全体被改叶字如下：

麻韵11字：珈差麻嘉加嗟沙鲨化谺蛇

支韵24字：宜奇锜猗掎仪为驰施池柂皮陂蛇罹篱缡罴牺亏、纍摧绥

歌韵10字：罗火和波过祸何歌破多

共45字，但其中"蛇"字因本身异读而分列麻、支两韵，若不计异读重出，则全部被改叶字为44字。

单音叶53段中，改麻叶歌11字22次，改支叶歌20字47次，叶歌韵的占31字69次。而改歌叶麻仅1字次，改歌叶支7字11次，改麻叶支3字4次，改支叶麻1字次，改叶支和改叶麻合起来也只有10字14次。单音叶是改麻支叶歌占优势。

二音叶10段中，无论被叶字原属于歌还是支或麻，给其作叶则只有二种，一是作出"支-歌"的二音叶，计11字12次，二是作出"支-麻"的二音叶，计4字6次，未见歌-麻二音叶者。

总之104次叶音中，改支麻叶歌总计87次，同样是改支麻叶歌占主流。

改麻、支叶歌的主流倾向还可以从韵段的格局看出来。比如说麻-支相会的韵段中本身并不出现歌韵字，照理只需麻、支之间互叶即可，就是说将

麻改叶支或将支改叶麻，可是却有2个韵段并不麻-支互叶，而是将"麻、支"二韵的字全部改叶为韵段中并不存在的歌韵。又如在"麻-支-歌"相会的9个韵段中，虽然3个韵部都有韵脚字，但决不将歌改叶支或麻，而是有8段将麻、支改叶歌，1段为歌-支二叶。这都清晰地显示了改麻支叶歌的取音倾向。

综合单音叶和二音叶及韵段叶音的表现，都可以看出"麻、支、歌互叶"的主体就是改支叶歌和改麻叶歌二种改叶，其余改叶都较少出现，这种改叶与宋代福建诗文用韵是相对应的。

3.5.3 福建诗韵相关信息。宋代福建诗文用韵中的歌戈-家麻、歌戈-支微两种混押与此相对应。笔者从宋代福建文士笔下发现歌戈-家麻通押5例，此与麻改叶歌对应，歌戈-支微混押1例，此与支改叶歌对应（刘晓南1999页205、208页）。下面各举1例：

陈襄（福州）七古《幽菊燕贡士》第2韵段"华家歌"（S8-5072）

许将（闽县）七绝《端午帖子词》"坡池"（S14-9731）

6段混押的作者5人，闽中东2人（陈襄、许将）2段，闽北3人（李纲2、真德秀、严羽）4段，显示该种混押具有闽北、闽中东方言的语音属性。

3.5.4 闽音根据。根据特殊用韵的分布特点，我们主要从闽北、闽中东方音来看该种叶音的语音根据。

3.5.4.1 改麻叶歌。诗人特殊押韵的5个歌麻通押韵段中，与歌韵通押的麻韵字有"嘉加麻沙家华葩纱斜"等9字，比对朱子改麻叶歌的麻韵11字，两者共有的"嘉加麻沙"等字，这些字在现代闽北、闽东方言中都有与本音系歌韵字同韵母的白读存在，笔者（1999）曾作建瓯、福州方音麻、歌二韵相关字的文白对照表，请看：

		中古麻韵		中古歌韵			
		麻	沙	河	过	磨	多
建瓯	文	ma	sa	ɔ	kua	mɔ	tɔ
	白	muɛ	suɛ		kuɛ	muɛ	tuɛ
福州	文	ma	sa	ɔ	kuɔ	mɔ	tɔ
	白	muai	sai	xai	kuai	muai	

麻韵的"麻沙"与歌戈韵的"过磨河多"等字，闽北有同属白读的韵母-uɛ，闽东有同属白读的韵母-uai，白读层面上两个韵的一些字完全可以押韵。其实，现代闽音的闽南、闽中与莆仙音中也都有歌、麻白读或白读与文读同韵母的现象，这些方音现象可以说明朱熹叶音的语音根据。

3.5.4.2　改支叶歌。闽县人许将的歌支通押韵段，将支韵"池"字押歌韵"坡"字。支韵"池"字也是朱子重点改支叶歌的字。"池"字在诗骚韵脚出现4次无一不与歌麻相会，朱子无一不叶歌。这跟闽籍诗人用韵达到了一致。试将闽诗韵段韵脚"坡池"中的"池"读为"陀"，岂不全诗韵读和谐？吴棫在《韵补》中也将"池"收入歌韵，音"唐何切"。其实，《广韵》中"池"就有徒河切的又音，但只作为"虖池河"的专用名词读音出现。而上引闽诗中"池"字所在句"放生河海尽为池"，并非专名。此则为闽音读"池"为"唐河切"之古本证。然而，"池"在现代闽北、闽东甚至其他闽音区中尚未发现有读与歌韵同韵母者。不过，中古支韵不少来自上古歌部的字，在闽北、闽东方言还是有读为低元音者，而与少数歌韵、麻韵的字韵母仍然可押。据《福州方言词典》①提供的资料，中古支韵部分来自上古歌韵的字有读 ia、iɛ 韵母的，如："奇"表单数可读 kʻia⁴⁴、ŋia⁴⁴，"骑骑马团"读 kʻia²¹，"徛站立"读 kʻiɛ²⁴²，"崎陡峭"读 kʻiɛ²¹³，"谊拜把子"读 ŋiɛ²⁴² 等等。

《建州八音》的中古支韵字主元音读低元音现象更多，如："漪猗"入我韵读 ɔ 韵母，与中古歌韵的韵母相同。又一批来自上古歌韵的支韵字入闽北蛇韵读 yɛ 韵母，如"跂奇寄、皮疲被、为、吹炊、蚁"等，又有入闽北舍韵读 ia 韵母的，如"枝蜘"。这些方音要么与自己音系歌韵系字同韵母，要么主元音非常接近，都能支持改支叶歌。

3.5.4.3　几种支流改叶。非主流的改叶有 4 种：改歌叶支 7 字 10 次，改歌叶麻 1 字次，改麻叶支 2 字 3 次，改支叶麻 1 字次，都比较少，合计只有 11 字 15 次，大多也可以在现代闽音中找到根据。

4 种中数量最多的是改歌叶支的 7 字 10 次。7 个被叶字与方音联系最为直接的是"火叶虎委反"。从现代闽北音来看，闽北西片方言"火"字多读与支微合口同韵。如崇安"火、毁"同音ᶜxui，建阳"火"音ᶜkʻui，与"灰回梅最"

---

① 李如龙等编《福州方言词典》，福建人民出版社 1994 年。

同韵母。朱熹注"火"叶"虎委反",与此种方音若合符契。其他几个改歌叶支者,主要是合口戈韵字,这些字在现代建瓯音中主要读 ɔ、uɔ 韵母,但"祸过"等有 uɛ 韵的白读,而且还有"箩簸破"等歌韵字也有 ɜu 韵母的白读,隐约显示歌戈韵字在方言中有舌位前移并升高的可能。这种移动在闽南音中表现得颇为充分,使得歌、麻二韵的许多字有了与部分止蟹摄字同韵母的白读,可以给改歌叶支与改麻叶支都提供更为直接的语音根据。如厦门话的 e 韵母,主要由中古齐祭以及支脂微灰咍等韵的字组成,其中又杂入诸多歌戈麻的字白读,请看:

歌戈读 e 韵母白读者有:菠螺坐果裹科和火货锅祸

麻韵读 e 韵母白读者有:马茶渣姐诈叉纱家加假下牙芽霞夏暇①

这些白读造成了诸如"祸白、裔文"同音,"火白、贿白"同音,"加家白、鸡奎文"同音等现象,这些异读当然可以引为歌、麻改叶支微的根据。

3.6 皆通叶支

3.6.1 本条例的说明。上古韵系的之、支、脂几个韵部发展到中古,大的趋势是洪音派入蟹摄,细音派入止摄以及蟹摄的齐韵,导致诗骚押古韵之、脂、支部的韵段,从中古音看就是止、蟹两摄的相会,要使其诵读和谐就得注上叶音。但朱子对这批止、蟹相会韵段的注叶,却有两种方式。

一是凡蟹摄三四等和合口一二等字与止摄相会者,朱子取双向叶音方式,即看韵段中不同韵摄相会的字数多少,以少就多,谁少则改谁,结果就是止摄字可以改叶蟹摄音,反过来蟹摄字也可以改叶止摄音。笔者以为,这种双向改叶是据宋代通语语音作出的,可以说明蟹摄三四等和合口一等混入齐微部的通语音变,说详本卷第四章,此不赘。

二是蟹摄一二等开口呼及二等合口唇音字与止摄相会者,朱子一律改蟹摄字叶入支微。有两大显著特点,一是被改叶字固定于皆类,二是只改皆叶支,与上面所说的止、蟹双向改叶很不相同。我们认为这种单向改叶当与方音有关,有必要另立专题讨论,因而设立皆通叶支的条例。这里的"皆"特

---

① 这些方言资料出自周长楫欧阳忆耘《厦门方言研究》,福建人民出版社 1998 年,49—50 页。

指蟹摄开口一二等及二等合口唇音字,对应宋代通语皆来部的开口呼字并包含原二等合口唇音字,"支"代指止摄及蟹摄三四等,即宋代通语的齐微部。

3.6.2 皆通叶支概况。概况可分韵段和改叶字次两个部分来谈。

3.6.2.1 韵段及改叶概况。据笔者统计,诗骚中符合皆-支相会条件的韵段共有 106 段,无论皆类字在韵段中占多数还是少数,朱子都一律改皆叶支,有的改叶蟹摄细音,有的改叶止摄细音。下面将韵段中蟹摄洪音字占多数、占少数的各举 2 例,看其改叶的取向:

鲁颂閟宫五:大叶特计反艾吾盖反叶五计反岁害叶暇憩反(按,韵脚 3 皆 1 支,改 3 个皆类字叶祭齐)

惜誓 155:之裁叶即词反哉叶即思反(按,韵脚 2 皆 1 支,改 2 个皆类洪音叶之韵细音)

小雅出车六:迟萋喈音皆叶居奚反祁归夷(按,1 皆 5 支,改皆类字叶齐韵细音)

小雅节南山四:仕子叶奖履反已殆叶养里反仕(按,1 皆 4 支,改皆类字叶之韵细音)

3.6.2.2 皆通叶支之字次。106 个韵段中作叶的皆类字 48 字,作叶 121 次,列举如后:拜叶变制反、霾叶音狸、再叶子赐反、宰叶奖里反、裁叶即词反、才叶前西反、濟叶津之反、咍叶呼其反、皆叶举里反、湝叶贤鸡反、溉叶古气反、盖叶戽义反、戒叶音计、开叶音岂、解叶居岂反、害叶暇憩反、旆叶蒲寐反、埃叶音衣、怠叶养里反、莱 2 叶陵之反 2、大 2 叶特计反 2、待 2 叶徒奇反、叶音地、带 2 叶丁计反 2、代 2 叶徒计反、叶徒系反、载 2 叶子利反、叶子赐反、瘵 2 叶子例反、叶侧例反、佳 2 叶居宜反、叶音圭、岂 2 叶去礼反、叶去几反、改 2 叶音已 2、醢 2 叶呼彼反 2、艾 2 叶鱼肺反、叶五计反、爱 2 叶许既反、叶於既反、台 3 叶田饴反 2、叶徒其反、阶 3 叶居奚反 3、灾 3 叶音兹 3、败 3 叶蒲寐反 3、迈 3 叶力制反 3、态 3 叶土宜反、叶音替 2、届 4 叶居例反、叶居气反 3、在 4 叶此里反、叶才里反、叶音紫 2、殆 5 叶养里反 3、叶当以反、叶徒係反、采 5 叶此履反 4、叶此礼反、海 5 叶虎洧反 3、叶虎委反、叶音喜、偕 5 叶举里反 4、叶居支反、哀 6 叶於希反 4、叶音衣、叶音依、喈 7 叶居奚反 7、哉 8 叶将黎反 6、叶将其反、叶即思反、来 10 叶陵之反 5、叶力之反 3、叶音厘、叶如字又陵之反

3.6.3 诗人特殊用韵的信息。闽籍诗人用韵中的"皆来通押齐微"与叶音的皆通叶支颇为相似。以笔者所见,皆来通押齐微不但在福建诗人用韵

中出现，而且在宋代四川诗人用韵中也颇为突出，笔者（1999、2012 A）曾分别讨论过闽、蜀两地的这种通押现象，认定它们都属于各自的方言语音押韵，并确认这是一条闽、蜀方音相近的证据。根据"闽蜀相近"的看法，朱子这种改叶的方音属性不但可以用宋代闽音的特殊押韵来解释，也可以用蜀音押韵加以印证。

3.6.3.1 福建诗韵的信息。据《宋代闽音考》（1999）下篇第一章（206—208页）提供的资料，福建诗人有"之咍通押"4个韵段。"之咍通押"其实就是齐微与皆来通押，韵段不多不妨全面列举：

林希逸五律《六月二十九日早题》"颸来柴开"（SK1185-574）

陈淳《喻蚁》第7韵段"鼐私"（SK1168-886）

严羽骚体《雪山操为吴子材赋》第7韵段"怀思来"（SK1179-62）

陈藻《梨花赋》第8韵段"姬媸哉"（SK1152-70）

押齐微的皆类字有6个："来2柴开鼐怀哉"，共7次押韵。6个押齐微的皆类字有4个与朱子叶音的字重合，占60%以上，可见其相似的程度很深。4首诗的作者，闽南（陈淳）、闽东（林希逸、陈藻）、闽北（严羽）都有，其地域分布比较均衡。

3.6.3.2 四川诗韵的信息。笔者（2012A，142—145页）在讨论宋代四川诗人用韵时指出四川诗人用韵中有"支皆通押"的特殊押韵24段，都是少数皆来字押入支微部，下面亦举4段：

程公许七律《寒食》"飞来仪嬉哀"（S57-35569）

苏轼杂古《太白词》之3第1韵段"盖至"（S14-9116）

程公许《北定堂赋》第19韵段"喈归"（W320-24）①

范祖禹《右千牛卫将军赠左屯卫将军墓志铭》"妻谐之"（W99-84）

从数量上看，蜀地押入支微部的皆类字次较闽地大增，24个韵段中共有"来11、哀、斋2、盖、待、开2、孩、怀、喈、谐、隘、溉、届2、介"等14字26次押入支微部。其中与朱子作叶的字重合者"来哀盖待开喈届"等7字，字数一半，次数远超一半。

3.6.3.3 闽蜀相近的意义。闽蜀两地混押支类的皆类字绝大多数为一

---

① 括号中W代表《全宋文》，后接两个数字，前者为册数，后者为页数。下同。

二等开口，这与朱子叶音是相同的，仅"怀"字与朱子叶音不同。"怀"属合口二等，在诗骚韵段中朱子给它作叶时取音为支、皆双向叶音，与合口一等叶支取音相同，与开口字的单向叶齐微不同，不当置于"皆通叶支"条例之中。除去"怀"一字，闽蜀两地"皆"韵类混押止摄都与朱子的单向叶齐微对应，而且其具体单字的重合达到了半数以上，完全可以说是大面积的吻合。大面积吻合的积极意义就在于充分揭示了"皆"通叶于"支"的非偶然性。押韵与叶音，虽然都与谐韵有关，但本身却是两种不同的语音行为。可是，当两种不同的语音行为在不同的时空由不同的人来实行时，却不约而同地达到了大面积的相通，这无论如何都不能用巧合或偶然来解释，充分显示出来叶音决非乱改字音之可能。如果说朱子叶音是乱改字音的话，那么诗人多达28首"皆通押支"的韵段又该如何解释？若说诗人都乱改字音来押韵，那是匪夷所思的。诗人的混押如果不是乱改字音，那么，与之取音相同的叶音就没有理由要打入乱改字音之另册。所以，闽蜀两地诗韵中较多数量的皆通押支的事实本身就是一个强力的证据，可以有力地消除朱子这些叶音是否"臆改字韵"之疑惑，何况这种叶音在现代闽音中仍有踪迹可寻。

3.6.4 方音依据。除了能与闽蜀诗人用韵互为印证，以确定其作叶取音的客观性之外，我们还可以进一步从方音中核查这些叶音的语音根据。

这些叶音之中，有的古人已经早已记为方音，典型例子就是"来"字"叶陵之反"。哈韵"来"又音"陵之切"，从陆德明释文以来，字书韵书中多有记载，亦见诸宋人笔记，古人均视之为吴语方音，现代吴、闽方言皆可印证，笔者已在闽、蜀方言的论著中多次涉及，此不赘。

若说核查叶音的现代方音证据，本来"支皆通押"同见于闽、蜀两地诗韵，也应当在现代福建、四川两地的方音中去核查其遗迹。然不巧的是，据笔者的研究，宋代四川方音是一个历史上中断了的方言（详刘晓南2012A），现代四川方音无法印证宋代蜀音。因此，宋代闽、蜀两地都有的特殊通押表现的方音，现代能够印证的也就只有闽音了。

笔者将朱子通叶支的48个皆类字，全面核查其在现代闽音中与止摄或齐微部字的方音异同，有两点发现，一是这批皆类字多有与支微部的原蟹摄细音字同韵母的白读；二是少数皆类字甚至有与支微部原止摄字相同韵母的白读音,且其韵母的主元音为前高元音 i。下面以福州话代表闽东方言,建瓯话代表闽北方言,厦门话代表闽南方言,看皆类字的两种表现。

一是皆类字多有与齐微部原蟹摄细音同韵母的白读,有的主元音已有提高。

闽北"拜、饢","解戒届改皆、鸡","怠殆待、蹄底","在、齐","乃、泥"等几组蟹摄字,顿号前者均洪音,后者均细音,在今天闽北音中都同声韵母。

闽东"解奶矮隘买斋蟹"等洪音读 ε 韵母,与"礼溪尼"等细音同韵母。

闽南:代白=弟 te、胎白=梯 te、灾斋白=跻 tse、芥白=计 ke、开白=溪 kʻe、街白=鸡白 kue。又:"解改界"白读与"溪"白读同 ue 韵母。

可见蟹摄在闽音中多有洪音白读与细音字音同或同韵母者,而且在闽东、闽南音中明显可以看到,皆类字白读的主元音有抬高向止摄靠拢的趋势。这大概是皆类字可叶读蟹摄细音的依据吧。

二是少数皆类字白读与支类韵字同主元音,主要有"来开苔鲐鳃腮戴"等字。

来,福州白读与"梨狸"同音 ₌li,建瓯白读 lε 与"李狸"的白读 sε 同韵母。

开,厦门、福州白读与"亏"同 ₌kʻui,建瓯则与"气"的白读同声韵母 kʻyε。

苔,福州与"持弛提"同音 ₌tʻi,厦门"苔"白读与"啼"白读同音 ₌tʻi。

鲐,福州(戚林八音)、建瓯(建州八音)都与"弛提"同音 ₌ti。

鳃腮,厦门、福州白读与"痴蚩"同音 ₌tsʻi。

戴,厦门白读与"智"同音 tiᵒ。

可见蟹摄开口一二等字与止摄细音同音或韵母相同,在现代闽音仍存遗迹。其中"来、开"都是朱子作叶的字。"来"字前面已说,此不论。"开"在方音中的白读同"亏",完全对应于朱子"开叶音岂"。虽然《广韵》"亏"属五支"去为切","岂"属八微"丘韦切",但宋代止摄各韵已然合并,"开叶音岂"其实就是开读为亏,朱子的叶音与闽音若合符契。

蟹摄的开口洪音在闽音中以白读方式与止蟹两摄细音的亲密接触是跟蟹摄在宋代通语中洪、细音分流的发展趋向背道而驰的,从整个发展趋势来看,蟹摄开口洪音与细音的接触应当是一个逐渐萎缩或消失的方音现象,现代闽音的零星表现或许就是遗迹残存而已,但在朱子时代,此种方音异读应当较现在要丰富。因此我们推测,朱子皆通叶支完全可能根据当时皆类字与止摄字同音或同韵母的闽音现象而作出的。

四、叶音中的闽音韵母概观

从朱子特殊叶音中可以归纳闽音韵母12条例，其中单向的通叶6条，双向互叶6条，恰各占一半，双向取音又可分为主叶2条，互叶4条。

改叶诸字涉及的韵摄面很广，切韵音系的16摄全都卷入，但涉及的韵类与韵字却不多，毕竟据方音作叶只是在那些方音能够与古音暗合的韵段中进行，所占分量并不大，这也是入声韵尚未涉及的原因。因为在诗骚中，入声的入韵有许多仍合于韵书轨辙，除阴、入相会外，较多的跨韵摄改叶集中于梗曾臻诸摄入声，这其实反映了身音诸平行韵部入声韵尾弱化之后合流的通语音变，其结果是梗曾臻入声合并形成一个新的通语韵部：陌质部（详本卷第四章）。所以，朱子叶音虽然跨韵摄混叶涉及面较广，但远没有达到韵系的全覆盖。除上述客观情况的影响外，主观原因就是，朱子大概只是在韵段可以暗合闽音的情况下采用闽音叶音，其他情况下，总是优先考虑当时通语或雅音状况，而尽量避免方音的干扰。所以，从总体来看，方音叶韵相当不完整，完全不足以归纳其韵部系统，只能以方音条例的形式来反映朱子音叶中的宋代闽音韵母的特征。

12条例，形成了一个宋代闽音的有关韵母特征的组合，分别在韵部系统或韵类字类等层面反映宋代闽音的韵母特征。

韵部系统方面，如梗曾与臻深摄互叶条例反映了现代闽北方言的三个鼻音韵尾的合并和合并之后的韵部重组，比方说闽北音系中"人"部等韵部的雏型可以在此看到。又如东互叶阳，反映了闽南音通江宕三摄的合流与重新分韵。支通叶鱼则反映了闽音中普遍存在的止开三精庄组字的文白两读体系的发生与生成。这些可与现代闽音形成对应的现象，无疑沟通了近现代闽音发展史，为闽音史的构建提供了有效的资粮。

在音类、字类方面，表现为某批字或几个字的方音异读，它们有的在现代仍有残存，有的已经消失。现代仍有残存的，如侯主叶模的"口读为苦""走读为祖"等音，在现代闽北地区仍可看到其类似的遗迹。现代已经消失的,如山咸臻摄通叶宕摄的"严读为昂",这是朱子多次提及的闽北的一个方音异读,可现代闽北诸方音中,尚未发现有其踪影,这种方音异读极可能是在宋以后的发展中消失了。

第八章　朱熹音叶中的闽音声母

　　制作叶音是为了谐韵,改变被注字之韵属乃所必为,但对于声类,则完全没有改动的需求或必要,依其常理,叶音之后被注字的声类定会原样保留,无所更改。可在朱子叶音以及注音中,改动被注字的声类,造成声母混注的现象却很常见。其中同样存在一些既不合礼韵体系又不符合通语特征的跨声类的特殊音叶。二十余年前,笔者(刘晓南 2002)曾考述过其中有关宋代闽音声母的表现及其特征,绵延于今并未停止思考与探索,现增补材料,整合前后意见,综述于下。

一、基 本 思 路

　　从声母的特殊混注中考其方音,同样需要根据混注的类型设立条例,然后采用古今比证的方法对其中的闽音声母作出探索与研究。

1.1　条例的设立

　　根据音类混切的类型设立条例是历史方音研究的必不可少的基础工作,韵类研究如此,声类研究亦然。然而,与韵类混切条例不同的是,声类"特殊音叶"诸混注类型之中有不少类型的混注语例数量不多,有的甚至只有一二例,不但单薄,尤为缺乏统计意义。但我们却不能因为其数量稀少而忽视它们的语音价值,考虑到他们都是在不要求改变声类的前提下,无意之间冲破"求正存雅"的音释传统而冒出来的特殊语料,就应当给予它们以足够的重视。因此,朱子音叶声母混注特殊条例的设立,原则上主要考虑被注字与其所注的切上字(或直音字)之间的声类异同状况,辨明其间有无讹误,而不必斤斤于数量的多少。只要不是所谓"假混"语例，的确是某一声类的字被另一声类混注，无论数量多少，都可以考虑设立一个声母混注条例。当然，如果条例所含语例较多，混注的表现也比较复杂，还可以根据其混叶特征再设立下位条例。

1.2 方法：古今比证

"古今比证"就是运用古今文献及现代方言进行异同比较，以证明特殊混注语例中蕴含的历史闽音，其间开发利用有着确凿无疑证明力的"证据"非常关键。我们认为这样的证据大致有三种：一是古证，二是本证，三是旁证。

1.2.1 古证。古证主要是指那些掩藏于宋人文献中的古方音的证据，它们堪称宋代方音的第一手材料，是确认"特例"方音性质的可靠证据。如在《诗集传》中出现多达16次的"福叶笔力反（按，读为逼音）"叶音，以重唇音叶轻唇，是否反映了宋代实际语音或方音的信息呢？有宋儒王质在他的《诗总闻》中说"福读逼音，时下犹在"（详后文）。这就相当于给我们提供了一条确凿的古证。

1.2.2 本证。"本证"意为"本字之证"，是指音叶切语中混注字本身的方言特殊读音，可以直接从后代主要是现代闽方言中得到印证，达到古今对应。如黄景湖(1981)曾指出《邶风·击鼓》第五章"信"朱子"叶师人反"与现代闽音相合。现代闽音中生母、心母都读s-音，完全吻合朱子的叶音，由此证明该叶音切语反映了宋代闽音中有照二归精现象。

1.2.3 旁证。"旁证"是指可以间接印证声母混注变读的证据。所谓"间接"是指混注的"本字"发音在现代方音中不能直接印证，转而采用同类型或同性质的方音现象，通过古今对应而间接证之。如《诗集传》的"痗，莫背反叶呼洧反"是明母与晓母互叶，现代闽语中几乎不再使用"痗"字，当然也就无法知道现代闽音中"痗"字是不是读为喉擦音，但中古明母字读如喉擦音这个现象却是现代闽音中仍然存在的，可作旁证。

我们将严格依照"古、本、旁"三证，考察朱熹音叶中声母混注语料中所包含的历史语音信息，论证其方音属性。如果混注切语在这三证中找不到任何支持，就视之为不能反映实际语音而加以排除，如"国"字"叶越逼反"，这个用云母字叶见母的例子出现达19次,不可谓不多,因缺乏实证就只能存而不论。

1.3 操作程序

我们将以条例为纲,逐条考察其方音属性。具体操作是,先展示每个条例的语例,再根据具体情况提供证据,作出推测与判断,论证其闽音声母的属性。

语例的展示与本卷第二、三章通语声母研究相同,包含四项:被注字及其本音,混注音叶切语及次数,混注类型,音叶出处,为了更为直接显示声类的混注,将"混注类型"由原三十六字母标目,调整为直接标出混注双方的实用字。四项之后,附加该条目混注主要用字的现代闽音声母实际读音。做法是取现代闽音中有代表性的三个方言点:厦门、福州、建瓯①,依次列举混注字的读音。三点的读音之间以逗号分开,如果有文白读,则白读列于文读之后,下加双线标示,文白读之间以斜线隔开。方音资料盖缺者则以一短横线识之。凡同一混注字在多个条例重复出现者,则其闽音仅列举一次以避重复,若临时变动则加以说明。

二、混注诸条例及其考证

朱熹音叶材料中声类间混注共有十二种条例,下面逐一论列。

2.1 全浊清化之"戛透"归并模式

全浊清化是通语音变的语音特征。在朱熹叶音中,有许多浊、清声母互叶或混注的例子。笔者经过详细的考察之后,认同并支持王力先生(1982)全浊已经清化的观点(详本卷第三章)。但仅确认全浊已变清,对全浊清化

---

① 闽音杂取罗常培1956、黄典诚1957、周长楫1991、周长楫林宝卿1992、李如龙1991、李如龙1994等现代学者方言论著,文中不注出处,详参文献,个别字取《汇音妙悟》和《建州八音》补充。

音变的考察其实还没做完。完整的全浊清化,除"清浊"外,还包含"戛透"的内容,即浊音清化后是否送气。讨论全浊清化,戛透的归属同样是一个不可回避的问题。现代方言已经证明,三十六字母全浊音清化后归为全清或次清,存在相当大的差异,表现了鲜明的方言特征。因此,要对朱熹音叶中全浊清化有一个完整的认识,同样得考察其"戛透"的归属。

2.1.1 全浊清化的"戛透"概况。从"戛透"的角度来看,朱子音叶中全浊与相应的清声母混注时,有的与"戛"类(即全清不送气音)混注,有的与"透"类(即次清送气音)混注,还有很少的字既混注"戛"又混注"透"。我们将列表穷尽展示全浊声母与"戛"或"透"清声母混注的情况,以观察其内在条理。表中只列出具有"戛、透"双向对应的全浊字实际混注情况,有则列,没有则缺。以五音为纲,五音之下详列具体浊、清混注类型,如唇音有:"并-帮""并-滂"两型,如"并-帮"型表示并母字与帮母字发生互注,即全浊与"戛"类接触,可视为清化不送气,余类推。混注类型之后穷尽列出具有该种混注类型的全浊字,后附数字表示该种混注的次数,未列数字者为一次。数字之后再用括号简示该条混注的具体浊-清接触字,以斜线区隔,线前为被注字,线后为音叶切语上字,如"并-帮"之"蒲4(苞/蒲、……)",意为:全浊唇音"蒲"有4次混注全清帮母,其中一次是给全清字"苞"字注音。如果被注字语音复杂,就用小号字注明其本音的声纽,如"(比毗/必)",意为多音字"比"在某诗句中本音读为并母,即《广韵》毗亦切,故用小号字列出"毗"字,余类推。

全浊清化之戛透混注表:

唇:并-帮 10 字 16 次:蒲 4(苞/蒲、报/蒲、背补/蒲、苩/蒲)鲍(保/鲍)背 2(背/必 2) 　　　　　　　　备(饱/备)步(扁/步)炮(炮/百)比 3(比毗/必 3) 　　　　　　　　辟(辟毗/必)婢(辟必/婢)拨(拨蒲/笔) 　　并-滂 4 字 10 次:蒲(蒲/滂)泮(泮畔/匹)彭 7(彭/普、彭/铺 6)擗(擗/普)
舌:定-端 7 字 10 次:徒 4(刀/徒、得/徒 3)殆(殆/当)图(图/丁)动(动/德) 　　　　　　　　地(地/低)蜓(蜓/典)湛(湛徒/丁) 　　定-透 1 字 2 次:达 2(达/他、达/佗) 　　澄-知 2 字 4 次:浊(浊/竹)直 3(众/直、朝陟/直 2) 　　澄-彻 1 字 1 次:滞(滞/丑)
牙:群-见 4 字 4 次:具(具/居)局(局/居)巨(歌/巨)奇(奇/古) 　　群-溪 1 字 1 次:伾(伾/匡)

续 表

```
齿:从-精9字12次:在3(在/紫2、遒即/在)族(奏/族)才2(柞子/才、臧/才)皁(皁/子)
              赠(赠/则)辑(辑/祖)存(存/祖)裁(裁/即)字(遒即/字)
邪-精1字1次:烬(烬/咨)
从-清2字3次:在(在/此)凿2(凿在/造2)
从-庄1字1次:疾(柞侧/疾)
崇-庄1字1次:榛(榛锄/侧)
崇-初1字1次:从(从俎/楚)
从-清1字1次:俎(俎/七)
禅-章1字1次:属(属/章)
```

表中共列47个全浊字,59次音叶,"直"叶知母两次,叶章母一次,由于知章合流,故不再分别,统一计为叶知3次。"蒲、在"两字既叶全清又叶次清,故两属之。除去重复出现的"蒲、在"两字,实45字。

2.1.2 全浊清化的戛透条理。上表可见,在朱子所有清浊互叶例中,全浊声母与全清或次清的接触有如下条理。

第一,全浊只跟全清声母接触。也就是说如果某一全浊声母跟全清声母互叶,那么它就不跟相应次清声母相叶。如定母"徒"字作叶音切语上字与清声母相叶有4次,《诗集传》叶端母"刀"字一次,《楚辞集注》叶端母"得"字三次,绝不与次清透母相叶,这可看作全浊清化后读不送气音,"徒"声母读同"端"。

第二,全浊声母只跟次清接触。如"彭"字在《诗集传》中被清音叶了7次,2次"叶普郎反",5次"叶铺郎反",全叶次清滂母而绝不叶全清帮母,这可目为清化后送气。

第三,全浊既叶全清又叶次清,仅有"在、蒲"两个字。如"在"字,在《小雅·小弁》第三章"在叶此里反",叶齿头次清;《楚辞》中"在叶音紫",叶齿头全清精母。这种两叶可能反映它们在闽音中的两读并存。

将全部塞、塞擦音的浊音与全清、次清的接触按这三种方式归纳,可得下表:

```
全浊清化送气9字:泮彭撆达滞伫凿从俎
全浊清化不送气34字:鲍背备步炮比辟婢拨徒殆图动地蜓湛浊直具局巨奇族才皁赠
                  辑存裁字烬疾榛属
全浊清化送气、不送气两读2字:在蒲
```

这个表有两个很突出的特征。

第一,从数量对比看,朱熹全浊清化后不送气音大大多于送气音。现代闽语全浊清化的戛透也是这样，李如龙、陈章太(1983)讨论闽语内部一致性说："古'並、奉、定、从、澄、崇、群'等全浊声母今多数读相对的不送气清声母，少数读为相对的送气清声母。"黄典诚(1984)张振兴(1985)也都把这点当作闽语的重要特点以与其他方言区别开来。

第二，全浊清化后送气与否不以声调为条件。如"图徒奇存才裁"等《中原音韵》平声阳的北音送气音，朱子读不送气。"滞泮"等北音去声不送气音朱子读送气。罗杰瑞(1995，200—202页)指出"中古全浊声母在闽语中的读音很特别"，以古 d 母即定母为例，"闽语古 d 声母的今读主要是 t, th 的送气与否的不同"，但"看不出分化的条件"。也就是说除了"平透仄戛"外，还有"平戛仄透"。这跟朱熹浊音清化的类型是相符的。然而罗杰瑞进一步发现，这种不规则的读法在闽语内部又是相当一致的。他甚至以此给闽语作出定义："闽语是对古全浊音读作送气和不送气清音非常一致的方言，如'啼、糖、叠'各地基本上都是送气清音，'头'则是不送气清音。"朱熹浊母清化是不是也符合这个"一致性原则"？跟现代闽语比比就会知道。

我们先看上述诸字在现代闽音中的具体表现，再略作分析。

2.1.3 浊音清化字现代闽音的表现。上表 45 个全浊清化字除去冷僻字或方言资料中不收、难以确定之字，得 32 个。我们取现代闽语厦门、福州、建瓯和永安四点，验证这 32 字的朱熹叶音与现代闽音送气不送气是否一致。有些字有文白二读或异读，则文读排第一行，白读排相应的第二行，下加双横线，下无双线者为异读。

表一：清化不送气 24 字

	图	动	徒	殆	地	浊	具	局	巨	阜	疾	步	婢
厦门	ᵗtɔ	tɔŋ˧ tan˧	ᶜtɔ	tai˧	te˧ tue˧	tsɔk˩ tak˩	ku˧ k'u˧	kiɔk˩ kık˩	ku˧	tsɔ˧	tsit˩ tsık˩	pɔ˧	pi˧
福州	ᶜtu	touŋ˧ tœyŋ˧	ᶜtu	tai˧	tei˧ tie˧	tsouʔ˩	køy˧	kuoʔ˩	køy˧	tsɔ˧	tsiʔ˩	pu˧	—
建瓯	ᶜtu	tɔŋ˧	ᶜtu	tai˧	ti˧	tsɔ˧	ky˧	ky˧	ky˧	ᶜtsau	tsi˧	pu˧ piɔ˧	pi˧
永安	nɔtɔŋ˧	taŋ˧	tou˧	ta˧	ti˧	tsau˧	ky˧	—	ky˧	—	ᶜtsi	pu˧	ᶜpi

续　表

表一（续）：

	赠	族	才	栽	存	鲍	备	背	奇	字	直
厦门	tsiŋ⁼ tsan⁼	tsɔk̚₂ tsak̚₂	₋tsai	₋tsai ₋tsʻai	₋tsun ₋tsʻun	pauʔ	piʔ	pueʔ	₋ki	tsuʔ liʔ₂	titʔ₂
福州	tsaiŋʔ	tsuʔ₂	₋tsai	₋tsøy	₋tsouŋ	pʻauʔ	peiʔ	pueiʔ	₋ki	tseiʔ tsʻeiʔ	tiʔ₂
建瓯	tsaiŋʔ	tsuʔ₂	ᶜtsʻai ₋tso	ᶜtso	ᶜtsɔŋ	pʻauʔ	piʔ	poʔ	ᶜki	tsiʔ	tɛʔ
永安	tsʅʔ	₋tsou	₋tsa	₋tsa	₋tsuā	poʔ	piʔ	₋pa	₋ki	tsʅʔ tsiʔ	ʔti ₋ta

表二：清化送气 6 字

	滞	彭	畔	达	凿	钽(锄)
厦门	tʻeʔ	₋pʻiŋ ₋pʻĩ	puanʔ pʻuanʔ	tatʔ₂	tsʻɔk̚₂ tsʻak̚₂	₋tsɔ ₋ti
福州	teiʔ	₋pʻaŋ	puaŋʔ	taʔ₂	tsouʔ₂ tsʻøyʔ₂	₋tʻy
建瓯	tʻiʔ	pʻaŋ⁼	puiŋʔ	tuɛʔ	tsɔʔ tsʻɔʔ	tʻy⁼
永安	tʻiʔ	pʻō⁼	pʻumʔ	ᶜtɔ	tsʻuʔ	₋tʻy

表三：两读 2 字

	在	蒲
厦门	tsaiʔ tsʻaiʔ	₋pɔ ₋pʻɔ
福州	tsaiʔ tøy⁼	₋puɔ ₋pu
建瓯	tsaiʔ tō⁼	ᶜpʻu py⁼
永安	ᶜtsa	₋pʻu

2.1.4　浊音清化送气与否的分析。上述三个表的现代闽音表现，与朱子音叶中的清化送气与否颇为吻合。

表一为清化不送气，24 字，我们从现代闽音找到 111 个音节，有 105 个

读不送气清音,仅6个(厦门"具裁"的异读,"存"的白读,建瓯"才"的文读,建瓯、福州"鲍"的读音)读送气音。其中"图徒才裁存奇"在宋代通语和大多方言都读送气的音,可朱子只混注全清不送气,它们在现代闽音中也基本一致地读不送气,高度吻合,这个现象决非偶然。

表二清化送气的6字,可分两组,"滞彭凿"为一组,"达畔鉏"为一组。

"滞"组3字16音节中今闽音全送气或主要送气。尤其"滞"字为典型,北方方言和大多数方言都不送气,而现代闽音送气与朱熹完全一致,这是一条铁证。可见朱熹清化送气音中此3字16个音节与现代闽语大同小异,仅福州有2个例外("滞"及"凿"的又音)。

"达"组3字中,"达"现代闽音普遍读不送气,与朱子混注不合,此例存疑。"畔"并非被注字,它只是"泮"字条的作者自注本音。其被注字"泮"本身在韵书并无並母一读,朱子乃取郑玄之说,读"泮"为"畔"故为全浊,为免繁琐,表中直取其本音"畔"示之。"鉏"字偏僻,方音材料无法找到,《广韵》《集韵》均定其为"锄"之异体,故取"锄"音替代。"畔锄"2字各地读音有送气,也有不送气,2字各有5个音节,"畔"字是2送气3不送,"锄"字则反过来,3送2不送,都有送气遗迹且所占份额不小,参以朱子音注,似乎可以推测宋代全部或主要读送气,而其中"畔"厦门白读送气,也可看作古读的遗迹。各字的不送气读音可能是宋以后之变化。

表三"在、蒲"在朱熹叶音中全清、次清双接触,两字除永安外各地都有文白二读。厦门音与朱熹叶音最相符,即文读不送气,白读送气。建瓯"蒲"字是文读送气,白读不送气。福州、建瓯"在"字白读都读t-母,应当是另有来源。总之,"在、蒲"之混注双接触,从现代闽音反映的情况推测,应当是清化后具有送气和不送气的两读。

2.1.5　本条例小结。朱熹音叶中三种全浊声母清化的"戛透"归属方式,至今还跟闽音主要代表点的读音高度一致。毫无疑问,朱熹全浊清化的"戛透"归属模式是属于闽方言的。①全面地看,朱熹音叶的全浊清化,即全浊音变读为清音这一点与汉语语音史的通语音变同步,同时也反映了宋代闽

----

① 罗杰瑞说全浊清化的送气不送气一高度一致,反映了原始闽语有三套不同的浊音。由于没有更有力的证据,存疑。

音的真实状况。至于朱熹音叶的"戛透"变化方式则是闽音独有的。

2.2 舌头与舌上、正齿互注：古无舌上音

2.2.1 舌齿音互注概述。清儒钱大昕倡"古无舌上音"说，这个由吴人考出的结论却最早为闽人所认同。差不多跟钱氏同时的福州侯官人刘家谋（1814—1853）云："《十驾斋养新录》云：'古无舌头舌上之分，知、彻、澄三母以今音读之，与照、穿、床无别也。求之古音，则与端、透、定无别。'《性理精义》云'知、彻、澄三字宋以后始变为齿音'，录中所载与闽音多合。"①然刘氏似未注意到钱氏还说到了："古人多舌音，后代多变为齿音，不独知、彻、澄三母为然也。"②其意思就是说不但中古知、彻、澄而且还有部分章、昌、神、书、禅母字来自上古端、透、定，因此它们在上古当读舌头音，古无舌上音实含两个内容。黄典诚（1982）将前者简称为"无舌上音"，后者称为"多舌音"，现代闽音仍将大部舌上音及部分正齿音读作 t-、tʻ-，因而被认为保留"古无舌上音"特点。

朱熹音叶中正齿音、舌上音与舌头音有一些接触，有的是舌头混注舌上、正齿音，有的是舌上、正齿混注舌头音，反映了宋代闽音中的"古无舌上音"状况。为了便于把握，下面分别以舌头混注舌上，舌头混注正齿以及以舌上、正齿音混注舌头三种条例述之。

2.2.2 以舌头混注舌上。

2.2.2.1 语例概况。音叶中以舌头混注舌上，计有"长5驰2池4宅5泽3择2柁追"9字24次。

长知丈切，丁丈反 4 次，长/丁 小雅蓼莪四、大雅大明六、大雅皇矣四、大雅皇矣七

长丁丈反，叶直良反，长丁/直 小雅巧言三，长：˚tiəŋ，˚tiũ，˚tuoŋ，˚tiɐŋ

驰直离切，叶徒卧反，驰/徒 小雅车攻六

驰直离切，叶唐何反，驰/唐 大雅卷阿十，驰：˳ti，˳tʻi，˚ti

池直离切，叶唐何反，池/唐 小雅无羊二

---

① 《小学稿本七种》之《操风琐录》，中华全国图书馆文献缩微复制中心 1997 年，300 页。
② 见《十驾斋养新录》卷五"舌音类隔之说不可信"。

池直离切,叶徒何反,池/徒大雅皇矣六

池直离切,叶徒河反,池/徒楚辞招魂139页

池直离切,一作沱并叶音陀,池/陀楚辞少司命40页,池:₋ti, ₋tie, ᶜti

宅场伯切,叶达各反4次,宅/达小雅鸿雁二、大雅皇矣一、大雅崧高二、鲁颂閟宫七

宅场伯切,待洛反,宅/待楚辞离骚20页,宅:tɪk₋/teʔ₋, tʻeiʔ₋/tʻaʔ₋, tɛ₋

泽场伯切,叶徒洛反2次,泽/徒小雅鸿雁二、秦风无衣二

泽场伯切,叶待洛反,泽/待楚辞大招149页,泽:tɪk₋, teiʔ₋, tsɛ₋

择场伯切,叶徒各反,择/徒大招8,择:tɪk₋/toʔ₋, teiʔ₋/taʔ₋, tsɛ₋/toᵘ

椓竹角切,丁角反,椓/丁大雅召旻二,

椓陟角反,叶都木反,椓/都小雅正月十三,啄:tɔk₋/teʔ₋, tauʔ₋, tɔ₋

追陟佳切,对回反,追/对大雅棫朴五,追:₋tui, ₋tuei, ₋ty

杕敕氏反,叶汤何反,杕/汤小雅小弁七2,杕:——,——,——

说明:"长"在诗中有5次用为"长大、成长"等义,其音当读《广韵》养韵知丈切,朱熹注为"丁丈反",是为以舌头注舌上。《小雅·巧言》中的"长"先注丁丈反,又叶直良反,注与叶之间又出现了以舌上叶舌头。"追"读陟佳切,知母,朱注对回反,端母,舌头舌上混注,但朱注乃取自《释文》①,其来源为旧有异读。不过,"对回反"切为"堆"音,以今厦门音来看:堆=追=₋tui,其他地方如福州、建瓯等地两音也是接近的,其声母都相同,说明该异读符合闽音。

2.2.2.2 考证与讨论。9个字的混注相当于钱大昕"古无舌头舌上之分"之例。表中"长、驰、池、宅、泽、择、追"现代闽音声母除个别读 ts-外,仍全读 t-或 tʻ-,可以反推朱子是据宋代闽音作这些叶音的。

"椓、杕"两字情况稍复杂一点。"椓,丁角反"不见于《广韵》,《集韵》音竹角切,与"斀"为异体。"斀"字《广韵》竹角切,释为"说文云去阴刑",但其语源来自竹角切的"椓,击也","治玉为琢""鸟啄为啄""去势曰斀",其义一也。《小雅·正月》原句"天夭是椓",朱注"椓,害";《大雅·召旻》"昏椓靡共",朱注"昏椓,昏乱椓丧之人",义均与韵书相因。虽然《大雅·召旻》"椓"注丁角反,但在《小雅·斯干》三章"椓之橐橐"句,朱注"椓,陟角反",是"陟

---

① 见《经典释文》91页右下。

角"与"丁角"实为同音异写,则"陟"声母同"丁"矣。"椓"字今已废弃不用,现代闽音资料罕见,但刘家谋《操风琐录》有云"吾闽""琢椓并读丁角反"(301页),所述"椓"恰与朱子所叶同声。又,"椓"与"啄"为同源词,均竹角切,音同义近。"啄"字今闽音全读 t-,无一例外。

"柂"字朱氏注音是"敕氏切",《广韵》纸韵敕豸切小韵下不收,只收于池尔切小韵,注"析薪。又敕氏切",周祖谟先生据此校补,朱子注音与该异读切语相同。《小雅·小弁》原句"析薪柂矣",朱注云:"柂,随其理也。"乃随文为注。"柂"字不见于方言资料,今闽音如何读存以待考。

2.2.3 以舌头混注正齿。

2.2.3.1 语例概况。以舌音混注正齿计"主 2、柘、詹、襜、醻、底、泽"等 7 字 8 次。

主之腴切,叶当口反 2 次,主/当 大雅卷阿三、大雅行苇四,主:ᶜtsu,ᶜtsy/ᶜtsuɔ,ᶜtsy

柘章夜反,叶都故反,柘/都 大雅皇矣二 2,柘:tsiaᵒ,——,——

詹音占,叶都甘反,詹/都 小雅采绿二,詹:ᶜtsiam,ᶜtsiɐŋ,ᶜtsiŋ

襜尺占反,叶都甘反,襜/都 小雅采绿二,襜:ᶜts'iam,——,ᶜtsiŋ

醻市由反,叶大到反,醻/大 小雅彤弓三,醻:ᶜsiu,ᶜsieu,ᶜtiu

底之履反,叶都黎反,底之/都 小雅小旻二,底:ᶜti/ᶜtue,ᶜti/ᶜtɛ,ᶜti/ᶜtai

泽音释,叶徒洛反,泽释/徒 周颂载芟1,泽:tɪk,teiʔɔ,tsɛ。

2.2.3.2 考证与讨论。这相当于钱氏所谓"多舌音……不独知彻澄三母为然"之例。从现代闽音来看,正齿音字现代读 t-组声母的比例远低于舌上音,7 个字前 4 字今音无一读舌头,后 3 字读舌头稍多,自然当分两组来谈。

前 4 字"主柘詹襜"今闽语声母念 ts-或 s-,当读齿音。朱子以端、透母叶之,其中"主叶当口反、柘叶都故反"分别见于吴棫《韵补》上声有韵(70 页下栏)、去声御韵(83 页下栏),但"詹、襜"两字的叶音并非承于前人。4 个字合起来看,我们推测其叶音大致是据声符在闽音中的读法类推,如与上述 4 字同声符的"柱住注、妬拓袥、儋擔"等字,今闽音都念 t-音或有 t-的白读。在宋代,这些同声符字除"柱住注"外,其他字在韵书中也读舌头音,如《宋本广韵》"妬"音当故切,"拓袥"音他各切,"擔儋"音都甘切等等。朱熹注的叶音跟韵书这些同声符字同音类,其中"詹襜"的叶语甚至跟《广韵》"擔"切语用字全同,可为旁证。

后3字中,"底"《广韵》本作都礼切,读舌头音,而朱子给它注音"之履反",当是读作"厎"字,再改叶"底"音。"底"字念端母自不必说。《载芟》的"泽",朱熹认同《释文》"音释"的注,本读审母叶徒洛反,今厦门、福州"泽"读 t-。"醻"字《广韵》认作"酬"之异体,禅母。今建瓯音读 t-母。总之,从表所引闽音可见"底泽醻"三字至今仍可读 t-母。

2.2.4　以舌上、正齿混注舌头。

2.2.4.1　语例概况。本类混注,计有"斗、湛3、耽、妠、翟、翿、錞、丁、脱、縢"10字,12次。语料中"现代闽音"需略作调整,用于注音的舌上、正齿声母字合计共有"肿(腫)、跖、持、直、殖、朱、陟、敕"等8字,其中"妠、殖、陟、敕"4字口语一般不用,现代方音材料不见记录,因此调整为取明清闽方言韵书《汇音妙悟》(泉州音)、《戚林八音》(福州音)和《建州八音》(建瓯音)①的资料代之,在字头缀以星号作为标识(后文凡取闽方言韵书音的字均标星号)。

斗当口切,叶肿庾反或如字,当/肿 大雅行苇四,肿:ᶜtsiɔŋ/ᶜtsɪŋ, ᶜtsyŋ, ᶜtsœyŋ

妠当故切,叶音跖,妠/跖 楚辞离骚7页,跖*:——,tsik₋,——

耽丁含切,叶持林反,耽/持 卫风氓三

湛都南反,叶持林反2次,湛都/持 小雅鹿鸣三、小雅宾之初筵二,

湛答南反,叶持林反,湛答/持 小雅常棣七,持:₋ts'i/₋ti, ₋t'i, ᶜti

翿音导,叶殖有反,翿导/殖 陈风宛丘三,殖*:sik₋, sik₋, tsi₋

錞徒对反,叶朱伦反,錞徒/朱 秦风小戎三,朱:₋tsu, ₋tsuɔ, ₋tsy

丁当经切,陟耕反2次,丁当/陟 周南兔罝一、小雅伐木一,陟*:t'ik₋, t'ik₋, t'i₋

脱他括切,敕外反,脱/敕 召南野有死麕三,敕*:t'ik₋, t'ik₋, t'i₋

翟亭历反,叶直角反,翟亭/直 邶风简兮三

縢徒登切,直登反,縢/直 秦风小戎三,直:tit₋, ti?₋, tɛ²

---

① 《汇音妙悟》拟音取林宝卿1996,《戚林八音》取李如龙、王升魁2001,《建州八音》取潘渭水。

说明："丁"音"陟耕反"2次，均为"丁丁"象声词，朱子注是转录《释文》音"丁丁,陟耕反"（54页下左），该音《广韵》为中茎切,不过,这个音的声母闽音与舌头相同,无论"陟耕"还是"中茎",用闽音切出来都是舌头音。

2.2.4.2 考证与讨论。10个被注叶字中"斗、脱、縢、耽"4字比较特别,需要略作考证,考证之后再总论10个字的闽音特征。

斗,韵书收两音,一读厚韵,一读麌韵（集韵为嚽韵）,尽管都是器物,但其义略有不同。从形体上看,"斗"在《集韵》嚽韵收有肿庚切一读,作为"枓"的异体,即《广韵》麌韵之庾切小韵的"枓,斟水器也",而《广韵》"斗"是普通量器。《广韵》区分二字,《集韵》将两字作同形异读也有根据。《经典释文》之《周易音义》"见斗"下《释文》收异文"孟作见主"①,"见主"应当就是"见枓",异文"主"应当就是"枓"的通假,故二字可通用。既然通用,则"斗"就有了肿庚切的音读,《广韵》未收,但《集韵》收之。"斗"字在诗中仅《大雅·行苇》一次入韵,原句"酌以大斗",集传："大斗,柄长三尺。"其义为量器,当读厚韵当口切,但诗中要与"主"等字押韵,朱子因叶麌韵"肿庚反"的异读。其实这个叶音来自吴棫,《韵补》上声八语："斗,腫瘦②切。十升也。"（62页下）吴氏举毛诗"酌以大斗"为证,即此例。现代闽音"腫"不读舌头,但腫从重得声,从重声之字本读舌头的很多,如"董動箽懂湩懫"等等,且"重"现代闽音普遍读舌头音t-,这些都可旁证宋代闽音"腫"当有舌头一读。

脱,本音透母他括切,又读定母徒活切,义为"肉去骨也",后引申出"脱离"等义,但在《野有死麕》"舒而脱脱"中为重言词,显然不是"肉去骨"义,《释文》："脱脱,敕外反,舒貌。"（57页上右）用三等彻母上字注泰韵一等,属于类隔,《广韵》泰韵合口他外切小韵不收该字,《集韵》泰韵吐外切收之："娧脱,娧娧,舒迟貌,一曰喜事也,或从肉。"将"脱"作为"娧"的异体,且将其类隔改为音和。而朱熹并没有采用这个音和的切语,而是照录了"敕外反",可能是以朱熹口语读来,"敕外切"仍可读出"吐外切"的音。

縢的"直登反",与"脱"的注音一样同样是取自《释文》,见《秦风·小戎》

---

① 通志堂本29页上栏左,黄焯有校可参。
② 按,"瘦"当为"庚"。

"绲縢"下,但在另一地方《鲁颂·閟宫》"朱英绿縢"句下,同一个"縢",《释文》注为"徒登反",朱子照录不误,丝毫不在意同一字两个切语的上字不同。同一被注字出现舌头、舌上音的异写,究其原因,最合理的解释是"直登反"与"徒登反",在朱子口中能切出一样的读音。

耽,吴棫写作"眈",在《毛诗补音》中吴氏音"都森反",据杨简的引述:"眈《补音》都森反。扬子云《兖州牧箴》野之禽,岂复能眈。张翰《杂诗》眈与金叶。陆云《赠郑虔季》眈与金叶。"①可是,吴棫在《韵补》平声十七真中,"眈"却读"持林切"。如果杨简没有引错,则知"眈"的叶音切语在吴棫就已经形成了"持""都"上字异文。吴氏又说《尔雅》"妉,乐也",毛诗《鹿鸣》"和乐且湛"、《氓》"无与士眈"之"妉、湛、眈"3字"音义皆同"(《韵补》21页上)。至于"耽"是否与"妉、湛、眈""音义皆同",有人曰:"叶耽持林反者,读耽作湛。《礼记·中庸》'《诗》云和乐且耽'朱熹《章句》:'《诗》作湛。'湛,直深切,直深与持林同读。"(陈鸿儒 2012,244 页)今按,无论是读作湛,还是作"都森切",有一点可以肯定,所叶之"持林反",在闽音当与舌头无异,故以"持林反"改叶"丁含切",读出来声母并未改变,所变者仅韵母由洪变细以谐韵而已。

本条例 10 个被注字均为舌头音,其混注字均属舌上或正齿。除去重复者共有 8 字,其中"持、直、陟、敕"4 字现代闽音均念舌头,有的全念舌头,有的部分念舌头,可反证宋代亦读舌头。

"腫、跖、殖、朱"4 字现代闽音念齿音,但至少有两个证据可以旁证其在古代可能读舌头音。其一是从声符可以类推古属舌头。腫从重声,跖从石声,殖从直声,加上朱声,四个声符均可古读舌头。"重、石"声字可通舌头见前文,章母"朱"声之字在韵书横跨知、章两母,如《集韵》虞韵知母追输切小韵有"株诛跦袾蛛侏妵絑"等字,"直"声字念舌头者,如悳(德)犆(特),又有念舌上音者:稙値湜犆值等。其二,这些同声符字中,今闽音中仍念 t-类声母的字很多,如朱声的"株蛛"、直声的"直值"等。

殖字,在朱熹音叶中,作为切语上字,有一次与"直"字互换,见于"寿"的叶音。"寿"字在《诗经》中有 4 次押上声韵,朱子均叶读上声,其中 3 次"叶殖

---

① 语见杨简《慈湖诗传》,影印文渊阁四库全书第 73 册,62 页。

酉反"禅母，分别见于《豳风·七月》六章、《大雅·江汉》六章、《周颂·雝》，但在《小雅·南山有台》"遐不眉寿"句中却"寿叶直酉反"，澄母字。这里的"直酉反"叶的音无疑与前3次"殖酉反"是相同的，也就是说"直"同"殖"，既反映了知、照合流，因为"直"字在闽方言中读舌头，又进一步反映了闽音古无舌上音中之"多舌音"现象。

2.3 轻重唇混注、唇喉互叶：古无轻唇音

现代闽方言没有轻唇音，准确地说没有唇齿音声母 f-，在现代汉语中念 f-的近代轻唇音声母字，在现代闽音中一般有文白二读：文读喉音 h-或 x-，白读双唇音 p-或 p'-。这种现象自古而然。明末以来闽方言韵书的十五音中有"边、坡、文、喜"四母，凡中古轻唇音白读大多归入边 p-、坡 p'-、文 m-三母，文读读喜母 h-或 x-。宋代武夷吴棫《韵补》的切语表现出轻重唇音"一部分字混而不分"（邵荣芬 1995），反映了当时的建瓯话里有一部分轻唇字仍读重唇，这是见诸文献的早期白读。而北宋末福州侯官人郑昂在其《杜诗音义》注匣母字"鄂"为扶古切①，却是文读的表现。明代福州人陈第的毛诗古音注中显示其"非敷奉与晓匣的关系是同音的关系"（邵荣芬 1985），亦属此类。朱子音叶中轻唇同样也分别与喉音、重唇接触，下面分列轻唇混叶喉音、轻混叶重、重混叶轻 3 条论之。

2.3.1 以轻唇音混叶匣母。朱熹将匣母字"华""叶芳无反"5 次，注"芳无反"5 次，亦与闽音文读相符，其例如下：

华户花切，叶芳无反 5 次，华/芳齐风著一、郑风有女同车一、山有扶苏一、小雅出车四、楚辞大司命 38 页

华户花切，芳无反 5 次，华/芳周南桃夭一、召南何彼襛矣一、桧风隰有苌楚二、小雅皇皇者华一、小雅采薇四

本读匣母的"华"注叶敷母，虽说符合古闽音文读，其来源却颇为复杂。今按："芳无反"音实乃"华"的江东方言词"荂"的读音，此种音叶当与古汉语同义通用有关。

《尔雅·释草》"华，荂也"，郭注："今江东呼华为荂。"十三经注疏本《尔

---

① 例取自王曦的硕士论文《宋代福建音释研究》，湖南师范大学，2001 年，33 页。

雅》下《释文》云："荂音敷"（2630 页中栏）。"荂音敷"其实是十三经简化了的引文，通志堂本《释文》："华荂，香于、芳于二反。"（423 页下右），可知《释文》注"荂"本有两音，一读晓母，一读敷母。《广韵》据此收"荂"字入虞韵，收晓、敷两读。在晓母况于切下："荂，上同①，又音敷"，敷母芳无切下："荂，荂荣之貌。又音吁"。而《广韵》"华"并无"芳无切"的又音。郝懿行《尔雅义疏》"华，荂也"条下疏云："华或作荂。方言云：华，荂，晠也。齐楚之间或谓之华，或谓之荂。郭注荂亦华别名。按华、荂古音同。"②总而言之，"华"在诗骚中"叶芳无反"，其根据是《释文》所记之古江东方言同义词"荂"之异读。"芳无切"音本为"荂"之异读，本非"华"字之音，是因为"荂、华"古可通用，"华"才有"荂"之音，郝氏所说"古音同"当是指古二字通用之后，其假借之音通用。综合郭、陆二人所述，是说江东方言把"华"叫作"荂"。如此说来"荂"本来就是一个江东关于"华"的方言词，"音敷"。大概在江东因其同义而通用，地域方言词"荂"被用来称呼雅语词"华"，因而"华"产生训读"敷"音。吴棫《韵补》九鱼："华，芳无切，荣也。郭璞曰：江东谓华为敷。陆德明曰：古读华如敷，不独江东也。"（10 页）据前文考证，郭璞虽说"江东谓华为荂"但陆德明并没说"古读华如敷"，是吴氏引述该条释文时加以发挥了，吴棫之所以发挥出"华"古读"敷"音，很可能是根据他的方音。"芳无反"，其切上字"芳"现代闽音普遍存在着文白二读，文读喉音 h-或 x-，白读唇音 p'-。文读多与"华"同声母（因为宋代全浊已清化，故"华"亦与晓母同音），如：

	厦门	福州	永安	建瓯
华	hua	xua	huɔ	ua
芳	hɔŋ	xuoŋ	hum	xɔŋ

从闽音的角度看，切上字"芳"字文读音与"华"声母相同，可以推知在作为朱熹母语的宋代闽语中轻唇是文读同晓匣的，这大概也是当麻韵的"华"字与鱼韵字谐韵之时，朱子乐于取"芳无反"为"华"字作音叶的原因吧。因为用闽音读"芳无反"，其实仅仅就是把"户花切"音节的韵变成鱼韵而已，声

---

① 按，所谓"上同"，指排在"荂"之前的"䔢，草木华也"。
② 《尔雅义疏》，上海古籍出版社 1983 年，1056 页。

第八章 朱熹音叶中的闽音声母 / 551

母并无变化。

2.3.2 以重唇混轻唇。以重唇混叶轻唇的有"否、福 16、富、辐 2、菖、伏、罦、汶、负、服 24、仿"共 11 字 50 次。由于是以重唇注轻唇,被注字都是轻唇音字,为了验证轻唇音是否通重唇,"后附闽音"需作调整,选取原读轻唇的被注字的读音,可作两个考虑,一是被注字朱子未注本音者,则直接附上被注字之现代闽音,二是若被注字朱子已注了本音,则附上所注本音上字之现代闽音。

否方久切,叶音悲,否/悲九章惜往日 3,否:ᶜhɔ, ᶜpʰɛu, ᶜpʰe。

福方六切,叶笔力反 16 次,福/笔小雅天保五、小雅宾之初筵四、小雅楚茨一、小雅楚茨四、小雅小明五、小雅鸳鸯二、小雅大田四、大雅假乐二、大雅文王六、大雅行苇四、大雅既醉一、大雅旱麓四、大雅大明三、商颂殷武四、周颂潜、鲁颂閟宫一

辐音福,叶笔力反,福/笔魏风伐檀二

菖音福,叶笔力反,福/笔小雅我行其野三,福:hɔkᵈ, xouʔᵈ/pouʔᵈ, xuᵈ。

辐方六反,叶笔力反,方/笔小雅正月十,方:ᶜhɔŋ/ᶜpan, ᶜxuoŋ/ᶜpuŋ, ᶜxɔŋ/ᶜpɔŋ

富方副切,叶笔力反,富/笔小雅小宛二,富:huᵈ/puᵈ, xouᵈ/pouᵈ, xuᵈ

伏房六切,叶蒲力反,伏/蒲服赋 160 页,伏:hɔkᵈ, xuʔᵈ/pouʔᵈ, xuᵈ/xuᵈ

负房久切,叶蒲美反,负/蒲小雅小宛三,负:huᵈ, xouᵈ, xuᵈ

服房六切,叶蒲北反 24 次,服/蒲周南关雎二、卫风有狐三、魏风葛屦一、曹风候人二、曹风蜉蝣二、小雅大东四、小雅采薇五、小雅采芑一、小雅六月一、小雅六月二、小雅六月三、大雅荡二、大雅文王有声六、大雅文王四、大雅下武四、鲁颂泮水五、楚辞离骚 8 页、楚辞离骚 10 页、楚辞离骚 11 页、楚辞离骚 14 页、楚辞天问 68 页、楚辞惜诵 73 页、楚辞橘颂 98 页、楚辞成相 216 页,服:hɔkᵈ, xuʔᵈ, xuᵈ/xuᵈ

罦音孚,叶步庙反,孚/步王风兔爰二,孚*:ᶜhu, ᶜhu, ᶜxu

仿符方切,音旁,仿/旁楚辞远游 107 页,仿符方切:ᶜpɔŋ/ᶜpaŋ, ᶜpuŋ, ᶜpɔŋ

汶音问,叶莫悲反,问/莫渔父 3,问:bunᵈ/mŋᵈ, ouŋᵈ/muoŋᵈ, muoŋᵈ

说明:表中"现代闽音"有两个调整。一是"孚"字现代方言少见,采用明清闽音韵书的资料,字头之上加星号识之。二是"仿"字出于《楚辞远游》"聊仿佯而逍遥"句(107 页),"仿佯"是连绵词,洪兴祖《楚辞补注》云:"仿佯,旁羊二音。"(165 页)朱注"仿音旁"乃承于洪氏。《广韵》《集韵》"仿"均无"旁"

音,"仿"字见于《集韵》阳韵符方切:"仿彷,仿①佯,徙倚。或从彳,通作方。"是知"仿佯"之"仿"本音为"符方切",读为"房"。今闽音资料之"仿"要么是"模仿"之仿,要么是"相仿"之仿,其音义均与"符方切"不合。故调整为取同属"符方切"之"房"字之音代之。

这11字中,"否"字今闽音主要读双唇音。

"福叶笔力反",该叶音王质《诗总闻·天保》篇"闻音曰"有一段考释:

> 福,笔力切。《礼》:"福者,备也。"备旁纽作逼。古文福字多叶直极等字,至唐犹然。古者不独以福作逼字音,亦以福作逼字用。贾氏"疏者或制大权以福天子",颜氏"福,古逼字"。自后福作祜意,不作逼意,然逼音犹在也。②

这段话出自"闻音",不知是王质转引自吴棫还是自述,姑且作王氏所言吧。请注意话中"至唐犹然""逼音犹在"等语。王氏所引《礼》"福者,备也"见于《礼记·祭统》,"贾氏"云云出自《汉书·贾谊传》,都属于汉代。然今本《汉书》卷四十八《贾谊传》"福"作"偪"③,与之不同,或许后人有改?《说文》小徐本作"福,备也"同于《礼》,大徐本作"福,祐也",段氏以为此乃后人所改④。据此,"福"的本义是"备"。《说文校议》云:"古读畐备声同。"⑤《汉书·古今人表第八》有"福阳子",师古曰:"即偪阳也。""福阳"古作"偪阳",可证"福"古与"偪"音同。"偪",《广韵》两读,一读轻唇方六切,一读重唇彼侧切,后者与"逼"音同。而王质要说的是:"福"字音不仅古与"逼"同,而且"至唐犹然",直至"福"的词义成为"祜"了,它的"逼音犹在"。"犹在"二字应当来自王质本人的耳验吧。从闽人朱熹广泛用于叶音来看,当时闽音中"福"当有"逼"一读。从畐得声的"福辐菖富"四字都"叶笔力反",从现代闽音看,"福"与"富"两字犹存重唇白读,或其孑遗欤?

---

① 仿佯,上海古籍出版社影印述古堂本影宋抄本作"防佯",误,当作"仿"。赵振铎《集韵校本》底本正作"仿"。

② 《诗总闻》卷九,160页。

③ 《汉书》,中华书局标点本第八册,2239页。

④ 段氏云:"铉本作'祐也',非"。按,段氏所见大徐本作"福,祜也",与通行之陈昌治本不同。

⑤ 见丁福保《说文诂林》一上,"福"字下引。

"伏"字朱熹叶重唇,而现代福州话中"伏"字也有重唇的异读,福州话把伏地的"伏"读得跟"逼"音相近。

"汶"字朱熹改微母读明母,应当也是有根据的,现代厦门话"汶"字声母为 b-,这是双唇鼻音声母的变读。

"罘"字朱熹自注"音孚","孚"字在闽方音韵书之中,一律入"喜母"或写作"非母",读喉擦音,大概都是文读。朱子给它叶重唇音"步庙反",作此叶音,很可能当时"孚"仍有重唇白读,也有可能是据方言中同声符字音类推,比如"浮"字在闽音中大多读重唇,如厦门白读 ₌p'u,福州文读 ₌pɛu 白读 ₌p'u 等等。

"负服"两字叶重唇,"负"叶並母仅一见,姑录存疑。"服"字在诗骚中"叶蒲北反"达 23 次之多。该音见于《集韵》。吴棫《韵补》作"服,鼻墨切",也是重唇,但现代闽音资料不见有读重唇者。然晚清福州人刘家谋说钱晓徵谓古无轻唇音,《十驾斋养新录》所载至数十条,多"与闽音合者",他又有所"广之","得若干条",其中有一条云"服有备音"。如果刘氏此言不虚,则可见至迟在十九世纪"服"字闽音仍可读重唇。

2.3.3　以轻唇混重唇。以轻唇混重唇,有"拨、發、番、祥、冯2、纰、瀍、瀧、阪、秠、浬、鄘、霏、螟、貓、瘖"16 字 17 次。

拨蒲末反,叶方吪、笔烈二反,拨蒲/方大雅荡八

發补末反,叶方月反,發补/方卫风硕人四,方:₌hɔŋ/₌pan, ₌xuŋ/₌puŋ, ₌xɔŋ/₌pɔŋ

番音波,叶分邅反,番波/分大雅崧高七,分:₌hun/₌pun, ₌xuŋ/₌puoŋ, ₌xɔŋ/₌pyŋ

祥薄慢反,叶汾乾反,祥薄/汾鄘风君子偕老三,汾:——,——,——

冯皮冰切,扶冰反,冯皮/扶大雅绵六,扶:₌hu/₌p'ɔ, ₌xu/₌p'uɔ, ₌xu/₌p'y°

冯皮冰切,符冰反,冯皮/符大雅卷阿五

纰毗至切,符至反,纰毗/符鄘风干旄一

瀍蒲娇切,符骄反,瀍蒲/符小雅角弓七

瀧平幽切,符彪反,瀧/符小雅白华三

阪部版切,符版反,阪/符大雅卷阿三,符:₌hu, ₌xu, °u

秠匹鄙切,孚鄙反,秠/孚大雅生民六

浘匹诣切，孚计反，浘/孚小雅小弁四，孚*：$_c$hu，$_c$hu，$_c$xu

鄸旻悲切，亡悲反，鄸/亡大雅崧高六

霥莫获切，亡革反，霥/亡小雅信南山二

蝱莫经切，亡丁反，蝱/亡小雅小宛三，亡：$_c$bəŋ，$_c$uəŋ，$_c$uan

貊莫白切，武伯反，貊/武大雅皇矣四

瘠眉贫反，武巾反，瘠/武大雅桑柔四，武：^{c}bu，^{c}u，^{c}u

16字中叶音4字次，注音12字13次，可分两组来谈，先看叶音的4字组。

"拨"字朱子采用"二音叶例"，本节取"叶方吠反"一音。在《大雅·荡》"本实先拨"句中朱子注其语义"拨，犹绝也"，《广韵》作北末切"拨，理也，绝也，除也"。朱熹先注后叶，注的音"蒲末反"是从《释文》来的，大概《释文》将"拨"认作"炦"的通假了吧。《广韵》末韵蒲拨切，"炦，除草"，此字后来写作"拨"。叶"方吠反"，是因为"拨"字在韵段中要与去声"世"字谐韵，而作出的叶音。"拨"为何能叶方吠反？笔者推测是据声符"发"类推为"废"字叶音，"废"字《广韵》"方肺切"，就是"方吠反"的音。

"发"，非母，《广韵》方伐切，是为其常用音。朱子在《卫风·硕人》"鳣鲔发发"句"发"字下先注帮母"补末反"，再"叶方月反"。其"补末反"之音来自《释文》："发发，补末反，盛貌。"（62页上右）则这里的"发"，本音要读一等洪音"补末反"，如此一来，"发"的常用音三等"方伐切"反倒成为了"异读"。"发"在本章的韵段要与"揭、孽、朅"等细音押韵，所以，朱熹取这个特殊的异读"方月反（即方伐切）"叶音。

"袢"朱氏注音薄慢反，本音读为重唇一等洪音，由于在诗中要与三等细音"展、媛"等谐韵，所以朱子给该字"叶汾乾反"，所作叶音韵属三等，声亦三等。邵荣芬（1995）在论及吴棫轻重唇混切时说："乍一看，这些例子好像是声随韵转"，"不过吴氏也有很多韵改而声不转的例子"，因此吴氏"混切只能认为是轻重唇相混的反映"，"大概宋时建瓯话轻重唇已经开始分化，但仍然有一部分字混而不分或有轻重两读"。朱熹的这部分轻重混叶也可作如是观。不过，叶音切上字"汾"字乃北方地名，闽语口语不用，现代闽音资料看不到，以至清代闽音韵书亦难觅其踪，不知今天闽音该当何读，只得暂缺。与"袢"的叶音相仿，"番音波叶分遭反"，也是为了将本读洪音的"番（音波）"字押山摄细音而作出的改叶。

朱子上述四例以轻唇叶重唇切语共用了三个轻唇切上字："方、分、汾"。除"汾"外，另两字在今闽音中大多存在着文白两读，文读为 h- 或 x-，白读为 p- 或 pʻ-，如：

	厦门	福州	建瓯
方	₍hɔŋ/₍paŋ	₍xuŋ	₍xɔŋ
分	₍hun/₍pan	₍xuŋ/₍puŋ	₍xɔŋ/₍puŋ

那么这几例以轻唇音叶重唇音，可以看作朱熹使用闽音轻唇音的白读作叶。如果上面"拨、发、番"等字的叶音声母按"方、分"字按闽音白读发音，不是跟其本音"补未反"等等的声母相同了吗？

再看注音的一组。12 字 13 次以轻唇注重唇者，有一个共同点，就是混注之切语全部承自《释文》。其实，这批字在《广韵》中有"濆、滮、秠、淠、霏、貊、螟"等 7 字是音和切的，另外 5 个字，《集韵》也都改为了音和。给他们注音，通常似当注其音和的切语，以帮助读者正确拼读。如果做不到"新添类隔今更音和切"，则恐怕所注之音不可读或读不出，有乖注音之旨了。但是，朱子放弃韵书已有的音和切语，照录《释文》相传的类隔切。其间有何玄机？难道这些字宋代通语中实读轻唇吗？

全面考察 12 个字的所有音注，至少其中"冯、貊、瘠、淠、螟"5 字是有证据实读重唇音的，因为它们在《诗集传》都同时存在重唇的注音。

"冯"在诗骚中出现一般都是读为"憑"音，朱熹的学生辅广早就在《诗童子问》中指出，《卷阿》的"冯"，《集传》注为"符冰反"欠妥，他说"符当作蒲"，语见《诗童子问》之卷末《协韵考异》①。但辅广并没有全面展示朱子关于"冯"字的音注。今考，在《诗经》《楚辞》中"冯"共出音注 6 次，除两次注为奉母外，其他 4 字均注重唇，有两种切语：一为"皮冰反"3 次，见于《小雅·小旻》第六章"不敢冯河"、《楚辞·悲回风》"冯昆仑以瞰雾兮"（102 页）、《楚辞·天问》"冯翼惟象"（49 页）三句中；一为"音憑"，出于《天问》"冯珧利决"（60 页）句。其中《小旻》的"冯河"，《释文》仍音"符冰反"，朱子并未照抄，而是依韵书注了音和的"皮冰反"，说明朱子录《释文》有改有录。这种取录的

---

① 语见影印文渊阁四库全书第 74 册，第 419 页。

随意性也可以说明，朱子虽注轻唇但并不一定读轻唇音。

"貊"与"冯"相似，在《大雅·韩奕》第六章"其追其貊"句"貊"下，《释文》仍是"武伯反"，朱注其音却为"母伯反"。

"瘼"字虽在《诗经》中注音只有一次，但在《小雅·无将大车》第一章"只自疧兮"句"疧"字下，朱注曰："刘氏曰，当作痕，与瘼同，眉贫反。"从这个注也可见，"武巾反"实同于"眉贫反"。

"淠、蟁"两字则《释文》本就有重唇、轻唇的两种切语，其中"淠"字《释文》有两次注重唇，一见于《小雅·采菽》第二章"其旆淠淠"句，释文"淠淠，匹弊反"，一见于《大雅·棫朴》第三章"淠彼泾舟"句，释文"淠，匹世反"。"蟁"字则在《小雅·大田》第二章"去其蟁螣"句，释文"蟁，莫廷反"，这些重唇音切朱子均照录。

5个字在诗骚中的音注都形成了轻重类隔，这种类隔，并非全是传承于《释文》，其中"冯"字重唇取自韵书，"貊、瘼"二字则出于朱子自制，其自制的音切读重唇，尤可见这批字实际口语是要读重唇的。扩大来看，这一组12个字除已有轻重唇类隔切的5个外，其他7个也都在通语及大多数方言实际读音中念重唇，他们的轻唇注音承自《释文》，但并不等于就得念轻唇。

那么，为何朱子要录用《释文》的轻唇类隔切语呢？我们认为，一定有一种力量能支持他将这些轻唇切语读出重唇音来，否则，这些轻唇切语就如空中楼阁没有立足之基了。这个支持力量应当就是宋代闽音中这些轻唇音切上字仍读（或俗读）重唇。朱熹作为闽人，在闽地设教，身处闽音的汪洋大海之中，耳濡目染之中无疑感到了《释文》的类隔切有实际语音的支持，使得他在注音的时候，既可以保证切语能读出正确的读音，又最大限度地维持了《释文》以来的读诗传统，真乃用心良苦矣。

总之，朱熹这些轻重唇音互混的例子，确切反映了闽音的古无轻唇音特征。清代侯官刘家谋《操风琐录》亦以为"《十驾斋养新录》所载"，如：伏之为掩，伏又与逼通闽人呼伏地之伏与此音近，匪如彼，復如愎，覆匹北切，房如旁谋按闽音又转为蓬。……旁之转为蓬者，犹旁勃之转为蓬勃也。發如拨，逢如蓬等，均"与闽音合者"；此外还有：烰烰亦读裒、妇呼步、吠呼吠蒲昧切、富读布、放读若榜、溥读薄等等（284—297页）。不难看出，这些"与闽音相合者"也有与朱子音叶相合的。

2.4 以並母叶明母

2.4.1 语例概况。以並母叶明母,有"马、亩"2字次。在语例之"后附闽音"补入永安音,是因为闽中永安方言也有明母字读浊塞音的语音。

马莫下切,叶蒲补反,马/蒲_{邶风击鼓三},马:ᶜmā/ᶜbe͟, ᶜma, ᶜma,永安ᶜbɔ

亩莫厚切,叶蒲委反,亩/蒲_{周颂良耜},亩:ᶜbɔ, ᶜmɛu/ᶜmu͟ɔ, ᶜme,永安ᶜbø

2.4.2 异文校正。明母"马、亩"都被改叶並母"蒲",今所见四部丛刊影印静嘉堂文库藏宋本《诗集传》都是这样叶音的。但在1958年中华书局本《诗集传》的《击鼓》诗中,"马叶蒲补反"的"蒲"被改作了"满",《良耜》则仍作"蒲"。再过20来年,上海古籍出版社1980年新1版时,则《良耜》的"蒲"也改为"满"。这两次修改虽都有版本根据,然实为误改。以笔者掌握的《诗集传》版本,静嘉堂宋本之外,又有南京图书馆藏宋宁理间刻本《诗集传》之《邶风·击鼓》三章"马叶蒲补反"①,又中华再造善本之元刻本《诗集传》(2004年)之《击鼓》三章"马"与《良耜》"亩"均叶並母。到元泰定四年(1327)刻本《诗集传附录纂疏》,《击鼓》的"马"才始见"叶满补反",而《良耜》之"亩"仍"叶蒲委反",稍后的元至正十二年(1352)建安刘氏日新书堂刻本《诗集传通释》亦如此。直到明正统司礼监刊本《诗集传》卷十九《良耜》之"亩"才改"叶满委反",至此,两"蒲"字才全改为了"满"。清代四库全书之《诗经集传》即同于明本。从这个简单的版本追溯可见,宋本的两个"蒲"改为"满"始自元代,大概明代才改完,其陆续改作的痕迹大致清晰。笔者因此肯定,本叶並母的"马、亩"二字诸本之改叶明母者,乃后人据音理而作的修改,实际上是不明朱熹叶音的语音根据而作的擅改。

2.4.3 闽音的依据。在《诗集传》中,"马"字叶满补反13次,"亩"字叶满彼反7次,每彼反、满洧反、满委反各1次共叶10次,全都叶明母。只有《邶风·击鼓》和《周颂·良耜》各叶並母一次。从数量对比看,朱熹口中"马亩"二字主要读双唇鼻音,但偶然又可读类似並母的唇塞音。对照现代闽语,闽南、闽中明母字都既读"m-",又读"b-",条件是在鼻化韵前读m-,闽南

---

① 笔者所见为北京图书馆出版社《中华再造善本》本,2006年。该本《雅》《颂》原缺,不知《良耜》中"亩"如何叶音。

还在声化鼻音韵母前读 m-，在其他韵母前读 b-，其分布形成互补，一般认作音位变体。但在闽南话中"马"字以明母的两种读音分成文白二读，文读 m-，白读 b-。联系朱熹叶音，似乎可以认定这种两读应当是早期闽音的孑遗。文读通常认为来自中原通语，是主流读法，故朱熹叶音谨遵沿用。但仍不免受方音影响，偶一透露出闽音中明母字还存在着类似浊塞音的读法。

2.4.4 语音史的观察。明-並接触所反映的语音现象，从语音史来看，来源甚为久远。上古时代，唇音的鼻音与塞音早有接触，如：

谐声：母每/繁，舅/邊，舞無/撫，武/赋，

声训：武，伐也，罵，迫也，

同源词：phe 派：mek 脉、peu 苞：mu 茂戀、piuap 法：mua 模①。

唐作藩(1995)推测这种同源关系可能来自上古的复辅音声母：mp-、mph-、mb-(此外还有 ŋg-、nd-)等。如果上古存在这种鼻冠音复声母，到中古的标准音切韵音系中即已彻底消失了。但在反映西北方音的梵汉、藏汉对译文献中，仍可以看到大量的同部位鼻音和塞音的接触。如，藏语的 'b、m，'d、n 两对辅音分别用明纽、泥纽字对译，罗常培(1961)指出这种现象"跟漳州《十五音》中的文柳两音的分合情形相同，实际上可以归纳作两个'音位(Phoneme)的。"类似的现象在梵汉对音中也能见到，据刘广和(1984)的研究，中唐的不空学派对佛经梵语尤其是密咒的对音大量使用明泥疑日等次浊声母对译同部位的浊不送气辅音。说明长安音鼻声母不是纯鼻音，有浊塞音成分，当为鼻冠塞音 mb-、nd-、ŋg-。然到宋代施护、惟一等人的译音中，鼻音与浊塞音对译表现出既对译鼻音又对译同部位塞音的随意性，储泰松(1996)断定这个时代的西北音中次浊声母已出现鼻音与鼻冠塞音的自由变读。其音值当是：疑(ŋ、ᵑg)、泥(n、ⁿd)、明(m、ᵐb)，类似鼻音多了一个鼻冠塞音的自由变体。这跟朱熹"明-並互叶"非常相似。朱子"马"字既"叶满补反"又"叶蒲补反"。"庙"字既"叶满委反"又"叶蒲委反"，表现出明母並母随意换读的态势，亦可看作音位变体。而且，"庙、马"叶明纽占了绝对多数而叶並母仅一见，数量的悬殊，可以断言虽为自由变体，但读鼻音已更为常见了。由此我们判断朱熹"明-並互叶"应当是上古汉语双唇鼻冠塞音在

---

① 上引材料分别见傅东华 1941，王力 1982B，唐作藩 1995。

宋代闽音中的残存形式。

随着宋代闽语三大次方言继续分化为后代五大次方言,原鼻冠塞音大约出现了两种变化。一是在自由变体的基础上,继续强化鼻音,其结果就是两个自由变体中的塞音成分的被淘汰,冗余的自由变体消失,统一读为了双唇鼻音。这种音变出现在闽北、闽东和莆仙次方言区。二是出现于闽南、闽中次方言地区,是将两个自由变体分别赋予了语音条件,即在鼻化韵或声化韵之前读 m-,在其他韵母前读 b-,使之处于互补的分布状态,这样一来,两个变体再也不能自由变读了,而是作为分布互补的条件变体被沿用了下来。简言之,当闽北闽东和莆仙音中自由变体"b-"作为冗余成分被清除之时,闽中闽南却将原自由变体赋尔了语音条件而保留下来,从而与其他闽音分道扬镳,形成同源异流的发展途径。

还有一点要注意,从音系的系统性角度看,五音中鼻冠音既有唇音 mb-,似乎应当还有舌音 nd-、牙音 ŋg-,况且现代闽南闽中除 m/b 分立外,还有 ŋ/g 分立,另外,厦门话中 n/l 分立亦类似 n/d 分立,但在朱熹的叶音中没有见到疑/群互叶,更无泥/定等的互叶,或许 nd-、ŋg- 等鼻冠音在闽北、闽东音中消失时间更早,以至于操闽北音的朱熹所作音叶中没有留下痕迹。

据上文分析,朱熹的"明、並互叶"反映的是闽音鼻冠音自由变体时代的情况,这个时代闽音声母的明母绝不是单纯的双唇鼻音,而其音值应当拟作 m{m、mb 或 ᵐb}。为了简明,可以把它写作 m(b),括号表示这个声母还有读浊塞音的自由变读。

2.5 全清与次清混注

早在一百多年前,晚清时闽人刘家谋就指出闽音中有见读作溪之类的全清与次清混读现象。现代闽音仍然如此,下表前四字是见母字读同溪母,后四字是精母字读同清母:

	驹	巩	概	稽	歼	笺	躁	纵
厦门	₋kʻu	₋kʻiɔŋ	kʻaiᵒ	₋kʻe	₋tsʻiam	₋tsien	tsʻoᵒ	₋tsʻiɔŋ
福州	₋kʻy	₋kʻyŋ	kʻaiᵒ	₋kʻie	₋tsʻieŋ	₋tsieŋ	tsʻɔᵒ	₋tsuŋ
建瓯	₋kʻy	₋kʻɔŋ	kʻaiᵒ	₋ki	₋tsʻiŋ	₋tsʻiŋ	tsʻauᵒ	tsœyŋᵒ

这些读音大多是白读或异读，反映了闽音中较早的语音特征，其中有的方言点送气成分已经消失、向普通的读法靠拢，有的还出现了新的读法，如厦门"纵"字产生了 $_{c}$tsoŋ 这样不送气的新读，可以预见新旧两读并存的最终结局将是新读战胜旧读，旧读日益消亡。因此我们可以推测，较早的时代这种全清与次清的混读范围也应当比后代要大。在朱熹音叶中有一批全清、次清混注的例子，类似于这种方音特征，下面分别以"见-溪混注"、"精-清混注"、"庄-初混注"三种条例述之。

2.5.1 见母混叶溪母。见母与溪母混叶有 4 字次。

骄起桥反，叶音高，骄起/高卫风硕人三，骄：$_{c}$kiau，$_{c}$kieu，$_{c}$kiau

梐羌居反，叶纪庶反，梐羌/纪大雅皇矣二 2，梐：——，——，——

驱当俱切，叶居惧反，驱/居秦风小戎一 2，驱：$_{c}$k'u，$_{c}$k'y，$_{c}$k'y

抗苦浪切，叶居郎反，抗/居小雅宾之初筵一 4，抗：k'ɔŋ^{c}，k'auŋ^{c}，^{c}k'aŋ

4 个字都是以见母改叶溪母。

"骄"字本见母字，朱熹给它注音"起桥反"，读溪母，此切语承自《释文》。

"梐"字韵书有见、溪两读，见母读《广韵》去声居御切"梐，灵寿木名"，溪母读《广韵》平声去鱼切"梐，木名"。朱子注音读溪母，叶音则改读见母，音类虽然都同于韵书，但其切语则取自《释文》："梐，羌居反，檅也。字林纪庶反。"（92 页上右）可见朱同意陆氏首音，认定"梐"本音读平声溪母，以字林音为叶音。

"驱、抗"均本读溪母，叶音改读见母，看不出有何音理。其中"驱"字的叶音，朱熹的学生陈埴曾提出批评，说该叶音"居惧反"之"居当作丘"，理由是"若用居字，切响不同声，失其母矣"。①

从现代闽音来看，"骄"读 k-，"驱抗"读 k'-，也看不出什么条理。"梐"字现代闽音资料盖缺，但朱氏叶音切语上字"纪"在现代闽南厦门话中有^{c}ki、^{c}k'i 两读，这应当是古见母或混读溪母的孑遗，如果朱子在此读"纪"字为方音中的送气异读，那么这种改叶就是很自然的。由此而推另两例改叶见母也可能属同一种情况，亦即曰宋代闽音中"居、高"二字可能也存有送气音的异读。总之，这 4 例叶音虽本证较少，但与现代闽音中某些见母字读为送气音的语音特征相符。

---

① 语见辅广《诗童子问》之《协韵考异》影印四库 74 册，418 页。

第八章 朱熹音叶中的闽音声母

2.5.2 精母清母混注。精母混注清母，共"僭2、戚、撮、凄"4字5次，其中"僭"属以清母混叶精母1字2次，后面3个字是以精母注叶清母。

僭子念反，叶七心反，僭子/七小雅鼓钟四

僭子念切，叶七寻反，僭子/七大雅抑九，僭：tsʻiamᵒ/tsiamᵒ，tsiɛŋᵒ，tsiiŋᵒ

戚仓历切，叶子六反，戚/子小雅小明三，戚：tsʻɪk₃，tsʻeik₃，tsʻi。

撮七活反，叶租悦反，撮七/租小雅都人十二，撮：tsʻuat₃，tsʻouʔ₃，tsʻu。

凄七稽切，子西反，凄/子郑风风雨一，凄：₃tsʻe/₃tsʻi，₃tsʻɛ，₃tsʻi

"僭"字本读精母，朱熹在改叶其韵之时两次把它的声母改叶为清母。同样我们在现代厦门话中看到"僭"字有 tsʻiamᵒ（僭篡）与 tsiamᵒ（僭摆）的异读。

"戚、撮、凄"3字清母字叶注精母，现代闽音不能对应，缺其本证。其中"戚、撮"两字叶精母有韵书的根据，"戚"所叶的"子六反"和"撮"所叶的"租悦反"分别见于《集韵》屋韵子六切小韵和薛韵租悦切小韵，这两个叶音可以认为取自《集韵》之异读。虽然取异读作叶，但其声母之语音表现与闽音中全清、次清的混读现象是类似的。"凄，子西反"则较为特别，既无韵书支持，在现代闽音中也没有直接证据。查"凄"在《诗集传》共注音3次，2次注为"七西反"，见《邶风·绿衣》"凄其以风"和《小雅·四月》"秋日凄凄"之句。注精母一次，出于《郑风·风雨》"风雨凄凄（子西反）"，《释文》该字亦音七西反，不知朱子何以注精母？核宋元诸本《诗集传》，《风雨》之"凄"均作"子西反"，并无异文。猜想朱子不取释文或韵书之音入注，而给"凄"字自制一个精母切语的原因，或许也是受当时方音口语中全清次清混读的影响，偶然做出的一个误注吧？

2.5.3 以庄母改叶初母。以庄母改叶初母，1字次。

刍测隅切，叶侧九反，刍测/侧唐风绸缪二，刍：₃tsʻɔ，₃tsʻy，₃tsʻu

侧：tsʻɪk₃，tsʻaiʔ₃/tsaiʔ₃，tsʻɛ₃/tsɛ₃

"刍"本为初母字，朱熹以庄母"侧"字改叶其声母，这个叶音的声类跟《集韵》尤韵甾尤切小韵所收的"刍"异读相当。然朱子此叶音来自吴棫，见于杨简《绸缪》篇下所引。吴棫"叶侧九反"的音，跟《集韵》这个"甾尤切"异读音类相关，很可能是取该异读、变其平声为上声谐韵而作出的叶音。从通语角度来看，被叶字读送气音而叶音切语上字不送气，也属于陈埴所说的

"失其母也"的范围。而且,现代闽音"仌"字也读送气音,与"侧"字的不送气读音非类。

但是,问题可能出在叶音的切上字"侧"字身上。"侧"字在现代闽音三个代表点的读音闽东、闽北都有送气、不送气两读,闽南的厦门只有送气一读,但并非整个闽南地区都是这样,如闽南的潮州"侧"字也有"ts'ek。/tsak。"送气和不送气两读,就是说,这条混注其实是切上字"侧"的方音既可与被注字"仌"的送气声母相合,也可与它的韵书不送气的异读相符。看来,吴和朱都同意的叶音切上字"侧",其不同于《集韵》"甾尤切"的"甾",主要在于"甾"似乎只读不送气音①,用之有改声类之嫌,而用"侧"字即可以在维持《集韵》异读声类的基础上,以闽音读之,同样符合被注字的送气,是不是有左右均逢其源之功效呢?

2.6 以云母改叶晓匣

2.6.1 改叶概况。朱熹音叶中有 3 例用云母来改叶匣晓母,其中改晓母 2 例,改匣母 1 例。

芋香于反,叶王遇反,芋香/王小雅斯干三 2,王:₅ŋ, ₅ŋeu, uaŋ°/ioŋ°

涣火贯切,叶于元反,涣/于郑风溱洧一 1

雄胡弓切,叶于陵反,雄/于小雅无羊三,于:₅u, ₅y, °y

2.6.2 考证与讨论。芋,本羽俱切,在《小雅·斯干》"君子攸芋"句中,朱释其义"芋,尊大也",注其音"香于反",读晓母,从音义两方面考察,朱子是将此"芋"读作"吁"。"吁"《集韵》音匈于切:"一曰大也"。由于"香于切"的"芋(吁)"在诗中要与去声谐韵,所以朱取该字《广韵》所记的去声异读"王遇反"作叶,改叶去声的同时声母也变为云母。用云母的"王"叶读晓母的"芋(吁)",似乎"王"字在宋代闽音有喉擦音的异读,而"王"字在现代潮州话中确有白读音₅heŋ,这也许就是古闽音的孑遗。

"涣"字本火贯切,朱子"叶于元反",亦改晓母叶云母。王质《诗总闻》卷四的《溱洧》诗的"闻音"有"涣,于元切"一条。"于元切"是中华书局丛书集

---

① "甾"字现代闽音资料罕见,"甾"声的"淄缁"等字现代闽音多读 ts-,因而推测"甾"中亦不送气。

成初编本(第一册83页)的写法,而在影印文渊阁四库本《诗总闻》中写作"乎元切"(72分册507页),这个异文颇为有趣,因为它恰好照应了喻三"于"对应于匣母"乎"。下面我们可以看到,"雄"字的异读"于陵反"闽音中可读出"形"音,那么"于元反"是不是闽音也可以读出"乎元切"或"喧"一类的音呢?

雄,《广韵》羽弓切,是云母,但《集韵》音胡弓切,《韵镜》列于匣母三等位。《五音集韵》综合两书,置"雄"在东韵匣母三等,音胡弓切。如此,则宋代通语"雄"字实际读音为匣母,全浊清化后当读同晓母。朱氏"雄"叶于陵反,亦是以云母叶匣母。"雄叶于陵反"亦见于吴棫《毛诗补音》和《韵补》。其实,该音最早见于孔颖达《五经正义》,孔氏《左传正义》引述隋著作郎王劭"古人读雄与熊皆于陵反"①的话,表明早在隋唐时就有人指出"雄"有"于陵反"的古读。此即吴棫朱熹叶音所本。但我们必须指出,"雄"字在诗骚叶音中多次出现,朱子的叶音方式并不统一,在《诗集传》叶"于陵反",声母为喻三,而在《楚辞集注》的《国殇》"魂魄毅兮为鬼雄"句下"雄,叶音形",则又回到匣母。朱子特地在《楚辞辩证》解释说"今闽人有谓雄为形者,正古之遗声也"(190页)。《诗集传》的"叶于陵反",对应于《楚辞集注》的"叶音形",这就暗示,在朱子看来"于陵反"可以读为"形"音,即喻三"于"字口语中可读喉擦音。在上古文献中,"于"在用作句中介词或句末疑问词时有与"乎"为互文或互换者,可证其音义与"乎"相通,例见王引之《经传释词》杨树达《词诠》等书。上古读同匣母的"于"字,到了宋代,其古读仍保留在比较保守的闽音中是完全可能的。那么朱氏"于陵反"读为"形"音,"于"字取闽音古读,其音即与"乎陵反"无异了。

2.6.3 现代闽音的旁证。从闽方言的情形看,云母字确有白读同匣晓母的,表现为中古云母字读喉擦音或白读喉擦音 h-或 x-者,如(白读下加双线):

	园	云	雨	远	域
厦门	₋hŋ	₋huŋ	hɔ²	hŋ²	hık₈
福州	₋xuoŋ	₋xuŋ	xuɔ²	xuoŋ²	mi?₈
建瓯	xyiŋ⁵	ˆœyŋ	xy²	ˆyiŋ	y₈

---

① 语见《左传正义》,十三经合订本下册,2049页中栏。

上表 5 个常用喻三字在现代闽音中大多读喉清擦音、声调读阳调。按照语音史的发展规律，可以解释为它们上古归属于喉擦音匣母（所谓喻三归匣），中古从匣母分出归属喻母之后，其喉擦音消失变读半元音，但在闽音中喻三仍有残存匣母古读者。这些闽音中的浊喉遗存到了宋代之后随着全浊清化，匣晓音值混同，故读同晓母，仅在声调方面读为阳调而与原晓母音保持区别。上列 5 字中仅"域"字读喉擦音的范围较小，但在现代闽南仍是比较普遍的，如潮州：域 hok₈。朱子叶音中这 3 例晓匣母字用云母字来作叶音，与这种闽音特征相符。

2.7　见溪与匣晓混注

2.7.1　混注概况。见溪与匣晓混注，有"雄、鹄、鬷、皓、阕、姱 3、酤、活" 8 字 10 次，下表"后附闽音"全取被注字或注音切语中晓匣母字。

雄羽弓切，叶故陵反，雄/故小雅正月五，雄：₂hiɔŋ/₂hiŋ，₂xyŋ，₂xœyŋ

鹄胡沃切，叶居号反，鹄/居唐风扬之水二，鹄*：kˑɔk₈，kuk₈，ku₈

鬷古获反，叶况璧反，鬷古/况鲁颂泮水五 1，况：₂hɔn，xuɔn²，kˑuaŋ²

皓古老反，叶胡暴反，皓古/胡唐风扬之水二

阕古穴反，叶胡桂反，阕古/胡小雅节南山五 2，胡：₂hɔ²/₂eʔ，₂xu，₂u

酤古胡切，叶候五反，酤/候商颂烈祖，候：hɔ²/hau²，xau²，xe²

活古阔反，叶户劣反，活古/户卫风硕人四

姱苦瓜切，叶音户 2 次，姱/户九歌东君 41、九章抽思 85

姱苦瓜切，音户，姱/户九歌礼魂 47，户：hɔ²，xou²，xu²

2.7.2　考证与讨论。8 字可分两组，一组"雄、鹄"两字是以见母叶匣母，二组"鬷"等 6 字是以晓匣母混注或叶见溪母字。

先看"雄、鹄"两字。关于"雄叶故陵反"，"故"与"胡"形近，有人推测"故陵反"应当是"胡陵反"之误。但静嘉堂藏宋本作"叶故陵反"，宋本如此，元本以下有改为"胡"者，如元刻本《诗集传》以及刘瑾《诗集传通释》、胡一桂《诗集传附录纂疏》的《正月》诗中的"雄"均注"叶胡陵反"。又八卷本《诗集传》之《正月》"雄叶胡陵反"，可见疑"故"为"胡"之讹，早已有人指出并作更改。但宋本作"故"确不可易，即算"故"确为"胡"之误，也是宋本之讹，此不可否认者。笔者推测致误之由当为闽北音，有两种可能：其一，朱子本为建

州崇安人（今武夷山市），其母语口语为闽北音，很可能朱子口中本就有匣母字读见母之音，受其口音影响而作此误叶。其二，《诗集传》宋本初刊于建州，出于闽北。若非朱子方音致误，抑或由当地手民受方音干扰而误植。

至于"鹄叶居号反"，该音早见于颜师古《汉书注》。《汉书·地理志》"西河郡"下有县名"鹄泽"，颜注曰："孟康鹄音告。"（《汉书》中华书局点校本，1962年，1618页），"告"即"居号反"，吴棫《毛诗补音》取孟音"告"给《扬之水》第二章叶韵，亦为朱子叶音所本。"鹄"非口语常用，现代闽音资料不见，但《戚林八音》、《建州八音》"鹄"均归"求"母，即读 k-，而《汇音妙悟》则入"气"母，读 k'-，大体上仍能支持"鹄"叶见母。

第二组"鹹皓阕婞酤活"都是本读见、溪母，朱子以晓匣母叶之。

"鹹"字是以晓母改叶见母。其他的字都是以匣母改叶见、溪母，其中"皓"字《广韵》胡老切，本匣母字，《诗经》"白石皓皓"，《释文》注"皓皓，古老反，絜白也"（68页上右），朱子取其音义，以"古老反"为本音，读为见母，叶音胡暴反。"阕"《广韵》苦穴切，溪母，朱熹根据《集韵》读作古穴反，叶胡桂反。"活"字朱注其音"古阔反"承自《释文》，叶"户括反"。6字中，匣（晓）母与见母互叶 5 字，与溪母互叶 1 字。

2.7.3 现代闽音的旁证。8 个见溪母与晓匣母混叶或混注的字条，被注的或用于注音的晓匣母字共有 6 个"雄鹄况胡户候"，这 6 个字在现代闽音中较少有读舌根塞音的，"本字"少与朱子叶音对应。但现代闽方言中有部分匣晓母字白读作 k-，或 k'-的方音现象，却与此音叶特征相通，如：

	猴	厚	寒	糊	下	怀	环	呼	许	吸
厦门	₋kau	kau²	₋kuā	₋kɔ	kia²	₋kui	₋k'uan	₋k'ɔ	ᶜk'ɔ	k'ip₋
福州	₋kau	kau²	₋kaŋ	₋ku	kia²	₋køy	₋k'uaŋ	₋k'u	ᶜxy	xieʔ₋
莆田	₋kau	kau²	₋kua	₋kɔu	kia²	₋hue	₋k'uan	₋k'ou	ᶜhy	k'iʔ₋
建瓯	ᶜke	ke₋	ᶜkuiŋ	ᶜku	a₋	ᶜuɛ	ᶜuaŋ	ᶜxu	ᶜxy	xi₋

对照朱熹叶音，是不是晓匣母字在宋代闽音中读舌根塞音的范围较现代要大呢？除"鹄、况"闽音中本有见、溪母读音外，"雄"改匣母叶见母，"皓"等字改见溪母叶匣晓母，很可能也反映了宋代闽音中"雄"等匣晓母字或有 k-的异读。

2.8 精组与庄组混注:照二归精

现代音韵学有一个广为流行的观点,认为照二组的庄、初、崇、生 4 个声母上古归于精组,即所谓照二归精,后来到中古时它们从精组分离,在《切韵》音系中独立一系,唐宋时代逐渐与章组合流,组成"照、穿、床、审、禅"5 纽,发展到现代读为卷舌音。这个由语音史作出的关于庄组声母发展的梗概叙述,并不能概括它们在方言中的复杂表现,与通语发展不同,数千年来的斗转星移,"照二归精"都一直在各个方言不绝如缕,直至今天仍有不少方言将中古庄组读同精组,保留着照二归精的状态。闽音尤甚。我们在朱熹音叶中发现照二字与精组声母混注混叶(含 1 个审母混注心母例)总计 20 字,35 次,下面先按混注方式分别以"精-庄混注""清-初混注"、"心-生混注"和"其他混注"4 种条例列举语例,并针对各语例作出相应的考证与说明。4 种条例列举、说明之后,再统一讨论其语音依据。

为便于观察"照二归精"现象,每条字例其"后附闽音"则取该音叶中庄组字之音。

2.8.1 精-庄混注。"譖、瘵、茁、娵"4 字次,均属以精母注庄母。

譖庄荫切,子念反叶子林反,譖/子大雅桑柔九1,譖:——,——,——

瘵侧界反,叶子例反,瘵侧/子小雅苑柳二,瘵:——,——,——

茁侧劣切,则劣反,茁/则召南驺虞一,茁*:——,tsuok。,——

娵甾尤切,子侯反 2 次,娵甾/子楚辞佹诗 220、楚辞反离骚 238,娵:——,——,——

譖字《广韵》庄荫切,义为"毁也"。《大雅·桑柔》"朋友已譖"句下,朱氏《集传》"譖,不信也",与《广韵》义吻合,故其本音读庄母,但朱熹将该"譖"字注音为子念反,《广韵》子念切小韵无"譖"字,相似者仅"僭,拟也,差也"一字,音义亦不合诗意。"譖"字是朱熹先以精母误读庄母,再依精母注叶。"瘵"则是先注庄母,再叶精母。茁,韵书无念精母者,《广韵》薛韵侧劣切"茁,草生皃",本音庄母,朱注"则劣反"则为精母。

娵,是多音字,声母有精、庄诸读。《广韵》虞韵子于切:"娵,娵隅,星名",《集韵》又有尤韵甾尤切:"娵,女名",又厚韵此苟切:"娵,美女"。在《楚辞集注》中朱子 2 次注"娵,子侯反",韵书并无此音。朱子绝不会师心作古,毫无根据地注这个音,笔者以为这一定是朱子口语中"甾尤切"之方音讹读。"娵"在《楚辞》的《佹诗》中用为"闾娵",在《反离骚》中用为"娵娃",朱子注曰"娵,闾娵也,娃,吴娃也,皆古美女也",与《广韵》甾尤切音义吻合。另在《哀时命》"陇廉与孟娵"句"娵"字下朱注"娵音邹",直音字"邹",《广韵》侧鸠切,《集韵》甾尤切,属庄母,但在这里一定是朱子口中与"子侯反"对应的直音,"了侯反"与"音邹"形成了切语与直音的对应关联,尤可见出朱子将庄母混注为精母。

2.8.2　清-初混注。清初混注仅 1 个"差"字,1 字 3 次,均属以清叶初。

差初佳反,叶七何反,差/七陈风东门之枌二

差初牙切,叶七何反,差/七楚辞哀时命 166

差初牙切,七何反,差/七楚辞离骚 13,差:　ts'ai/ ts'e, ts'ɛ, ts'ai

差,在诗骚中注、叶清母"七何反"共计 3 次,其语义均"差误、差别"等义,其本音应为麻韵初牙切,由于都要在诗句中与歌韵字谐韵,所以朱子统一叶读为"七何反"。"七何反"音与《集韵》戈韵苍何切的"差,渐也"音同,但语义不同,朱取其音叶韵是"音义错位"(参刘晓南 2018A),照常理都应当注为"叶"。但 3 次注音中只有 2 次注"叶",且写法不同,《东门之枌》是先注"初佳反"后"叶七何反",《哀时命》仅作叶,另一次不注"叶"者见于《离骚》。为何"差"字用同一个读音入韵,两叶一不叶?原来《离骚》"周论道而莫差"句下,朱子不注叶,实乃取洪兴祖所传之旧读,洪注云:"差,旧读作蹉"(洪本 23 页),大概朱子认"旧读"为本音了吧,但在《哀时命》中的"差"下洪兴祖也注了"差,七何切"(洪本 266 页),朱子却用了"叶七何反"术语。看来,这个本当读麻韵初牙切的"差",当它在句中与歌韵字押韵时得读为"七何反"时,朱熹对于认定其本音该不该读"七何反"是有所摇摆的。这可以说明两个问题,一是"差"在宋代常用音不读"七何切",二是宋代口语方音中实际语音中又有"七何反"一读,可以用它来谐歌韵。这个"七何反"的实际读音至少应当符合闽音,洪兴祖注为"旧读",或许还有其他方音如此读。

2.8.3　心-生混注。心与生的混注,共 11 字 23 次,"后附闽音"调整为混注的生母字。

生所庚切,叶桑经反 7 次,生/桑小雅节南山六、小雅棠棣五、小雅伐木一、小雅小宛四、小雅苕之华二、大雅绵九、商颂殷武五,生:　siŋ/ sĩ, seiŋ/ saŋ, saiŋ/ saŋ

牲所庚切,叶桑经反,牲/桑大雅云汉一,牲:₀sɨŋ/₀s̱ɨ, ₀seiŋ/₀s̱aŋ, ₀saiŋ/₀s̱aŋ
甥所庚切,叶桑经反,甥/桑齐风猗嗟二,甥:₀sɨŋ, ₀seiŋ, ₀saŋ
鲨音沙,叶苏何反,鲨/苏小雅鱼丽一 2,鲨:₀sa/₀s̱ua, ₀sa/₀s̱ai, ₀suɛ
沙所加切,叶桑何反,沙/桑大雅凫鹥二,沙:₀sa/₀s̱ua, ₀sa/₀s̱ai, ₀sa/₀s̱uɛ
师疏夷切,叶霜夷反 3 次,师/霜曹风下泉三、小雅节南山三、大雅板五,师:₀su/₀s̱ai, ₀sy/ ₀s̱a, ₀su
索所格反,一叶苏故反,索所/苏离骚 7
索山格反,叶苏各反,索山/苏楚辞九辩 130
索山戟切,叶先各反,索/先楚辞招魂 135,索:sɪk₀, sauʔ₀, sɔ₀
信息晋切,叶师人反,信/师邶风击鼓五,师:₀su/₀s̱ai, ₀sy/₀s̱a, ₀su
三苏甘切,叶疏簪反,三/疏召南摽有梅二
萧苏彫切,叶疏鸠反 2 次,萧/疏王风采葛二、曹风下泉二,疏:₀sɔ/₀s̱ue, ₀su/₀s̱oe, ₀su
萧苏彫切,叶音搜,萧/搜楚辞山鬼 45,搜:₀sɔ/₀so, ₀sɛu, ₀sau
斯息移切,所宜也,斯/所陈风墓门一,所:ᶜso, ᶜsu/ᶜs̱oe, ᶜsu

11 字 23 次,以心母混注生母"牲、生 7、甥、鲨、沙、师 3、索 3"7 字 17 次,以生母混注心母:"信、斯、三、萧 3"4 字 6 次,

"生"等 7 字中,"索"的 3 次较为复杂。前两个"索"朱子已注其本音"所格反""山格反",自然是本读山母,叶读心母。其中《离骚》7 页的"索,一叶苏故反"是因为该字与去声"妒"押韵,朱氏认为"若索音素,即妒如字;若索从所格读,则妒叶音跖",所以在"索"下注"所格反,一叶苏故反",这其实是二音叶例。第 3 个"索"出于《招魂》(135 页),原句"长人千仞,惟魂是索"乃"求索"义,此义《广韵》入陌韵山戟切,亦本读山母,由于要与"讬、铄"等字押韵,朱"叶先各反",亦叶读心母。"索"的两个叶音,"先各切"是韵书已有之音,"苏故反"则韵书所无,朱子在《楚辞辩证》特地说明其根据:"索与妒叶,即索音素。洪氏曰:书序八索,徐氏有素音。"(177 页)"素"即"苏故反"音,见《经典释文》卷三《尚书音义》"尚书序"之"八索"条,原文:"八索,所白反,下同,求也。徐音素,本或作素。"(38 页上左)

"信"等 4 字 6 次,其中"斯,所宜也"令人生疑,王力先生(1982)认为"也"当为"反"。今按,"所宜也"三字位于音注所在位置,当属音注无疑,"也"字

一定为"反"之讹,王先生所说是也。虽然静嘉堂文库本,中华再造善本元刻本均作"也",宋本已误,不过,元代胡一桂《诗集传附录纂疏》、刘瑾《诗集传通释》以致明正统司礼监刊本均作"斯,所宜反",看来古人亦有所是正,今从之。"萧"字3次叶音,都是叶尤韵平声,但形式不同。《诗经》中"叶疏鸠反",《楚辞》却"叶音搜",而"搜"在韵书有两读,《广韵》尤韵所鸠切、《集韵》侯韵先侯切,综合朱子音叶来看,这个"叶音搜"等同于"叶疏鸠反",不过,以今闽音来看,"搜"更象"先侯切"切出的音。

2.8.4 精庄组其他混注。有几例精组、庄组之间声母不能对应的混注,单独列为一例。它们是精组与庄组非对应声纽混注3字次,其中"世"是心母与审母混叶。

磳仕兢切,七冰反,磳/七楚辞招隐士168,磳:——,——,——

柞侧百反,叶疾各反,柞侧/疾周颂载芟1,柞*:——,tsouk₂,——

世舒制切,叶始制、私列二反,世/私大雅荡八,世:se°/si°, sie°, si°

磳,出于《楚辞·招隐士》,原为连语"硍磳",朱注"石貌",音"七冰反",该音比较奇特,因为韵书无此音。"硍磳"之磳,韵书有多音,《广韵》蒸韵仕兢切(《集韵》作士冰切),又有登韵作滕切(《集韵》作咨腾切),《集韵》又有耕韵崇母锄耕切音。两本韵书"磳"多注崇母,亦有注精母者,语义相同,故取崇母为其本音。然"磳"无论何种异读,绝无音清母者。今查,清母"七冰切"音承自洪兴祖,见洪氏补注234页,不知洪氏音清母何据,不过朱子取之,则认定此音可行。此以清母混注崇母者。

柞,本读庄母叶读从母,除有照二归精特征外,还有全浊清化的内容。

世,本音舒制切,审母。在《大雅·荡》中与"揭、害、拨"押韵,故朱子取去、入二叶,其去声叶始制反,乃其本音。入声叶"私列反",则改其韵之时声母亦改为心母。此以心母改叶审母。

2.8.5 精组与庄组混注的闽音根据。上述各例都是以精组字混注庄(章)组字。早在1981年,黄景湖①就以"信"字既叶"师人反"又"叶私人反"为例指出,朱熹的音叶受到他的"母语方言,即今所谓闽北方言"的影响,说这是"最能说明朱熹因受方言影响而错用切语"的例子。但心母与生母相混

---

① 《〈诗集传〉注音初探》,《厦门大学学报(哲社版)》1981年4期,136—146页。

之类音叶究竟有多少，整体表现如何，黄氏并未深究。

现在我们穷尽朱熹叶音材料，归纳精与庄（章）组字叶音的条例如上。4种音叶条例，要么以精组字改叶庄组，要么以精组改叶章组，朱子叶音中绝不见一例以精组改叶知组者。这说明闽北音中，不但照二归精，而且章组字也可以读为精组，知组却不归精。这跟现代闽方言是高度吻合的。

李如龙、陈章太《论闽方言的一致性》（1983）一文中，在调查现代闽方言十八个代表点所代表的五十五个县市语音后，得出闽方言声母齿音归并的一条高度一致的规律，即"古'庄、章'组声母字今口语中读 ts、ts'、s 声母（读同精组）"。如：

庄母:庄 ts-　　初母:炒 ts'-　　崇母:助 ts-　　生母:梳山霜 s-

章母:照 ts-　　昌母:绰 ts'-　　船母:顺 s-　　书母:烧 s-　　常母:时 s-

个别地方音值稍有差异，如建阳"助"字读 l-，永安"照蔗"读 tʃ-，但都是符合音变规律的变异。

下面我们将朱熹上引各种音叶，除去不常用的"潜媰瘵柞"等字，简化分组列出如下：

以精叶庄:子则-侧苗，

以从叶庄:疾-柞侧，

以清叶初:七-差初，

生与心互叶:桑苏霜先-生牲甥鲨沙师索，信三萧斯-师疏搜所

以心叶书:私-世

如果朱熹是按闽音注叶，则上表可概括为三组：

1. "子则疾侧苗"今闽音均应当念 ts-。

2. "七差初"今闽音应当念 ts'-。

3. "桑苏霜私先信三萧斯、世师疏搜所生牲甥鲨沙索"今闽音都应当念 s-。

我们核以厦门、福州、建瓯音，检阅这些字读音是否符合闽音。第一组 5 字中"子疾"今闽音全念 ts-，"侧"字厦门 tsik₈、ts'ik₇，福州 tsaiʔ₈、ts'aiʔ₇，建瓯 tsɛ₈、ts'ɛ₇，均两读，中古亦当可叶精母，"苗"字在《戚林八音》中收于曾母光韵入声，无疑是读 ts-。第二组 3 字今闽音均念 ts'-。第三组"生"等 7 个生母字和"世"字今闽音全念 s-，根据现代闽音的证据，我们可以断定，朱熹这些似乎

是"注错了"的反切,完全是以宋代闽音为根据的。

2.9 齿音之擦音与塞擦音混叶

2.9.1 混叶概况。李如龙、陈章太《论闽方言的一致性》指出:"古心、邪、生、书、禅声母字今口语中一部分读为 ts-、ts'-声母。"中古"心邪生书"声母都被认作是齿擦音声母,学术界没有异说,现代汉语各方言这四母字也以读擦音为主。禅母则有两说,一说是擦音,一说是塞擦音,但在许多方言中,禅母字读塞擦音和擦音的都有,把它归入擦音也是有道理的。在闽方言中,这五个声母字的白读音中都有读如塞擦音的。如:

心母:醒碎 ts'-、

邪母:斜蓆 ts'-、

生母:生 ts'-、

书母:深手 ts'-、水 ts-、

禅母:树市 ts'-①

在朱熹叶音中存在着心禅母字与塞擦音声母混叶的例子,共有"骖、洒、觑、狩"4字次,"骖、洒"本读清母,叶读生或心母,"觑"本读禅母,叶读昌母,"狩"本读审母叶昌母。为便于观察,其后附闽音一律展示音注中的心生禅母字之音。

骖仓含切,叶疏簪反,骖/疏秦风小戎二 2,疏:$_c$sɔ,$_c$su,$_c$su

洒十七罪反,叶先典反,洒七/先邶风新台二,先:$_c$siɛn,$_c$sien,$_c$siiŋ

觑市由反,叶齿九反,觑市/齿郑风遵大路二,(觑)市:ts'i², ts'ei², ts'i²

狩舒救切,尺救反,狩/尺小雅采绿三,狩:——,$_c$sieu,——

2.9.2 考证与讨论。审母"狩"字注昌母"尺救反",有点奇特,会不会有形误或本来写作"尸"后人翻刻时形近讹为"尺"? 有两个证据证明不是版本讹误。其一,今所见宋元古本,如静嘉堂文库宋本、中华再造善本书之元刻本《诗集传》以及元人编的《诗集传附录纂疏》《诗集传通释》等均作"尺救反"。其二,朱熹的学生陈埴对这条注音有过批评,他认为"狩尺救切"不妥,

---

① 《闽语研究》,8 页。

"尺当作识"①。今按,该音其实是来自释文。查通志堂本《释文》在《采绿》诗下释曰"于狩,尺救反"(88页下右栏),阮元刻本《十三经注疏》之《诗经》所附释文亦同(见中华书局合订本上册495页上栏)。该切语黄焯无校,邓仕梁、黄坤尧《新校索引经典释文》认为"尺"当为"尸"(见其上册88页),但并未提出版本证据。该音《广韵》《集韵》不收,可见宋人并不以此音为典要,可以确认的是该音有据。虽不能断言宋代通语中是否有所谓"昌-审"混注,但它与闽音之齿擦音读为塞擦音相符。现代厦门方言虽没有"狩"字资料,但"守"字却有文白异读:ᶜsiu、ᶜtsiu,白读声母齿塞擦音,与朱注相近,而与"守"音韵地位相同的"手首"字,厦门白读为ᶜtsʻiu,那就跟朱注声母一样了。

洒,《广韵》先礼、所卖二切,均"洗扫"义,但《新台》诗中"洒"不是这个意义。诗原句为"新台有洒",朱注"洒,高峻也",显然不能取《广韵》音义。在笔者使用的工作底本上海古籍出版社1980年新一版《诗集传》中,朱氏注"洒"音"十罪反",禅母,此音可疑。核以韵书及《释文》,"洒"绝无读禅母者。宋杨简《慈湖诗传》云:"《韩诗》洒作漼,故七罪反。"(四明丛书本,第4册,27页)《广韵》"漼"音七罪切:"水深貌",其义与诗意甚合,"洒"字无疑当音"七罪切",上古本之"十"乃"七"之讹。查其致误之由,实在是静嘉堂本"七"字缺损其下弯钩,作"十"形,后来之排印本误将"七"之坏字定为"十"。中华再造善本元刻本、明正统司礼监本均作"七罪反",是也。"洒"即"漼"字,本为清母,朱子叶读心母。今查,"洒"所叶读的心母"先典反",也是《集韵》铣韵所收"洒"的一个异读,见于苏典切小韵,其释义为"洒,肃恭貌",为朱子叶音之据,是音义错位的叶音。

魗,注音市流反,禅母,叶齿九反,昌母。注、叶之音均出于《释文》。《郑风·遵大路》"无我魗兮"句下释文:"魗本亦作媸,又作殻,市由反,或云郑音为丑"。(十三经注疏合订本,340页中)陆氏的意思,本句"魗"字之音训,毛、郑有歧说,毛读平声市由反,郑读上声,音丑。按,朱子注音用毛读平声,叶韵用郑读上声,包含两个意思,其一,平声为本音。其二,上声"丑"音可以通用。因为在"无我魗兮"句下,朱子集传曰:"魗与丑同,欲其不以已为丑而弃之也"。按照《诗集传》所解,该诗句之"魗"虽然本音读市由反,语义却为

---

① 语见辅广《诗童子问》末附《协韵考异》,影印文渊阁四库全书74册,419页。

"醮"通用,故其叶音从郑说取"醮"之音。实际上是朱子认"龗"禅、昌两读通用,此与今闽音相合,注音切语上字"市"与叶音切语上字"齿"的文读今闽音通读 ts'-,也就是说,禅母"龗"叶读"齿九反",从闽音来看其实就是将"市由反"读为上声而已。

"骖、洒、龗、狩"4 字齿音塞擦音与齿擦音可以互叶,与今闽音"古心、邪、生、书、禅声母字今口语中一部分读为 ts-、ts'-声母"的特征相符,但除"狩、龗"外,"骖、洒"二字今闽音无法直接印证,是不是反映了闽音中某些字有古今之变异呢。

2.10 以泥母混叶日母

以泥母叶日母,只有 1 字次:

醹如主反,叶奴口反,醹如/奴大雅行苇四1,(醹)如:₋lu/nā₋,₋y/nā₋,₋lu/₋y

醹,《广韵》虞韵而主切"醹,厚酒",本读日母,朱子以泥母叶读之。在朱熹《诗集传》音叶中,日母字共被注、叶音 52 次,仅有一次混叶泥母,比例很小,说明日母在当时通语中是独立的声母,而仅有的这一次混叶则反映了朱子的母语闽北音特征。比朱熹略早的建州崇安人刘子翚在他的《溽暑赋》中以泥母"暖"字注日母"爇"字的音①。吴棫《韵补》中有一例:弱(《广韵》而灼切)音奴历切,邵荣芬(1995 页 327)据此说:"现代建瓯话日母并入泥母大概吴氏时即已如此"。不过,现代建瓯音的"如"字已不读 n-而读为零声母了。另外,宋福州郑昂在《杜诗音义》中也有两例泥日混注:捻(《广韵》奴兼切)音"如兼切"此以日注泥,瀼(《广韵》人样切)音奴浪切,此以泥注日(此两例取于王曦 2001)。清福州侯官人刘家谋也指出:"闽音日母字有入舌音者"。可见不独闽北音,在整个闽音中都有日泥相混的特点。

2.11 以母与舌头音互叶

2.11.1 互叶概况。以母与舌头音互叶,有"斁射殆 3 怠"4 字 6 次,"斁射"两字是以端母叶以母,"殆怠"两字是以以母叶定母。

斁羊益切,叶丁故反,斁/丁周颂振鹭,斁* :——,ik₋,——

---

① 参拙著《宋代闽音考》,296 页。

射音亦,叶都故反,射亦/都小雅车舝二2,(射)亦：ık₃/ia?₂, i?₂/ia², i。

殆徒亥切,叶养里反 3,殆/养小雅节南山四、小雅雨无正六、商颂玄鸟,殆：——,——,

怠徒亥切,叶养里反,怠/养小雅宾之初筵五1,怠：tai², tai², tai。

2.11.2 考证与讨论。以端叶以的"斁射"2 字,从音义来看,实为一字,义为"厌也",本音"羊益切","音亦"。从音义关系来看,"斁"为本字,但"斁"在《广韵》还可读暮韵当故切："败也",此为另一音义,实为"殬"之假借。在《周颂·振鹭》诗中,"斁"所在句"在此无斁",集传释为"在此无厌之者",显然释"斁"义为"厌",本音乃"亦"。由于本章"斁"为了要与"恶夜誉"等御暮韵去声字相押,朱熹取其暮韵异读叶韵,但其叶音的切语"丁故反"不是取自韵书,而是取自《大雅·云汉》第二章"耗斁下土"的释文。

"射"本船母字,在《车舝》诗"好尔无射"句下朱子注"射,厌也",注音"音亦",此亦"斁"之假借。虽然《广韵》昔韵羊益切小韵中也有"射",可该"射"义为"无射,九月律",非"厌"义,故"射"作"厌"用,即为假借。朱子叶"射"为"都故反",即"丁故反",其语音根据同样为"斁"字的又读。从文字结构来看,"斁"从睪声,从睪声之字读舌头者有：铎襗襡擆等,所以朱熹认为它可以读端母。

"殆怠"二字叶以母承自吴棫,笔者认为,吴氏的根据主要是谐声关系。"殆怠"二字均从台得声,读定母,而台字《广韵》又音与之切,以母,且从台得声之字多念以母,如"怡饴贻"等。这是吴棫朱熹改叶它们读以母的根据。

2.11.3 闽音的依据。然朱氏这样改叶是完全据又音与声符类推吗?从语音史来看,自曾运乾考证上古音喻四归定以后,学者又发现喻四与邪母关系密切,不论怎样解释,中古喻四在上古一部分近舌尖塞音另一部分近舌尖擦(塞擦)音却是事实。这些上古音的遗迹在现代闽音中还能找到。黄典诚(1982)《闽南方音中的上古音残余》谈到闽南话中上古音残余时,他说"闽南方言白读中古'以'母字,尚保留零声母以外的 t-t'-ts-ts'-s-五种读法,这分明是上古声母残余。"闽南话白读的五种读音 t-t'-读作舌尖塞音,ts-ts'-s-读舌尖塞擦和擦音,正可以全面反映中古以母的上古不同来源。关于以母读舌尖塞音,黄典诚(1982)举了 5 个现代闽南话的例子：

读 t:榆 tiu   淫 tam

读 t‘: 夷 t'ai　与 t'ɔ　　 䞐 t'in

黄先生每个字都举了实用句例,如:夷₂t'ai 例句:"夷鸡教猴"。今按,这个"夷"通常写作"治",福州念₂t'ai,建瓯念 t'i²。可见在闽方言语音底层至今还有以母字读同舌头音。八百年前的朱熹时代,闽音的这种特征应当比现代普遍,方音中某些以母字读端定母,某些端定母字读以母,况且有的还见载诸文献旧读,方音与古读相为印证,被认定"方音与古暗合"的朱熹拿来注为古音,也就顺理成章了。

朱子音叶中还有邪母"似粗祀汜"字混叶以母,类似现代闽音的"古'以'母字今口语中个别读塞擦音、擦音声母(读同邪母)"(李如龙、陈章太 1991 年,13 页),此即今闽音的"以母读同邪母"现象,但现代闽音是古以母字读塞擦、擦音,而朱子这里似乎是邪母读同以母(即擦音读同零声母),两者方向互逆,似有不同。其二,朱子这组叶音也是承自吴棫,而吴氏作这组叶音的主要根据是谐声偏旁,也看不见实际的方音证据,所以这组叶音暂不归入宋代闽音。

2.12　以禅母改叶以母

2.12.1　改叶概况。以禅母改叶以母,共有"野、壄"2 字 17 次

野羊者切,叶上与反 16 次,野/上郑风叔于田三、邶风燕燕一、唐风葛生一、陈风株林二、豳风七月五、豳风东山一、小雅鸿雁一、小雅小明一、小雅鹤鸣一、小雅何草不黄三、大雅公刘三、鲁颂駉、鲁颂閟宫二、楚辞离骚 11、楚辞哀时命 165、楚辞成相 211,野:ᶜia, ᶜia, ᶜia,

壄羊者切,叶上与反,壄/上九歌国殇 46,壄(野):ᶜia, ᶜia, ᶜia,

说明:野叶上与反《诗集传》13 例,《楚辞集注》3 例,共 16 例,"壄"字是野的古字,亦叶上与反,可以与"野"的叶音合作一起讨论。17 例都是本读以母的野字改读了禅母,且切语上字一致用"上"字,没有例外。

2.12.2　考证与讨论。考"野"字的读音,羊者切之外,《广韵》还有一个承与切的异读,禅母,义为"田野"。这个"野"字在《集韵》上声语韵中是作为"庐也"义的"墅"的异体出现的,而作"郊外曰野"的"野"是音"演女切"。此音当来自《经典释文》,《邶风·燕燕》下陆氏注:"(野)如字,协韵羊汝反。沈云协句宜音时预反。"(57 页下左)可见,"野"读喻四和禅母两读都有渊源。宋魏了翁曾在写给李遂宁的信中讨论"墅"字的产生说,"因是魏晋以来,有

此墅字,此元是今人所书野字。盖诗中野字皆合韵二麕,汉有韵之文至然。魏晋间方有序音,土下又添一土字。"①从鹤山先生来看,他是认为墅字本为野字,是野字先有序音,后增土旁造墅字,野字与墅字同声符,墅出于野,野亦音序。魏氏所述应当是通语音变。

朱熹所叶"野上与反",语音同《广韵》承与切,而语义上却同《集韵》的演汝切,此音相当于《释文》"羊汝反"。从《集韵》的角度来看,朱子把应当读"演女切"的野叶读"上与反",则是以禅母"上"字改叶以母。麻韵的"野"叶鱼韵,"演汝反"即可,何必"叶上与反"来改动切语声母音类? 又,"野"叶"上与切",亦见于在朱熹之前而同是闽北人吴棫的《诗补音》,两人一致对"野"字取"上与切"作叶,里面似乎有某种共同的依据,如果这个猜测不错,则这种依据应当是两人共同的母语闽北音。

李如龙、陈章太《论闽方言内部的主要差异》指出,在现代闽方言中:"部分古'禅'母字今口语的读法:闽北和闽中(个别字)读零声母(或ɦ、l声母),其他地区没有发现这种读法。"如:

	建瓯	建阳	松溪	崇安
上	ᵕioŋ	ɦᵕioŋ	xioŋᵕ	ɦiyŋᵕ
常	ˬioŋ	ˬsioŋ	ˬioŋ	ˬsyoŋ
蛇	yeᵕ	ˬɦye	ˬia	ˬɦyai

现代闽北音这种特殊发音,可以在朱熹和吴棫的叶音中找到印证。朱、吴二氏都是闽北人,如果"上"字在吴棫、朱熹口中可以读零声母,则"上与切"跟"演汝切"实际音值不就是一样的了吗?

三、早期闽语的清鼻边音声母

朱熹叶音中有中古明母与晓匣互叶、来母与彻母互叶的例子,我们认为与罗杰瑞(1973)提出的"原始闽语"清鼻、边音相关。这种音叶涉及了早期

---

① 《重校鹤山先生大全文集》卷三十五《答李遂宁》,四部丛刊初篇本。

闽音的构拟，跟一般的音叶所表现的古今对应有所不同，所以将它们单独讨论。

3.1 明母与晓匣互叶

3.1.1 语例概况。明晓互叶，有"熏、慢、痗"3字次。这种叶音与现代闽南音中少数明母字读喉擦音相似，因此，本节的"后附闽音"将统一展示音叶中明母字的现代闽音。

熏许云切，叶眉贫反，熏/眉_{大雅凫鹥五}，眉：$_\subset$bi/$_\subset$bai，$_\subset$muei，mi$^\circ$

慢谟晏切，叶黄半反，慢/黄_{郑风大叔于田三}，慢：ban$^\circ$，maŋ$^\circ$/main$^\circ$，main$^\circ$

痗莫背反，叶呼洧反，痗莫/呼_{小雅十月之交八}，痗*：——，xuei$^\circ$，——

3.1.2 考证与讨论。"熏叶眉贫反"，将晓母字叶读明母，叶音与被注字的声母不合。王力先生(1982A)曾在考察"熏"字所在韵段的时候，提出"今本《诗集传》'叶眉贫反'在熏字后，误"①之说。为什么这样说？我们先看该韵段前后韵脚及朱子音叶：

大雅凫鹥五：亹_{音门}熏_{叶眉贫反}欣芬_{叶丰匀反}艰_{叶居银反}

全韵段共5个韵脚，晓母字"熏"之前恰有一个明母字"亹"。王力先生的意思："叶眉贫反"的叶音应当属于前面的明母"亹"字，今本误置于其后"熏"下，当有"错简"之误，应当将该条叶音前移至"亹"字下。但核查古本，如静嘉堂宋本、中华再造善本元刻本、明正统司礼监刊本、清乾隆乙巳金阊绿荫堂刊本，甚至八卷本，都一致作"熏叶眉贫反"，笔者所见诸本竟无一本支持叶音前移。由此看来，"前移"虽然合理，但缺乏版本支持，还是维持原状较好。

"慢叶黄半反"是明母字混叶匣母，笔者的工作底本上海古籍社1980年版《诗集传》却是"叶莫半反"，并无混叶。今查静嘉堂藏宋本、中华再造善本之元刻本均作"叶黄半反"，以至于元代《诗集传附录纂疏》《诗集传通释》亦然。直至明正统司礼监刊本才看到"叶莫半反"。可见"慢叶黄半反"是古本原貌，后人改"黄"为"莫"，实不足据。

"痗"字注音明母，叶音晓母，两读均见于《十月之交》"之痗"条《释文》：

---

① 语见《朱熹反切考》，《王力文集》18卷，276页。

"之痗,莫背反,又音悔。本又作悔,病也。"(81页上左)韵书收录"痗"字音竟有4个之多,即:分别收入灰韵系上声贿韵、去声队韵,各韵之中又分别有明、晓母的异读。朱子注音"莫背反",是认其去声明母一读为常用音,"叶呼洧反"则认上声晓母一读为非常用音,不过,这个对应于《释文》"又音悔"的叶音,却被写成"呼洧反",原贿韵合口一等被改写成了旨韵合口三等。"痗"字在韵书绝无旨韵异读,朱子之所以"叶呼洧反",笔者以为这是在《十月之交》第三章中"痗"要与止摄三等"里"字谐韵而作出的靠拢诗韵的调整①。"痗"字冷僻,不见于现代学者的闽音调查资料,闽音韵书《汇音妙悟》《建州八音》亦未收录,笔者仅于《戚林八音》的杯韵非母下见之,与"诲晦悔"同音,可拟为 xueiᵒ。如果宋代的"痗"也像清代福州音一样读 xueiᵒ,那为何朱子要先注"莫背反",将其明母一读认作常用音呢?

3.2 来母彻母互叶

3.2.1 语例概况。来、彻互叶,有"瘳、龙"2字次。

瘳丑鸠切,叶怜萧反,瘳/怜郑风风雨二,瘳* :——, ₅t'iu,——

龙力钟切,叶丑勇反,龙力/丑商颂长发五,龙:₅liɔŋ/ ₅lŋ, ₅lyŋ/₅lein, lœyŋᵒ

3.2.2 叶音来源小考。两条叶音都有所承,来源各异。

"瘳"在韵书本有彻母尤韵、来母萧韵两读,后者始见于《集韵》,是同义异读。恰好"瘳"在《诗经》也两次入韵,从诗韵角度看,一押萧宵,见《郑风·风雨》,此对应来母怜萧反;一押尤侯,见《大雅·瞻卬》,此对应彻母丑鸠反。朱熹以不同的方式采用了韵书音,《瞻卬》押尤侯的"瘳"注音"敕留反"(即丑鸠切),《风雨》押萧豪的"瘳"却是"叶怜萧反"。读彻母的用为注音,读来母的用为叶音,非常明确地认定彻母尤韵一读为常用音,萧韵的怜萧切为非常用音。这个处理与《经典释文》相合,查《释文》"瘳"字19次作音,或作"敕周反",或作"敕由反",全都为彻母,无一例来母,显然《释文》是将彻母一读看作常用音的。《广韵》亦只有"丑鸠切"一读,不取来母一读,其意当与此同。其实,"瘳"字叶平音来母一读,亦见于吴棫《韵补》,朱子同于吴棫。

"龙"字本读来母,朱子改叶彻母"丑勇反",音"宠",此音见于《诗·长

---

① 关于"靠拢诗韵",请参刘晓南 2004B。

发》"之龙"条下《释文》:"龙……郑作宠。"(107页)可见朱熹叶为彻母是据郑氏。

从上面简单的考察可见,"瘳、龙"的叶音照搬前人旧音时,不得不改动了声母,这样做仅仅是为了迁就韵书或释文吗?关于"瘳叶怜萧反",黄景湖(1981)认为这是受汉字声旁影响而错用切语,因为"瘳"与"廖"字同声旁且形近。言下之意朱熹、吴棫也许看走了"瘳"字的两点而错读为"廖"字。这样推测可能把问题简单化了。

3.2.3 语音史的观察。从语音史看来,无论明与晓匣互叶还是来与彻透母互叶,都与上古音谐声条例吻合。如:

明-晓匣互谐例(董同龢 1948):每-悔晦,微-徽徽,勿-忽,黑-默

来-彻透互谐例(李方桂 1980):獭-赖,宠-龙,綝-林,瘳-醪

两种互谐显示了不同的语音发展,下面分别论之。

3.2.3.1 关于明、晓匣互谐。高本汉解读为上古存在着 xm-的声母。李方桂认为应当是清双唇鼻音 m̥,董同龢取之(董同龢 1948,13 页)。现在通过朱熹的叶音,我们又看到了这种上古的谐声现象竟下与千年之后宋代音叶中的声母混叶类似,语音性质相通,暗示之间存在着某种纵向关联的可能。

基于这种历史关联,台湾学者许世瑛(1974,214—215 页)提出上古复辅音"后世分化说",试图从历史方音的角度解释这组特殊叶音,然许氏仅泛说方音,提出假说而已。我们现在可以看到,在现代闽南话中的确有某些明母字白读喉擦音,类似明母读同晓匣母。如:

厦门:默 hm?̣ 媒茅 ̣hm

泉州:默 hm?̣

漳州:默 hm?̣

"hm"是现代闽南音中一个完整的音节(暂忽略声调),通常认为其中"h"是声母,"m"是韵母,即声化韵。但有学者认为"m 声化韵实际上是声母 m 和后面元音 u 或 ui 音变的结果"。[①]再看这些读 hm 的字都是中古明母字,那么 hm 中的 m 原本也应当是声母。然而前面的喉擦音 h 从何而来呢?

首先,我们注意到这批字与上古"明-晓互谐"密切相关。读 hm 的"默、

---

① 周长楫等《厦门方言研究》,福建人民出版社 1998 年,10 页。

媒"等,本为明母字,其中"默"从晓母"黑"得声。又有"媒"从"某"得声,"某"声古通"每"声,如"梅"重文作"楳",而"每"声多谐晓母,如"悔诲晦"等。朱熹的三例音叶中"痗"字正是从"每"得声,朱子给该字注音为明母、叶音为晓母,正与古明-晓互谐相合。可见朱熹这些特殊叶音隐含有古老的明-晓互谐信息,又处于中古后期与近代前期的关键历史节点,无疑有助于跨越千年历史鸿沟,起到沟通上古音、中古音与现代方音的作用。从这种绵延不绝的古老谐声、互注遗迹中,我们确实能够感觉到m̥-声母的存在。如果将 hm 音节视为上古音 m̥-类声母在现代闽南一隅之孑遗,那么处于上古到现代漫漫历史长河中间时段的朱熹"明-晓匣混叶",其与"hm"音字在清送气唇鼻音方面的相似性,给了我们充分的理由将这种混叶定性为宋代闽地之上古遗迹;三条混叶无论以明母改叶晓母(熏)、还是以晓匣改叶明母(痗慢),都可视为源自上古,经过中古,到南宋时代仍残存在闽方言中的"明晓通谐"类的特殊声母,与现代闽南读为 hm 音节不同的是,当时依然是一个清送气鼻音 m̥-类声母,因其后面带有韵母。

从发音机理上说,清送气双唇鼻音 m̥-由双唇闭合、鼻腔打开,不振动声带从咽腔到鼻腔喷出强气流发音。其发音器官既有双唇动作,又有喉鼻配合,发音方法既有不震动声带,又有送气摩擦,按宋元切韵学的五音归类,既具喉音特征,又具唇音特征,"唇喉同体"是不折不扣的"异类"。虽然它们在上古谐声系统的突出表现,表明在上古汉语中曾经存在甚至是大范围存在,但到了中古的韵书及音义里面则踪迹全无,相应地,韵图的五音清浊体系中也没有它们的位置,说明它们不但已退出中古通语体系,而且大大缩小了分布区域,在很多方言中已经消失。到了宋代,m̥-声母恐怕仅在保守的闽方言中苟延残喘而独木难支了,近代闽音 m̥-声母逐渐向通语或强势方言靠拢,发生消变已是历史的必然。综合现有历史语音信息,我们认为宋代闽音的 m̥-声母可能是在内、外因素共同作用下发生了消变。大概经历了从最初产生音位变体到最终分化为不同音位的两个过程。

促使产生音位变体的动力,当来自通语或闽语周边方言中 m̥-音节要么变读 m-,要么变读 h-的语音环境。由于周边方言中 m̥-声母已荡然无存,这就势必给闽方言构成一个强大的不和谐环境,使其残存的 m̥-声母在 m-或 h-汪洋大海般的包围下、冲击下愈益动荡不安,作为一个"异类"难以独存,从而促动m̥-声母进行适应性的调整,发生变化。可以推想,如果受外来h-的冲击,m̥-就会在送气方面作相应的调整与适应,增加其气流的时量,m̥-可能临时变读为一种复声母式的hm̥-;如果受外来m-的冲击,就会在唇音方面作适应性调整,扩张或加强双唇闭合的时量与音量,m̥-可能临时变读为类似m̥m-的复辅音。无论哪种可能,闽音中m̥-声母的音位自由变体都会出现。朱熹音注"明与晓匣互叶"反映的应当就是这种音位变体的读音,但已近尾声。宋以后音位变体逐渐消失,除个别特殊状况外,m̥-声母消变为m-或h-逐渐融入通语及周边方言的体系。

促动音位变体消失的动力来自音节内部的冲突,可以借用黄典诚先生(1979)"声韵强弱不平衡律"来解释。我们假设m̥-声母的音位变体在后续演变中由于分别选择了强韵、强声的不同发展途径,于是出现了"分化""裂变"的差异。

"分化"是由音节的"强韵弱声"引发的变化。闽音m̥-声母的两个音位变体hm̥-、m̥m-所组成音节,如果选择了强韵弱声,音节中韵母被强化之后,必然压缩声母的生存空间,迫使原复声母的送气与唇闭双重要素作出调整,根据两个音位变体本身的强弱对比,削去其弱者,以求得音节的平衡。不同的音位变体的"去弱"结果是不同的。原送气较强的变体hm̥-就会保持强气音,进一步弱化唇音,结果是消除双唇闭合动作,变读为喉擦音h-,如"熏、瘊"。而弱送气的变体m̥m-则相反,由于其送气成分较弱,就会保持相对强势的唇闭音,继续予以加强,同时消除其清送气成分,变读为双唇浊鼻音m-,如"慢"。无论何种变化,都削弱以至消除了原声母的某一组合因素,从而使原m̥-音节的声母分别变读m-或h-声母。这就是所谓"分化",是闽音m̥-声母的主流音变,音变的结果是"异类"消失,闽音的声母结构达成了与通语、其他方言的同一。

"裂变"则是个别现象,仅出现在闽南话几个特殊字中。在闽音m̥-声母普遍发生分化音变时,闽南话有个别字(可能是变体hm̥-音节字)却脱离主流,在声韵冲突中作了强声弱韵的选择,也许起初仅仅将hm̥-中原较弱的唇闭成分加强而读为hm-,这时hm-中的m已具备响音性,必然挤占音节中其他音素的组合时程,对后接韵母产生压缩,使后接韵母进一步弱化,首先可能是韵尾消失,元音变弱。随着送气作用继续加强,送气部分的h愈益独立,其后接韵母愈益弱化,造成原声母中的类响音唇音成分 m 和后面元音等发生某种程度的融合,最终吞没后接元音,这大概就是现代闽南少数 hm 音节的来源。

闽音的这个音变源于上古,经中古、近代直至现代,历时数千年,头绪纷繁,可简明图示如下：

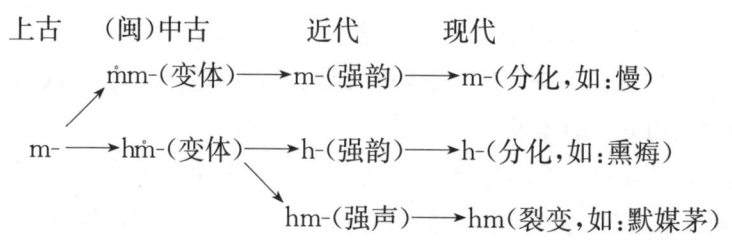

上古　　（闽）中古　　　近代　　　现代

　　　　m̥m-(变体)——→m-(强韵)——→m-(分化,如:慢)
m-——→hm̥-(变体)——→h-(强韵)——→h-(分化,如:熏瘊)
　　　　　　　　　　　hm-(强声)——→hm(裂变,如:默媒茅)

朱熹是闽北人,而现代 hm 音节只见于闽南,当时朱子所叶之"瘊"后代闽音文献读 x-(按,即 h-),所叶之"眉慢"现代闽音读 m-,都已失去明晓通谐所反映的清送气唇鼻音特征,这不但可以说明,宋代 m̥-声母并不限于闽南,还见于闽北,其分布区域比现代要广；也可以说明,宋代闽音中分布广泛的清唇鼻音声母,在后来的发展中逐渐萎缩,分化,变异,到现代仅以少数 hm 音节的形式残存于闽南方言之中了。

3.2.3.2　关于来、彻透互谐。上古来与彻透互谐,如"獭-赖"等,表明来母与透彻母发生关联早见于上古,李方桂(1980,20 页)据此断定上古汉语有个清边音 hl-(lh-,按,即 l̥)声母。他解释来母与透彻互谐的原因,是"清的边音 hl-与吐气的 th-在语音上也很接近",并且"藏语的清边音,普通写作 lh-的,唐代译音多用透母来译"。这些译音见诸刻于唐长庆间的《唐蕃会盟碑》,如：

klu bza lha bo brtsan	楼勃藏他谱赞	lha 译作"他"
kri bẕer lha mthoŋ	绮立热贪通	lha(m)译作"贪"
zaŋ lha bzaŋ	尚塔藏	lha(b)译作"塔"
btsan bẕer lho goɲ	赞热土公	lho 译作"土"①

罗常培说"lh 连读照现在拉萨音似乎跟边摩擦音[ɬ]相近,发音时先使舌头作[l]音的姿势同时再读[h]音；这个音本来是很古怪的,当时译音的人因

---

① 马学良主编《汉藏语概论》,北京大学出版社 1991 年,145—146 页。

为中国向无此音所以才勉强用透母字来替代"①,就是说,透母字在听感上跟 lh-最接近,极易混淆,故此有此接触。这个相混跟朱熹叶音非常相似,我们可以把朱熹的叶音与上古谐声字例比较一下:

     叶音   上古谐音

  瘳丑鸠切,叶怜萧反   瘳:醪

  龙力钟切,叶丑勇反   龙:宠

  朱熹叶音切语竟与上古同声符谐声字之间的声母完全对应,可见朱熹"龙、瘳"二例来-彻互叶与上古来-透互谐的表现形式虽然不同,但语音性质相同。笔者由此推测,这些特殊的叶音很有可能反映了宋代闽音中仍残存少数来自上古音的清送气边音来母字。诚如李方桂所言,清送气边音的音值"接近"透(彻)母的话,我们就找到了朱熹来、彻二母同字异叶的实际语音基础。凭借这个基础,朱熹乐意接受韵书或《释文》中记录的来-彻二母的同字异读,并将它们纳入自己的叶音体系,造成其音叶体系中来、彻二母的语音接触。这样看来,朱子这两例来-透彻母的音叶,给我们留下了宋代闽方言 hl-声母的遗迹,反映了上古的 hl-声母在千年之后的宋代闽音中仍有残存的语音现象。

  不过,这种残存在朱子之后不久就全部消失了,以至于在现代闽音中,很难找寻踪迹,罗杰瑞认为现代闽北话的"来母哑声字"是其直系后代,姑存其说。

四、宋代闽音声母的音变概况及声母系统

4.1 音变概况

  关于闽音声母演变表现,我们已经从两个方面来考察,第一方面是特殊混注 12 条例,第二方面即清鼻边音的 2 条例,共计 14 条例。从语音性质的角度来看,14 条例所反映的历史音变可以归属两个层面,一是局部音变层面,一是系统音变层面。

---

① 《唐五代西北方音》,历史语言研究所单刊第十二种,1933 年,181 页。

4.1.1 局部音变。所谓局部音变,简言之就是"字音"的变化,指那些仅反映音系内部某些声母所辖字与通语、其他方言有不同或某些声母原辖字的读音发生了与通语及其他方言不同的变化而归入了别的声母之中。它们并不引发声母之间的音类变化,即不发生声母的合流或分化,与声类的消长无关,对整个音系的声母系统不发生影响。比如第 1 条例"全浊清化及戛透归并模式"从"清浊"的角度来看是影响音系的,因为清化以后声母系统中的清、浊对立消失了,造成全部全浊声母的消失。但"戛透"的变化就不是这样,它仅表明闽音声母的归字与通语不一样,如"才奇存"等字通语送气而闽音归不送气,"滞泮"等字通语不送气而闽音归送气等等,只是部分字的归属不同而已,并不对清化之后的全清、次清对立的格局发生影响。所以,闽音中"全浊清化"音变的"戛透"归属是属于"字音"层面的,是局部音变。

除清化戛透归属不同外,14 条例中属于局部音变的还有以下 6 条:

一是 2.5 条例"全清、次清混注",某些字的送气或不送气与通语不同;

二是 2.6 条例"以云母改叶晓匣",某些喉擦音的字在闽音中读为零声母;

三是 2.7 条例"见溪与匣晓混注",某些喉擦音的字在闽音中读为舌根塞音;

四是 2.9 条例"齿音擦音与塞擦音混叶",某些齿擦音字今读塞擦音与通语不同;

五是 2.11 例"以母与舌头音互叶",某些通语读零声母的中古喻四字在闽音中读为舌头音(舌尖塞音);

六是 2.12 例"以禅母改叶以母",某些中古禅母字,在闽音中读为零声母。

若将"全浊清化戛透归属不同"算作半条方音音变,则 14 条例中属于局部变音共有 6 条半。这 6 条半音变,虽然不影响闽音声母的结构与分合,对声母系统不产生影响,但对具体声母的辖字范围有较大影响,它们通过字音在声母之间的异动,间接对声母系统施加影响。

4.1.2 系统音变。声母系统是一个音系的所有声母及其内在结构关系的总和。系统性音变就是发生在系统层面的语音变化,简言之是"音类"的变化,指能影响声母系统结构或致使某些声母发生分合消长的方言音变。

它们的出现，使得语音系统中声母的结构、数量或音值发生了变化，从而对于声母系统发生影响。

现代闽方言的声母系统一般都是 15 个左右，明清闽音韵书统称之为 15 音系统。根据邵荣芬（1995）对吴棫《韵补》的研究，闽音声母系统的框架至少在宋代就已萌生。邵荣芬归纳吴棫《韵补》中的闽北音声母为 17 组，这是与明清以来 15 音体系非常接近的系统。他说："把吴氏的声系跟至晚明末即已形成的闽北十五声相较，如果不计外乡话的影响，差别就只在于吴氏的唇音要古老一点而已。没有想到，闽北十五声的雏型竟远在十二世纪中叶就在建瓯地区大致形成了。这是一个很有意义的发现。"（562 页）吴棫音如此，那么吴棫的闽北同乡朱熹的音叶情况又如何呢？要回答这个问题，就有必要对朱子音叶中所反映的闽音声母作系统性音变的考察与归纳。

朱子声母特殊音叶的 14 条例中除去上述 6 条半局部音变，剩下的 7 条都或多或少影响了声母系统，有必要从音系的角度综合讨论。

同时，我们还必须看到，方言之所以称为方言，乃在于它是汉语的地域变体，必然与通语有不同的一面，但既然同为汉语，它们也有相通的一面。方言与通语之间必然存在交集甚至是很大的交集，闽方言也不例外。前文讨论具体条例时，我们已经指出宋代闽音的一些变化与通语同步。换言之，这些发生在通语音变中的现象，同样也发生在闽音之中，只是因为它们表现了通语的历史音变，我们将它们归属于通语范畴，比如全浊清化中的浊音成素变清即是。毫无疑问，通语音变中某些条例对宋代闽音声母系统同样发生作用，在讨论闽音声母系统时，必要时会涉及它们。

下面我们以古声母的五音为纲，结合朱子音叶的相关声母条例，讨论其系统性的声母音变，并试图归纳其声母系统。

4.1.2.1　唇音。唇音的系统性音变包含 14 条例的第 3 例"轻重唇混注、唇喉互叶"、第 4 例"以并母叶明母"两条，两个条例反映了两种音类的变化。

一是轻唇音文白异读。从朱熹整个音叶来看，唇音的轻唇音已然分立，这反映了宋代通语的声母情况。同时，根据第 3 例"轻重唇混注、唇喉互叶"提供的语料，音叶中又出现 27 字 67 次轻重唇混注。诸多轻重混注保留了古无轻唇音的遗迹，而且跟现代闽音轻唇的白读层相对应。另外，又有匣母"华"字被注为轻唇敷母"芳"，多达 10 次，尽管混叶是取自《经典释文》的古读,但与现代闽方言轻唇音的文读层相符。综合同时代闽人吴棫、郑昂等同类音注材料,可推知:宋代闽音中轻唇音虽然已经与重唇分化,但形成了文白二读,文读读作舌根擦音,归属于喉音晓母;白读则仍读作重唇,归属重唇,文白分化的结果是闽音中轻唇音又被重唇和喉音瓜分而消失了。

二是明母的鼻冠音残迹。朱熹音叶中明母主要自注,说明明母仍然是一个独立的声母,这一点与通语相同。又由于第3例"轻重混注"中有微母与明母混注,所以轻唇次浊当归重唇。另有第4条例"以並母叶明母"提供的语料,可以看到在闽音中通常读双唇鼻音的明母又与双唇塞音发生了关联,我们认为这体现了宋代闽音中明母有一种鼻冠双唇浊塞音的音位变体。这可以说明,朱熹时代闽音的明母绝不是单纯的双唇鼻音,应当是一个有复杂音位变体的音位:m{m、ᵐb或mb},可以简写作m(b),括号表示这个声母还有读鼻冠浊塞音的自由变读。

综合上述各种音变,三十六母系统唇音的8个声母中,全浊清化,並奉母消失,轻唇分为文白读各归喉音与重唇,非敷微母消失,因而宋代闽音唇音只有三个(声母仍采用传统名称,其后括号标出声母中古音的来源,下同):

帮 p(帮,並及非敷奉白读部分)

滂 p'(滂,並及非敷奉白读部分)

明 m(b)(明微)

4.1.2.2 舌音。舌音的系统性音变包含第2条例"舌头与舌上、正齿互注"、第10条例"以泥母混叶日母"、第11条例"以母与舌头互叶"等3个条例。

三十六母系统中舌音包括舌头、舌上和半舌共9纽。从第2例提供的语例可以看出,朱熹音叶中反映了宋代闽音舌头舌上不分,不但舌上音归舌头,而且还有少数正齿音章组字也读舌头,比较完整地体现了钱大昕描写的"古无舌上音"模式。加上全浊清化,知彻及定澄外带部分船禅母的字要归入端透两母。又有"以母与舌头互叶",少数喻四字当归舌头。

第10条"以泥母叶日母"绝对值很小,只有一字次,但《诗集传》日母自叶仅4条,以泥叶日1条所占的比率还是很大的,旁证同期其他文献语料之后,我们断定宋代闽音中泥日两母已混。此外,朱子音叶还有泥娘合流,这是通语的普遍现象,当然也是与闽音相通的。如此则宋代闽音中泥娘日三母合一，即齿音次浊与舌鼻音次浊合并，日并入泥娘。清人刘家谋云"闽音日母字有入舌音者，如汝读女……仁读如宁"等等，查现代闽方言各主要方言点，中古日母大致分作两个方向演变，一是读作泥母（n-或 l-），二是读为零声母。据此可断定宋代闽音泥（娘日）母音值是 n-。

关于来母，朱熹音叶中来母自叶 46 条，当能独立，且未见来母与泥母混叶，这与现代闽北音泥、来分立相同。

综上，闽音舌音知彻澄娘消失，舌音有 4 母：

端 t（端，定知澄部分，章船禅喻少数）

透 t'（透，定彻澄部分，昌船禅喻少数）

泥 n（泥娘日）

来 l（来）

4.1.2.3 齿音。齿音的系统音变信息主要见第 8 条例"精组与庄组混注"。中古齿音含精组、庄组、章组共 14 母。到宋代通语庄、章合并，齿音分齿头、正齿两组 10 母。朱熹音叶中齿音的齿头音独立，其第 8 例庄组与精组互注，我们认为这是闽音中正齿音中照二读入齿头，即照二归精。朱熹音叶中照三的情况较为复杂，其音叶分为二途，小部分读舌头，跟舌上音一同仍保留着古无舌上音的特征。大部分跟照二互混，形成"知照合流"，如：《商颂·烈祖》第 2 韵段"争叶音章"（《广韵》争侧茎切），《楚辞·哀时命》第 12 韵段"正叶侧京反"（《广韵》正诸盈切）。"知照合流"是通语音变现象，通语知照合流之后独立为一类声母，这一条不符合闽音。闽音则知组、照组各有不同归属，知组及少数章组字归舌音，章组大部分与庄组合流并入精组读齿头音。如庄母"侧"字多用来叶章母，而它自己又被精母改叶，如《小雅·菀柳》二章"瘵，侧界反，叶子例反"。

综合上述各例，朱熹音叶反映的闽音齿音：一是全浊清化后"从、邪、船、禅"消失；二是在通语照二照三合流之后，闽音又有照二归精，实际上是照组与精组合流，使得闽音齿音只剩"精、清、心"三纽。其中由于又有全清、次清混注使得精清之间有部分混读，又有齿音擦音与塞擦音混叶，心母与精清之间有部分混读。因此，宋代闽音齿音三纽的构成相对复杂，括号只能对其中古来源作大概的提示：

精 ts（精，照床禅部分，清心少数）

清 tsʻ(清,穿床禅部分,精心少数)

心 s(心邪审)

4.1.2.4 牙喉音。朱子音叶反映闽音牙喉音系统音变的信息主要是第3条例的"唇喉互叶"部分,即轻唇音字的文读并入喉音。因此三十六母中牙喉音8母,在朱熹音叶中牙喉音的变化与通语音变大同小异。全浊清化之后群匣母消失,群母分别归见、溪,匣母归晓,喻影合流,成为零声母,符号标记为"·",这些都是与通语同步的方音变化。另有见、溪之间少数混注,晓、匣母部分读为塞音等字音的变化。朱熹音叶反映的闽音牙喉音5母:

见 k(见,群部分,溪晓匣少数)

溪 kʻ(溪,群部分,见晓匣少数)

疑 ŋ(疑)

晓 h(晓匣,非敷奉部分,见溪少数)

影 ·(影喻)

上述闽语声母系统,唇音、齿音各三,舌音四、牙喉音五,合计正好是十五音,朱熹音叶显示闽音声母系统与吴棫是大致相同的,它们无疑是明清十五音的直接来源。

十五音系统使闽音声母系统大大减化了。但是由于其中又有许多"字音"的变化,如全浊音清化后大多不送气,清音送气与不送气的混读,晓匣与见溪的参差,邪床禅等母读塞音、塞擦音等等现象,因而闽音每一声纽具体归字都与通语大相径庭,比方说宋代闽音的精 ts-并不能像通语一样只对应于中古精母和部分清化的从母仄声字,而是还含有部分章庄母字和平声从母字,少数清母字等等,余可类推。这就需要在说明每个声母的中古来源时,不得不注明有"部分""少数"别的声母字混入。"部分""少数"在这里都只是一个相对概数,我们只知道"部分"多于"少数",其具体数字无法确指。声系中每个声母来源的"部分、少数"带来了很多的困惑,使得我们无法找到这些特殊读音的跨纽归并规律,无法通过一定的语音条件去把握这些字音变化。

然而,闽音之特殊还不止此,根据混注第 13、14 条例,宋代闽音应当还有一个系列:清送气鼻音与边音,它们的存在使得宋代闽音较之中古声母的五音多出一类清送气音,这关系到系统的结构层面变化,不能不加以特别的注意。

4.1.2.5　清送气鼻边音。清送气鼻、边音，见第 13、14 条例。前文我们已经论证宋代闽音中存在清送气鼻音边音：hl-(又写作 lh-、l̥-、l̩-)，m̥-(又写作 hm-、xm-、m̒)，它们与上古"透彻与晓匣互谐""明与晓匣互谐"的谐声现象相通，可以推知是来源于上古的方音遗存。但上古谐声中还有泥日娘与送气音透彻互谐、疑与晓母字互谐等现象，李方桂由此认定上古还有 hn-、hŋ-，上古音系中应当存在着一套送气的清边、鼻音：hl-、hm-、hn-、hŋ-等。朱熹音叶中仅有清送气来母 hl-与明母 hm-两纽，少于上古。是不是古闽音本缺清送气疑、泥两纽呢？恐怕不是这样。

罗杰瑞(1973、1986)在详细研究了现代闽方言声母和声调上面的一些特殊表现之后，发表系列论文，提出了"原始闽语"存在着与上古音相同的一套清边鼻音的结论。王福堂曾扼要的归纳罗氏的论据与论证曰：

> 一是主要在闽北话中少数来母字声母为 s，如建瓯"卵"ᶜlua 文 sɔŋᶜ白。二是闽南话中明、泥、日、疑母少数字声母为 h，如厦门"茅"(明)ₑhm、"耳"(日)hĩᵃ hiᵃ²、"蚁"(疑)hĩãᵃ hiãᵃ、潮州"年"(泥)ₑhĩ。此外，上述次浊字的古平、入声字在邵武话中读入声(阴入)，如"猫"maoₑ、"目"muₑ，去声字在福州话中读阴去，如"面"meiŋᵃ。罗杰瑞根据它们的声母音值和调类分派的特殊性，推断原始闽语中的边鼻音声母除浊不送气音 m、n、ȵ、ŋ、l 外，还有一套清送气音 m̒、n̒、ŋ̒、l̒，相互对立。①

罗杰瑞的结论虽然新颖，但迄今仍有不少学者持保留态度。现在我们从朱熹的叶音中发现了次浊音与送气音、喉音相叶的叶音材料，可证这套清鼻边音的存在是可能的。遗憾的是在朱熹叶音中不见泥母与透彻母互叶、疑母与晓匣互叶例，不能直接得出 n̒-(hn-)、ŋ̒-(hŋ-)两母。当然，朱熹时代的闽音比"原始闽音"少一两个声母也不是不可以，尽管这样，我们还是在《朱子语类》中发现了"严读作昂"与"此间乡音严作户刚反"语料，可以证明 ŋ̒-(hŋ-)声母的存在。有关"严"字读音的完整语料，前文已引述，此不再引。此仅论"严"字乡音。

---

① 王福堂《汉语方言语音的演变和层次》，语文出版社 1999 年，98 页。

朱熹解说《诗经》《殷武》篇中"严"与"湟"叶韵时，两次说"严"的特殊读音，且用了直音、反切两种注音方式，两种注音方式的声母却不同：

直音：严读作昂——声母为疑母

反切：此间乡音严作户刚反——声母为匣母

可见"严"读作"昂"，就是读作"户刚反"。朱子这里只是解释"严"字的叶韵，本来没有必要对声母改叶，但他在不同的语境中说"严"字时，对该字声母的态度却是不同的。仔细玩味上引两段话，可以看出当他泛泛地说"严"字叶宕摄时，只说"严读作昂"，没改读声母。当他援引"此间乡音"证"严"可叶宕摄时却改读作"户刚反"，而不读作"吾刚反"，这无异就是说在"此间乡音"的实际发音中，"昂"或"严"等疑母字有很重或很显明的鼻送气，若读"吾刚反"不足以俏其发音，非得把它们注作"户刚反"才行。那么这个带有清晰鼻送气音的疑母字，实际音值应当就是 hŋ-。所说"此间乡音"的"此间"是指哪里？据笔者（刘晓南 2001）考证，指的是闽北建阳。我们还有证据证明此类现象并不限于闽北。

南宋曾敏行《独醒杂志》卷一：

蔡元长尝论荐毛友龙……上问大晟乐，友龙曰："讹"。上不谕其何谓也。已而元长入见，上以问答语之，对曰："江南人唤'和'为'讹'，友龙谓大晟乐主和尔。"上颔之，友龙乃得美除。①

蔡京（1047—1126），字元长，福建兴化军仙游人，所操方言属宋代闽中东方言。毛友龙乃衢州西安人②，当说吴语。"讹"乃疑纽，"和"乃匣纽，今吴语、闽语"和、讹"均不同声母。蔡京说"江南人唤'和'为'讹'"，绝不可能是毫无根据胡编，否则欺君之罪乃不能承受之重。从文献资料显示的情况来看，所说"江南"实指蔡京的家乡闽。因为至少从晋代以来，"江南"一名即概指吴闽大地，唐人说江南吴地肯定包含有闽③，到了宋代虽然吴闽已经分治，但"江南"旧称仍可沿用，闽人甚至还可被称为吴人（参刘晓南 1997）。蔡京

---

① 《独醒杂志》卷一，朱杰人点校本，上海古籍出版社 1986 年，3 页。
② 参昌彼得等编《宋人传记资料索引》第一册，中华书局 1988 年，398 页。
③ 唐成玄英《庄子·让王》"石户之农"疏云："农，人也，今江南唤人作农。"今闽方言人字白读为农或侬。

这句话实在是耍了个小聪明,在含糊不清的"江南"旧称中,挪用闽语的奇音解释了吴人的怪话,谁说吴人毛友龙不是"江南"人呢？联系朱熹所说"此间乡音",就可以断定蔡京所说"和"读为"讹"的奇音,实际是说他自己的家乡话,并不包含今天方言学定义的江南吴音在内。"和"读成"讹",字面上可以理解为读舌根送气擦音γ-或 x-带上了鼻音,但笔者认为要倒过来说,"讹"读同"和",即疑母字带上送气成分,这样不但更符合蔡京本意,而且与朱熹所说"昂"读"户刚反"同类型。李方桂曾说过疑母"五"字"在汉语和藏语都是-ŋ,而全部台语都是 h-(＜*hŋ-?)"。①针对"五"字在汉语、台语中出现的 ŋ-和 h-对应,李氏使用"＜*hŋ-?"的方式表达 h-音有来自古台语的 hŋ-的可能,此与宋代闽语的"讹"与"和"音通何其相似？如果同族语疑母(ŋ-)"五"字声母读为"h-",有可能源于原始 hŋ-声母的话,那么宋代闽音中疑母"讹"读为"和",同样也极有可能反映了其原始或早期 hŋ-声母遗迹。

此外,还有福州人郑昂的音注中也有同类音注。

郑昂,福州侯官人,政和五年(1115)进士。著《杜诗音义》,已逸,但《分门集注杜工部诗》25 卷(四部丛刊本)中引有大量郑昂音,其中有两例匣母字注为疑母②:

《分门杜诗》卷 6(21 页):觋,研历切;《广韵》觋,胡狄切

《分门杜诗》卷 7(19 页):系,吾诣切,《广韵》系,胡计切

两例都以疑母混注匣母的字,跟前文以"讹"说"和"音性质相同,也可能反映了舌根清送气鼻音现象。至于"觋、系"读 hŋ-还是"研、吾"读 hŋ-,或者是四个字都读 hŋ-则暂存疑待考。特别要注意"系,吾诣切"的切语,用《切韵》音衡量,实在是犯了《四声等子》序所说"同归一母则为双声"的毛病,即同母双声的两个字作切语上下字,切出来仍为切下字,就像"和会切会字"一样,"吾诣切"切出的音就是"诣"。这个反切的构成不合音理,是不是反而说明虽然同为疑母,"吾"与"诣"在郑昂口语中可能声母的音值并不相同呢？如果真有不同,最大的可能就是"吾"与被切字"系"音近,具有送气成分,读

---

① 《汉语和台语》,载中国社科院民族所语言室编《民族语文研究情报资料集》第四辑,8 页。

② 此两例取自湖南师范大学王曦硕士论文《宋代福建音释研究》,37 页。

为 hŋ-声母。

根据我们(1999)宋代闽音的闽北、闽中东、闽南三大次方言的划分，上文考察的 hŋ-声母，蔡京、郑昂代表闽中东音，加上朱熹的闽北音，在宋代闽音中，暂未见闽南音中 hŋ-声母语料。但罗杰瑞恰恰是举闽南的厦门话"蚁"读 hĩã²、hia² 为例，证"原始闽语"有之。笔者认为似乎还可有所补充，即厦门话中的 hŋ 音节。厦门话的声化韵 ŋ 辖字主要来自中古宕摄阳声韵字，但"hŋ"音节却含中古非宕摄字，如魂韵晓母"昏"，元韵系云母"园远"，它们中古归晓母、云母，上古归晓、匣母，笔者以为这几个字音与"hm"音节有相似性，很像是从上古清鼻音声母 hŋ 裂变而来。总之，宋代在闽北、闽中东地区都存在 hŋ-声母的情况下，不应当闽南独已消亡，合理的解释应当是"文献不足故也"。

罗杰瑞"原始闽语"清送气鼻音还有一个 n'-(hn-)母，在目前所见宋代闽音资料中确未发现其踪迹，这只可能两种解释，一是文献中偶缺，一是宋代闽音中 n'-(hn-)已经消亡，笔者目前倾向第二种解释。

4.2 音叶所反映之闽音声母系统

综合上述特点，参照传统三十六字母，合并混并部分，可以得到朱熹音叶中的宋代闽音声母系统 18 纽，仍可以传统声母命名分列五音，见下表。表中各纽下辖字无法实指，其大概辖字的范围见于上文系统音变一节，此不赘述。表中清送气鼻、边音与其他声母异类，传统声母体系中没有命名标示，现根据其互叶特点，以其互叶双方"某-某"方式名之。

唇音：帮 p　　滂 p'　　明 m(mb)　　　　明-晓 m'
舌音：端 t　　透 t'　　泥 n　　　来 l　　来-透 l'
牙音：见 k　　溪 k'　　疑 ŋ　　　　　　疑-晓 ŋ'
齿音：精 ts　 清 ts'　　　　　　　心 s
喉音：影 •　　　　　　　　　　　晓 h

第九章 朱熹的古音学(上)——古音思想

不以古音研究名家的理学大师朱熹,现代学者仍愿意将他看作早期的古音学家,这主要是因为朱熹建立了堪称完备的叶音体系,用于解释并梳通诗骚古韵的缘故。由于叶音的表现突出而抢眼,所以,后人大凡论及朱熹古音学都锁定叶音,介绍其内容、评判其得失,却大多忽略了他为什么要如此叶音,他是怎么制作叶音的以及叶音从哪里来等等深层次的问题,以至于我们长期并不了解这位"古音学家"的古音思想,甚至误以为他只是一个随大流借用叶音来说古音的拙劣的模仿者。

全面考察朱子的叶音条目及相关论述,我们认为朱子大量采用叶韵方式来解说诗骚古韵,绝不是出于一时跟风的机械模仿,所改叶的字音也不是乱改,而是有其深刻的认知和缜密的思考的。在古音问题上,他其实有自己的认知和理论意识。他和宋代其他古音学的前驱们长期相互借鉴,相互交流和探讨,共同在古音研究的实践中建立了早期的古音学基础理论。如果有什么不同的话,那就是其他学者往往著有古音学的专题论著,其古音学说得以正面展示,而他似乎没有这么做①。现在看来,他的古音思想仅仅只在他的叶音系列成果以及文集、语录及其他论著之中的零散言论中非正式地断断续续地表达出来,这也是造成后人只看到其叶音现象而忽略了他的古音思想的客观原因之一。

思想引领行动,要准确地了解他的叶音行为,就有必要了解他的古音思想,以探求他叶音的深层原因和学术意义。鉴于他没有古音专题论著传世,我们就从他叶音的相关说明文字,从他的文集及其他论著中的语音散论中

---

① 有资料显示朱熹有过《楚辞协韵》《楚辞音考》,然均已失传,不知其详,或内容已散入《楚辞集注》。

去挖掘、提炼他的古音观点或理念，以期较为全面的整合或还原他的古音思想。

一、学术渊源：借鉴、交流与探索

宋代是古音学萌发的时代。尽管历史上"古音"之说出现很早，甚至可以上朔至东汉的郑玄①，但并不等于古音学就此开始。李荣(1982，30页)说："汉朝人就知道古今音异，可是系统的研究上古音，是从宋朝人开始的。"的确，正是宋代的一大批学者通过持续不断地关注并探讨文献中的古音现象，才将"古音"从一个偶一涉及的话题，渐次升华成为一个新的学科体系。这些学者中，对朱熹影响较大，或与朱熹有学术交流而互相启迪的主要有三位：吴棫、程迥和方崧卿。

1.1 借鉴吴棫

年长朱熹 30 岁的武夷吴棫(1100—1154)，是宋儒之中公认的以叶音方式说古音的第一人，著有古音专著《毛诗补音》（佚）和《韵补》。我们在前文已经指出，朱熹虽然对吴棫叶音持正面肯定态度，且于吴说有所承用，但决不盲从，更不全盘照搬。这层意思，在他讲学或师友论难时表述得尤为清晰，《朱子语类》记录在案，请看：

(1) 近世考订训释之学，唯吴才老、洪庆善为善。②

(2) 或问："吴氏《叶韵》何据？"曰："他皆有据。泉州有其书，每一字多者引十余证，少者亦两三证。他说，元初更多，后删去，姑存此耳。然犹有未尽。"③

(3) 吴才老《叶韵》一部，每字下注某处使作某音，亦只载得有证据

---

① 郑玄提及的古音，见《豳风·东山》诗中"蜎蜎者蠋，烝在桑野"句下郑笺。又颜之推在《颜氏家训》中也提及古音，见《音辞》篇，乃至于唐人陆德明、颜师古等都有提及。
② 《朱子语类》卷一百三十八，第 8 册，3279 页。
③ 《朱子语类》卷八十，第 6 册，2081 页。

底,只是一例子。泉州有板本。①

(4) 又曰:"协韵多用吴才老本,或自以意补入。"②

(5) 问:"诗叶韵,有何所据而言?"曰:"叶韵乃吴才老所作,某又续添减之。盖古人作诗皆押韵,与今人歌曲一般。今人信口读之,全失古人咏歌之意。"③

(6) 吴才老补韵甚详,然亦有推不去者。某煞寻得,当时不曾记,今皆忘之矣。④

上引6段话表达了3个意思。一是确定当今"考订训释"之学,只有吴棫与洪兴祖"为善"。所谓"考订训释"无非就是指古籍整理中的校刊、注音释义之类,当然包含叶音在内。肯定吴棫的考订训释之学为善,实际上也间接地肯定了他的叶音。此为第1段话内容。

二是重点说吴棫的叶音是有根据的,并非臆叶。包括第2、3两段。

三是说对吴氏叶音中之"犹有未尽"和"推不去"者,作"自以意补入"或"续添减之"的订正。这可见其传承吴氏叶音的态度之谨慎。就是说,凡所传承必有鉴察,吴氏说得对的就承用之,不对的就根据自己的考证,加以修改订正。

全面考察朱、吴叶音的异同,可以清晰地看出朱子对吴氏的古音学说是在批判的基础上接受的。他的操作方式大概是,先核查吴氏的叶音是否合理有据,然后再决定要不要接受。合理有据则用,不合则改。这样看来,无论是承用还是改作,其实都是一以理据为依归的、自主的音释行动。

从上引他的自述来看,对吴氏叶音的更改,主要是"未尽"或"推不去"者。"未尽"大概是指所说不全面,有缺陷,有缺则需补正;"推不去"的意思大概是指有说不过去或讹误之处,有讹误就需要匡正,两者结合起来其实就是刊谬补缺。通过这些具体的刊谬补缺条目,可以感知朱子叶音与吴棫叶音的旨趣其实不同。我们的看法是,朱熹对吴棫叶音的承用,并非全盘照

---

① 《朱子语类》卷一百三十八,第8册,3279。
② 《朱子语类》卷八十,第6册,2079页。
③ 《朱子语类》卷八十,第6册,2081页。
④ 《朱子语类》卷八十,第6册,2080页。

抄，而是一种基于"自主意识"的选择性借鉴。（具体详上卷第七章，此不赘）

1.2 熔铸程迥

程迥（？—1189），字可久，是宋代古音学家，著《古韵通式》（佚）。其生平履历，《宋史》卷四三七《儒林七·程迥传》说程迥是应天府宁陵人（今商丘市宁陵县），靖康之乱徙绍兴之余姚。又说程迥"家于沙随"。然据钱大昕的考证，"沙随"是宁陵的别称，所谓"家于沙随"，是《宋史》作者的一个误会①。从他靖康之变时南迁浙江余姚来看，程迥实际是绍兴余姚人。其主要仕履：登隆兴元年（1163）进士第，历任泰兴尉、德兴丞，知进贤、上饶等县。总之，其一生任职于地方，材高用小，故朱熹有"如此等人老于州县，深为可惜"②之叹。关于他的师承，宋史本传云"迥尝授经学于昆山王葆、嘉禾闻人茂德、严陵喻樗"。"授经"二字，《四库总目》写作"受经"③，虽曰"授、受"古可通用，但宋代早已施受异名。今按，在程氏的《周易章句外编》中有"闻人茂德先生谓迥曰"④的句子，既称"先生"当是"受学"，《提要》是也。

程迥是宋代知名学者，大儒朱熹与之有文字交，因其年长而尊之为沙随程丈。朱熹与他书信往来甚多，《晦庵先生朱文公文集》卷三十七收录的"答程沙随书"多达十通，另于《别集》卷三又收了"致程沙随可久"书信两通。书信中大多谈学问道，往复论难，议论热络。程氏通经学、史学、小学，尤精于《易》，著述颇丰。朱子称其"著书满家，足以传世，是亦足以不朽"⑤。《宋史》程迥传录其著作多达 19 种，但大多佚失，今所见收于四库者有《周易古占法》《周易章句外编》两种。若论韵学著作，19 种目录中仅有《四声韵》1 种，未见《古韵通式》，盖《古韵通式》主要讨论"四声互用"问题，故又有"四声韵"之异名欤？然《古韵通式》或《四声韵》两个书名均不见录于《直斋书录解题》《遂

---

① 钱大昕《潜研堂文集》卷二十七《跋程氏周易古占法》曰"杜预注《左传》云梁国宁陵县北有沙随亭，沙随即宁陵之名。而传云应天府宁陵人，家于沙随，岂不大可笑乎！"又"授学""受学"之辩，亦早见于钱氏该文。
② 语见朱熹《答尤尚书》（《晦庵先生朱文公文集》卷五），《朱子全书》第 25 册，4742 页。
③ 见四库本《周易古占法》《周易章句外编》提要（影印文渊阁四库全书第 12 册，第 599 页）。
④ 语见影印文渊阁四库全书第 12 册，612 页。
⑤ 语见《宋史》卷四三七《儒林传》，12952 页。

初堂书目》《文献通考·经籍志》以及《宋史·艺文志·小学类》,可能流传未广,宋末元初即已佚失。王应麟《玉海》卷四十五有一个简单的记述:"程迥《古韵通式》一曰四声互用,二曰切响通用。略于《文选》《诗》中类出五十余条,复以经证,一目终焉"①。从这个简短的叙述中,大概可以推知,该书篇幅不大,不分卷,书中提出了"四声互用,切响通用"两条古音原理,同时从《诗经》《文选》等古籍中列举50余例证之。不知为何,《四库全书总目》提及该书时却说"迥书以三声通用,双声互转为说"②。

据笔者研究(刘晓南 2012B),四声互用、切响通用是程迥阐发的两条古音原理,简言之,前者言古韵通,后者言古声通,宋人亦合称之曰"通转",其意大致与清儒的阴阳对转相似。

虽然程书不传,但程氏理论在宋代却颇有影响③,尤其得到朱熹的重视。朱熹曾给程迥去信,专门讨论《古韵通式》的古音理论。在这封被收入朱熹文集之"别集"、题为"沙随程可久"的信中,朱熹交流了自己对《古韵通式》古音学说的看法,虽然对某些问题提出质疑(详下),总体上却是赞誉有加,他说:"《古韵通式》,简约通贯,警发为多。"④他还说:"沙随程可久曰:'吴(按,指吴棫)说虽多,其例不过四声互用、切响通用二条而已。'此说得之。"⑤断以"此说得之",可见他对于程说基本上是肯定的。但实际上在"四声互用"与"切响通用"两说之间,朱子主要采信的是"四声互用"。这不但体现在上述"沙随程可久"书信中他非常肯定地说"四声互用,无可疑者",而且在古籍整理中他也大量地加以运用。据笔者(刘晓南 2015)统计,《诗集传》中根据四声互用原理作的叶音多达 237 字次,其运用之自如娴熟,涉及语例之丰富,较程氏原著有过之而无不及。可以说,"四声互用"被朱子在诗骚叶音中发挥到了极致。

但对于"切响通用",朱熹的态度颇为消极,在"沙随程可久"信中说:

---

① 《玉海》,广陵书社,2003 年缩印本,848 页下栏。
② 语见《四库全书总目》之《韵补》提要(中华书局 1965 年缩印本,1995 年第 6 次印刷,第 360 页下栏)。
③ 如宋番阳董南一《切韵指掌图》序将吴棫《韵补》、程迥《韵式》并提,称"能发明古人用韵之变"。
④ 语见《晦庵先生朱文公文集·别集》卷三《程沙随可久》,《朱子全书》第 25 册,4874 页。
⑤ 《昌黎先生集考异》卷五《郓州溪堂诗》,《朱子全书》第 19 册,471 页。

"'切响'二字，不审义例如何？幸望详赐指谕。"并就具体问题提出质疑，如"麒之为极，十之为湛，似亦是四声例也"。这个质疑透露出两个意思。一、程迥《古韵通式》的50余条语例里面有"麒古音通极""十古音通湛"二条，程氏原书将两条均归于"切响通用"类，看作是双声之间的古音通用。二、朱熹不同意程氏的解说，认为此两条古音之通不当入切响通用例，因两条所说都是音节的平声与入声的古音相通，应当归入四声互用条例（详刘晓南2003）。我以为，信中的客气请益之辞和质疑之语，实际都表达了不太认可的意思，相应地，在《诗集传》的叶音中，可断为据"切响通用"原理做出的叶音少之又少。笔者（刘晓南2003）曾指出大约有三例叶音可看作据切响通用原理作出的，但同时又有古书异文或谐声偏旁等证据。整部《诗集传》几乎看不见有单独运用切响通用原理叶韵的实例。

对程氏的两条理论一用一否，充分说明朱熹对程氏学也没有盲从。他对程氏书中条目提出的质疑具体而细致，应当是经过自己审核之后的看法。可以推想，朱熹一定是逐项审议过程氏原书中的50余个实例，经过自己致密的思考和严格的验证之后，是其是、非其非，纠偏刊误，才得出自己的评判。亦可见在运用程氏古音学说整理古籍之古音方面，朱熹也是有自己主见的。在解决具体古音问题的实践中，他其实是熔铸程说自成一家。

1.3 评点方崧卿

方崧卿（1135—1194），字季申，福建莆田人。登隆兴元年进士，历任知县、知州而至京西转运判官。崧卿嗜好藏书，家有藏书号称四万余卷，皆手自校雠。尤喜韩愈文章，特校正韩集作《韩集举正》十卷流传至今，是为早期韩集整理研究之名作。朱子曾针对《韩集举正》作《昌黎先生集考异》[①]（下简称《考异》）一书，述评方崧卿对韩集的校勘、整理。但就是这样一本文献学著作，却相对集中地展现了朱子的古音思想及实践，这有两个原因：

第一是著作意图使然。书名曰"考异"，就表明写作此书的本意并非为了介绍方氏韩集校刊的成就及方氏的校勘之学，而是通过评其得失、断其是

[①] 《昌黎先生集考异》有多种版本，书名也有不同，如四库本的书名为《原本韩集考异》。本文取《朱子全书》本（第19册，上海古籍出版社、安徽教育出版社，2000年），下同。

非来阐述自己对韩文的校理,并探索校勘学理,重在阐述己见。其所阐述己见的方式可归为三种,一为"评",乃针对方氏学说发表评论,或赞许之、或印证之、或拓展之、或驳正之,此实为正面直陈己意之"作";二为"述",即引述方氏之说不予置评,不过,只要看他凡有质疑或驳正一定作"评",就可以确认这里的不"评"其实就是没有异议,实际是以不评为评的正面肯定;三为"补",即对方氏没有论及的韩文问题作出新的考证与解说,这些新考也大都印证、拓展或驳正方氏之说。三者之中,如果说"评"是正面阐述己见的话,那么"述"就是以引述的方式迂回地传达自己的观点,而"补"则是通过发掘和解决新问题来验证并完善理论或方法。三者相辅相成,构成朱熹阐发自己意见的独特方式。

其二是评述对象使然。方崧卿经常运用"古音"来破解韩文中的文字错讹、通假与特殊用韵等问题,朱熹仅在原则上肯定这种新颖的校释思路与方式,而在具体问题上,毁誉不一。针对方氏所述之古音,朱子几乎是逐条作出述评,也正是这样近乎逐条地阐发或匡补方氏有关"古音"诸说,密集发声,才相对集中地展示了他自己的古音观点,因而对我们了解他的古音思想有重要意义。

1.4 广取众说

上述三人之外,朱熹还广泛借鉴当时其他学者的古音相关学说。他自己直接说到的有如下一些:

(1) 司马光"霓"读平声说。《楚辞集注》的《离骚》注中云"霓"的读音"此从五稽反"。在《楚辞辩证》中,他特地作出说明:"沈约《郊居赋》'雌霓连蜷',读作入声。司马温公云:'约赋但取声律便美,非霓不可读为平声也。'故今定《离骚》'云霓'为平声,《九章》、《远游》为入声,盖各从其声之便也。"①

(2) 洪兴祖《楚辞补注》中诸音叶。如洪氏将入声"索"字读为"苏故反",朱子用于《楚辞集注》的《离骚》注的叶音,又在《楚辞辩证》中解释其来源说:"索与姤叶,即索音素。洪氏曰:'书序八索,徐氏有素音。'"②

---

① 关于"霓"的两处引文分别见《楚辞集注》,16、180页。
② 关于"索"的两处引文分别见《楚辞集注》,7、177页。

(3) 黄子厚、蒋全甫有关《楚辞》的音叶诸论。朱子说:"(《楚辞》)黄长睿乃谓'或韵或否,为楚声',其考之亦不详矣。近世吴棫才老,始究其说,作《补音》、《补韵》,援据根原,甚精且博。而余故友黄子厚及古田蒋全甫,祖其遗说,亦各有所论,今皆已附于注矣。读者详之。"①

(4) 傅景仁"遽叶昭韵"说。这是指《楚辞·大招》第一韵段的韵脚"昭遽逃遥"中"遽"字的叶韵。朱熹取友人傅景仁"遽"协昭韵之说,将"遽叶渠骄反"②。朱子曾有《书楚辞叶韵后》专说此事,收于《晦庵先生朱文公文集》卷八十二。本书上卷第九章有该文的全文引述与分析,可参看,此不赘。

(5) 洪适《隶释》"兹""哉"叶韵说。他说:"'昭兹来许',汉碑作'昭哉'。洪氏《隶释》'兹'、'哉'叶韵。《柏梁台诗》末句韵亦同。"③此实为诗骚中将咍韵单向叶之韵张本。

(6) "某人"的"'青'音同'亲'"说。"曰:古人韵疏,后世韵方严密。见某人好考古字,却说'青'字音自是'亲',如此类极多。"④此实为其梗曾臻摄之间通叶张本。

以上有关杂取同时代诸学者音叶的自述,决非泛泛言之,而是实打实地吸收,所取诸说大致仍可从今本《诗集传》《楚辞集注》找到踪迹。此外,诗骚注释中更多的是吸收或修订前人学说而没有作出说明,比如我们通过音切异同比较已经考明《楚辞集注》吸收洪兴祖的叶音 14 条,将洪氏的注音转为叶音 52 条(详上卷第八章)等等。

所取诸人,有的为宋代名家名人,如司马光、洪适、洪兴祖等,有的不甚著名或不知名,如傅景仁、黄子厚、蒋全甫、黄长睿等。后面这几位或许没有盛名,但其中不乏有学问、有异能者,如黄子厚。黄子厚名铢,字子厚,乃朱熹少年求学时的同学,虽无显仕,但能诗而善《楚辞》,尤善诵读。朱子说他"于骚辞,能以楚声古韵为之,节奏抑扬,高下俛仰,疾徐之间,凌厉顿挫,幽

---

① 《楚辞集注》,175 页。
② 见于《楚辞集注》的《大招》注,145—146 页。《书楚辞叶韵后》,见《朱子大全》第 24 册,3891 页。
③ 《朱子语类》卷八十一,第 6 册,2129 页。
④ 《朱子语类》卷八十,第 6 册,2081 页。

眇回郁,闻者为之感激慨叹,或至泣下"①。"能以楚声古韵"诵读楚辞,其于古音之学亦可想见矣。总之,朱子不论其人是否知名,但只要在古音或音韵学方面有好的表现,有合理的学说,则酌予采录。这种不拘一格,兼收并蓄的态度,无疑给他的古音学熔铸百家、自成一体提供了良好的条件和足够的动能。

1.5　广采博收,形散神聚

也正因为广采诸家,融会贯通,使得他的古音学呈现出如下两个显著的特点:

其一,立片言以达意。因为本无潜心研究古音等语言问题的初衷,所有的研究都是针对具体问题的考释或问难解惑,所以他的古音学表现形式颇为零散。然而,正所谓"立片言以居要,乃一篇之警策",他的诸多片言只语,一如昊天中点点繁星似的散布于他的语录、文集与论著之中,往往触及古音学的一些重要的或核心的问题,其中许多新颖独特的议论,有导夫先路之功,堪称警策之语,也让我们今天有了探讨其古音学理论的基础资料。

其二,在继承中创新。与普通或专业的语音研究不同,作为理学大师,朱熹的治学始终以探究世界之"理气"为核心议题,考求典籍中的"义理"是其主要的学术追求,语音问题往往非其考求之重心。他的治学名言就有诸如"将七分工夫理会义理,三二分工夫理会这般去处(按,指叶音)"②等说法。这种治学主旨注定了他只是在遇到具体语音问题时才去进行音韵的研究。但探讨音韵问题同样贯彻了对义理的追求,为了合理地解决文献语言中一个个具体语音问题,他总是审视前人成说,评述得失,再经过一番"虚心涵泳"的"理会"之后才作出取舍,几乎从不率性臆断,所作叶音颇为合理有据,往往后出转精。也正是这样融汇众家,断以己意,在借鉴之中不断创新,在大量的探索、交流甚至是思想交锋中,砥砺前行,才终于逐渐完成自己的古音思想构建,卓挚自成一家。

---

① 《晦庵先生朱文公文集》卷七十六《黄子厚诗序》,《朱子大全》第 24 册,3683—3684 页。
② 语见《朱子语类》卷八十,第 6 册,2079 页。

通过上述学术渊源的简单疏理,我们可以看到,朱熹的古音学说其实是在古音学初萌的时代,经由借鉴而创新,逐渐积累而成的一个学术体系。因其古音学说的原始载体形式短小、分布零散错杂,隐而不显,必须全面地索隐钩沉,整合语料,建立起内在的逻辑关联,方可显现他的古音学体系。为避免过于琐碎,在下面的讨论中,我们将依"体系"之内在逻辑分列论题,分别提炼其代表性的原始材料作为立论基础,并加以疏理诠解,希望能较为完整地展示朱熹古音思想的面貌。

二、理论基础:术语与内涵

学术史告诉我们,一个新学科的成立必须具有自己的一套学科术语及与之相应的学术内涵。朱熹在持续地关注并探讨古音问题的过程中,逐渐确立了其古音学的术语和基本内涵。

2.1 术语的确立

朱子著述中涉及"古音"或"古韵"的地方很多,下面语料出于《考异》,很有代表性:

> "强令、骇水"。方云:此诗十一章,以令叶强,以骇叶水,皆古音也。令有平声一读,公《独孤郁墓志》亦见。《淮南子》:"勿惊勿骇,万物将自理;勿挠勿撄,万物将自清。"骇,古音自与理叶也。《周官》注:"疾雷击鼓曰骇。"《西京赋》所谓"骇雷鼓"是也。
>
> ○古音之说甚善,吴才老《补音》《补韵》二书,其说甚详。骇、水协韵,如《管子》:"宫,如牛鸣盎中;徵,如负豕,觉而骇。"亦一证也。沙随程可久曰:"吴说虽多,其例不过四声互用、切响通用二条而已。"此说得之。如通其说,则古书虽不尽见,今可以例推也。①

这是一条述评,评论对象乃方崧卿的有关韩愈《郓州谿堂诗》中特殊用

---

① 语出《考异》卷五(《朱子全书》第 19 册,471 页),引文对原标点有所调整、改动。

韵的一条校语。"强令、骇水"四字为韩诗的特殊韵脚字,是校释的对象。"方云"一段即引述方氏之说,是为"述"。"○"之后乃朱子的议论,是为"评"。

方氏用"古音"来解释韩诗中"彊令邦"、"水苇骇"相押这些不合礼韵的特殊用韵,并旁证汉代典籍《淮南子》等书。朱熹对此大为称许,赞曰"古音之说甚善"。为了证明"甚善",随之引述吴棫、程迥之说作为支持,又补充《管子》韵文作为书证,以凸显"古音说"的合理和运用"古音"进行文献考校的可行。

从学术史角度看,这条述评并非仅仅肯定方氏的校语而已,其实蕴含深意。通过由肯定而称赞、由扩展征引而施加评论这样一系列的动作,我们可以非常清晰地看到朱熹实现了对"古音"现象的确认,实际上就是对古音学研究对象的确认。可以使人深切感到,这里所说的"古音"不再是一个难以捉摸的虚泛印象,而是一个实实在在的历史存在。它真切地存在于古代典籍之中,自有其条例,给古典文献的文字形式产生重要影响,因此也就自然而然地成为理解并厘清古典文献的文句疑难的一条卓有成效的途径。不仅"骇、水"押韵等个案如此,"如通其说,则古书虽不尽见,今可以例推也"。何为"例推"?"例"指条例,表明朱熹确认韩诗用韵之中存在着使用古韵的条例,亦即曰古韵是有条例的;"推"者,类推是也,正因为有条例,才可以依类推求(具详上卷第九章)。

这条述评,理论结合事实,观点鲜明,清晰地表明"古音之说甚善"的评语是经过细致核查和认真思考之后的价值评估,同时也是朱熹本人学术理念的正面表达。

2.2 内涵的明晰

凡学术术语必有其学术内涵,否则空洞无主不能成立。学者们之所以断然判定汉魏间偶然一见的"古音"之说不算古音学,一个重要的原因就在于它缺乏明确的学术内涵。那么,要怎样才叫有学术内涵呢?前面所引李荣话中给出了关键词"系统的研究"。古音学"系统的研究"通常可理解为"古音系研究",但宋代甚至明代都未见有"古音系"面世,学者们仍然认定这时已有了古音的研究,可见"古音系"的研究虽然重要,但并不是古音学的全部,关注并考释文献中具体古音现象及建构古音学基础理论等内容都应包含在内。朱熹正是在持续关注并探讨文献中的古音问题时,逐渐明确了"古音"的基本内涵,可从两个方面来谈。

2.2.1 古、今音的对立统一关系。先看下面语料:

"及城",城,或作墙。方云:此诗视古用韵,不入今韵者多为后学以意妄改。吴才老云:诗人用行字韵二十有五,无叶今读者。此诗后用"东去趋彭城"、"谅知有所成"皆庚韵也,何独于此疑之?①

这是朱子在《考异》中转述方崧卿针对韩愈《此日足可惜》诗中特殊用韵所作的校语。从唐宋诗韵的角度看,该诗主押阳唐韵,混入庚耕清韵字,出现"庚-阳"混押,方氏确认为一个古音条例。该诗第 8 韵句"闻子适及城"的韵脚"城"字,诸本有一个异文"墙"字。方氏根据"庚-阳"混用的古韵条例,断定"城"字不误,并推断异文"墙"是后人迎合今韵的"以意妄改"。朱子转述其意不予置评,这是以不评为评的肯定。

我们再看《楚辞辩证》中关于《离骚》第 3 个韵段"能"与"佩"混押的一条"辩证":

古音能、孥代叶,又乃代。盖于篇首发此一端,以见篇内凡韵皆叶,非谓独此字为然,而它韵皆不必协也。故洪本(按,指洪兴祖《楚辞补注》)载欧阳公、苏子容、孙莘老本于"多艰、夕替"下注:"徐铉云:古之字音多与今异,如皂亦音香,乃亦音仍,他皆放此。盖古今失传,不可详究,如'艰'与'替'之类,亦应叶,但失其传耳"。夫《骚》韵于俗音不叶者多,而三家之本,独于此字立说,则是它字皆可类推。②

笔者以为,上引两段语料颇具代表性,在表达形式方面,一为转述,一为自述;在议论对象方面,一论唐诗及《诗经》叶音,一论《楚辞》叶音;更重要的是在学术内容方面二者都触及到了"古今音异"的古音学核心问题,主要包含两层意思:

---

① 《考异》卷二,《朱子全书》,第 19 册,379 页。
② 《楚辞辩证》附于《楚辞集注》(李庆甲点校本,上海古籍出版社 1979 年)后,引文见该书 175 页。

一是确立"古音"是一个与"今音"既对立又关联的学术术语。

在《考异》的引述中,通过方崧卿"古韵""今韵"两个术语的并提,表明了古音是一个相对今音而存在的学术术语。而在《楚辞》"能、佩"押韵的辩证中,这个意思更加清晰。不但引述诸多前人古今音异的论述,而且直接以"骚韵"与"俗韵"作异同比较,毫无疑问,处于先秦时代《楚辞》中的"骚韵"属于古音,唐宋时代的"俗韵"属于今音。两条材料在提古音时,都提及今音作为比照,使古音今音互相映衬、互为依存。与早期郑玄等人所提"古音"都不涉及今音、缺乏参照比较而内涵空泛不同,宋人将"古音"与"今音"并提,既明确了古今有别,又让古今相关,初步消除了孤立地单提"古音"时的概念空泛性与模糊性,充实了"古音"的学术内涵。

二是确认字音有古读、今读的读音差异。

《考异》的引述材料中,方氏对吴棫之说的处理体现了所谓同一字音有古韵、今韵读音的差异。今查吴棫《补音》原话是:"古行止之行皆户郎切。《诗》二十有五,无叶何庚切者。"①对照方崧卿的引文,可知方氏将"无叶何庚切者"换成了"无叶今读者"②,"何庚切"变成了"今读",这一更改明确了"行"的庚韵"何庚切"音是"今读"即今音,那么,与之相对的"户郎切"就是它的古读,古读即为古音。表明同一个字,其读音有古读、今读的不同。朱子对此不作批评,当然是认同的。

朱子有关"能"音的"辩证"更有意思。查《广韵》,"能"有登韵奴登切和代韵奴代切两读,其语义相近,可认为同字异读,似当属羡余音读,但它们在历史上的使用却有不同。在《切韵》产生的时代,隋代诗文用韵中"奴登切"一音入韵2次,不见"奴代切"音入韵(李荣1982,135—209页);稍后初盛唐诗文用韵中"奴登切"入韵多达5次,也不见"奴代切"入韵一次③(鲍明炜1990,126—132页),可见在切韵时代两音之中的常用音是奴登切,这也符合今天的语感。"能"的"奴代切"在切韵时代属非常用音,朱熹说它是古音,其根据就是《离骚》押韵。查"能"字在先秦韵文中的用韵情况,《诗经》中

---

① 语见《慈湖诗传》卷三《击鼓》"我独南行"句下(四明丛书本,7页)。
② 方氏的原话见《韩集举正》(影印文渊阁四库全书第1073分册,9页)。
③ 有哈韵平声奴来切入韵,隋2次唐1次共3次,但该音是"三足鳖"之义,乃一种动物,与"技能"义无关。

"能"字只有一次押韵,见《小雅·宾之初筵》二章,这一次入韵颇为特殊,看"能"前后的韵脚:

小雅宾之初筵二:林湛能又时

朱子判断"能"该次用韵与闭口韵混押,故"能叶奴金反",但清儒则认是与其后之部的"又、时"等字相押。但朱子并不是不知道能字古音可叶之咍,在《楚辞》中力辩"能"字古音奴代反。今按"能"在《楚辞》入韵4次,都是押阴声韵咍之韵系,符合奴代切(或其平声),绝不押"奴登切"的音,这就排除了"奴登切"成为当时常用音的可能,完全可以支持朱子的推测,证明至少在《楚辞》的时代"奴代切"是其常用之音。因此,韵书所记"能"字的一字两音为古今音之异是可以成立的。在这个基础上,朱子进一步确认《楚辞》"篇内凡韵皆叶",即凡韵脚之处原本都是和谐的。可现在"骚韵于俗音不叶者多",其原因必然是如徐铉所说"古之字音多与今异"的缘故。朱子晚年编著《仪礼经传通解》,解说古礼中的韵文用韵时也说"诸辞皆当以古音读之,其韵乃叶"①,可见,字音之存在古、今音不同的思想是清晰的。

2.2.2 古音叶韵的自然属性。请看下面取自《朱子语类》的两段话:

(1)问:"先生说《诗》,率皆叶韵,得非诗本乐章,播诸声诗,自然叶韵,方谐律吕,其音节本如是耶?"曰:"固是如此。然古人文章亦多是叶韵。"因举《王制》及《老子》叶韵处数段。

(2)诗之音韵,是自然如此,这个与天通。古人音韵宽,后人分得密后,隔开了。②

两段讨论叶韵的话中,共有一个关键词"自然"。无论是《诗》《骚》等韵文,还是《王制》《老子》等散文,朱熹认为古人文章凡用韵者均为"自然叶韵"。"这个与天通"的"天"应当就是"天籁"之天,指自然之人声,可知"自然"二字就是全凭天籁、没有韵书设限的意思。这充分显示出来,他自己对"叶韵"的认识是丝毫没有后人认定的"临时改变字音以求韵谐"意思的。为什么诗之叶韵出于自然?他的解释很简单,且看:

---

① 语见《仪礼经传通解》卷一《士冠礼》,《朱子全书》第2册,58页。
② 两段均见宋黎靖德编《朱子语类》(王星贤点校本,中华书局1986年)卷八十,第6册,2079页。

> 或有问于予曰：诗何为而作也？予应之曰：人生而静，天之性也。感于物而动，性之欲也。夫既有欲矣，则不能无思，既有思矣，则不能无言，既有言矣，则言之所不能尽，而发于咨嗟咏叹之余者，必有自然之音响节族（音奏）而不能已焉。①

诗，生于情感之喷发，乃人性之自然。相应地，这些为自然人性作传情达意服务的"咨嗟咏叹"等等语音手段，必然也是"自然之音响节奏"，其中当然包含"叶韵"。朱熹注了几千条叶音，为了展示千年之前的自然叶韵，他最大可能地舍弃了"想象"的空间，孜孜以求叶音之证据，宁缺勿滥，以至于《诗集传》中出现十余起"无韵未详"亦在所不惜（刘晓南 2003），其目的无非就是要将"叶音"当作《诗经》《楚辞》中的自然之音响对待，与另一位宋代学者项安世把《诗经》用韵称为"自然之本声"②异曲同工。

所谓"古人音韵宽，后人分得密后，隔开了"这句话，笔者认为重点不在"宽、缓"，而在于"分"或不分。古人用韵宽缓，要点是古人对自然之音韵不作人为划分，顺其自然而已，后人肆意求密，方有人为区隔。他想表示的意思是：古今音之差异是因由前人崇尚自然不事雕饰，后人追求精密而人为区隔所造成的。当然，这样解释古今音的差异，还看不到"古今音变"的理念，传递的仍是一种人文主义意义上的古今音解说而不是历史科学的定义。不过，强调古今音的社会属性差异，认定古音为天籁之音，今音多人为区隔，这无异于是一种类似于"古音韵至谐"③的昭示，"自然天籁"这个大原则一经确立，小的疑惑如"叶韵"是否合理等问题即可迎刃而解，在后文我们将看到朱子在具体的操作中是如何努力彰显其天籁之声的。

上述两点可以表明，朱熹及同时代其他学者在对文献古音个案持续的考究中，逐渐明确了古音与今音是一组既对立又统一的语音范畴，确认了字音的古音与今音之不同乃其自然属性使然，从而初步确立了古音学的学术内涵。

---

① 语出《诗集传序》，见《诗集传》，上海古籍出版社 1980 年，1 页。
② 语出《项氏家说》卷四《诗音》，丛书集成初编本，49 页。
③ 段玉裁《六书音均表》中语，《说文解字注》，上海古籍出版社 1981 年缩印本，816 页。

三、时间元素：古音今音之异同

朱熹虽然认同方崧卿古音的基本思路，引述方说来表达自己的字音古今有异的观点，但在实际使用中却与方氏有很大不同，我们先看二人有何不同，再讨论其内在原因。

3.1 反对滥用古音

在《考异》中，朱熹一方面支持方崧卿的古音说，另一方面又强烈反对方氏滥用古音，这是二人之间最大的不同。且看出于《考异》的一个比较典型的例子：

> "平茫茫"。方作茫茫平，云用古韵。○今按：此诗固用古韵，然皆因其语势之自然，未尝作意舍此而用彼也。诸本只作"陂泽平茫茫"，韵谐语协，本无不可，若作"陂泽茫茫平"，却觉不响，不应以欲用古韵之故牵挽而强就之也。①

本条仍是关于《此日足可惜》一诗校语的述评。方崧卿将原句"陂泽平茫茫"直接乙倒为"陂泽茫茫平"，未作说明。朱子据方氏的校例指明他这样做的理由是"用古韵"，因为乙转后庚韵"平"字押阳唐，符合所谓"庚-阳混押"的古音条例。大概方崧卿把韩愈仿古的古音与诗骚的古音相提并论而倍加推崇，以至于在韩集的整理过程中，理所当然地将其所谓古音置于判断正讹之首选地位，不经意间就滋生了滥用古音之嫌。朱子对此大不以为然，认为该诗原句"韵谐语协，本无不可"，既然用今韵能够和谐，就应当顺其自然，不必强转古音而作惊人之语了，鲜明地表达了反对的态度。平心而论，方氏在没有版本异文支持的情况下，不顾语意语势之通塞，仅凭自己归纳的所谓古音条例强改语序，的确有为古音而古音之嫌。类似现象在方氏书中并不少见，朱熹的批评，诸如"强用古韵之过"（380 页）、"殊无理"（386 页）、

---

① 《考异》卷一，《朱子全书》第 19 册，380 页。

"方以旧本古韵之故,必欲倒此二句,而不顾文理之顺"(416页)等等不一而足,凸显了反对"滥用古音"的态度。

同样,他也不赞成今人作诗时滥用古韵,请看他《致巩仲至》信里的一段话:

> 三诗皆佳作,但首篇用韵,多所未晓。前此所示诸篇,亦多有类此者,屡欲奉和,而辄忘之。古韵虽有此例,如《大明》诗林与兴叶之类。然在今日,却恐不无讹谬之嫌耳。然林与兴叶,亦是秦语,以兴为韵,乃其方言,终非音韵之正。今蜀人语犹如此,盖多用鼻音也。①

该段文字可能是针对巩氏所作的三首诗而发,具体情况今天已不清楚了,可以确认的是三诗与"前所示诸篇"的用韵都有不合于今韵者,却与某种古韵条例吻合,属于多用古韵的作品。请注意"在今日"三个字,它想要表达的意思一定是"在今日宜用今韵",就是说在"今日"的语境下作诗当以今韵为正,不用今韵而多用或强用古韵则"恐不无讹谬之嫌",即算是符合现代方音,也算不上是"音韵之正"。朱子强调诗歌与语音的时代关联,因而旗帜鲜明地反对在今音的时代里滥用古韵,无论是诗歌的诠释还是创作都一以贯之。

3.2 抑制尽从今音

笔者感兴趣的是,朱子的"反对滥用古音"态度是不是贯穿一切"今韵可谐"的场合? 或者说,同是"在今日",给《诗经》《楚辞》做叶音时是不是也要反对滥用古音呢?

我们知道,"叶音"是朱熹展示诗骚古音的重要方式。与朱子自述的"自然叶韵"不同,学术界传统的说法:凡"叶音"都是针对诗骚中以今音读之不谐韵的韵脚字而作。那么,是不是诗骚中今音读来和谐了就不必叶音了呢? 清儒江永云:"三百篇者,古音之丛,亦百世用韵之准。稽其入韵之字,凡千九百有奇,同今音者十七,异今音者十三。"②既然百分之七十同于今音,诗骚中必定有很多象韩文一样用今韵诵读能够和谐且语意通顺的段落。既然

---

① 《晦庵先生朱文公文集》卷六十四《答巩仲至》第17封,《朱子全书》23册,3108页。
② 语见《古韵标准》例言,中华书局1982年缩印《音韵学丛书》本,3页。

"韵谐语协"，按照传统叶音的理解，朱熹一定不会将它们另作叶音的。可是，我们从《诗集传》中看到的情况却大相径庭，往往一个完全符合今韵且诵读和谐的韵段，朱熹仍然不厌其烦地给它注上叶音，而且改叶的韵部取向都相同。试举几组典型韵例如下：

（1）韵脚字全属诗韵先仙韵平声或去声，朱全改叶真韵：

小雅采芑三 3：渊叶於巾反 瑱徒颠反叶徒邻反

小雅四月七：鸢以专反叶以旬反 天叶铁因反 渊叶一均反

小雅鹤鸣二 1：天叶铁因反 渊叶一均反

小雅信南山一 1：甸田见反叶徒邻反 田叶地因反

（2）韵脚字全属诗韵的阮韵，改叶仙韵：

小雅角弓一：反叶分 䔽叶远叶於圆反

（3）韵脚全属于诗韵的删山韵，改叶仙先韵：

魏风十亩之间一：间叶居贤反 闲叶胡田反 还叶音旋

（4）韵脚全属于诗韵的马韵，改叶姥语韵：

陈风株林二 1：马叶满补反 野叶上与反

豳风东山一 3：野叶上与反 下叶后五反

（5）韵脚全属于诗韵的支韵，改叶歌戈韵：

鄘风相鼠一：皮叶蒲何反 仪叶牛何反 仪为叶吾禾反

此外还有一些不太典型的韵例，总之数量不少。它们都是非常和谐的今韵韵段，如果只是考虑诵读和谐，有必要叠床架屋地再作叶音吗？可是朱熹不但注叶音，而且字字作叶，一再出现，绝非偶然，必定是有意而为之。如此不畏繁复，针对今韵已和谐的韵段字字作叶，无非是想要告诉读者，这些韵段虽然用今音诵之和谐，但它们并不"自然"，不可依从，必须另叶其古音方可。在这里我们就看到了跟他在方崧卿那里完全不同的态度。在那里，方氏给某些今音已谐的韵脚改定古音，朱子强力反对；在这里，朱子似乎却在做自己曾经反对过的事：给今音已谐的韵段加注叶音，以强调其古音，抑制其今音。这一反一正的两种处置是不是有点自相矛盾了？

3.3 正反处置中的时代因素

只要我们略加对比，就可以看出这正反两种不同的处置其实并不矛盾，因为各自处置的对象有鲜明的时代差异。朱子其实是在讨论唐宋诗文中的语音问题时，才反对滥用古音而重视今音的；而讨论先秦古文的语音时就重其古音，抑其今音。由此可以确认，朱熹的"反对滥用古音"并非包含一切"今音已谐"韵段，实际上他只是针对古、今不同时代的作品作了不同的处置。笔者以为这种以时代相区别的处置方式中隐含了重要的古音学意义。

其一，强调古音、今音使用之时代差异。唐宋人处身于"今日"即今韵时代，其日用之音是为今韵，"用古韵"自非天籁，滥用古韵当然有"讹谬"之嫌。相应地，处身于古韵时代的《诗经》《楚辞》等先秦作品，古韵是其正音、自然之音，不应受今音之左右。照此看来，朱熹的"古音"观不仅仅指明了"自然叶韵"的人文属性，而且已经关注到了古音、今音使用的时代差异，或强或弱的融入了"时代"的元素。要之，力图避免将不同时代的"古音"等同对待，较之于吴棫、方崧卿等将韩柳欧苏等"今人"所用之古韵与《诗经》《楚辞》相提并论，恐怕是要胜出一筹了。

其二，显示古音与今音各有不同的音类归属。朱熹虽然也跟吴棫、方崧卿等人一样认为韩愈等唐宋时人的作品中可以"用古韵"，但从他反对"滥用古音"的基本态度中隐约可见一条原则：在今音语境之下，作品中的语音问题倾向用今音解决，古音语境下则倾向用古音解决。辨明这一点非常重要，因为它足以更新针对朱子"叶音"的传统认知，以及补充朱熹自己提出的古音出于自然天籁的学说。可以从两个方面来说明：

一方面，照传统说法：叶音是一种弥缝今音诵读不谐的临时手段。如果真是这样的话，那就完全无法解释这么多"今音已谐也要叶音"的韵例。这批特殊叶音韵例在不必"弥缝"时作出了韵部取向一致的弥缝，将临时手段变得不临时了，完全颠覆了传统"叶音"的认知。这一组特殊的叶音处理，告诉我们，所作叶音恐怕不全为了解决后人诵读古诗时能不能和谐的问题，而是要回复古音的自然之音。

另一方面，如前所论，朱熹的"自然叶韵说"强调古音与今音的人文社会意义上的差别，而忽略了它们在历史时代方面的差异，现在，通过今音诵之已然和谐仍须集中作叶音的实际操作，告诉我们古音与今音所谓的不同，表面上看是古音宽缓崇尚自然、今音细分韵部而人为隔绝的不同，其实是古音与今音各自音类归属之不同。明确了这一点非常重要，因为它自然使人联想到清儒说的一些很有意思的话,如:"诗莫盛于周,三百篇中,随口取讴咏,原无韵书,间杂方音,不暇持择。然而天籁所发,无心自合,若有一定之程度焉。"①明其"天籁""无心自合"之"程度",合则自合,分则自分,个中之意难道不是隐然指向了韵部的体系？可见,只要关注到了古、今音类归属的不同,就意味着离古音系的构建已经不太遥远了。

综合来看,正反处置的要点就在于:它显示出来朱熹的古音观中已经有了比较清晰的古音与今音有不同音类归属的意涵。认识到了这一点,我们就应当跳出"今韵诵读谐或不谐"的窠臼,站到古、今音类归属的高度来观察并理解朱熹这批叶音。试想,如果朱子已确认某个诗骚韵段的古音与其今音当归属于不同韵类的话,那么无论其今音谐或不谐,都只是它们在今音中的表现而已,与其古音无关,要展现其古音韵读当然就要再作叶音,这应当就是这一批韵段中今韵已谐而仍然作叶的特殊叶音之由来。

当然,朱熹并未明确划定古今音的时代界限,也没有明确说过哪个中古音类当归入上古何种音类,他只是在操作时,根据他对古音的认识,针对不同时代的对象作了不同处置,在某种程度上达到了分别真正的古音与仿古的古音之效果,使人看到了古音与今音应当有音类归属的不同而已。我们也无从判断他是否确立了一条古音研究的"时代原则",因为《诗集传》中又有一些类似的今音已谐而古音归属不同的韵段,朱子并未注叶②,显示他的时代差异处置有不够严谨、不能统一之弊。正因为如此,在他的古音研究实践中,"时间元素"并不明确,而是或明或暗、若隐若现的,并没有贯穿始终。

四、空间元素:方音存古证古

从上文的分析中,我们已经能够看到朱熹古音学在基础理论方面的创新,但若论具有方法论意义的理论创新,则当推其"方音存古证古"的学说。

朱熹是宋儒中少有的特别关注方言的学者。我们在前文讨论了他的方

---

① 语见李元《音切谱》卷二十"通协",《续修四库全书》第 246 册,388 页。
② 如《郑风·缁衣》一章第一韵段叶"宜为",按《相鼠》之例就得全注叶而并未注叶。

言观,指出其基础思想就是"方言暗合"论,而在他的方言暗合理念中,实际上包含了共时暗合和历时暗合两个维度。根据暗合论作出的具体叶音,也蕴含了共时、历时层面的语音信息。我们通过叶音提供的共时信息,考证宋代闽音声、韵特征,已经归纳出宋代闽音的声母系统和韵母特征。现在我们尝试通过叶音中蕴含的历时信息,综合他的语音散论,考察他的方音存古思想,进而论述他的方音证古的古音研究方法论。

4.1 客观基础:学术阅历与言文观

方言,虽然在汉语研究史中很早就受到关注,但有意识地大量以方音证古音者,当始于宋儒。宋儒中除朱熹外还有两位代表性人物,一是吴棫,利用闽音等方音说古音,有很好的学术实践;二是项安世(1129—1208)明确提出"求之方俗之故言"[①]的考求古音原则。但吴氏长于实践而少有理论发明,项氏则有了初步的理论阐说却又鲜见其学术实践,朱熹则是既有理论又有实践,且均可谓丰富。这与朱熹的生平履历、学术思想有关。

首先,朱熹有着丰富的人生阅历,其宦迹与游学几乎遍历南宋朝廷的大部分疆域,又通过谈学论道广交南北学友,知悉各地风俗语音。他的论著涉及北人音、洛阳、粤广音、湘楚音、浙音、闽音等多种宋代方音,即其明证。(说详本卷第六章)

其次,朱熹有着正确的言文观。前文我们已经指出,在诠释文献时,他能客观地看待口语与书面语的关系,经常以现实方言的差异来推论古籍问题,明确指出古籍之难晓,除古今时代之隔外,还有地域方言之隔,而时空之隔既不同,又相通。这种古代文献与现代方言之相对应的言文观,成为他引述当时方言来破解古籍疑难的理论依据。

丰富的阅历加以正确的言文观,促使他从方言语音的角度去思考古音,透过某些方音与古音的相似性关联,认识到方言与古音的源流关系,留下了一批"方音存古"的论断,并与有宋诸贤一道提倡以方音证古音的研究方法。下面从基本认识和研究方法两个方面讨论散见于诗骚音释之外其他论著中的有关"方言存古、证古"的"警策之语"。

---

① 《项氏家说》卷四"诗音"条中语,丛书集成初编本,48页。

4.2 基本认识:方音存古

朱子论及方音与古音关系时所秉持的基本认识,可以用一句话来概括:当代活的方言语音中保留了古音。代表性言论有下列三条。

(1) 大抵方言多有自来,亦有暗合古语者。①

(2) "诗音韵有不可晓处。"因说:"如今所在方言,亦自有音韵与古合处。"②

(3) 雄,与凌叶,今闽人有谓雄为形者,正古之遗声也。③

第一条将方言的来源与"古语"挂钩,从现代语言学的角度来看,这是历时的阐述,隐含有方言史的意思。第二条的"所在方言"指当时各地方言,明确指出各个不同方言的音韵中都有一些与古音相合的地方,这相当是从共时层面的考察。第三条告诉我们闽音中那些与诗骚协韵相符的读音是"古之遗声",也就是说,方言中与古音相合的部分,是古音的遗留。这也是朱熹在诗骚中大量运用当时闽音以叶古音的理论依据。

三条材料出现的时间也很有意思。除第一条出于何时尚难考定外,第二条语录原出于钱木之所记《池录》,乃丁巳(1197年)年所闻。这一年朱熹68岁,离逝世不足三年。而《楚辞辩证》更是在七十岁(宋宁宗庆元己未1199年)时作成的作品,成书之后第二年即谢世。当此之时,他的大量采用方音说古音的《诗集传》已经定编刊行,性质相同的《楚辞集注》八卷也约于他六十九岁(1198年左右)时初成编。也就是说,他是在大量的以方音说古音的实践之后作出这些论说的,是在丰富的实用经验基础之上得出的警策之论,既是经验之谈更是理论的概括。两条论述都在晚年面世,且不止一次地反复申述,可见他这个见解老而弥坚,是臻于成熟的思想。

4.3 基本方法:古今言文互证

4.3.1 方音可以证古音。基于方音存古的思想,朱熹顺理成章地推出

---

① 《晦庵先生朱文公文集》卷七十一《杂著·偶读漫记》,《朱子全书》第24册,3420页。
② 《朱子语类》卷八十,中华书局标点本第6册,2081页。
③ 《楚辞集注》之《楚辞辩证》,190页。

"方音证古"的基本研究法,他说:

> 近因推考见吴才老工夫尽多,但亦有未尽处。泛考古书及方言,此类盖不胜举也。①

无论是"推考"还是"泛考",其"考"或"被考"的对象既然都被严格地限定在古书与方言之间。强调在古籍的文献语言与现实方言口语之间互相稽考,就意味着要把现实中的活方言与文献中的语言现象挂钩,建立起"言"即口语与"文"即文献语言的历史联系,通过言文之间的异同比较,实施文与言的跨时空互证,以论证并确认古音义的历史存在。典型的例子就是前文多次提及的"严"字叶宕摄问题。这条有关"严"字的古音考辨,可算是他的"古书与方言互证"的一个成功案例。不妨再看一下其中有关古音、方音的关键信息:

> "下民有严",协"不敢怠遑"。……"严"读作"昂"也。……此间乡音严作户刚反。②

《诗经·殷武》篇中闭口韵咸摄三等的"严"字与穿鼻尾宕摄唐韵一等"遑"字押韵,大悖于诗韵。吴棫无法说明,推测可能是汉人避讳改的字,朱熹不同意吴说,他提出"严"古音读作"昂"观点。他之所以这样断言,其主要依据就是当代方音有此音读,即"此间乡音严作户刚反",其音韵自与"遑"可叶。他的推理逻辑大概是:某个特别乡音(或某地今音)与古书中字音的某种特别归类或押韵相吻合,二者就达到了暗合;这种跨时空的言文暗合,不但给现代特殊的方音异读找到了古音之源,更可以凭现代活方音反证古代特殊之音的实际存在。具体到诗骚中"严"与"遑"的押韵,既然"严"有"户刚反"的现代活语音,当然可以旁证上古音中"严"也有可与阳唐相叶的"昂"音。故"严"协阳唐可确定为虽不合于通用诗韵但适于古音的押韵。因而他给《诗经·殷武》注"严叶五刚反",给《楚辞·天问》注"严叶五郎反",皆读为"昂"音以谐唐阳韵。至于"严"读"户刚反"的方音,疑母字的声母变为匣母"户"字,笔者以为这是宋代闽北音中疑母的特殊读音,详本卷第八章,此不

---

① 《晦庵先生朱文公文集》别集卷三《程沙随可久》,《朱子全书》第25册,4874页。
② 《朱子语类》卷八十,第6册,2080页。

赘。朱熹从当时方音考古音,不但关注音类,亦清晰地接触到了音值,颇类今人用现代方音考古音,而同为闽人的吴棫在"严"字古音的问题上却忽略了这一层,大概这就是朱熹说他"推不去"的原因吧。

4.3.2 两个论证方向。具体作法上,朱熹的"方音证古"实际上是古今互证,包含两个不同的论证方向。

其一,以古证今。既然"所在方言",即共时层面的各方言的语音中凡与古音相吻合之处,均当视为"古之遗声",那么古音就是方音之源。从源探流,文献中记述的古音完全可以用来说明今之方音中某些看来比较特异之音的历史渊源。如上文所引《致巩仲至》信中说到《诗经·大雅·大明》中的"林与兴叶"古韵时,夹行小注曰"今蜀人语犹如此,盖多用鼻音也",此即据《大明》之古韵说明宋代蜀人特殊语音之渊源。

其二,以今证古。既然方音与古音之间具有历史渊源,现代方音往往保留着古音之遗迹,那么,古书中的古音同样可以用当时活方言来对照说明,通过古今语音异同的比较可以找到古籍中特殊语音的活语言实证。如前文曾提及的《仪礼经传通解》卷十一"曲礼"中的一段叶音,就是一个很好的例子,不妨再看一次朱子的叶音韵段:

《曲礼》"正考父鼎铭":偻俯俯走_{走叶音祖}侮口_{口叶音苦}①

朱熹面对古诗文韵段中出现侯韵上声的"走、口"与虞模韵混杂的时候,为什么如此信心满满地将侯韵字改叶模韵而不是改模韵字读侯韵?其所根据就是他的家乡方音。他说:

今建人谓"口"为"苦"、"走"为"祖",亦此类。方言多如此云。②

无疑,当时建州方音就是他在作"侯-模混用"改侯读从模韵的根据。

五、方法体系:基础与规则

一个完整的学科体系除了有理论外,往往还有其独特的研究方法与方

---

① 《仪礼经传通解》卷十一《曲礼》,《朱子全书》第 2 册,424 页。
② 《原本韩集考异》卷二"芳荼"条,《朱子全书》第 19 册,401 页。

法论,朱熹古音学当然也不例外。可是,如前所论,由于其表述形式的特殊性,有关方法体系的叙说仍然只是少量的片言只语,极不完整。如何才能恢复其方法体系呢?我们通过考察他的一个个具体古音案例,探讨他的"求古音"具体表现,结合其片言只语的零散论断及宋代诸贤有关古音方法的各种论说,归纳朱熹的考古音之法,共有五条。

下文逐条论列说明,主要讨论其理论基础与使用规则。

5.1 方音证古之法

该法的理论基础是"方音存古"说,前文已述,此略。

5.2 古音通转之法

古音通转法的基础理论取自程迥的"四声互用"和"切响通用"学说,渊源于宋代切韵学的四声相承法(详刘晓南 2016)。程氏的理论及朱熹的应用,我们已于上卷第六章、第十章详细讨论,此仅略作简介。"四声互用"是说同声韵不同声调的音节在古音中可以通用于押韵之中,有"平上去互用"、"阴入阳互用"两种表现,清儒的阴阳对转说与之相似;"切响通用"是同声纽的音节可以在古音押韵中音转互通,清儒古音学的双声旁转说与之相似。下面于各例略作说明。

5.2.1 平上去互用。即一个字在古音中押韵可以平、上、去三个声调通用,如:

> 方云:《楚辞》"烂"字亦叶平声,《九章》曰:"曾枝剡棘,圆果抟兮。青黄杂糅,文章烂兮。"①

正常读去声的"烂"因为"平上去互用"的关系,可以转读为平声或上声在古音中押韵,比如《九章》的《橘颂》"烂"与平声"抟"字押韵,朱熹注曰"烂叶卢干反"(98 页)即是。所以在诗骚音释中,凡今音属于不同声调的韵段,朱熹根据"平上去互用"条例,无一例外地将不同声调改叶同一声调,如:

豳风七月一 1:火叶虎委反 衣叶上声

---

① 《昌黎先生集考异》卷一,江汉,378 页。

大雅生民三 3：去呱叶去声讦叶去声路

上两例都是平声字直接叶上声或去声，当然上声、去声字也可以直接叶平声，例略。

5.2.2 阴入阳互用。这是基于程迥四声互用理论和宋代切韵学"以入声为枢纽兼配阴阳"理论的音转互用法，即在古音押韵中一组阴入阳声相配的韵之间可以通用。如，朱熹说：

> 古人文字皆协韵。如"信近于义，言可复也；恭近于礼，远耻辱也；因不失其亲，亦可宗也。"宗，协音族。①

通摄冬韵"宗"字可以读为"族"音与入声韵"复、辱"押韵，是因为照宋代韵图四声转读之例，"宗"可转读为入声"鏃"字，此即"宗协音族"的根据。同样，入声"族"还可转读阴声韵的"奏"字，《诗集传·烈祖》篇"鬷假无言"，朱子在"鬷"下注："中庸作奏，今从之。"为什么阳声韵的"鬷"又可读作阴音韵的"奏"呢，朱子这样解释："盖古声奏族相近，族声转平而为鬷耳"。（244 页）这个声转可以简示如下（按，下图中的"△"表示可以互转）：

入声韵"族"

阴声韵"奏"←→阳声韵"鬷"

以入声韵为枢纽，在阴声韵、阳声韵之间流转，此与清儒"对转"意同。《诗集传》中一些"阴-入-阳声韵"之间的叶音，都是以这个理论为其根据的。如：

郑风女曰鸡鸣三 1：来叶六直反赠叶音则

大雅假乐一 1：子叶音则德

阴声韵"子"字、阳声韵"赠"字都可以"叶音则"，套用上文朱子的解释：盖古声"子、则"相近，"则"声转平而为"赠"耳。

5.2.3 双声互用。即在古音押韵中有双声关系的字音之间可以互用，如：

大雅常武一 1：士叶音所祖父戎叶音汝

小雅常棣四：务戎叶而主反

---

① 《朱子语类》卷二十二，论语四，第 2 册，525 页。

朱子将"戎"叶音"汝(而主反)"的理由是:"字之反切,其字母同者,便可互用。如'戎'、'汝'是也。"①查"戎""汝"二字《广韵》"如融切""人渚切",《集韵》"而融切""忍与切",都是日母,即"戎"和"汝"双声,两字音双声可以通用而叶韵。但笔者发现在诗骚音释中双声互用的实例很少。前文已述,他曾给程迥去信,表达过自己对此法的质疑,可见其实他是不太相信此法的(参刘晓南2003、2016)。

古音通转之理论发于程迥的古音著作,亦为朱子叶音之常用,作为一种方法当然属于古音学范畴,但从朱熹叶音实情来看,其所通所转的范围仍囿于今音,尤其是数量占多数的平上去互用的通转更是如此,舒入通转也多与宋元韵图相合,因此笔者认为此法虽为古音而设,但通转之语音依据及其结果则多为今音,故而前文将其归入"今音叶音"之变调叶音(详上卷第十章)。

5.3 声符相推之法

据谐声偏旁推古音,吴棫有很多实例,徐蒇的序中有大段文字论证,项安世也有专论,同样,朱熹也用来推定古音。如"逝"字的叶音:

大雅抑六1:舌逝叶音折,与舌叶

邶风二子乘舟二:逝此字本与害叶,今读误害

"逝"在这里既叶入声"折"音,又可与去声"害"押韵。为什么去声"逝"字可以"叶音折",在《朱子语类》有一段说明:"'逝'字从'折',故可与'害'字叶韵。"②原来"逝"的叶音是从声符推出的,据其声符"折"推其可以与"舌"字押韵。但"折"是入声韵,为什么又可以与去声"害"押韵?原来"害"字转读入声,也是"阴入阳互用法"运作的结果,"害"转读入声则音与"曷"同,所以"害"字在《蓼莪》五章和《四月》三章中与"发"押韵,《生民》二章中与"达"押韵,朱子都注"叶音曷",故"叶音曷"的"害"可与"叶音折"的"逝"叶韵。

5.4 古音注相推之法

这是根据前人所作音注——诸如毛、郑之于《诗》《礼》诸经音注,许慎《说文》、刘熙《释名》、陆德明《经典释文》等书中的音注材料——推字音之古

---

①② 《朱子语类》卷一百四十,第8册,3336页。

读的办法。朱熹有的作出说明,有的未作说明。作了说明的,如:

楚辞离骚7:索所格反,一叶苏故反妦若索音素,即妦如字。若索从所格反,则妦叶音跕

为什么"索"可以"叶苏故反",前文已经引述朱子自述,说明这个叶音采自洪兴祖,其实洪兴祖也不是自创,而是取自徐邈。①

许多没有作出说明,但可以稽考相关文献查出。如:

大雅荡六:商蟗羹叶卢当反丧行叶户郎反方

"羹叶卢当反"又写作"叶音郎"的,诗中除《荡》外,还见于《商颂·烈祖》《鲁颂·閟宫》中。考庚韵见母"古行切"的"羹"音叶读来母唐韵的"郎"音,实取自《经典释文》,如《左传·昭公十一年》:"楚子城陈、蔡、不羹",《释文》"羹,旧音郎"(280页)。该音亦见于《汉书·地理志》颍川郡下师古注。此音《广韵》不收,陆德明即已认为"旧读",当非中古的实际语音,朱子叶音是取于古注。又如:

齐风敝笱一:鳏古顽反叶古伦反云

"鳏"何以叶音古伦反?宋人严粲《诗辑》"鳏"下有云:"毛音关,郑音昆。"②据严粲则此叶乃从郑读推得。

5.5 古诗用韵例推之法

根据先秦两汉古文用韵例推古音,以笔者所见,最早出于颜师古《匡谬正俗》。此后唐宋学者多据之求古韵,以至于项安世"择采音之聚者,举之以为例",归纳出十四条古韵例。项氏说:"通乎此十四例,则凡三百六篇之音,皆可以类推矣。"③项氏仅于一诗之中诸韵混押推其条例,朱子则更进一步,他往往观察同样的混押出现在多首古诗,如前文所举古音例"严"押唐韵,既见于《诗经·殷武》篇,又见于《楚辞·天问》,故此才立为古韵之一例。可见,朱子所谓古韵条例是指在周秦两汉古诗中某一韵类的字多次或反复与另一韵类字相押,比如咸摄"严"字多次与宕摄字押韵,就有了一个"严叶阳唐"的古韵例。诗骚音释中的许多叶音是根据古韵之例作出的,仅举一例:

---

① 见《经典释文》卷三《尚书音义上》,影印通志堂本,36页上栏。
② 见《诗辑》卷九,书目文献出版社1988年影印明昧经堂刻本,136页。
③ 见《项氏家说》卷四"诗音类例",丛书集成初编本,50—51页。

楚辞离骚 25：待叶徒奇反期

海韵"待"为何可以改叶支韵？这是因为同样的押韵在《周易》中也出现了。朱子在《楚辞辩证·上》解释道："待与期叶。《易》小象待有与之叶者，即其例也。"（184 页）这是拿《周易》例《楚辞》。

朱熹古韵条例非常复杂，陈鸿儒（2012）曾据其条例讨论朱熹古韵归属，可备一说。至于朱子所立之古音条例具体情况如何，笔者将在下章论述。

六、学术价值与历史地位

综上所述，通过朱熹语音文献的记载和论说，我们可以看到宋人的"古音"之说，已经超越汉唐诸儒的随意而及的泛泛而谈，而是既有理论又有实践，虽然尚未达到音系归纳的程度，但学理上已经相当成熟，表现为术语明确，内涵清晰，明确了字音有古音、今音之别，古、今音之间既有分别又相联系，形成了古音和今音的语音实体，并在不断的古音考求中逐渐形成一整套切实可行的研究方法，标志了"古音"作为一个新的学术研究领域以及古音学作为一个新的学科的成立。朱熹虽然难说是第一个提出并确立这个研究领域以及学科的学者，但他是古音学热情的响应者，坚定的支持者，理性的阐释者和客观合理的使用者，基于他对"古音"的一系列"警策"之论、务实的甚至是创造性的考释和研究，特别是在方音与古音关系方面的论述与实践，我们看到了他具有比同时诸贤更为清晰合理的古音理念，加以其所使用方法的多样化和解决众多文献古音问题的研究实践，这一切无庸置疑地在宋代古音学史上要占据一个重要的历史地位。

第十章　朱熹的古音学(下)——古韵部雏型

我们从探索叶音的意图及其语音根据入手,广泛发掘朱熹的古音散论,经过类比整合,集腋成裘,终于颇为全面地展示了朱熹的古音思想。毫无疑问,正是在这个思想的指导下,朱子在运用叶音全面梳通诗骚古韵段的过程中,大面积地实施了古音的考求。然而遗憾的是,由于尚未建立古音系观念,致使这些古音考求并无任何构建古音韵部的意思;又由于叶音本为达成古韵段诵读之和谐而设,以至于所叶之音用的是古音还是今音,并无一定之规。在朱子看来,无论今音还是古音,使用它们的目的只有一个,就是梳通诗骚特殊韵段的韵脚。如果在今音的范围内调整韵脚音读能达到和谐,他大概率会据其今音作叶,比如我们已经指出的"变调叶音""洪细叶音""取韵书异读叶音"等三大门类的叶音即是;如果今音无法谐韵,而在所谓古音的范围内调整音读可以令其诵读和谐,他自然就会据其古音叶音。要之,古音只是达成诵读和谐的重要途径之一,而不是唯一。客观地看,诗骚中所叶之音是如此庞杂,的确无法直接从中归纳出一个古音韵部系统来。没有古韵部的内容,这无论如何都是朱子古音学的一大缺陷。但也并非束手无策,笔者以为可以通过对叶音作古韵归类的研究,求取其古音韵部的雏型,来弥补这个缺失。

一、从古韵归类到古韵部雏型

1.1　什么是古韵归类

"古韵归类"的"类"有两重含义,一是字类,二是韵类,即由叶音字所体现的古音去推求其归于何种古韵类。准确地说,"古韵归类"就是发掘叶音条目内含的古音信息，据以作出叶音字归属于何种古韵的推论和确认，以达到归纳古音韵类的目的。其关键就是要尽可能全面地将隐含于叶音中的古韵信息揭示出来，在这个基础之上推断其古韵归属，以获取且归纳叶音中蕴含的古韵类信息。

1.2 合理性与可行性

我们知道，如果只是泛泛提及一两个字的古音，这还算不上古音学。前文已指出，在宋代之前早有不少前辈学者在他们的著作中曾偶然说过或提及过某字的古音如何如何，虽然这些大儒都已经使用了"古音"或类似的术语，但后人并不认它们是古音学，究其原因，大概都与偶然一提、不成规模、所述古音信息不清晰甚或不正确等有关①。朱熹叶音中所涉及的古音可不是这种偶然提及、泛泛而谈的古音。他是有思想指导，有运作意图的，在操作上更是有意识地通过"例推古音"②来批量地对韵脚字实施重现其古音的叶音。有意地"例推古音"与前人偶然地泛泛而谈的古音是有本质不同的，甚至可以说正是因为"例推古音"的强势介入，才有效地赋予了叶音韵脚字的古韵内涵，具备了古韵归类的条件。

我们已经表明"例推古音"是朱熹的一种叶音条例，这里的"例"指"古韵例"。"例推古音"就是根据古韵之例来推韵脚字的古音。如前文所论，朱子"例推古音"的叶音包含两项工作程序，一是核查处于诗章必韵位的字是否符合古韵之例，以确认韵脚字有没有加注叶音的必要。二是发掘或利用各种证据，考证并确认韵脚字的古音，作为叶音注入古韵段，以达到诵读谐协的目的。显然，当依古韵之例确定某特殊韵脚字需要叶音的时候，实际上就是确定了它有一个异于今音的古音存在；当综合诸种证据确定韵脚字可以叶读为另一个音时，实际上就已经将它归属于某一古韵类了。可见"例推古

---

① 王力《中国语言学史》第三章，第十四节《古音学》云："中国古代语言学家们，……有时候也提到古今语音的不同，如《释名·释车》：'车，古者曰车，声如居。……今日车，声近舍'，但是这只是注意到一些个别的、孤立的现象，没有作为整个语音系统的发展来看。历史观点一天不建立，古音学就一天不能产生。"（《王力文集》第十二卷，山东教育出版社179页）

② 关于"例推古音"，详上卷第六章及本卷第九章。

音"的过程其实就是对韵脚字古韵归属的判定与确认的过程。把握了这个过程,就掌握了解析朱子叶音中的古韵归类的关键,不但给通过叶音考其古韵带来了充分的合理性,而且还使之具备了操作上的可行性。我们完全可以通过考究叶音的"例推古音"过程,来逆推他是如何将韵脚字的今音转化为所谓古音的,并从中提取其古韵归类的信息,作为推论朱熹古音学的古韵部的基础。

1.3 基本操作:两大步骤

通过"例推古音"进行古韵归类的工作,需要确立两个基本操作步骤:一是确认古音叶音,二是推定古韵归类。

1.3.1 确认古音的津梁:古韵例。要判断叶音中的古韵归类,首先要确认该叶音是不是采用古音作出的,即是不是所谓"古音叶音",而要判断一条叶音能否被确认为古音,主要就看它是否体现或吻合某种"古韵例"的条件。这里所说的"古韵例"是指朱熹音叶中与今音叶音相对的押韵判断条例,所以,需要将符合今音叶音的韵段与韵脚排除在外,确保在"古韵例"的范围内展开行动。大概有如下几个实施要点。

第一,分布与数量。考究那些既不合礼韵也不符合宋代通语音系的跨韵摄混押韵段在不同时代、不同作者、不同作品或不同文本中是否普遍出现,此为其分布,分布越广越符合古韵例;考究同类型混押韵段出现的次数,此为数量,数量越多越符合古韵例。如果同一类型特殊混押现象,在《诗经》《楚辞》其或其他先秦韵段中反复出现,形成一定的数量,无疑体现了一种古韵混押之常例。如蟹摄开口一二等字常与止摄细音混押,多达 106 个韵段,遍布于《诗经》和《楚辞》中,朱子统一给蟹摄开口一二等字作叶止摄,其重要的根据之一无疑就是古韵例。

第二,朱子自己对其古韵例有说明者,如咸摄"严"字叶入宕摄。

第三,同一类型的混押能得到宋代方音的支持,即达到朱子所说的与方音暗合者。如:

商颂那 2:成渊叶於巾反声平声孙叶思伦反声

《商颂》中《那》篇的第二韵段本押上古耕部,从中古音看是押梗摄清庚诸韵,诗章中处于韵脚位的山、臻两摄的"渊""孙"本不入韵。然而朱子将山摄"渊"字叶臻摄於巾反,将臻摄一等"孙"字叶三等的"思伦反",此两叶造成庚清与真文的混押。不但不合礼韵系统及通语音,也不合清儒以来的古韵系统,朱子之所以如此处理,只有一个理据,即该种混押与他的方音即闽方音达到了暗合,他据以确认为一种古音谐韵,所以才如此叶音(详本卷第七章)。又因为宋人所说的"方音"常常只指实际口语而不区分通语与方言,所以古音与方音"暗合"的范围,有时还需要扩大到通语口语层面,因此还要有下面一条补充规则:

第四,虽不合于礼韵,但某些"暗合"宋代通语口语的古韵段,朱子注以叶音,这些韵段中有的也符合其古音韵例。为何要加入限定词"有的"? 因为这条补充规则,无法全面覆盖所有韵段,如前所说,有的叶音比如"据韵书异读叶音""调整洪细叶音"等,虽符合通语口语但其性质却属于所谓今音叶音,不属于古韵例范围。

1.3.2　推定古音的关键:叶音取向。确认了被叶字的古音性质之后,就有了考察古音归类的基础,要准确地推定叶音的古韵归类,核查叶音的语音取向是关键。语音取向又可以叫叶音的选择倾向,就是指将韵段中需要叶音的韵脚字有选择地或定向地改叶为另一个韵类①。据我们观察,调整韵段中混注字之间的韵读,在有多种可选项的情况下,选什么样的音类叶入韵脚,朱熹却很少随意而为,他往往是有意地选定其中一种作为正解,注入韵脚,而摒弃其他可能的选项,以至于不断重复使用同一选项的叶音而不惮烦,甚至还有一经选定就绝不更改者,如此之固定而执着,难道不是对被叶字的古音归韵有了一个明确认定的极佳表现吗? 只有认识到是什么,才知道需要什么,才会有意地选取什么,才会毫不犹豫地摒除那些不需要的选项。因此,核查叶音作何种选择是判断并确认朱子古音学之古韵类归属的关键。

笔者以为,核查叶音的语音取向有三个观察角度,一是韵段,二是单个叶音字,三是同一韵类的叶音字组。每个观察角度都对于提取古韵信息有特殊的意义,下面分别论之。

1.3.2.1　韵段的观察:组合关系。叶音是在韵段中实施的,一个韵段中

---

① 关于语音取向的具体表现,详上卷第九章,此不赘。

少则有一个、多则有若干个作出叶音的韵脚字。如果一个韵段有多个叶音字,那么这些依次先后而出的叶音就会呈现出一种线性的"组合关系"。在"线性组合"的状态下,叶音的语音取向通常有单向、双向、他向三种方式,造成韵段中叶音的三种相应结果:单入、互入、他入,有关取向与叶入的详情,请参上卷第九章,此不赘。这里要说的是,语音取向的不同,其所表现的古韵归类信息也会有所不同。单向取音是在甲乙两韵混押的韵段中,选择将其中某韵(比如甲韵)的字改叶为另一韵类(乙韵)。这种统一将某韵类归入另一韵类的作法,有明确的选择方向,能清晰地体现叶音所确认的古韵类的归属。所谓"双向取音"即混押的甲乙两韵之间互为改叶,既可改甲韵叶入乙韵,也可改乙韵入甲韵,没有统一而明确的选择,显得中性且含混,不易看出古韵类的流向,对判断韵类的归属作用较弱。所谓"他向",是指在甲、乙两韵混押的韵段中,不在混押的两韵之间取叶,而是另取一个韵来叶音。这种取向虽然不多,但其古韵类的归向却是明确的,即甲乙两韵同归于第三韵类。

1.3.2.2 单个叶音字的观察:聚合关系。实际叶音中,具体韵脚字作叶音的次数往往有多少之异,少的只作 1 次叶音,多的达 40 余次。只叶 1 次的字,只有一次叶音机会,当然也就只有一个取音倾向,观察其古韵归属比较简明。多次作叶则相对复杂,几个、十几个甚至几十个叶音在同一个被叶字身上出现,就使被叶字的叶音呈现出某种"聚合关系"。"聚合关系"同样对观察叶音的语音取向有很大影响。因为一个被叶字在多个韵段中反复出现,其取音的机会就很可能不像仅叶一次那样只有一种选择。多次的选择,可以反复地叶同一个切语,也可以分别叶不同的切语。显而易见,叶入多个切语与仅一个切语的取音倾向有巨大差异。

多次叶音都叶同一切语跟 1 次叶音的取音性质是相同的,都只有一种取音倾向,因而其古韵归类相当明确,如"江"字总计叶音 2 次,都"叶音工",表明朱子认定该字的古音属东部。

如果多次叶音有多种表现,所叶之音的取音性质就会发生改变。一个韵脚字在不同的韵段中被叶为了不同的音,实际上就是将若干个不同的音聚集于一身,使韵脚字叶音的"聚合关系"有了不同。这些聚于一身的多个音之间的功能或性质也可能不同,需要具体分析才可以判定其可能内含的古音以及古韵归类信息。如"来"字,在诗骚中被叶21次,有5种叶音表现:一叶平声之韵"力之反"之类的音,有10次;二叶去声"赍"音,1次;三叶入声"六直反",8次;四"叶如字又陵之反"1次;五"叶六直陵之二反"1次。将后2条二音叶忽略所谓"叶如字",可得2种叶音表现,即"叶陵之反"、"叶六直反"2种取向。综合各种表现,可以确定"来"字有3种叶音取向,一是叶平声之韵陵之切12次,二是叶入声职韵六直反9次,三是叶去声代韵"赍"音1次。显而易见,3种取音的性质不同,前2种与古音叶音相关,第3种为变调叶音,是在今音的范围内作叶,不是古音叶音。至于前两种叶音虽与古音叶音相关,但并不在同一平面,其中叶入声"六直反"是在叶平声"陵之反"的基础上通过变调叶音转读而来,而变调叶音本身并非古音叶音的方式,所以"来"字的3种叶音取向中真正属于古音叶音只有"叶力之反"一种,由此可以断定在朱子的叶音体系中,咍韵"来"字的古韵归于之部。

1.3.2.3 同韵类多个叶音字的观察:字类组合。所谓韵类的观察是由单字观察扩展到同韵类诸字的字组观察。由单字进入字组,这一步必不可少。这是因为在例推古音的作用下,当某一韵类的诸多韵脚字在同等条件下被改叶为另一个韵类时,实际上就已经产生了一组有相同古音归类的韵脚字,形同于生成了可以用于古韵部构建的基础部件。我们要做的就是,穷尽地类聚这些叶音取向相同的字,组成一个个有共同古韵归类的韵字组合。可以预期,随着这种古韵字组的累积增加,推断或归纳古韵部的条件必会愈益成熟。

据上文分析,三个不同观察角度,各有侧重又互为补充,形成一种三位一体的古韵归类考察的程序,可以全方位地探讨古音叶音的语音根据,以全面获取朱熹古音学的古韵类信息。在后面的讨论中,我们将综合运用它们来判断朱子叶音中的古韵归类。

1.4 考察的对象范围

在进入考察之前,有必要确认考察的全体对象,以便在一个有效而可控的范围内实施考证与研究。既然考察的对象是叶音字条,原则上,应当包括全部叶音及相关语料。但我们的目的只是获取古韵归类信息,这就要求我们重点考察叶音中的古音部分,而不必面面俱到。如此一来,考察范围需要有所调整。综合起来看,应当有两个调整,一是对叶音字的考察范围要缩小,二是对韵脚字的考察范围要扩大。

  1.4.1 缩小叶音字的考察范围。为什么要缩小叶音字的考察范围?是因为全体叶音并非都属于古音叶音,而是有一部分属于所谓"今音叶音",缩小范围就是要过滤掉那些与古音无关的叶音材料。除了滤去那些非常清晰的"今音叶音"条目之外,还有一些处于"骑墙"状态的叶音,虽然不便确认为今音叶音,但也不能确凿无疑确认属于古音叶音,这些叶音就可以存疑,暂且置之不论。只有完全符合朱熹古韵例的叶音,才是需要认真考察的对象。

  1.4.2 扩大韵脚字的考察范围。所谓要扩大韵脚字的考察范围,是指在韵段中与叶音字直接押韵的那些未作叶音的韵脚字也应当纳入观察范围。因为叶音是在韵段中实施和完成的,而考察叶音的古韵归类必然会涉及韵段中的组合关系,为了说明古韵的特殊归属,就有必要附带论及那些跟被叶音韵脚字通押的、没有作叶音的相关入韵字。

1.5 从字组、字群到古韵部雏型

  1.5.1 古音字组与古音字群。在例推古韵的前提下,由韵段、单个韵脚到同韵字组层层推进考察叶音的古韵归类,可以得到与古韵部相关的"古音字组"或"古韵字组",行文中可简称为"组";再由古音字组综合而成为"古音字群"或"古韵字群",行文中可简称为"群"。它们是运用"古韵例"推其古音之后,根据各自的古韵信息,类聚有相同古韵归属的韵脚字所得的两个不同层面的韵字集合。具体说,"古韵字组"是指那些中古同韵类的字,又在诗骚叶音中被改叶入同一个韵类所形成的集合。它们可以看作是将今音某一韵类的字归属于古韵的另一韵类,是叶音中的古韵归类的基础单位,通过它们可以判断朱子叶音中某一个字类或某一组字具有一个什么样的古韵归属。"古韵字群"是将所有相同古韵归类的字组汇集在一起形成的综合性集合。"组"与"群"之间,组归属于群,群统摄组。

  1.5.2 "组"与"群"的命名。组与群都是比较特殊的组合,该怎样称呼它们?"群"作为所有叶入同一韵摄字组之总集,其命名当以所叶入韵摄之名命之。如:所有叶入歌戈韵系的韵字及参与押韵的歌戈韵系字组成的大集合可以命名为"歌字群"。从是否叶音的角度看,一个古音字群由两个大部分组成,一是外韵摄叶入字之组合,其特点是组中的每个字均有叶音,且叶入的韵部相同,此即所谓古音字组。二是被叶入韵摄,其特点是在韵段中以"本韵"的身份参与"古音字组"谐韵的成员,凡本韵成员均不须作叶音。如歌字群,其本韵是参与押韵且不作叶音的歌戈韵系的字,群下所辖之诸字组都是从别韵摄叶入者,一个叶入韵摄构成一个字组,有多少个叶入韵摄就有多少个字组,其命名当对应于被叶字原所属韵摄,但可以根据字数的多少灵活处置,字多者需采用原所属韵的名称命之,字少者可从所叶入字中取其代表来名之。如麻韵系被叶入歌戈韵的字较多,则可命名为"歌字群之麻字组",简称"麻字组",又如效摄豪韵系仅有"考"等4个字叶入遇摄(鱼字群),即可命名"考字组"。可见,一个古音字群必得有一定量的古音字组,古音字组是字群成立的基础与核心,若无古音字组的加入,仅凭所谓"本韵"则难以确认其是否为古音字群。

1.5.3 从字群到古韵部雏型。字群既然是所有相同归属的古韵字组的"共主",它就已经具备了同属一个古韵部的所有韵脚字之组合的古韵部基本构架了,是否就可以直接认定为古韵部呢?恐怕不行。因为如果要确认一个字群就是古韵部的话,必须群中所有的字组都能与古音学中的古韵归字相吻合,但实际情况并非如此。字群中的字组虽然取自朱熹的古音叶音,但由于叶音的语音根据或来源不同,使得其所谓古音的语音性质并不纯粹,其中有的叶音字组与上古音的古韵归部相吻合,能够反映上古音的韵类归部,有的不符合上古韵部的收字,就不能反映古韵归类,因此,不能简单地将字群确认为古韵部。

但是,我们也应当看到,字群虽然还说不上就是古韵部,却确实内含有古韵部的基础构件:古韵字组,诸多同类归属的古音字组聚合在一起,实际上已经具备了一个上古韵部的构架。所以,古音字群似乎可看作一个不够严谨、略显庞杂的初始状态下的古韵部组织,虽非古韵部,但距离一个真正的古韵部并不遥远,是介于字组、韵部之间的过渡状态,类似一种"古韵部"的"雏型"。一个古音字群仅仅只是一个来自同类型叶音的韵脚字大杂烩,只有去除其中不符古韵归属的部分,剩下的字组才会呈现出属于某一古韵部的属性,因此,古韵部雏型是从古音字群中去除杂质后,获取的朱熹古韵部初始构架状态。它们大多还不是一个完备的古音韵部,但具备了古韵部的基础,因此可称之为古韵部雏型。

由此带来一个问题,即"古音字群"在十六摄中覆盖不全该如何处置?因为"古音字群"纯粹是从所谓跨韵摄混押韵段的"古音叶音"中归纳获取的,而诗骚韵段的跨韵摄混押并没有均匀地遍布于十六摄之中,并不是每一个韵摄都有充足的古音叶音。我们对于古韵字群的归纳,只能在已经作了一定数量古音叶音的韵摄范围内进行,那些没有作古音叶音或作叶数量特别少的韵摄,其古韵归类的工作无法正常进行,处置的办法就是将它们的古韵类的归属暂且存疑。

下面我们分别从阴声韵、阳声韵和入声韵三个部分考察朱熹叶音中的古音字组和字群,探索其中的古韵归类信息。

二、阴　声　韵

2.1 歌字群:部分支、麻韵系字叶入歌戈

2.1.1　歌字群概况。歌字群是由歌戈韵系和所有叶入歌戈韵系的字组成的一个字群。我们在本卷第七章中讨论"歌、支、麻互叶"时指出,朱子根据当时闽音特征,将诗骚中大多数歌、支、麻混押韵段中的属于中古止摄、假摄的韵脚字改叶为歌韵。这种主叶果摄的取音趋向,构成了一个古音字群,我们将其命名为"歌字群"。

歌字群由三部分组成,一为本韵即中古歌戈二韵系,二为中古止摄支韵类,三为中古假摄麻韵类。本韵之字通常都不作叶音,可以不论,后文凡"本韵"若非必要则均略之不论。本韵之外的字,必作叶音,据被叶字原本所属之音韵地位分组,因中古止摄叶入歌字群的字主要来自中古支韵系,故本组命名为"支字组";来自中古假摄的字名"麻字组"。两组字所叶之音均为歌韵系,故归入"歌字群"。

下面分别列出两个字组的字表。麻字组的字全属麻韵系,共11字叶入25次。支字组的字主要为中古止摄支韵系字,共21个字入叶53次,另有3字次分属脂灰两韵,因其在宋音中已经与支类合并,其所作叶之音又与支类字相同,故此归为一类,附列于字表之尾,用"/"隔开。支字组共24字入叶

56次。麻、支两组合计35字，共叶入歌81次。

有一点先需要说明一下，各群组的叶入字中，常有"二音叶"字例。从字群的角度来看，二音叶之中仅一个音叶入本群，本表仅取其一偏，但为资料的完整起见，表中仍二音二叶照录。凡二音叶字均置于表末。

歌字群各组的具体情况如下。

麻字组 11 字 25 次：差 3 叶七何反 2、叶初歌反、珈叶居何反、麻 2 叶漠婆反、叶谟婆反、鲨叶苏河反、嗟叶遭歌反、沙叶桑何反、化叶胡戈反、谽叶音河、嘉 10 叶居何反 9、叶居宜居何二反、加 2 加叶音戈、叶居之居何二反、蛇 2 叶徒河反、市奢反叶于其土何二反

支字组 24 字 56 次：施 2 叶疏何反 2、皮 2 叶蒲何反 2、蛇音移叶唐何反、篱叶音罗、为 6 叶吾禾反 5、叶音讹、奇叶古何反、锜叶巨何反、羅叶良何反、陂叶音波、驰 2 叶徒卧反、叶唐何反、罴叶彼何反、池 4 叶唐何反、叶徒何反 2、叶音陀、掎叶居何反、柂叶汤何反、离 3 叶音罗、叶力戈反、叶音罗或如字、螭叶丑歌反、缡叶离罗二音、猗 5 叶於何反 2、叶音阿 2、於寄於个二反、宜 8 叶牛何反 6、叶鱼奇鱼何二反、牛奇牛何二反、仪 9 叶牛何反 6、叶牛何反、叶宜俄二音、牺虚宜虚何二反／纍叶力禾反、绥叶宣佳土果二反、摧叶徂为采卧二反

2.1.2 歌字群的古音学意义：上古歌部的雏型。 歌字群的古音学意义就在于其中约略显示出上古歌部的雏型，但有两大缺陷，无法直接指认为古音系的歌部。一是当支、麻与歌在韵段中相会时，朱子虽然将大部分支、麻类字改叶歌，但也有将歌韵字改叶麻（"罗"字1次）、将歌韵字改叶支（"过和何火2祸2波2歌2"，共7字11次）。支字组中还混入了3个本属上古微部的字，这些改叶都不符合上古音歌部的要求。二是从被叶字来看，存在着少量的一字既叶歌又叶支、麻的现象，如支类"施"字叶歌2次，又叶麻1次，麻类"嘉"字叶歌10字，又叶支1次，"化"叶歌1次，又叶支2次等等。

2.2 鱼字群：部分麻、侯尤、豪、之韵系字叶鱼

2.2.1 鱼字群概况。在诗骚中有许多遇摄与别的韵摄字相会的韵段，叶音中较多地将别韵摄的字改叶遇摄，形成了诸摄同叶遇摄的一个字群：鱼字群。改叶遇摄的字分别来自中古4个摄，每摄分别构成一个叶音字组：来自假摄的麻字组、来自流摄的侯字组、来自效摄的考字组和来自止摄的子字组。下面分别列举各字组的叶音字次信息，各组之下有必要的话，再加以说明。

麻字组 26 字 128 次：华 5 叶芳无反 5、家 7 叶古胡反 6、叶古乎反、马 17 叶满补反 17、夜 7 叶羊茹反 7、牙叶五胡反、野 16 叶上与反 16、邪叶祥余反、瓜 3 叶攻乎反 2、叶音孤、舍 2 叶商居反、叶尸预反、者 7 叶章与反 4、叶掌与反、叶音绪、叶音渚、夏 2 叶后五反 2、稼叶古护反、瑕叶洪孤反、暇 3 叶后五反 2、叶胡故反、写 3 叶想羽反 2、叶想与反、寡 2 叶果五反 2、假 2 叶音故、叶音古、柘叶都故反、袎叶满补反、椵 2 叶音古、叶果五反、騢叶洪孤反、姱 3 叶音户 2、叶苦胡反、霞叶音胡、檴叶上与反、下 37 叶后五反 17、叶音户 19、叶音虎、御五稼反叶鱼据反

侯字组 17 字 32 次：母叶满补反、谋 2 叶莫徒反、叶满补反、薮素口反叶素苦反、狃女九反叶女古反、後 7 叶胡故反、叶下五反 4、胡豆反叶下五反、叶胡古反、游叶云俱反、口 3 叶孔五反 3、奏 3 叶宗五反、与走通叶宗五反、叶音祖、垢叶音古、耦叶鱼古反、走叶音祖、耇 2 音苟叶果五反、叶果五反或如字、侯 3 叶洪孤反、叶音胡、叶洪姑洪钩二反、厚 2 叶胡反、叶狠口下主二反、諏子须、子侯二反、斗叶肿庾反或如字、留叶音间或云如字

说明：侯字组即本卷第七章的"侯主叶模"条例中的字，该条例有韵段 17 段，改叶方式有单叶 14 字 26 次和二音叶 6 字次，其中"耇侯厚"3 字各仅有一次二音叶，"諏斗留"3 字则全属二音叶。

考字组 4 字次：考叶孔五反、保叶音补、宝叶音补、草叶七古反

说明：此即第七章第 10 例"豪通叶模"字例，3 个韵段 4 字次。

子字组 2 字 3 次：子 2 叶兹五反、叶子古反、士叶音所

说明：此即第七章第 11 例"支通叶鱼"字例，3 个韵段 2 字 3 次。

2.2.2 鱼字群的古音学意义：上古鱼部的雏型。鱼字群的 4 个字组，第 1 组麻字组诸字与鱼模混押数目多而反复出现，朱子反复叶入鱼模，可以确认是据古韵例作叶的。这组字叶入遇摄反映了朱熹将部分麻韵字归入鱼部的古韵归属。其一，该组麻韵字从不与归歌字群的麻组相混，体现了中古麻韵系中部分归歌、部分归鱼的上古归属。其二，尤其重要的是，这组字与中古遇摄相遇时，朱子严格地执行了麻叶入鱼的单向取音，无论韵段中鱼韵类字占多少，都一律改麻叶入鱼。仅有一个"御"字出现 4 次改鱼叶麻，但这不是鱼、麻互叶的双向取音，而是音义错位的叶音①，乃今音叶音，不属于古韵

---

① "御"字在宋代韵书中有鱼韵系的"牛倨切"（广韵："理也，侍也，进也，使也"）、麻韵系的"鱼驾切"（集韵："说文相迎也"）两个音义，当诗句上下文"御"字语义为鱼驾切的"相迎"，而所在韵段又要求押鱼模韵时，押韵的音与文中语义不能吻合时，朱子就会将音义错位而作叶。具详上卷第十章。

的范围。

侯字组是流摄字叶入遇摄，有32次，所占分量不少，我们已经指出其改叶是根据闽音的侯读同模的特殊读音作出的。且其中还有约三分之一的侯-鱼二音叶，可见朱子对侯韵类的古音是否一定得叶入鱼是有所犹疑的。不过，侯字组的字为数不少，客观效果上已成规模，姑且依其叶入之音归于鱼字群。核其古音韵部之构架，鱼模本韵外加麻韵、侯韵，恰与顾炎武第三部（鱼部）相对应，可看作早期上古音系中的鱼部雏型。

其余2个字组的叶音都有其特殊之处。

来自效摄的考字组和来自止摄的子字组改叶数量很少。据查，全体效摄字作叶共有156条，叶入遇摄的仅此4条，止摄字作叶总计多达256条，叶入遇摄仅此3条，均属于典型的非主流叶音。其叶音的语音根据，我们在前文第七章已经指出，这只是据古方音或闽音的特殊读音作出的改叶。这批叶音所依据的方音的虽与古韵段表现出来的古音"暗合"，但所分布的范围有限，数量太少，仅出现在几个特殊韵段之中，没有普遍性，无法说明朱子古音归类中有将效摄洪音和止摄齿音归鱼韵类的可能，亦即曰，这里没有体现音类的归属，仅仅是几个字的方音与古音暗合促成了此种叶音，只能看作少数个别字归类的异动，不能显示古今韵类的变化。从现代古音学来看，这几个字归入鱼部并不准确。

2.3　幽字群：部分效摄、遇摄、止摄字叶入流摄

2.3.1　幽字群概况。由于上古幽部包含中古流、效二摄许多字，诗骚韵段押上古幽部时，就会出现中古的流、效二摄的混押，这样的韵段有64段。朱熹的叶音是将其中54个韵段中的效摄字改叶入流摄，涉及46字作叶93次，又将10个韵段中的流摄字改叶入效摄，作叶11字12次。从效摄的叶音表现来看，无疑是主要叶流摄，被叶字以一二等洪音为主，可以命名为豪字组。此外，中古遇摄、止摄有少数叶入流摄，遇摄叶入流摄者主要为虞韵字，可以设虞字组，止摄叶入者虽有脂、之韵字，但数量很少，可名之为轨字组。

豪字组46字93次：茅2叶莫侯反2、炮叶蒲侯反、昴叶力求反、包叶补苟反、好12叶许侯反、叶许厚反5、叶许口反2、叶讦口反、叶许苟反、叶许候反、叶呼斸反、老4叶鲁吼反3、叶鲁

口反、漕 2 叶徂侯反 2、髦叶莫侯反、扫 3 叶苏后反 2、叶苏吼反、翿叶殖有反、造 2 叶徂候反 2、鸨叶补苟反、道 8 叶徒厚反 3、叶徒苟反 2、叶徒口反、叶徒吼反、叶徒候反、告 2 叶古后反、叶居后反、陶 2 叶徒候反、叶夷周反、膠叶居幽反、滔叶他侯反、慆叶佗侯反、栲 2 叶去九反、叶音口、保叶补苟反、考 7 叶去九反 2、叶去久反 2、叶音口 2、叶袪候反、袍叶步谋反、饱 4 叶补苟反 4、枣叶音走、稻叶徒苟反、草 3 叶此苟反 3、祷叶丁口反、苞 3 叶补苟反、叶补钩反、叶蒲苟反、卯叶莫后反、捣叶丁口反、昊叶许候反、馨叶居尤反、阜叶子苟反、孝 2 叶呼候反、叶呼候反、恢叶尼犹反、报叶蒲救反、骚叶苏侯反、茆叶谟九反、曹叶徂侯反、皞叶胡求反、咆叶蒲侯反、嫂叶音叟、萧 3 叶疏鸠反 2、叶音搜、昭叶音周、聊 3 叶音留 3、寥叶力求反

虞字组 10 字 14 次：隅叶语口反、驱叶袪尤反、趣叶此苟反、厨叶音稠、孚 2 叶房尤反、叶孚尤反、主 2 叶当口肿庾二反、如字或叶当口反、濡 2 叶而朱而由二反、叶朱如由二反、醹 2 叶而朱而由二反、如主反或叶奴口反、渝叶容朱容周二反、须留叶音间，或云如字而须叶音秋

说明，"主濡醹渝须"5 字 8 次，为尤、鱼二音叶。

轨字组 4 字 6 次：轨叶居有反、簋 2 叶己有反 2、之 2 叶音周 2、时叶酬时二音

2.3.2 幽字群的古音学意义：上古幽部的雏型。幽字群的豪字组显示大量的效摄字叶入流摄，既与宋代闽音相符，又与效摄一二四等字约一半在上古归属幽部大致吻合，可见朱熹叶音的古韵归类是比较准确的。站在现代古音学角度看，除仅有个别古宵部字误归幽部，如"昭"字，大部分归属符合上古幽部的范围，故其叶音可以反映上古幽部的雏型。

幽字群的虞字组是将遇摄虞韵系字叶入流摄，与上文"鱼字群"中的"侯字组"将流摄叶入遇摄似乎是互为叶音的双向叶音，细察叶入之字，两组仍有差异。叶入遇摄的流摄字即鱼字群中侯字组以侯韵一等为主，叶入流摄的遇摄字即幽字群虞字组又以虞韵三等为主，互相叶入字并不相同，并非无条件的双向互叶。所以，我们还是应将鱼字群侯字组与幽字群虞字组分别对待。再看幽字群虞字组除了有大量的尤侯-虞二音叶之外，还有许多虞改叶尤，可见朱熹还是更倾向将虞字组归入幽尤韵，这种归属与江永的古音第十一部（幽部）相对应。

轨字组仅 4 个字，虽然零散，也有"轨簋"2 字 3 次的"叶己（居）有反"完全符合上古音幽部的归属。另 2 次"之叶音周"均见于《楚辞集注》，大概为后出未定之叶，不为典要，姑置不论。"时叶酬音"乃二音叶，是特殊叶音，亦置不论。

2.4 脂字群:流摄、蟹摄及止摄部分齿音字的叶入止摄

2.4.1 脂字群概况。诗骚中押上古支、脂、之、微诸部的韵段数量很大,由于这几个上古韵部发展到中古形成止、蟹两摄,又有一部分字分流归入流摄尤韵系,所以这一大批韵段的押韵往往表现为中古止摄字与蟹摄、流摄字的混押。遇到这种情况,朱子大多改叶其中流、蟹摄字入止摄,外加一些比较特殊的叶入字,因而形成了一个庞大的字群:脂字群。

脂字群除止摄和蟹摄细音作为本韵不注叶者外,所有作叶音的韵字,可以分为两个韵分。

其一是叶入止摄(含蟹摄细音)的流摄字或蟹摄洪音字。各组叶入字很多,我们将按其原所在韵摄中韵部名给字组命名。来自流摄字称为尤字组,来自蟹摄洪音字则由于朱子对于其开口、合口的叶音的取音倾向有异①,分立为灰字组(蟹摄合口一二等)、哈字组(蟹摄开口一二等字)。

其二是流、蟹摄之外一些比较特殊的叶入字,它们分别是 20 个止摄齿音字、2 个效摄字"好叶虚既反、饱疑叶备音"和 1 个遇摄字"都叶丁溪反"。20 个止摄齿音字,本属止摄又叶入止摄,这个奇怪的叶音自成一类②,姑称之为齿音组。至于 2 个效摄字和 1 个遇摄字叶入止摄,都偶然一见于《楚辞集注》,既不为典要且其古韵例证据不足,数量极少,故而姑置不论。

尤字组 26 字 120 次:友 12 叶羽己反 9、叶羽轨反、叶羊里反、叶音以、否 7 叶补美反 4、叶音鄙 2、叶音悲、母 13 叶满彼反 10、叶满洧反 2、叶满委反、仇 2 叶渠之反、叶其音、有 15 叶羽己反 13、叶于彼反、叶音以、訧叶于其反、久 4 叶举里反 3、叶居止反、谋 11 叶谟悲反 9、叶音麋、尤 4 叶于其反 4、丘 3 叶祛奇反 2、叶音欺、右 11 叶羽己反 8、叶羽轨反 2、叶于记反、玖 2 叶举里反、亩 13 叶满彼反 8、叶满委反 2、叶每彼反、叶满洧反、叶蒲委反、裘 3 叶渠之反 3、又 2 叶音怡、叶夷音、富 3 叶方未反 2、叶音费、负 2 叶蒲美反、叶扶委反、邮叶于其反、牛 3 叶鱼其反 2、叶鱼奇反、妇叶芳尾反、旧 2 叶巨己反 2、耦叶音拟、浮叶扶毗反、朓叶于其反、佑叶于忌反、祐叶于忌反

灰字组 19 字 44 次:怀 10 叶胡威反 9、叶虚韦反、枚 2 叶莫悲反、叶谟悲反、悔 4 叶

---
① 详上卷第九章、下卷第四章和第七章。
② 叶音的原因详下卷第七章,此不赘。

虎洧反2、叶呼委反、叶虎委反、媒4叶莫悲反2、叶谟悲反、叶音寐、背叶蒲寐反、痗叶呼洧反、晦2叶呼洧反2、佩7叶蒲眉反2、叶音备5、外叶五坠反、梅3叶莫悲反3、退叶吐类反、罪叶音悴、回叶乎为反、海叶呼位反、雷叶音纍、悖叶蒲寐反、沬叶莫之反、坏叶胡罪胡威二反、摧叶徂为采卧二反

哈字组48字121次：败3叶蒲寐反3、拜叶变制反、霾叶音貍、迈3叶力制反3、来10叶陵之反5、叶力之反3、叶音厘、叶如字又陵之反、莱2叶陵之反2、台3叶田怡反2、叶徒其反、殆5叶养里反3、叶当以反、叶徒係反、怠叶养里反、态3叶土宜反、叶音替2、大2叶特计反2、再叶子赐反、代2叶徒计反、叶徒係反、待2叶徒奇反、叶音地、带2叶丁计反2、采5叶此履反4、叶此礼反、哉8叶将黎反6、叶将其反、叶即思反、载2叶子利反、叶子赐反、在4叶此里反、叶才里反、叶音紫2、宰叶奖里反、裁叶即词反、灾3叶音滋2、叶子私反、才叶前西反、薰叶津之反、瘵2叶子例反、叶侧侧反、佳叶居宜反、叶音圭、哈叶呼其反、喈7叶居奚反7、偕5叶举里反4、叶居支反、阶3叶居奚反3、皆叶举里反、湝叶贤鸡反、岂2叶去礼反、叶去几反、屆4叶居例反、叶居气反3、溉叶古气反、盖叶居乂反、戒叶音计、开叶音岂、改2叶音己2、解叶居岂反、醢2叶呼彼反、哀6叶於希反4、叶音衣、叶音依、海5叶虎洧反3、叶虎委反、叶音喜、艾2叶鱼肺反、叶五计反、爱2叶许既反、叶於既反、害叶暇憩反、茷叶蒲寐反、埃叶音衣

齿音组20字91次：姊叶奖礼反、梓叶奖履反、秄叶奖里反、雌叶千西反、汜叶羊里反、资叶笺西反、刺2叶音砌2、俟2叶羽己反又音始、叶于纪反、似3叶养里反3、涘3叶羽已反、叶以始二反、叶矣始二音、秜4叶养里反3、叶羊里反、祀6叶养里反6、兹2叶津之反2、斯2叶先赍反2、私2叶息夷反2、丝4叶新夷反、叶新赍反3、死3叶想止反3、师3叶霜夷反3、思12叶新赍反12、子37叶奖履反25、叶奖里反11、叶奖礼反

2.4.2 脂字群的古音学意义：清初上古音脂部雏型。脂字群的尤字组、灰字组和哈字组诸字押入止摄自成体系，都有清晰而充分的古韵例支持，所作叶音也有非常明确的古音特征，它们与止摄本韵以及蟹摄细音一起，隐约构成类似清初顾炎武和江永的古音系第二部（含止、蟹两摄与尤韵系等字，可称之为"脂部"）那样的古韵部的雏型，但各个字组的规模与取音倾向略有差异。

尤字组叶入止摄的26字120次，在与止摄相会的韵段中，全都是叶入止摄的单向取音，没有改止摄字入流摄的。扩大一点看，整个诗骚韵段中，凡中古止、流二摄相会的韵段，也只有"簋2轨之2时"4字6次是将其中止摄字改叶入流摄的（详上幽字群），此乃个别字的异动，不改变流摄叶入止摄的

古韵归向。从现代古音学看,叶入止摄的诸流摄字,绝大部分符合后代学者上古音之部的范围,仅"耦浮"2字不相吻合,此可目为朱子古韵归类的偶误,因此,尤字组字可以看作归于上古之部的字组,或归属于早期脂、之、支无别时的顾江第二部的范围。

属于中古蟹摄一二等开口的咍组、合口的灰组,叶入止摄的取音倾向有不同。笔者在本卷第七章,已经指出咍字组叶入止摄是单向叶入,灰字组叶止摄却是双向互叶。即凡诗骚韵段中出现蟹摄一二等开口字混押止摄字时,朱子一律将蟹摄字改叶为止摄音,而出现蟹摄一二等合口字混押止摄时,则会视韵段中各韵摄字的多少确定是叶入止摄还是叶入蟹摄,这就是所谓双向取音。笔者认为,这个不同的取音倾向,只是朱熹叶音的语音根据不同所表现出来的差异,并不反映朱熹认为开口与合口有不同的上古音归类。简言之,合口洪音与止摄的互叶是根据通语音,只是通语仅合口一等归入止摄,朱子扩展至部分二等合口字。开口洪音的单向叶止摄是据闽音。因为咍字组可读细音叶入止摄,大概在朱子看来,仅于闽音的小范围通行,并非普遍现象,所以只得依闽音的指示统一将蟹摄开口洪音字叶入止摄,而不能将止摄开口细音字改叶蟹摄洪音。而合口的灰字组与止摄的互叶,属于宋代通语口语中正在发生的音变,具有普遍性,音变的发展趋势是使止、蟹两摄的相关音类逐渐合为一类,无论改谁叶谁,实际读出的语音都是一样的。换句话说,这两个韵类在实际口语已经趋同,其实不必叶音,之所以作出叶音,恐怕只是为了完成一个符合礼韵的手续而已。所以,在字面上维护韵书规则作出的叶音,造成了一种双向取音的假象。

齿音组的叶音在本卷讨论通语(第五章)、方言(第七章)的两章中都有涉及,笔者认为是为了避免方音干扰的一种从权叶音,此不赘。

据上文分析,脂字群其实是尤(部分)支(部分)和脂之微齐佳皆灰咍祭泰夬废的大杂烩,隐隐与顾炎武、江永的上古第二部相对应,它反映了早期之脂支微未分立时的古韵部脂部的雏型。

2.5 附:效摄自押及少量流摄、遇摄字叶入效摄

2.5.1 概况。诗骚叶音中将大量的效摄字叶入流摄,但很少有别摄的字叶入效摄,以今所见,叶入效摄的仅 11 个流摄字和 2 个遇摄字,前者可名

"忧字组",后者可名"翆字组"。这些字与效摄自押韵段中的效摄字可以构成一个字群:宵字群。下面列表展示外摄叶入者。

忧字组 11 字 12 次:忧 2 叶一笑反 2、瘳叶怜萧反、纠叶其了反、绣叶先妙反、懰叶朗老反、受叶时倒反、韭叶己小反、酬叶大到反、幽叶於交反、舟叶之遥反、酒叶子小反

翆字组 2 字次:翆叶步庙反、遽叶渠骄反

在诗骚中,朱子很少将别的韵摄叶入效摄,全部叶入效摄的外摄字即上表 13 字 14 次,字次很少,故两组字的命名从叶入诸字之中取一代表名之。

2.5.2 宵字群的古音学意义。首先,我们得确认,虽然外摄叶入的字次很少,但都是有语音根据的,"忧"等流摄细音字叶入效摄,是据闽音,详本卷第七章"尤萧互叶"。而"翆"字,韵书其实有流摄缚谋切、遇摄芳无切两读,两读义同,朱子给它注音为"音孚",故计作遇摄字叶入效摄。如果依其流摄异读,则其叶音取音就同于"忧"等字。至于遇摄"遽"字"叶渠骄反"乃据四声互用之切韵学原理叶之,非古音叶音,详上卷第九章。

其次,虽然外韵摄叶入效摄之字较少,但效摄自押的韵段却很多,可见效摄字入韵并不孤单。我们可以清晰地看到,在诗骚押韵体系中,除去与流摄字混押的这个部分,全体中古效摄字基本就处于不与他摄韵字杂押的内部自押状态。据笔者统计,诗骚中纯押效摄的韵段有 94 段,朱子除作内部的声调和谐或洪细调整叶音外(此不属古音叶音范围),统一不作跨韵摄的叶音。这其实是上古宵部内部的押韵比较纯净,不羼杂其他韵摄字的缘故。

虽然全体效摄本韵自押的韵字,会同流摄尤韵叶入之字构成的"宵字群",对应于顾炎武的上古韵部第五部,但由于所作叶音稀少,叶音取向隐而不显,朱熹是否将其认定为上古韵类,缺乏有力证据,故能否定作宵部雏型,存疑。

三、阳　声　韵

3.1　东字群:江摄及少数宕、深摄字叶入通摄

3.1.1　东字群的概况。上古东部包含中古江摄舒声大部,所以,诗骚中押上古东部的韵段就会出现东、江混押,凡此种混押韵段,朱子均将原江摄

字叶入通摄。此外又有 2 个宕摄字和 3 个深摄字叶入通摄。我们将叶入通摄的江摄字称为江字组，叶入通摄的宕摄、深摄字分别称为堂字组、阴字组。

江字组 6 字 22 次：邦 9 叶卜工反 7、叶卜攻反、叶卜功反、降 7 叶乎攻反 3、叶胡攻反 3、叶呼攻反、双叶所终反、庞叶莫孔反、巷 2 叶胡贡反、叶乎贡反、江 2 叶音工 2

堂字组 2 字次：堂叶音同、阳叶弋公反

阴字组 3 字次：阴叶於容反、临叶力中反、谌叶林反或叶市隆反

3.1.2 东字群的古音学意义：上古东部的雏型。东字群的 3 个字组中，江字组的取音倾向具有古音学古韵部的意义。据笔者统计，朱子的诗骚韵段体系中江摄没有摄内自押的韵段，只有与其他韵摄通押的韵段，主要是与通摄相会的韵段有 22 个，朱子的叶音是，将这些韵段中江摄字全改叶入东韵系，形成毫无疑义的单向叶音。换一个角度，从叶音字"聚合关系"的角度看，全体江摄字共作叶 23 次，除叶入通摄的 22 次外，另有 1 次"降"叶宕摄：

九歌东君 42：裳狼降叶胡刚反浆翔行叶胡刚反

看其韵脚结构，其中江摄"降"不是与通摄字相押，而是与宕摄字相押，"组合关系"完全不同。有清以来，古音学家并不认这个"降"字是入韵的，朱子认其入韵，一定是将"降"按宋代时音江宕合摄来读的。这样看来，"降叶胡刚反"的性质不是改江摄叶宕摄，而是改去声叶平声，属于今音叶音，应当被过滤掉。由此可见，在所有的江与通摄相会韵段中，朱子是取改江叶东的单向叶音。说明朱熹心目中，江摄的上古音当入通摄，符合上古音东部，当然，这个东部是不分东、冬的，类似于顾炎武的第一部。

堂字组、阴字组的取音其实都是双向取叶，分别详下文唐字群和侵字群。在这里可以肯定的是，堂字组和阴字组的叶入通摄，不符合上古音的东部。

3.2 唐字群：梗摄、通摄、咸摄、臻摄、山摄等叶入宕摄

3.2.1 唐字群概况。唐字群是包含本韵阳唐系舒声字和所有叶入宕摄的外摄字之集合。外摄叶入共有 5 摄，分别是梗摄（命名为庚字组）、通摄（东字组）、咸摄（严字组）、臻摄（身字组）、山摄（言字组），另有一例江摄"降"字叶入宕摄，我们在上文"东字群"中已辨明不当看作古音的叶音，故此过滤之。五摄叶入宕摄，各摄数量相差悬殊。各字组的语音根据均在本卷第七

章有过讨论（分别见"东阳互叶""庚通叶阳""山咸臻摄叶宕摄"诸条），不赘。

庚字组 39 字 169 次：行 44 叶户郎反 41、叶胡郎反、叶胡刚反、叶音杭，觥 2 叶古黄反 2、泳叶于诳反、永叶弋亮反，兵 4 叶晡芒反、叶晡茫反、叶晡亡反、叶补芒反，景叶举两反，兄 6 叶虚王反 5、叶虚良反，京 11 叶居良反 11，甍叶谟郎反，旁补彭反叶补冈反，彭 7 叶铺郎反 6、叶普郎反，英 10 叶於良反 5、叶於姜反 4、叶音央，明 31 叶谟郎反 16、叶莫郎反 2、叶音芒 13，衡 6 叶户郎反 5、叶胡郎反，亨 2 叶铺良反 2，庚 2 叶古郎反 2，鸣叶音芒，苹叶音旁，笙叶师庄反，珩叶户郎反，喤 2 叶明光反，盟叶谟郎反，傍布彭反叶布光反，祊补彭反叶补光反，庆 9 叶祛羊反 6、叶音羌 2、叶墟羊反，怲叶兵旺反，平叶音旁，羹 6 叶音郎 3、叶卢当反 2、叶力当反，竟叶其两反，梗叶古党反，横 2 叶音黄，盲 2 叶音芒 2，卿叶乞郎反，琼叶渠阳反，胜叶音商、争叶音章，刑叶胡光反，成叶音常，惩叶直良反

说明：梗摄叶入宕摄以庚韵系为主，39 个字中仅 5 个不属庚韵系，上表排于末尾，用逗号隔开。

东字组 8 字 11 次：东叶都郎反、空叶枯郎反、中叶诸良反、宫 2 叶居王反、叶古荒反、功 2 叶音光 2、通 2 叶它光反、叶音汤、风叶孚光反、桐叶音唐

严字组 2 字 3 次：严 2 叶五刚反、叶五郎反、瞻叶侧姜反

身字组 2 字 3 次：身 2 叶音商、叶户羊反、薪叶音襄

说明：身，叶户羊反，当为尸羊反。

言字组 2 字 3 次：言 2 叶音昂、完叶胡光反

3.2.2 唐字群的古音学意义：上古阳部雏型。唐字群中叶入本韵的外来韵摄虽然有 5 个，但只有庚字组是成体系的叶入。在诗骚韵段中，凡有中古梗摄与宕摄混押者，朱熹全部都将梗摄字改叶入宕摄。我们已经指出，庚韵系叶入阳唐，虽有宋代闽音的"庚-唐音近"的支持，但这种不落一字，大规模的成体系叶入，显然超出了闽音的范围，主要是据古韵例的规模效应作出的改叶。其中占主导地位的是庚韵系字归阳唐，这与顾炎武以来的上古音阳部的格局大致吻合，形成了上古阳部的雏型。

本群的"东字组"将通摄东韵系的 8 个字叶入宕摄，与上文东字群堂字组的 2 个宕摄字叶入通摄形成双向互叶。笔者已指明互叶的语音根据是闽音（详本卷第七章），同时，我们还进一步指出，本群的严字组、身字组、言字组叶宕摄的语音根据全部都为闽音（同上）。而且其中"严"字叶宕摄，朱子自己还作过属于闽音的古韵例说明。这 4 组叶音的共同特点就是宋代闽音的

特殊音读与诗骚古韵段中的混押达到了"暗合",朱子认为可以据这些方音作叶音。其语音价值是能反映宋代闽音中某些字的特殊音读,有历史方音的价值,但它们并不符合上古音系阳部的格局,后人的古阳部也都不包含东字组以下诸组的韵字,所以在古音学方面没有什么价值。

3.3 蒸字群:少数通摄、深咸摄字叶入曾(梗)摄

3.3.1 蒸字群概况。在上古音中,曾摄、梗摄舒声韵分立为蒸、耕两个韵部,但在朱子叶音体系中,两摄并无分别,这当然是受宋代通语梗曾两摄合流的实际语音影响的结果。如果看叶音,则有通摄、深咸摄少数字叶入曾梗摄。叶入字虽少,仍反映某种古音信息。

笔者统计了曾梗两摄本韵的入韵情况,曾摄舒声韵内部自押且不作叶者有 15 段,梗摄舒声自押且不作叶者有 68 段,合计 83 段,数目不小,加上外韵摄叶入的 15 个韵段,足以组成一个颇具规模的字群。但是,这样组成的字群,包含两个上古独立成部的"本韵"韵摄:梗摄和曾摄,这显然与古韵部架构有矛盾。我们认为,字群本为韵脚字的古韵归类而设,而古韵归类主要又是从叶音的取音倾向中求取,若要辩明字群中可能存在的古韵部信息,自然要看叶音怎么用字。从本群叶音的切语下字来看,通摄叶入本群的 16 次叶音中有 13 次是叶曾摄的,深咸摄叶入的 4 次也有 2 次是叶曾摄的,明显是叶曾摄占绝对优势。更重要的是,所叶的韵段也大都以押曾摄为主,如:

郑风大叔于田三:掤弓叶姑弘反

小雅正月五:陵惩梦叶莫登反雄叶故陵反

就是说,朱熹大致是将混入主押曾摄韵段中的外摄字差不多都改叶入曾摄,由此可知,叶入梗曾两摄的字群,其主体是曾摄,与梗摄字实无太多的关联,应当过滤掉梗摄韵段,仅取曾摄字韵段和其中所叶入的外摄字,组成一个字群:蒸字群。在蒸字群下,将通摄叶入本群的字命名为中字组,深咸摄叶入者为音字组,表之如下。

中字组 5 字 13 次:中 2 叶诸仍反 2、梦 4 叶莫登反 2、叶莫朦反、叶弥登反、躬叶姑弘反、雄 2 叶于陵反、叶故陵反、弓 4 叶姑弘反 4

音字组 2 字次:音叶一陵反、绂息廉反叶息稜反

说明:通摄另有"弓叶音经""雄叶音形""东叶音丁"3 字次,深摄另有 2

次"今叶音经"叶入梗摄,虽然在朱子口音中梗、曾两摄已混同,叶音实效同于叶入曾摄,但毕竟叶音的下字属梗摄,故此不计入。

3.3.2 蒸字群的古音学意义:上古蒸部的雏型。如前所论,中字组的字在韵段中呈现出主要与曾摄韵字相会的态势,所以朱子将它们中绝大多数改叶曾摄,这种叶音的选择性倾向是清晰的。当然,这并非意味着朱子主观上就已经认定曾摄舒声字在上古音中要独立单列一类,从他夹杂3次叶入梗摄就可以看出他心目中曾、梗之间其实并无区别。只是实际操作中,他主要取用叶入曾摄的叶音倾向,把曾摄放在主要的位置而已。该怎么看这个取音倾向呢?或许他已感到在主押曾摄的韵段中,这些通摄字的古音就应当读为蒸登韵,这当然符合上古蒸部,表现出古音蒸部的雏型;但也有可能是在主押曾摄的韵段中为了向礼韵体系靠拢,维持蒸登同用的规则而作出的选择,这种选择同样造成了上古蒸部雏型的客观效果。此外,音字组的叶入曾摄,也有与后代古音学家所提的"蒸-侵通韵"相似。如出于《秦风·小戎》三章的"音叶一陵反"就是。有一点可以断定,虽然朱子主观上并无明显的古音分立梗、曾二摄的意向,但其所作叶音将叶入梗曾摄中的外摄字主要叶入曾摄,就带出了一个古韵归类的节奏,有意无意地出现了一个上古蒸部的雏型。

3.4 真字群:山摄、梗摄字叶入臻摄

3.4.1 真字群概况。上古真、文部含有许多中古先韵字及少数的山摄其他韵字,因而诗骚押古真、文部的韵段中,会出现臻摄跟先韵和少数其他山摄韵字的混押。笔者统计,这样的韵段共有66个,朱子将其中26个山摄字改叶真文共计87次,形成一个字组,可命名为先字组。又有梗摄青韵的"怜"字叶入1字次,可名之为怜字组。

先字组26字87次:渊9叶一均反6、叶於巾反2、叶一因反、田7叶地因反6、叶徒因反、千3叶仓新反2、叶七因反、颠2叶典因反2、坚叶吉因反、阗叶徒邻反、贤4叶下珍反2、叶胡邻反、叶音形、先4叶苏晋反、叶音询、叶苏津反、叶桑津反、甸叶徒邻反、玄叶胡匀反、年7叶尼因反3、叶泥因反2、叶祢因反、叶奴京反、巅叶典因反、天28叶铁因反28、还叶胡昆反、艰3叶居银反3、愿叶鱼靳反、鳏2叶古伦反、叶音矜、苑叶音氲、愬叶起巾反、嫄叶鱼伦反、川叶枢伦反、言叶音银、患叶胡门反、翩2叶批宾反2、鸾叶以旬反、泉2叶才匀反2

说明：表中前13字原属先韵，改叶真韵69次，后13字原为山删仙元诸韵字，改叶真韵18次。此外，其中还有"贤叶音形""年叶奴京反"各有一次叶音切下字为梗摄字，其叶音效果当与叶入臻摄相同，故一起记入先字组（说详第七章"先主叶真"）。

怜字组1字次：怜叶音邻

说明：怜字组只有1字次，为梗摄青韵叶入真韵，看起来该种叶音只有一字次，然又有"年叶奴京反""贤叶音形"等应当叶入真韵的字却用了梗摄切下字，与梗摄青韵"怜"之叶入臻摄形成逆向互叶。可见这种梗、臻之间的叶音并不孤单。

3.4.2 真字群的古音学意义：上古真部的雏型。真字群的外摄叶入主体为山摄，其中最多的是先韵字，而朱子将先韵字改叶臻摄的态度是非常确定的，除5个特殊韵段外（详下文3.6.1)，不但先韵及某些其他山摄字与臻摄字相会的韵段中一律改叶入真，而且还出现了4个纯先韵韵段，即算其中不杂入任何臻摄字，朱子也一律将其全都改叶入真（详本卷第八章"先主叶真"），可见他改先叶真之执着。如此笃定的改先叶真，比较清晰地反映了朱子认定在上古音中凡先韵与真文相会都得归真文的古韵归类的意向。笔者已指出，这种归类意向有宋代闽音的支持。朱子一定是认定了先韵的方音与其诗骚韵段显示的古音达到音类暗合，才如此明确地统一取叶。从古音的角度看，朱子以先韵及其他山摄字叶入臻摄体现了上古真部的雏型，当然，这个真部也是早期真、文未分立时的真部（类似江永的第四部）。同样，青韵"怜"字叶入真字群，也与古真部相符。

3.5　侵字群：咸摄、通摄、曾摄叶入深摄

3.5.1 侵字群概况。上古侵部含有中古通摄、咸摄部分字，又有"冬-侵通韵""蒸-侵通韵"等通用韵例，所以诗骚中押侵部的韵段就可能会出现中古咸摄和通摄以及曾摄字的混押。朱子凡遇此种混押，一律改咸、通、曾字叶入深摄，形成了一个字群：侵字群。我们将叶入深摄的咸摄字称为覃字组，叶入的通摄、曾摄字都很少，前者称为风字组，后者称为兴字组。表列于下。

覃字组10字20次：三叶疏簪反、南8叶尼心反7、叶尼金反、男叶尼心反、耽叶持林

反、湛3叶持林反3、僭2叶七寻反、叶七心反、潜叶子林反、骖叶疏簪反、潭叶音寻、簪叶徒检徒锦二反

风字组4字10次：风7叶孚憎反4、叶孚金反2、叶孚音反、枫叶孚金反、封叶孚音反、终叶诸深反或如字

兴字组2字次：兴叶音歆、能叶奴金反

3.5.2　侵字群的上古音意义：上古侵部的雏型。侵字群的3个叶入字组都能体现上古音侵部的雏型，以今天上古音来看，有两种表现，一是归入侵部，二是与侵部通用。

其一，直接归入侵部的是簪字组及风字组的"风、枫"。上古侵部包含部分中古咸摄字，即"南男三参簪譖凡"等以及从它们得声的字，即簪字组的字。通摄的"风"字因其从凡得声且与侵部相押，亦归入侵部，包含从风得声的字如"枫"字。当这些字在韵段中与侵韵相会时，朱子取单向叶音，一律将它们改叶入侵部，这完全与现代古音学的上古侵部相合。

其二，上古蒸部、冬部分别与侵部音近通用。具体说，兴字组本属蒸部，上古音中亦可以与侵部通押，称为蒸侵通韵。"兴"就是一个常见的通押侵部的字。至于"能"字，出于《小雅·宾之初宴》二章，其所在诗章的韵脚为："林湛能又时"，现代古音学家认定"能"古归之部，在诗中与其后的"又、时"协，而朱子认其读蒸部本音，在该韵段中与其前之"林、湛"协，朱子判断韵脚跟后人不同，很可能是看到蒸部字上古可以通侵，才全有此种韵脚认定。

风字组的"终"字改叶侵韵，符合《诗经》用韵的"冬侵合韵"之例。但朱子除改冬入侵之外，又还有改侵入东的处置，且看上文东字群阴字组，该组"阴临谌"3个本属侵韵的字，分别在《豳风·七月》《大雅·云汉》《大雅·荡》中与冬部字相会，若按现代上古音冬侵合部的处置，这里也应当将冬部字改叶入侵韵，可朱子却将侵韵的字改叶入东韵，这就跟侵字群风字组形成了双向叶音取向，体现了对"冬-侵通押"处置的犹疑。具体有两种表现，其一是在混押韵段中看哪个韵的字少，则改少就多，如《大雅·云汉》第二章的韵脚字为"虫宫宗临躬"，其中孤单的侵韵"临"字就被改叶为"叶力中反"了。其二是作"冬-侵二音叶"的处置，如在《大雅·荡》第二章"谌终"相押，两个韵脚字一侵一东，朱子每字下都注侵、东二音叶，这是典型的双向取音。这一些都显示出，朱子大概感觉到了"冬侵通押"的古韵混押特点（按，这种混押

或许还与闽音的鼻音韵尾相混有关),但不能确定通押双方的古音该归入谁,因而采取了中性的双向叶音。至于风字组中来自东部的"封"在《天问》中与侵部的"沉"相会,朱子叶入侵部,现代古音学则认作东侵通韵,如王力《楚辞韵读》即是。

3.6 附:梗摄、山摄、咸摄自押及叶音

阳声韵中叶音频繁的是上述 5 个字群,涉及通、江、宕、曾、臻、深 6 摄,另有梗、山、咸 3 摄内部自押较多的韵段,却少有外韵摄叶入,难以形成所谓古韵字群,附论于下。

3.6.1 梗摄本韵自押及叶音。梗摄与曾摄在朱子时代语音已然相混,而在朱子的方音中梗曾与臻摄尾音亦混,所以在叶音中,偶然出现当叶入臻摄、曾摄之音,切下字却用了梗摄字,造成了叶入梗摄的假象,这样的叶入共 6 字 7 次,其中通摄 3 字、山摄 2 字、深摄 1 字。简列于下:

弓叶音经、雄叶音形、东叶音丁、年叶奴京反、贤叶音形、今 2 叶音经 2

除了上列应当叶入臻摄而误用切下字叶入梗摄的 7 次之外,梗摄本韵内部自押达 116 段,均无一个外韵摄字叶入,本摄之内仅有调整声调或洪细的叶音,不属于古音叶音。它归为宋代通语的庚清部是完全可以成立的。但能否确定为一个古韵字群,仅从叶音的归趋来看,尚无充足的证据,如前所论,这批材料在古韵归类研究中应当过滤而不论。

3.6.2 山摄本韵自押及叶音。山摄有无外韵摄叶入?答案是:有,但既少且偏。仅在《楚辞集注》中有 5 个韵段杂入了 6 个臻摄字"坟雾垠存门榛"(详第七章"先主叶真"),朱子将这 6 个臻摄字叶入了山摄。这带来了下面 2 个问题:

其一,这是否改变了真字群先字组的单向改先叶真的取音倾向呢?查 5 个改臻叶山韵段的臻、山二摄相会的情况,并非纯一色的先韵与臻摄相会,其中还杂有其他山摄字,这与严格的先与臻摄相会是不同的,还不能对一律改先入真形成强力反证。

其二,这 6 个字改臻叶山,是不是跟真字群先字组的改山叶臻形成臻、山的双向取音呢?恐怕也未必,有 2 个理由:一是改臻叶山韵段太少,表现出很大的偶然性。据笔者统计全体臻摄在朱子诗骚韵段体系中计有 117 段(含

66段改山叶臻者），而山摄在诗骚中入韵129段，两摄共有246个韵段，其中"臻-山相会"的韵段71段，朱子仅将5段改臻叶山，仅占总数的7.0%左右，跟改山叶臻66段所占的92.9%的比率完全不可相提并论，其数量之悬殊实不足以支持双向叶音的取音倾向。二是5个改臻叶山韵段全出于他的晚年未定稿《楚辞集注》中，亦不能确认是不是朱子的正式意见。

可见，这些问题虽然对改先叶臻产生了干扰，但干扰力度有限，故此5段6字的叶音姑录存疑。山摄本韵自押入韵的129段去除此5段，此外124段全为山摄字，没有一段杂入外摄韵字，当然也就没有外摄字叶入。在山摄的韵段内部，虽有许多改变声调和洪细的叶音，但这些叶音与宋代通语或四声互用原理有关，不属于古音范围。鉴于山摄没有外摄叶入，看不出其叶音中的取音倾向，难以判断朱子是否将山摄自押的部分认作一个古韵字群，故存而不论。

3.6.3 咸摄本韵自押及叶音。咸摄在诗骚入韵很少，笔者统计为13个韵段，外摄叶入也很少，仅侵韵系的"枕叶知险反、寝叶于检反，按'于'当为'千'"2字次叶入，涉及2个韵段。"枕"字出于《陈风·泽陂》第三章，其韵脚为"萏俨枕"，现代古音学认作侵谈合韵，朱子"叶知险反"，若将这个叶音看作直归古韵谈部，则不准确，若看作侵谈通押则是。至于"寝"字，出于《小雅·斯干》六章，原韵段为"簟寝"2字，朱子定为侵、谈二音叶，其实两字均应属侵部，归二音叶不确。此外，咸摄的所有韵段中，没有从外摄叶入的，只有几次本摄内的调整洪细或声调的叶音。仅从叶音来看，其古韵归类不明，故此存而不论。

四、入 声 韵

4.1 屋字群：觉、锡、曷叶入屋沃烛

4.1.1 屋字群概况。屋字群除通摄屋与沃烛诸韵之外，外韵摄叶入有3个字组，表之于下。

觉字组4字6次：角3叶卢谷反3、渥叶乌谷反、椓叶都木反、浊叶竹六反

锡字组3字次：慼叶七六反、戚叶子六反、迪叶徒沃反

曷字组 1 字 2 次：活 2 叶呼酷反 2

4.1.2 屋字群的古音学意义：上古屋部的雏型。3 个字组中觉字组和锡字组符合上古屋部的结构，有古音学价值。虽然在有清以来的古音研究史上，上古屋部的结构有过后出转精的分化，但这里的觉字组一直都是屋部的核心部分。朱熹将凡与通摄入声相会的觉韵二等字一律叶入屋韵，符合最为严格的上古韵部屋部的归字。这与舒声韵中凡江韵字与通摄相会时一律叶入通摄，形成古音东部的雏型是相对应的。而锡字组的几个字，现代音韵学的上古音系将它归入觉部，这大概是在江有诰区分屋、觉之后的事。在此之前，诸家古音都是屋、觉不分，如江永《古韵标准》入声第一部正是将锡字组的这几个字归入其入声第一部（屋部），朱子锡字组的叶入屋韵与江永相合。屋字群中仅曷字组的"活"不符合上古屋部，在朱子的叶音中其古韵归属存疑。

4.2 铎字群：陌麦昔锡、德、屋、质、业叶入药铎

4.2.1 铎字群概况。虽然本群外韵摄叶入很多，有 5 组，但以梗摄陌麦昔锡 4 韵为主，4 韵每韵都有字叶入，我们将它们归为一个叶入字组：陌字组，在下面字次表中依陌、昔麦锡的顺序分韵组列举，每韵组另起一头。其他韵摄相对简单，各归一个字组。

陌字组 38 字 81 次：

绤叶去略反、伯 2 叶逋莫反、叶逋各反、莫叶木各反、泽 4 叶徒洛反 3、叶待洛反、宅 4 叶达各反 4、客 8 叶克各反 2、叶苦各反 2、叶音恪 3、叶康落反、格 2 叶刚鹤反 2、白 3 叶仆各反、叶蒲各反 2、柏 3 叶逋莫反 2、叶音博、柞叶疾各反、赫 2 叶黑各反 2、貊叶莫博反、逆叶宜脚反、索 2 叶苏各反、叶先各反、迫叶补各反、择叶徒各反

致 2 叶弋灼反 2、怿 2 叶弋灼反 2、蓆叶祥籥反、夕 3 叶祥龠反、射 2 叶弋灼反、叶时若反、硕 6 叶常约反 5、叶时若反、戟叶讫约反、舄叶七约反、踖叶七略反、炙 3 叶陟略反 3、弈叶弋灼反、席 3 叶祥勺反、叶祥龠反 2、绎 2 叶弋灼反、叶以略反、尺叶尺约反、奕叶弋灼反、石 2 叶时若反 2、释 2 叶时若反、叶诗若反、昔叶先约反、蹠叶音灼、获 6 叶黄郭反 4、叶胡郭反 2、栎叶历各反、的叶丁药反

说明：陌字组中原属陌韵 16 字，昔韵 19 字，麦韵 1 字，锡韵 2 字，陌昔韵占绝大多数。

德字组 2 字次：国叶姑霍反、贼叶徂各反

屋字组 2 字 3 次：沃 2 叶鬱傅反、叶鬱缚反、縠叶工洛反

质字组 2 字次：瑟叶音朔、日叶音若

业字组 1 字次：业叶宜却反

4.2.2 铎字群的古音学意义：上古铎部的雏型。跟阳声韵唐字群中梗摄庚韵叶入字次特多相对应，庚韵的入声陌韵以及昔韵叶入宕摄入声也占主导地位。凡陌昔麦锡与药铎相混的韵段，朱子全都采取了叶入药铎的叶音，一律改叶药铎，其单向的取音倾向非常鲜明，这种叶音符合上古铎部的收字，体现了上古铎部的雏型，当然这是铎、药未分的铎部，类似江永的入声第四部。

德、屋、质、业 4 个字组，字次均少不成体系，均不符合上古铎部，可以存疑。

4.3 职字群：屋、麦陌、缉叶入职德

4.3.1 职字群的概况。外韵摄叶入职德的 3 个韵组，有两个特点，一是屋韵叶入字中唇音字次特多，表中用逗号将唇音字与其他字隔开，该字组可名为屋字组。二是麦陌两韵叶入之字，以麦韵为主，可名之为麦字组，表中以逗号将麦、陌两韵之字隔开。缉韵叶入仅一字，姑名之曰缉字组。

屋字组 9 字 55 次：服 27 叶蒲北反 27、輻 2 叶笔力反 2、福 18 叶笔力反 16、叶笔肋反、叶笔勒反、菖叶笔力反、伏叶蒲力反、或叶於逼反、凤叶相即反、育 2 叶曰逼反 2、穆 2 叶六直反 2

麦字组 5 字 11 次：麦 5 叶讫力反 5、革 3 叶讫力反 3、簀叶侧力反、谪叶竹棘反、伯叶音逼

缉字组 1 字次：急叶音棘

4.3.2 职字群的古音学意义：上古职部的雏型。叶入职德韵的 3 个字组共计 15 字，从现代古音学看，屋字组的 5 个唇音字和屋、麦字组的"或麦革"等共 8 个字都直接归属于上古职部。朱子将其叶入职部，符合古韵。剩下的 7 个字中，屋字组的"凤育穆"及缉字组的"急"字，现代古音学亦认其可与职韵通用，名之为"职觉合韵"及"职缉合韵"。以上是符合上古职部的叶音。

全部 15 个叶入字中,仅"簀谪伯"3 字叶入职部归韵不妥。其中"簀谪"应当归上古锡部,朱子注叶取用职韵之字,这个失误可能与宋代通语实际语音有关。宋代通语梗、曾入声已经合并,锡韵、职韵两个韵的韵母实际语音已经混同,叶职韵在听觉上与叶锡韵是相同的。至于"伯"字,原出于《邶风·旄丘》第一章,该章共 4 句,4 个句末字为"葛节伯日","伯"在奇句位,可以不入韵,现代古音学家也都不以为入韵字。朱子大概是受其口语中梗臻两摄入声尾音相混的影响,误认为韵字而注叶音。

4.4 质字群:屑薛、陌麦、职叶入质

4.4.1 质字群概况。外韵摄叶入臻摄入声者,有山、梗、曾摄的入声,以山摄入声为多,其叶入字又以屑韵为主,故名其屑字组。其他两摄字少,分别名其为陌字组和职字组。

屑字组 10 字 15 次:噎叶於悉反、螯叶地一反、垤叶地一反、节 3 叶音即 3、血叶虚屈反、彻叶直质反、设叶书质反、轧叶乌没反、穴 3 叶户橘反 3、结 2 叶音吉、叶缴质反

陌字组 2 字次:白叶音粥、厄叶於栗反

职字组 1 字次:识叶失志二音

说明:另有"穴叶胡役反"、"结叶讫力反"两条叶音被叶字属屑韵,其切下字不是质韵字,而分别是昔、职韵字,但这两例叶音却应当与它们叶入质韵的"穴叶户橘反"和"结叶音吉"等构成同音异写而实际同音,因为朱熹口语中职昔韵与质韵的尾音相混,两个异叶的实际读音相同。虽然如此,毕竟切下字使用了职、昔韵的字,误入梗曾摄入声,应当过滤,故不计入屑字组。

4.4.2 质字群的古音学意义:上古质部的雏型。屑字组 10 个被叶字除"彻、设、轧"3 字非屑韵外,其他全属屑韵。将屑韵的"噎螯垤节血穴结"字全部叶入质韵,这种单向取音符合上古质部的收字,同时也与阳声韵中先韵上古归真是完全相对应的。另外,来自薛韵的"彻设"叶质韵,现代古音学处理为月质通押,也有相通之理。仅"轧叶乌没反"比较特殊,然该字出自汉赋《招隐士》,此叶音已溢出先秦范围,可置不论。

陌字组和职字组的叶入质韵,可能还是与口语中梗曾入与臻入相混的方言语音相关。其古韵归属不明,存疑。

4.5　附：山入、深入、咸入的自押与叶音

上列屋、铎、职、质4个字群及各字群的叶入字组，涉及通、宕、江、曾梗、臻等摄的入声，此外，还有山入、深入、咸入在诗骚中也有不少韵段，外韵摄叶入较少甚或没有，其古韵归类信息薄弱，一并附论之于下。

4.5.1　山摄入声的自押与叶音。山入除不少因与臻入相会而被叶入质韵外，其入声各韵之间内部自押有42韵段，全无外韵摄叶入，因而没有来自外韵的古音字组。山入内部自押的韵段中也有叶音，但主要是声调或洪细音改订的叶音。这两种叶音主要在今音范围内进行，属于今音叶音，仅从其叶音看不出古音字群是否成立，无法辨明其古音归属。

4.5.2　深摄入声、咸摄入声的自押与叶音。深摄入声、咸摄入声上古音系中分别归缉部、帖部。在诗骚中，深、咸二摄入声字韵段特别少，笔者统计深入自押9段，咸入自押有12段。两摄之间有少量的叶音，列表于下：

深入叶入咸入4字次：邑叶乌合反、集叶昨合反、辑叶祖合反、及叶极业反

咸入叶深入1字次：楫叶接入反

从上表看，两种叶音方式看似是深入与咸摄的双向互叶。查实际韵段，也的确表现为主要据韵段中不同韵摄入韵字之多少改少就多作叶音，如：

秦风小戎二：合𫄨邑叶乌合反

因此可以断定，深、咸入声的这种叶音属于双向取音，所叶之音很少，其叶音的语音根据有的来自韵书异读，有的来自方音异读，且都不符合上古音缉部或帖部的结构，反映了朱子对于两个韵摄的古韵归类并无确定的意见。因此，这些叶音缺乏古音学的意义。

五、古韵雏型 13 部体系

我们通过考察叶音中的例推古韵轨迹，分析其叶音取向，获得朱熹古音学的13个古韵字群，每个字群都代表了一个古音韵部的雏型，可得13个古韵部雏型。它们分别与有清以来上古音研究前期顾炎武、江永两人的古韵部可以互为对应，具体情况如下表所示。

阴声韵：歌字群，上古歌部雏型，对应顾炎武的第六部（歌部）
　　　　鱼字群，上古鱼部雏型，对应顾炎武的第三部（鱼部）
　　　　幽字群，上古幽部雏型，对应江永的十一部（幽部）
　　　　脂字群，上古脂部雏型，对应顾炎武的第二部（脂部）
阳声韵：东字群，上古东部雏型，对应顾炎武的第一部（东部）
　　　　唐字群，上古阳部雏型，对应顾炎武的第七部（阳部）
　　　　蒸字群，上古蒸部雏型，对应顾炎武的第九部（蒸部）
　　　　真字群，上古真部雏型，对应江永的第四部（真部）
　　　　侵字群，上古侵部雏型，对应江永的第十二部（侵部）
入声韵：屋字群，上古屋部雏型，对应江永的入声第一部（屋部）
　　　　铎字群，上古铎部雏型，对应江永的入声第四部（铎部）
　　　　职字群，上古职部雏型，对应江永的入声第六部（职部）
　　　　质字群，上古质部雏型，对应江永的入声第二部（质部）

上列古音13字群，代表了朱子古音韵部的雏型，其中舒声9部，入声4部。从归类的分野看，朱子的古韵字群的分类归属与清代古音学的"前修"顾炎武、江永两家大同小异。较之顾炎武，朱子舒声韵9部雏型仅少了梗摄为主的耕部。相对于江永十三部除了少了耕部外，还少了山摄为主的元部、咸摄为主的谈部、效摄为主的宵部。入声韵较之江永则少了山摄入声为主的月部（江永的入声第三部）、梗摄入声为主的锡部（入声第五部）、深摄入声为主的缉部（入声第七部）和咸摄入声为主的盍部（入声第八部）。综合起来说，较之顾炎武的10部，朱子古韵雏型仅缺一部，内中有三部不同于顾且直追江永。入声韵朱子有4部雏型，顾氏亦归脂、鱼、宵、侵4部，数字虽同，但朱子的归属其实精于顾氏。从古韵部归类来看，朱子叶音所显示出来的情况，略优于顾氏，稍逊于江永。不过，朱子的字群非常庞杂，每个字群都不足以独立成为一个韵部，从这个方面看，朱子远不及顾氏。

我们应当充分估价朱子单向取叶中体现出来的离析唐韵重构古韵的趋向。13字群中非常清晰明朗的单向取叶，出现于中古的麻、尤、支、庚四个韵系舒声部分，以麻韵系最为典型，麻韵系叶入歌11字、叶入鱼26字，

叶入歌11字：差珈麻鲨嗟沙化谺嘉加蛇

叶入鱼26字：华家马夜牙野邪瓜舍者夏稼琊暇写寡假柘䋎椵䰇姱霞㻪

下御

  两组叶入字互不重复，各自叶入歌或鱼，丝毫不紊，完全与清代以来上古音歌部、鱼部归字相吻合。中古尤韵系分出一支叶入脂字群，支韵系分出一支叶入歌字群，庚韵系分出一部分叶入唐字群虽然各有所参差，都大致与顾炎武离析唐韵的归向相合，这一切都说明朱熹的古韵归类的确已经出现了上古音韵部的萌芽。

参 考 文 献

一、研究对象(朱熹语音文献7种)及其版本

1.《诗集传》,上海古籍出版社1980年。

2.《楚辞集注》,李庆甲点校本,上海古籍出版社1979年。

3.《四书章句集注》,新编诸子集成本,中华书局1983年。

4.《朱子语类》,黎靖德编,王星贤点校本,中华书局1986年。

5.《仪礼经传通解》,《朱子全书》本(2—5册),朱杰人、严佐之、刘永翔主编,上海古籍出版社、安徽教育出版社2002年。

6.《昌黎先生集考异》,《朱子全书》本(19册)。

7.《晦庵先生朱文公文集》,《朱子全书》本(20—25册)。

二、引用古文献(以文献产生时代先后为序)

《十三经注疏》,清阮元校刻,中华书局1980年缩编影印本。

《孟子译注》,杨伯峻译注,中华书局1960年。

[汉]司马迁《史记》,宋裴骃集解、唐司马贞索隐、唐张守节正义,中华书局点校本1959年。

[汉]班固《汉书》,唐颜师古注,中华书局点校本1962年。

[汉]许慎《说文解字》,中华书局1983年缩印大徐本。

[晋]陆云《陆云集》,黄葵点校本,中华书局1988年。

[南朝宋]范晔《后汉书》,中华书局标点本1965年。

[梁]萧统《文选》,[唐]李善注,中华书局1977年缩印本。

[梁]刘勰《文心雕龙校证》,王利器校证,上海古籍出版社1980年。

[北齐]颜之推《颜氏家训集解》,王利器集解,上海古籍出版社1980年。

[唐]陆德明《经典释文》,中华书局影印通志堂本1983年。附见现代学

者校本:黄焯《经典释文汇校》,中华书局1980年;邓仕梁、黄坤尧《新校索引经典释文》台湾学海出版社1988年。

[清]彭定求等《全唐诗》,中华书局1960年。

《全唐文》,中华书局1983年影印本。

《全唐文 附唐文拾遗 唐文续拾 读全唐文札记》,上海古籍出版社1999年。

傅璇琮等主编《全宋诗》,北京大学出版社1991—1998年。

刘琳等主编《全宋文》,上海辞书出版社、安徽教育出版社2006年。

《宋本广韵》,北京市中国书店1982年。

《集韵》,上海古籍出版社影印1986年。

《附释文互注礼部韵略》,影印文渊阁四库全书本。

《宋本玉篇》,北京市中国书店1983年影印张氏泽存堂本。

《类篇》,上海古籍出版社1988年影印汲古阁影宋抄本。

[宋]毛晃、毛居正《附释文附注礼部韵略》,续古逸丛书缩印上海涵芬楼影印宋绍定本;又参影印文渊阁四库全书本,第237分册。

[宋]吴棫《韵补》,中华书局1987年影印辽宁图书馆藏宋本。

[宋]沈括《梦溪笔谈校证》,胡道静校证,上海出版公司1956年。

[宋]洪兴祖《楚辞补注》,白化文等点校本,中华书局1983年。

[宋]项安世《项氏家说》,丛书集成初编本,中华书局1985年。

[宋]郑樵《通志略》,万有文库本,商务印书馆1933年。

[宋]方崧卿《韩集举正》,影印文渊阁四库全书本。

[宋]杨简《慈湖诗传》,四明丛书本。

[宋]王楙《野客丛书》,宋元笔记丛书本,上海古籍出版社1991年。

[宋]袁文《甕牖闲评》,宋元笔记丛书(《考古质疑》《甕牖闲评》合刊),上海古籍出版社1985年。

[宋]周必大《二老堂诗话》,影印文渊阁四库全书本,第1480分册。

[宋]严羽,《沧浪诗话校释》,郭绍虞校释,人民文学出版社1983年。

[金]韩道昭《五音集韵》,宁忌浮《校订五音集韵》本,中华书局1992年。

[元]脱脱《宋史》,中华书局1977年。

[元]《蒙古字韵》,照那斯图、杨耐思编著《蒙古字韵校本》本,民族出版

社1987年。

［元］周德清《中原音韵》，中华书局影印纳庵本1978年。

［明］焦竑《焦氏笔乘》，李剑雄点校，明清笔记丛书，上海古籍出版社1986年。

［明］陈第《毛诗古音考》，康瑞琮点校，中华书局2008年。

［明］潘恩《诗韵辑略》，《四库未收书辑刊》本，壹辑第10册。

［明］张位《问奇集》，《宝颜堂秘笈》本。

［清］顾炎武《音学五书》，中华书局1982年缩印音韵学丛书本。

［清］段玉裁《说文解字注》，上海古籍出版社1981年缩印本。

［清］戴震《声韵考》，四川人民出版社1957年影印渭南严氏刊本。

［清］谢启昆《小学考》，汉语大词典出版社1997年缩印光绪戊子浙江书局刊本。

［清］莫友芝《韵学源流》，中华书局1962年标点本。

［清］孔广森《诗声类》，中华书局影印音韵学丛书本1983年。

［清］陈启源《毛诗稽古编》，皇清经解本。

［清］李元《音切谱》，续修四库本，第246册。

［清］庞大堃《古音辑略》，续修四库本，第249册。

［清］钱大昕《潜研堂文集》，陈文和主编，江苏古籍出版社1997年。

［清］安吉《韵徵·自序》，续修四库本，第245册。

［清］《四库全书总目》，中华书局1965年。

［清］毛先舒《声韵丛说》，中华书局1991年。

［清］李因笃《古今韵考》，《丛书集成新编》第40册，台湾新文丰出版公司1984年。

［清］刘家谋《操风琐录》，《小学稿本七种》本，中华全国图书馆文献缩微复制中心1997年。

［清］佚名《戚林八音校注》，李如龙、王升魁校注，福建人民出版社2001年。

［清］林端材《建州八音字义便览》，潘渭水校订本（油印件）1987年。

三、现代文献（以编著者姓氏名称拼音排序）

鲍明炜 1982，《元白诗韵研究》，南京大学中文系编《语文集刊》第一辑，1982 年。

鲍明炜 1990，《唐代诗文韵部研究》，江苏古籍出版社 1990 年。

北京大学中国语言文学系语言学教研究室编，《汉语方音字汇》，文字改革出版社 2003 年。

包丽虹 2004，《朱熹诗集传文献学研究》，浙江大学博士论文 2004 年。

陈鸿儒 1992，《朱熹用韵考》，《龙岩师专学报》第 10 卷第 1 期。

陈鸿儒 2001，《朱熹叶音辨》，《古汉语研究》2001 年第 2 期。

陈鸿儒 2012，《朱熹〈诗〉韵研究》，社会科学文献出版社 2012 年。

陈绍龄、郝锡炯 1959，《峨眉音系》，《四川大学学报》（哲学社会科学版）1959 年第 1 期。

陈章太、李如龙 1991，《闽语研究》，语文出版社 1991 年。

储泰松 1996，《施护译音研究》，载《薪火编》，山西高校联合出版社 1996 年。

丁治民 2005，《浊上变去见于北宋考》，《中国语文》2005 年第 2 期。

董同龢 1948，《上古音韵表稿》，《历史语言研究所集刊》第十八本，商务印书馆 1948 年。

傅东华 1941，《汉语声纽变转之定律》，《学林》第十辑，学林出版社 1941 年。

范新干 1999，《略论西晋的"浊上变去"》，《人文论丛》1999 年卷。

范新干 2000，《浊上变去发端于三国时代考》，《汉语研究集刊》第二辑，巴蜀书社 2000 年。

金周生 2005，《吴棫朱熹音韵新论》，台北·洪叶文化事业有限公司 2005 年。

蒋希文 1999，《徐邈音切研究》，贵州教育出版社 1999 年。

黄典诚 1957，《建瓯方言初探》，《厦门大学学报》1957 年第 1 期。

黄典诚 1979，《汉语音韵在强弱不平衡律中发展》，《黄典诚语言学论文集》，厦门大学出版社 2003 年。

黄典诚 1982,《闽南方音中的上古音残余》,《语言研究》1982 年第 2 期。

黄典诚 1984,《闽语的特征》,《方言》1984 年第 3 期。

黄景湖 1981,《〈诗集传〉注音初探》,《厦门大学学报》(哲学社会科学版) 1981 年第 4 期。

黄　焯 1980,《经典释文汇校》,中华书局 1980 年。

赖江基 1982,《从白居易诗用韵看浊上变去》,《暨南学报》(哲学社会科学版) 1982 年第 4 期。

赖江基 1986,《从〈诗集传〉的叶音看朱熹音的韵系》,《音韵学研究》第 2 辑,中华书局 1986 年。

赖江基 1997,《再论朱熹音韵系》,《暨南学报(哲学社会科学)》1997 年第 1 期。

黎新第 1999A,《从量变看朱熹反切中的浊上变去》,《重庆师院学报》(哲学社会科学版),1999 年第 1 期。

黎新第 1999B,《从量变看朱熹反切中的全浊清化》,《语言研究》1999 年第 1 期。

黎新第 2001,《对朱熹反切中的全浊清化例证的再探讨》,《古汉语研究》2001 年第 1 期。

李子君 2009,《日本真福寺藏〈礼部韵略〉版本考》,载《华夏文化论坛》第四辑,吉林大学出版社 2009 年。

李子君 2010,《宋初韵书更迭频繁的原因再证》,载《华夏文化论坛》第五辑,吉林大学出版社 2010 年。

李子君、朱光鑫 2018,《诗集传朱熹自创音切考辨》,《吉林大学学报》2018 年第 2 期。

李如龙 1991,《闽北方言》,载陈章太,李如龙《闽语研究》,语文出版社 1991 年。

李如龙等 1994,《福州方言词典》,福建人民出版社 1994 年。

李如龙、陈章太 1983/1991,《论闽方言的一致性》,载《闽语研究》,语文出版社 1991 年。

李如龙、陈章太 1985/1991,《论闽方言内部的主要差异》,载《闽语研究》,语文出版社 1991 年。

李方桂1980,《上古音研究》,商务印书馆1980年。

李方桂《汉语和台语》,《民族语文研究情报资料集》第四辑,中国社科院民族所语言室编,1983年。

李　红2011,《朱熹〈仪礼经传通解〉语音研究》,厦门大学出版社2011年。

李国正1984,《四川话流、蟹两摄读鼻音尾字的分析》,《中国语文》1984年第6期。

李　荣1956,《切韵音系》,科学出版社1956年。

李　荣1982,《音韵存稿》,商务印书馆1982年。

李无未1993,《〈晋书音义〉的"协韵音"》,《古林大学学报》1993年第1期。

林宝卿1996,《〈汇音妙悟〉及其所反映的明末清初泉州音》,《语言研究》1996年增刊。

廖名春1989,《从吐鲁番出土文书的别字异文看"浊上变去"》,《古汉语研究》1989年1期。

刘广和1984,《唐代八世纪长安声纽》,《语文研究》1984年第3期。

刘晓南1998,《宋代福建诗人用韵中之阴入通押现象》《语言研究》1998年增刊。

刘晓南1999,《宋代闽音考》,岳麓书社1999年。

刘晓南2000,《朱熹与宋代方音》,《中古近代汉语研究》第一辑,上海教育出版社2000年。

刘晓南2001,《朱熹与闽方音》,《方言》2001年第1期。

刘晓南2002A,《朱熹诗经楚辞叶音中的闽音声母》,《方言》2002年第4期。

刘晓南2002B,《诗集传支思部独立献疑》,《王力先生百年诞辰纪念论文集》,商务印书馆出版社2002年。

刘晓南2002C,《从宋代绍武文士用韵看历史上绍武方言特点及其归属》,《中国语文》2002年第3期。

刘晓南2003,《朱熹诗骚叶音的语音依据及其价值》,《古汉语研究》2003年第4期。

刘晓南 2004A,《朱熹叶音本意考》,《古汉语研究》2004 年第 3 期。

刘晓南 2004B,《朱熹吴棫音叶异同考》,《语言研究》2004 年第 4 期。

刘晓南 2005,《论朱熹〈诗集传〉叶音对吴棫〈毛诗补音〉的改订》,《浙江大学学报》2005 年第 3 期。

刘晓南 2006,《重新认识宋人叶音》,《语文研究》2006 年第 4 期。

刘晓南 2008,《宋代四川方音概貌及"闽蜀相近"现象》,《语文研究》2008 年第 2 期。

刘晓南 2011,《宋代四川诗文用韵阴入通押所反映的通语与方音现象》,《励耘学刊》2011 年第 2 期,学苑出版社 2011 年。

刘晓南 2012A,《宋代四川语音研究》,北京大学出版社 2012 年。

刘晓南 2012B,《试论宋代诗人诗歌创作叶音及其语音根据》,《语文研究》2012 年第 4 期。

刘晓南 2015A,《诗集传变调叶音考》,《薪火学刊》第二辑,复旦大学出版社 2015 年。

刘晓南 2015B,《〈诗集传〉叶音与宋代常用字音——叶音同于韵书考论之二》,《长江学术》2015 年第 1 期。

刘晓南 2016A,《朱熹〈诗集传〉韵系新论》,《北斗语言学刊》第一辑,上海古籍出版社 2016 年。

刘晓南 2016B,《程朱二氏四声互用说考源》,《语文研究》2016 年第 4 期。

刘晓南 2016C,《〈诗集传〉音释的二音二叶同注例》,《汉语史学报》第十六辑,上海教育出版社 2016 年。

刘晓南 2018A,《〈诗集传〉叶音之音义错位现象——叶音同于韵书考论之一》,《中国语言学》第九辑,北京大学出版社 2018 年。

刘晓南 2018B,《朱熹音叶中的平分阴阳取音倾向》,《安徽大学学报》(哲学社会科学版)2018 年第 5 期。

刘晓南 2018C,《从朱熹音叶看南宋通语声母》,《薪火学刊》第五卷,复旦大学出版社 2018 年。

刘晓南 2018D,《从朱熹音叶看南宋通语浊上归去的进程》,中国音韵学会 2018 年会论文,又收于《语音史考论》,上海教育出版社 2021 年。

刘晓南 2019A,《朱熹音叶全浊清化再论》,《语文研究》2019 年第 1 期。

刘晓南 2019B,《朱熹语音浊上变去字次考》,《汉字汉语研究》2019 年第 2 期。

刘晓南 2020,《朱熹的古音学》,《西南交通大学学报》(社会科学版)2020 年第 2 期。

刘晓南、张令吾主编,《宋辽金用韵研究》,香港文化教育出版社 2002 年。

刘晓南、罗雪梅 2004,《宋代四川诗人用韵及通语音变的若干问题》,《四川大学学报》2004 年第 6 期。

鲁国尧 1986A,《元遗山诗词曲韵考》,《南京大学学报》1986 年第 1 期。

鲁国尧 1986B,《宋词阴入通押现象的考察》,《音韵学研究》第二辑,中华书局 1986 年。

鲁国尧 1991,《论宋词韵及其与金元词韵的比较》,《中国语言学报》第 4 期,商务印书馆 1991 年。

罗常培 1942,《北京俗曲百种摘韵》,国民图书出版社 1942 年。

罗常培 1956,《厦门音系》,科学出版社 1956 年。

罗常培 1961,《唐五代西北方音》,科学出版社 1961 年。

罗常培、周祖谟 1958,《汉魏晋南北朝韵部演变研究》,科学出版社 1958 年。

罗杰瑞 1973/1985,张惠英译,《闽语声调的演变》,《中南民族学院学报》1985 年第 4 期。

罗杰瑞 1983,Some Ancient Chinese Dialect Words in Min Dialects,《方言》1983 年第 3 期。

罗杰瑞 1986,《闽北方言的第三套清塞音和塞擦音》,《中国语文》1986 年第 1 期。

罗杰瑞 1995,《汉语概说》,张惠英译,语文出版社 1995 年。

骆瑞鹤 2005,《〈毛诗叶韵补音〉研究》,武汉大学博士论文 2005 年。

马重奇 1982,《从杜甫诗用韵看"浊上变去"问题》,《福建师范大学学报》哲学社会科学版,1983 年第 3 期。

马重奇 1989,《颜师古〈汉书注〉中的"合韵音"浅论》,《福建师范大学学报》1989 年第 1 期。

马重奇 1994/1996,《漳州方言志》纵横出版社 1996 年。

那宗训 1995,《全浊上声字是否均变为去声》,《中国语文》1995 年第 1 期。

潘渭水 1997,《闽北方言对朱熹叶音反切的影响》,《朱子研究》(油印本) 1997 年第 1 期。

钱毅 2008,《宋代江浙诗韵研究》,扬州大学博士论文 2008 年。

钱毅 2011,《北宋诗歌用韵"打"字可押"麻蛇"韵》,《中国语文》2011 年第 2 期。

秋谷裕幸 2001,《吴语江山广丰方言研究》,日本爱媛大学法文学部总合政策学科 2001 年。

秋谷裕幸 2008,《闽北区三县市方言研究》,台湾"中研院"历史语言研究所 2008 年。

束景南 2001,《朱熹年谱长编》,华东师大出版社 2001 年。

邵荣芬 1985,《明代福州话的声母系统》,《中国语文》1985 年第 2 期。

邵荣芬 1995,《吴棫〈韵补〉和宋代闽北建瓯方言》,《中国语文》1995 年第 5 期。

邵荣芬 1997,《切韵尤韵和东三等唇音声母字的演变》,载《邵荣芬音韵学论集》,首都师范大学出版社 1997 年。

水谷城 2000,《关于真福寺本〈礼部韵略〉》,《古汉语研究》2000 年第 4 期。

谭帮君主编 1996,《厦门方言志》,北京语言学院出版社 1996 年。

唐作藩 1995,《从同源词窥测上古汉语的复辅音声母》,载《汉语史学习与研究》,商务印书馆 2001 年。

汪业全 2006,《叶音始于何时》,《南通大学学报》2006 年 7 月。

汪业全 2008,《陆德明"韵缓改字"说新探》,《语文研究》2008 年第 4 期。

汪业全 2009A,《叶音研究》,岳麓书社 2009 年。

汪业全 2009B,《初唐-盛唐叶音今音韵部考》,《广西民族大学报(哲社版)》第 31 卷第 5 期(2009 年 9 月)。

汪业全、孙建元 2012,《陆德明"韵缓"说再探》,《广西师范大学学报》2012 年第 4 期。

汪业全、孙建元 2013,《陆德明叶音及其古韵分部》,《语言研究》2013 年第 3 期。

王福堂 1999,《汉语方言语音的演变和层次》,语文出版社 1999 年。

王　力 1963/1986,《汉语音韵》《王力文集》第五卷,山东教育出版社 1986 年。

王　力 1982,《朱熹反切考》,初载《中华文史论丛》1982 年 2 月增刊,又收入《龙虫并雕斋文集》第三册,中华书局 1982 年。

王　曦 2001,《宋代福建音释研究》,湖南师范大学硕士论文 2001 年。

魏建功 1934/1996,《古音系研究》,中华书局 1996 年。

许世瑛 1974,《许世瑛先生论文集》,台北弘道文化事业有限公司 1974 年。

许世瑛,《广韵全浊上声字朱熹口中所读声调考》《再考广韵全浊上声字朱熹口中所读声调》,《诗集传叶韵之声母有与广韵相异者考》,均载《许世瑛先生论文集》,台北弘道文化事业有限公司 1974 年。

许葆华 1997,《中古全浊声母在现代方言里的演变》,《汉语方言论集》,北京语言文化大学出版社 1997 年。

颜逸明 2000,《浙南瓯话》,华东师范大学出版社 2000 年。

杨耐思 1981,《中原音韵音系》,中国社会科学出版社 1981 年。

祝敏彻、张文轩 1982,《论初期"叶韵"》,《兰州大学学报》1982 年第 1 期。

张民权 2005,《宋代古音学与吴棫〈诗补音〉研究》,商务印书馆 2005 年。

张令吾 1998,《北宋诗人徐积用韵研究》,《古汉语研究》1998 年第 1 期。

张文轩 1983A,《试析陆德明的"叶韵"》,《兰州大学学报》1983 年第 1 期。

张文轩 1983B,《从初唐"协韵"看当时实际韵部》,《中国语文》1983 年第 3 期。

张文轩 1984,《论"叶韵"和"破读"的关系》,《兰州大学学报》1984 年第 4 期。

张文轩 1987,《颜师古的"合韵"和他的古音学》,《兰州大学学报》1987 年第 4 期。

郑张尚芳 2008,《温州方言志》,中华书局 2008 年。

张振兴 1985,《闽语的分区》,《方言》1985 年第 3 期。

周长楫、林宝卿 1992,《永安方言》,厦门大学出版社 1992 年。

周长楫、欧阳忆耘 1998,《厦门方言研究》,福建人民出版社 1998 年。

周长楫 1994,《从义存的用韵看唐代闽南方言某些特点》,《语言研究》1994 年增刊。

周长楫 1991,《厦门话与普通话》,语文出版社 1991 年。

周祖谟 1983,《唐五代韵书集存》,中华书局 1983 年。

周祖谟 1996,《魏晋南北朝韵部之演变》,台湾东大图书公司 1996 年。

周祖谟 1945/1966,《吴械的古韵学》,《问学集》,中华书局 1966 年。